国家级重点教材
21 世纪新闻传播学系列教材

外国新闻传播史

郑超然　程曼丽　王泰玄 著

中国人民大学出版社

总　序

20世纪以来的一百年，是世界新闻传播事业飞速发展的一百年。这一百年来，随着科学技术的不断发展，继报纸、期刊、通讯社之后，广播、电视和互联网络相继问世，新闻传播的媒介日趋多元化，新闻传播的手段日趋现代化，“地球村”变得越来越小，新闻传播事业对世界政治经济和文化的影响，则变得越来越大。

这一百年，也是中国新闻事业飞速发展的一百年。其中最后的二十年，即改革开放以来的二十年，发展得尤为迅猛。综合有关部门发表的统计数字，截至本世纪的最后一年，全国已有公开发行的报纸两千一百种，通讯社两家，广播电台一千二百座，有线和无线电视台三千多座。其中，报纸年出版总数达到一百九十五亿份，广播人口覆盖率达到88.2%，电视人口覆盖率达到89%，电视受众超过九亿。与此同时，全国各类新闻从业人员的总数，也已超过五十五万人。这样大的发展规模，这样快的发展速度，在世界和中国新闻事业史上都是空前的。现在已经是世纪之交，回顾既往，盱衡未来，新闻传播事业在即将到来的21世纪，还将会保持着旺盛的发展势头。新闻传播，作为上层建筑、意识形态的一个重要组成部分，在全面准确地宣传党的基本理论、基本路线和基本方针以及各项决策，反映人民群众的伟大业绩和精神风貌，以及推动改革开放和社会主义现代化建设等方面，必将继续发挥着重要的导向作用。

与新闻传播事业的发展相配合，这一百年来，为中国的新闻战线培养和输送人才的中国新闻教育，也有了相应的发展。中国的新闻教育起始于本世纪初叶，有八十多年的历史。新中国成立前的三十年，虽然先后在个别院校中设立了新闻系或新闻专科，但规模都不大，设备也不够完善，在校学生的人数，最多的时候不超过四百人，三十年间累计培养出来的毕业生人数还不到三千人。新中国建立后，为了为新中国的新闻事业培养人才，新闻教育继续有所发展，但到 60 年代中期为止，全国的新闻教育机构也还只有十四家。当时全国共有三百四十三家报社，七十八座广播电台和十三家电视台，新闻系和新闻专业的学生统招统分，勉强能够满足中央和省市以上新闻单位人才方面的需求。“文化大革命”爆发后，这一发展被迫中断。中国的新闻教育得以重振旗鼓并得到空前迅猛的发展，主要还是改革开放以来二十年间的事情。这二十年来，中国新闻教育的发展和中国新闻事业的发展完全同步。截至 1999 年，全国设有新闻学类院、系、专业的高校已由改革开放之初的两三所，增加到六十所以上，专业点已超过一百个。专业教育体系已从单一的本科教育，发展到博士生、硕士生、本科生、大专生、成人教育等多层次的格局。改革开放之初，全国在校的新闻系科学生总共只有五百来人，现在仅本科生就有六千人，加上大专生和研究生接近一万人。二十年来向新闻单位输送的毕业生，累计也已超过三万人。办学层次，办学规模，办学水平，都有了很大的提高。在世纪之交，新世纪的跫跫足音已经十分临近的时刻，随着新闻传播事业的加速发展，随着新闻战线人才需求的不断增加，在可以预见的将来，中国的新闻教育肯定还将会有更大幅度的发展。

一般说来，新闻教育质量的高低，起决定作用的，主要是两个因素：一个是师资，一个是教材。两者之间，教材的作用更大。这是因为，师资的多少和良窳，往往受办学主客观条件的限制，而教材只要一旦完成，就可以直接嘉惠于学子，风行四海，无远弗届。进一步说，一部好的教材，不仅可以满足教学的需要，培养出一大批人才，而且还可以同时拥有很高的学术含量，推动新闻学研究的发展。1919 年出版的徐宝璜的《新闻学》，1927 年出版的戈公振的《中国报学史》，就是这方面的很好的例子。两书都是作者在高等学校从事新闻学和新闻史教学时，作为教材编写出来的。出版之后，立即引起世人的关注和推崇。几十年来，一再重版，历久不衰，至今仍然是公认的新闻学和新闻史方面的传世之作。正因为这样，新闻教育的前辈们，历来十分重视教材的建设。新中国成立初期的十来年，坊间出版的新闻学方面的书籍，绝大部分都是教材。改革开放以后，新闻学研究空前繁荣，新闻学方面的书籍大量问世，但教材仍然在其中占了很大的比重。这些教材，覆盖了新闻学的方方面面，经过出版家和众多作者们的长期努力，门类和品种基本配套齐全，曾经为同时期的新闻教学作出过重要的贡献。但是，随着时间的推移和新闻工作实际的飞速发展，这些教材的体例日显陈旧，观点和内容也亟待调整和更新。一些属于学科前沿和科技含量较高的新开课程的教材，尚付阙如，使现有的教材，出现了不少缺口。21世纪即将到来之际，集聚力量，重新编写出一套体系完整的，能够为新世纪的新闻教育和新闻人才培养服务的新闻传播学的系列教材，已经成为人们的共识。

呈现在读者面前的就是这样的一套系列教材，她将涵盖新闻学、传播学两个学科和新闻学、广播电视、广告三个专业。负责编写工作的，是中国人民大学、复旦大学、北京广播学院等校长期从事新闻传播学方面教学与研究工作的教授、副教授，其中有相当大的一部分人，都是相关学科的学术带头人，堪称一时之选。收入系列的教材中有国家级重点教材，有部级重点教材，其他也都是经过严格筛选的精品，所以，这套系列教材的质量是有保证的，她的权威性也将会得到社会的认同。

21世纪是一个高度信息化的时代，是信息经济和知识经济占主导地位的时代。信息经济和知识经济有两大支柱，一是以高新科技为代表的传播技术产业，二是从事新闻和信息产品生产的媒体产业。新闻传播学作为将这两大领域有机联结的桥梁，在今后的国家建设和社会发展中必将发挥越来越重要的作用。中国人民大学出版社经过精心策划，隆重推出这套系列教材，是具有高度的前瞻性和战略眼光的。在这里，我谨代表编委会和全体作者向中国人民大学出版社表示由衷的感谢。

新的世纪即将到来，中国的新闻传播事业和新闻教育事业都将有一个大的发展。这批系列教材的问世，将会为新世纪新闻传播事业和新闻教育事业的发展和繁荣，为新世纪新闻传播人才的培养，作出她应有的贡献。这是出版者和全体作者共同的一点希望。是为序。

方汉奇

1999年9月20日于中国人民大学林园

序言

中国人民大学新闻学院郑超然、程曼丽、王泰玄教授撰写的《外国新闻传播史》出版了，除了祝贺外，我想就学习外国新闻传播史本身说几句话。

一位历史学家说过，人人都是他自己的历史学家。其意思是：每个人都必须知道自己是何人、从何处而来、去何方或做什么，否则就不能做任何事情。如果一旦早上醒来失去了记忆，一定会不知所措，原因就在于他失去了自己的历史。而当一位新闻工作者完全不知道本行业的历史（许多行业的知识其实就是由历史构成的），也会出现类似情况，他不知道什么是新闻，也不会抓新闻。现在的问题是，许多新闻工作者知道一些新闻业的历史，但较肤浅，一般地写写新闻还过得去，若涉及本行业的一些规律性问题，则会由于缺乏行业史知识而出现偏差。例如当我们进入社会主义市场经济的新环境，一些记者忽然发现隐性采访、体验式采访十分有效，或者媒介参与事实的进程很能为媒介本身的形象增光，于是就写文章论证这些东西如何是一种新事物，评价极高。其实，如果学了一点外国新闻传播史就会知道，这些做法一百多年前发达国家的新闻业都实践过，并非成功了就是十全十美的好，其中有经验也有教训。在这个意义上，新闻业的历史知识越丰富，面对现实的新闻工作就越自由（哲学意义上的），可以少走弯路。特别对于像我国这样的发展中国家，借鉴发达国家新闻业的历史经验，尤其具有现实意义。

新闻业的发展历史能够告诉我们些什么呢？我想起码有两点启示。

首先，全球性的市场经济的发展，是推动现代新闻业发展的基本动力。如果没有现代世界市场和世界交往，现代新闻业是不可相象的。

在以意大利为中心的古罗马帝国，建立在奴隶劳动基础上的局部市场经济，曾经造就了古罗马十分发达的公共信息传播系统。罗马帝国灭亡，这种经济形态一旦消失，当时最繁忙的信息传播系统便顷刻瓦解，随之而来的是一千年中世纪的沉寂。中世纪末期意大利处于地中海贸易的中心，因此也就再次成为欧洲信息传播的中心和欧洲文艺复兴的摇篮，然而全球性的地理大发现使得局部的地中海贸易转向全世界，意大利第二次失去信息传播中心的地位。三百年后，只是随着现代市场经济在意大利的重新出现，新闻业才逐渐在该国得到发展，但这时意大利的新闻业已远远落后于主要的工业国家。也只是在近二十年中，意大利新闻业才基本摆脱政党报刊时期的特点，较全面地进入市场经济的运行轨道。

无论是出现现代新闻业的萌芽，还是从欧洲封建社会末期的王权报刊转变到政党报刊，从资产阶级取得政权后的政党报刊转变到大众化的商业报刊，以及通讯社的建立、广播电视业的普及、因特网传播的推进，其基本的动力始终是市场经济的发展，它顽强地为现代新闻业的发展开辟着道路。

政治斗争的需要会造就一定的社会对于政治信息的需求，但是不会持久地拥有最广泛的社会性市场。英、法、德、日等国新闻业发展历经波折，都是在新闻业全面进入市场经济以后才最终稳固地发展起来。亚太、非洲、拉美的现代新闻业，也是在市场经济向全球的推进中产生的。对新闻信息的社会化需求，只能来自市场经济，而不可能来自其他经济形态。

其次，新闻自由政策的实行，需要各种综合条件，例如较完善的市场经济环境，政治、文化历史中的民主政治传统，公众和领袖人物基本的民主政治素养等等。否则，新闻自由只能成为频繁的政治事变的直接牺牲品。

巴西早在帝国时代就由皇帝给予了新闻业相当的自由，墨西哥 1824 年第一部宪法也规定了新闻自由，但是由于频繁政变中的政治领导人无视这种自由权利，公众对于这种自由也没有真正的了解和迫切的需要，新闻业历经数百年的磨难，直到现在新闻自由才初步有了实行的经验。为此，这些国家的新闻业付出的代价实在太大了。

法国自《人权宣言》后近一百年，由于政治、文化传统（特别是法国启蒙家卢梭的一些悖论对后世的影响）、市场经济条件的不完善和当权者的民主政治素养，新闻自由只表现为一些仁人志士的理想。第二次世界大战中法西斯主义的新闻政策得以横行，其中有经济萧条民众寻求出路的背景、民族的黩武传统，同时更重要的是公众崇拜克里斯玛（charisma）人物的心态支持着法西斯主义新闻观拥有了市场。一旦这种新闻观占据主导地位，形成了政治军事的高度集权，即使多数人后来意识到需要改变，然而改变本身则需付出极大的代价。法西斯国家的新闻业因此走过的曲折道路，教训值得深思。

基于历史经验，在法律确立信息自由流通的前提下，衡量一个国家或地区实行某种形式的新闻政策是否符合时代的要求，需要综合考察其政治历史传统、经济形态、公众和领袖人物的民主政治素养等等。历史上一些发展中国家新闻业的情形，有的似乎超前了些，现实中滞后的似乎多一些。从最近数百年新闻政策发展变化的历史看，实现自由的信息流通的政策是不可逆转的，这里所谈的是如何以较小的代价较顺利地实现它。

也许会有不同看法，那么我们共同学习外国新闻传播史，更多地领会这个世界已经须臾不可缺少的行业走过的历程，讨论中一定会有更好的理解。

陈力丹

1999 年 7 月 14 日

前　言

1997年，国务院学位委员会决定将新闻传播学提升为一级学科，下有新闻学和传播学两个二级学科。与此相适应，我们将本书的书名定为《外国新闻传播史》。

本书共计八篇，二十四章。第一篇为总论，综述人类传播活动的发展进程；第二篇至第七篇，分述各洲各国新闻传播事业的历史，重点介绍了英国、法国、德国、意大利、俄国、美国、日本、印度、巴西及埃及等在世界上具有一定影响的国家，而每个国家，均包括报纸、杂志、通讯社、广播电视的创始、发展、现状及趋势；第八篇介绍了关于世界新闻传播新旧秩序的论争。

本书第二篇至第七篇按国别分述，原因有二：(1) 于历史来讲，各国的新闻传播业有着各自的发展规律，这种规律与各国的政治经济变化息息相关。按国别叙述，有利于准确把握各国的政治沿革及经济变化，更重要的是，在这宏观的历史背景下，新闻传播业的发展才有可能得以准确的反映。因此我们说，按国别构架世界新闻史，有利于真实客观地纪录历史，并防止人为地割裂历史。(2) 于读者来讲，新闻传播史基本上由新闻事件、新闻人物、新闻媒体及新闻制度等构成。一个重要的新闻媒体往往有着较长的历史沿革，有较多的历史变迁，并有可能贯穿该国新闻业发展的几个阶段，集中在一章（一个国家）进行叙述，能达到叙述完整、清晰的目的，这对初学者尤为重要。媒体发展史如此，新闻制度史等亦然。

当然，各国的新闻传播业也存在着许多共同点，有着类似的发展规律，比如说，英、法、美三国的近代报业都经历了资产阶级革命时期、政党报纸时期、廉价报纸时期三个阶段，并且每个阶段有着类似的表现形态。如果仅仅按国家逐个地写，在同一时期不作横向的比较，不作相对理论化的概括，那将难于勾勒外国新闻传播史的宏观发展轨迹，也不利于读者了解外国新闻传播业的全貌。正因为如此，本书在总论部分按照世界新闻传播业的总体发展规律，在各国之间进行分析、比较及综合，分五大媒体进行一贯到底的叙述。

此外，本书命名为《外国新闻传播史》的原因在于，它突破了传统的新闻研究框架，试图把新闻传播的历程和各种媒介的沿革过程放置于整个人类社会的发展历史当中加以考察，从宏观的社会视角剖析新闻传播与政治体制、经济结构、文化背景、社会环境的关系。我们试图达到这样一个目的，即了解了新闻传播的历史后，对人类社会的发展历史也能有所掌握，而不是简单地局限在行业史的范围内。

仅以如上文字，作为本书即将付梓之际的一些说明。

作者

1999 年 8 月

目 录

总 论 篇

欧　洲　篇

北　美　篇

亚　洲　篇

非　洲　篇

大　洋　洲　篇

拉丁美洲篇

终篇　为建立世界新闻传播新秩序而斗争

总论篇

 ·外国新闻传播史· ·外国新闻传播史· ·外国新闻传播史· ·外国新闻传播史·

概　述

在远古时期，人类只是通过发出一些简单的、来源于身体结构的声音、姿势、手势等体语来传递信息。随着生产的发展和传播需求的增大，人们逐步创造出一套在一定范围内约定俗成的传播方式，如标志、声光图式及一些象形符号和表意符号。真正使人类传播发生根本变化的是语言的产生。随着人类的发展，生活内容的丰富，传播活动的频繁，口头传播的局限性日渐显现，于是人类研制出文字及书写材料，传播史上进入了文字传播时代。随着印刷术发明，近代的印刷传播随之发展起来。20 世纪初电子传播工具的发展使人类进入了电子传播时代。20 世纪后半期，计算机互联网络和多媒体技术得以运用，宣告国际互联网传播时代的到来，了解从各阶段依次过渡到下一阶段的过程，将理解人类过去、现在、未来的新闻传播活动及人类的生存方式变化的必然联系。

新闻传播活动的发展还表明，人类进行传播活动的能力是随着媒介的改良与发明而增强；传播活动的形式，也是随着媒介的发展而改变；每一个新闻传播新时代的到来都以技术突破为前提，即它对传播技术的进步有着依赖性。这就是我们以此作为新闻传播史历史分期的依据和道理。

传媒发展的过程不是媒介依次取代的过程，而是一个依次叠加的过程，每一种技术都使人类的传播能力有了飞跃。这种传播能力在进化过程中一代一代的积累、升华、传递，这是人类生存和发展基本的一面。

在社会的历史进程中，人类由于社会、政治、经济文化和精神方面的需要，不断想方设法革新和发展传播技术。传播技术的应用和发展，又受到政治、经济、文化等因素的制约。我们力图对这一个复杂的矛盾现象进行剖释，从中探索新闻传播的发展规律。但由于我们的水平有限，恐怕叙述过程中言不及义。

总论按口语传播、文字传播、印刷传播、电子传播和国际互联网传播五个部分予以论述。

第一章

口语传播

口语传播是人类传播活动的第一个发展阶段，当人类从动物中分离出来时，社会生产力水平极为低下，洪水、猛兽、毒虫、饥荒随时威胁着人类的生存。只有依靠音讯传播、协调人类行动，共同与大自然作斗争，才能求得人类的生存和延续。在这一时期，人们使用以口语为主，以标志、声光、图式等为辅的原始、简单的手段来传播音讯（message）。

一、口头传播

或称为口语的传播，以口语述说来传达思想、消息与态度。①

在语言产生之前，人类最早使用的传播方式十分简单，来源为身体器官的呼唤，手势、体态，这被称为体语传播。以后随着劳动的进行，人类的大脑逐渐发达，发音器官逐渐完善，思维能力逐渐发展，大概在几十万年前产生了音节语言。语言的产生是传播史上第一个重要的里程碑。其意义在于：

（1）人们不再只通过各种断续的嚎叫、音节，简单的姿势和身体的动作来应付大自然的威胁和共同劳动。人们通过单词、数字及其他代号，加上语言和逻辑

① 参见郑贞铭：《大众传播学原理》，3版，4页，台湾，华欣文化事业中心，1992。

规则来交流。

(2) 语言的产生还使人们的分类、抽象、分析、综合及推测等思维能力加强，使人类在音讯传播的长度、深度、广度及精细程度上有了进步，并使人类与自然的斗争经验得以相传。

(3) 语言的运用加快了人们信息交流的传输和接收速度，使人们无须再用如现代人“动作字谜”游戏的方式来传递音讯，减少了编码解码时间。简而言之，语言是伟大的工具，是社会的共同纽带。

语言产生之后，口头传播成为人类主要的传播方式。古代口头传播的方式多种多样。有个人之间的交谈，也有众人聚在一起的议论。日本在原始社会末期，同一部落的妇女利用每天到井边汲水的机会，相互通告消息。史书上称之为“井户端会议”。公元前 490 年 9 月，希腊人抗击波斯入侵，以少胜多，士兵菲迪皮茨从马拉松战场跑回四十多公里外的雅典，他向聚集在中央广场的人群高喊：“我们胜利了，雅典得救了!”话刚说完就倒地牺牲了。这可说是古代最有名的一次口头音讯传播。此外，口语传播的方式还有部落、团体、民族的集会，田间地头的传闻，广泛流传的民谣、行吟诗人的说唱等等。

心理学家艾伯特·班杜拉曾指出：“使用象征符号（语言）的能力为人们提供了应付环境的有力手段。通过词语和想象的符号，人们以代表性的形式处理和保存经验，作为将来行动的指南。有意行动的能力根植于象征性活动……”① 这说明了语言的社会功能。

《圣经》叙述了有关巴比伦人造通天塔的故事。在古巴比伦，国王召集了二十多万人用四十多年时间造通天塔，当塔快通天的时候，上帝为阻止这不速之客，派了 70 名天使夺走了人们共同理解使用的语言，然后把他们分割成小群，让每一群人讲一种只有他们自己才懂的语言，巴比伦人由于无法互相沟通，不得不中止通天塔的建立。这个故事反证口头传播是人类社会形成的重要工具。

口头传播是这个时期主要的传播方式，但由于口头传播在时间和空间上的局限性，古代人类还往往借助标记、图式、声光等作为辅助传播手段。

二、标记传播

指借助一定物体或符号为载体，传递或保存音讯的传播方式。结绳就是一种传递音讯和帮助记忆的特殊符号。古代中国、日本、波斯、埃及、墨西哥、秘鲁都曾盛行结绳记事。其中古代印加印第安人的结绳词最为发达，他们使用一种打

① ［美］梅尔文·德弗勒等：《大众传播诸论》，1 版，242 页，北京，新华出版社，1990。

结的绳，绳子和结子的数目、大小、颜色，以及结与结之间的距离都有一定含义。实物借代、珠贝传令等也都是标记传播的表现形式。北美易洛魁人的酋长，往往把紫色、白色或其他颜色的贝壳珠排成各种图形，串成各种珠带，一定图形的珠带表达一定的意思，以此来传达通知和命令。

三、声光传播

指以声和光作为传递信息载体的传播方式。较之口头传播具有速度快、距离远的优势。借助声音的高低长短、光线的强弱等多种变化传达较为复杂的内容。表现方式主要有敲击响器、吹奏号角、点燃烽火等。中国历史上曾有周幽王为博爱妃一笑“烽火戏诸侯”的典故，说明烽火也具有传递音讯的功能。美国作家阿历克斯·哈利在《根——一个美国家庭的历史》中描述了18世纪非洲一些部落传递音讯的方式：守望在村外路上的报信人用鼓声告诉村民来客的人数、邻村发生的事情，而当本村人婚丧嫁娶时，也用鼓声播报出去，这种鼓语被称为“大鼓电报”。

四、图式传播

指用简单的书写符号或图形来表达意思、传递音讯、记载事实的传播方式。图式优于标记和声光之处在于它不仅能表达数量，而且能反映事物特点和性质。图式传播是原始音讯传播的高级形态。图式传播在考古活动中常有发现。普列汉诺夫在《论艺术——没有地址的信》一书中列举了许多例子。其中一例是：德国科学家斯巴恩在巴西一条河岸上看到土人画的一条鱼，他就让随从的印第安人在河里撒网，果然抓到几条同河岸上画的一样形状的鱼。可见土人画鱼正是为了传递这里有鱼的音讯。在埃及古墓和纪念碑上，常出现刻画狗头猴身的动物。它们昂首挺胸，执鞭驱赶猪猡。狗头猴身的动物是“首领”、“长官”、“奴隶主”的代表，而猪猡是奴隶的代表，这种图式是古埃及奴隶社会状况的描述。在古罗马庞贝古城废墟的墙壁上，有手持各种武器的战士的图画。这些图画落笔简洁朴素，多为古罗马普通战士所作，反映了古罗马奴隶社会下层运用图式传递音讯的情况。

人类在文字发明以前，主要依赖口头传播。口语传播是人类传播历史的第一阶段，其传播的内容多为音讯。音讯是一种符号或一组符号，由某一来源发端，可由接受者任作解释。音讯和新闻不同，音讯是一个笼统的传播名词，新闻、非新闻均可包括在内，音讯可能指的是新近发生的事物，但并不一定具有新闻的要素。音讯可转化为新闻。

音讯这一笼统的传播名词，恰好揭示了古代音讯传播的原始化特征。在漫长的音讯传播过程中，其原始化具体还表现在：

（1）音讯数量少、分散、片面、静止、方式上不断简单地重复、呈明显的无序性和部落化。

（2）传播动机单纯，主要为觅食、防卫及满足好奇心。按马斯洛的需求理论，这些传播产生于较低层次的需求。

（3）没有意识对抗，思想控制，人人均可以成为传播者和受众。传播的需求是自发的，传播是无所不在的、必需的活动。

第二章

文字传播

随着文字的产生和书写材料的改进，人类社会从口语传播开始缓慢地进入文字传播时代。

一、文字的产生

随着人类抽象思维能力的提高，图式传播进一步发展，出现了有读音的象形文字。

最早的文字产生于奴隶社会初期。大约在公元前三四千年，中国、埃及、印度和两河流域（幼发拉底河、底格里斯河），分别出现了早期的象形文字。最早的苏美尔文字是由一个或几个符号组合起来，表达一种新的意思，例如，代表“口”的符号，用来表示“说”，代表“眼”和“水”的符号，则表示“哭”。“苏美尔文字是用削成三角形尖头的芦苇杆（或骨棒、木棒）当笔，刻在泥版上的，落笔之后自然形成楔形。因此，称为楔形文字。”这种楔形文字后来传播到整个西亚，又经历了表形、表意到读音的演进过程，衍生出各种字母文字，而且形体日益简化，书写日益快捷。

二、书写材料的改进

早期的书写工具大多是各种就地取材、简陋的自然材料，如岩壁、粘土、兽皮、兽骨、竹简等。在古埃及，尼罗河畔野生的纸莎草充当了书写材料。纸莎草外皮薄而坚韧，茎内有网状木髓，古埃及人用这种网状木髓制成纸莎草纸，用菜叶加烟渣调成墨汁，以芦苇茎作笔杆在纸莎草纸上书写文字，公元前2000年，埃及统治者普遍使用这种纸莎草纸传布文字条令，记录各种信息。它对整个社会体制结构都产生了深远影响。迄今考古学家已发现了用埃及文、希腊文、拉丁文、阿拉伯文以及希伯来文书写的纸莎草书卷。即使是没发明纸张的美洲玛雅人，从无花果树上剥下内皮，经过浸泡、捣平、软化、剪裁等工序，树皮两面书写，折叠成书。首尾用木板相夹，装潢美观。公元以后，萨克森人开始在用羊、兔等动物皮制成的羊（兔）皮纸上书写。

中国人对书写材料的改进做出了突出贡献。公元前2世纪，中国已出现了用植物纤维制成的纸，公元105年，东汉人蔡伦改进了造纸术，开始用树皮、破布、纤维和渔网造纸。这一技术传到高丽、日本，后经中亚、阿拉伯地区传入欧洲，为各国采用。

文字传播（Written Communication）是人类传播活动的第二个发展阶段，最早的文字传播指的是手写传播。它是传播史上第二个里程碑。传播学者施拉姆论述道："无论如何，文字的发明在当时也许可以认为是理所当然的事，但回想起来则似乎是历史上震撼地球的大事之一。这一发明使得有可能携带信息越过地球的曲线，带着比讲话的人的声音能传到的、或烽火信号或旗帜或标石能被看到的、或鼓声能被听到的更远的地方。文字能保存大事或协议的记录供以后使用，这样，人们就可以储存一部分经验而不用费尽脑筋去铭记。因此，他们就能有较多的时间处理现有信息和为未来制订计划。这也必定大大加速了人在想要改变生活方式时就予以改变的能力。"①

文字应用的意义还在于：

（1）它标志人类传播原始时代的结束，文明时代的到来。

（2）它突破口头传播受时空限制的束缚，使信息可以流传于异时异地，保存久远。

（3）它促进人类的社会化进程，除了社会成员的人际交流、公共交流外，还出现了专职的传播者或职业。

必须指出，当时社会的阶级特征，不可避免地映射于音讯传播领域。原始的

---

① 威尔伯·施拉姆等：《传播学概论》，1版，14页，北京，新华出版社，1984。

新闻共享变成阶级垄断。

古代的统治者为巩固政权，商人为获知商情，手写传播在社会生活中发挥重要作用。其中有两种尤为重要。一是公告式的官方公报；二是书信式的新闻信。

（一）《每日纪闻》（Acta Diurna）

《每日纪闻》是公告式的官方公报。公元前 59 年，尤利乌斯·恺撒当选为罗马执政官后，下令每日公布元老院及公民大会的议事记录。用尖笔书写在罗马议事厅外一块涂有石膏的特制木板上。当时的名称是“阿尔布（Album）”，后来人们称之为《每日纪闻》。从这个政府机构的“喉舌”仅是石膏木板，也可看出当时传播手段简陋，具有原始化的特点。但这块木板的书写内容多为政府要事，具有很强的政治性，当时罗马贵族派与民主派的斗争十分激烈。恺撒是民主派的首领，他创设《每日纪闻》的目的，就是通过公布元老院和公民大会议事内容，争取舆论支持，扩大政治影响。传播已成为政治斗争的工具。

公元前 44 年，恺撒遇刺身亡，他的养子恺撒·屋大维继任。公元前 27 年，元老院授予他“奥古斯都”（意为至圣至尊）的尊称。屋大维成为罗马最高的主宰者，奴隶制的罗马共和国从此转变为罗马帝国。公元前 6 年，屋大维恢复《每日纪闻》，从此该手写公报时断时续刊布会议纪录、帝国政事、宗教祭祀、贵族的婚丧嫁娶、战争消息等等，一直到公元 330 年迁都君士坦丁堡为止。公报除缮写在布告牌上，还由书记员抄写多份，颁发给各地要人和驻军首长。罗马帝国版图的不断扩张，《每日纪闻》的传播范围也越来越广。一个美国传播学者认为，罗马帝国之所以能统治辽阔疆域，至少有一部分原因是因为它有一个发达的，包括《每日纪闻》在内的传播系统。而其灭亡，部分原因是由于《每日纪闻》的停办，传播组织远远落后于军事、商业、行政等社会组织的发展，传播无法协调复杂的活动。往往是“一言不到，全军溃败”。从这一案例，也可看出传播对社会的整合作用。

（二）新闻信

新闻信是指传递、交流信息的公私信件。它是西方古代历史上流传最广的手写传播形式。据记载，早在公元前 500 年，古罗马就开始有新闻信，直至西罗马帝国灭亡（公元 476 年），新闻信绵延不绝。因为这个奴隶制国家幅员广阔，环绕地中海，地跨欧、亚、非，首都罗马和各省份、属地之间，无论是官方还是私人，都要靠新闻信保持联系。

官方的新闻信常有传递政情军情的性质。例如公元前 47 年凯撒由埃及进军小亚细亚，征讨支持他政敌庞培的本都王国王子。战争顺利结束后，恺撒立即写了一封“我到、我见、我胜”的信件，回罗马告捷。

私人的新闻信主要流行于上层社会。罗马共和末期的政治家、哲学家和文学家西塞罗（公元前106年至公元前43年），一生就写过许多书信。其中有些是写给当时的权势人物恺撒、庞培、屋大维的。他的不少信件生前就在社会上广为流传。他死后留下了九百多封信（包括部分别人写给他的），其中记述了当时许多重大事件和人物，纪录了罗马的生活、外省行政、乡村情况，以及民间习俗、竞技游乐等等。这些信件，现在是可贵的历史资料，当时则是相互传递信息的新闻信。在西罗马之后一个多世纪，另一位罗马作家小普林尼也是杰出的新闻信作者。他留下《通信集》10卷，包括书信三百多封，信中记述了上层社会的许多事件和生活情况。其中有一封叙述了发生于公元79年的著名的维苏威火山大爆发的详细过程。它不仅是一篇生动的目击记，而且是一篇十分优秀的通讯。

（三）威尼斯手抄小报的兴起

手抄小报发源于意大利境内的威尼斯。威尼斯位于地中海北岸，早在10世纪末就是个富庶的商业共和国，东西方交通枢纽和贸易中心。15世纪时，资本主义生产方式开始在这里萌芽，造船、纺织、玻璃等行业相当发达，手工工场林立，工人达19万之多。这里的手工业主、商人、航海界人士十分关心商品的销路、各地的物价、来往的船期，于是有人专门打听这些消息，抄写后出售。后来，需要相同消息的人多了，他们就抄写多份，谁需要就卖给谁，这就是手抄小报。有资料认为：1536年威尼斯已有专门采集消息的机构和贩卖手抄小报的人。1563年同土耳其发生战争期间，威尼斯政府也曾发行手写的小报。1566年这里又出现定名的小报，叫做“手抄新闻”（Notizie Scritte）。以上各种小报的内容主要是商品行情、船期和交通信息，间或也报道政局变化、战争消息和灾祸事件，因为这些都会影响贸易和交通。小报不定期，沿街兜售，每份一个铜元（一说张贴在公共场所，凡入内阅读须付一个铜元）。当时的铜币叫做“格塞塔”（Gazzetta），后来这种小报流传到罗马以及欧洲各国，就称为Venice Gazzetta（威尼斯小报）。而Gazzetta一词也就成为欧洲各国早期报纸的名称。

在16世纪，意大利的其他城市以及德、英、法等国都有手抄小报的发行。有些大的商行或银行，在总行与分支机构之间常有互通消息的信件，主要供业务参考，也有选择地摘抄一些售与外人阅读。当时德国富商富格尔家族曾在奥格斯堡开设富格尔金融贸易所，它的分支机构遍及欧洲各大城市，该所编集的《富格尔商业通讯》就很有名。现在维也纳图书馆还收藏有1588—1605年的《富格尔商业通讯》27册，梵蒂冈图书馆则存有当时汇集的1554－1585年间来自欧洲的手抄小报。

第三章

印刷传播与通讯社

印刷传播指的是近代产生的传播媒介报纸等。报纸与手抄小报的最大区别在于它是机械印刷的，故将报纸称为印刷传播。随着印刷传播的发展，大众化报纸的出现，报纸需要有专门负责采访新闻的机构，新闻通讯社应运而生。新闻通讯社的产生又促进了报业的发展，它们互相促进，有力地推动着人类新闻传播事业的发展。故本章概述报业和新闻通讯社的产生和发展两部分内容。

第一节　印刷传播的产生

印刷术的发明是印刷传播的前提条件。记事性的小册子是印刷新闻传播的萌芽。不定期的新闻印刷品是印刷传播的雏形。它们的发展促进近代报纸的产生。

一、印刷术的发明

中国最早发明印刷术。早在公元六七世纪隋唐年间就有了雕版印刷。北宋仁宗庆历年间（1045 年左右），毕升首创胶泥活字排版印刷，以后又有人发明木活字印刷。南宋时期，中国还出现了锡合金铸成的金属活字。中世纪后期，中国的印刷技术渐渐传到中亚和欧洲。14 世纪、15 世纪之交，欧洲也有了雕版印刷和木活字印刷。

1450年前后，德国美因茨的工匠古登堡成功地创造了金属活字排版印刷技术。他还制成了木质的、靠螺旋在印板上压力的印刷机，代替了纯粹的手工操作，从而提高了印刷的质量和效率。随后他印出了《拉丁文文法》、《四十二行圣经》(共两卷1282页，每页42行，故名)、《教堂课读》等重要书籍。以后十几年间，意大利、瑞士、法国、尼德兰等欧洲国家先后引进了古登堡的金属活字印刷术。到1500年欧洲各国已兴建印刷所250家。16世纪这一技术又传到墨西哥及美洲大陆其他各地。

印刷术的发明和应用是人类传播史的第三座重要的里程碑。因为印刷可以大量而迅速地复制信息，以便向广大公众传播，这就深刻地影响了人类的精神生活和文化发展。原先为奴隶主、封建主或是教会上层垄断的文化知识扩散开来，新的思想、新的信息随着印刷时代的到来变成了统治者无法遏制的潮流。正如恩格斯所描述的那样：原先“禁锢在独卷手抄书内的思想，无法传播四面八方”，而在印刷术扩展以后，“欧罗巴吵吵嚷嚷”，“多么激动，多么震惊；熊熊的火焰，宛如狂飙，喷射而出……”① 但是，印刷术应用的初期，主要印刷书籍和圣经一类的宗教材料。

二、印刷新闻传播的萌芽

到了15世纪末叶，一些印刷商已经开始印刷某些记事性的小册子，记述近期发生的重大战役、自然灾害、节日庆典等。对一般读者来说，这些记事有其新闻性。其中比较著名的有：1482年奥格斯堡发行的《巴西探险记》等。它们被认为是印刷新闻传播的萌芽。

三、印刷新闻传播的雏形

16世纪末，在手抄小报流行的同时，西欧等地开始出现了不定期的印刷品，报道某些重要事件，它与记事性小册子相比，新闻性明显增强。多为书本形式，被称为新闻书（Newsbook)，也有单页的新闻传单（Newssheet)。自从新航路开辟以后，欧洲的贸易集散地逐渐移到大西洋沿岸，尼德兰、法国、德国、英国都出现了一些重要的商业城市，它们取代威尼斯等地中海城市而成为新的信息中心。德意志是金属活字印刷的发源地，又是南欧和北欧交通贸易的连接点，因而这种新闻印刷品发展得比较早。尼德兰的安特卫普（现属比利时）是欧洲重要的

---

① ［美］埃德温·埃默里、迈克尔·埃默里：《美国新闻史》，6页，北京，新华出版社，1982。

贸易中心，尼德兰革命后政治环境较为宽松，这里的新闻印刷品也比其他国家更早出现，有些小册子往往先在这里出版而后翻译成英、法等国文字，向其他国家传布。

根据现有记载，德意志境内1502年出版过报道打败土耳其人的印刷品，并且首次使用了Zeitung（报纸）一词。英国1513年出版过有关苏格兰战争的新闻书；法国在1529年出现与宗教改革有关的活页印刷品。美洲的墨西哥城1541年9月出版过一份报道危地马拉地震的新闻传单。意大利1549年出版的《特兰特会议新闻书》，报道天主教会议的新闻，曾译成德文和英文再版，影响比较广泛。到16世纪末，英国的新闻书逐渐多起来，1590—1610年间有过大约450种，在书名中常常有“真实的新闻”（True News）、“真实的报道”（True Relations）等字词。

16世纪后期，开始出现了定期、有固定名称的新闻印刷品。最早的是1588年奥地利人迈克尔·冯·艾津出版的《博览会编年表》，在法兰克福一年一度的博览会上出售。另外在科伦有一种拉丁文出版物，名为《法比信使》，每年一期，发行于1594—1635年，曾行销到英国等地。以后在奥格斯堡、安特卫普等地又有过一些编年表式的月刊、半月刊。这些新闻书曾在相当时间内存在发展，它们是近代报纸的雏形。

四、近代报纸的产生

近代报纸是在欧洲封建社会向近代社会过渡的背景下产生的。进入17世纪，新兴阶级取代封建统治阶级登上历史舞台。随着社会政治斗争的加剧，社会对信息需求增长。原来的手抄小报逐步改为印刷出版，不定期的新闻书逐步定期化。而邮政事业的发展，邮件稳定在每周送达一次，为定期的周报的产生提供了可能性。每周定期报刊的出现标志着近代报纸的诞生。

“报纸首先在那些权力薄弱或者统治者较为宽容的地方兴起来。前者如德国，当时四分五裂为许多弱小的公国；后者如低地国家。”[①]事实也是如此，最早的定期报刊产生于德国。1609年德意志地区出现了两种周报：《通告—报道或新闻报》（Avisa Relation order Zeitung），在沃尔芬比特尔（一说奥格斯堡）发行；《报道》（Relation），在斯特拉斯堡出版。尼德兰的安普特等城市是报纸的另一个发源地。1605年安特卫普出版过《安特卫普新闻》，还经常用英语、德语、法语出版，定期或不定期，刊登欧洲新闻，向邻近国家发行。

① 埃德温·埃默里、迈克尔·埃默里：《美国新闻史》，6页，北京，新华出版社，1982。

最早的日报也诞生于德意志地区。1650年莱比锡一位书商创办的《新到新闻》通常被认为是世界上第一张日报。1663年的《莱比锡新闻》也是世界上最早的日报之一。德国日报的产生比英国1702年的《每日新闻》、法国1777年的《巴黎新闻》、美国1783年的《宾夕法尼亚晚邮报》要早50年到100年。

第二节　近代报刊的发展

近代报刊的发展可分为资产阶级革命时期的政论报刊、资产阶级革命后的政党报刊、工业革命与廉价报纸、无产阶级报刊产生与发展、过渡时期的报业和现代报业的产生发展六个部分。

一、资产阶级革命时期的政论报刊

资产阶级报刊的发展与资产阶级革命的发展紧密联系。1566年尼德兰人民揭开了资产阶级革命的序幕后，英国、美国、法国先后进行了资产阶级革命。19世纪中叶以后，德国、意大利、日本等国通过民族统一战争或自上而下的变革，也从封建社会演进到资本主义社会。各国国情不同，历程也有很大差异，但各国报业的发展却有共同的规律：

（1）资产阶级革命以前，资产阶级报刊受封建统治者的压制，封建统治者通过出版许可制、内容审查制，英国甚至用设立"星法庭"等手段压制异己思想和信息的传播。美国第一家报纸《公共事件报》因出版未经许可和内容有违统治者的意愿，只出版一期就被迫停刊。另一方面，封建统治者出版官报，扶植御用报刊，为自己的政治需要服务。作为反封建的资产阶级报刊受到种种压制，发展进程很慢。资产阶级冲破封建压制，进行革命的宣传鼓动，而封建官报及其御用报刊，制造舆论，维护其封建统治。资产阶级报刊中，围绕着革命、改良、保守或维护封建统治等重大问题，从各自的阶级利益出发，进行论争，这就是史称的政论报纸时期。美国独立战争时期，围绕着要不要独立、要不要革命，革命派报刊和保皇派报刊进行着激烈的论争。

（2）在资产阶级革命过程中，资产阶级思想家首先举起出版自由的旗帜，宣传民主思想，论述出版自由的重要性。英国弥尔顿的《论出版自由》是有名的政论小册子，是资产阶级争取出版自由的锐利武器。美国潘恩的政论小册子《常识》控诉了英国的血腥压迫，吹响了美国独立战争的号角。法国的马拉宣称其办报的目的在于教育人民运用自由。

（3）资产阶级革命后，建立了资产阶级的政权，资产阶级报刊的发展过程受两个因素的制约：1）各国的资产阶级革命是否彻底，建立起怎样的政治制度；2）该国的资产阶级共和制是否巩固，有无封建复辟。英国对封建传统破除不彻底，新闻出版仍受诸多限制，报业发展比较迟缓；法国革命最为彻底，但革命后政局多变，时有封建复辟或专制政体出现，报业发展屡屡遭受挫折；美国资产阶级革命比较彻底，资产阶级政权巩固，报业发展较快。

二、资产阶级革命后的政党报刊

资产阶级革命后，各国报业无论发展快慢，均经历了一个政党报刊为主的时期。其原因是：

（1）随着议会民主和多党政治体制的确立，不同党派纷纷创办或控制报刊，作为政治斗争工具，宣传政见，争取舆论，甚至党同伐异，激烈论战。

（2）经济上因报价贵、发行量少，没有广告收入，只好依赖执政的或在野的政党。

这些政党报刊的共同特点是：

（1）政治上有明显的倾向性；

（2）内容上侧重于时政新闻和言论；

（3）读者对象主要是政界和上层人士。

从政党报刊的特点看，它们是政论报刊的发展。

三、工业革命与廉价报刊

18世纪后期，欧美主要国家先后开始了工业革命，工业革命的推进给社会生活，也给近代报业带来了重大影响，各国相继进入廉价报纸时期。其原因是：1）社会经济飞速发展，城市化进程加快，人口迅速集中，为报纸大量发行流通提供了条件。2）经济的发展需要普遍提高劳动者素质，于是教育有所普及，粗通文字的平民增多，形成了新的广大读者群。3）阶级力量发生新的变化，工业资产阶级和工业无产阶级同时在扩大，这就推动了各国政治变革的进程，使办报的政治环境逐步改善。4）高速轮转印刷机的产生，降低了印刷成本，报纸印得更快更多。5）随着工商业的繁荣，广告数量大为增加，广告费收入成为报社的主要来源，报纸廉价销售成为可能。

廉价报刊（Cheap Newspaper）指的是工业革命后各国先后出现的面向社会中下层的通俗小报，因售价低廉而得名。世界上第一家成功的廉价报纸是1833年由本杰明·戴在美国纽约创办的《太阳报》。

《太阳报》和过去的政论报纸有所不同。首先它把报价降为一美分；第二，它排除了政治性议论，提供了许多群众关心、爱读的新闻和文章；第三，它拥有刚刚登上历史舞台的城市劳动群众，作为其读者；第四，报纸发行面向群众，销路猛增。

继《太阳报》之后，戈登·贝内特主编的《纽约先驱报》、霍勒斯·格里利主编的《纽约论坛报》等廉价报刊相继出现。这样，报纸便从“政论报纸”过渡到了“大众报纸”时代。

廉价报纸开始走向了企业化道路。戴创办《太阳报》时，只有每小时至多印200份报纸的老式印刷机和微少的资金。而亨利·雷蒙德在1851年创办《纽约时报》时，已拥有配备着价值二万美元的蒸气轮印机的六层大楼和十万美元的资金。于是，发行报纸不再是谁都可以问津的事业了。

在报纸大众化的过程中，形成了“高级报纸”和“大众报纸”之分。“高级报纸”既详细报道国内外政治、经济新闻，又登载具有说服力的社论，虽然发行量较少，但对社会有很大的影响；“大众报纸”则以趣味性为主，面向广大普通群众。

廉价报纸的特点是：1）政治上标榜独立，不受制于某个党派；2）经济上自主经营，不依赖政府或政党的津贴；3）读者对象为平民大众，也称大众化报纸(Popular Newspaper)，这是一种新兴的资产阶级商业报纸；4）内容上注重地方新闻、社会新闻以及各种消闲性趣味性的软新闻；5）形式上文字通俗，版面活泼，可读性强；6）经营上完全商业化，大量刊登广告，以此来降低售价，扩大发行，进而赢得更多的广告。廉价报纸的出现使商业报纸更加兴盛，逐步成为资产阶级报业的主体，并为其向现代报业演变奠定了基础。

四、无产阶级报刊的产生与发展

工业革命后，社会分裂成两大对立的阶级：工业资产阶级和工业无产阶级。前者在生产发展中聚集了巨大的财富，而后者却日益贫困化。工人阶级为改善生存条件而开展工人运动，工人报刊随之产生。工人报刊是工人运动的产物。

工人报刊首先在英国，接着在欧美一些国家出现。一直到俄国十月革命为止，无产阶级报刊发展可分为三个时期：

(1）工人报刊的童年时期。英、法、美、德各国工人运动肇始，工人报刊出现。最早的工人报刊大都由联谊会、互助会之类的工人组织创办，主要内容是呼吁保障工人生活和改善劳动条件，宣传空想社会主义思想，主张进行经济斗争。19世纪30年代英、法、德先后兴起的三大工人运动，标志着工人阶级开始登上政治舞台。早期工人报刊是在极端困难的处境中创办的，其中最著名的是英国的

《贫民导报》和《北极星报》。它们在揭露资产阶级的剥削本质，传播阶级斗争知识，唤醒工人阶级觉悟方面起了十分重要的作用。

（2）19 世纪 40 年代后半期至 90 年代无产阶级政治报刊。马克思主义诞生并逐步与工人运动结合，工人运动逐步由经济斗争发展为政治斗争。工人报刊也随着无产阶级政治运动的发展演变为无产阶级政治报刊。这些报刊在宣传革命理论、批判错误思潮、组织无产阶级政党以及同反动派进行斗争方面，发挥了重要作用。无产阶级革命导师马克思、恩格斯 1848 年创刊于科伦的《新莱茵报》是世界上第一份马克思主义日报，被誉为“革命无产阶级最好的机关报”。1871 年巴黎工人起义，巴黎公社成立，巴黎公社时期的革命报刊和 19 世纪 70—90 年代德国社会民主党的报刊为无产阶级政党机关报提供宝贵的经验教训。

（3）俄国布尔什维克报刊的发展。19 世纪末俄国工人运动兴起，工人报刊出现。这是无产阶级政党动员和组织群众，为推翻资产阶级统治，建立无产阶级政权而斗争的强大思想武器，为准备和实现社会主义革命建立了不朽的功勋。这一时期的重要报刊有：

1900 年列宁创办和领导的第一个马克思主义全俄政治报纸《火星报》。这表明 无产阶级报刊已发展成为无产阶级党报。该报在建立马克思主义新型政党、领导俄国工人运动中起到巨大作用，是俄国社会民主工党形成时期马克思主义报纸的典范。

1903 年在俄国社会民主工党的“二大”上，党内分裂成布尔什维克和孟什维克两派。《火星报》从第 52 号起，被孟什维克所篡夺，变成孟什维克的机关报。布尔什维克创办自己的机关报，领导俄国无产阶级进行革命，其中 1912 年在彼得堡创刊的《真理报》出色地开展宣传、鼓动和组织工作，为准备和进行十月革命作出了重要贡献。十月革命胜利后，《真理报》成了世界上第一份执政的无产阶级政党的中央机关报。

无产阶级报刊的特点是：

（1）它的办报宗旨在于为了维护无产阶级和广大劳动群众的利益，宣传本组织的纲领。

（2）内容主要是批判旧世界，同形形色色的阶级敌人作战，也要同工人运动内部种种错误思潮和资产阶级影响作斗争。

（3）它同劳动群众保持广泛而密切的联系，依靠群众办报。

（4）它是党和工会的宣传机构，党和工会的领导人往往是报纸的负责人或主编。

马克思、恩格斯、列宁等革命导师在无产阶级报业发展过程中发挥了巨大的作用。他们的新闻实践和新闻思想是无产阶级新闻事业的宝贵财富。

五、过渡时期的报业

19世纪末至第一次世界大战，由于社会政治经济条件的变化，近代报业逐步向现代报业过渡。我们将这一时期的报业统称为过渡时期的报业。过渡时期报业的特点是：

（1）独立于政府或政党之外的商业性报纸逐步取代政党报纸成为报业的主体。

（2）报纸面向大众发行，销量大增，有的大报发行量超过一百万份。

（3）报纸在相互竞争中逐步兼并集中，出现了拥有多家报纸的集团。

这一时期报业发生的最大变化是黄色新闻的泛滥和报团的出现。

（一）黄色新闻的泛滥

黄色新闻是在煽情主义新闻的基础上，进一步发展而成的，注重犯罪、丑闻、流言蜚语、离婚、性等问题，强调灾害和体育新闻报道。黄色新闻是报业追逐利润不择手段竞争的产物。它起源于美国著名报人普利策和赫斯特的竞争。1883年普利策买下纽约《世界报》。他的《世界报》注重用严肃的社论抨击时弊，反映民情，提倡改革；又采用煽情主义和耸人听闻的手法，大量刊登社会新闻、警事新闻来吸引读者。普利策接办《世界报》10年后，报社资产由35万美元扩充到1000万美元，每年赢利百万，成了资本主义大企业。

1895年，出身旧金山一个大矿业主家庭的威廉·赫斯特来到纽约，买下一份陷入困境的报纸，更名为《纽约新闻报》，开始了同《世界报》的激烈竞争。

当时《世界报》已经广有影响。尤其是该报的星期日版图文并茂，销路极好。1896年1月，赫斯特暗下用高薪将该星期日报全班人马挖走，出版《纽约新闻报》的星期日版。《世界报》星期日版有个著名的连环漫画《霍根小巷》，主人公是个穿着肥大的黄色衣服的孩子，作者借“黄孩子”东游西逛的行踪，讽喻世俗人情，滑稽而有趣，很受读者喜爱。赫斯特将作者挖走后，普利策另请画家作画，于是两家星期日版都有“黄孩子”的连环画，一时间“黄孩子”就成了这两家报纸的象征。新闻界就称它们为黄色报纸，把其惯用煽情主义手法写作的报道称为黄色新闻。

黄色报纸采用一些特殊的表现手法。1）使用大号字煽情标题（黑体字或套红色印刷），经常对不甚重要的新闻加以渲染、夸张，整个报纸版面给人以耸人听闻的虚假感。2）滥用照片，以至偷窃和伪造照片。3）种种欺骗手法，如捏造访问记和新闻报道，歪曲性的标题，假科学，假学术。4）星期日增刊，登载彩色滑稽连环画和肤浅的文章。5）标榜同情“受压迫者”，发动运动为民请命。通过这些手法，报纸的作用从宣传时代进入了鼓动时代。赫斯特通过报纸的鼓动，教唆刺杀美国总统麦金莱；煽动美西战争。

（二）报团的出现

报团是一个在两个以上城市，拥有两种以上日报的报业公司。报团的出现，表明新闻事业走向垄断的趋势，这乃是20世纪新闻事业最重要的发展。形成于19世纪80年代初的美国斯克里普斯报团，是世界上第一个报团。

1908年，英国第一个现代报团——北岩报团形成。法国报团的出现不仅晚于美国、英国，而且也后于德国，是在第一次世界大战后才出现的，这是因为法国长期以政党报纸为主体的缘故。

六、现代报业的发展。

第一次世界大战结束后，世界历史进入现代社会，现代报业也随之出现。现代报业可分为资本主义报业、社会主义报业和发展中国家报业三种类型，它们的发展各有特点。

（一）资本主义国家现代报业的发展

英、法、美等发达资本主义国家的报纸继续商业化进程，报业的竞争和兼并加剧。德意日等国家政治上的法西斯化，他们用行政手段使其报业也走上了法西斯垄断的道路。

（1）一战后，垄断化是其报业发展的基本特征。报业垄断有两个标志：1）发行量增加，报纸种数减少；2）“一城一报”现象普遍。

（2）资本主义国家报业垄断有三种途径：1）通过报团（报业公司）控有报纸的所有权。资本主义国家都有大大小小的报团，一般拥有两种以上的日报，或多种报刊。较大的报团还拥有通讯社、特写辛迪加、电台、电视台。2）通过通讯社、特写辛迪加控制报纸内容。3）通过广告影响报纸的编辑方针。

（3）第二次世界大战以后，随着经济的恢复、繁荣，报业进入了一个新的发展时期。由于国情不同，美国、日本报业发展速度很快，英国、法国较慢，但其特点是一致的：1）形成了少数“超级报团”；2）出现了跨媒介或跨行业的垄断；3）出现了跨国、跨地区的垄断。

与此相适应也出现了多种垄断组织形式：传统的报团、跨媒介经营的传播集团、联合或混合企业所属的媒介子公司、与大银行大企业连通的连锁董事、跨国媒介集团等，而扩张的途径包括兼并、合并、联营、控股公司、合资企业等等。

（4）垄断加剧的原因有三个：

从经济上看，一个企业通过兼并竞争对手的途径，是现代经济史上一个突出现象。在竞争日益激烈的现代社会，只有财力雄厚、业务兴旺的报纸才能生存，通过不断吞并效益不佳的报纸来扩大规模和经营范围，仍是现代西方经济的重要支柱。

20 世纪 80 年代以后，兼并加剧，不仅出现了巨型公司，还出现了“蛇吞象”的现象，发展前景看好、管理有方的中小企业开始向大企业发起进攻。如 1985 年美国首府传播公司就以借债的形式兼并了老牌的美国广播公司。全球经济的一体化趋势又促使各行业超大公司不断追求规模效益，以争夺世界市场。

从技术上看，高科技的设备和节目制作成本需要巨额资金投入，这使得财力有限的公司只能望而却步。如在日本，一台高速轮转印刷机要 30 亿日元，而至少要有 3 台这样的机器才能维持正常运转，如此高投入令众多报社望“机”兴叹。与此相对的是，财力雄厚的大公司显示了无法比拟的优势。

另一方面，竞争又都是围绕着新型产业展开的，以多媒体、网络为核心的信息技术和信息高速公路的快速发展，为行业间的相互渗透和融合创造了条件。

从政治上看，20 世纪 80 年代以来，西方国家纷纷调整产业政策，减少政府对经济的干预，放松管制、鼓励竞争，尤其在金融、电信、广播电视、航空等方面，为企业兼并提供了政策依据。

（5）报业垄断后果十分明显：

越来越多的报纸控制在少数人手中，报业所有权的集中化使报道、评论趋于雷同，从而影响了新闻的多样性。

竞争引发兼并，缺乏竞争对手，报纸往往质量下降。

报团老板大都是垄断资本家，他们和金融界、工商界有着千丝万缕的联系，甚至还涉足其中，大财团通过融资、控股、互派董事等方式，深深介入报纸的运作，使之成为垄断资本的代言人。

跨国媒介集团的出现加剧着世界新闻传播的不平衡，造成“信息贫困”和“信息过剩”，发展中国家要求建立新的新闻秩序的呼声得不到回应。

发达国家报业在信息革命的浪潮中，意识到新技术的经济效益，从 70 年代起，陆续采用了照相排版、胶版印刷、电脑写作和编辑、数字传输等技术，直到普及互联网，电子化、数字化极大增强了报纸的信息内涵，这也是现代传播革命的趋势。

资本主义国家的工人阶级报纸，包括共产党和其他工人政党的报纸的办报方针与近代的工人报刊有很大的不同，其原因一方面是国内采取了缓和阶级矛盾的政策，另一方面是高新科技的广泛应用，使纯粹从事体力劳动者数量骤减，“白领”阶层的数量就超过了“蓝领”阶层，致使工人阶级报纸也向商业化方向转变。

（二）社会主义国家现代报业的发展

社会主义国家现代报业的发展大致分为以下三个阶段：

十月革命胜利，世界上出现了第一个社会主义国家。一个崭新的社会主义报刊体制在苏俄确立形成。

二战结束以后，又有欧、亚、拉丁美洲一系列国家脱离资本主义体系，走社会主义道路，社会主义报业得到很大发展。

“苏东”剧变后，这些国家的报业结构和性质发生了重大变化。

1. 社会主义报刊体制的确立和形成

第一，苏俄确立社会主义报刊的措施：发布新闻出版法令，剥夺资产阶级的出版自由；创办各类报刊，建立以党报为主体的社会主义报业体系；确定社会主义建设时期的办报原则和方针；动员和组织人民群众积极参加社会主义建设。

第二，在列宁、斯大林和苏联党的领导下，一种以党的机关报为主的社会主义报刊体制在苏联建立起来了。这种报刊体制的主要特征表现为：

（1）苏联的报刊，均属国家所有，是党和国家机构的重要组成部分；其基本职能是集体的宣传员、集体的鼓动员和集体的组织者。

（2）苏联的各级报刊绝对服从各级党委的领导。苏联没有成文的新闻法律，苏联各级党对报刊的领导是根据党中央不同历史时期的方针、路线和政策，制订报纸的宣传方针和任务，并以文件形式发给所属的报社，使其遵照执行。为了确保报纸的宣传与党中央一致，各级党在组织上注意选择、配备和培养有政治水平和业务能力的新闻干部，保证领导权掌握在无产阶级手中；此外还定期审查、批准所属报社编辑部的工作计划，听取编辑部的工作汇报；定期检查、监督和评价报刊的宣传活动；各级党委的领导人亲自为报社撰稿，与编辑部保持密切联系。

（3）苏联报纸信息来源单一，言论高度集中。报纸的信息来源，只有官方一个渠道，报道什么，不报道什么，均从党的利益考虑，由苏共中央的宣传部和国际部决定。苏联党中央机关报《真理报》的言论有绝对的权威性，其他各报在言论上均仿效《真理报》。苏共中央通过自己的机关报，在整个社会范围内实现了舆论一律，是一个高度集中统一的报刊体制。

（4）苏联报刊在建设时期是社会主义建设的工具，它表现了列宁提出的，从破坏旧社会向建设新社会的过渡，向建设社会主义经济基础过渡，用新的报道方法，组织劳动人民参加社会主义建设竞赛，并充分发挥了报刊的批评监督作用。

苏联这种高度集中的报刊体制，对巩固社会主义，发展国家建设方面曾起过积极作用。它为社会主义改造和国民经济建设做了大量的宣传鼓动工作，保证了

30—40 年代苏联全国的统一，为苏联实现以重工业为中心的工业化，为实现农业集体化创造了良好条件。但应该指出，苏联的报刊体制，由于受党的领导人错误影响，也有过深刻教训。在列宁逝世后，苏联党内连续发生了重大的政治斗争，先是“同托洛茨基的斗争”，而后是同“新反对派”的斗争、“同布哈林的斗争”，紧接着便是 30 年代的肃反运动。在此期间，斯大林严密控制舆论工具。在他的“党的利益高于形式上的民主”的思想指导下，苏联报刊在肃反运动中成为陷害党的优秀干部的舆论工具。

30 年代后半期，由于社会主义建设在苏联不断取得胜利，党内“左倾反动派”和“右倾反动派”相继被击溃，对斯大林的个人崇拜也随之升温。斯大林被赞扬声冲昏了头脑，违反党的民主集中制原则，实行个人专断，他甚至把新闻工具变成了自己的传声筒，利用它号令全国。

总之，苏联实行的高度集中的报刊体制，不能简单地肯定和否定，应该认真地总结其经验教训，取其利而去其弊，尤其是党和国家领导人，要防止个人专断，坚持民主集中制原则，遵循新闻工作的客观规律。

二战爆发后，苏联大力发展军事报刊，积极开展战时宣传，号召人民保家卫国、发挥巨大作用。

2. 二战后社会主义报业的发展

二战结束后，世界上有 12 个国家先后脱离资本主义体系，走上社会主义道路，在世界范围内形成了社会主义体系。

各社会主义国家在社会主义所有制条件下创办报业，宪法上规定人民群众享受言论出版自由。它们仿效苏联，建立以党报为主体的报业体系。所有报刊都受党委统一领导，执行党的宣传方针。

几十年来，各国报业取得了不同程度的发展，报刊作为重要的新闻宣传工具，在各国的民主改革和社会主义建设中发挥了重要作用。

3. 苏东剧变，社会主义报业的变化

20 世纪 50 年代初，南斯拉夫率先进行了新闻体制改变，进入 80 年代后，苏联和其他一些社会主义国家也在新闻政策、报道内容等方面进行了改革。随着东欧国家的政治经济改革日渐偏离社会主义轨道，新闻改革也背离了原来的初衷。

1989 年东欧国家政治风云突变，先后发生了脱离社会主义轨道的政权更迭，以党报为核心的社会主义报业体系随之瓦解。1991 年苏联解体，庞大的社会主义报业体系不复存在，各共和国的报业自成一体。前苏联的新闻出版法已失去效力，各国都在按照自己的国情和现行制度来管理报业。具体情况不尽相同，但大都朝着多元化、商业化方向发展。

古巴、朝鲜、越南、老挝四个社会主义国家没有受苏东剧变的影响，继续坚持社会主义制度，发展社会主义报业。

（三）发展中国家报业的发展

二战后，亚非拉地区掀起了民族解放高潮，帝国主义的殖民体系在民族解放运动的冲击下土崩瓦解。广大获得了独立的国家介于资本主义和社会主义国家之间，形成了“发展中国家”。多数国家独立后，实行的是资本主义政治经济体制，报业的阶级属性、社会背景、政治态度各有不同，但大体都是为捍卫民族解放、发展民族经济而斗争，在世界新闻事业中占有重要位置，并有其共同特点：

(1) 早期报刊、尤其是报业发端较早的国家的早期报刊，大多是殖民者创办的；

(2) 随着反殖民主义反封建斗争的开展，这些国家的民族报刊逐步发展起来，并推动了反殖民主义、反封建斗争的进程；

(3) 民族解放运动胜利后，大多数报业获得了前所未有的发展，但也有的国家报业重新陷入本国独裁者的控制之下。

发展中国家的报业控制，大致分为三类：

类　型	表现形态	分布地区
政府或执政党报刊为主	全部或大部分报刊是政府官报或执政党办的准官报。执政当局直接掌握报刊、控制舆论。	20世纪80年代以前的非洲较普遍，亚洲、拉美也有存在
政党报刊和商业报刊并存	执政党报刊、在野党（包括反对党）报刊、民办商业报刊在法律许可范围内共存。	多党制或市场经济国家，多数亚、拉美及某些非洲国家
商业报刊为主	政党很少直接控制报刊，商业化经营。	资本主义经济发达、报刊商业化程度高的国家

在报刊管理方面，多数发展中国家重视并提倡报刊的社会责任，强调报纸应该根据国家利益引导舆论，强调报纸在保持社会稳定、维护民族利益、推动经济发展中的积极作用，反对不受约束的无限制的“新闻自由”，从而形成了“发展新闻学”的理论。

第三节　新闻通讯社的产生与发展

近代报业在工业革命后发展很快，报纸数量越来越多；廉价报纸的出现，报纸以注重传播政治主张转而成了传播新闻的工具，报纸对新闻的需求也大为增加。各家报纸单独依靠自己的力量搜集各地的新闻既不经济也不可能，专门搜集和供应新闻的机构通讯社便应运而生。

新闻通讯社是专门搜集和供应新闻稿件、图片和资料的新闻发布机构。它是新闻流通的重要渠道，被称为“消息的总汇”、“供应新闻的大动脉”。近代新闻传播迅速、内容丰富，新闻通讯社功不可没。当今世界各国，不论是地方性、全国性还是世界性的报纸、广播及电视事业，无不依赖新闻通讯社，以弥补自身新闻采访之不足。

一、新闻通讯社的产生

通讯社的产生，是工业革命和近代报业发展的历史必然。1838 年美国人塞缪尔·莫尔斯进行电报装置试验成功，为通讯社的产生提供了物质条件。19 世纪 40 年代欧美各国纷纷建立国内电报通讯系统。1851 年英法之间穿过多佛尔海峡的海底电缆铺设成功。此后的二十多年间，电报线路从欧洲延伸到北非、中东、印度、澳大利亚，欧美之间也铺设了越洋电缆，逐渐形成了连接全球的电报通讯网络。当时各国通讯社纷纷利用电报传送新闻，因而新闻通讯社又有电讯社之称。

（一）四大通讯社的创立

世界上早期创立的通讯社中最著名的有四家：法国的哈瓦斯社、德国的沃尔夫社、英国的路透社和美国的港口新闻社（现在的美联社）。现分述如下：

1. 哈瓦斯通讯社（Agence Havas）

世界上第一家成功的新闻通讯社。1835 年由法国人查理·哈瓦斯（Charles Havas）在巴黎创办。早在 1825 年，哈瓦斯社就组织了一个新闻社，提供新闻和翻译外国报纸的服务，订户主要是外交官及工商界人士。1835 年，哈瓦斯将新闻社改组，正式定名为哈瓦斯通讯社。1840 年，哈瓦斯开始用信鸽在欧洲各国首都间传送新闻。1848 年，在巴黎与布鲁塞尔之间使用电报。两年后，巴黎、罗马、维也纳及德国重要城市之间的信息传输均改用电报传送。

2. 沃尔夫通讯社（Wolff Telegraphen Bureau）

1849 年由德国人伯纳德·沃尔夫（Bernard Wolff）在柏林创办。沃尔夫曾服务于哈瓦斯通讯社。1848 年，接任柏林《国家日报》社长。为了减低该报的采访成本及费用，于 1849 年成立了沃尔夫通讯社。但直到 1860 年，该社才经常对德国商业公司和报纸供应商业、政治新闻。

3. 路透社（Reuters Ltd.）

1851 年由德国人朱利叶斯·路透（Julius Reuter）在伦敦创办。路透曾在哈瓦斯通讯社担任译员 ，1848 年离开该社，在德国的亚琛设立通讯机构，利用信鸽向布鲁塞尔传递商业信息和股票行情。1851 年，巴黎和伦敦之间的电报畅通，路透将其营业所正式迁往伦敦，这就是路透社的开端。路透社最初的业务十分艰难，直至 1858 年才取得伦敦报业的认同，19 世纪末叶，路透社已成为世界上最大的通讯社。

4. 美国联合通讯社（Associated Press，简称美联社）

美联社的早期历史，要追溯到 1848 年。是年，美国纽约六家报纸，为了联合采访欧洲船只带来的新闻，成立了一个港口新闻联合社（Harbour News Association），这是美国第一个通讯社，也是美联社的开端。1857 年改组为“纽约新闻联合社”（New York Association Press）。以后该社与美国“西部新闻联合社”、“南部新闻联合社”及“新英格兰新闻通讯社”合作，彼此交换新闻，并为所属报纸共同负担行政、编辑与电讯的一切开支。至 1880 年，该联合组织所属会员有 355 家报纸。1885 年，西部新闻联合社退出组织，至 1892 年才正式改组为现在的美联社。

欧洲三大通讯社都是从向工商界、银行界提供金融、经济信息起步的，以后才发展成为向报纸提供综合消息的新闻通讯社。这种通讯社的创办，既有助于办起大宗发行的日报，同时也是继办起这种日报之后而出现的。通讯社对贸易和商业的进一步打开局面，把世界大大地缩小，起到了通讯社所独有的突出作用。但同时，由于当时是殖民地的全盛时期，通讯社助长了殖民地国家的利益，帮助了维持当时的政治和经济秩序，并且扩大了宗主国的商业和利益。

（二）其他通讯社的兴办

19 世纪后期，世界各地陆续兴办了一些新闻通讯社，但是它们的活动范围一般都在国内。

其中较早的为斯蒂法尼通讯社，建立于 1853 年，为新闻记者古利尔摩·斯蒂法尼在撒丁王国首相赞助下在都灵创办的。1861 年意大利统一，该社扩大为股份公司。1881 年总部迁往罗马。该社专门采访国内新闻，国际新闻则转发哈瓦斯社的稿件。

随后在欧洲出现的还有：奥地利国家电讯局（1860 年）、丹麦通讯社（1866

年）、西班牙法布拉通讯社（1867 年）、挪威通讯社（1867 年）、瑞典电讯社（1867 年）、英国报联社（1868 年）、英国交换电讯社（1872 年）、法国富尔尼埃通讯社（1879 年）、匈牙利通讯社（1881 年）、西班牙门契塔通讯社（1882 年）、芬兰通讯社（1887 年）、瑞士通讯社（1894 年）、俄国通讯社（1894 年），以及德国几家较小的通讯社。它们一般都同哈瓦斯社、路透社、沃尔夫社三者之一订立协议，以获得国际新闻。

日本在 19 世纪出现过好几个小通讯社，但存在时间不长。其中时事通讯社（1888 年）、新闻用达会社（1890 年）后来合并成帝国通讯社（1892 年），成为当时日本最有影响的通讯社。大洋洲的新西兰在 1879 年成立了报联社，拉丁美洲的阿根廷在 1900 年成立了新闻通讯社。这些也都是国内通讯社。

（三）早期通讯社的竞争和垄断

“联环同盟”的缔结是早期通讯社的竞争和垄断的产物。欧洲的哈瓦斯、沃尔夫、路透三大通讯社自 1866 年开始展开竞争。它们的业务日益越过国界，而且同殖民扩张的进程相联系，经过十几年的激烈争夺，已把世界新闻市场分割完毕。为了确认既定事实和各自的垄断范围，1870 年 1 月 17 日签订了“联环同盟”协定。协定以欧洲三大通讯社为主，美国的纽约联合新闻社虽然也参加了，但不能插足美国以外的地区，所以通常称之为“三社四边协定”。协定确定了各社采访和发布新闻的范围，并规定互相交换所采集到的新闻。具体划分如下：

哈瓦斯社：法国、瑞士、意大利、西班牙、葡萄牙、埃及（同路透社共享）、中美洲、南美洲。

路透社：大英帝国、埃及（同哈瓦斯社共享）、土耳其、远东。

沃尔夫社：德国、奥地利、荷兰、斯堪的纳维亚、俄国和巴尔干各国。

纽约联合新闻社：美国。采集的新闻经由伦敦供给欧洲三社，欧洲三社发往美国的消息也只供给该社。

这样划分后，欧洲三大通讯社又陆续把各自势力范围内的其他通讯社纳入自己的体系，有的通讯社在组织上从属于它们。由此，四大通讯社垄断了世界新闻市场。它们凭借自己各方面的优势，压制和排斥所在各国的新闻机构，迫使众多的新闻机构只能从它们惟一渠道获取新闻，达到更好地为本国资产阶级殖民活动服务的目的。

“联环同盟”的签订，虽然缓和了欧美四大通讯社之间的激烈冲突，但不可能消除竞争。1870 年，普法战争虽然没有使三社协定受到破坏，但是法国的战败，使它同战胜国普鲁士的沃尔夫社之间的关系紧张。哈瓦斯不能从沃尔夫社得到新闻，沃尔夫社也不能从哈瓦斯社得到新闻。

欧美各大通讯社虽然竞争激烈，但它们都同意维持1870年制订的协议。各社都承认哈瓦斯社和路透社分别在南美和远东的优越地位。沃尔夫社同意把自己的活动范围限制在欧洲。美国的美联社把业务限制在国内，它可以在加拿大、墨西哥、中美洲和安的列斯群岛自由发展，可是在这些地区并没有专利。

上述情形，一直持续到第一次世界大战结束。1907年美国合众社诞生，这家新兴的通讯社自创立起便努力向拉丁美洲、远东及欧洲发展。因此美联社1914年退出"联环同盟"，开始向南美及远东地区争夺市场。此外1909年，赫斯特创办国际社，该社发展至1930年也成为世界通讯社。因此，1934年各大通讯社在拉脱维亚首府里加开会，宣布废除过去一切协定，完全遵循新闻自由的原则，由各通讯社根据自己的需要和实力发展业务。这样，通讯领域也和报纸一样，回复到了自由竞争的时代。

二、新闻通讯社的发展与变化

进入20世纪后世界政治经济形势发生了重大变化，两次世界大战相继爆发，新闻通讯社有显著的发展与变化。

（一）沃尔夫社的衰亡

1933年，希特勒当上德国总理后，为宣传纳粹思想，政府接管了沃尔夫社，并将其改组为德国通讯社，历史悠久的沃尔夫社就此宣告终结。

（二）哈瓦斯社的瓦解

哈瓦斯社在二战以前发展顺利。1940年德军侵占巴黎，接管了哈瓦斯社。同年12月，法国傀儡政府收买哈瓦斯社的全部股票，又将它分解为广告社、法国新闻社和世界电讯社，具有一百多年历史的哈瓦斯社从此瓦解。二战结束后，法国几家参加抵抗运动的通讯社在原哈瓦斯社的基础上建立了法国新闻社。

（三）塔斯社的建立

苏联十月革命胜利后，1918年成立了罗斯塔通讯社，1925年改组为塔斯社。随着苏联的强大和逐步与世界主要国家建立外交关系，塔斯社也在世界各国和地区建立了分社，开展新闻业务活动。二战后，它发展成为世界性通讯社。

（四）三大通讯社的发展

路透社、美联社两个老牌通讯社几乎没受战争影响。二战后，其业务和规模进一步扩张。此外，1958年合众社和国际社合并，组成合众国际社，实力日增，也成为世界性的新闻通讯社。

在二次大战后，世界通讯事业完成了新旧垄断的更替。自那时起，尚有五家世界性通讯性，即美国的美联社、合众国际社、英国的路透社、法国的法新社及苏联的塔斯社。1991 年苏联解体后，塔斯社改组为俄罗斯通讯社，降级为全国性通讯社，故现在只有四家世界性通讯社了。

（五）国内通讯社的发展

除了上述国际性通讯社外，这一时期又有一些国家创办了自己的国内通讯社。据联合国教科文组织的材料，从 1901 年至 1944 年新创办的国内通讯社有 58 家，但分布情况很不平衡（欧洲 29 家，美洲 10 家，亚洲 15 家，澳洲和非洲各 2 家）。欧洲和北美仍然是新闻通讯事业最发达的地区，亚非拉美广大地区还没有摆脱殖民地、半殖民地的处境，仅有的几家通讯社影响都很有限。

三、世界通讯事业的现状

（一）先进的传播技术推动通讯事业飞跃的发展

20 世纪七八十年代，随着信息革命的兴起和扩展，电子计算机和卫星通信手段广泛地运用于新闻通讯领域。电子计算机和卫星通信将记者、分社、总社和客户紧密连接起来。现场采访的记者普遍使用录音机、移动电话机、便携式电脑和图片传送机，随时向编辑部传送稿件或图片。分社和总社之间经由地面或卫星线路保持双向传递。在编辑部里，普遍使用电脑接收、撰写、删改和编稿，自动播发。播发的稿件经由各地面或卫星线路又能直接传送到报社、电台或其他用户的电脑终端机上，任何重大新闻都能在瞬息之间传遍全世界。

20 世纪 90 年代，随着信息高速公路的建设和国际互联网络的扩展，通讯社越来越广泛地依靠国际互联网络传送新闻，播发稿件，极大地提高了传播的时效、数量和质量。这场传播方式的变革把世界新闻通讯事业带入一个前所未有的新时代。

（二）世界通讯事业特点

世界通讯事业的特点可以用一句话概括：强者恒强，弱者恒弱。但他们也正设法改变这一现状。具体表现：

（1）西方四大世界性通讯社垄断着世界上 80％的国际新闻的传播。美联社、路透社、法新社和合众国际社向世界发布的新闻中，很少报道发展中国家的政治、经济和社会文化的发展，报道焦点是政变、灾祸、动乱、饥荒、犯罪和暴力等阴暗面。

（2）目前，世界上许多国家也拥有国内通讯社，他们在国内有记者网，其中有一些通讯社各自或联合在国外设有自己的办事处或记者，以采集或发布新闻。有的则向世界性通讯社预订，或签订交换协定，接收国外新闻和提供国内新闻。

（3）发展中国家由于经济、文化上的落后，没有力量各自建立起强大的通讯社。联合国教科文组织近年来提出一项计划，支持它们建立区域性通讯社。现已有亚洲太平洋通讯社组织、泛非通讯社、不结盟国家通讯社联盟、石油输出国组织通讯社、加勒比通讯社、拉美特稿社等。

第四章

电子传播

电子传播指的是20世纪兴起的广播和电视这两种大众传播媒介。无线电的发射和接收以及电视的关键是电子，因而把它们称为电子传播。广播与电视的出现，标志着人类的新闻传播，由印刷传播为主，进入了印刷传播与电子传播并驾齐驱的现代大众传播时代。又因电子传播能跨国与国之间的界限，实现了信息的远距离传输，它为人类传播活动树立一个新的里程碑。

第一节　广播的产生和发展

广播的产生和发展与电子传输技术的发明和进步密切相关，下面分广播的产生和广播的发展两项来论述。

一、广播的产生

早在1864年，英国科学家马克斯威尔发现了电磁学基本原理，提出放射性电波可以进行无线传送的论断。1884年德国科学家海尼·赫兹依据此理论从事实验，最终发现了无线电波的特性及产生、发射与接收无线电波的方法。

1895年意大利科学家马可尼和俄国科学家波波夫，在不同的地方分别进行无线电传送信号的实验，都获得了成功，制成了世界上最早的无线电收发报机。1896年，马可尼迁居伦敦，在英国取得了专利，并组建公司从事无线电器材的制造。1899年他成功地拍发了由英国到法国的电报，1901年完成了越洋电报的收发，从此无线电通信进入实用阶段。

1906年美国科学家李·德福雷斯特研制成功了三级真空管，从而使大功率的发射与高灵敏度的接收、放大成为可能。同年圣诞节之夜，匹斯堡大学教授雷金纳德·费森登，在实验室里成功播放布道演说及音乐，完成了世界上第一次语言广播。

1912年4月15日凌晨泰坦尼克号撞冰山沉没，马可尼公司报务员戴维·萨尔诺夫从无线电中收到这消息，他迅速进行传播，并由此意识到广播将是一个最有效的传播媒介。

1916年，李·德福雷斯特又在纽约的实验电台广播了威尔逊和休斯在总统选举中的得票数。这是世界上第一次新闻广播。

前苏联也是实验和应用无线电广播较早的国家。十月革命后，在列宁的关怀和支持下，前苏联积极进行利用无线电技术传送声音的实验，并于1918年8月在下新城建立了一个无线电实验所。同年12月，列宁签署了一个关于下新城无线电实验所的法令，要求组织俄国无线电方面的一切科学力量进行无线电报和无线电话的科学研究工作。1919年底，下新城无线电试验所建成了试验用的无线电发射机，经过几百次试验，无线电传送有声语言的试验取得成功。列宁听到这个消息非常高兴，他在写给这个试验所的领导人M·A·邦契—鲁耶维奇的信中表示了祝贺和赞扬。他说：现在借此机会，对于您在无线电发报方面所进行的巨大工作表示深深的谢意和积极的赞助。您所创造的不要纸张、“没有距离”的报纸，将是一件大事。

1920年11月2日，美国西屋电器公司在匹兹堡建立KDKA电台，最初播放了哈定和考克斯在总统竞选中的得票数，它是美国第一家、也是世界上第一家正式办理了执照的广播电台。一般认为，1920年是无线电广播事业的开端。

20世纪20年代许多国家相继建立了无线广播电台。1922年苏联莫斯科中央广播电台、法国国营电台、英国广播公司先后开始播音。1923年德国、1924年意大利、1925年日本也建立了电台。曾经是第一个传播泰坦尼克号沉船消息，并预言广播将是最有效的传播媒介的戴维·萨尔诺夫，于1926年创办了美国全国广播公司。

广播可分为无线和有线两种系统。有线系统起源于莫斯发明的有线电报和贝尔等人在19世纪70年代研制的电话系统，后来发展到有线广播。无线系统的出现以意大利人马可尼的发明为标志，分为地上波传输和卫星传输两种。

有线广播也出现于19世纪末期，最早建立大型有线广播系统的是匈牙利。1893年，西奥多·普斯卡在布达佩斯将七百多条电话线连接在一起，进行新闻广播，组成所谓“电话报纸”。从本世纪20年代开始，德国利用电话网开始建立有线广播网。此后，有线广播在欧洲各国迅速发展起来。俄国尤为突出，1926年，凡是家里有电话的莫斯科人都可以收听到有线广播节目。

二、广播的发展

20世纪30－40年代为广播的发展时期。这期间技术上调频广播的发明，政治上二战各交战国开展宣传攻势，促进广播的发展。1935年安蒂文·H·阿姆斯唐发明调频广播以后，调频电台开始出现。这种广播方式具有噪音小、音质好，以及抗干扰力强等优点，可以有效地改善广播的收听效果。在第二次世界大战期间，对外广播得到很大的发展。随着第二次世界大战的迫近，无线电广播传送新闻的功能日益突出。各国对广播备加重视，有27个国家开办对外广播，广大公众也把广播作为获得信息的重要途径。

二战后，大批新独立国家纷纷兴办广播，为巩固民族独立、发展经济文化服务进行对外广播的国家增加到55个。发达国家和拉美地区的广播事业继续发展，一方面向城乡各个角落普及，另一方面电台设置日趋专门化。从技术上看，70年代以后调频广播电台广泛兴起，80年代以后卫星传送技术逐步推广，90年代以后数字音频广播开始勃兴，接收设备不断优化、袖珍化、多样化，广播传送的质量、效率、距离都有了空前的进步。

第二节　电视的产生和发展

电视的产生和发展也是电子传输技术进步的结果。下面分电视的产生和发展两项来论述。

一、电视的产生

电视的诞生稍晚于广播，19世纪末到20世纪初期，德国、英国等国的科学家完成了一系列的无线电传送声音和图像的试验，为电视的产生奠定了基础。1884年德国工程师保罗·尼普科发明了机械扫描图盘，通过光电转换，人们可以在接收器上看到导线传送过来的图像，但机械扫描产生的图像不稳定，清晰度低。20 世纪初英国和俄国一些科学家提出了电子扫描原理。1923 年美籍俄裔工程师兹沃利金发明了光电摄像管，用电子束的自动扫描组合画面，为电视摄像机的设计作出了贡献。

1926 年英国科学家贝尔德采用电视扫描盘，完成了电视画面的完整组合及播送，在伦敦公开表演。这是世界上第一次电视无线传输；贝尔德也由于第一个完成长距离短波传送图像而被后人称为“电视之父”。1928 年美国通用电气公司的纽约实验室播映了第一个电视剧。1929—1935 年，英国广播公司与贝尔德合作多次进行实验性电视广播。

1936 年英国广播公司建立了世界上第一座电视台，11 月 2 日起定时向公众播出黑白电视节目，这被认为是世界电视事业诞生的标志。苏联 1938 年在莫斯科和列宁格勒相继建台，第二年正式播送节目。美国 1939 年全国广播公司转播了纽约世界博览会盛况，1941 年第一批商业电视台获准开业。

二、电视的发展

电视虽然产生在 20 世纪 20 年代，但它的真正发展是在第二次世界大战之后。这是因为战争期间，欧洲很多国家卷入战火，刚刚兴起的电视事业中断了发展进程。

战后随着技术的进步和更新，电视媒介不断从低级向高级、从单一向多样化发展。电视的发展可分为三个阶段：

（一）黑白电视阶段

这一阶段从第二次世界大战结束到 50 年代中期。1945 年 5 月 7 日，前苏联迅速恢复了因战争而停播的电视广播。同年 10 月，法国也恢复了埃菲尔铁塔的电视广播。第二次世界大战期间，美国仍有六家电视台照常播出；战后，因战争而关闭的电视台也纷纷申请恢复。1947 年 6 月 1 日，英国 BBC 重新恢复了因战争而停播的电视业务。1953 年，日本开办了电视广播。随后，一些发展中国家，如菲律宾、泰国、巴西、阿根廷等，也相继开办了电视广播。这一时期的电视广播都是黑白电视。

（二）彩色电视阶段

经过科学家的努力，连续突破光学、色变学和信息传输理论等一系列难关，1949 年 9 月美国制造出彩色摄影管和彩色显象管。1951 年，美国哥伦比亚广播公司（CBS）、美国广播公司（ABC）试播彩色电视节目。1954 年，美国正式播出彩色电视，成为世界上第一个开办彩色电视的国家。彩色电视的出现是电视发展史上一次重大飞跃。彩色电视由红、绿、蓝三原色交织而成。屏幕上出现更接近现实世界的彩色画面。由于能够再现客观实物本来的色彩，彩色电视往往给观众留下更为真实可信的印象。继美国之后，日本于1960年播出彩色电视节目，成为世界上第二个开办彩色电视的国家。1967年，英国、法国、前苏联、联邦德国也都播出了彩色电视节目。

（三）卫星电视阶段

卫星电视有卫星转播电视和卫星直播电视两种：

（1）卫星转播电视。1962年7月美国发射了“电星一号”通信卫星，并且进行了同西欧之间的越洋电视传播，1963年2月美国发射了第一颗同步通信卫星“辛康姆一号”，1964年通过“辛康姆三号”卫星转播了东京奥运会的实况。随后苏、英、法、西德、日、加等国的同步卫星相继升空，完善了各自的电视传播系统。1965年4月“国际通信卫星组织”发射了第一颗商用同步通信卫星“国际通信卫星一号”，以后又发射几十颗通信卫星，分别置放在大西洋、印度洋、太平洋上空，担负着全球通信任务，并使国际间电视新闻交换经常化。通信卫星的出现是电视传播史上的一场革命，对电视事业的发展起到了巨大的作用。以前，电视发射台直接覆盖的范围有限；要使分散在广大地区的观众看到电视，需要大量建设发射台和转播台，并铺设把二者连接起来的同轴电缆或建设微波线路网络。从地面微波传送到卫星传送，这是个重大的飞跃。地面微波传送是一种接力方式的传播，每隔50公里左右就要设立一个中继站，因而传送环节多、建设费用昂贵。卫星传送比地面微波传送的环节少、覆盖面大、信号质量高、投资少，而且不受地形的限制，这就极大地促进了电视的普及和国际化。

（2）卫星直播电视。通信卫星是多用途的，可供电视传输的信道有限，而且发射功率很小，只有技术设备很高的地面站才能接收到，然后依靠地面传输将电视图像传送到各地。为此，70年代起又有专门的广播卫星出现。广播卫星上的转发器功率大，普通的电视机用户安装简单的接收装置（包括小型碟式天线等）就能直接收看卫星传送来的节目，这便是卫星直播电视。卫星直播电视的出现，可显著提高地面电波强度，进行大面积的电视讯号覆盖，具有抗干扰性能强、音像清晰度高的优点，标志着电视进入了一个崭新的发展时期。美国1974年运用这一方式向阿拉斯加等边远地区播放电视。苏联1976年起用广播卫星向西伯利亚地区播送电视。1984年1月日本发射实用广播卫星BS-2后，日本广播协会专门创办卫星直播频道供全国收看。80年代以后，卫星直播电视广泛使用于跨越国界的电视传播，成为国际电视的重要传播和接收方式。

电视也与广播一样，有无线和有线两种类型。有线电视，也称电缆电视。20世纪40年代末，美国为了提高偏远地区的收看效果，在山头竖起接收装置，将收到的电视信号用电缆传送到用户家中。70 年代它被推广到城乡各地，众多的电缆电视系统将电视台传来的信号转送。现在这种电视通常同卫星传播结合起来，将卫星传送来的信号转送给用户。由于它图像清晰，抗干扰性强，频道多，因而很受观众欢迎。80 年代发达国家的有线电视订户已占全部电视机用户的一半以上，90 年代全世界办有有线电视的国家和地区已达 66 个。

第三节　广播电视的现状

一、广播电视的现状

广播电视的现状包括现状、政治特征、管理体制三个方面的内容。根据最新有关资料统计，世界上 201 个国家和地区都已办有广播，已办电视的有 193 个。有些未办电视的国家也可以接收邻国的电视节目。

全世界使用的收音机，总数约为 20 亿台，平均不到三个人拥有一台，但是分布很不平衡。

根据 1998 年的数字计算，全世界每千人拥有收音机约为 351 台。各洲的千人平均数分别为：亚洲 186.8 台，非洲 172.5 台，欧洲 610.3 台，大洋洲 986.6 台，北美洲 1989 台，拉丁美洲 380 台。相比之下，北美洲的数字为非洲的 11.5 倍。

全世界使用的电视机，总数约为 11.6 亿台，平均五个人拥有一台，其分布情况更加不平衡。

根据 1998 年的数字计算，全世界每千人拥有电视机 200 台。各洲的千人平均数极不平衡，北美洲最多，1076.9 台；大洋洲次之，380.2 台；欧洲第三，357.6 台；其余依次是：拉丁美洲 188.2 台，亚洲 127.7 台，非洲 41.7 台。

二、广播电视的政治特征

广播电视因社会政治制度的不同而各有特征。发达资本主义国家的广播电视具有高度商业化和垄断化的特征，并为资产阶级、特别是为垄断资产阶级的政治和经济需要服务的；社会主义国家的广播电视，是为社会主义和劳动人民的根本利益服务的。自 80 年代末期起，苏联和东欧地区发生了重大政治变化，这些国家的广播电视的政治属性也发生根本的变化。发展中国家的广播电视，为维护国家独立、发展民族经济、满足本国人民的信息和娱乐需要进行艰苦的创业。由于各国社会发展水平不同、政治经济制度的不同而显得千差万别。

三、广播电视的管理体制

各国广播电视管理体制可分为两个问题：第一是广播电视机构，指所有制和经营管理机制；第二是国家法律和行政管理方式。

（一）广播电视机构的所有制和经营管理机制

（1）国有国营。这是由国家拥有并直接经营的电台、电视台。其资产为国家所有，政府直接领导和管理；领导成员由政府任命，业务方针由政府规定，业务活动受政府的监督；经费大部分靠国家拨款，有的辅之以受众缴纳的视听费以及广告费。

（2）国有公营。这是国家所有但由公司自主经营的电台、电视台。主要特点是：资产为国家所有，电台电视台有相对独立性；根据法律规定，组成董事会或管理委员会进行领导管理，作为“特殊法人”存在和运作，其成员来自社会各界并具有较为广泛的代表性；政府依法加以规范和监督，但具体业务由电台电视台自主进行；经费来自视听费、国家拨款，有的辅以广告收入。

（3）社会公营。这一类有两种：一种是社会各界筹办并经营的，一种是某个公众团体经办并经营管理的。它们一般都是独立的法人单位，以服务社会为宗旨，在法制范围内独立地进行业务活动和经营管理，经费靠视听费或各界资助、政府补助，个别的辅以广告收入。国家依法在宏观上进行调控管理。

（4）私有私营。这是私人独资、合资或组成股份公司经营的广播电视企业。通常以赢利为目的，实行商业化经营，广告为其主要经济来源。资产为私人所有；在法制范围内自主经营，自行决定业务方针，国家只在宏观上加以调控管理。

（5）公私合营。指国家和私人合资或合办的广播电视机构，通常是由国家兴建并经营广播电视设备，私方制作节目而后租赁这些设备播送。不论合资或合办，国家通常处于主导的地位，经费一般来自广告收入。

国有国营、国有公营、社会公营的机构，通常被称为公共广播电视；私有私营、公私合营机构，通常被称为商业广播电视。公共广播电视比较重视社会效益，注重节目的教化功能和文化品位；其弊端是经营管理缺乏活力，财源不旺，经济常常出现困难。商业广播电视谋求商业利润，千方百计地改进经营管理，进行商业竞争，但节目品位不高，色情、暴力以及其他庸俗内容较多。

（二）国家的法律和行政管理方式

社会主义国家实行的是单一的国有国营体制，广播电视台是一种事业单位，政府对它们实行直接管理。发达资本主义国家有两种管理方式：美国以私营的商业广播电视为主；西欧许多国家长期不允许开办私营的商业台，一直采用公共广播电视。但是80年代以来，西欧各国开始开放商业广播电视，引进竞争机制。所以，现在发达资本主义国家是多种体制并存的格局。国家制定法律法规，建立管理机构，负责颁发营业执照（经营许可证）、按照法律法规监审节目或广告内容、处理违法违规行为、限制过度的兼并垄断等。发展中国家有的实行单一的公有体制，有的实行公私并存的做法，他们根据各国的不同的国情来决定其管理方式。

第五章

国际互联网传播

80年代末直到今天，人类已经进入一个高度信息化的社会。在这样的社会里，大众传播媒介进一步发达，广播电视开始数字化、多频道和卫星跨国传播；微型电脑普及到家庭，然而最大的变化在于“国际互联网”的迅速发展。那么什么是国际互联网呢？在普通人面前它仅仅是一台个人计算机，但这些计算机背后却是目前国际上最大的信息网络。计算机网络是互联网的基础，从字面上（INTERNET）理解，互联网是一个“网间网”，它把世界各地已经存在的各种通信网络，包括计算机网络、数据通信网等互联在一起，还可通过电话网接入，组成一个目前已经连接了一百八十多个国家和地区的国际互联网。

从传播的角度来讲，国际互联网开创了人际传播、群体传播和大众传播在同一载体同时并存的新的传播形态，是传播史上又一个里程碑。新闻传播业因为国际互联网的介入，发生了革命性的变化。根据1998年12月的一项调查，76%的美国人获知重大新闻的渠道是电视和有线电视，9%的人通过无线电广播，2%的人依赖印刷版报纸，另外12%的人已经把票投给了互联网。

第一节　国际互联网的产生和发展

一般认为国际互联网脱胎于三十多年前诞生的美国军事网络 ARPAnet。它的发展可以分为三个阶段。

（1）1969 年至 1986 年，互联网的产生和早期应用阶段。这一时期的特点是网络非民用化，主要供计算机研究人员、军事部门人员、政府职员和政府承包商使用。与此同时，局域网和其他广域网的产生和蓬勃发展对 Internet 的进一步发展起了重要的作用。

（2）1986 年至 1995 年，互联网的民用化和商业化阶段。1986 年美国国家科学基金会 NSF（National Science Foundation）建立美国国家科学基金网覆盖全国的 NSFnet，使互联网向全社会开放，这是互联网民用化的开始。

1990 年 9 月，Merit、IBM 和 MCI 公司联合建立了一个非赢利性的私人公司——先进网络和科学公司 ANS（Advanced Network&Science，Inc）。1992 年其建立的 ANSNET 为互联网的主干网。这是互联网的所有权向私人公司转让的开始，是其走向商业化的第一步。1995 年 4 月 30 日，NSFnet 停止运行，INTERNET 完成自身商业化过程。

在此期间，出现了对互联网民用与商业化至关重要全球资讯网（World Wide Web，也译为万维网）。今天互联网用户使用网络的目的 90%就是浏览 WWW 网页。通过万维网，几乎任何个人和组织，只要拥有一台个人电脑，一个调制解调器，都可以联入国际互联网，轻松自由地公布网页和阅读网页。现在万维网已经成为互联网上的主干网。

随着民用化和商业化的完成，互联网开始挑战传统的大众传媒在当代社会信息系统中的主导地位。

（3）1995 年以后，互联网继续发展和网上服务竞争阶段。1995 年以后互联网日渐渗透到生产生活的各个领域，网络服务商（ISP）和网络内容服务商（ICP）成为新兴的行业，竞争激烈。在新闻信息提供方面，这一时期是传统媒体向互联网渗透最活跃的时期。第一家网上报纸出现在 1994 年，到 1998 年底，全球已有超过 1500 家上网报纸。

此外，传统的媒介集团与新兴的通信、信息行业巨头合作，产生新的信息垄断集团。2000 年刚刚开始，当今世界上最大的传媒和娱乐公司——美国时代华纳公司，宣布被美国在线以 1660 亿美元的天价收购，兼并后新公司市值将达 3500 亿美元。这将是美国历史上最大规模的一次兼并案。这项交易被称为是

“旧媒体的整合”，是电视、电话及出版和网络的结合，形成覆盖所有传媒的“全媒体”集团。这意味着新时代的传媒垄断的发展方向。

第二节　互联网传播的属性和特点

一、互联网属性

虽然互联网存在已有 30 年，但真正为普通人所了解和使用的历史不过 10 年，而其发展变化日新月异，如何界定它的属性有不同的意见。

一种意见认为互联网本身是新的大众媒体。1998 年 5 月，联合国新闻委员会将互联网定义为与报纸、广播和电视并列的第四媒体，互联网被当作传统媒体的“对手”或“伙伴”，这是当前传播界的主流。

另一种看法则认为，传播界因为一直以大众传播为主要研究对象而天然地将互联网局限于大众媒体，相对地提出“互联网对它的用户而言不是媒介而是环境”，认为互联网是对现实社会的全面模拟，“它是一个基于信息流一元空间的虚拟传播社会”。传播也是“上网”的，网上既有人际传播、小组传播又有大众传播，就像现实社会拥有这些类型一样。因而网络不是大众传媒的对手，也不是伙伴，而是一个新的可供各种媒体竞争的环境。

然而人们在谈到媒体时，在传播学中一般有两层含义。如果认定媒体为“旨在加速并扩展信息交换的一种社会机构”的话，则第一种意见的界定就会因为互联网为众人拥有，却没有一个组织和机构可以去控制它和操作它的矛盾而不能令人信服。

如果媒体被理解为“插入传播过程中用以扩大并延伸信息传送的工具”，一般更倾向使用“媒介”来表示。则将互联网与传统三大媒体并列有了合理性，但会因为“大众传播”的属性引起争议。因为网络传播并不继承大众传播的特征，它的“多点对多点”的方式使其既可以有大众传媒点对面的传播，也可以是点对点的传播，它是交互式的而不是单向的传播。

反观“环境”一说，则无论从哪个层面上而言都已经超出传播媒介的范畴，它强调了互联网的发展的未来方向，但容易忽视了互联网首先是，而且在目前阶段主要还是通信和传播网络的性质。

目前比较合理的界说是：互联网是一个数字化信息平台，代表一种新的传播形态，即网广播。它在意义上更接近环境说，但仍旧在传播学的范畴之内。虽然这种定义现在还不是定论，但其所展现的特点却是眼下人们可以观察到的。而因为大众传媒在当代社会信息系统中占有统治地位，互联网对三大媒体而言更具有革命意义。

二、互联网传播的特点

（1）数字化。互联网主要以计算机网络为基础，因此也有人将这种媒介的传播形态命名为计算机媒介传播（Computer-mediated communication）。计算机是将信息化为“比特”进行存贮、处理和传输的。“比特”即为信息最小单位，美国麻省理工学院教授和媒体实验室创办人尼葛洛庞帝（Negroponte）称其是“一种存在（being）的状态”，“没有颜色、尺寸或重量，能以光速传播”。人们用“1”和“0”代表比特，这样，越来越多的信息，如声音和影像，都被简化为同样的1和0，也就是所谓的数字化。这些“1”和“0”不像从前的模拟信号那样是连续的，而是断续的。互联网的首要特点就在于它传播的是在时间和幅度上离散的数字信号。

（2）信息容量巨大。目前的互联网每天有六十多万个网络，六百多个大型联网图书馆，四百多个联网学术文献库，五十多万个网页站点在为人们24小时不间断提供新闻信息、娱乐和通信服务等。

（3）多功能。一般将互联网的典型功能分为远程登录（Telnet），文件传送协议（FTP），电子邮件（E-MAIL）和公告牌（BBS）。通过这四项功能，人们不仅获得一个覆盖广泛的信息传播的空间，还拥有了一个巨大的方便的数据库。但事实上互联网的功能在今天已不仅仅是分享信息，现实世界的各种活动被不断尝试地搬到网络上：在网上完成商业活动，在网上选课上学，与天南地北的人玩网络游戏，甚至第一座网上“城市”也在新加坡建成了。正是网络功能的无尽的可能性，使它日益挣脱“大众传媒”这样的界定，越来越多的人认为网络塑造了一个独立于现实物理世界的电子世界（CYBERWORLD）。

（4）多媒体。混合的比特将多媒体轻而易举地带到计算机显示屏上，各种感觉媒体，包括文本（字母、数字、文章、书等）、图形、声音（语音、音乐、各种声音）、视频图像、动画等的混合，让使用互联网了解新闻或娱乐都具有前所未有的身临其境的感受，这也就不难理解人们为什么用“冲浪”、“漫游”来形容上网经验，而从不这么形容看报、听广播和看电视。

（5）链接。WWW出现后，超文本链接成为网络的最大魅力所在。在超文本结构中，文本中每一个关键人名、地名、时间，甚至每一个词语、每一个句子都可以链接到相关的另一个文本，以及声音、图表或影像上。通过链接从一个站点就可以获得多个站点拥有的相关信息。这与看一份传统报纸和看一个电视频道的节目大不一样。

（6）星状网络。如果我们绕到眼前的计算机的背后观察互联网络的设置，就会发现它与电话系统相似，却不同于传统的媒体网络，比如广播电视网。尼葛洛庞帝（Negroponte）将前者描述为“星状网络”，后者为“环状网络”，并区别两者实质上的差异：在电话网络中，每次的对话内容都不一样，传给一户人家的比特和其他人毫不相干，本质上，这是个多点对多点（vast-point-to-vast-point）的作业系统。电视则不同，你和你的邻居收看的是相同的节目内容，因此采用圣诞树彩灯串的通信方式——一点对多点（pointto-multipoint）的方式。

（7）交互性。在互联网上，信息不再是被“推”（push）给消费者，而是人们自己将信息“拉”（pull）出来，并参与到创造信息的活动中。这被称为典型的“交互式”传播。

美国学者 Elliot King 将交互式分为“作为对内容进行控制的‘交互性’”和“作为反馈的‘交互性’”。在对内容进行控制方面，互联网的优势是它允许用户进行非线性和个性化的“浏览”。例如 MSNBC 网站的用户可以挑选自己感兴趣的内容组成一份属于自己的“报纸”。以后，用户还可以决定在何时，以何种形式（声音、图像、文字或图表）接触何种内容。而在反馈方面，互联网被认为是最有优势的。现在几乎所有的网站都提供用户反馈意见的电子邮箱地址，以及各种电子公告牌，用户可以随时随地发表意见，将它们传达给传播者，影响传播活动。

（8）自由参与传播的可能性。互联网出现后，办一个按自己意图说话的“个人媒体”成为现实。1998 年底，一位日本顾客因为购买录像机的质量和检修问题与东芝公司发生纠纷，这位顾客于是在国际互联网上设立了“关于东芝公司售后服务”的网站，吸引了 700 万人次参观他的网站，报纸、电视台纷纷加以报道。最终东芝公司副总裁町龙雄不得不亲自代表公司向这位顾客道歉，并赔偿损失。在获得圆满结局后，这个让世界上最大的企业之一的东芝公司形象受损的网站很快便消失在互联网上了。

这样的例子在互联网上并不鲜见，可以说，到目前为止，互联网提供了新闻与言论的最大自由度，网络使少数人垄断信息和文化的时代结束了

（9）全球传播。国际互联网是一张遍布全球的网络，通过一定的协议，地球上各个角落的计算机局域网、广域网联结成一体，这意味着互联网传播是没有国界的。对于网上的每一个信息发布者而言，它们的潜在受众是全球的互联网用户。因为如此，对大众传媒必须与本国 20% 的人口接触的标准也不能适用于它。

不过全球传播中虽然没有国家的概念，仍受到语言、文化和社会制度等多方面的影响和制约。目前 98% 的网上信息为英文，57% 的互联网用户使用英语，

而欧洲、亚洲的不少国家采取控制本国网络进入国际互联网入口等办法对付缺乏制约的全球传播网络的影响。美国在传媒技术上的领先地位使互联网的发展在北美最为繁荣，目前全球已有的超过两亿的互联网用户美国有8000万，占到其人口的1/3强。在入网家庭的比例方面，美国占58.3%，欧洲占25.7%，亚洲占11.5%，其他4.5%。

随着信息技术的发展，对于处在网广播时代的媒体而言，互联网的这些特征已经开始并正在成为追求的方向，互联网的优势在于它先天具有这些特质。所有特征也都是相互关联的，其中数字化和星网传播是最核心的。

第三节　互联网对新闻传播活动的影响

作为先进通信和传媒技术的结晶，互联网在新闻传播这一大众传播领域引发的变化可以说是革命性的。

一、新闻传播活动的主体在网广播时代的变化

由于互联网提高了公众自由参与传播的可能性，传媒机构有可能不再是新闻传播的垄断者。

应用互联网上发布新闻的在线媒体可以分为两种。一是传统媒介机构在互联网上创立或与通信等其他行业机构合作推出的新闻网站，作为传统媒体机构的一个组成部分，一般称为“上网媒体”；而另一种则被叫做“网上自生媒体”，它们只在互联网上提供新闻服务，形式包括各种新闻组、网络杂志、网站中的新闻频道等。通过后一种媒体形式传播新闻信息的有个人和各种非传统新闻机构。

新力量的加入和在新领域的竞争改变了新闻传播主体原有的地位格局。根据1998年12月的一项调查，以点击网页次数计算，在网络发展领先的美国，报道科技新闻的ZDNET每天的访问量达到590万，报道气象新闻的weather.com达480万，远远超过老牌报纸《纽约时报》网络版的160万访问量，也超过CNN、MSNBC（微软与NBC联合推出的新闻站点）、《时代》网络版、ABCnews等由传统强势媒体推出的网站。而比起也提供新闻服务的互联网公司YAHOO！的站点，其每日4亿的访问量是其他媒体和互联网站点无法比拟的。

此外，媒体机构的功能也不再局限于发布新闻、服务或娱乐等信息，还推出聊天室、公告牌、信息搜索、网上订购等服务。1998年，“网络门户”（Internet portal site）的概念被提出来，它指出在未来的网络世界将由少数的网络商所控制，其控制的方式就是使自己的网站能成为互联网用户习惯进入的第一个站点。

这样新旧媒体机构，尤其对于那些拥有信息管理经验，并树立了信息权威的媒体机构将更多的倾向“门户”之争。

新闻媒体内部的人员构成也发生了相应变化。由于媒体商业化趋势进一步加强，越来越多技术含量高的手段投入使用，技术人员和经营人员的比例不断上升，而采编人员比例下降。以路透社驻巴黎总分社为例，全社400名从业人员中，采编、技术和经营人员大约各占1/3。

二、互联网在新闻传播运作流程中的影响

互联网不仅带来新闻传播主体和受众的变化，也将种种附着在这种新玩意上的思维带入了新闻传播的运作过程。

简单来讲，新闻传播的运作过程可以表示为：信息采集——选择——加工——发布——反馈。互联网的影响贯穿了整个过程。

(1) 在线信息采集。整个新闻界在互联网介入下出现了电脑辅助新闻学(Computer Assisted Journalism，简称CAJ)。所谓电脑辅助新闻学，主要便是借助在线服务特别是国际互联网络的环球网等进行新闻采集，借助公共或私有的数据库进行数据的收集与分析。

今天的记者可以通过互联网上搜索到无止境的信息，接触到以前根本接触不到的秘密的信息，而且几乎不受空间的限制。记者还可以进行网上调查，迅速取得专家的反馈，甚至普通的上网的大众也可以直接走进报道的视野中。

今天无论是网上在线媒体还是传统媒体的记者，在互联网上搜寻信息，利用互联网进行采访都是非常重要的手段。美国哥伦比亚新闻研究生院和纽约米得博格协会对3400名新闻从业人员的调查表明，上网作为获取新闻线索和新闻采访的手段，其地位已仅次于报纸记者的面对面采访和杂志记者的电话采访。

(2) 把关权的分散。1998年1月17日深夜，一个名叫麦特·德拉吉的自由撰稿人，在他的个人网页上最早发布了克林顿与白宫实习生莱温斯基性丑闻的消息，迅速掀起了美国新闻史上前所未有的“绯闻报道狂潮”。人们称之为“麦特·德拉吉现象”。

与德拉吉不同，之前已经获得这条令全美舆论为之震惊的消息的《新闻周刊》，在付印前的最后一分钟抽掉了这条十分敏感的新闻，因为长期形成的媒体意识使他们认为没有足够的理由证明公众的知晓权比私人的隐私权重要。

受到震动的传统媒体和对他们加以控制和制约的国家发现，在互联网出现之前，新闻信息总是首先通过少数的，集中的，相对易于控制的新闻媒体——报纸、广播、电视——的“把关”，再传播给分散的不定量的受众。而互联网使传

统的信息把关权被分散了。

虽然新的媒介集团开始控制互联网的接入，也拥有绝对的内容提供优势，但互联网上轻而易举的链接和无尽的容量空间使内容提供为少数媒体垄断几乎不可能。更多的个人和组织加入新闻传播领域，受众个人化需求愈来愈被抬高，许多人转向原本非媒体的个人和组织寻求更合乎个人口味的信息。

但新闻信息的选择把关并非不再存在，无论互联网提供多么大的自由选择信息的可能性，人们也只能在信息提供者提供的内容中进行选择。只是更多拥有传播能力的个人和社会组织出现，选择把关的标准在一定时期出现多样化，把关权在一定程度和时期内出现分散。当然传统媒体因为拥有长期积累的信誉和经验，并且拥有定义准确的目标受众，尤其势力强大的新传媒集团，仍将是主要的信息把关人。

此外，国家对信息把关的总体控制的方式也将做出相应的变化。各国都在摸索尝试通过立法对互联网自由度进行规范。比如如何限制一些原本被控制的内容通过互联网与社会成员直接接触。美国卡耐基 梅隆大学一个研究小组的调查发现，在电子公告牌储存的数字化图像中83．5%含有猥亵内容。一些邪教组织和恐怖主义分子也利用互联网大肆宣传反社会和反人类的思想。

（3）多媒体和超链接（hyperlinks）的信息产品。互联网上的新闻成品与传统也有很大不同。数字化使用传统媒介难以做到的多媒体报道在网上十分普遍，现在，记者编辑在写作和加工稿件时，都将文字、照片、图表、音频和视频材料结合起来处理。

与传统新闻成品更为不同的在于网上新闻采用了“超链接”技术。传统的新闻是一个线性的完整的体系（contained model），所有材料都是在一个层次上，即读者一次都能接触到。但超链接则是一个分层模式（distributed model），可以将素材组织成多个层次，第一层的材料是粗线条的，只介绍一个主要框架，而具体细节可通过调用关键字的超链接去展开，一些背景材料也用这种方式进行。各种不同的文本也可以在不同层次之间链接。

链接的使用使新闻不仅只是“新闻”，一些重大的旧闻将在网上永久停留，并成为新的新闻报道的有机组成部分。

（4）全天候新闻发布。在互联网出现之前，及时的更新信息已经是新闻媒体追逐的潮流，发达国家的广播电视已经实现24小时播出，每1个小时滚动播出一次新闻。日报也开始印刷不同时段“版本”，以跟进最新的内容。通讯社的新闻的竞争甚至进入以分钟计的阶段。

互联网出现后，由于新闻的发布不需经过太多环节，所以“即时”地发布新闻就成为可能。现在面对广阔的信息传递空间，《华尔街日报》的记者已经在为同属一个报系的道·琼斯通讯社即时发稿。在一些特定的时候，拥有60名采编人员的网络版编辑部也会要求日报的记者编辑们为网站就某些重大事件提供即时的新闻分析。

但是网络中的时间竞争不仅仅体现在“第一时间点”的竞争上，也表现为在后续报道中。在发布时效上略逊一筹的印刷版报纸更加注重分析性的报道，以期用深度“后发制人”。

(5) 多渠道的反馈。互联网不仅使网上媒体拥有即时反馈的“交互式”传播优势，也为经营传统媒介的媒体提供了除书信、电话、问卷调查之外新的反馈渠道。

在互联网上，反馈的形式一般可以有两种方式，一种是受众通过E—MAIL向编者反映意见。另一种方式则是开设BBS论坛，由受众进行实时的对话，编辑一般不直接露面。

但媒体或发布新闻信息的个人对众多的反馈意见依然难以充分做出反应，首先是网络反馈便利使反馈意见量大增，一个专栏作者每天收到的电子邮件可以高达500封，但新闻单位并没有给任何记者处理500封邮件的时间。其次，即使回复来信，也大多是由计算机系统回复的统一回函，并不可能出现反馈者希望进行的个人对个人的交互行为。因此，美国Loyola大学的副教授Elliot King等学者提出“在一定意义上，网络媒介使读者与记者之间的距离拉大了”。

三、网广播的“受众”

大众传播中的“受众”概念在网广播中并不适用，不过现在依然借用来表示网广播中的接受者。

(1) 受众的构成。网络媒介的受众成员和网络用户的构成有很大关系。能够接触互联网的用户首先要有一定的经济基础，至少能支付购买个人电脑和上网费用，而且在技术还没有达到完全“傻瓜化”的时候，他们必须掌握一定的计算机技术，懂得英文。在电视及计算机影响下成长起来的一代将更适应网络传播形象化和创新性，所以即使在美国，上网者也绝大多数属于中上层社会，受过高等教育，而40岁以下的人口是网民的主要组成部分。

(2) 受众的地位。互联网上的“受众”和新闻传播媒体，两者都是在网络上的某一节点上，并不是明显的“你传我受”关系，实际上，在新闻信息传播过程中部分智慧从传播者那端，转移到接受者这端。互联网星网传播和交互性的特征，以及传统媒体的数字化过程，使受众有可能按自己意愿选择接受信息，也更方便地摇身一变为传播者，现阶段的趋势是，受众对传播的控制力加强了，传受两者日渐一体化。不过专门从事传播的媒体比起许多仅仅是“业余兴趣”的网站维护者而言，依然具有明显的“媒体”地位。

第四节　互联网发展的趋向

一、互联网的未来

对于今天的网络用户而言，信息超载往往令人无所适从，无限和无序的信息和人相对有限的时间发生重大矛盾，互联网突然间将形形色色的信息呈现在人们面前，但哪些信息该了解，哪些不该了解，哪些该先了解，哪些该后了解，对这些问题的困惑都让按个人意愿“拉信息”的魅力大打折扣。

为解决这个矛盾，一种智能化的“推送技术”正在发展之中。通过某种程序，计算机将记录下用户登录站点和浏览内容的情况，对它们进行分析，了解每个用户最近的登录习惯和兴趣所在，并在用户下一次上网时主动向他“推送”哪些最受青睐的站点或内容。这一技术的进一步的发展，计算机将懂得对网上的内容进行检查，并根据用户的特点对其开放或禁止使用。

另一个问题在于，现在的互联网虽然无处不在，但大多数时候还是将人们限制在台式计算机面前。不过随技术的发展，这也不难解决。在欧洲，将移动通讯设备，如传呼机、移动电话联入互联网比坐在个人计算机前上网更受人欢迎。在不久的将来，借助全球卫星定位系统和功能愈来愈接近台式计算机的“掌上电脑”，无线移动网络将成为互联网的一个趋势。人们甚至可以像现在边赶路、边浏览一份报纸一样在互联网上畅游。

与此同时，计算机的使用将越来越“傻瓜化”，复杂的上网程序将逐渐由计算机本身去完成，留给人们的只是最简单的操作：点击鼠标或屏幕。语言翻译程序使不懂英文的人也可以轻而易举地上网浏览，各国人民也可以轻松地交流。

二、传统新闻传播媒介与网广播共存

(1) 网广播的挑战。在信息高度民主化社会，有效信息的拥有量对人们的社会地位有越来越大的决定作用。作为一个信息平台，仅仅 10 年间，互联网的扩张令人瞠目结舌，每年 10% 的用户增长幅度，使传统大众媒体相形见绌。互联网的用户 4 年时间里达到 5000 万，而电视用了 13 年，无线电广播用了 38 年。因此，长期在社会信息系统中独占鳌头的大众传媒面对互联网备感挑战。有关传

统媒介，尤其是印刷媒介生存的观点相继提出，从长远看，主要是认为传统媒介将一败涂地的“消失论”，强调互联网新霸主地位的“传统媒介边缘化理论”。

不过，由于互联网在最初还是倾向那些有相当经济基础和受教育程度的原来的信息富有者，在一定时间内它所带来的信息量还是为他们所享用，并暂时拉大了与社会中信息贫乏者间的信息格差，加上不同人使用互联网获得的不同成效，社会比起从前被更细分为不同的“信息阶层”。这对从事信息发布的新闻媒体而言，意味着将更细致的分析他们的受众，在相当长时间内，网广播，各种不同类型的大众传播都会有发展的充分空间。

（2）传统媒介与互联网的融合。在互联网不断普及的同时，现代通信技术，如卫星通信技术、光纤通信技术的发展也日益将传统大众媒体，尤其电子媒体联成覆盖广泛的传媒网络，在技术和传播特点上将不断与互联网融合。其中最突出的技术之一就是电脑电视的出现和发展。届时，电视和互联网络将使用同一传输网络，同样的接受器，完全合为一体。

内容制作方面传统媒介与互联网都在相互借鉴融合，并努力扬长避短。报纸上的图表、相片增多，广播和电视也不断引进数字技术，向多媒体靠近。与此同时，网页渐渐从报纸“版面”语言中得到启示，利用空间层次来体现稿件的重要程度：重要新闻放在主页这个“根”上，次重要新闻放在“枝”，而一般新闻放在“叶”上。并且在向读者提供新闻全文的同时，更多地提供精编的新闻提要。

此外互联网公司与原有的媒体集团的合并，在经营管理上将传统媒介与互联网结合。在信息产业高度发达的美国，这种联合已经出现网络服务商（ISP）与传媒巨头的合并，产生包容所有通信传播领域的“全媒体”巨人。

思考练习题

1. 人类传播活动经历了哪些阶段？

2. 人类的传播活动与传播技术的关系如何？

3. 简述古代罗马《每日纪闻》的性质，其基本内容和作用是怎样的？

4. 欧美最早出现的定期报刊、日报是哪些？

5. 西方资产阶级革命时期各国报业发展有何共同规律？

6. 英、美、法资产阶级革命后资产阶级报业进程如何？它们受什么因素制约？

7. 西方各国报业为什么都经历了政党报刊时期？政党报刊有何特点？

8. 廉价报纸产生的历史背景如何？它们有何共同特点？

9. 早期工人报刊，产生于什么年代？它们起过什么样的作用？

10. 无产阶级报刊发展可划分为哪几个阶段？无产阶级报刊有何特点？
11. 何谓报团？美、英、法、德等国的报团大体出现于何时？
12. 报业垄断有何标志？垄断资本如何控制报业？
13. 为何第二次世界大战后报业垄断进一步加剧？其影响如何？
14. 当代资本主义国家工人报刊与近代工人报刊的办报方针是否相同？如何认识一些资本主义国家允许共产党报刊出版？
15. 社会主义国家现代报业发展如何分期？
16. 苏联时期报刊体制的主要特征是怎样的？
17. 发展中国家报业有何共同特点？
18. 新闻通讯社是在怎样的背景下诞生的？它的功能与作用如何？
19. 欧美四大通讯社是怎样创建和发展起来的？
20. 何谓“三社四边”协定？其内容及由签订至废除的大体经过如何？
21. 最早的全国性通讯社出现于何地？全国性通讯社有何特点？
22. 20 世纪初至 1945 年欧美原有著名通讯社的演变和重要通讯社的建立情况如何？
23. 当代世界通讯社事业的发展动向如何？
24. 无线电广播是怎样诞生的？广播事业的发展经历了哪些阶段？
25. 电视是怎样诞生的？二战后电视传播样式有些什么发展变化？目前的趋势如何？
26. 当前世界上广播电视管理体制有哪些？并加以分析比较。
27. 广播电视具有怎样的特点与功能？
28. 媒体的数字技术有哪些明显优势？
29. 国际互联网（Internet）是怎样诞生与发展的？其功能如何？
30. Internet 对于新闻传播领域有何影响？

欧洲篇

概　述

欧洲全称“欧罗巴洲”，面积1060万平方公里，人口七亿多，有四十多个独立国家，占全世界国家总数的四分之一。大多数属于发达国家，其中英国、法国、德国、意大利、俄国等国家的新闻传播事业发达。

第六章

英国的新闻传播事业

第一节　早期报业与封建压制

早在13世纪英国就有手抄新闻书，后又出现了带有一定文学色彩的新闻诗和新闻信，不过这些传播新闻的形式时效性差，读者面较窄，在印刷术传入英国之后，它们便被专门的印刷新闻书取代。

一、印刷术的传入

富商威廉·卡克斯顿（William Caxton，1424—1491）1470年至1472年在德国科隆学习印刷术。1476年回国后，卡克斯顿在伦敦威斯敏斯特（Westminster）教堂开办了英国第一家印刷所，从而成为英国印刷术的先驱。1480年，他发行了一份传单，为宗教书《索尔兹伯里礼拜仪式通览》做广告，又被认为是英国广告的创始人。卡克斯顿同时是翻译家和出版家，一生翻译过24种图书，出版的书籍达一百多种，如骑士故事和道德、历史、宗教等各类书籍，包括1481年第一本图解的英文百科全书《世界镜鉴》，为促进英国文化的发展做出了重大贡献。他享有不受皇家干涉的相对的出版自由，国王、贵族、富商还委托他印刷特定书籍。

但卡克斯顿与上层人士的良好关系并未能使他躲开竞争。在他的印刷所开办两年后，即1478年，牛津也出现印刷机。1479年后，法国、比利时、立陶宛人先后在英国经营出版事业。1484年,查理三世发布诏令,鼓励外国人经营出版事业。1500年,伦敦有出版商五家,1523年增至33家。主要印刷书籍和小册子。

二、印刷新闻书的诞生

1605年，出版商纳撒尼尔·巴特（Nathaniel Butter）开始出版不定期新闻书。他的第一本书是《约克郡谋杀案》。1624年与出版商尼古拉斯·伯恩（Nicholas Bourne）合作创办《每周新闻续编》，由于连续出版了23期以上，标志着英国报业的又一进步。在政府的严格控制下，两人虽享有报道外国消息的特权，但经营并不顺利。1632年，因报道不实，西班牙大使提出抗议，10月17日被出版法庭封闭所有书刊。直到1638年12月20日，查理一世才重新恢复其发行书刊的特权，期限21年，以报道国外消息为限。1641年停刊后，巴特又参与第一家报道国会新闻的《国会新闻》的编辑工作，1644年去世。在他的讣告中这样写着："巴特，老出版商，贫困死亡。"巴特被认为是英国第一位报人。

1621年8月13日，出版商尼古拉斯·伯恩和托马斯·艾克尔（Thomas Archer）在国王的特许下，创办了英国第一家定期刊物《每周新闻》（Weekly news），全称《来自意大利、德国、匈牙利的每周新闻》。英语"News"作为"新闻"之意，第一次用于刊名，从此流行开来。该刊报头印有"允许出版"字样，外观模仿荷兰新闻书，每期20页。其内容按政府规定，不得报道国内政治新闻，仅限于国外新闻。

三、封建王朝的出版管制

（一）出版管制的实施

印刷品的不断出版和扩大发行使民众接触到越来越多的文化和新思想，这令封建王朝坐立不安。

亨利八世（1509—1547）是第一个下令管制出版业的英国国王。1528年，亨利八世颁布命令，限制印刷业的发展。他不许外国出版商在英国设新厂，现有外国出版商的学徒人数不得超过二人。1530年，特许希顿（Thomas Hitton）售卖神学家天德尔（William Tyndale）翻译的圣经，这是特许制的开始。1538年，正式建立皇家特许 制度，规定所有出版物须经事先许可方能出版。

（二）皇家特许出版公司的成立

玛丽女皇（Queen Mary，1516—1558）在统治末期，为管制"异端邪说"，

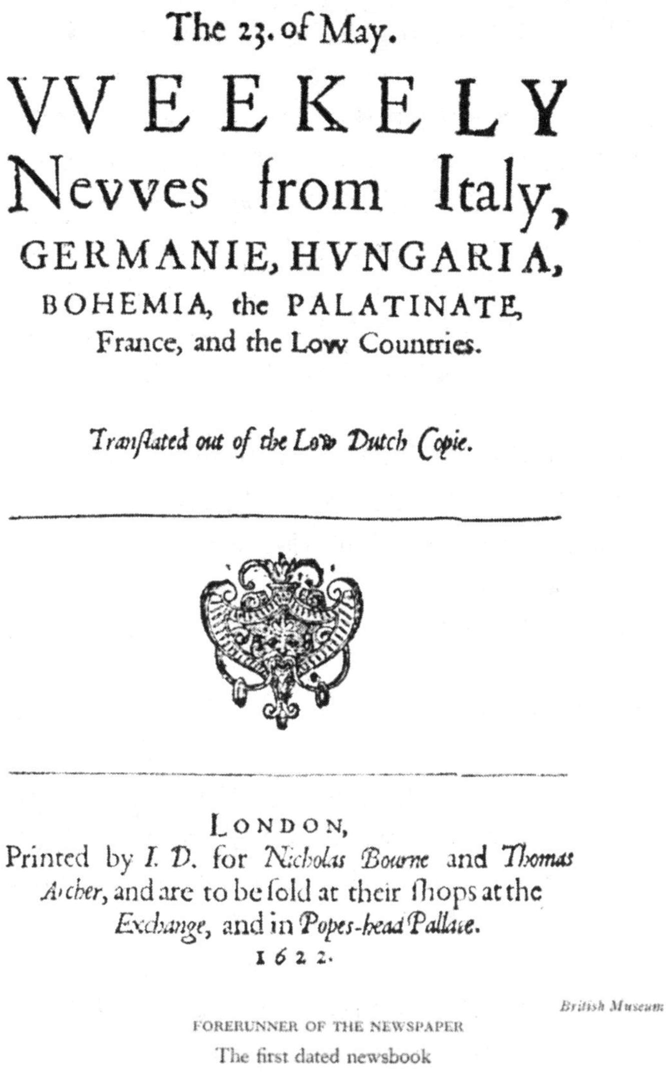
The 23. of May.

VVEEKELY

Nevves from Italy,

GERMANIE, HVNGARIA,

BOHEMIA, the PALATINATE,

France, and the Low Countries.

Translated out of the Low Dutch Copie.

LONDON,

Printed by *I. D.* for *Nicholas Bourne* and *Thomas Archer*, and are to be sold at their shops at the *Exchange*, and in *Popes-head Pallace*.

1622.

British Museum

FORERUNNER OF THE NEWSPAPER

The first dated newsbook

英国 1622 年的《每周新闻》

于 1557 年成立皇家特许出版公司（Stationers Company）。该公司是出版商的企业组合，经国王特许的印刷厂老板都是公司会员。公司特许条例规定：在王国以内，除公司会员和女王特许者外，印刷一律禁止。

皇家特许出版公司的设立，在王朝方面，可借此有效管制诽谤、恶意及异教言论的出版。在出版商方面，可借此取得独占出版及管理非法出版的特权。

（三）皇家出版法庭（The Court of Star Chamber）

1570年，伊丽莎白女王（Queen Elizabeth，1533—1603）将参议院的司法委员会独立为皇家出版法庭。组成人员有议长、财政大臣、御玺大臣及主教、勋爵各一人，大法官三人。审判程序有两种：一为普通民事、刑事案件，审判程序同一般法院；二为政治案件，不公开审判，不经辩护程序即可作出判决。虽不能判处死刑，但可以判处罚金、徒刑和肉刑。为使嫌疑犯招供，还可使用拷问、烙印、断去手足等残酷刑罚。

1586年，伊丽莎白女王颁布“出版法庭命令”，也就是著名的“星法院法令”，该法令一直维持到1640年，在54年间，成为英国出版自由最大的桎梏。后来克伦威尔专政、查理二世复辟时都将此法作为出版管制的基础。该法令规定：

（1）全体印刷商的印刷机必须在皇家特许出版公司登记；

（2）伦敦市外，除了牛津与剑桥大学，一律禁止印刷；

（3）除非教会同意，不再允许新的出版商登记；

（4）特许制的各项规定；

（5）印刷任何刊物均须事前申请许可，否则处以12便士至14先令罚款或坐牢处分；

（6）皇家特许出版公司对非法秘密出版物和印刷机有搜索、扣押、没收及逮捕嫌疑犯的权力；

（7）出版商的学徒不得超过3人，但牛津与剑桥大学的印刷商各限有1名学徒。

该法令的执行，在伦敦由皇家特许出版公司、在地方由教会和地方长官负责。公司设巡查员12组，每组2人，每周搜查一次，检查情况必须向公司提出详细报告，如出版商拒绝或抗拒搜查、没收、逮捕者，处以100先令罚款及三个月监禁。如果查出非法印刷品，则按其情节轻重，分别予以处分。鉴于该法令对出版业严格、有效的管理，到1615年伦敦只有15家合法印刷厂。

1625年，查理一世（1600—1649）即位后，星法庭更加变本加厉地严酷惩罚政治犯。一些著名的宗教改革家因编写、出版宣传清教* 的小册子而被捕。他们被绑到示众枷上，当众鞭打，并被割掉耳朵，投入监狱。这种杀一儆百的做法并没有达到目的，反而孕育着更猛烈的反抗运动。

---

* 清教是法国加尔文教在英国的支派，产生于16世纪60年代。主张清除英国国教中的天主教残余，用新的、俭省的、与国王没有关系的教会来代替国教会，要求取消繁琐的宗教仪式，反对教会勒索。其教义实质上是罩着一层宗教幕纱的资产阶级世界观，后成为资产阶级革命的思想武器。

1637年，出版法庭命令所有印刷品均须注明作者和出版者姓名。出版商须交300镑保证金，以保证不印未经许可的书籍。

第二节 资产阶级革命中的报刊

压制必然导致反抗。资产阶级、新贵族与封建王朝、英格兰国教会已进行了长期的斗争。1640年，国王查理一世为筹措镇压英格兰起义的军费，召开停止了12年的国会。以此为契机，在国会中占多数席位的资产阶级、新贵族向国王发起攻击。1641年11月通过了反对查理一世暴政、限制王权、保证工商业自由、建立责任内阁的《大抗议书》。查理一世拒绝签字，并于1642年8月宣布讨伐议会，掀起第一次内战，资产阶级革命由此拉开序幕。

革命持续了48年，直到1688年“光荣革命”确立君主立宪政体，英国资产阶级革命才告结束。其间，随着政权的几次起伏，报刊的发展也一波三折。

一、革命爆发初期（1640—1649）

这一时期革命正处于高潮，封建王朝对出版物的压制政策自动失效。1641年7月，“星法院”条令正式被取消，这是英国报业第一次获得出版自由。一时间，各种报刊和新闻印刷品如雨后春笋般涌现出来。但无限制的自由带来的只是混乱。新报刊中有攻击教会和政府的，也有把矛头指向国会的。在混乱中，版权无法保证，出版商的利益受损。1643年6月13日，国会应出版商的要求，恢复特许制度，并规定国会有管理出版的最高权力。同时成立出版检查委员会（Committee of Examination）（负责出版许可、监督和惩罚非法出版事宜）和皇家特许出版公司（负责特许登记以保护版权）两个机构。不过在动荡的局势中，成效并不明显。

这一时期出现了两类相互对立的报刊：

（一）国会派报刊

新报刊的大多数是支持国会的。如1641年11月汤姆斯（J. Thomas）发行的《国会纪闻》，它是第一家专门报道国会新闻的周刊，并打破了长期不许报道国内新闻的禁令。1642年2月到1655年出版的《国会每日纪闻》，并非日刊，而是每日记载国会消息，每周或十天刊出一次。主办人塞缪尔·派克（Samuel Pecke）被称为“英国第一大记者”。他曾于1641年任下院印刷所所长，在发行《国会每日纪闻》的同期，还出版多种小册子。

（二）保皇派报刊

保皇派也有自己的报刊。“国会在这个时候准备粉碎专制制度的权力，而国王方面，也不能不利用报纸这一业已证明的强有力的武器。国王方面也出版报刊进行反击。《信使报》的时期开始了，这就是说以此为报名的报纸，像一条红线贯串英国革命的历史。……国会派的信使报与保皇派的信使报之间的斗争是新时

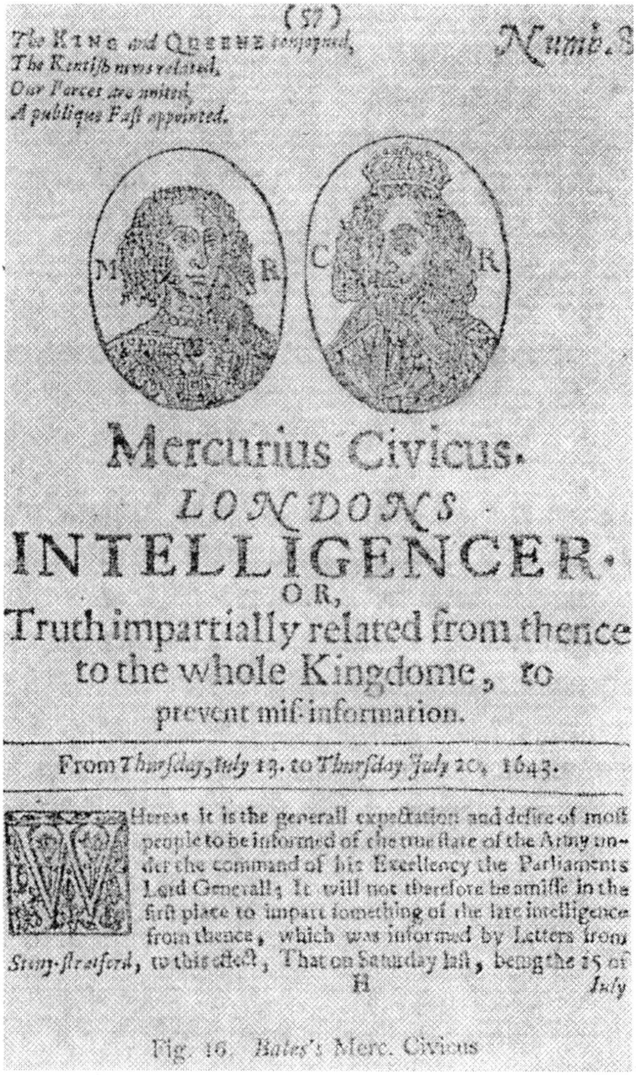
(57)

The KING and QUEENE conjoyned,
The Kentish news related,
Our Forces are united,
A publique Fast appointed.

Numb. 8

M R C R

Mercurius Civicus.

LONDONS

INTELLIGENCER.

OR,

Truth impartially related from thence to the whole Kingdome, to prevent mis-information.

From *Thursday, July* 13. to *Thursday July* 20, 1643.

WHereas it is the generall expectation and desire of most people to be informed of the true state of the Army under the command of his Excellency the Parliaments Lord Generall; It will not therefore be amisse in the first place to impart something of the late intelligence from thence, which was informed by Letters from *Stony-Stratford*, to this effect, That on Saturday last, being the 15 of

H *July*

Fig. 16. *Bales's* Merc. Civicus

《信使报》

代与皇室之间的斗争在新闻战线上的反映。”① 如国会派先有《公民信使报》，后有《不列颠信使报》，保皇派先有《神圣帝国信使报》，后有《学院信使报》等。

保皇派的报纸还有1643年在牛津发行的《宫廷新闻周刊》（Mercurius Aulicus）。发行者是27岁的波克汉（Sir John Birkenhead），他认真负责，注重事实，忠于皇室。1660年查理二世复辟后，当选为国会议员，并任新闻检察官。

（三）利尔本的出版自由主张

约翰·利尔本（John Lilburne，1614—1657）是英国资产阶级革命时期的平均派领袖，也是杰出的出版自由战士。他曾因将在尼德兰出版的清教徒小册子偷运到英国，被“星法庭”判处终身监禁。1640年，在革命风暴中，利尔本被释出狱。内战中，积极参加革命斗争，成为平均派领袖。

平均派是城市小资产阶级和农村中下层农民利益的代表，在内战中冲锋陷阵。利尔本是卓越的宣传家，他坚信天赋人权，其著作从人民主权的观念出发，提出取消国王和上议院，呼吁自由、民主，实现信仰自由等要求。他被称为“生而自由的约翰”。

1645年他在一封信上说，出版自由是英国人民的天生权利。他于次年11月，发表《贵族暴政的剖析》一书，主张立法权力只能源于人民，只能由人民公共意志所选择的机构行使，不分贫富贵贱，在法律面前人人平等，并反复强调出版自由的重要性。1647年他在《约翰的呼声》中指责国会和从前的国王一样是暴君。

平均派主张颁布成文宪法，限制权力，建立分权制度，实现出版自由。1648年和1649年平均派两次公布《人民公约》，但克伦威尔置之不理。利尔本认识到克伦威尔进行独裁的真面目后，于1649年8月发表《弹劾克伦威尔及其女婿爱尔顿的叛国行为》，指责克伦威尔的野心，号召伦敦手工业者和商店雇员为实现人民公约而斗争。国会以叛国罪的名义逮捕了利尔本。他在答辩中驳斥了指控，法院不得不宣布利尔本无罪，并由此确立一条原则，即在出版物上发表批评政府的文章不算犯罪。但是法庭上的胜利，并未带来相应的现实成果：克伦威尔镇压了平均派领导的农民和士兵起义，平均派运动宣告失败。英国进入了克伦威尔军事独裁时期。

二、克伦威尔独裁时期（1649—1658）

这一时期是报业的发展低潮。克伦威尔为巩固统治，采取严厉的手段管制出版，新闻书再遭限禁，报刊种数急剧下降。皇家特许出版公司又恢复过去独占出

① 张隆栋、傅显明：《外国新闻事业史简编》，14～15页，北京，中国人民大学出版社，1988。

版与管理非法出版的特权，政府派专员负责指挥督察。1649 年，克伦威尔规定，除特许者外，一律不许出版。如有违反者，作者罚款 10 镑，印者 5 镑，贩卖者 2 镑，进口商 5 镑，买者 1 镑，叫卖者送感化院。出版商租房子，必须先经特许出版公司许可，购买印刷机要交保证金 300 镑。在克伦威尔的军事独裁下，只允许出版两种官方报纸：《政治信使报》和《公众情报者》。

这两种周报的主编同为奈德海姆（Marchamont Nedham）。他是革命时期的报坛名人，先后支持克伦威尔、查理一世，后又重新支持克伦威尔，鼓吹共和政治。1657 年，他在伦敦创办英国第一家以刊登广告为主的《公共广告》周刊。该刊每条广告连续刊登四天，续登再付费，被认为是广告报的始祖。

三、斯图亚特王朝复辟时期（1660—1688）

1660 年，查理二世复辟，封建王朝的出版管制代替了克伦威尔的军事管制。支持克伦威尔的报刊遭到查禁，保皇派的两份报刊被指定为官方刊物，一份是《国会情报员》（1659—1663），一份是《大众信使》（1660—1663）。1660 年 6 月复辟国会颁布决议，规定非经许可绝对不准刊登国会消息。1662 年，又颁布“特许制法令”，严厉管制报纸，并发行新的官报——《牛津公报》。

《牛津公报》（Oxford Gazette）创办于 1665 年 11 月 16 日，是英国历史上第一张报纸。它改变了过去新闻书的形式，为单页两面印刷。国务大臣派普对创刊号的印象是“非常美观，全是新闻，没有评论”。第一期内容有：任命牛津主教的消息、全国郡长就职年表、伦敦瘟疫中死亡人数的报道和一些简单记事。每逢周一周四出版。出至第二十四期，迁回伦敦，易名《伦敦公报》（London Gazette）。后又改为每周四次出版，延续至今。

四、自由主义理论的奠基者及其著述

（一）弥尔顿及其出版自由思想

约翰·弥尔顿（John Milton，1608—1674）是英国伟大的诗人、资产阶级革命家和政治家。弥尔顿 1608 年 12 月 9 日出生于伦敦一个富裕的清教徒家庭，自幼酷爱读书，学习多种文字，自 12 岁起，每晚读书必至深夜方才就寝。剑桥大学毕业后，他通览了古代和文艺复兴时期的文学，深受人文主义思想的影响。1638 年在意大利旅行时，会晤了被天主教会囚禁的伽利略。1639 年英国国内形势逼人，他终止旅行，提前返国，日益尖锐的斗争，使弥尔顿渐渐卷入革命的浪潮。在后来的20年里（1641—1660），他把年轻时创作史诗的计划搁置一旁，写了大量政论文章和小册子。

1641年到1642年，弥尔顿写了《反对教会管理的主教制》等五篇政论，指出主教统治造成了腐败，要求按民主原则改革国教。这些文章的发表引起了公众对弥尔顿的注意。1644年，他因出版书籍引起国会愤怒，被传至国会出版委员会接受质问，他在国会作了长篇演讲，系统阐述了出版自由思想。11月，弥尔顿故意不征求书刊检察机构的同意，印刷了这篇演讲词*，以示对书刊检查制度的蔑视，这就是著名的政论小册子《论出版自由》（AREOPAGITICA，A Speech for The Liberty of Unlicensed Printing）。

1649年，查理一世被处决。两周后，弥尔顿发表《论国王与官吏的职权》，引圣经和罗马政治学说为据，指出君主权力来自人民，人民有权废除甚至处死滥用职权的暴君。一个月后，他被聘为共和政府的外交秘书。不久便投入了更激烈的论战。针对保皇派伪造的《神圣君主的偶像》，弥尔顿写了《偶像破坏者》一文加以反击，以消除人们对于弑君的恐惧。保皇派接着发表了更富煽动性的《为查理一世声辩》，弥尔顿虽左眼已近失明，但为捍卫共和体制，毅然撰写了《为英国人民声辩》（1651）和《再为英国人民声辩》（1654），驳斥保皇派的谎言。1660年3月，复辟征兆已十分明显，他发表了最后一篇政论文《建立自由共和政体之简易方式》，再一次表明自己深切痛恨封建专制的态度。

1660年5月，斯图亚特王朝复辟。弥尔顿一度入狱。晚年，他双目失明，过着困顿的生活，但仍矢志不渝，口述了三部光辉诗篇：《失乐园》（1667）、《复乐园》（1671）、《力士参孙》（1671）。

弥尔顿的政论小册子《论出版自由》1644年获准出版，该书在当时流传不广，影响不大，1778年第一次再版。法国大革命时，米拉波译出该书的法文本。它于18世纪在英法美广泛流传，影响日益扩大，至今在西方仍被认为是关于出版自由理想的经典论述。

施拉姆在《报刊的四种理论》中对《论出版自由》的评价是："在自由主义传统上写出了主张思想自由的光辉的论点。虽然这篇文章没有全面论述言论自由和出版自由的原则，但是在当时提出了反对集权主义控制的强有力的论点。弥尔顿个人对于清教派检查他的作品感到恼火，他谴责了检查制度的理论和实践。作为他的论点的基础的假定是，人们运用理性就可以辨别正确与错误，分辨好坏，

---

* 英国国会上、下两院相当于古代雅典的最高权力机关"阿瑞帕喀斯大会"，因此弥尔顿的这篇演讲词又称《阿瑞帕吉蒂卡》。汉译尚有《最高审判庭》、《爱理俄巴格斯法庭成员》等名称。

而要运用这种才能，人们就必须不受限制地去了解别人的观点和思想。弥尔顿相信真理是肯定的，是可以表达出来的，并且只要让真理参加‘自由而公开的斗争’，真理本身就具有战胜其他意见而存在下来的无可比拟的力量。从弥尔顿这种思想出发，形成了现代关于‘观点的公开市场’以及‘自我修正过程’的概念，那就是让所有想说什么的人都自由地表达自己的思想。真实的、正确的思想会保存下来，虚假的和错误的思想会被克服。政府不应该参加战斗，也不应该协助其中的一方。虽然虚假的可能取得一时的胜利，但真实的意见通过吸引了新的力量来维护自己，会通过自我修正过程最后战胜其他意见而保存下来。”①

值得注意的一点是，弥尔顿倡导自由的同时，“承认自由讨论的权利可以加以限制，但是避免谈到作为这种限制的基础的一般性原则。他要求的是那些虽然有分歧意见、但却是诚实的和认真严肃的人，应该享有不受政府检查的自由。弥尔顿认为罗马天主教徒和当时影响很小的新闻工作者不符合他的诚恳标准，所以拒绝给这些人以充分的自由”②。

美国新闻学者认为传统的报刊理论是“自由主义论”，现代报刊理论是“社会责任论”。究其实质，社会责任论不过是在传统理论上新思想的接枝，它仍是打着“出版自由”的旗帜。“正如资产阶级在政治上是资产阶级的民主的代议制，它在新闻制度上就一定要标榜出版自由，在新闻理论上就要标榜自由主义和新自由主义论（社会责任论）。因而，弥尔顿的《论出版自由》乃是资产阶级新闻理论的基石。”③

（二）洛克及其对自由主义的哲学思考

约翰·洛克（John Locke，1632—1704）英国资产阶级革命时期杰出的唯物主义哲学家和激进的政治思想家，西方自由主义理论的创始人之一。

与弥尔顿一样，洛克也出生于一个清教徒之家。他1652年进入牛津大学，在家庭和学校的熏陶下，在青年时代就萌发了反对封建专制的豪情，以笔作武器，为资产阶级革命呐喊。1667年，成为新贵族代表人物艾利希勋爵（后为辉格党领袖）的秘书，1683年，为躲避复辟派的迫害，随艾利希逃往荷兰，光荣革命后返回英国，并在新政府中任职。1691年后，完全退出政界，专心研究和写作。哲学上，他继承培根和霍布斯的学说，论证知识起源于感觉，是英国唯物主义经验论的创始人。政治上，反对君权神授，主张权力分解，保护私有财产，拥护代议制。其主要著作有《政府论》、《人类理智论》、《论宗教宽容》等。他的

---

①② ［美］韦尔伯·施拉姆著：《报刊的四种理论》，51页，北京，新华出版社，1980。

③ 张隆栋、傅显明：《外国新闻事业史简编》，21页。

自然法思想后来发展为“天赋人权”和“自由、平等、博爱”的资产阶级口号，成为法国《人权宣言》和美国《独立宣言》的理论依据；社会契约论主张被孟德斯鸠发展为三权分立的国家学说，成为法、美等资本主义民主国家的立法原则。伏尔泰称赞他：只有洛克才算是我们时代胜似希腊最辉煌的时代的伟大榜样。马克思也称赞洛克是同封建社会相对立的资产阶级社会的法权观念的经典表达者。

洛克关于思想言论自由的具体观点有：1）人的自然权利有四项内容：即生命、自由、财产和惩罚权。自由是其余一切的基础。但离开思想、意愿、意志，就无所谓自由。只有人能凭头脑中的思想，自由地说话或保持沉默，才算获得了言论或保持安宁的自由。2）任何人都有一种不可侵犯的自由权利，即任意使用各种词汇来表达自己的思想。3）从道理上讲，我们不能指望任何人抛弃自己的观点，盲从于不可理解的权威，无论人们的理解怎么错误，理性是其惟一的向导。在不同的见解中保持和平、履行人类的职责和培养友谊，对所有人有益。

第三节　资产阶级革命后的报刊

1688年“光荣革命”结束了英国资产阶级革命，确立了君主立宪制度。但革命彻底程度不够，政治民主化道路格外漫长，资产阶级民主力量同封建残余、资产阶级保守势力，继续进行着激烈的较量。报业也就在这种斗争中步履维艰地前进着。

一、日报的诞生

（一）第一张日报

英国国会于1693年废除了压制出版业的出版法案，报业的发展一度活跃起来。1702年，英国第一家日报《每日新闻》（The Daily Courant）由马利特（Edward Mallet）在伦敦创办。该报最初只有半张，单面印刷，每页两栏。新闻无标题。内容以翻译荷文、法文消息为主，类似于以前的新闻书。马利特在创刊号上声明：“该报创办之目的，在迅速、正确而公正地报道国外新闻，不加评论。而且相信读者的智慧，对登载消息的确切含义，一定有正确判断。”马利特还是英国报人中第一个提出客观报道的人。他说：“报纸的义务在于将事实叙述出来，结论应由读者来作。”

《每日新闻》出版后曾停刊一段时间，后由巴克利（Samuel Buckley）将其复刊。他继承报道事实、不加评论的传统，又对版面内容作了重大改进。由单面印刷改为双面印刷，新闻占一页半，内容仍译自荷、法文报纸，另半页登分类广告和车船消息。后来扩版4至6页。1735年，政府为缩减津贴费，将其与《自由英国人》、《伦敦新闻》合并，易名《每日公报》(Daily Gazette)。后成为保守党的报纸，所以它又是世界上第一家政党日报。

（二）日报的发展

1730年，真诺（Mathew Jenour）创办了《每日广告报》(Daily Advertiser)。起初只是刊登广告的商业性小报，售价1便士，头四个月免费分送各咖啡馆。在第22期宣布“为满足读者，将尽量刊登国内外一切最新、最好的消息”，该报后来发展成为消息和广告并重的伦敦第一大报。1760年以后，逐渐萧条。

1758年，威廉·伍德福（Williams Woodfall，1746—1803）创办《纪事晨报》。该报每日出版。伍德福记忆力惊人，采访国会新闻，不用记录，即使数万言，他写的有关报道也不会有错误。1789年，伍德福退休后将报纸售给詹姆士·派瑞（James Perry，1756—1821)。派瑞主持下的《纪事晨报》成为自由党机关报。1821年，他去世后，该报易主，销路下跌，1862年被新兴的《每日电讯报》(Daily Telegraph）吞并。

派瑞与贝尔、斯图亚特被认为是英国18世纪末19世纪初最伟大的三位报人。派瑞在办《纪事晨报》的同时，兼办《欧洲杂志》（European Magazine，1782年)，并任《信使报》主笔。他是迅速、准确、系统报道国会新闻的第一人。

1772年约翰·贝尔（John Bell）和他人合办《晨邮报》（Morning Post)。1786年，贝尔离开该报，创办自己的报刊，先后有三家日报，五份周刊，七种杂志，其中《贝尔信差周刊》(Bell's Weekly Messenger）最负盛名。贝尔的经历证明，他是一位成功的书商、出版商和报刊发行人。所以后来很多刊物都冠以“贝尔”的名字。

《晨邮报》因触犯诽谤法被罚后销路不畅，1795年卖给著名报人斯图亚特(Daniel Stuart，1766—1846)。在经营上斯图亚特坚持独立办报的方针，充分发挥广告的效用。他说：“广告不仅增加财政收入，又可吸引读者，增进发行。而发行增加，又可吸引更多广告，所以广告在报业经营中具有双重作用。”这正是现代报业经济学的基本原理。在内容上他增加了趣味性报道，认为报纸应该关注人类社会和日常生活，淡化政治论争。在他的主持下，该报发行量直线上升，从接手时的350份增至4500份，与《纪事晨报》齐名。1800年，印花税增加，该报在报头上注明：“本报1783年售3便士，现售6便士，其中3便士是付彼特(Pitt）首相的税金”，以示对增加印花税的抗议。

1803年，斯图亚特将《晨邮报》售出，专心致力于《晚邮报》(Courier)

的经营，该报后来比《晨邮报》销数更多。

二、杂志的兴起

18世纪初，除日报外，一些评论刊物也在兴起。著名文学家主办的三大评论期刊，名噪一时。它们是：《评论》（1704—1713）、《闲谈者》（1709—1711）及《旁观者》（1711—1712）。这些刊物和一般报纸不同，除少量新闻外，主要刊登社会政治性的短论、小品、对话、故事等。文字优美生动，笔调幽默有趣，颇受各界欢迎。

（一）丹尼尔·笛福与《评论》

丹尼尔·笛福（Daniel Defoe，1659—1731）是英国第一个职业记者，被称为“英国报业之父”。1703年，他因发表反对托利党迫害非国教徒的文章被逮捕。戴枷示众时，群众向他献花，为他祝酒。他在狱中写的《立枷颂》（Hymn to the pillory）问世后，传颂一时。笛福成为人们心目中的英雄。

笛福狱中筹划创办一份评论杂志的愿望在1704年2月19日变成现实，名为《法国每周评论》（The Weekly Review of the Affairs of France）。每期8版，最初为周刊，后改为周二刊，第二年改为周三刊，同时将名字简缩为《评论》（The Review）。每期都登有政治、商业和社会问题的文章，还常有副刊，一直出版到1713年停刊。

笛福一生编辑或为之撰过稿的报刊大约有25家，如《爱丁堡新闻》（Edingburgh Courant）、《苏格兰邮递者报》（Scots Postman）、《政治新闻》（Mercurius Politics）、《米氏新闻周刊》（Mit's Weekly Journal）、《每日邮报》（Daily Post）、《白厅晚邮报》（White Hall Evening Post）等25家报刊。他力主选择大众关心的话题，写作趣味化、通俗化。他曾说过：我的写作原则，是假设对500个不同职业的群众说话，而使每个人都能听懂。

1713年以后的14年里，笛福因诬蔑宫廷罪和诽谤罪先后四次被捕，常常是坐牢、罚款、戴枷示众。他甚至遭到当局的严厉警告：如继续再犯，将予以吊死、分尸惩处。因从事政治活动的经验和自身的考虑，他不得不经常改变立场，周旋于自由党和保守党之间。但他声称：“不管在哪一党方面说，不管什么时候，不管是哪个党执政或是改组政府，都不过是伪装、装模作样和丑恶的虚伪而已。”

1719年笛福的长篇小说《鲁滨逊漂流记》在《每日邮报》上发表，获得出乎意外的成功。小说反映了新兴资产阶级要求“个性自由”、勇于冒险、追求财富的进取精神。一位德国评论家称这是一部“世界性的书”，还有学者认为，“这是世界上第一部在报纸上发表的连载小说”。

（二）理查德·斯梯尔与《闲谈者》

1709 年 4 月 12 日，斯梯尔（Richard Steele，1672—1729）创办《闲谈者》（Tattler）杂志。它兼有政治性和文艺性，每期两页，每周发行三次。它以戏剧、轻松论文、文艺作品为主的内容吸引了大批读者。18 期后，友人阿狄生加盟，杂志风格独特，成为人们在酒馆、茶室谈论的话题，绅士淑女也争相购阅。1711 年因政治原因停刊，共出版了 271 期。

（三）阿狄生与《旁观者》(Spectator)

《闲谈者》停办后，斯梯尔和阿狄生（Joseph Addison，1672—1719）又合办了《旁观者》，虽然每天出版，但仍被视为杂志。阿狄生在第 10 期上写道："据说，苏格拉底将哲学从天堂带至人间，但我却要将哲学从图书室、研究院带至俱乐部与咖啡馆……。"该刊笔调轻松、乐观、富于趣味，娓娓谈论人生问题，指导读者的道德观，易于被人接受。每期发行三千多份，是当时发行量最大的杂志。1712 年因印花税的颁布停刊。

之后，斯梯尔还创办过《保护者》（Guardian）日报、《英国人》（Englishman）二日刊、《平民》（Plebeian）、《读者》（Reader）、《街谈巷议》（Town Talk）等杂志。阿狄生则于 1715 年 12 月创办了《自由人》（Freeholder）政治性杂志，翌年 6 月停刊。

除此之外，凯夫的《绅士杂志》和威廉·柯贝特的《政治记录》周刊也都比较有名。

（四）凯夫与《绅士杂志》

《绅士杂志》是英国第一份综合性月刊，1731 年由爱德华·凯夫（Edward Cave）创办于伦敦。该刊起初以摘录国内、国外新闻及文艺小品为主。五年后大胆突破政府限禁，报道国会新闻。1738 年国会重申不准报道国会新闻的禁令，但凯夫认为帮助人民知道当局的所作所为是报人的天职。他买通下议院看门人溜进去旁听，将国会议题、发言议员姓名、所持立场、讨论要点等一一记下，回到报社后写成独家的国会新闻报道。1740 年 11 月到 1743 年 2 月所有国会消息都是由大文豪约翰逊博士（Dr. Samuel Johnson，1709—1784）写的。

该刊以"合众为一"为信条，每月选登各类图书和小册子上的优秀文章，惹得不少刊物效仿。该刊还是第一份以"杂志（Magazine)"作刊名的刊物，一直到 1914 年停刊，是英国杂志史上发行最久、最负盛名的权威月刊。

（五）威廉与《政治记录》周刊

威廉·柯贝特（William Cobbert，1763—1835）是 19 世纪英国激进报人。1797 年在美国发行《箭猪公报与每日广告报》（Porcubine's Gazette and Daily

Advertiser)。1799 年因发表狂热支持英国的文章，被罚款并没收财产。1800 年回英国，受到政界人士的欢迎，并委托他支持两家官方报纸的工作：《真英国人报》(True Briton）和《太阳晚报》(Sun)。后因政见不同，辞职而去。1802 年创办自己的《政治记录》周报（Political Register)，呼唤言论自由。他认为：贿赂报纸是国家祸患的根源。如果报纸让自由而独立的人支持，代替那些被雇用的奴才，将是国家最大的幸事。

拿破仑战争期间，他因攻击政府腐败，以诽谤罪被判徒刑二年，罚款 1000 镑，交保证金 1000 镑，保证以后七年不再犯错。但他在狱中仍坚持出版《政治纪录》周报。1815 年，该刊不堪印花税的重负，提高价格，导致销数大减。次年，发行以劳工为对象的大众版，售价二便士，获得极大成功，发行四万份。1830 年，柯贝特创办《穷人政治》(Politics for The Poor）月刊，每份二便士。他在创刊号上说："创办这家刊物的目的，是向人民解释政治是什么，……为什么大多数人民在受苦。"该刊公然宣称是为穷人办的杂志。第二年，柯贝特又被指控犯了诽谤罪。最后经陪审团讨论，无罪释放。

三、政府压制与政党报刊

英国革命是以资产阶级和封建贵族的妥协告终的。因此，资产阶级报业所受的桎梏并没有完全解除，统治当局继续用多种手段控制报业。恩格斯一针见血地指出："诽谤法、叛国法和渎神法，都沉重地压在出版事业身上……英国的出版自由一百年来苟延残喘，完全靠政府当局的恩典。"①

（一）征收"知识税"

1712 年 5 月 16 日，国会通过印花税法案。税率：半张或小于半张者，交半便士；半张以上不超过一张，交一便士；超过一张（4 页）而不足六张者，交二先令；超过六张的书籍、税单、报表等均免税（旨在限禁短期发行的攻击政府的报刊)。印花税法案还规定征收广告税和纸张税。印花税、广告税和纸张税被统称为"知识税"。

正如阿狄生在他的《旁观者》杂志中预言的那样："印花税实行的日子，将是作家发表作品的末日了。"印花税实施不到半年，报纸停刊一半。其后，印花税法案之执行时紧时松。1794、1804、1815 年税率增加三次，每份报纸的印花税高达四便士。

---

① 《马克思恩格斯全集》，第 1 卷，695 页。

（二）实行津贴制度

随着众多政党报刊的创办及独立报业的兴起，官方报纸《伦敦公报》的主导地位不复存在，18 世纪以来销数减少，明显衰落。为控制舆论，政府采取了贿赂记者和津贴报纸的办法。津贴费用被列入政府财政预算，成为宣传经费的一部分，并逐步形成“津贴制度”。当时著名的报人如笛福、阿狄生、斯梯尔等均接受过政府津贴。罗伯特·沃尔波（Robert Walpole）两任首相期间（1714—1717，1721—1742），津贴制度最为盛行。据政府秘密委员会纪录，期间每年用于津贴报纸的经费达五万镑。1730—1740 年政府津贴各报的记录如下：

报刊名	发行人	金额（镑）
《自由英国人》	威廉·阿尔纳	21625
《每日公报》	约翰·华尔塞	42630
《伦敦新闻》	威廉·威金斯	6013
《每日新闻》	萨缪尔·巴克莱	2068

沃尔波还给驯服的报纸提供消息及免费邮寄的便利；而敌对报纸只能自付邮资，还常遭受邮局的无故延迟。

（三）叛国法和煽动诽谤法

因触犯叛国法被处决的出版人极少（17 世纪 2 人、18 世纪 1 人），而因触犯煽动诽谤法而被判刑者为数甚多。17、18 世纪有成百上千名报刊发行人、文章作者、印刷者、贩卖者被判处徒刑与罚金。

煽动诽谤法的执行情况可分为四个阶段：

（1）1704—1730 年，沿袭 17 世纪的司法原则，凡指责、攻击国王、内阁大臣的人都犯有煽动诽谤罪。此间有名的案件是：

理查德·富兰克林案　1728 年，保守党《艺术人报》发行人理查德·富兰克林（Richard Franklin）发表了抨击英国与西班牙、法国签订和平条约的文章，被致以煽动诽谤罪受审，虽有律师辩护，但在司法大臣雷蒙（Lord Chief Justice Raymond）的强令下，被判处一年监禁，罚款 100 镑，缴纳保证金 2000 镑。

（2）1730—1760 年，陪审团对煽动诽谤罪的判决，可以不受政府的训令约束，较为自由地表达意见，独立做出判决。

（3）1760—1780 年，在约翰·威克斯案与“朱尼斯”匿名信案的影响下，出版自由获得一定程度的保障。

约翰·威克斯案　1762 年，约翰·威克斯（John Wilkes，1727—1797）创办《北不列颠人》杂志。他在创刊号中主张“批评政府是每个报人的神圣天职”，这个观点后来被称为“监督论”。他因批评国王的文章被捕。最后威克斯以议员身份被释。之后，威克斯联合被捕的48人，控诉政府非法捕人。法院认定控诉成立，政府赔偿10万英镑。至此，1557年开始的总逮捕状被废止了。

朱尼斯（Junius）匿名信案　有九家报纸于1768—1772年连续发表10封匿名信，其中有的抨击政府和国王。司法大臣对六人提出指控，结果五人开释，一人判刑（因他罪）。同时，新闻自由又增添了“批评国王无罪”一项新内容。

（4）1780—1792年，司法界对诽谤罪审判和构成要素等问题产生争议，并以国会通过“法克斯诽谤法案”告终。

法克斯诽谤法案　1792年通过的法克斯诽谤法案（Fox's Libel Act）是论辩双方妥协的结果。其要点如下：1）陪审团对一切诽谤案件（而不仅是对于出版物及其诽谤性词句）有总体判决权；2）在诽谤案件中，法官可以根据自己的判断，提供给陪审团参考；3）陪审团认为必要时，可对诽谤罪做出特别裁决；4）只要有一位陪审团团员认为被捕的被告有罪，即可提请审判。

政府采取以上种种手段的限禁与控制报纸的结果就使政党报纸（政党机关报与政党、政府津贴的报纸）居于统治地位，整个报业发展缓慢。属于托利党的报刊有《评论》杂志、《考察家报》（1710—1714）、《每日新闻报》（1720年创刊）、《艺人报》（1726年创刊）等。属于辉格党的报刊有《辉格考察家》（1710）、《自由人》（1715—1716）、《自由英国人》（1729—1735）以及《闲谈者》、《旁观者》等。18世纪中期，辉格党的报刊随着该党在议会中势力的加强而占据了上风。

四、《泰晤士报》的创办

《泰晤士报》创办于1785年1月1日。该报原名《每日环球记录报》（Daily Universal Register），创办人是印刷商约翰·沃尔特（John Walter，即沃尔特第一，1739—1812），1788年改为现名。因为他认为报纸应该是时代的记录（“时代”的英文是“The Times”，“泰晤士”是其音译），因此尽量公正、详实地报道国会辩论、各国动态、商业行情等消息。

由于采用了新式印刷机，该报售价二便士半，比其他报纸便宜半便士。沃尔特第一希望用广告收入补贴发行损失，并实现经济独立。但他还是经常接受政府每年300镑的津贴，不过仍直言不讳地抨击国王和大臣们。详尽报道国会辩论实况，法国革命进程，发行欧洲大陆大事记等举动使该报几年后便跻身伦敦一流报纸之列。

1803年，约翰·沃尔特（John Walter，即沃尔特第二，1776—1847）主持该报工作。从此至19世纪中叶，《泰晤士报》进入了它的所谓“黄金时代”。沃尔特第二一方面奉行自由、公正的独立政策，一方面重用优秀报业人才。他先后任命了两位得力的主编托马斯·巴恩斯（Thomas Barnes，1785—1841）和约翰·德莱恩（John Thadens Delane，1817—1879）。巴恩斯任职期间（1817—1841）在全国各地建立了通讯员和记者网，以便搜集各阶层的意见。他撰写的社论，既能指导舆论，又能反映人民心声，所以重大事情发生时，人们总想看看《泰晤士报》写些什么。该报在巴恩斯独立自由思想的指导下，成为一张独立而有权威的报纸。下野的彼尔（Sir Robert Peel）首相致信巴恩斯称：《泰晤士报》的支持，最有价值，因为它是公正而有鉴别的支持。

德莱恩主持笔政期间（1847—1877），虽很少亲自撰写社论，但他以建议、讨论、修改的方式指导社论方向。此外他经常活动于达官贵人和社会名流之间，以探听政治机密，获悉政府动向。就对政府的影响力来讲，德莱恩时期的《泰晤士报》更加独立无畏。他声称报人的责任是对全体英国人民负责，并不是对德尔贝勋爵（Lord Derby）或上议院负责。我们认为有害于公众利益的，一定保留，否则，适当而正确的消息，均予发表。我们相信，我们的判断与反对党领袖同样正确。

该报1815年时销量为5000份，一份售价七便士，1850年销量猛增至五万份，超过伦敦所有早报之和，售价降为五便士。克里米亚战争* 中，战地记者W.H.拉塞尔（William H.Russell 1820—1907）的通讯引人入胜，发行量升至六万份，该报抨击政府的疏漏，并募集基金救助伤员。最后导致内阁垮台，远征军总司令被撤职。作为英国最大、最有权威的大报，它的社论不仅在国内，有时还能引起欧洲小国的阁潮。美国总统林肯在南北战争前夕接受该报记者采访时说："伦敦《泰晤士报》是世界上影响最大的一张报纸。事实上，据我所知，除密西西比河外，再没有比它更有力量的东西了。"①

英国前首相迪斯雷利（1804—1881）曾这样评价该报的影响："英国在各国首都有两名大使，一名是英国女皇派遣的，另一名是《泰晤士报》派遣的驻外首席记者。"

1855年以后，廉价报纸的兴起使该报大受影响，虽然它竭力维持权威地位，但销量已不能与大众报纸相比了。

五、知识税的废除

19世纪初，英国工业加速发展，工人的力量不断壮大，辉格党（自由党前

---

* 克里米亚战争又称东方战争。1853—1856年俄国与英、法、土耳其、撒丁联军之间的战争因主要战场在克里米亚而得名。

① 转引自王泰玄编著：《外国著名报纸概略》，107页，北京，新华出版社，1985。

身）深知要想击败对方，必须获得广大群众的支持。1830 年，辉格党战胜托利党（保守党前身）组阁。1832 年国会通过选举改革法案，新法案只是满足了工业资产阶级的要求，并没有使工人阶级受益。

新兴工业资产阶级与工人组织均要求取消“知识税”，自由出版报纸。著名小说家和政治家布尔法－李顿（Bulwer－Lyton）1832 年 6 月 14 日在议会上提出废除知识税的议案。他说：应当废除知识税，印刷出版物能够比监狱看守和刽子手更好地为一个自由国家的和平与荣誉服务。廉价的知识比经费巨大的惩罚制度是更好的政治工具①。布尔法－李顿的议案虽得到个别议员的支持，但鉴于时机未成熟，议会不会通过，因而将议案撤回。

但英国资本主义的迅速发展，新兴资产阶级和工人争取言论自由的要求，不是政府能用暴力和酷政压制下去的。“1831 年到 1835 年间，出现了数百种不贴印花的报纸，它们的态度，大多是很革命的。（政府）一再严加限禁，但终无效验，无法阻止这种违法出版物的不断出现。”②

鉴于局势所迫，英国政府逐步降低了知识税：1833 年广告税从三先令六便士，减为一先令六便士。1836 年印花税从每份报纸四便士减为一便士。“1836 年印花税降低后，英国报纸从每年共出版 3900 万份，增加到 12000 万份（1854 年）。”③

之后，布尔法－李顿、米尔纳·吉布森（Milneit-Gibson）和理查德·科布登（Richard Cobden）等议员继续发动请愿运动。吉布森组织了“废除知识税联合促进会”，并担任主席。1849 年，又有一个类似的组织成立。这些组织均开展了广泛的宣传活动。在各界压力下，国会最后于 1853 年取消广告税，1855 年取消印花税，1861 年取消纸张税。“知识税”的废除，使英国报业卸下了承负了一个多世纪的沉重的经济包袱，因而活力倍增。其结果是催生了多种廉价报纸，英国报刊由此进入了“降价时期”。*

六、廉价报纸的兴起和《每日电讯报》

到 1857 年廉价报纸已有 107 种。它们从版面编排、内容设置、遣词造句到售价，均考虑到中下层普通百姓的口味和承受能力。其中最成功的是《每日电讯

---

① 参见［英］哈罗德·赫德著：《英国新闻事业史》，148 页。

②③ 《大英百科全书》第 16 卷，394 页。

* 英国报刊史学者福克斯·伯恩将 19 世纪英国报刊史划分为四个时期：1）限禁时期（1800—1830）；2）解放时期（1830—1855）；3）降价时期（1855—1875）；4）大众化时期（1875—）。

报》(Daily Telegraph)。

《每日电讯报》是斯莱上校(Colonel Sleigh)在废除印花税的前一天即1855年6月29日创办的，原名《每日电讯邮报》(Daily Telegraph and Courier)。创刊号共有四页，每页六栏，广告占四栏。第三页的社论宣称：国会明智地去掉了妨碍廉价报业的最后枷锁，该报的使命，在增进国家利益，发行一张半价(2便士，别的报纸4便士)而高尚的报纸。创办初期，因该报并无吸引人的特色，销路没有打开，财政陷入困境。

该报主要债权人、《星期日泰晤士报》的业主约瑟夫·摩西·莱维(Joseph Moses Levy，1833—1916)因此收购了此报，并做了大胆改革。他于9月17日按一便士出售该报。但这并不是英国第一家便士报，在次以前，已有《谢菲尔德每日电讯报》(1855年6月8日)、《利物浦每日邮报》(1855年6月11日)和《伦敦晚报》(1855年8月14日)。

莱维降低了报价，但没有降低报格。他在《每日电讯报》降价为一便士报第一天的社论上说：这是一张社会各阶级都买得起的高尚报纸，国家的巩固主要依靠启迪民智，而不是依靠武装力量。我们力图把报纸办得同报价比它高四倍的报纸一样的好。新的《每日电讯报》质高价廉，注重社论，反映民声，迅速打开了销路。四个月里，销数就达2.7万份，是当时最大报纸《泰晤士报》的一半。

《每日电讯报》真正在英国崭露头角却是在劳森掌管报纸大权时期。莱维的儿子爱德华·莱维(Edward Levy，1833—1916，后改名为爱德华·莱维·劳森Edward Levy Lawson)成为主编后，使该报更适合大众的需要。在内容上，扩大报道面，注重趣味性，声情并茂，富于感染力。在编辑上，采用美国做法，对重大消息，采用多项标题以示强调。如普法之战中，报道法军溃败的消息用了10行标题。这是英国报纸标题革新的开端。

劳森声称办报旨在促进社会进步和大英帝国的进步，力争质高价廉，倾向自由主义又不激进，还积极投身社会改革运动、慈善事业和爱国活动，并募集了大量款项。1871年普法战争时，发行量达20万份，1888年为30万份。

该报成功的重要原因之一是劳森到处网罗一流作家参与报社工作。如戏剧评论家克莱门特·司科特(Clement Scott)、作家桑顿·亨特(Thornton Hunt)、名记者约翰·莱塞奇(John Merry Le sage)等。在这些优秀人物中，埃米尔·约瑟夫·狄龙(Dr. Emile Joseph Dillon，1854—1933)的表现最为非凡。他是著名的语言学家，不仅精通欧洲各国文字，还是东方语言和中世纪语言的专家。能用五种文字写评论，与政治家、外交家交往甚密，常能获得当时最机密的消息。狄龙当过《每日电讯报》驻俄特派员，1894年化装成僧侣前往土耳其采访，1900年采访过侵略中国的八国联军。他具有不寻常的综合能力和记者的特质，勇敢且富有进取心，为得到独家新闻，从不回避任何艰难险阻。作为当时的著名记者，他经常受到各国国王的殷切款待，朋友戏称他是“无冕之王”。

《每日电讯报》是英国廉价报纸的先驱，劳森是该报的主要缔造者，他在英国新闻界享有很高的荣誉。劳森于1892年被封为男爵，1903年又被封为伯纳姆勋爵（Burnham）。1914年有英国报业和外国新闻界知名人士二百五十多人签名的一封致敬信，由北岩勋爵致送给他。信中称他是“报业之父”。

七、自由理论的发展

如果说弥尔顿和洛克的自由主义理论表达了刚刚兴起的资产阶级对出版自由的无限渴望；那么，随着资本主义的发展，新闻自由理论又增添了新的内容。

在19世纪中叶资本主义全面发展时期，英国哲学家、政治思想家和改革家约翰·斯图尔特·密尔（John Stuart Mill，1806—1873）集欧洲思想启蒙的精华，在《论自由》（On Liberty）一书里，全面论述了封建专制的严重危害，以及言论思想自由与个性解放对于人类社会发展的推动作用。该书被认为是世界新闻史上为自由主义辩护并进行充分论证的经典作品。其主要观点如下：

（1）每个人在意识形态领域中，都应享有良心的自由、思想的自由、发表意见的自由。在只涉及本人的那部分，他的独立性在权利上则是绝对的。对于本人自己，对于他自己的身和心，个人乃是最高主权者。只有涉及他人时，人们才可以干涉他的自由。但也要有一个限度使个人的独立性不受侵蚀。

（2）对于思想、意见是否正确的判断，密尔认为我们永远不能确信我们力图窒息的意见是谬误；即使我们确信，要窒息它也仍是一个罪恶。权威压制某个意见“可能是正确的”，但是权威者“不是不可能错误的”。对任何意见的十分确定性正是人们易犯的错误之一。

（3）对于不同意见，必须兼顾双方、无所偏重，仔细辨别冲突双方的理由，才能获知真理。人们往往只能掌握“部分真理”。部分真理之间的猛烈冲突不是可怕的祸患，可怕的是“半部真理的平静压熄”。密尔深刻地指出：如果全体人当中除一人之外都持有相同的意见，仅一人持有相反的意见，那么，人类要使那一人沉默并不比那一人要使人类沉默更称为正当。迫使一种意见不能发表是“特殊罪恶”，“是对整个人类的掠夺”。因为，假如那意见是对的，那么他们是被剥夺了以错误换取真理的机会；假如那意见是错的，那么他们是失掉了一个差不多同样大的利益，那就是从真理与错误冲突中产生出来的对于真理的更加清楚的认识和更加生动的印象。

(4) 关于对真理压制的后果，密尔说真理的真正优越之处在于一个意见只要是正确的，尽管可以一次再次或甚至多次被压熄下去，但在悠悠岁月的进程中一般总会不断有人把它重新发现出来，直到某一次的重现恰好情况有利，幸得逃过迫害，直至它头脚崭露，能够抵住随后再试图压制它的一切努力。但封建专制使思想家们不敢秉笔直言，请问谁能计算这世界受到何等的损失？倡导精神自由的主要目的并不是为塑造一个伟大的思想家，而是为了产生智力活跃的人民。

第四节　乌托邦主义和工人报刊的发展

一、乌托邦主义及其代表人物

乌托邦主义又称空想社会主义，来源于托马斯·莫尔所著的《乌托邦》一书。意思是并不存在的理想国度。它产生于15世纪的欧洲。资本主义生产关系的发展，使市民阶级的力量开始壮大，广大农民反对封建剥削和压迫的斗争与市民阶级反对封建制度的斗争相互交错，形成了激烈复杂的社会阶级矛盾和阶级冲突。伴随着市民阶级产生的早期无产者，虽然在政治上与资产阶级达成过联盟，但在革命胜利后，并未摆脱剥削和压迫。为实现自身的解放，他们“在每一个大的资产阶级运动中，都爆发过作为现代无产阶级的发展程度不同的先驱者的那个阶级的独立运动”①。乌托邦主义正是早期无产阶级进行独立思考的表现。而斗争中的宣传鼓动要求，使工人报纸和工人组织的机关报应运而生，并在无产阶级的政治运动中得到发展。英国工人阶级的宪章运动是“世界上第一次广泛的、真正群众性的、政治上已经成型的无产阶级革命运动”②。宪章派报刊在无产阶级报刊史上也写下了光辉的一页。下面对英国乌托邦主义的发展历程、代表人物和工人报刊作一介绍。

（一）早期乌托邦的代表——托马斯·莫尔和他的《乌托邦》

托马斯·莫尔（Thomas More，1478—1535）是英国空想社会主义者。出生于伦敦一个法官家庭。14岁就进入牛津大学攻读拉丁古典文学，后改学法律。毕业后担任律师，他庇护贫弱，主持公道，蔑视权贵，受到伦敦市民的尊敬。1504年当选国会议员。亨利八世即位初期，一度受到重用，历任国王枢密顾问官、财政副大臣、下议院议长等要职。1529年被任命为英国大法官，因在宗教政策上与国王发生分歧，1534年拒不承认亨利八世是英国国教首领，以叛国罪

---

① 《马克思恩格斯选集》，2版，第3卷，405—406页，北京，人民出版社，1995。

② 《列宁选集》，3版，第3卷，811页，北京，人民出版社，1995。

被处死。

莫尔一生著述甚多，最著名的是1516年写成的《乌托邦》，这是欧洲第一部空想社会主义杰作。该书猛烈抨击圈地运动造成了“羊吃人”的悲惨结果，要国王关心人民的福利，而不是自己的财富；认为“战争是惟一适宜于野兽的活动，然而任何一种野兽都不像人那样频繁地进行战争。因此乌托邦人很恨战争”①。但他们并不放松军事训练，为的是保卫本国领土，驱逐来犯之敌；莫尔对私有制的弊病进行了比较深刻的揭示和批判，“私有制存在一天，人类中绝大的一部分也是最优秀的一部分将始终背上沉重而甩不掉的贫困灾难的担子。……达到普遍幸福的惟一道路是一切平均享有”②。他反对君主专制，要求法律简明而公正，实行宗教信仰自由。在书中他塑造了一个没有私有制、没有暴政、人人劳动、和睦共处的理想社会，客观上反映了无产阶级领袖对理想社会的向往，为科学社会主义的创立提供了思想准备。

（二）乌托邦主义的发展

乌托邦主义的发展可分为三个阶段：

（1）15－17世纪的早期乌托邦主义着重于对理想社会制度的空想的描写。代表人物除莫尔外，还有康帕内拉（Tommaso Campanella，1568—1639）、安德里亚（Johan Valentin Andreae，1586—1654），两人的著作分别是《太阳城》和《基督城》。

（2）18世纪中期乌托邦主义的特点是已经有直接共产主义的理论（摩莱里和马布利）。平等的要求已不限于政治权利方面，它也扩大到个人社会地位方面了；必须加以消灭的不仅是阶级特权，而且是阶级差别本身。苦修苦练的、禁绝一切生活享受的、斯巴达式的共产主义，是这个新学说的第一个表现形式。代表人物有摩莱里、马布利、巴贝夫等。

（3）19世纪初期，乌托邦发展到了晚期，著名人物有圣西门、傅立叶、欧文。他们的主要思想是：要立即解放全人类，用示范的办法建立理想的永恒的正义王国，欧文则已经直接从法国的唯物主义出发，系统地制定了他消除阶级差别的方案。

乌托邦主义理论虽然有一些空想成分，但并非荒诞无稽的构想。他们的学说建立在社会现实基础上，对理想国度的描绘中，包含着许多天才的、富有远见卓识的政治主张，为工人运动、马克思主义都提供了有益的借鉴。

---

①② ［英］托马斯·莫尔著：《乌托邦》，94、44页，北京，商务印书馆，1982。

二、工人报刊的发展

（一）早期的工会机关报

18 世纪末英国出现工人运动，在运动中组成了工人团体。1794—1796 年，英国最早一批工人团体在羊毛加工业和缝纫业工人中建立起来。当局为防止工人有组织地进行斗争，1799—1800 年颁布了禁止工人结社的法律。但它未能阻止工人们的联合，此起彼伏的大罢工促使英国政府于 1824 年取消了禁止工人结社的法令。随着第一批合法工会组织的诞生，它们的机关报也相继问世。1825 年夏，伦敦各行业代表委员会创办了《各行业新闻和工匠新闻》周刊。1830 年，英国全国劳工保护协会成立，这是产业工人第一个跨行业的全国组织，它积极开展改革议会的宣传，创办了《联合行业周报》，从 1830 年 3 月 6 日到 10 月 2 日，共出版了 31 期。该周报停刊后，又于 1831 年 1 月创办了《人民之声》周刊，由纺织工人领袖约翰·道尔蒂主编。该刊详细报道了全国劳工保护协会在曼彻斯特、诺廷厄姆开会的情况以及极端派的政策和欧洲大陆的革命进程，支持各地罢工运动，宣传《10 小时工作制法案》，销数达 3000 份。

这一时期的重要报纸是 1830 年创办的《贫民导报》（Poor Man's Guardian），由赫瑟林顿和奥布林主编。它在发刊词中明确提出工人阶级要得到出版自由："我们将在防护和确认之下创造这个最重要的堡垒，以捍卫我们的全部权利，我们所有自由的关键——出版自由。"该报第一次用通俗的文字介绍了空想社会主义的基本概念，说明劳动人民和榨取利润的人之间没有共同利益可言；指出富人压迫穷人，企图靠剥削人为生的欲望是世界上罪恶的根源。它揭露 1832 年议会改革法案的本质，公开抵制"知识税"，提出"为了表示抗议而出版，以公理对抗强权"的口号，并以一便士的价格出售。在它的影响下，各地报刊也展开了反对对报刊课以重税的斗争。该报于 1835 年停刊。

（二）宪章运动中的报刊宣传

英国工人争取到工会合法地位后，进一步开展争取政治权利的斗争。1836 年 6 月，伦敦部分工人和手工业者成立了"伦敦工人协会"，1838 年 5 月，协会公布了以争取普选权为中心内容的《人民宪章》，要求实现普选权及工人的经济权利，1839 年 2 月，在伦敦召开的"公会"标志着宪章运动进入高潮。以《人民宪章》为内容的请愿书得到全国各地的拥护，签名者达 125 万人以上。6 月到 8 月，宪章主义者和政府发生冲突，许多领袖被捕。1840 年 7 月"全国宪章协会"在曼彻斯特成立，由此开始第二次请愿活动，签名者达 330 万人，个别城市还发动了武装起义。1847 年第三次高潮中，示威者和警察对抗，政府宣布"宪章派公会"是非法组织。1848 年以后，宪章运动逐渐平缓，1860 年协会解散。

虽然宪章运动失败了，但它在国际工人运动史上写下了重要的一页。

宪章运动在一开始就注重公开的宣传鼓动工作。“伦敦工人协会”一成立就创办了机关报《伦敦快讯》。它执行宪章运动道义派的政策，力求把宪章制定成法律，否定用暴力实行改革，所刊文章多是温和劝导的语气，销路不广。1837年11月11日宪章派左翼领袖菲格斯·奥康瑙尔在北部工业城市利兹创办了《北极星报》(The Northern Star)，编辑部成员还有哈尼、琼斯。该报很快成为宪章派最有威信的报纸，对宪章运动进行了全面、完整的报道。1843年11月迁往伦敦，1852年停刊。

该报强调的是与《伦敦快讯》截然相反的主张，广泛宣传宪章运动左翼暴力派关于采取政治斗争途径争取实现宪章的主张，指导工人斗争。它不仅报道及时、报道面广，而且注意用生动、富于感染力的文字激发读者的感情。结合工人罢工和工会运动惨遭血腥镇压的事实，该报教育工人群众认识资本永远不会成为劳动的代表，要在资本家和工人之间建立一致的感情和利益，比猛虎和羔羊媾和还难。

该报主张一切国家的工人阶级联合起来争取共同斗争的胜利，把支持各国无产阶级和被压迫民族的革命运动看成是英国无产阶级的任务。40年代，它对欧洲各国革命运动进行了报道，特别是揭露沙皇俄国压迫波兰人民、反对英国吞并爱尔兰和欢呼1848年巴黎二月革命的报道，以及它对《新莱茵报》敬爱的、有才干的英勇同志们的声援，都表现了它鲜明的国际主义精神和立场。

该报存在的15年里，吸引了大量读者，最高时销数达10万多份，远远超过了《泰晤士报》每天三万多份的发行量。恩格斯曾在1843年秋天访问了该报编辑部，开始与哈尼建立联系；1845年2月到1848年3月还在该报发表过如《最近发生的莱比锡大屠杀——德国工人运动》等许多重要文章。马克思、恩格斯高度评价了《北极星报》，称它是真正民主的、没有民族的和宗教的偏见的报纸，在各方面都成了欧洲最优秀的报纸之一。

1850年6月，哈尼创办了《红色共和党人》(The Red Republican)杂志，宣传建立民主共和国，采取鲜明的无产阶级革命立场。11月，该刊在第21至24期连载了《共产党宣言》第一个英译本。哈尼在周刊序言中首次指出这一著作的作者是马克思和恩格斯，评价它是世界上前所未有的最革命的文件。译文发表后，引起当局的恐惧，决定以追查印花税为借口迫害哈尼。杂志改名为《人民之友》(The Friend of the People)继续出版至，1852年4月。

宪章运动后期，琼斯成为左翼领袖。1851年3月召开全国宪章派代表大会，琼斯是新纲领主要起草人。为了宣传新纲领，1851—1852年他在伦敦出版了

《寄语人民》（Notes to the People）周刊。该刊捍卫英国无产阶级根本利益，认为只有通过根本的政治改革和社会改革才能改善工人阶级的状况；强调工人阶级进行独立斗争和掌握政权的重要性。马克思和恩格斯热情支持该刊，亲自参加编辑和出版工作，1851 年 6 月到 1852 年 4 月的几个月里，为它撰写了许多文章。他们通过该刊的编辑工作，和英国宪章派保持联系，通过该刊从思想上影响英国无产阶级，支持琼斯及其拥护者在新的社会主义基础上恢复宪章运动；并称赞该刊是“工人阶级的机关报”，从中可以找到英国无产阶级的全部现代史。

1852 年 5 月，琼斯在《寄语人民》停办后又创办了《人民报》(The People's Paper）周刊，目的在于想在革命低潮时有一个影响较大的宪章派机关报指导工人阶级继续斗争，在全国范围内恢复宪章运动。它继承《寄语人民》的优良传统，捍卫工人阶级利益，宣传新纲领所规定的主要任务、基本原则和科学社会主义学说，探讨工人阶级社会解放的道路，主张全面恢复宪章运动。它发表的对 1852 年科伦审判案 的报道、揭露普鲁士暴政的社论和向英国工人阶级被判罪者家属捐款的号召，表明了它的无产阶级国际主义和大无畏精神。

马克思和恩格斯特别关心这份“惟一的宪章派机关报”，1852 年 10 月到 1856 年 5 月为之撰稿，如《帕麦斯顿勋爵》、《致英国各报编辑部的信》等，还参加编辑工作，协助管理报纸财务和推广报纸。1856 年 4 月 14 日马克思在《人民报》创刊四周年纪念会上发表了关于无产阶级的世界历史使命的演说，登载在该报第 207 期上。

1856 年 5 月，琼斯和资产阶级激进派接近起来，6 月，《人民报》转入资产阶级实业家手中，马恩不再为该报撰稿。与此同时，英国宪章运动也退出了历史舞台。

（三）共产主义者同盟的机关刊物

1.《共产主义杂志》

19 世纪 40 年代后期，马克思和恩格斯创立了科学社会主义，把社会主义从空想变成科学。这一理论同各国工人运动初步结合，使无产阶级在政治、思想上逐渐成熟起来。随着国际共产主义运动的兴起，产生了无产阶级报刊，它们在宣传革命思想、启发工人阶级觉悟、组建无产阶级政党等方面发挥了重要作用。而作为无产阶级政党的雏形——共产主义者同盟诞生于英国。

1847 年 6 月在伦敦召开的“正义者同盟”改组大会成了国际工人运动史上的转折点。大会根据马克思和恩格斯的提议，把“正义者同盟”改名为“共产主义者同盟”；用“全世界无产者，联合起来”这个新口号代替“四海之内，人人皆兄弟”的旧口号；规定了同盟为之奋斗的最终目标是建立共产主义社会。共产主义者同盟是世界上第一个建立在科学社会主义理论基础上的国际无产阶级革命组织。大会选举了共产主义者同盟中央委员会，并决定出版机关刊物《共产主义杂志》。大会任命威廉·沃尔弗负责杂志出版工作，要求每星期、至少每月出版一次。威廉·沃尔弗（1809—1864）是德国无产阶级革命家、政论家。早年参加学生运动被捕入狱。1846—1847 年任布鲁塞尔共产主义通讯委员会委员，1848 年德国革命期间，任共产主义者同盟中央委员会委员、《新莱茵报》编辑、法兰克福国民议会议员。革命失败后，流亡英国，是马克思和恩格斯的战友。马克思在《资本论》第一卷前面写明本书献给沃尔弗。

沃尔弗以极大的热情参加了试刊号的出版工作。1847 年 9 月，同盟中央机关刊《共产主义杂志》在伦敦出版创刊号，封面上印着“全世界无产者，联合起来!”的战斗口号。一共 16 页，印行 1000 份，有序言、社论和文章。

试刊号对各种错误思潮进行了批判。社论批判了原正义者同盟领导成员威廉·魏特林的空想共产主义理想，反对他们采用阴谋活动和信奉平均共产主义；反对流亡美国、自命为德国共产主义代表的克利盖鼓吹平分土地就是实现共产主义、就能消灭贫困、把共产主义描绘成“爱的王国”的谬论；反对改良派和不抵抗主义者，指出走向良好制度的道路一定要经过暴力斗争，经过革命才行。

试刊号刊登了同盟中央机关反对卡贝空想计划的决议，指出实行这一计划会给共产主义事业带来巨大损失，共产主义者的事业不是离开压迫他们的国家，而是教育人民，鼓励人民，组织人民起来反抗压迫者。

该杂志由于缺乏必要资金，没有印刷机和足够数量的铅字，也没有确定的编辑人员，出版一期后就停刊了。虽然它存在的时间短暂，但在无产阶级报刊史上的地位不容忽视。它是最早以科学革命理论为指导的第一个无产阶级国际共产主义组织的正式机关刊物，开创了共产主义机关报刊的历史。

2.《新莱茵报·政治经济评论》

1847 年 11 月底至 12 月中，“共产主义者同盟”第二次代表大会在伦敦举行。大会批准了新章程，委托马克思、恩格斯起草同盟纲领作为党的宣言公布。1848 年 2 月，国际共产主义运动的第一个战斗纲领《共产党宣言》问世。这标志着马克思主义的诞生、科学共产主义与国际工人运动的结合、国际共产主义运动的开端。1848 年欧洲革命中“共产主义者同盟”的中心刊物《新莱茵报》在德国科伦出版，这张报纸成为无产阶级宣传、鼓动和组织民主运动的强大武器，是世界无产阶级报刊史上的一座丰碑。

1848 年席卷欧洲的革命失败后，《新莱茵报》被迫停刊，马克思和“共产主义者同盟”中央的多数成员流亡到伦敦，准备重新出版同盟机关刊物。马恩草拟的《新莱茵报·政治经济评论》出版启事登在1849年12月底至1850年初德国和瑞士的报纸上。他们写道："本杂志以《新莱茵报》为名，应该被看作是该报的继续。本杂志的任务之一，就是发表一些探讨过去事件的评论来阐述《新莱茵报》被迫停刊以来的一段时期。"出版启事谈到报纸和杂志各有好处，杂志虽然不能每日干预运动，成为运动的喉舌，反映当前的整个局势，使人民同人民的日刊发生不断的、生动活泼的联系，但杂志能广泛地研究各种事件，详细地研究作为整个政治运动的基础的经济关系。1850年3月6日《新莱茵报·政治经济评论》在伦敦编辑、在汉堡出版了。

在杂志出版期间，马恩探讨了革命事件，进一步研究了历史唯物主义，取得了重大理论进展。马克思的《1848年至1850年的法兰西阶级斗争》、恩格斯的《德国维护帝国宪法的运动》和《德国农民战争》等著作都是在该刊上发表的。这些论著分析总结了欧洲革命经验，进一步制定了革命无产阶级政党的策略原理。马恩本想把刊物改成周刊，再改为日报，但这一计划未能实现，它在出了第5、6期合刊后于1850年11月底被迫停办。此前同盟中央委员会内部已经发生了策略分歧和斗争。1852年11月17日"同盟"宣告解散，机关刊物也就不复存在了。

3. 第一国际时期的报刊

1857年世界性的经济危机造成工人大量失业、工资普遍下降，工人生活更加贫困，从而进一步加剧了无产阶级同资产阶级的矛盾。欧美工人运动从19世纪50年代末重新走向高潮。继1859年英国建筑工人大罢工后，法、德、意大利、比利时等国的罢工斗争也蓬勃发展起来，并表现出鲜明特色。各国无产阶级打破狭隘行会和保守观念，纷纷建立自己的独立组织，走向政治斗争道路。1860年英国各行业职工成立了"伦敦职工会委员会"，接着，各工业城市也相继成立了各种工会联合会的市委员会。1861年，这些新成立的英国工会联合会创办了自己的机关报《蜂房报》(The Bee-Hive Newapaper)。创办人和主编乔治·波特尔是右翼工联主义者、伦敦工联理事会理事。

1864年9月28日，国际工人协会（第一国际）在伦敦成立。它是无产阶级第一个正式的国际革命组织，最高机关是代表大会，大会闭幕期间是总委员会，其各国地方组织称为支部。作为第一国际实际的创建人和真正的领袖，马克思和恩格斯根据以往开展革命活动的经验，特别是《新莱茵报》的经验，认为为了宣传无产阶级国际主义思想，国际工人协会总委员会必须有机关刊物。1864年11月22日，总委员会确定英国工联主义的《蜂房报》为自己的正式机关报。

在波特尔的主持下，该报在国际成立前，不时报道英国和各国工人运动的动态，对促进欧洲各国工人之间的团结起了一定作用。国际成立后该报曾热情地报道了成立大会盛况和临时委员会最初的几次会议情况。1864 年 11 月 5 日和 11 月 12 日的第 160 期和 161 期刊登了《国际工人协会成立宣言》和《协会临时章程》。但该报成为国际机关报后，并未移交控制权，只是无偿提供版面，委员会按每份二便士的价格订阅，分送各位委员和各分部。尽管一段时间里，波特尔编辑的报纸被看作是最好的工人报刊，但他始终没有放弃改良主义的错误倾向，后来竟然任意篡改和删节有关国际会议的报道。在对爱尔兰民族解放运动的态度上和争取爱尔兰大赦的有关报道上该报和马、恩、第一国际总委员会产生严重分歧，马克思说，《蜂房报》放肆地和愚蠢地显示了自己的资产阶级色彩。

1869 年底，该报更换了所有者，完全落入自由派投机分子赛米尔·摩里手中，成了“一小撮资本家的机关报”。1870 年 5 月，马克思提出的与《蜂房报》决裂的决议案经总委员会批准。1876 年该报停刊。

1865 年夏天，国际总委员会委员、大不列颠矿工的工联机关报《矿工和工人辩护士报》的所有者利诺，决定将报纸交给总委员会支配。为此，总委员会集资于 1865 年 8 月建立了“工业报纸公司”，由奥哲尔任理事长，马克思任理事会理事。1865 年 9 月，《矿工和工人辩护士报》改组为《工人辩护士报》。马克思指出其易名的意义在于其名称（《工人辩护士报》）本身就说明了它的任务，它随时随地都维护着工人阶级的利益。总委员会希望办一张真实反映工人受压迫受欺凌情况，真正献给工人阶级，为工人利益辩护的报纸。1865 年 9 月底，马克思担任该报关于国际情况报道小组的领导人。该报开始经常刊登总委员会的材料，广泛介绍各国工人运动，支持爱尔兰人民的民族解放斗争。

像总委员会里一样，在报纸编辑部里和公司理事会里，马克思等人和资产阶级分子的斗争没有停止过。报纸公司理事会里改良主义多数派采取同资产阶级激进分子妥协的办法，以求得到资产阶级的资助。1866 年 2 月初，乘马克思因病没有出席总委员会的机会，改组了编辑部，把《工人辩护士报》更名为《共和国报》（The Commonwealth），提出了一个不包含工人阶级特有要求的纲领，报纸立场发生了改变。马克思虽然在一个时期里成功地防止报纸屈服于资产阶级的影响，争取任命埃卡留斯* 担任总编辑，组织恩格斯和李卜克内西为该报纸撰稿。但这一切努力只是推迟，并没能防止该报彻底背离阶级立场。由于工联机会主义

* 约翰·格奥尔格·埃卡留斯（1818—1889）是德国工人运动和国际工人运动的著名活动家，“共产主义者同盟”盟员，第一国际总委员会委员，总书记。1872 年以前基本上站在马克思主义立场上，后来蜕变成英国工联改良派领袖。

分子对《共和国报》的控制日益加强，6月9日，马克思退出了“工业报纸公司”理事会，恩格斯也停止了编辑工作。该报从1866年9月8日起，宣称自己是“改革运动机关报”，成为激进资产阶级的喉舌，1867年7月20日停刊。

第五节　20世纪前期的报业演进

一、现代资产阶级报业的出现

（一）北岩和他的《每日邮报》

北岩勋爵（Lord Northcliffe，1865—1922）原名艾尔费雷德·查理士·威廉·哈姆斯沃斯（Alfred Charles William Harmsworth），是英国现代新闻事业的创始人。1905年受封为勋爵，有“舰队街* 拿破仑”之称。他生于爱尔兰一个穷困律师之家，幼年随父母移居伦敦。中学时期就主编过校刊，15岁起在一家报社作杂活，17岁成为《青年》杂志的助理编辑，并为《晨邮报》和《圣詹姆公报》撰稿。1884年在《旅行》杂志工作了18个月，很受器重。1888年6月2日他创办了《回答读者投书》（Answers to Correspondents）杂志，以后简称《回答》（Answer）。这是一份以通俗知识为主的综合性周刊，创刊号发行12000份，一年后即达48000份。举办的“猜奖”竞赛，盛况空前，销量最后达到100万份。同时他还和弟弟哈罗德·哈姆斯沃斯办了《滑稽选辑》、《勿忘我》、《甜蜜的家》、《国旗》等。1894年8月，北岩购买了濒于倒闭的伦敦《新闻晚报》(Evening News)，致力于新闻改革。他了解新读者的兴趣，主张新闻写作要简练易懂，并应用地图、照片注解报道新闻。他在《舰队街与唐宁街》（Fleet Street and Downing Street）一书中曾有这样一句话：“不要忘记，你是正为那些知识浅陋的人们写作。”北岩的改革政策立竿见影，第一年就收回了投资。

北岩认为一张全国性早报会比晚报有更大收益，1896年，他在伦敦创办的《每日邮报》(Daily Mail）正是最好的证明。此前的便士报大多售价低，质量也低。而高级报纸在内容方面，缺少轻松娱乐性的新闻，几乎全是枯燥的政治报道；在形式方面，标题呆板，段落冗长，没有小标题；在写作方面，仍是速记式的逐字报道，名人演说则全文刊登。北岩后来回顾《每日邮报》创办时的英国报

* 舰队街是伦敦报社密集的一条街。

Daily Mail.

《每日邮报》1896 年 5 月 4 日创刊号

纸状况时说，整个世界变得非常有趣。地方范围的狭隘的政治正在逐渐让位给世界事务。但是，英国旧式报纸并不反映这种行将影响每个人的生活的变化的征兆、科学发明、技术革新，以及世界事务的新的深刻的趋势。这些报纸仍以有闲阶级为主要对象。它们仍然是一些排印得密密麻麻的铅字，供那些人躺在俱乐部沙发上，或在午餐后喝一杯甜酒时慢慢阅读。它们忽视了日益成长的巨大的企业界人士——变化着的世界的需要加快了他们生活的节奏。它们也忽视了新生的一代工人——他们能够读报，并且愿意阅读简明的新闻。《每日邮报》就是针对这些需要诞生的。①

北岩为创建此报作了大量准备和宣传工作。出版前 11 周，花费四万英镑，做试版工作。派人到处张贴黄底蓝字的广告，“惊人的《每日邮报》，将于 5 月 4 日创刊”。“这是忙人的报纸，这是穷人的报纸”，并注明“售半便士的便士报”。还连日在各报刊登预告出版的大字广告。

《每日邮报》创刊号有四篇短社论。第一篇社论宣称：只花半便士，就可读到所有的消息……。每日邮报，定价低廉，文字简练，基本上是忙人的报纸……。我们排版、印刷、折叠、打捆都是应用英美最新的机器，由于这些新机器的应用，致节省成本 50%，所以售价仅为一般报价的一半。该报标题生动、文字简洁，每天出版八版，内容是：第一版：广告与重要特稿；第二版：股票消息、法庭消息；第三版：国内消息；第四版：评论版，包括政治漫谈、社交、世界舆论摘要等；第五版：重要新闻；第六版：体育新闻；第七版：每日杂志，包括妇女园地、长篇小说连载与趣事杂谈等；第八版：广告。

第七版的“每日杂志”被认为是英国报纸副刊的先河。该报为了达到成为忙人和穷人报纸的目的，把精编、易读作为处理新闻的中心政策。北岩说：你们不要以为政治、外交是件难懂或是少数人包办的东西，我可为你们分析清楚。尽管政治家萨尔斯伯里嘲笑这份报纸“是一张工友为工友办的报纸”，但其销路却逐步增加：1898 年 40 万份，1899 年 50 万份，在 1899 年英国与布尔的战争中销路曾逾百万份。1900 年，在曼彻斯特市出版北部版，1904 年出版《每日邮报》海外版，1905 年出版《每日邮报》欧洲版。

这张报纸的成功标志着英国现代资产阶级报业的开端。其成功的原因有以下三点：1）北岩分析了英国社会的需要与报纸的积弊，一改当时一般英国报纸只报道片断的政治、社会生活的做法，开阔读者的视野，使读者看到社会完整的图像。该报主要读者对象是中产阶级、广大劳工和妇女。北岩高薪聘请第一流的记者，长驻世界一些重要城市，迅速报道重大事件，如：1896 年美国总统竞选、1897 年土希战争**、柯兹勋爵就任印度总督和英布战争*** 等重大事件。在重大国际新闻报道上能与高级报纸一争高低，并以清新、简洁的版面在读者中赢得了信誉。2）北岩有着丰富的新闻工作经验，他在《每日邮报》创办的前三年亲任总编。制定了满足新时代读者的新闻原则：解释、简洁、清晰。标题鲜明、版面

① 参见张隆栋、傅显明：《外国新闻事业史简编》，232 页。

** 土希战争：1897 年土耳其和希腊因克里特岛问题引起的战争。

*** 英布战争：也叫布尔战争或南非战争。1899—1902 年英国对南非布尔人重新瓜分非洲南部殖民地的帝国主义战争。

新颖，扩大报道面，经常改进内容，以便长期吸引读者。此外，他还善于培养和训练新型记者和编辑：如采访了美国总统竞选、土希战争、柯兹勋爵就任印度总督、苏丹战役、初期英布战争的斯蒂文（G.W.Steevens）；担任主笔达27年之久、能力卓越的马路（Marlowe）等。3）健全的报业管理。北岩在《每日邮报》以至一生的新闻事业上的成就，都离不开他弟弟哈罗德的帮助。哈罗德·哈姆斯沃斯精明强干，是一名优秀的报业管理人才，曾担任过《每日邮报》的经理。

（二）北岩接办《泰晤士报》

沃尔特家族经营的《泰晤士报》在19世纪末20世纪初面临着一系列困难：因刊载了一封伪造信件*，为此不仅偿付了20万镑的调查费和诉讼费，更糟糕的是严重损害了报纸声誉。自此，该报陷入债务泥沼。加之经营不善，经济形势每况愈下。1907年被迫出售。北岩以32万镑得到了《泰晤士报》的控制权后，实施了一系列改革措施：首先更新设备，添置了打字机、莫若铸排机和最新式的戈斯印刷机，然后从印刷工人手里接过了报纸设计和版面编排工作，着手改革。接着出版特刊，如72页的英帝国增刊，其中36页是广告。对于称职的记者编辑，北岩给与丰厚的待遇；对于因循守旧的工作人员，他称之为“黑袍教僧侣”，办报是图谋自己的安逸、高位、骑士地位或牧师会会员职位。他主张文章写短一些，要写得更有力量，少些温文尔雅，要多一些争论，少摆些庄严的面孔。接办该报时，发行只有3.8万份，售价3便士。1914年北岩大胆将其改为便士报。一战爆发后，销量达31.8万份，是创刊以来的最高纪录。战争中，该报向重要战场派战地记者，报道军事新闻、评论，每月初还出版两幅战事地图，并附开战以来的大事记。

北岩曾说过：反常的事物就是新闻。《每日邮报》也刊登社会犯罪新闻，但并不是靠黄色新闻起家的，内容较美国《纽约世界报》和《纽约日报》清洁。

北岩认为掀起社会和政治上的运动是报纸的神圣天职。他提供巨额奖金，通过《每日邮报》鼓励勇敢者作远距离飞行，是20世纪初预见航空事业将有重要发展的少数人之一。一战中，他开始参与政治，宣称为促进盟国胜利将不计任何后果。1915年5月21日，他在《每日邮报》上发表名为《炮弹的悲剧，肯赤奈尔勋爵的严重错误》的文章，指出英国使用的炮弹中“臭弹”太多，使英军遭受重大牺牲，并由于给养不足，兵士在饥饿中战斗。文章掀起了轩然大波，北岩遭

---

* 1877年，该报连载长文《帕内尔主义与犯罪活动》（Parnellism and Crime），署名爱尔兰领袖帕内尔，信中表示同情反英暗杀活动。国会经调查证明这些信是皮格特（Richard Pigott）伪造的，帕内尔与暗杀活动无关。信件伪造者在被捕前自杀。

到强烈而压倒多数的攻击，报纸在股票交易所等处被公然焚毁，抗议的函件、电报如潮水般涌来。反对者称：事实上，我们在负责政府与报纸独裁之间，应作一选择。新闻自由诚值重视，但自由与责任相连。甚至有时新闻自由应对国家安全予以优先。而现在就是国家安全第一的时候。现在他（北岩）不再是一个笑柄而已，而是大英帝国不共戴天的敌人。在重重压力面前，北岩仍坚持认为如果不揭露事实真相，提醒国人警觉，并支持少数具有远见的官员，从事彻底改革，便不可能赢得胜利。他对《泰晤士报》主笔说：《泰晤士报》的销数是否降至一份，或《每日邮报》降至两份，我都毫不在意。这个问题，除我母亲以外，未与任何人相商，但她同意我的观点。我认为由于肯赤奈尔的原因，致战争日趋扩大。起初由于大众对他崇拜，使他成为军事改革的障碍，所以我尽所能唤起大众的觉醒。北岩的坚持不懈使反对浪潮开始沉寂下去。全国人民开始倾听他的意见，羡慕他的勇敢，并重视他正确的远见。北岩成为战时著名的政治人物。1918 年 2 月，他担任“对敌宣传总监”，主持对德宣传，他使用飞机向德军投掷千百万份宣传品。北岩的“纸弹”攻势在瓦解德军士气方面起了很大作用。

他在晚年作世界旅行时，1921 年 11 月来到中国，与《申报》经理史量才进行了会晤。1922 年回国途中瘫痪，同年 8 月 14 日在伦敦逝世。伦敦著名报人斯宾德曾经说过，北岩勋爵对于当时人民的影响，与整个教育部相比，只有过之而无不及。

（三）报团的出现

1. 北岩报团

英国最早的报团是北岩报团。他先后创刊和购买了《每日邮报》（1896 年）、《每日镜报》（1903 年）、《观察家报》（1905 年）、《泰晤士报》（1908 年）以及多种地方报刊，形成英国最大的报团。

2. 比维布鲁克报团（Beaverbrook group）

威廉·马克思威尔·艾特肯（William M.Aitken，1879—1964）原是加拿大人，1910 年定居伦敦，结识丘吉尔等政界要人，不久，当选为保守党下院议员。一战中，以军事记者身份到前线采访。1917 年受封为比维布鲁克勋爵（Lord Beaverbrook），1918 年任战时内阁情报大臣。战后，他辞去情报大臣职务，低价收购《每日快报》（Daily Express），1918 年创办《星期日快报》，1923 年购入《标准晚报》，同年又购入几家地方报，形成比维布鲁克报团。至今仍是英国六大报团之一。

在竞争激烈的 20 年代，比维布鲁克对报团内部构成作了调整，如《每日新闻》和《每日纪事报》合并成《新闻纪事报》，《每日快报》仍保持发展势头。

1932 年《每日快报》超过《每日邮报》的发行量。

比维布鲁克有英国赫斯特之称，他的报纸追求黄色刺激，《每日快报》和《星期日快报》都是英国销量最大的大众化日报和星期日报之一。

3. 罗瑟米尔报团（Lord Rothermere group）

北岩的弟弟罗瑟米尔爵士早年协助北岩办报，后来开始经营自己的报纸。1922 年北岩去世后，罗瑟米尔的“联合报业公司”（Associated Newspapers, Ltd）取得了北岩大部分报纸的所有权，成为英国当时最大的报团。罗瑟米尔属于保守党右翼，1930 年曾与比维布鲁克爵士组织过“联合帝国党”，二战前支持英国法西斯头子莫斯莱爵士。该报团现为英国六大报团之一。

二、两次大战之间的报业

（一）报刊的兼并集中

现代报业的主要特征是言论独立、企业经营、机器生产，以及报纸的大量销售。

英国报业进入 20 世纪后，报刊间竞争日趋剧烈，优胜劣汰的现象更加突出，因而整个报业越来越兼并集中。

在兼并过程中，英国一些历史悠久的报纸宣告消失。20 世纪初的伦敦著名报纸《泰晤士报》、《每日电讯报》、《每日邮报》、《每日新闻》、《每日纪录报》、《威斯敏斯特公报》、《晨邮报》、《标准报》等八家，后四家在竞争中败下阵来，到 20 世纪中叶只剩下前四家。1930 年在《每日新闻》、《纪事日报》和威望甚高的《威斯敏斯特公报》三家合并的基础上，成立了《新闻纪事报》。1937 年创建于 1772 年的《晨邮报》则被《每日电讯报》吞并。

19 世纪末伦敦有九家著名晚报，到 1928 年仅余三家，并且这三家均已易主。如 1894 年北岩买下《新闻晚报》，20 世纪初凯特贝（George Cadbury）取得《明星报》，1912 年比维布鲁克收购了《标准晚报》。

与伦敦报刊总数减少相对的是总发行量从 1920 年的 540 万份增至 1930 年的 850 万份，1939 年达 1150 万份。从全国的报业格局看，兼并集中趋势也相当明显。从 1921 年至 1937 年，全国性晨报总销量增加了三倍，可种数却减少了 1/4。日报种数 1921 年为 158 种，1928 年为 132 种，1942 年降为 123 种。与此同时，从“一城一报”现象变化图表，可看出集中的趋向：

年 份	全国有日报的城市总数	只有一家日报的城市
1921	65	32

1927	66	37
1937	70	49

（二）星期日报的发展

由于英国日报星期日停止发行，造成星期报随之兴起，这是英国报业一大特色。英国最早的星期日报是《观察家报》（The Observer），1791 年在伦敦创刊，原为威廉·克莱门特（William Clement）所有。该报着眼于娱乐，图片较多，也有不少犯罪新闻。1840 年后，为阿斯特（Astor）家族所有。它同其后出版的少数星期日报，在政府压制之下，勉强维持。

19 世纪中叶才有稍多的星期日报问世。1915 年第一份星期画报创办。1918 年比维布鲁克也创办了《星期快报》，1950 年后，销量达 350 万份。《世界新闻》1891 年时只有四万份的销量。20 世纪初，在瑞德（Lord Riddell）的努力革新下，通信网遍布每个村镇。1950 年，销量高达 850 万份，是当时世界上销量最大的星期报。

星期报的优势在于本周新闻综述，这特别适合于不看日报的读者，此外周六最新消息、解释性专栏特稿等都适于读者的普遍需要，所以能达到很高的销量。

（三）地方报的兴起

废除“知识税”的一大成果是促进了地方报的兴起。18 世纪后半期，英国政府限制伦敦报刊发展，为地方报带来新机遇。

1821 年 12 月 1 日，第一张地方报纸《北方快报与兰克郡每日邮报》（Northern Express and Lancashire Daily Post）在曼彻斯特发行。“知识税”的取消，使地方读者逐渐养成阅读本地报纸的习惯。为满足读者需要，一些周报改成日报，如《曼彻斯特卫报》（Manchester Guardian）、《利兹新闻》（Leeds Mercury）、《约克郡观察报》（Yorkshire Observer）等；有一些新创办的日报，如《利物浦每日邮报》（Liverpool Daily Post）、《西方晨间新闻》（Western Morning News）、《北方回声报》（Northern Echo）等；并存的还有一些旧有日报，如《北英邮报》（North British Mail）、《曼彻斯特每日电讯报》（Manchester Daily Telegraph）、《利物浦北方每日时报》（Liverpool and Northern Daily Times）。

《曼彻斯特卫报》是英国著名的地方报。1821 年由泰勒（John Taylor）创办，起初是周报，1855 年改为日报，是自由派报纸。1848 年泰勒年仅 18 岁的儿子约翰（John E. Taylor）主持报务。1870 年他在伦敦设立了办事处，派记者到议会和政府各部采访。同年，在普法战争中，其军事报道速度之快、之翔实，不比伦敦各大报逊色。

1870 年，斯科特（Charles P. Scott）任该报总编。他说，报纸应对读者负责，对社会负责，应有高度的责任感。“批评应该自由，但事实是神圣的。批评应自我限制，应该坦白，而且最重要的是公正。”他还深入下层，了解工人和贫民的疾苦，支持罢工，主张男女享有平等的选举权，反对英布战争和贸易保护主义等。

1903 年斯科特买下该报，仍自任主编。一战中他对时局提出过许多富有远见的主张。他任总编 57 年之久，1929 年退休。在泰勒家族和斯科特家族的共同努力下，该报成为全国闻名的高级报纸，并在全世界发行。

（四）报团的发展

罗瑟米尔报团一度成为一战后最大的报团。30 年代，《每日邮报》极力赞成亲纳粹德国的政策，因而销路停滞，1937 年发行量降至 160 万份。该报团试图建立一个晚报网，没有成功。《每日镜报》于 1931 年分离出去独立经营，当时该报发行量只剩 73 万份，在新老板的领导下，1940 年升至 130 万份。二战中，它对丘吉尔的报道最为严谨，因而销量大增，1944 年发行 200 万份。

比维布鲁克报团 1923 年又兼并了《帕马公报》和《旗帜晚报》。《每日快报》1937 年发行 220 万份，很是成功。

贝里兄弟报团。1901 年威廉·贝里和詹姆斯·贝里两兄弟在伦敦创办《世界广告报》，1915 年买下《星期日泰晤士报》，1923 年收买赫尔顿报团，1924 年成立同盟报业公司。1926 年从罗瑟米尔手中买下当时最大的杂志出版公司“混合出版公司”，1928 年又从利维家族手中获得《每日电讯报》，达到事业的巅峰。1930 年在三家大报的基础上成立《新闻纪事报》，1937 年，《每日电讯报》兼并了《晨邮报》。同年两兄弟分家，老大成为卡姆罗斯勋爵（Lord Camrose），他的卡姆罗斯报团拥有《每日电讯报》、混合报业公司、《金融时报》有限公司。老二成为凯姆斯利勋爵（Lord Kemsley），他的凯姆斯利报团拥有罗瑟米尔的部分报纸，其中包括《每日写真报》、《星期日泰晤士报》以及几十家星期日报和地方报刊，成为英国较大的地方报团。

除这几大报团外，还有奥德汉斯报团、西敏斯特报团等等。在二战前，这些报团控制了大部分全国性报纸和地方报纸，基本形成了报业垄断局面。

（五）共产党报刊的发展

在资产阶级垄断报业发展的同时，英国无产阶级报刊也在重新兴起。

1920 年 7 月英国共产党成立，同年创办其机关刊物《共产党人》。它主要阐述工人运动的理论问题。1923 年改名《工人周报》，1927 年因支持工人罢工被迫停刊。代替《工人周刊》的是《工人生活》周报和《星期日工人》，它们继续领导工人运动。为加强共产党与英国工人群众的联系，办一份群众性工人日报的呼声越发强烈。

英共十一大决议指出，准备出版《工人日报》应在全部政治工作和组织工作中占主要地位，争取出版《工人日报》的运动应在工厂和工会工作中占主要地位。每个党员要以最大的毅力和自我牺牲的精神参加准备出版日报的工作，党将借助这个武器组织工人阶级的斗争。

1930年1月1日《工人日报》(Daily Worker) 问世，英共著名政治活动家、共青团领导人威廉·鲁斯特任总编。创刊号以显著地位刊登了列宁关于没有政治报，在现代欧洲就不能有值得称为政治运动的运动的名言。还发表了共产国际主席团祝贺报纸创刊的贺信。创刊后该报成为失业工人运动和反法西斯运动的组织者。它抨击帝国主义的殖民政策、揭露法西斯侵略及英国政府的绥靖政策，二战中声援苏联，政府对它深为不满，多次被罚款，工作人员被判刑。1941年1月至5月，它一度被封闭，资产阶级控制下的报纸批发商抵制该报发行达12年之久。

三、二战中的新闻宣传

(一) 纵容绥靖政策的《泰晤士报》

纳粹掌握了德国的政权后，煽动复仇主义情绪，打着"收复失地"的旗号，不断向外扩张。纳粹在占领了莱茵非军事区、吞并奥地利后，又把侵略目标指向捷克斯洛伐克西部的苏台德地区。当时的英法政府为诱使战火燃向苏联，采取了绥靖政策，英、法、德、意四国并于1938年9月签订了臭名昭著的慕尼黑协定，肢解了捷克斯洛伐克。

此时的《泰晤士报》主编道森不仅继续主张对德妥协，而且还为希特勒的侵略辩护。他在给该报驻柏林记者的一封信上说：我一夜又一夜地尽力避免在报纸上出现任何可能伤害他们（指德国）感情的东西。在希特勒把奥地利、苏台德、捷克并入后，该报还为之辩解说：一些要求本来应该在德国孱弱的时候就给予满足的，难道只是因为它不再孱弱了就必须反对这些要求吗？德国受到凡尔赛和约的不公平待遇，它的不满是应当消除的。① 1938年9月7日该报的社论说，捷克割让这一个日耳曼居民区对捷克有利，因为可以"使捷克成为种族更为纯粹的国家"。

在欧洲临近战争之际，该报军事记者强调，在任何情况下，英国都决不能重新陷入第一次世界大战的可怕境地。该报为纳粹张目的荒谬言论遭到了当时有识

① 参见［英］马丁·沃克：《报纸的力量——世界十二家大报》，64页，北京，新华出版社，1987。

之士的严厉指责，如抗议道森的言行是“鼓吹豺狼袭击羔羊”。该报的出版200年特刊也承认1938年9月7日社论是它历史上的重大污点。

（二）二战中的新闻宣传

二战爆发后，英国设立了宣传部，发表官方新闻，并对邮电和新闻实行检查。战时的新闻管制“在报刊业并没有引起多大风波，只有极少数报纸受到检查机关的刁难：共产党出版的《工人日报》，在1941年1月到1942年9月被勒令禁止出版；《每日镜报》激烈地反对丘吉尔首相，致使该报几度险遭停刊”[①]。

不过检查还是遭到议会批评，九个月内，政府三次更换宣传大臣，后来宣布各报社、通讯社可以直接向政府及陆、海、空军事当局采访消息，但仍需接受检查。

非常时期，德军的狂轰乱炸没有阻止伦敦各大报的出版发行。机器安装在地下室，编辑部转移至隐蔽处，号召全国人民同仇敌忾顶住德军的进攻。虽然由于纸张的限制各报减少了篇幅，但熊熊战火并未能阻止报刊的发展。1937年，英国日报总发行量为1780万份，1947年跃为2860万份。

（三）丘吉尔与新闻宣传

温斯顿·丘吉尔（Winston Leonard Spencer Churchill，1874—1965）是英国著名前首相（1940—1945，1951—1955），保守党领袖，出身于贵族世家。1895年从桑赫斯特军事学院毕业后，到西班牙任军官，同时为《每日写真报》写特稿；1897年到印度，任驻白沙瓦野战部队军官，兼《每日电讯报》军事记者；1898年，改任《晨邮报》驻白沙瓦兼职记者，同年调往苏丹，仍兼《晨邮报》记者；不久，英国发动对苏丹的战争，他将自己参加的几次战役情况写成连续报道，在《晨邮报》发表。

1899年，英布战争中，丘吉尔被派往南非作战，仍兼《晨邮报》记者，报社每月付给他250镑。战斗开始十多天，他受伤被俘，后来从俘虏营逃出，到了莫桑比克首府洛伦索马贵斯，将亲身经历写成文章，连载在《晨邮报》上，一举闻名全国，年仅25岁。

1900年他当选为议员，结束了记者生涯，历任殖民大臣、贸易大臣、内政大臣、海军大臣和军需大臣。1933年提出联苏制德的主张，反对绥靖政策和慕尼黑协定。1940年5月出任战时联合内阁首相，领导英国人民对德作战。他断然拒绝希特勒的“和平”建议，在极其惨烈的“不列颠空战”中，英国空军的防御体系几乎被破坏殆尽。在黑云压城城欲摧的日子里，每天都能听到广播里传来

---

① ［法］彼·阿尔贝弗·泰鲁：《世界新闻简史》，136页，北京，中国新闻出版社，1985。

的丘吉尔坚定、鼓舞人心的声音："即使伦敦化为灰烬，也比沦为德国奴隶强千万倍！""不管付出多大牺牲，不管道路如何艰难，我们一定要战斗下去！胜利一定会到来！不获胜利誓不罢休！"他的号召让英国人民备受激励，终于粉碎了德军入侵英国的"海狮"计划。

第六节　二战后的报业发展

二战后，英国报刊继续发展。1954 年是英国日报销售数最高的年份，每日销售 2900 万份，平均每 1.8 人拥有一份报纸。1962 年全国日报 130 种，日报发行 3050 万份，千人拥有日报 575 份，一度居世界前列。60 年代中期开始销量下降、种类减少，整个报业出现停滞和衰退的局面。而同时兼并、竞争之风又起，一些经济基础薄弱或经营不善的报纸不是破产就是被吞并。许多历史悠久的报纸被挤垮。《明星报》、《新闻纪闻》是第一批牺牲者，随后《星期日电讯报》、《星期日写真报》也相继倒闭。接着《每日先驱报》易名《太阳报》,《泰晤士报》濒于破产边缘。竞争改变了战前报团的分配格局，旧报团或分割、或变卖、或收缩，新报团则壮大着自身实力，并在竞争风暴中经受着考验。

1963 年掀起地方报倒闭高潮，伯明翰、诺丁汉、曼彻斯特、莱斯特、利兹、爱丁堡等地，倒闭晚报的总发行量达 65 万份，"一城一报"现象遍及全国，到 80 年代初，只有贝尔法斯特和格拉斯哥两个城市存在两种以上属于不同老板的日报，其他城市大多只有一种日报，或虽有两种日报但属于同一个老板。地方报业完全被垄断了。

出现上述现象的原因有以下几点：（1）经济不景气。1967 年英镑贬值和 1973 年石油涨价，严重打击了英国经济。广告收入和销售收入无法维持报刊运转，许多报纸为了生存不得不依附于大型企业和垄断公司。（2）电子媒介的兴起，夺走了不少广告客户和读者，尤其是青年读者。(3) 劳资纠纷、落后的管理制度、陈旧的设备等因素都使英国报业每况愈下。

90 年代，计算机、多媒体、因特网等号称"第四媒体"的出现又对传统报业造成新一轮更猛烈的冲击。对此英国报界开始了一个以更新设备为重点的改革，全面使用计算机，生产过程自动化、快速化，并出版网络版、电子报纸，与电子媒介抗衡。

一、皇家报刊委员会的三次调查报告

战后英国议会面对垄断的加剧，认为有必要彻底调查报业情况，以便明确在

促进意见自由方面，政府应作些什么。1946年10月29日，下院决议设立皇家报刊委员会（Royal Commission）。该案动机和决议全文如下：

报业独占的趋势，业已引起社会普遍的关心。为了加强报纸意见的表达自由，及促进消息的正确报道，下院认为应立即设立一个皇家委员会，负责调查英国目前报业的资本、经营、独占、控制及其所有权的情势。

英国议会设立过三次皇家报刊委员会。第一次委员会（1947—1949）由牛津大学的罗斯爵士任主席，又称罗斯委员会，17名代表中只有两人为职业报人；第二次委员会（1961—1962）主席是肖克劳斯爵士，又称肖克劳斯委员会；第三次委员会（1974—1977），主席是麦格雷戈爵士，又称麦格雷戈委员会。

第一次皇家报刊委员会。1949年6月29日该委员会的报告书正式发表，认为整个英国报业并没有垄断化，“目前报纸所有权集中的程度，对于意见的表达自由、消息的正确报道和大众的最高利益，尚无显著影响”。它不得不承认地方报纸已有此迹象：在66个城市中，有58个城市只有一家日报或有数家日报而归一个报业公司所有。不过这些独占性的地方报纸，必须和全国性的报纸竞争，所以地方报纸的垄断就受到了限制。

针对愈演愈烈的报业大战和为招徕读者、挤垮对手，不择手段地礼品派送，该委员会提出若干建议：

（1）禁止以游说、免费赠送礼品、免费保险等不当方法，收买读者，从事自杀性竞争；

（2）同一公司所属报纸，均应在报头上注明同一标志，以便识别；

（3）地方性报纸的独占，也受1948年独占法案的限制；

（4）设立报业总评议会（General Council of the Press），委员25人，目的在于维护新闻自由，提高新闻道德，改进新闻事业的效率，增进新闻从业人员的福利。

报业总评议会成立于1953年7月1日，第一年的报告表示：总评议会并不想使所有报纸都变成保守的形式，而只是想阻止有组织的反社会行为。这些行为通常以色情当做武器。总评议会并不想节制争论的力量，而仅对新闻记者的道德行为予以注意。并以公正客观的态度，处理控告报纸的特别事件。

第二次皇家报刊委员会。1959年汤姆森报团以3100万镑吞并英国最大的凯姆斯莱报团，1960年镜报集团吞并了资产达2200万镑的奥德汉斯报团。报团兼并的惊涛骇浪震惊了全国。在此背景下，第二次皇家报刊委员会召开。1962年9月中旬提交的报告中建议：1）设立一个特别法庭，对重要报纸的合并或出售具有许可和保留的权利；2）任何报社不得参与电视事业的经营；3）要求报业总评议会要以更大权力管理报业集中权力的滥用、广告商的不良影响及一切非专业性的不良行为；4）要求报纸发行人举行联合研讨会，借以增进报纸的生产效率；经营专家发现，伦敦几家大报的技术工人至少可减少三分之一以上，对报纸生产决无影响；5）建议几家经营不良的报纸，应征求优秀编辑及经理人员，以使报纸获得新的生命力。

该报告指出从1949年以来，英国已有17家日报和星期报停刊，同时还有许多周刊停止发行。它对伦敦报业1959—1960年的一连串大合并进行分析后，承认报业集中趋势加剧，并且报业集中越盛对出版自由的潜在威胁越大。但它的结论却是：在全国性的日报和星期日报中仍有很大的选择余地。假设有更多的报纸，那自然更好。在同一言论政策管理下的报纸（报团）数目越多，那么危险性也自然更大。然而更危险的是任何报社与其他潜在影响意见的大众传播媒介，如电视事业的联合，将使问题更趋严重。

1965年政府公布了反垄断法案，规定凡日报或周报的交易，其总销数超过50万份时，均需得到“贸易局”的书面同意。

第三次皇家报刊委员会。1974年第三次报刊委员会成立。其1977年提出的调查报告，一方面承认现行的报业制度（自由的私营企业）导致了报业的持续兼并，威胁了出版自由，减少了公众自由选择的机会；另一方面又主张维护现行制度。如果政府对报业加以干涉，其结果将是对出版自由的更大威胁。委员会勉励报纸老板仍要把不赚钱的报纸经营下去。

报业集中、兼并现象的背后，隐藏着深刻的政治、经济、社会原因。政府深怕插手报业会招来干涉出版自由的指责。有限的市场份额，无法为众多报纸提供生存空间，自由竞争没有带来共存共荣的结果，却造成了集中、兼并、垄断的局面。皇家报刊委员会的三次调查报告无法也无力解决这一根源于体制的问题。

二、主要报团近况

英国当前大型报团有十余家，基本上控制着整个报业局势。

（一）新闻国际公司（News International Ltd）

公司老板基思·鲁珀特·默多克（Keith Rupert Murdoch）1931年生于澳大利亚墨尔本报业世家，在英国牛津大学毕业后曾在报业大王比维布鲁克勋爵的《每日快报》和《新闻纪事报》工作。1952年其父去世，他回国继承了一家规模不大的地方小报——《阿德莱德新闻报》。数年后他开始扩展业务，1956年收购了《珀斯星期日周刊》，1960年买下《悉尼每日镜报》和《悉尼日报》。1964年从地方走向全国，创办了全国性大报《澳大利亚人报》。60年代其“新闻有限公司”

成为澳大利亚著名的报团。

1969年默多克打入英国报业市场。同年12月购得畅销世界的星期日报《世界新闻》。几个月后，又买下《太阳报》，他把这张枯燥的政治报纸变成了迎合低级趣味的出版物。有人说他的成功之道是以软性色情新闻与体育新闻代替硬性新闻。美国《哥伦比亚新闻学评论》曾载文说：默多克的《太阳报》和《世界新闻》星期日报是把“性”、“谣诼”和对撒切尔夫人的支持结合起来，使得两报成为拥有400万份销数的英国大众化报纸。1981年他以1200万镑（合2800万美元）买下汤姆森报团的《泰晤士报》、《星期日泰晤士报》和《泰晤士报》三个附属刊物，一跃成为英国最大的报团。

如今他在英国控制的媒介有：《泰晤士报》、《星期日泰晤士报》、《今日报》、《太阳报》、《世界新闻》等全国性报纸及地方性报纸三十余家，占英国全国报纸总发行量的三分之一。此外还拥有英国天空广播公司（40%的股份）和路透社的部分股权。

70年代默多克进入美国市场。1973年买下《圣安东尼快报》、《圣安东尼新闻报》及《明星周刊》，1976年又购入《纽约邮报》，把它改造成一份以骇人听闻凶杀新闻打开销路的报纸。此后，出版著名杂志《纽约杂志》、《乡村之声》、《新西方》等周刊的纽约杂志公司和《芝加哥太阳时报》也被收归门下。1985年9月默多克入了美国籍，路透社透露，默多克这样做是为了遵守美国控制电视的法律*。这之后，他购买了六座电视台。1986年下半年，又以3.25亿美元买下著名的20世纪福克斯影片公司。1994年，以16亿美元购得NEL（National Football League，全美橄榄球联盟）比赛的独家转播权，震惊了整个美国电视界。同时进入有线电视领域，开办FX娱乐电视网。1996年，开办有线福克斯新闻频道，向CNN发起挑战；开办福克斯体育电视网，与隶属迪斯尼公司的ESPN较量。1997年，以28亿美元的总价完成对12个“新世界电视台”（New World TV）的购买，以19亿美元买下“家庭频道”。又与派拉蒙电影公司（Paramount）合作发行电影《泰坦尼克号》，该片是电影史上最赚钱的影片，全球票房价值高达18亿美元。1998年福克斯娱乐集团的电视（制片）公司与华纳兄弟公司（Warner Bros）联手，成为美国电视黄金时段最主要的节目来源。

到1998年他在美国拥有哈泼科林斯出版公司、《电视指南》、《旗周刊》、福克斯广播公司、福克斯新闻频道、福克斯体育网以及分布在纽约、华盛顿、洛杉矶、费城、芝加哥、亚特兰大、波士顿、凤凰城和其他14座城市的电视台。尽

* 美国法律禁止外国人在美国拥有电视台。

管公司总部在澳大利亚，但各个分公司从东海岸的纽约到西海岸的洛杉矶无处不在，整个公司平均年盈利额高达5.61亿美元。

在亚洲，默多克拥有香港最大的英文日报《南华早报》的股份，同时收买了《远东经济新闻》51%的股权。

该公司是一家跨国集团。默多克利用手中的卫星广播电视和有线新闻网插手新闻、商业、体育、文化等多方面的社会活动。他的多媒体帝国已经伸向全世界的每个角落。

（二）镜报报业公司（Mirror Group Newspapers）

该公司战后多次易主。1951年，北岩的外甥赛西尔·金（Cecil H .King）继任《每日镜报》董事长，并拥有每日镜报公司最多的股份。1952年金购买了混合报业公司。1961年以3850万镑吞并了奥丹斯报团，实力大增。同年，金建立了国际出版公司，控制着二百多家杂志。1964年，该公司所属的《每日先驱报》改组为《太阳报》，逐步变成黄色报纸。此后几年，公司由于管理不善，连年亏损。1968年该公司董事会作出决定，强迫赛西尔·金退休。

1970年，里德家族收买该公司大部分股票，改称里德国际公司。1980年，英籍捷克人、财阀罗伯特·马克斯维尔（Robert Maxwell）以11340万镑的巨款购得“镜报集团公司”的全部报纸，控有《每日镜报》、《星期日镜报》、《星期日人民报》等日报和星期报，苏格兰地区的《每日纪录报》、《星期邮报》等地方报，还有一家体育日报《体育生活报》。

（三）快报报业公司（Daily Express Newspapers）

前身为英国老牌报团“比维布鲁克报团”。1977年出售给特拉法加投资公司。拥有二家全国性日报《每日快报》、《每日明星报》，一家全国星期日报《星期日快报》，一家伦敦晚报《标准晚报》，还有几家广播电视台的股权。

（四）联合报业公司（Assoiated Newspaper Ltd）

其前身是罗瑟米尔报团，现为“每日邮报和通用信托公司”的一个子公司。拥有全国性的《每日邮报》、《星期日邮报》和十多家地方报纸、几十家周刊。

（五）汤姆森集团公司（Thomsom Organization Ltd）

该报团主人罗伊·汤姆森（1894—1976）生于加拿大，1963年加入英国国籍，1965年受封为爵士。他早年在加拿大经商，以后又经营数家广播电台与报纸。50年代进入英国报业市场。1953年收购了苏格兰人出版公司（Scotsman Publication Ltd.），包括《苏格兰人报》和《爱丁堡晚报》。汤姆森在此基础上，逐渐扩大实力，一度成为英国战后最大的报团。晚年经营石油，获巨额利润。他去世后，其子汤姆森爵士第二主持工作，1981年把《伦敦泰晤士报》、《星期日泰晤士报》出售给“新闻国际公司”，地位有所下降。现在仍拥有五十多家地方性日报、五十多家杂志。在美国、加拿大、南非、澳大利亚等国拥有大量报刊和广播电台，同时还经营石油、旅游、航空、房地产等多种产业。该集团在伦敦创立的汤姆森基金会,与我国《中国日报》(China Daily)和新华社建立了一定联系。

（六）皮尔逊-朗曼公司（Pearson-Longman Ltd）

该公司包括金融时报报团、西敏斯特报团、朗曼图书印刷公司三个主要分支，拥有《金融时报》、《金融周报》、《金融新闻》和四十多家地方报纸以及大批其他出版物，还握有《经济学家》的一半股权和香港《远东经济评论》等海外刊物的股份。

（七）合众报业公司（United Newspapers Ltd）

现有《每日快报》、《每日星报》、《星期日快报》等全国性报纸及《约克郡邮报》和《兰开夏晚邮报》等地方日报、三十多家周报和其他刊物，以及多家印刷公司和电视公司股份。

（八）电讯报业公司

拥有《每日电讯报》、《星期日电讯报》。现属于加拿大企业家布莱克的电讯公司所有。

（九）卫报和曼彻斯特新闻晚报公司（The Guardian and Manchester Evening News）

拥有《卫报》、《曼彻斯特新闻晚报》和《观察家报》等，属于斯科特家族。

（十）报业出版公司（Newspaper Publishing）

拥有全国性大报《独立报》和《星期日独立报》。

三、主要报刊近况

英国报纸分为高级报纸和大众报纸两大类。高级报纸篇幅较多，报价较高，版面严谨，以国内外新闻报道和评论为主，读者大部分是上层人士和知识阶层。大众报纸篇幅较少，报价较低，版面夸张、泼辣。主要内容是黄色新闻和娱乐材料。读者大部分是工人，其次是小资产阶级、职员和城市平民。

高级报纸和大众报纸的两极分化在战后越发严重。美国新闻学者约翰·蒂贝尔说，英国出版了一些世界上最好的报纸和最坏的报纸。电视的冲击使大众报纸销路大减，高级报纸以国际国内新闻报道、解释、评论的权威性取胜，还能基本维持销路。

（一）《泰晤士报》

到 80 年代初，该报已换过四位主人。沃尔特家族传了四代，1908 年沃尔特家族衰落，北岩勋爵用32万镑买下了沃尔特家族掌握了123年的控制权。1922年，北岩去世后转入英裔美国人阿斯特少校（Maj. John Jacab Astor）手里。1962年，阿斯特之子接管后，出现亏损，1966年招标出售，由汤姆森勋爵买去，1976年，该报再次面临绝境。1978年11月，《泰晤士报》掀起工潮，1979年英国几乎看不到该报了。1980年，该报270名编辑记者举行历史上首次罢工，加之当年1800万镑的亏空，只得出售给默多克（1981）。

虽然该报连年亏损，设备陈旧，声望和地位远不如以前，但仍不失为英国最重要的报纸，在国际上也还享有一定声望。默多克作为它的第五代主人，说得到该报是他“一生最兴奋的大事”。他曾以书面形式保证不干预《泰晤士报》的编辑方针，报纸将保持传统的高质量报纸的风格。但实际上该报在内容、形式上都有一定变化：图片增大、人情味新闻和犯罪新闻取代了部分严肃的新闻报道，加强了评论和体育报道。1985年底他在东伦敦沃坪建成了新技术装备的厂房，1986年1月用电子技术出版报纸。该报目前每天约40版左右，广告约占1/3。1994年日发行量37万份。该报已上网。

（二）《每日电讯报》（The Daily Telegraph）

1855年创办于伦敦，是英国第一家廉价报纸。利维家族一直控制到1928年，威廉·贝里成为它的新主人。1937年与《晨邮报》合并。公开声称保持“独立保守”的政治观点，以“提供充分、明了和易于理解的新闻”为宗旨，实际上主要反映保守党右翼观点。

二战前，坚决反对绥靖政策，使它声誉日隆，1940年德军入侵法国，巴黎陷落的消息就是它最早向世界播发的。二战后，成为售价销数突破百万份的“高级日报”。

该报比较重视国际报道，除头版是国内外要闻外，还有三版的国际新闻，1976年该报驻北京记者第一个向世界报道中国粉碎“四人帮”的消息。编辑方针是严肃性新闻和人情味新闻相结合。为满足读者的多种需求，辟有金融、科学、医药、房地产、汽车、农业、旅游、时装、戏剧、音乐、广播、电视、艺术、体育等许多专栏。读者以中产阶级为主。1993年日均发行量101万份。该报已上网。

（三）《卫报》（The Guardian）

原名《曼彻斯特卫报》，创办于1821年，是一家地方报纸，后来逐步发展成为全国性报纸，1959年改为现名，属“斯科特托事部”所有。1961年在曼彻斯特和伦敦两地印行，1964年编辑部迁往伦敦。

该报创办以来一直充当自由党的代言人，二战前，反对绥靖政策，1956年苏伊士运河危机中反对政府的殖民主义态度。读者多为中产阶级和知识分子。近年来销量稳定在41万份上下。

（四）《金融时报》（The Financial Times）

创办于1888年，主要报道金融、财政、工商业消息和与经济有关的国内外政治动向，是一张全国性经济金融报纸。政治上倾向保守，是伦敦金融界的喉舌。该报还报道世界上一些银行和公司企业的业务状况，常常“通过企业家的活动情况来研究世界形势”。注重国际新闻报道，评论风格严肃。经常附加特刊，专门介绍世界各国政治情况和经济发展的统计材料，在国内外金融经济界具有一定权威。据说，《金融时报》在订户方面是“重质不重量”。它主要追求订户的“权威性”，而不太注重发行量。其销数虽不算多，但几乎全世界大企业都订这家报纸。

除在伦敦出版外，该报还在世界其他地方有多个卫星传真版，发行29万份。它采用黄粉红色新闻纸印刷，独具特色。该报已经上网。

该报还有一个子公司，名为金融时报商业情报公司，专门收集和报道世界各地经济信息，并出版一套期刊，分门别类报道各种产业信息，影响很广。

（五）《太阳报》（The Sun）

为英国当代通俗报的典型。目前发行量约400万份，是英国销量最大的日报。该报1996年由默多克买下的《每日先驱报》改造而成。它面向下层社会读者，以刺激性揭丑性新闻为卖点，利用特大醒目标题制造视觉冲击效果，并最先每天在第三版推出单幅裸体女模特彩色照片，推动销数直线上升。

四、主要杂志

（一）《经济学家》（The Economist）

英国最有影响、最富权威的大型综合周刊，1843年创办于伦敦。最初以商人为主要读者对象，报道一周国际商情和金融、科学和工艺情况。后来该刊组织了一个庞大的作家队伍，约请各国部长、金融界、工商界知名人士和著名经济学家为该刊撰稿。现已成为一家内容广泛的国际性刊物，主要刊登有关国内外政治、经济的评论和报道，反映垄断资本集团的意愿，和英国金融界保持密切联系。

该刊的主要栏目有：评论；政界时事政治；英国、美国调查报告；欧洲本周商情；世界商情、金融；科学与技术；书评和读者来信等。有时还增设专题调查和专集，多报道世界上引人注目的事件。稿件编辑严谨，图文并茂，特别是经济方面的图表让人一目了然。文章均不署名。注重事实，引用数字可靠，对世界经济形势的分析，较有参考价值。

该刊使用的语言较为深奥。它公开宣称，发行对象是讲英语或将英语当作第二语言的生意人。它不想迁就中等水平的读者，更不想把刊物办得通俗易懂，甚至趣味化。

该刊读者主要是各国政界、经济界人士，90年代初发行50多万份，美国占了销量的一半。

经济学家报业公司附设经济学家情报公司，这是世界上最大的专门收集、分析并提供经济信息的国际经济情报机构。每年出版四册《经济季评》，共八十多种（一个国家或相邻的几个国家为一种），内容包括国家政治、人口、工农业生产、外贸、预算、就业等方面详尽资料和数据。①

（二）《新政治家》（New Stateman）

1934年由《新政治家》和《民族》（Nation）合并而成。在伦敦出版。是工党左翼刊物，经常刊登评论国内外事件的文章，读者多为知识界人士。

第七节　通 讯 社

英国的通讯事业始于19世纪中叶。历史最久、最负盛名的是路透社，此外还有报纸联合社、交换通讯社等。

一、路透社

（一）路透社的成立

路透新闻社（Reuters）1851年创办于伦敦，是世界上资格最老的通讯社之一。路透社之所以能成为一家世界性新闻社，其创始人路透的奋斗功不可没。

路透1816年7月21日出生在德国小城卡赛尔的一个学者家庭。1829年其父去世后，13岁的路透辍学后作过银行职员，在柏林开过书店。1848年底到巴黎，在哈瓦斯通讯社担任译员。不久，他离开哈瓦斯社，1849年春开始独立经营新闻业务，服务对象主要是德国的地方报纸。他把法国报刊上的新闻剪辑起来，译成德文寄给德国报馆，但收益并不理想。1849年10月，德国当局允许民众使用柏林至亚琛之间新设立的电报线路，路透立即赶往亚琛，于1850年办起了另一个新闻通讯社，向亚琛商人提供柏林市场价格的最新行情，并通过亚琛把巴黎、布鲁塞尔与柏林的金融消息连在一起。1851年，英国在英吉利海峡底部

① 参见张允若、高宁远：《外国新闻事业史新编》，147页，成都，四川人民出版社，1996。

铺设了一条电缆。他闻讯后，又前往伦敦，于 1851 年 10 月 14 日在伦敦皇家股票交易所附近正式创办路透通讯社。

最初，路透社只限于发商业新闻，他把欧洲大陆传来的金融消息汇编成手抄的“路透社快讯”，向银行、公司、交易所、股票商出售。又在巴黎、柏林、维也纳、阿姆斯特丹、雅典等商业中心建立了通讯网络和“快讯”销售网，以后，路透社驻欧洲各地的记者，开始报道与经济有关的军事、政治、外交等消息。但当时伦敦报纸只信任自己的记者，对他的通讯社持怀疑态度。路透则看准与报纸发展业务大有前途，于是积极开拓报业市场。1858 年他说服了《广告晨报》的总编，让该报免费试稿两周，结果效果良好，《广告晨报》成为路透社的订户。路透以同样的方法，使《每日电讯报》、《标准报》、《先驱晨报》等另外六家报纸也成为该社的经常订户。最后，连从前反对它最强烈的《泰晤士报》也不得不采用路透的稿子了。

（二）路透社的发展

按当时欧洲大陆的采访费用计算，每月平均约 40 镑，路透社的稿费每月只收 30 镑。同时路透指示驻欧洲的记者，竭尽全力，获取最新消息，用先进的通讯工具击败对手。在他们的努力下，路透社的新闻不仅详细、准确、迅速，而且还有一些是其他报社的记者无法采访到的。

1859 年，法国和奥地利关系恶化，路透预计将有重大事情发生，抢先得到拿破仑三世的重要演讲稿，在演说开始时通过电报线路向英国传送，翻译人员迅速译成英文，很快伦敦各报的编辑们就看到了法皇讲演的全文和有关报道。在法奥战争中，该社记者以“迅速、准确、客观、公正”为原则，战况报道简明、清晰，自成风格，在英国乃至整个欧洲都赢得了好评。

1858 年铺设的大西洋海底电缆仅用一个月就中断了，驻美记者们只能靠邮轮传送稿件。1865 年 4 月 14 日林肯被刺身亡，路透社纽约记者获悉时，邮船已经离港，该记者便乘一艘快艇追赶，把新闻稿扔到船上，使路透在伦敦抢先发布了林肯遇刺的消息，当时连美国驻伦敦大使馆和英国政府对此事还一无所知。为了抢先获得消息，路透社租用了快轮在爱尔兰以外迎接定期邮船，结果使路透社比伦敦任何新闻机构至少早 8 小时获知美国消息。

1865 年，路透办事处改为路透电报公司，兴建由德国、俄国、伊朗通往印度的电报专线，同时经营电报和通讯业务。1870—1872 年，电缆线路已延伸到新加坡、上海、长崎、横滨等地，该社在沿途设立了分社。1873 年和 1874 年随着通往澳洲、南美的海底电缆铺设成功，路透社的业务也扩展到了澳洲和南美。1870 年，路透社与哈瓦斯社、沃尔夫社缔结了划分采访和发布新闻范围的“三社四边协定”。根据协定，路透社划分到的地盘有：大英帝国、埃及（同哈瓦斯社共享）、土耳其、远东。1871 年路透受封男爵（Baron Julius de Reuter），1878 年退休，1899 年 2 月 25 日，路透去世。其子赫伯特（Herber de Reuter）继任路透社社长。

（三）路透社的改组

1915 年，赫伯特在其夫人病故后自杀。次年，路透社从独资公司改组为股份有限公司，由原开普顿分社社长罗德里克·琼斯（Sir Roderick Jones）主持。1925 年，英国报联社成为路透社的主要股东。1941 年 10 月路透社改组，报联社宣布，与伦敦报纸发行人协会联合共有路透社，从此，该社成为英国报业自己的合作通讯事业，并订立了各方须共同遵守的合同。合同规定：路透社不是一个盈利事业机构，在信托管理下，应努力促成下列目标的实现。1）路透社永远不得为任何个人、集团或党派所有；2）路透社永远保持其公正、自由与独立的精神；3）路透社依照契约，供给英国、英联邦、殖民地及世界其他国家的报纸、通讯社确实可靠、不偏不倚的消息；4）除维护新闻界的利益外，其他各界的利益也应注意；5）应努力发展业务，以保持该社在任何情形下居世界通讯社的领导地位。路透社改组后，成立信托公司管理委员会，委员会有伦敦及地方报纸的代表组成。1946 年 12 月，澳大利亚报联社、新西兰报联社也参加了该社的经营管理。1949 年印度报业也加入路透社，1953 年退出。这样，路透社逐渐发展成为一家跨国公司。1984 年起，该社向社会公开出售部分普通股股票，不过这并不影响四家握有优先股的集体股东的所有权。

（四）路透社的现状

路透社位于舰队街 85 号一栋灰色建筑里。在九十多个国家和地区设有 207 个分社、记者站、办事处，其中分社 127 个，共有各类工作人员一万四千多人，其中记者、编辑、摄影人员、电视摄像人员一千八百多人，其他为技术人员和营销、市场预测分析、行政管理人员等。新闻专业人员和技术、营销、管理人员之比为 1:7.7。

路透社现用英、法、德、意、日等多种文字向 150 个国家和地区播发文字新闻和经济信息，还提供图片、新闻照片、音像新闻等。英文新闻每天约 15 万字，周末数量略少。日发图片 75 至 90 张。

路透社一向注重改进传播设备，建立了以伦敦为中心的全球通讯网络，有三百三十余条国际专线，连接一百三十多个国家和地区，在英、美、阿根廷设三个卫星地面站，在伦敦、东京、纽约设三个技术中心，有六个卫星通讯网络和 5000 个卫星接收站。

路透社的国内外订户总数达4.2万家，包括新闻媒介、公司、银行、研究机构、代理人等。在全世界130个国家和地区设置21万台信息和新闻终端，其中有1000家报纸、700家电台、130家通讯社、40家图片社。

路透社利润可观，1994年总收入23.09亿英镑，税前利润5.10亿英镑，1995年总收入27.03亿英镑，税前利润5.99亿英镑。

（五）路透社的业务特色

路透社的业务主要分两大类：1）向报社、电台提供时事新闻。涉及面广，素有“迅速、干练”之称。该社报道苏联领导人安德罗波夫去世的消息时，差不多同时被世界上一万五千多家报纸、158个国家和地区的电台、电视、使馆、银行和公司收到。这一新闻迅速传遍全世界。2）向世界各地银行、经纪人和工商企业提供经济新闻。这是路透社的传统项目，经过不断革新、完善，现在它是世界经济信息的最大供应者。商情新闻的主要内容有：市场交易的价格及波动；外汇市场；与市场动向有关的重大世界新闻；各交易所的一般情况；对商品生产、动向和消费有影响的消息；生产和股票的统计调查；摘自世界著名刊物的重要评论等。此外，用户可通过它的电脑系统进行货币、股票、证券、黄金等项交易；它还出售电子设备；提供各种信息检索，包括世界各国政治经济信息、各大公司的报表资料、各国报刊的文章材料等。路透社的经济新闻在世界上享有一定地位，并日渐成为该社的主要收入来源。其总收入有90%来自提供经济信息。

（六）网络时代的路透社

随着互联网的快速普及和日渐显示的巨大作用，路透社改变了几年前对网络的保守态度。该社欧洲业务主任吉恩·克劳德·马切德预言：“在五年内，路透社的所有服务都将通过互联网或与互联网相关的产品发送。”①1994年，该社在网上建立了一个只有信息服务的公司网站。如今，路透社在通过网络提供各种各样为互联网设计的服务，包括：

（1）为特定的读者提供精心编排的新闻报道：涉及商业新闻、证券报道、金融市场、世界重大新闻和一个国家10条最重要新闻的报道，这类报道越来越多。

（2）中介产品和服务：过期的报价数据、历史价格图表、公司新闻、市场快报和证券组合追踪都可以纳入公司其他的传统产品中。对那些需要交钥匙式的互联网中介产品的客户来说，路透社可以提供客户分类、客户分组维护和更新。在1997年11月，有19个网上中介提供给客户。路透社预计1998年春季能够有50个客户。

---

① Price, Christopher, Reuters: ON investment in Internet technology, Reuters, October2, 1997

(3) 空中货运信息服务：路透社以每月 100 美元的订阅费向航空货物运输界的购买者和销售者提供影响空中货运市场的最新消息和信息。

(4) 媒体世界：路透社的网上园地还可以让媒体购买者和出售者获得最新的广告，来自产业界的媒体和品牌新闻，让他们观看样品以及市场数据和服务零售商的购买需求情况。

路透社已经宣布建立一个价值5 000万美元的全球技术中心，用以开发与互联网相关的产品。[①]

二、报联社

全称报纸联合社（The Press Association Ltd)，创办于 1868 年，属伦敦以外的英国主要报纸和爱尔兰报纸联合所有。总部设在伦敦，在伯明翰、格拉斯格、曼彻斯特、纽开斯尔等地设有分社。

它拥有路透社的大量股权，与路透社有密切的业务往来。该社是一个非盈利的合作性组织，业务中的盈余，均用于扩充设备，加强通讯组织。该社专门收集英国本土的新闻，向国内各新闻单位及国际性通讯社供稿，有综合性消息、议会新闻、立法司法、财政经济、商业、体育新闻等。该社将国内消息供给路透社，藉以交换国际新闻。

该社的宗旨就像它对皇家报刊委员会说的："联合通讯社自成立以来，处理新闻的基本政策，从无变更。正确报道一切足够的消息，从无偏见。并将消息以最快的速度传给订户，从不批评。"

报联社的"新闻文档"（Newsfile）服务业务，可通过电话或"电视文字"终端（Viewdata Terminal)，向传媒订户或其他订户提供可视读的各类国内国际新闻。

三、交换电讯社（Exchange Telegraph Co. Ltd.）

成立于 1872 年，是一家私人通讯社。总部设在伦敦，在全国各地设有五十多个分社。负责提供一般国内外消息、国会消息、股票行情、详尽的商业消息、体育消息与"联合通讯社"联合报道的各种消息。1965 年后，专门提供金融、商业和体育消息。它是惟一有权从伦敦证券交易所直接向外发报的通讯社。所提供的经济新闻和统计资料在英国实业界颇受重视。

此外，英国还有一些专业通讯社，如"伦敦报纸新闻社"、"中央报刊图片

---

① 参见《浮现中的数字经济》，233～234 页，北京，中国人民大学出版社，1998。

社”、“金融通讯社”等。还有一家特写辛迪加“国际特写社”。

第八节　广播电视事业

与世界各国相比，英国广播电视的发展既早又快。从它的发展历程看大致可分为三个时期：

一、独家垄断时期

1897年，意大利科学家马可尼（Guglielmo Marconi）在英国创办无线电报公司（Wireless Telegraphy and Signal Company），经营电报通讯事业。1901年，英国首先在海岸灯塔设立14个信号电台，以便迅速报告远洋轮船的到来。同年又设立六个海岸电台，以与海上轮船保持联系。1904年政府开始立法，管理无线电传播媒介。

1920年马可尼公司从它的切姆福斯电台发出了无线电话新闻广播，1922年10月该公司联合西方电气公司等另外五家无线电企业组建了民营的英国广播公司（British Broadcasting Company）。同年11月1日开始营业，14日在伦敦开始日常广播。

成立之初的英国广播公司经费来源于出售收音机附加费和收听执照费。一年以后，有收音机执照费的人达12.5万人。节目有病友节目、儿童节目、话剧、歌剧及户外广播等。次年增加新闻、宗教和学校节目，并转播欧洲大陆节目。播出时间，除周日外，均自晚5时到11时，没有广告。

英国广播公司成立后，政府特地组建了收听委员会。英国议会鉴于广播影响重大，决定采用公共企业的形式来经营，使它既不为私人所有，又不受政府控制。根据议会决定，1927年元旦，英王颁布“皇家约章”，将其改组为公营的英国广播公司（British Broadcasting Corporation，简称BBC），授予它在全国进行无线电广播的特权。该特许状几经延长，一直持续到60年代。

英国广播公司改为公营后，很快建立了覆盖全国的广播网，持有收音机执照的用户在1927年为227万人，1937年为830万人。1932年为维护殖民利益，开办对外广播，使用英语，对象是英国殖民地和自治领地。1938年增加阿拉伯语广播，以后不断增加对外广播的语种和播出时间，拓展播出范围。

随着电子技术的进步，BBC开始挺进电视业。1934年，英国成立电视委员会，负责规划全国电视事业的发展。BBC于1936年8月，在亚历山大宫建立了一家电视台，11月开始播放电视节目，每周播出13个小时，是英国电视事业的开始。1937 年 5 月 12 日，BBC 用第一辆电视转播车，进行了英国首次户外电视实况转播，播映了英王乔治六世的加冕典礼，英国成为世界上第一个播出黑白电视的国家。1939 年播出时间增至每周 24 小时，当时全国约有电视两万台。

二战期间，电视播出停止，广播归新成立的英国情报署领导，坚持对国内外广播，丘吉尔鼓舞人心的号召就是通过 BBC 传遍全国的。同时，还加强了对外广播，特别是对欧洲的广播。

1946 年 6 月恢复电视节目的播出，但战火使英国人民遭受巨大损失，1947 年全国有 13 家电视台，有执照的电视机台数仅 1.46 万台，播出时间从下午 7 时到 11 时，周日从下午 2 时开始。执照费每年三镑。以后，电视事业伴着经济的重建迅速发展起来，电视机的数量由 1950 年的 34.4 万台、1953 年的 214 万台，增至 1956 年的 574 万台。

1954 年 BBC 独占经营电视事业的局面被打破，6 月议会决定允许开办商业电视，由新组建的独立电视局（Independent Television Aulhority，简称 ITA）负责管理，1955 年 9 月第一家商业电视台（伦敦电视台）开播。

二、"双头垄断"时期

早在 50 年代初，英国广播电视为 BBC 垄断的现象就引起了一些人士的不满。1952 年起发起了"压力运动"，成立了"大众电视委员会"，强烈呼吁建立商业广播电视机构。他们认为处于垄断地位的 BBC 限制了言论自由，减缓了广电事业的发展速度，而竞争能提高节目质量、增加机构活力。大部分报纸因担心商业广播电视出现后会夺取它们的部分广告收入，持反对意见。大众认为只有 BBC 太单一了，也影响了电视的发展，故持赞成态度。1954 年 6 月 30 日议会投票表决，结果通过允许建立商业广播电视机构的《电视法案》。

（一）独立广播公司的建立

1955 年 9 月 22 日独立广播公司伦敦电视台首次播放节目。它的建立，标志着英国出现第一家靠广告收入和出售节目而维持经营的商业性广播电视公司。1972 年议会决定开放商业广播，独立电视局改名为独立广播局（Independent Broadcasting Auchority，简称 IBA)，同时管理商业电视和广播。1973 年第一家私营电台（伦敦广播公司）开播，BBC 垄断广播的局面也被打破。

该公司统辖 42 个地方电台、14 个区域电视台和 1 个第四频道电视台以及它们的节目公司，还有两个新闻社——独立广播新闻社和独立电视新闻社，分别向该公司的广播网和电视网提供新闻。分布各地的 42 家地方电台为全国 90% 的人口提供地方新闻、信息服务、娱乐节目、教育节目、消费咨询等节目。听众还可以通过“电话参与”（Phone－in）的方式发表个人意见。

广告收入是该公司的主要经济来源之一。1985 年达 10 亿英镑。为了既播广告又不影响观众情绪，公司制定了一系列法规制约广告的内容和插入形式。如规定电视广告要隔半个小时以上播出一次，每小时不得超过 7 分钟，电台广告每小时最多 9 分钟。教育节目不得播放广告。

该公司节目内容比较健康端庄，对广告的处理较为得当，在观众和听众中有广泛影响。所以人们把这种格局称作 BBC 和 IBA 的“双头垄断”。

（二）面对竞争的英国广播公司

1967—1971 年，BBC 对国内节目进行了改编。广播节目：1967 年建立了面向青年听众的“广播一台”，专门播放大量为青年喜爱的唱片和流行音乐，很快走红。随后又将每个电台节目进行调整，“广播二台”以娱乐性节目为主，主要播放轻音乐、爵士乐和体育节目。“广播三台”以古典音乐为主，辅以诗歌和戏剧节目。“广播四台”以谈话和新闻节目为主，辅以时事综述和严肃戏剧。[①] 电视节目：1964 年开办的第二套节目扩展至全国，为观众提供两种选择。

1955 年英国采用美国制式（NTSC）开始彩色电视试验性广播。1962 年通过“国际通信卫星”转播黑白和彩色节目。1963 年英国电视机增至 1250 万台，BBC 在各地设有 44 个电视台，8 个转播台，每周播出 60 小时，但仍无法满足激增的电视观众的需求。1964 年，BBC 增设电视二台，两套节目互为补充。一套是新闻、评论、文艺、体育和儿童节目，二套除新闻外，侧重较严肃的戏剧、音乐、电影和电视大学、旅游节目。1967 年，第二套节目正式播出彩色电视节目。1969 年第一套节目也开始播出彩色电视节目。

三、竞争时代

进入 70 年代以后，新传播技术的应用使卫星电视和有线电视发展起来，这使 BBC 和 IBA 的竞争表现得更为激烈。

首先表现在内容上：1974 年 BBC 开办了图文电视《看事实》（Ceefax），IBA 马上开办了《预言》（Oracle）；1985 年 1 月 17 日 BBC 的晨间电视《早餐时间》首次播出，每周一到周五早上 7：00－8：00 播出，很受欢迎，IBA 在 2 月 1 日开办了同样的节目《早安，英国》，周一到周五早上 6：00－9：25 播出，引起强烈反响；同年，BBC 开始播出超长篇连续剧《伦敦东部居民》，到 1994 年播出 955 集，IBA 把《加冕礼大街》从每次播放一集增加到二集，从 1960 年到 1994

① 参见马庆平：《外国广播电视史》，175 页，北京，北京广播学院出版社，1997。

年共播出 3700 集，观众均超过 2000 万人。

再看规模：BBC 的地方电台从最初的 24 个增加到 1987 年的 39 个，IBA 逐步向全国扩展，1988 年扩建了三个覆盖全国的电台网和数百个新的社区台。1984 年《有线广播条例》颁布，英国建立了有线电视局。到 1990 年，国内主要电视公司发展到九个，有专门播放专题片、体育节目和娱乐节目的公司。1987 年初 BBC 、IBA 先后建立了有线电视频道，参与了有线电视的竞争。

新兴的卫星电视台，通过卫星向国内、邻国电缆电视网或备有专门接收装置的用户传送节目。其中有两家最为引人瞩目：

(1) 超级电视台（Super Channel)。1987 年由独立电视网创办，通过欧洲卫星日夜向英国和其他西欧国家播送新闻和娱乐节目，经费主要来自广告。1993 年被美国全国广播公司买下。

(2) 空中电视台（Sky TV）属默多克旗下。前身是 1983 年开播的“空中频道”，这是英国第一家卫星电视频道，1989 年改用现名。1990 年兼并了英国卫星广播公司，成立英国空中广播公司（B Sky B)，有电影、娱乐、体育、新闻等多个频道。

1990 年英国颁布新广播法，1992 年正式实施。这是一部不涉及 BBC 的商业广播法，与 IBA 密切相关，它对商业广播电视体制作了重大调整。广播法旨在开放广播电视市场，营造更为自由的竞争环境，以促进广播电视的繁荣，同时确保节目质量。根据这一法案，独立广播局和电缆电视局被独立电视委员会（ITC）和无线广播局（RA）取代。ITC 负责管理商业电视（包括有线电视和卫星电视)，颁发电视台许可证，颁布某些行政法规，并执行监督，对违反者给予制裁。RA 负责管理商业广播，颁发电台许可证，制定有关广播的行政法规并监督实行。

四、未来走向

英国广播电视事业还将在一定时期内保持商业性和公营性的区分，前者以广告为主要经费来源，后者以执照费（licence fee）为主要经费来源。

有线电视、卫星电视和地面电视之间的资金流动、节目互换加强，有可能导致地区性垄断的形成。

多元的广播电视生态格局，将使观众自由选择极其丰富多彩的节目内容。

第七章

法国的新闻传播事业

第一节　封建统治压制报业发展

法国在资产阶级革命以前，长期实行中央集权的封建统治。16 世纪宗教政府建立了出版特许制和审查制，此后一再颁布法令，强化管理。特许制阻碍着创办新报，审查制限制了记者自由，政府还借助行会组织和详细的规章制度，对印刷和发行的各行各业实施管辖，控制它们的发展。封建统治对新闻的控制取得了显著效果，一直到 18 世纪中叶，官方允许发行的报纸数目始终保持稳定。

一、官方报刊

统治法国新闻界的三大报纸是：《公报》、《学者报》、《信使报》。

（一）勒诺多和《公报》(Gazette)

法国早期的报刊都是经过国王特许发行的。1631 年 1 月，书商路易·旺多姆在巴黎出版了法国第一份周刊《各地见闻》，然而，它仅仅生存了 10 个月。同年 5 月，另一份期刊《公报》诞生。公报的创始人泰奥弗拉斯特·勒诺多（Renaudot，Théophraste）被认为是法国新闻之父，曾任路易十三的御医。他生于卢丹，毕业于蒙彼利埃大学医学院，1618 年到荷兰作长途旅行，细心考察了那里的第一批报纸。返回法国后，他被任命为“王国贫民事务总专员”。1629年，开办了一个“会晤、问讯处”，很快，这里就开展起五花八门的活动，其中就有今天我们称之为“启事”的广告业务（买、卖启事，提供各类服务的启事，招工、应聘启事）。勒诺多创办《公报》后，与《各地见闻》的创始人旺多姆展开竞争。在首相黎塞留的支持下，1631年10月，勒诺多取得了特权证明书，使他“永远有权通过任何人，印刷和出售新闻纸，报道王国内外过去现在发生的任何事件，包括会议、商品市价，以及上述问讯处事宜，……上述新闻纸将在全国发行，并排除其他任何人的干涉”①。

《公报》是一份四页、开本23×15厘米的周刊，发行300份到800份。它刊载政府批准的新闻，国王和首相还亲自为之撰稿。开始以报道国外新闻为主，后来增加国会消息、国王谕旨等国内新闻和广告，还有政治评论。在发生重大事件时，《公报》也刊登一些“奇闻”，其风格颇似早期的不定期小册子。自1632年起，又增加了一页“问讯处专版”，亦即现代报纸广告版的雏形，由此演变出的报纸“启事栏”一直沿用至今不衰。勒诺多家族经营该报131年，至1762年报纸为外交部接办，改名为《法兰西新闻报》。1915年该报停刊。

（二）《学者报》（Journal des Savants）

1665年德尼·德·萨洛（Denis de Sallo）创刊于巴黎，接受政府资助。主要内容是介绍法国国内外出版的新书，定期公布新书书目满足了社会需要，因此，深受读者欢迎，并成为欧洲许多同类刊物的楷模。创办初期是周刊，1724年改为月刊，并延续至今。

（三）《信使报》

原名《文雅信使》（Le Mercure Cilant），1672年多诺·德维泽创刊于里昂。创刊之初，是一张具有乡土气息、风格多样的报纸，后来很快变为一张以刊载文艺作品为主的报纸。它的丰富多彩的格式具有独特风格，在整个欧洲也不乏模仿者。1724年更名为《法兰西信使》，由外交部赞助。1786年，该刊销1.5万份，共存在约120年。

二、民间报刊

在路易十四统治末期，为满足公众好奇心，政府批准发行了相当一批报纸，当这些报纸的言论触怒实权者时，或当它们与官办报纸竞争得过于激烈时，政府便向它们发出警告，责令它们安分守己。除了一些特殊的报纸（如《妇女报》、

① ［法］彼·阿贝尔、弗·泰鲁：《世界新闻简史》，10页。

《医学报》、《商报》等），大部分新创刊的报纸都效仿《学者报》或《信使报》的格式。这种发人深思的新闻，供有文化的公众阅读，并成为启蒙思想的先导。在这一大批常常是昙花一现的出版物中，比较著名的有：《特雷武纪事》（1701—1762）、《教会新闻》（1728—1803）、《赞成与反对》（1733—1740）、《文学纪事》（1754—1776）等。

从 1648 年到 1653 年反专制制度的“投石党”运动中，诞生了一大批抨击性小报，它们把矛头直指封建王权，揭露大臣腐败行为。这些小报质量不高，文字粗俗，寿命短暂，但说出了民众想说的话，因而能植根于民众之中。最有名的抨击性小报是勒诺布尔创办的《政治试金石》，该报自 1689 至 1691 年间共出三十多期，被政府查禁后，又多次更换刊名、重新出版。

1685 年，路易十四废除了亨利四世颁布的《南特赦令》*，将天主教定为惟一合法的宗教，大批新教徒逃亡国外，很多流落异邦的法国人办了许多报纸。加上严酷的书检制度，反对派也常常把书报拿到国外去印刷，并借此为阵地对君主专制进行口诛笔伐。当时的海外法文报刊中，写有“阿姆斯特丹”、“日内瓦”等字样的不计其数，其中以在荷兰印刷的为多，因此被统称为“荷兰的报纸”。其实有一些并非真在所标之地印刷，编造出版日期和出版者姓名的现象也屡见不鲜。最重要的一张叫《莱顿新闻》。在被秘密运入法国的报刊中，《共和国文学新闻报》最为著名，它是由皮埃尔·培尔在阿姆斯特丹出版的（1684—1687）。

三、最早的日报

1777 年 1 月 1 日，法国历史上第一张日报《巴黎新闻》（Le Jorunl de Paris）诞生。创办人是后来大革命时期吉伦特派领袖之一的雅克·布里索（1754—1793）。布里索青年时期曾到英国和美国学习报业。该报虽非官方报纸，但经官方批准，要接受新闻检查官的审查。它一般不卷入政治斗争，内容多样，有文学、戏剧、法院新闻、卫生报告、金融行情、时装广告、失物招领等。但在《法兰西报》和其他享有特权报纸的排斥下，《巴黎新闻》很难报道第一手新闻。该报在 1789 年革命爆发时停刊。

* 1598 年法王亨利四世在南特城颁布的宗教宽容法令。

第二节　启蒙思想的传播

“启蒙”一词，在法语中是“光明”、“智慧”的意思。18 世纪，法国封建专制统治岌岌可危之际，涌现出一大批启蒙思想家，其中，较为著名的有伏尔泰（Voltaire，1694—1778），孟德斯鸠（Montesquieu，1689—1755），狄德罗（Denis Diderot，1713—1784），卢梭（Jean-Jacqes Rousseau，1712—1778），博马舍（Caron de Beaumarchais，1732—1799）等等。他们不是传统意义上的书斋型学者，而是介入社会、深入生活的思想家、作家和人类进步事业的捍卫者。所以人们把 18 世纪称为“启蒙时代”。“这是因为它从古典时代中走来，与旧制度几乎同时结束；它又为行将到来的法国大革命作了充分的思想、舆论准备，为新制度的建立扫清了道路；而它所确立的许多原则为后人所接受，一直延续至今仍不失其生命力。”①

一、启蒙运动的旗手——伏尔泰

伏尔泰是法国著名哲学家、历史学家、作家、启蒙思想家。原名弗朗索瓦·玛丽·阿鲁埃，出身于公证人家庭，青年时代读了大量启蒙学者的著作。因反抗封建专制制度，两次被囚禁于巴士底狱。出狱后流亡英国，深受牛顿、洛克思想的影响。回国后一度任王室史官，国王侍臣。1746 年当选法兰西科学院院士。为避免迫害，晚年蛰居法国和瑞士边境的费尔内。他认为天主教是罪恶的根源，其教义是卑劣欺骗的产物。在哲学上持理性主义和怀疑主义；在政治思想上采纳自然法学说，认为自然赋予人们以自由平等的权利；主张以资产阶级的私有制代替封建农奴制；初拥护开明专制制度，后赞成通过改良途径转变为君主立宪制。伏尔泰多才多艺，主要著作有：《哲学通信》、《牛顿哲学原理》、《路易十四时代》、《论通史及各国习俗和精神》等。

伏尔泰的“思想不仅深入到 18 世纪法国第三等级人们的心里，为 1789 年的资产阶级革命准备了思想条件，而且对 19 世纪欧洲许多国家争取独立自由的斗争起过很大作用”②。

---

① ②罗丹、冯棠、梦华：《法国文化史》，95 页，北京，北京大学出版社，1997。

二、启蒙思想家们的主张和贡献

孟德斯鸠是世界上资产阶级法学的主要奠基人。狄德罗编纂了彪炳史册的《百科全书》，是启蒙运动中唯物主义哲学的优秀代表人物。卢梭在《社会契约论》中宣扬“主权在民”理论，是最著名的激进民主主义思想家。博马舍是杰出的启蒙戏剧家，脍炙人口的《费加罗的婚礼》至今常演不衰。

启蒙思想家们继中世纪文艺复兴之后，掀起了又一次伟大的思想解放运动。自然科学和哲学的发展，人类对外部世界及自身认识的提高，为理性学说的腾飞插上了科学的翅膀。思想家们吸吮了人文科学和自然科学等各个方面的乳汁后，向封建王权、神权和特权提出了挑战。博马舍在《费加罗的婚礼》中，以冷嘲热讽的笔调对新闻特许制度进行了无情的谴责：只要我的写作不谈当局，不谈宗教，不谈政治，不谈道德，不谈当权人物，不谈有声望的团体，不谈歌剧院，不谈别的戏园子，不谈任何一个有点小小地位的人，经过两三位检察员的审查，我可以自由付印一切作品。我因为想利用这个可爱的自由，所以宣布，要出版一种定期刊物，我给这个刊物起的名字是“废报”，以为这样就可以不和任何报纸引起竞争了。哎呀！不得了！我看见无数靠报纸为生的可怜虫起来反对我。我的刊物被取消了，这一下，我又失业了！

启蒙思想家们不仅将旧制度批判得体无完肤，而且对将“理性”社会化为现实充满信心，认定理性的力量是最强劲的，必将赢得胜利。博马舍在《费加罗的婚礼》一剧中让仆人费加罗代表平民的小人物，但不可一世的贵族在和他较量时，却常常被他的机智搞得狼狈不堪。费加罗对伯爵老爷的嘲讽实际上折射出新兴资产阶级要求废除等级制度的愿望。

启蒙运动最直接、最伟大的功绩是为摧枯拉朽的法国大革命铺平了道路。他们的反封建主张一度成为革命中居支配地位的革命思想。值得一提的是，在18世纪，办报还是一种被人轻视的职业，社会和知识界上流人物常把新闻看成是一种没有价值、缺乏魅力的次文学。连伏尔泰都曾认为报纸无非是“一些鸡毛蒜皮的琐事的记叙”。所以报纸只是消极被动地反映客观世界，并没有真正参与社会斗争。启蒙思想家们表达思想的主要手段是书籍和小册子。直到大革命爆发后，报刊才开始积极地进行反封建斗争。

第三节　报刊在资产阶级革命风暴中发展

资产阶级革命是法国报刊史上的一个重要阶段。它第一次确立了新闻自由的各项重大原则，并在一段时间内将它们付诸实施；它激起了公众对惊天动地事件的强烈关注，有力地推动了报刊业的发展。据记载，1788 年法国报刊约有 60 种，1789 年有 250 种，整个革命时期出现过的报刊达 1350 种。革命前，报刊在政治生活中无足轻重；革命期间，报刊随着政治纷争而起伏动荡。从此，报刊自由度的大小成为政权是否民主的标尺之一。

一、围绕三级会议的宣传（1788.7—1789.7）

1788 年 7 月以后，法国革命形势日益高涨，对国家进行根本改造的呼声此起彼伏。围绕着 5 月 5 日全国三级会议的重新召开，资产阶级革命派掀起了猛烈的反封建宣传运动，出现了一大批反封建的小册子。这包括米拉波的《对普罗旺斯人的呼吁》及其翻译的弥尔顿的《论出版自由》、罗伯斯庇尔的《对阿图瓦人的呼吁》、杜雷的《告善良的诺曼底人》、塔尔热的《致三级会议的信》等等。其中，修道院长西哀士方丈的《什么是第三等级》流传最广、影响最大。它猛烈地抨击了特权阶级，提出一切权利归第三等级，即全体国民。在舆论界的压力下，政府不得不作出让步，为这些刊物的出版发行开放绿灯，但却企图禁止创办其他新报。直到 5 月 19 日，封建政府才终于做出全面让步，短短几个月，旧制度控制报刊的体系迅速土崩瓦解。雅克·布里索在《法兰西爱国者》报的出版说明中，阐明了报纸今后应起的作用：

> 在目前的形势下，喋喋不休地向法兰西国民论证本报的裨益与切要，无异于对国民的侮辱。应该找到有别于小册子的另一种宣传方式来教育全法国人。这种宣传方式就是创办一份连续出版、价格低廉、形式轻松的政治性报纸。对于一个人口众多，不惯于读书但又设法摆脱无知和被奴役状态的民族来说，创办这样一份报纸是对国民进行宣传教育的理想方式。假如没有那些早期报纸，美国的革命就不会发生……正是这些报纸维持着英国仅存的那点自由。

二、广泛自由中的报业（1789.7—1792.8）

巴黎人民于 1789 年 7 月发动起义，大革命爆发。同年 8 月国民会议通过《人权宣言》。1791 年制定宪法，确定君主立宪的政体，由代表大资产阶级和自由派贵族的君主立宪派执政，直至 1792 年。

1789 年 8 月 26 日，法国国民会议通过《人权宣言》，其中第十一条明确规定："自由传达思想和意见乃是人类最宝贵的权利之一；因而，每个公民都有言论、著作和出版的自由，但在法律所规定的情况下，应对滥用此项自由承担责任。"这是人类历史上第一个明确规定出版自由的正式文件。

这一时期，报刊业空前繁荣，各种形式的出版物纷纷问世，各种政治倾向都显露于报端。各报之间的激烈竞争和炽热的政治激情，使大多数报纸的笔锋相当犀利，这些报纸还要面向大众，雅俗共赏，文笔有时难免粗俗。这些报纸的寿命大都不长，而且还常常蒙受种种不幸。其中比较著名的革命报纸有自由派贵族米拉波创办的《普罗旺斯邮报》、马拉创办的《人民之友报》、阿贝尔创办的《杜歇老爹报》、卡米尔·德穆兰创办的《法国及布拉班革命报》等等。这些报纸的宣传与党派、俱乐部、民众团体的实际行动桴鼓相应，不同程度地推动了革命的进程。

在革命报纸咄咄逼人的攻击下，保皇派报纸毫不示弱，仍在负隅顽抗。如《政治及国家报》、《使徒行传报》、罗儒教士主办的《国王之友》、迪罗祖瓦主办的《巴黎公报》以及《絮洛先生报》等等。

也有少数非政治性报纸采取不过于介入革命的态度，虽然办得平平淡淡，但寿命较长，如《巴黎新闻报》、《论争及旨意报》、库庞克创办的《普通箴言报》等。

三、"恐怖时代"* 的报业（1792.8—1794.7）

路易十六里通外国，引普奥联军干涉革命。1792 年 8 月巴黎人民第二次起义，废黜了国王，成立法兰西第一共和国。代表大工商业资产阶级的吉伦特派掌握了政权。1793 年 5 月，巴黎人民发动第三次起义，政权由吉伦特派手中转到雅各宾派控制之下。之后，雅各宾派内部出现了分裂。为了保护自己的权力，罗伯斯庇尔** 实行了恐怖政策。他于 1794 年 6 月 10 日通过"惩治人民之敌"法令，在此后的 46 天中（即到 7 月 26 日为止），依据此法令处死 1350 人，平均每天处死 29.3 人。

1792 年 8 月，吉伦特派取缔了全部保皇派报纸，并停止执行新闻自由政策。罗伯斯庇尔执政以后，则向整个自由新闻界进行打击。一时间，反对派所有的报刊相继取缔，聪明一点的，就是自行停刊。不论是吉伦特派的布里索、急进派人物阿贝尔还是温和派人物德穆兰都相继遭到镇压，接二连三地被处决。雅各宾派专政后期，只剩下《小岳党报》、《自由人报》和为数很少的半官方报纸。法国学者贝尔纳·瓦耶纳认为这是"法国新闻史上最黑暗的时期"。

---

* 指雅各宾专政时期。

** 雅各宾派的主要领导人。

四、政府镇压报刊的斗争（1794.7—1799.12）

1794年7月27日，热月党人发动政变，推翻罗伯斯庇尔的统治。1795年热月党人建立了新的行政机关督政府。督政府一面不断封闭反对派的报纸，一面又津贴和创办拥护政府的报纸。截止到1799年，被勒令停刊的报纸达97家，继续保留和新创办的报刊共73家。与此同时，督政府重新建立了新闻检查制度，订立了出版物印花税。“这些压制措施，接连不断地动摇了原有的出版制度。法庭对新闻记者提出的指控日趋频繁，有增无减。”① 与此同时，官方对那些拥护政府的报纸给予大量的津贴，其数目之大，乃前所未有。可是公众对它们反映冷漠。

那些拥护政府的报纸，如《普通箴言报》和《巴黎邮报》，读者人数日益锐减，逐渐变得寥寥无几。而保皇党报纸死灰复燃，如米肖主办的《每日新闻》、弗雷隆主办的《人民演说家报》以及贝尔坦兄弟主办的《闪电报》等都重新出版。雅各宾派的一些报纸，如《自由人报》、《人民之友报》，在种种迫害之下幸存下来。巴贝夫于1793年创办《人民论坛报》，开始抛弃平均主义思想，转而进行空想共产主义思想宣传，这反映了他确信资产阶级革命不能使劳动人民摆脱贫困与剥削而寻求新社会的认识。1796年巴贝夫策划的起义失败，次年5月被处死刑。《人民论坛报》旋即停刊，但它对法国社会主义的发展具有一定影响，是大革命时期最有独特见解的报纸之一。

五、大革命时期著名的报人和报刊

（一）马拉和《人民之友报》

让·保尔·马拉（Marat，Jean-Paul，1743—1793）法国资产阶级革命时期雅各宾派主要领导人之一，是杰出的政治家、科学家、思想家和新闻记者。生于瑞士一新教家庭。1759—1765年侨居法国，接受百科全书派的影响。1765年起移居英国，在英国唯物论和革命思想的影响下，开始进步的政治活动并从事写作。1774年以后，陆续发表《奴隶制的锁链》、《刑事立法计划》、《献给祖国》等政论，猛烈抨击封建专制制度，要求维护宪法赋予人民的权利。1789年法国大革命爆发后，投身革命。同年8月，他先创办了《爱国者指南》，但只出版了一期；9月12日创办了《巴黎记者报》，16日改名为《人民之友报》，发表许多政论文章，宣扬暴力革命，谴责君主立宪派的妥协行为。后受内克和拉法耶特的迫害，被捕入狱，《人民之友报》被迫停刊。马拉曾两次流亡英国，回到巴黎后，主张采取激进革命措施，参与发动1792年8月10日起义。共和国成立后，《人民之

① ［法］彼·阿贝尔、弗·泰鲁：《世界新闻简史》，30页。

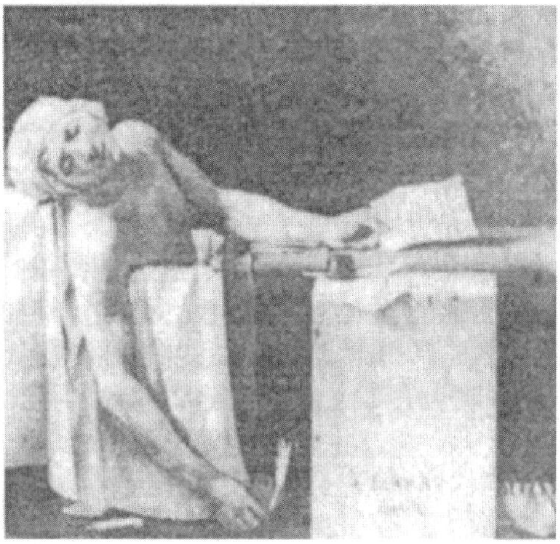

名画《马拉之死》

友报》更名为《法兰西共和国报》，仍坚持革命方针，与吉伦特派反人民的行径作斗争。1793年6月在巴黎人民第三次起义高潮中，马拉登上市政厅塔楼，敲起警钟，并发表慷慨激昂的演说，号召巴黎人民奋起保卫革命成果。正当革命需要马拉进一步冲锋陷阵之际，他积劳成疾，患了重病。1793年7月，马拉在接见冒充女革命家的王党分子、《国王之友》的狂热读者夏绿蒂·科黛时，遇刺身亡。

《人民之友报》在马拉的主持下，成为法国资产阶级革命中办得最出色、影响最广泛的报纸，是革命民主派的喉舌。它发表了马拉一系列揭露大资产阶级两面性和叛变倾向的政论，主张直接依靠人民，实行革命专政。

《人民之友报》很善于通过报道事实，揭穿敌人的伪善面目。1789年10月4日，它第一个以确凿的事实，及时地披露了王室的阴谋活动。马拉在报上号召巴黎人民向凡尔赛进军，制止国王和贵族的反扑。马拉在1790年7月30日的《人民之友报》上第一次提出了革命专政的必要性："压迫我们的人会心甘情愿地决心和我们平等相处，那是狂言乱语；他们将永远阴谋反对我们，除非他们自己被消灭。如果我们不当机立断，通过必要的、也是惟一的暴力手段，那么我们将不可能逃脱内战的危险，将落得横遭屠戮的下场。"

《人民之友报》对革命阵营中的右派也进行了无情揭露。早在1790年8月22日，马拉在《人民之友报》上著文指出，米拉波* 是背叛祖国的无耻头目。

---

* 米拉波（Mirabeau, Honoré Gabriel, 1749—1791），自由派贵族，革命前曾抨击过封建专制制度，革命初期颇有声望，后来被路易十六收买。

拉法耶特（1757—1837）参加过北美独立战争，这使他在革命初期具有很高声望，但他害怕人民政权，企图中止革命。1790 年初，马拉指出拉法耶特是已成为假英雄的玩具骑士。

马拉宣称办报目的是教育人民运用自由。“贫民、平民、农民、‘小市民’，都把马拉看做自己利益的热烈的保卫者。”① 《人民之友报》的“工人通讯栏”常刊登帮工、市民、鞋匠、妇女、缝衣工、小作坊业主的来信。如 1791 年 6 月 12 日刊登了 560 名建筑工人的信，斥责包工头是“无知的压迫者”，“贪得无厌的吸血鬼”，是“吞噬劳动人民用血汗取得的果实”的“坏蛋”。

由于《人民之友报》常发表马拉的激烈言论，马拉和《人民之友报》成了保皇派、大资产阶级、吉伦特派的“眼中钉”。马拉先后七次被通缉或审讯。为了及时出版报纸，马拉经常躲在地窖或下水道里编辑、撰写稿件，“通宵不眠，忍饥挨饿”，“忍受着地狱般生活”。

1884 年恩格斯在《马克思和新莱茵报》一文中对马拉给予高度评价：当我后来读到布日尔论马拉的一本书时，我便发觉，我们在许多方面都不自觉地仅仅是模仿了真正的（不是保皇党人伪造的）《人民之友报》的伟大榜样；一切的怒叫，以及使人们在几乎一百年中只知道马拉的完全被歪曲了的形象的那种全部历史捏造，只不过是由于马拉无情地扯下了当时的那些偶像——拉斐德、巴伊等人的假面具，揭露了他们已经成了十足革命叛徒的面目，还由于，他也像我们一样不认为革命已经结束，而想使革命被宣布为不断的革命。

（二）阿贝尔和《杜歇老爹报》

阿贝尔（J.R.Helbert，1757—1794）出生于金银匠家庭，在大革命中是城市平民的主要发言人。他担任过巴黎革命政权的副检察长，积极推动过雅各宾派政府抗击外国干涉、镇压反革命和普遍限价政策。

阿贝尔于 1790 年 6 月发表政治小册子《杜歇老爹》，以后又以杜歇老爹为中心人物写过几篇文章。1790 年 9 月 6 日创刊《杜歇老爹报》。杜歇老爹是法国民间喜剧中的角色，机智灵活，疾恶如仇，是法国人民喜闻乐见的艺术形象。这份报纸创刊初期，态度比较温和，随着革命的深入和保皇派真面目的暴露，它开始猛烈抨击贵族和天主教。

《杜歇老爹报》紧跟形势，旗帜鲜明，文字通俗，文笔泼辣。如 1791 年 2 月 18 日的报纸矛头直指贵族议员：“他妈的，什么鬼迷了这些市政议员的脑袋，使他们不能直指这些给千万人带来不幸的暴行？说话呀，你们这些衣冠楚楚的先

---

① 张隆栋、傅显明：《外国新闻事业史简编》，41 页。

生们！难道要等到公民们被蹂躏得肢体不全时你们才睁眼吗？”①

在欧洲封建势力准备扼杀法国革命的危急关头，《杜歇老爹报》一面痛斥侵略者的入侵，一面发表阿贝尔号召人民保卫家园的誓言：

> 是的，见鬼，我要出发了。再见，我的火炉，再见，我的文章，一切都不要了。当祖国处于危难之中，可不能围着锅台做饭玩！见鬼！成千上万勇敢的伙计们都跑到前线打仗去了，我杜歇老爹还能在这火炉旁坐得住？不，见鬼，快走吧，递给我大刀、手枪和步枪，嘿，快点，见鬼！再快些，还有行囊，子弹盒，别忘了我的烟斗和嚼烟……我发誓要用长矛挑回孔代、达尔杜阿或是布耶的脑袋。……不，见鬼，不要国王，尤其不要卡佩，不要叛徒路易。②

雅各宾派专政后期，阿贝尔成为左派代表，主张用暴力镇压一切反革命，认为“神圣的断头台”是解决一切问题最彻底的手段。《杜歇老爹报》是“长裤汉”（城市贫民）的机关报。1795年3月企图发动暴动的阿贝尔被罗伯斯庇尔逮捕后处死。

法国新闻史学者雅克·哥德硕对《杜歇老爹报》的评价是：“某种革命报纸的典型，它的影响尽管无法准确估计，但无疑是十分巨大的。”③

（三）德穆兰和《法国布拉班革命报》

德穆兰（C.Desmoulines，1760—1794）大革命时期的活动家、最有影响的新闻记者，科尔得利俱乐部领袖之一，后加入雅各宾派。革命前期，他创办的《法国布拉班革命报》（1789.11—1791.7）以大部分篇幅报道和讨论法国、比利时和其他国家的革命问题。德穆兰在报上发表大量文章，谴责封建王朝，要求建立共和国。

革命后期，德穆兰成为革命时期通过各种途径发财致富的右派代表，因而反对限价法，主张自由贸易和发财自由。1793年11月，德穆兰创办了《老科尔得利报》，以此作为与罗伯斯庇尔、阿贝尔等不同派别进行辩论的阵地。

1795年3月，即阿贝尔被处决的当月，德穆兰也被送上了断头台。

（四）“社会俱乐部”和《铁嘴报》

还在三级会议时，不少第三等级的代表常在会后聚会，讨论怎样更好地斗

---

① 《外国新闻事业史参考资料》，83页，北京，中国人民大学出版社，1989。

② 《外国新闻事业史参考资料》，83页。

③ 转引自张隆栋、傅显明：《外国新闻事业史简编》，43页。

争。聚会多了，正式了，便成为俱乐部。社会俱乐部（正名“真理之友会社”）便是其中较为著名的一个。修道院院长毛劳德·福适和新闻记者尼古拉·邦维尔出版了机关报《铁嘴报》。该报秉承社会俱乐部的宗旨，宣传平均分配土地，限制过多财产，主张财产平均主义。福适在1790年11月的该报上写道：“任何人都有土地权，都应给拥有他生存所必须的一小块土地；他用劳动而获得这一权利，而且他的一部分应限于他和其他人平等的权利。最高的神圣当局应该力求使每个人都有一点东西，并且使任何人都没有多余的。”①

马克思和恩格斯认为社会俱乐部与后来的共产主义运动是一脉相承的。

第四节　大革命后的报业

法国大革命后，政党报纸长期居于统治地位。其原因有二：1）法国革命后政局多变，资产阶级民主派与保皇派，经历了长时期的斗争。2）法国政党林立，各个党派均拥有自己的政治报纸，为自己的利益鼓噪。故在19世纪末，法国大众化报纸取代政党报纸成为报纸主体之后，政党报纸仍然与之并存。尽管这一时期的报业随政局反复而几经兴衰，但还是取得了很大的发展。据统计，从1815年到1870年，法国日报的发行量增长了19倍。同时报业的影响也不断扩大，成了推动思想解放、适应社会经济生活新情况的主要动力。法国革命后，政党报纸的发展，大致可分为以下几个时期：

一、拿破仑执政时期（1799—1814）

1799年11月，拿破仑发动“雾月政变”，推翻督政府的统治，建立资产阶级的军事独裁政权。1804年正式称帝，建立“法兰西第一帝国”。拿破仑十分懂得报纸的威力，认为“一张报纸抵得上三千毛瑟枪”，因而严格控制报业。他恢复了出版许可证制度，在各报馆设立了新闻检察官。1800年时把巴黎72家报刊大部分取缔，只留下13家。1804年称帝后只准许保留四家，这四家官报是：《箴言报》、《巴黎日报》、《帝国日报》和《法兰西公报》。而且它们的所有权全都收归政府所有。他又规定巴黎之外每省只准许出版一种报纸，而且政治新闻都得仿抄《箴言报》。

拿破仑经常阅读报纸，动不动就对新闻检查官横加训斥，甚至直接授意撰写

① 转引自张隆栋、傅显明：《外国新闻事业史简编》，44页。

某些文章。看到报刊上一星半点的批评，他都会大发雷霆：“请再遏制一下报纸吧！让它们登出好稿来。要让《论争报》和《政论家报》的编辑明白，不久之后，我将认为它们对我毫无用处，我要把它们连同其他所有报纸统统予以取缔，只留下惟一的一份报纸……。大革命的时代也已终结。在法国，只能存在独一无二的党派，我绝不容忍报纸说出或做出有损于朕利益的事情来。”①

二、波旁王朝复辟时期（1814—1830）

1814 年 3 月，欧洲各国反法联军攻入巴黎，波旁封建王朝随之复辟。其间拿破仑曾有过反扑，但是 1815 年 2 月滑铁卢一战后彻底溃败，法兰西第一帝国正式结束。

波旁王朝建立在封建贵族和大资产阶级联盟的基础上，国王路易十八不敢忽视资产阶级的力量，实行君主立宪制度。在严格管制出版事业中，路易十八曾一度短期颁发塞尔新闻法（塞尔是当时的司法部长），废除了出版预审制、保证金制和印花税制。这部法令从诞生到废止不过半年时间（1819.3—9），却有着重大历史意义。它是法国历史上制定的第一部新闻法，同时也是人类历史上第一部完整的新闻法。

但是，继路易十八之后即位的查理十世（1824—1830 在位），则是极右势力的代表，上台以后猖狂进行反攻倒算。1825 年，他制定了更加严格的书报检查，对出版物课以重税。1830 年 7 月连续颁布密令，解散新议会，剥夺工商业业主选举权，并修改出版法，查封一切反政府的报纸。这些反动措施激怒了社会舆论。自由派《国民报》和立宪派《立宪党报》等联合发表声明，号召反对七月敕令，打倒波旁王朝。以工人和手工业者为主力的巴黎人民奋起发动“七月革命”，推翻了查理十世的复辟政权。之后，奥尔良家族（波旁王朝旁系）的路易·菲利普公爵被拥戴为王，建立了代表工商业和金融资本家利益的七月王朝。

三、七月王朝时期（1830—1848）

新政府是在新闻界鼓动的起义中诞生的，因此，它不得不放宽对于新闻出版的管制。政府于 1830 年 10 月和 12 月两次颁布法令，减少保证金数额，给予陪审团以裁判权。法国报业在此期间获得了较为宽松的环境，呈现出暂时的繁荣局面。政党报刊更加增多了，其中主要有自由派的《国民报》、《论辩报》，立宪派的《立宪党人》，保皇派的《团结报》、《法兰西报》等。此外，还产生了一批具

① ［法］彼·阿尔贝、弗泰鲁：《世界新闻简史》，32 页。

有共产主义思想的报刊，如《地球》、《人民报》及《和平民主报》等。现代资产阶级报纸的先驱——廉价报纸这时也登上了历史舞台。

但是，七月王朝给予的出版自由毕竟是有限的，在感到反政府报纸对统治构成威胁时，它又加紧了对报纸的控制。1835 年 9 月议会通过法案，规定要加强管制报纸的政治言论，将出版保证金增加一倍，重新建立对政治漫画的预审制度。

四、第二共和国时期（1848—1852）

1848 年资产阶级革命浪潮在欧洲兴起。当年二月，法国人民起义推翻了七月王朝，资产阶级组织了临时政府，开始了法兰西第二共和国时期。三月间，临时政府颁布法令，废除印花税和保证金，恢复陪审团，给予新闻界享有相当大的自由。于是，在几个月的时间里，巴黎及外省的具有各种倾向和风格的报刊，像雨后春笋一样蓬勃发展起来。总数达 450 家之多，售价普遍十分低廉。这时重要的报刊及政论小册子包括：拉马丁的《公益》、拉姆内的《制宪民众》、乔治桑的《真正的共和国》、拉斯帕依的《人民之友报》、蒲鲁东的《人民代表》、拉科尔代尔的《新世纪》以及后来雨果的《事变》等等。

但是，1848 年 6 月巴黎工人起义被政府镇压后，种种限制新闻自由的措施又重新恢复。由于缴不起政府规定的保证金，拉姆内在 1848 年 8 月他的报纸的最后一期上发出激愤的怒吼："要讲话就得有金钱，多多的金钱。我们不是阔佬，穷困就得缄默。"① 而同年 11 月制定的法兰西第二共和国宪法，也只是在形式上保证了公民的言论、出版、集会、结社、信仰等自由。

1848 年 12 月夏尔－路易－拿破仑·波拿巴* 当选为共和国总统。1851 年 12 月发动政变后，为了维护自己的统治，予新闻自由以致命的打击。他仿效其伯父的做法，只允许巴黎 11 家报纸有发行权。他的省长们则在外省对有进步倾向的报刊大加讨伐。

五、第二帝国时期（1852—1870）

1852 年 12 月 2 日拿破仑三世称帝，建立法兰西第二帝国。在统治初期即专制帝国时期（1852—1860），他恢复了对报刊的预审制度，增加出版保证金额（高达五万法郎）。这造成只有官方报纸和支持政府的报纸能够存在的现象，而且为数甚少。

---

① ［法］彼·阿尔贝、弗·泰鲁：《世界新闻简史》，47 页。

* 拿破仑一世的亲侄子，被称为拿破仑三世。

在自由帝国时期（1860—1868），内忧外患加之年老体衰，拿破仑三世逐步放松了对新闻的管制，允许出版一些新报。诸如：维尔梅桑的《费加罗报》（1854 年，开始是周报，后逐渐成为政治性日报）、《世界报》（1867 年，天主教的喉舌）、内夫泽的《时报》（1861 年，自由派的机关报，所刊言论真实可靠）、德勒克吕兹的《觉醒报》（1868 年，致力于推翻帝制，重建共和）。

议会帝国时期（1868—1870），要求自由民主的运动重新高涨，政府已无力控制全国局势。1868 年 5 月 11 日的法案规定，废除新闻预审制，允许创办新报。一年间，巴黎约有一百四十多家报纸创刊，大部分是资产阶级共和派报纸。在各派报纸掀起的一场“蔑视当局的革命”中，帝国统治岌岌可危。

在这些报纸中，言辞最为激烈的要算记者亨利·罗什福尔 1868 年 5 月创办的《灯笼》周刊。罗什福尔站在资产阶级民主派的立场，用尖锐的笔锋抨击专制制度，受到广大读者的欢迎，周刊销数曾达 10 万份。它被称为“暴露帝国流弊的强烈火焰”。《法国新闻通史》的作者认为，该刊的成功是由于人们的不满情绪，自己不敢吐露，罗什福尔挺身而出，替他们发泄出来了。

六、巴黎公社时期的无产阶级报刊（1871）

1870 年普法战争中拿破仑三世被俘，帝国崩溃，法兰西第三共和国诞生。1871 年 3 月 18 日，巴黎工人起义，建立了巴黎公社，但不久（5 月 28 日）便遭到资产阶级的血腥镇压。巴黎公社时期，巴黎约有近 40 种支持公社的报纸，这是无产阶级专政条件下出版的第一批革命报纸，是公社事业另外一条重要战线。它们阐述公社的目标和任务，公布公社的各项法令和决议，向人民解释法令、决议的内容和意义，揭露资产阶级政府投降卖国的真面目，与读者建立密切的联系，从而形成强大的社会舆论，为捍卫人类历史上第一个无产阶级专政作出了重大贡献。在这些报纸中，最重要的有：

（一）《法兰西共和国公报》

简称《公报》，是巴黎公社期间最重要的报纸。原是梯也尔政府的机关报，3 月 18 日被国民自卫军接管，3 月 20 日改为巴黎公社的机关报。自 3 月 20 日到 5 月 24 日共出版 66 期。该报除发布公社的重要宣言、法令、决议和指示外，还澄清事实真相，戳穿敌人的谎言。但该报印刷发行业务掌握在私人手里，文风刻板，不太关心群众利益，出报时间晚，价格太贵，所以销量只有 3000 份。

（二）《杜歇老爹报》

公社期间影响最大、发行量最大的报纸之一，每天发行 6－7 万份。从 3 月 7 日到 5 月 22 日，共出 68 期。该报最大特点是大量刊登读者来信，及时反映群众要求。内容广泛的读者来信是公社和群众共同的重要渠道。该报语言浅近，文字通俗易懂，很受读者欢迎。不足之处是缺乏深度。

（三）《社会革命报》

很有影响的蒲鲁东派报纸，自3月31日至5月7日共出48期。该报以大量篇幅报道国民自卫军的英雄业绩，其最大特点是更多地讨论一些革命问题。如工人阶级和妇女在革命中的作用、改造所有制等问题。“无产者论坛”专栏为开展讨论提供了场所。

（四）《人民觉醒报》

在新雅各宾派报纸中最有影响。4月18日至5月22日共出35期。详细报道公社委员会会议情况，经常发表论述公社各项政策的专论。态度坚决，反对和凡尔赛妥协。

此外，蒲鲁东派的《公社报》、新雅各宾派的《复仇者报》、发行量最大的《人民呼声报》都是重要的革命报纸。

这些无产阶级专政条件下诞生的第一批报纸毕竟缺乏经验，加之公社内部派系纷争，有些报纸发表过为敌人张目的文章。公社领导人对反动报刊没有立即采取果断措施，造成反动言论甚嚣尘上，致使公社丧失了中间阶层特别是农民的支持，这是巴黎公社失败的重要原因之一。公社失败后，凡尔赛政府立即封闭了所有革命报刊，并残酷迫害公社的报刊活动家。

七、新闻自由体制的确立（1881）

在血腥镇压巴黎公社后，法国资产阶级共和派与保皇派又斗争了几年，终于在1875年使国民议会通过宪法，确立共和体制。1881年7月29日，法国议会通过“新闻出版自由法”，废除了特许制与保证金。该法第一条规定：“印刷、出版享有自由权；任何报纸、期刊之发行，仅须向政府声明由谁负责即可。既无须事前申请许可，亦无须缴纳任何财务保证，只要向政府申报报纸、期刊的负责人的姓名。”

“新闻出版自由法”1889年得到重要补充，法院原则上禁止政府未经法院裁决就直接查封报社。此后，除1894年轻罪法庭对报刊宣传无政府主义进行起诉外，再未发生过报刊因发表反政府观点被起诉，或被政府直接查封的事件。

总之，这部法令是《人权宣言》宣告的言论出版自由的具体化，并对法国此后的报业发展产生了重要影响。它促进了现代报纸的产生，直至现在，仍为法国自由报业的基石。

第五节 廉价报刊的兴起与发展

七月王朝建立了资产阶级君主立宪制，其间两次颁布法令，改变了对出版的管制，这为廉价报纸的兴起提供了政治前提；法国工业革命的发展带来了一系列的变革，如资本主义工商业的发展、都市化进程、教育普及、印刷技术革新、铁路交通发达、电报传递新闻等等，则为廉价报纸的兴起提供了物质基础。

法国大革命政局多变，政党林立，每个党派都拥有自己的政治报纸。廉价报刊虽在19世纪30年代出现，并在19世纪末进一步发展取代政党报纸成为报业主体，但政党报纸一直与之并存，直至二战结束。由于受政党报纸的长期影响，与其他国家相比，法国的廉价报纸也具有较鲜明的政治色彩。此外，法国的廉价报纸还具有以下特点：政治上，标榜超党派和独立性；经济上，不依靠政党津贴；编辑内容上，努力扩大新闻报道面，广泛刊登文化、教育、小说、知识性文章、社会新闻及法院新闻；经营管理上，尽力招揽广告，用广告收入补贴报纸降价造成的损失。

一、廉价报纸的兴起

“七月革命”中法国曾出现过廉价报刊，但只是昙花一现。最成功的廉价报纸是1836年创刊的《新闻报》和《世纪报》。

（一）吉拉丹的《新闻报》

埃米尔·德·吉拉丹（Emile de Giradin，1806—1881）1826年发表自传体小说《埃米尔》一举成名。1828年创办《飞鹰》周刊，1829年又创刊《时尚》杂志。1831年创办《有益知识》杂志，因价格低廉大获成功，发行量多达13万份。这也坚定了吉拉丹办廉价报纸的决心。1834年他当选议员。吉拉丹于1836年7月1日创办《新闻报》（La Presse），一年订费40法郎，低于当时报纸报价一半，报纸立即受到读者欢迎，但也遭到一些新闻界同行的妒忌。《新闻报》销路不断上涨：1838年为13680份，1845年至1846年为2.2万份。报纸的利润也日增，1844年为183600法郎。

《新闻报》的特点有：1）减少政治新闻和言论，大量刊登社会新闻和法院案件。2）有关卫生、健康、食品、服装、家庭等方面的知识性、实用性文章占据近四分之一的篇幅。3）连载巴尔扎克的《老姑娘》，开法国报纸刊登长篇小说的先河。4）重视广告经营，在法国首创靠增加广告收入降低报价的先例。

吉拉丹是著名的报业改革家，他使中下层人民通过廉价报刊获得信息、提高文化、增长知识、受到教育。《新闻报》的政治主张随着形势的变化而有所不同，以体现超党派的独立性。他还通过增加广告收入来保证报纸不会因为价格低而引起利润下降。在他的带动下，法国报业开始主动地、大规模经营广告。法国新闻史学者贝尔纳·瓦耶纳对他的评价是："如果说勒诺多是法国报刊之父的话，那么，吉拉丹无疑是法国报业的革新者。他的独特的商人的性格中，流露出人民教育家的气质。他找到了借助广告收入以降低报价而扩大增加报纸销数的诀窍。"①吉拉丹不仅是法国廉价报纸的创始人，还是报纸企业化的先驱。

（二）杜塔克的《世纪报》

杜塔克（Dutacq）曾与吉拉丹合作办报纸，分道扬镳后，于1836年7月1日吉拉丹创办《新闻报》的同一天，创办《世纪报》（Siècle），每份售价也是一苏。它是独立经营的，在政治上是共和派的支持者。该报政治立场鲜明，主张通过合法途径，按照公众意见进行政治体制改革。

《世纪报》报道广泛，对社会新闻、法院案件、犯罪案件的报道上，比《新闻报》有过之无不及。《世纪报》首先刊登短篇小说，《新闻报》受到启发后，首先连载文学家的长篇小说，《世纪报》也立即先后刊登巴尔扎克的《保尔船长》和大仲马的《三剑客》等名著。

《世纪报》由于长期在政治上支持共和制，反对七月王朝走向专制，在编辑内容上注重社会新闻，文字通俗，又有著名小说的连载，因而在中下层阶级中拥有广大读者，销量一直领先于《新闻报》。广告收入也逐步增加，1836年—1842年间，广告收入从4.5万法郎增至18.7万法郎。该报并于1845年成立"广告总公司"，经办几家大报的广告业务。

杜塔克在办《世纪报》成功后，又购买或参与了四五家报纸。其中最著名的是《费加罗报》和《权力报》。

二、廉价报纸的发展

法国廉价报纸在19世纪下半叶继续得到发展。其中最有影响的是巴黎的四大日报：《小日报》、《小巴黎人报》、《晨报》、《新闻报》。

（一）《小日报》（Le Petit Journal）

1863年2月1日米劳德创办的五生丁一份的报纸。该报尽量减少枯燥的政治报道和冗长的政治争论，增加各种简洁有趣的最新消息，以刺激性社会新闻（如凶杀、诉讼、天灾等）和怪诞的连载小说吸引读者。两年后销数达20万份，

① 转引自张隆栋、傅显明：《外国新闻事业史简编》，81页。

1880 年为 60 万份，占巴黎报刊销量的四分之一。在外省的发行量增长得也很快。1890 年达 100 万份。

1884 年 6 月 1 日《小日报》首创周刊《图画副刊》，也是五生丁。1891 年后增加了彩印图片，内容以娱乐性材料和故事为主。该报后来由于宣扬军国主义，支持极右势力，遭到人民唾弃，销路下滑。

（二）《小巴黎人报》（Le Petit Parisien）

1876 年创刊，原为激进派小报，1888 年转入让·迪皮之手。迪皮曾当过律师事务所的小伙计，后经商致富，并逐渐成为一名出色的报纸发行人。他对《小巴黎人报》的改造表现在：1）政治上标榜独立，不参加任何重大的政治论争，因而被称为中间派。让·迪皮宣称，该报要做“公众舆论的调节者”。2）内容上因循《小日报》的做法，追求客观，不重言论，连载小说，增加社会、体育等有刺激性的新闻报道。每日增出二至四版，售价不变。3）经营管理上注重设备更新，是巴黎第一个使用轮转印刷机的报纸，改进发行推广工作。总之，这些措施使该报销量直线上升：1901 年 85 万份，1903 年 100 万份，1914 年达到 150 万份，成为“全世界最大的报纸”。让·迪皮同时还兼营八九种期刊。

（三）《晨报》（Le Martin）

1883 年由美国人创办，1884 年被阿尔弗莱德·爱德华收购，1896 年归莫里斯·比诺·瓦里亚所有，一直经营到 1944 年。1914 年销数达 90 万份。该报几度易主，但仍保持着美国廉价报纸的风格。文字通俗、标题字体较大，常用多栏大标题，版面活泼。还经常仿效普利策和赫斯特发起某项社会运动。在创刊号上宣称自己是一家没有政治背景和经济后台的独立报纸。对各届政府的政策都作过批判，但实际上，瓦里亚却不断接受本国政党、政府，甚至外国政府的贿赂。

（四）《新闻报》（Le Journal）

1892 年由斐迪南·贺创办，宣称该报的宗旨是“为小商人、工人、小学教师和职员们提供一些符合他们口味的文学作品。”因此文学性较浓，当时的文坛巨匠如左拉等都为它写过文章和小说。1889 年勒特利埃家族购得此报后，不断扩大新闻报道面，大力招揽广告，1914 年发行量超过百万份。值得一提的是，该报在印刷上首先使用了排铸机。

三、同时期的政党报纸

19 世纪末，法国虽出现了销数巨大的廉价报纸，但政党报纸仍占有重要地位。重要的有：《费加罗报》（中间派报纸，1854 年由维尔梅桑创办，初为月刊，具有文学艺术的特点。1866 年改为日报，成为言论报）、《时报》（中间派报纸，从 1873 年起由埃伯拉尔领导，风格极为严肃）、《震旦报》（急进派报纸，1879 年由克雷孟梭* 创办）、《不妥协者报》（急进派报纸，1880 年由罗什福尔创办）、《巴黎回声报》（创刊于 1884 年，后演变成右派组织“法兰西祖国联盟”的机关报，鼓吹参与帝国主义战争，一战中几乎成了参谋本部的喉舌）、《十字架报》（天主教团机关报，1885 年创刊，该报持保守立场）、《人道报》（社会党机关报，1904 年由饶勒斯创办，一战后成为法共的机关报）。

第六节　第一次世界大战与报业

一、政府的新闻检查

法国陆军部在非常时期设立了“新闻检察局”，随着战争的旷日持久，新闻检查越来越严格，涉及面越来越广。它要求各报出版前要呈交一份付印样，也就是报纸各版的校样，新闻检察机关遵照通常的禁令及每日得到的特别指示，在校样上表明禁止刊登的文章，这部分文章要立即从排字版上抽掉，留下空白。如果报纸不遵从检察机关的命令，报纸就会被勒令停刊，甚至受到法庭起诉，严重的将被查封。

读者最感兴趣的军事新闻也必须经过军方严格审查。因为不准记者到前线采访，所以报纸的战斗新闻只是总司令部发布的战况翻版。而当局都愿把惨败写成凯旋，把血流成河写成满园春色，一段时间里，报纸上全是鼓噪、狂热、盲目乐观的报道，战争真相被涂抹得面目全非。这样做的结果是，报刊失去了读者最珍贵的信任。直到军方批准少量记者到前线进行采访后，报纸才开始改变宣传腔调，并业已明白了这一现实：报纸为读者服务的最好方式，仍在于客观和真实。

二、战争中的报业联合

战争虽然刺激了人们的新闻欲，但广告收入锐减、纸张匮乏、发行不便、物价上涨等因素致使法国报纸陷入生存困境。大批报纸相继倒闭，1914 年 8 月后的数月间，仅巴黎就有三十多家日报垮台。严峻的形势促使尚存的报纸进行集中化经营。五大报纸（《小日报》、《小巴黎人报》、《新闻报》、《晨报》、《巴黎回声报》）与哈瓦斯通讯社和阿歇特公司达成协议，共同管理五大报的广告和发行业务。不过联合体中的各报情况也相去甚远。《小巴黎人报》和《晨报》扩大了发

* 克雷孟梭（1841—1929），法国资产阶级政治家。

行量，1917 年《小巴黎人报》高达 200 万份以上，《晨报》则为 150 万份，《巴黎回声报》在军队中拥有众多读者，发行 40 万份。《小日报》和《新闻报》的销路却不可遏止地一路下滑。

第七节　两次大战之间的报业演进

两次大战之间，法国经济始终不景气，报业发展也处于相对停滞的状态。报团已逐渐形成，但垄断化进程缓慢。

一、新闻政策的调整

1919 年 10 月 12 日，法国政府正式废除新闻局，恢复第三共和国时期的新闻自由出版法。随着现实社会中报刊违法行为的增多，绝对的新闻自由受到质疑，人们不仅批评它没能保护私人或公众免受报纸诽谤，没有防止报纸伤害风化，而且批评它允许金钱势力控制操纵报业机构。1935 年 3 月 29 日议会通过了职业记者法，该法规定：在公众秩序受到骚乱的威胁之下，行政当局享有禁发和查封部分报纸的合法权力。

二、报业市场概况

（一）五家大报

在这一时期，由于政治上的管制、工商业的萧条，巴黎的五家大报都在衰落：《小巴黎人报》在 1919 年让·迪皮死后，由其子保罗·迪皮接办。早在 1902 年，保罗就随其父访问美国，考察了美国报业，普利策和赫斯特的办报方法给他留下了深刻的印象。一战后不久，他率大批编采人员再度访美，学习报业技术，甚至还让报纸采用了赫斯特报团的“鹰翅”报徽。该报充斥着犯罪和社会丑闻等内容，并在伦敦、柏林、华盛顿等地派驻特派员，对国际新闻报道详细。1920 年到 1924 年间，《小巴黎人报》先后两次试图发行外省版，但都以失败告终。1930 年以后，在《巴黎晚报》及一些地方大报的竞争下，该报发行量逐步下降。

《小日报》1938 年落入拉罗克上校之手，成为法西斯组织“火十字团”的机关报，为多数读者抛弃。《晨报》在瓦里亚主持后期，走上了反共产主义、反社会主义的道路。《新闻报》1925 年转由几家公司联营后态度明显右倾，这两家报纸的发行量都在锐减。《巴黎回声报》在 1937 年陷入危机，不得不与贝尔比的《日报》联办。后者是屈指可数的反慕尼黑协议的报纸之一。

（二）政党报纸

由于报业商业化进程不快，这一时期法国的政党报纸，仍在报坛上占有重要地位。左派报纸中有激进派的《日报》、《劳动报》和社会党的《巴黎人民报》等，它们在30年代积极推进左翼联盟，支持抵抗运动，拥有不少读者。中间派报纸主要有《时报》和《论辩报》。《时报》号称“共和国最大的报纸”，但实际发行量不到5万份。30年代，支持慕尼黑协定，留下了不光彩的历史。右派报纸除《巴黎回声报》外，还有《法兰西行动报》、《十字架报》、《日报》、《不妥协者报》等，这些报纸销数不等，均采取保守主义的立场。

这一时期共产党开始登上政治舞台，影响日益扩大。1914年马赛尔·加香接任《人道报》总编，该报随之成为法共的机关报。加香（1869—1958）是法共的著名领袖和宣传家。他除主持《人道报》的日常工作外，还负责撰写每周一的专栏文章。在两次大战期间，《人道报》为维护工人阶级和劳动人民的利益、支持被压迫民族的斗争、报道和宣传社会主义苏联、推动反法西斯人民阵线的建立和发展，作出了不懈的努力。1929年8月，由于受到资产阶级政府的迫害，《人道报》面临严重的经济困难。加香在《人道报》上撰文，号召法国工人阶级和其他劳动者拯救自己的报纸。各地纷纷建立起“保卫《人道报》委员会”，使党报渡过难关，化险为夷。二战中，报纸遭禁，转入地下秘密发行，仍然矢志不渝，揭露贝当政府的投降行径和德军的暴行，鼓舞人民为解放祖国而战。除《人道报》外，法共在1937年创办了另一份日报《今晚报》。此外法共还创办了一大批期刊，如画报《瞧》。

（三）地方报纸

一战后，地方大报保持继续发展的态势，它们大量发行地方版，在新闻的“接近性”上占有明显优势。1927年，地方报销数在10万份以上者有14家，到1939年增至22家，增幅达57%。而同期发行量在5万份到10万份之间的地方报也由16家增至20家。其中重要的地方报有（1939年数据）：

城市	报名	发行量（万份）
雷恩	《西方闪电报》	35
里尔	《北方回声报》	33
波尔多	《小吉伦特派报》	32.5
格勒诺布尔	《小多菲内人报》	28
图卢兹	《电讯报》	27
里尔	《北方觉醒报》	25
波尔多	《法兰西波尔多报》	23.5

里昂	《里昂进步报》	22
马赛	《小普罗旺斯人报》	16.5

在发行部门，地方报纸采用卡车辅助运输，使数量众多的地方版能很快到达读者手里。二战爆发前夕，地方报已经占了全国报纸总发行量的一半。

三、报团的形成

法国报团的出现不仅晚于美国、英国，而且也后于德国。它的报团是在一次大战后才有的。

两战之间法国经济发展缓慢，报纸单凭广告收入难以维系生存，名为"商业报纸"，多数却在暗中与政府、政党、商界保持密切接触，这既能在政治上有所依靠，又能在经济上得到资助。此外，势力强大的地方报阻止巴黎报纸向外省扩张、渗透。诸多原因导致法国难以形成大型的报业垄断组织。

与英美相比，法国的报团不仅数量少，而且规模小，基本上是由工商企业收购而成的。因多数报纸在实业集团的控制下，所以报团子报数目很不稳定，报纸的所有权也常因股权的出售而随之变更。当时的主要报团有：

（一）普鲁沃斯特报团

普鲁沃斯特（Jean Prouvost）是纺织业大王。1917 年涉足报业，购得《家园》杂志，1924 年买下《巴黎午报》，1930 年购买《巴黎晚报》和《不妥协报》，1938 年买下期刊《竞赛画报》。其中最重要的报纸是《巴黎晚报》。

《巴黎晚报》由欧仁·梅尔创办于 1923 年，是一份左派报纸。该报在梅尔经营时毫无起色。普鲁沃斯特接手后，聘请了一批出色的报人，将该报变成每日发行的新闻画报。自此，《巴黎晚报》的编辑水平大大提高，版面格式日臻完善；该报图文并茂，排版醒目鲜明，擅长妙用标题。其体育新闻讲究质量，刺激性报道也不像英美那样过分，政治新闻则充满了乐观主义色彩。1931 年后，该报发行量逐年增加：1931 年仅为 13.4 万份，1933 年为 100 万份，1939 年一跃为 180 万份，1940 年高达 200 万份。《巴黎晚报》的成功震动了整个法国新闻界，它使午后报纸第一次取得如此巨大的成就。

该报团还出版一些期刊，重要的有模仿美国妇女画报的《玛丽－克莱尔》、模仿《生活》画报的《竞赛画报》。

（二）科蒂报团

弗朗索瓦·斯波蒂诺是著名的科蒂香水及化妆品公司老板，经商致富后于 20 世纪 20 年代进入报界，购买和创办了一系列报刊，故而这一报团名为"科蒂报团”。斯波蒂诺1922年购买了历史悠久的《费加罗报》。1928年吞并《高卢人报》。同年创办了极右派报纸《人民之友报》，该报虽价格低廉，但因其反动立场和枯燥乏味的内容，仍然维系不住读者。30年代的经济危机中，科蒂报团破产，下属报纸先后被出售或关闭。

（三）温德报团

温德（De Wendel）家族是法国钢铁和军火工业大王。一次大战后，购买了《时报》、《论坛报》、《新闻报》以及《工业日报》。它还在《晨报》、《巴黎回声报》和哈瓦斯通讯社握有部分股权。

《时报》（Le Temps）是法国一家有悠久历史的言论报，创刊于1881年。《时报》在二战前极力支持法国政府对德国的绥靖政策，赞扬慕尼黑条约。二次大战中，法国战败，《时报》成为法奸维希政府的机关报。

（四）帕特诺特报团

雷蒙·帕特诺特（Raymond Patenotre）是糖业大王，年轻时他曾随其父在美国居住，回国后仿照美国模式建立了报团。1936年拥有《小日报》、《共和报》、《里昂共和报》等，还持有《巴黎晚报》和《劳动报》的股份。

四、报界的受贿风气

和其他国家报业相比，法国报纸篇幅较少，国际通讯规模也相对逊色，加上广告来源不足，经营不善，报业收入甚微，从而使法国报业养成唯利是图的恶习，并且大量接受资本家、本国和外国政府的贿赂。

1880年到1914年，法国政府每年都有一笔用于津贴报纸的秘密开支。一战后，法国政府将报纸津贴正式列入预算中，如1933年的预算为7100万法郎，合132万美金。其中外交部的宣传费就有3300万法郎，内政部、商业部、殖民部、教育部、艺术部也有大量宣传经费。内政部以津贴地方报为主，殖民部则津贴殖民地报纸，其他部局的津贴均给予与本身主管行业有关的报纸。各类名目的津贴构成了一张无形的新闻过滤网，滤去了对政府的反对和非议，使报纸“第四等级”的功能及监督政府的权利徒有虚名。

法国报纸也常成为他国政府贿赂的主要对象。如1904年到1908年，俄国向法国贷款之际，所有法国报纸都接受了一笔数额巨大的广告资金，从而对沙俄阴暗的政治和经济状况保持缄默。希特勒上台后，积极开展对法国的宣传攻势，主要手段也是收买报纸。1933年至1938年德国用于法国的宣传费为600万马克，1938年后，每年增至2400万马克。仅就慕尼黑协定的报道就贿赂了1000万法郎。另一个法西斯头子墨索里尼用于贿赂法国报业及津贴法西斯团体的金额竟达

1.35 亿法郎。

1936 年 10 月，勃鲁姆总理注意到法国报业接受外国政府贿赂的陋习，要求国会立法，敦促报业彻底改革。其中规定：所有报纸期刊每年发行 30 次以上者，均需公布所有人姓名及所有经济收入的来源。报纸若故意传播错误消息，蔑视法庭，要承担责任；为保障公职人员，加强报纸诽谤法的刑罚。该法案虽被国会通过，但随着勃鲁姆 1937 年的辞职而未能实行。1939 年 4 月，达拉第政府颁布法令，禁止任何个人或团体接受贿赂和为外国作宣传，否则予以监禁和罚款。但法国报纸直到二战爆发也未能进行严格整肃。

第八节　第二次世界大战与报业

1939 年 9 月第二次世界大战爆发，不到一年德国就占领了大半个法国。1940 年 5 月以后，法国政府加强了对新闻界的控制。5 月 24 日，政府建立了出版许可证制，并对各个报社实行统一的物资管理。新闻界处于战争的非常状态之中。

一、维希政府* 控制下的南部报刊

（一）新闻管制

1940 年 6 月，法国政府向德军求和。7 月，贝当元帅偏安南方小城维希，宣告“法兰西国家”成立，自任元首。维希政府设立了新闻处，对所有消息报道进行检查，对报刊实行严格控制。新闻处向各个报刊发号施令，并提出所谓的指导性意见，经常强迫报纸刊登某些指定稿件，甚至连第一版的版样都加以具体规定，而且每天都要对一些综述性稿件提出自己的“建议”。1941 年初，维希政府新闻处就贝当到外地出巡一事发布宣传指令，对新闻报道加以一系列限制。这种做法堪称官方宣传的典范，现将这一宣传指令摘录如下：

> ……在元帅的言谈中，应该毫无顾忌地把那些能够激发起法国民众爱国热情的词句强调出来。如“对未来满怀着信心”、“物质精神方面的复苏”、“法兰西的复兴”，等等。必要之时，应对政府自 1940 年 7 月** 以来的所作所为加以足够的说明。

---

* 指二战期间，法西斯德国占领下的法国傀儡政府。因其所在地位于法国中南部的维希，故称维希政府。

** 贝当政府成立于 1940 年 7 月。

要在行文中表现出——不应该过分强调——德国占领当局对法国国家元首的尊敬，反映出贝当元帅在言谈中的性格特点、法德双方会谈的“气氛”，特别是要指出元帅在奉行法德合作政策方面的可贵之处。[①]

1942年底，德军侵入法国南部，维希政府对报刊的控制更加严格。报纸丧失了最后的自由，成为傀儡政府掩盖投降真相的工具。

（二）南部报刊

撤离到南部的报刊困难重重。首先，路途遥远，技术落后，发行工作非常困难，报纸很难到达读者手中。其次，当局采取的高压政策，使报纸与政府的关系常常紧张到剑拔弩张的地步。

德军入侵南部后，许多大报纷纷倒闭。《费加罗报》（1942.11.11）和《时报》（1942.11.30）先后倒闭。《巴黎晚报》维持到1943年，《新闻报》、《小日报》、《十字架报》勉强维持到1944年6月。

南部地方报同样也是惨淡经营。在德军南进的铁蹄下，诸如《里昂进步报》等都随之消亡。

二、德占区的北部报刊

（一）新闻管制

德军对其占领区留存下来的报纸实行严格的管制。除对投降报大开绿灯外，巴黎报纸全被停办。地方报按区划，一区一报。南部出版的报纸严禁在北部发行。除实行军事管制和新闻检查之外，德军还用配纸方式钳制报纸。结果，巴黎的法文报纸由50家减至八家，各报一律变成四页。

（二）北部报刊

巴黎原有的五大报中，《晨报》首先投敌，《小巴黎人报》后来也站到了德军一边。多数报纸南迁。

还有一些新创办的投降报，如多里奥主办的《人民呼声报》、让·吕歇尔主办的《新时代》以及《社会主义法兰西》。这些报纸摇尾乞怜地宣传德法合作政策。

（三）地下报刊

在德军占领期间，素有革命传统的法国人民秘密出版了许多反抗德国的报纸。1941年阿歇特（Hachette）创办的《法国防卫报》是著名的抗德报纸之一。《解放了的巴黎人报》由广告商阿莫里（Emilien Amaury）资助并任董事长。此外还有1940年创办的《解放报》，1941年创办的《战斗报》，1942年创办的全国

---

① 转引自［法］彼·阿尔贝、弗·泰鲁：《世界新闻简史》，125页。

抵抗运动委员会新闻报刊局机关报《综合新闻》等。法共的《人道报》和《晚报》、社会党的《人民报》、激进党的《行动报》还通过地下交通系统发行到敌占区。

1943 年，全国地下报刊联合会成立后，使地下报刊的活动更加有序化。

与阿谀奉承的公开报刊相比，地下报刊拥有大量读者。随着民间反抗运动的高涨，地下报刊往往变为各个抵抗组织的机关报。

第九节　二战后报业的发展

二次大战后法国报业重新恢复和发展。政党报纸明显衰落，商业性报纸成为报业主体。报纸不断地集中兼并，逐渐形成垄断化的格局。

一、报业的整顿、恢复及演进

1944 年，法国全境解放。政府于 9 月 30 日公布命令：1）凡在敌军占领区创刊的报纸，或战前发行在敌军占领后发行 15 天以上者，一律永久停刊，战时爱国报刊均可公开发行；2）经营报纸或从事新闻出版事业者，必须接受身份调查，凡不忠实者，将被取消资格；3）没收投敌报纸的财产，用来协助战后报业的复兴。对报业的整顿使法国报纸呈现短暂的繁荣局面。1946 年，全国报纸共有 203 家，销数高达 1510 万份，是战后报业发展的黄金时期。但从 50 年代开始，报业发展逐步停滞，不仅总数减少，而且销数也萎缩。

战后法国报业的结构也有明显的变化。一是巴黎报纸比重下降，外省报纸比重上升。就日报发行量而言，战前巴黎日报占 2/3，外省日报占 1/3，战后情况正好相反。二是报纸的商业化提高。战后初期报纸的政治色彩依旧，特别是左派报纸影响很大，但随着时间的推移，独立的内容广泛的商业报纸越来越受到读者的欢迎，致使报纸的党派倾向普遍淡化。到 80 年代，只有法共依然保持自己的党报体系，其他政党的报纸纷纷停办，商业报纸在种数和销数上都占据了优势。

二、报业的垄断化进程

战后法国报业在新的起点重新兼并集中，最终形成垄断。具体说来，战后法国报业的垄断化进程大致可分为三个阶段：

（1）40 年代后期到 50 年代初。由于纸价上涨和经营不善，法国报纸数量和发行量连年下降。1952 年，日报减至 131 家，总发行量减至 960 万份，退回到 1914 年的水平。一些实力较强的报纸却日益发达起来，为日后形成报团准备了基础。

(2) 50 年代中期到 60 年代。在进一步的竞争中，一些中小报纸逐步依附于大报，而成为其地方版，于是全国出现了二十多个区域性报团。其中最大的四个是：以《法兰西晚报》为中心的阿歇特报团，以《费加罗报》为中心的普鲁沃斯特报团，以《解放了的巴黎人报》为中心的阿莫里报团，以《震旦报》为中心的布萨克报团。60 年代末，20 家报团已控制全国报业的 73%，形成了垄断格局。

(3) 70 年代以后，报业垄断进一步升级，报纸间的联营兼并发展成为报团间的联营兼并。一方面，地区性报业垄断继续加强，例如里昂与格勒诺布尔两个报团联营后建立了“第一号企业集团”，一度控制了法国东南部 1/4 国土上的报刊（80 年代逐步瓦解）。另一方面，出现了埃尔桑这样的通过不断吞并其他报团而称霸全国的超级报团。

三、地方报的崛起

1961 年以后，巴黎报纸销数减少的同时，地方报纸的销数则超过 800 万份。一些区域性大报相随而生。法国 20 家地方大报的销数 1960 年为 458.4 万份，约占地方报总发行量的 64%。著名的地方报有《西部法国报》(53.5 万份)、《里尔进步报》(35.5 万份)、《北方之声报》（33.7 万份)、《西南日报》（30.7 万份）等。

地方报崛起的主要原因有：1）战时全国实施分区配给制度，并规定一区一报，地方读者已习惯阅读地方报纸；2）战后交通困难，巴黎报纸到达地方城市过迟，或不能准时到达地方读者；3）由于世界性通讯社的供稿，文字、图片、传真的应用，以及广播电视新闻传播的迅速，致使巴黎报纸政治新闻失去重要性；4）战时巴黎第一流的法西斯报业人员，由于战后整肃，多数转至地方报纸服务，此对地方报纸的革新极有贡献；5）地方报团的编辑、主笔，熟悉本地区读者的兴趣及其愿望。

地方报同样也呈垄断化趋势，主要表现在：1）在竞争中削弱对手，确立自己的势力范围。全国被二十多个报纸瓜分殆尽。2）为确保既得利益，避免竞争的白热化，各报达成互利协议，以解决地方争端。3）形成跨地区的地方报纸网或巴黎与地方联合报业集团。如“第一号企业集团”、《西南报》报团、《中部电讯报》报团、《普罗旺斯人报》报团和《山岳报》报团等。

四、主要报团

目前法国有六大报团：

（一）埃尔桑报团（Groupe Herasant）

二次大战后发展起来的法国新兴报团。创始人罗贝尔·埃尔桑（1920—1996）在二战时期曾投靠贝当政府。法国解放后，他以叛国罪被处过徒刑；被释出狱后，于1950年从办地方报纸起家，先后创办了《汽车报》、《瓦兹省晨报》和《中部新闻报》。60年代，已拥有二十多家地方报纸。70年代，开始收购全国大报。先后取得《巴黎－诺曼底报》（1972）、《费加罗报》（1975）、《法兰西晚报》（1976）、《震旦报》（1978），从而成为法国最大的报团。80年代又买入《自由多菲纳报》、《进步报》等。到80年代后期已有报纸四十余家，占地方日报发行量的26.4%，巴黎日报发行量的38%。埃尔桑自诩为右派领袖，其报纸亦是为财团和右翼政治势力服务的工具。

该报团还拥有新闻通讯社（报业新闻总社）、广告公司、印刷厂等企业，并向电视业进军。

埃尔桑在新闻界的兼并活动招来了社会各界的关注和非议。1984年9月，议会通过反报业托拉斯法，规定兼营巴黎和地方报纸的报团，其全国报纸和地方报纸的发行量均不得超过同类报纸总发行量的10%。这条主要针对埃尔桑报团的法令被称为“反埃尔桑法”，但并未对该报团产生实质性威胁。

该报团的势力还伸向了法国以外，80年代后打入比利时鲁塞尔报团。

（二）阿歇特报团（Groupe Hachette）

其前身可追溯到1826年的阿歇特书店，现已发展成为法国最大的图书出版和报刊发行集团。该报团直接或间接控制的报纸达二十多种，如《法兰西星期报》、《星期日报》、《她》、《时装园地》、《每周电视》等。此外还经营出版、广播、电视、电影公司，拥有两座印刷厂。

（三）阿莫里报团（Groupe Amaury）

又称“解放了的巴黎人”报团。创始人艾米利安·阿莫里是法国广告业巨头。曾任哈瓦斯通讯社社长。1944年8月创刊《解放了的巴黎人报》。政治上支持戴高乐，具有较强的资产阶级民族主义色彩，对与英、美矛盾，时有反映。内容以社会、犯罪新闻为主，因而有“凶杀案大全”之称。该报团以此为核心，陆续拥有了《西部信使报》、《体育日报》、《观点》等报刊。

1993年该报团营业额为21.47亿法郎，净利润1.41亿法郎。

（四）世界出版集团（Edition Mondiales）

原为西诺·德尔·杜卡报团。创办人杜卡去世后，几度易主，现由科拉超级市场集团控制。拥有数种畅销杂志如《我俩》、《亲密朋友》、《电视杂志》、《巴黎时装》等，该报团还有三座印刷厂和一家新闻通讯社。

（五）巴亚德报团（Bayard Presse）

法国最重要的天主教报团，政治上代表右翼资产阶级。主要报刊有历史悠久的《十字架报》（1885年创办）、《朝圣报》（1873年创办）、《天主教参考》、《圣经世界》等宗教出版物。1993年营业额为20亿法郎。

（六）菲力巴奇报团（Filipacchi Medias）

成立于1955年。主要经营娱乐性杂志和画刊。菲力巴奇和泰诺分别掌握60%和40%的股份。该报团拥有的刊物有：《致敬》、《OK》、《花花公子》、《图片》、《爵士画刊》、《他》等。1993年营业额为15.32亿法郎，净利润1.30亿法郎。

（七）共产党报业集团（Groupe Communiste）

著名的《人道报》是该集团的旗帜。战前曾在各地建立“保卫人道报委员会”，战后改为“人道报推销委员会”，用来筹集资金、推广发行。70年代后销量下降，陷入财政窘境，80年代发行量为十多万份。

该报团还有《人道报星期刊》，三家地方日报：里尔的《自由报》、利摩日的《中部回声报》、《马赛曲报》，刊物有《共产主义手册》、《革命》等。

五、主要报纸

90年代初（1992年统计），法国日报种数为85种，总销量为992.1万份。平均每千人读日报198份。此外，全国发行10万份以上的期刊有50种，发行量平均每千人占有1300册。

（一）《世界报》（Le Monde）

法国最有影响的报纸。创刊于1944年12月18日。当时巴黎刚解放，著名记者于贝尔·伯夫—梅里受戴高乐委托，联合30名青年记者，接受原《时报》设备，办起这份“为国家新闻事业服务”的报纸，使之成为“民族自信的工具”。

伯夫—梅里自1935年起担任《时报》驻布拉格记者，后因反对慕尼黑协议和达拉第政府的绥靖政策而辞职。二战期间，参加了抗敌组织，并出版知识分子杂志《神灵报》。《世界报》创刊后，他逐渐成为该报的主要负责人。1944年12月18日该报的第一篇社论写道：“本报的第一个宏愿就是保证读者得到明确、真实和尽可能迅速、完整的新闻。但是我们的时代不是人们可以满足于观察和描述的时代了。”它从一开始就宣布，报纸有权评判和提出建议。

50年代初，该报观点和政府的对外政策发生冲突，编辑部内部分成支持和反对政府的两派，伯夫—梅里主张的法国民族主义和脱离英美两大国的独立政策遭到另一派的猛烈攻击。在各方面的重压下，伯夫—梅里曾被迫离开《世界报》。但由于伯夫—梅里的主张表达了法国人民要求民族独立的愿望，广大读者和报纸内部的其他成员展开了一场挽留伯夫—梅里的运动。通过谈判，伯夫—梅里终于留任，从此，《世界报》彻底摆脱了政府的直接控制，并且“和戴高乐将军之间开始了奇异的又爱又恨的关系。……如果戴高乐举行一次他难得举行的记者招待会，《世界报》就在第二天发表伯夫—梅里的文章，对这位将军的方针进行批评性的分析，这已经成了60年代法国政治生活的一个典型特点”①。在戴高乐执政期间，《世界报》取得了长足的发展，具体情况如下：

项目	1958年	1969年
发行量	16万4千份	35万4千份
版数	12页	近30页
广告比例	35%	50%强

注：1958年戴高乐建立法兰西第五共和国，1969年下野，伯夫—梅里也于同年离开该报，1989年伯夫—梅里逝世后，该报为纪念他，每期报头的右下侧都写有他的名字。

整个60年代，《世界报》每年的利润增长10%以上，1969年达到1500万法郎。还有12%的报纸销往国外。70年代，新闻纸价格上涨、经济低迷导致广告业停滞，《世界报》的利润从1970年跌落到8%以下，1976年以后再次下滑，不足3%。进入80年代后，更加重视广告经营，广告占了版面的45%，收入则占到总收入的70%以上。广告的增加带来了内容的调整，但它竭力保持报界“高洁人士”的面貌。它鄙视报纸以图像、谜语、纵横字谜和细小琐事等吸引读者的作法。通过该报1974年和1980年两年度一周内容的比较，可以看出增加的广告基本上是由减少的娱乐性节目置换来的，见下表（单位：%）：

内容	1974年	1980年
国内和经济事务	20.0	19.8
国际事务	13.3	16.5
娱乐艺术、广播电视、文学	16.0	11.7
一般新闻	5.9	2.7
科学和医学	2.8	2.6

① ［美］马丁·沃克：《报纸的力量——世界十二家大报》，100页。

体育	1.8	1.2
教育	1.8	1.0
广告	38.4	44.5

《世界报》是法国的“同人报纸”，40%的股份掌握在编辑记者等专业人员手里，10%由总编辑控制。不依附于任何政党和财团，也不属于任何媒介集团，保持着经营和编辑的独立性。该报是自由资产阶级的报纸，对发展中国家态度友好。

《世界报》内容规整，严肃清洁，版面紧凑，基本上不登照片，只有少量图表和漫画，文字考究，注重背景和资料的介绍，时评水平很高。读者一半以上受过高等教育。现在每天约40版，1997年销量为37万份，是法国最有名的“质报”（即重视对政治、经济、社会问题等所谓“严肃性新闻”的报道，以文章、资料和评论的“质量”赢得读者）。

（二）《法兰西晚报》（France. Soir）

由菲利普·维阿纳创刊于1944年8月22日，前身是1941年创办的地下刊物《保卫法兰西》。巴黎解放后，维阿纳及其同伴们要创办一张和战前的《巴黎晚报》相媲美的大众化报纸，故特意把报名改为《法兰西晚报》。创刊之初，大量刊登照片、图片和娱乐性新闻，以趣味性吸引读者，还专门聘请了原《巴黎晚报》主编拉扎雷夫担任主笔。

40年代末，因缺乏资金而风雨飘摇的《法兰西晚报》并入阿歇特报团，维阿纳退出，拉扎雷夫出任总编。阿歇特报团控制该报后，一跃成为法国最大的报业集团。《法兰西晚报》的发行量也于50年代突破百万大关，成为法国最大的报纸，报头旁曾写有“法国发行量到达100万份的独家报纸”字样。60年代，该报单凭娱乐、趣味性节目已难于和新兴的电视抗衡，销售再度陷入困境。1979年，阿歇特报团将该报转让给埃尔桑报团。

与《世界报》相对，该报是法国“量报”的代表（侧重娱乐性新闻，以趣味取胜）。但在80年代，它逐步改变编辑方针，增加政治、经济等严肃性新闻的报道和评论，以求抵抗电子媒体的冲击。该报1997年发行量为16.17万份，读者大多是巴黎中下层公众。

（三）《费加罗报》（Le Figaro）

法国历史最悠久的报纸，创刊于1853年，1866年改为日报。其报名源于法国大作家加隆·德·博马舍（1732—1798）的剧本。二战期间，迁往里昂，该报主编皮埃尔·布里松1940年11月24日曾给贝当写信，反对新闻检查和愚民政策：“当局企望在报刊上表现出来的那种强颜欢笑，那种对于胜利者的阿谀奉承，字里行间流露出来的感恩之情，稍受青睐便连篇累牍地大做文章，以及肆意侮辱英国而对德国人大献殷勤，凡此种种奴颜婢膝式的可笑竞争，只能激起公众对报纸的反感。这场旨在怂恿伟大的法兰西战败的宣传运动，是无望取得成功的。”这封信一时被传为佳话。1942 年 11 月 10 日该报被维希政府勒令停刊。二战后在皮埃尔·布里松的领导下复刊，并获得空前发展，发行量剧增。布里松逝世后，1965 年，持有该报 50％股份的普鲁沃斯特报团趁机接管了全部股份，但在编辑部成员的坚持下，报纸有权决定总编辑人选。

70 年代后，该报一度经营不善，1975 年转入埃尔桑报团。1978 年 10 月，每周六出版图画增刊《费加罗画报》，后又增出月刊《费加罗妇女》，取得很大的成功。结果，《世界报》、《晨报》、《法兰西晚报》纷纷效仿它的作法，出版了各自的星期六增刊。

该报观点保守，重视社论，也是法国有名的“质报”。与《世界报》不同的是，读者以文化水平较高的商界人士和高级职员为主。现在每天大约出版 100 版，附加一份粉红色的经济专页和一份黄色的体育专页，并有一幅时事政治漫画。内容丰富，综合性强，包罗万象，版面合理，被认为是最能体现法兰西“贵族风格”的报纸。四分之三的收入来自广告。销数多年来保持稳定，1997 年为 37 万份。

（四）《国际先驱论坛报》（International Herald Tribune）

美国企业在巴黎出版的国际性英文日报。其前身是美国人贝内特 1887 年 10 月开始出版的《纽约先驱报》（1935 年改为《纽约先驱论坛报》）欧洲版。二战期间曾停刊，1944 年复刊，1967 年 5 月 22 日启用现名。股份分属“惠特尼电台和电视台”公司、《纽约时报》、《华盛顿邮报》。该报着重报道国际政治、经济、文化等方面的新闻。除巴黎以外，还通过卫星传送版面在伦敦、马赛、苏黎世、海牙、罗马、迈阿密、香港、新加坡等地印刷发行，行销一百六十多个国家和地区，发行量 15 万份左右。

（五）《法兰西西部报》（Ouest-France）

法国最大的地方报。其前身是 1898 年创办的《西部闪电报》，1944 年后改用现名，总部设在莱纳，发行范围包括以布列塔尼省为中心、法国西部三个经济大区的 12 个省。1997 年销数为 78.69 万份，它有 40 个地方版。该报最大特点是刊登大量地方新闻，辟有农业、海运等地方经济的专栏、专版。

（六）《回声报》

原名《出口回声报》，1908 年由斯克雷兄弟创办。《回声报》是法国的一家具有相当权威性的经济日报，能比较完整地提供法国财政经济方面的消息。该报是西方国家经济类主要报纸之一。主要读者对象为企业主和工商业管理人员。1997年的发行量为11.05万份。

《回声报》每日约出16－24版。它的头版实际上起"目录"作用：以大字标题、大字标题加提要和短小的"简介"栏三种形式，介绍内页各版的主要新闻和文章。第二、三版，尤其是它的第三版，才是真正的要闻版。每天一篇社论固定在最后一版左上角。每天还有国内经济版、金融版、国际版、文艺版、时事版、广告版等。广告约占该版四分之一篇幅，版面清晰、活泼，经常配登照片、图表、插图与漫画，注意标题字体的选择，并重视空白与线条的运用。

《回声报》经济报道比重大，据统计，经济新闻和文章占全报（广告除外）篇幅80%以上，内容涉及国内外工农业、科技、金融等几乎所有经济部门，而且包括经济政策、法律、经济界人物等。该报内容富有针对性，注意为财政、经济界人士提供最需要的信息。如《金融》版、《经济政策》版、《服务》专栏以及《手册专栏》等，都与从事实际部门工作的读者日常工作有密切联系。

六、杂志

法国杂志同报业一样走过了漫长的坎坷历程，但又有各自的具体情况。二战以后，与处境艰难的报业相比，杂志的发展较为顺利。80年代末，法国公开出版的杂志在3 000至4 000种之间。发行份数几乎与报纸持平。80%以上的人都是杂志的固定读者。庞大的读者群导致法国杂志的广告收入丰厚，也是其长期繁荣的重要原因。

法国杂志种类繁多，主要的有：

（一）《快报》（L'Express）

是法国最早的时事周刊，激进党人塞尔旺—施赖贝1953年5月15日创办。起初是《回声报》的政治副刊，后来独立出来。因受传统期刊的影响，仍带有浓厚的政论色彩。1964年仿效美国《时代》周刊改革，削弱政论色彩，增强时事新闻报道，并广泛涉猎其他领域，可读性较强，从而发展成为法国最大的时事政治性新闻周刊。该刊注重调查性报道和新闻分析，立场保守。读者集中在知识阶层，1997年销数为55.78万份，其中70.85%为长期订户。

（二）《巴黎竞赛画报》（Paris-Match）

是法国最具代表性的时事画刊，以图片为主，文字为辅。创始人是著名报刊经营大王——让·普鲁沃斯特。1938年，普鲁沃斯特创办了法国第一份画报——《竞赛画报》。二战结束后，根据新法律，《竞赛画报》不能复刊。普鲁沃斯特将其改头换面，1949年创办了《巴黎竞赛画报》。该刊模仿美国《生活》月刊，风格新颖独特，内容丰富，图文并茂，很快就取得了巨大成功。1964 年销量超过 200 万份，位居同类刊物之首。1976 年转卖给阿歇特报团，后来菲力巴奇报团又参与其中，形成多家控制的局面。电视的异军突起，使该刊遭受沉重打击，销量下降，目前销量已不足 80 万份。

（三）《鸭鸣报》（Le Canard Enchaine）

是法国重要的政治性杂志，同时也是最具法国特色的杂志。1916 年由莫里斯·马雷夏尔创办。马雷夏尔信奉无政府主义，为此刊起的名字，意味着它是一份敢讲大实话的刊物。该刊以讽刺性著称，并有巨大的影响力。如 1972 年揭露沙邦—戴尔马总理的偷税漏税行为，导致他下台。1979 年揭露德斯坦总统接受中非皇帝的贿赂，影响了他的连任。它以独立经营的办报方针、辛辣的讽刺、诙谐调侃的语气、揭露丑闻的勇气、报道时事的严肃态度，以及旗帜鲜明的立场，赢得了广泛读者的信赖，享有很高的政治声望。最高发行量达 120 万份，现在约 40 万份。

（四）妇女杂志

法国的妇女杂志颇具特点，现有一百余种、发行量达 4500 万份以上，20%—30%的读者为男性。妇女杂志内容轻松，注重娱乐性和实用性，范围几乎涉及生活的方方面面，如时装、美容、健美、装饰、艺术、家政、娱乐、育儿、言情、心理学等等，并依据特定读者群在内容上有所侧重。如月刊《玛丽—克莱尔》主要面向富裕的妇女，现在发行量约 60 万份，是法国妇女杂志中销量最大的。周刊《她》主要为城市的职业妇女服务，是位居第二位的妇女杂志，发行量约 37 万份，设有中文版。

（五）青少年杂志

青少年杂志在被电视夺走大批读者之后，正力图改革编辑样式。首先，打破传统的男孩杂志与女孩杂志的界限，按年龄划分，如供 8 岁以下儿童阅读的有《费里布纳》；8 岁到 13 岁的儿童选择面更广，有《米盖杂志》、《大鼻子加德热》、《磷》、《丹丹》等。数量众多的杂志之间又展开了激烈的竞争；14 岁到 20 岁的青少年杂志中，连环画报、报道滑稽歌曲和歌星轶事的刊物较为成功。其中历史最悠久的是《拯救者》（或译《同伴》），创刊于 1962 年。

（六）广播电视杂志

广播电视杂志 是 60 年代以来随着电子媒体的兴起发展起来的“新秀”。虽然全国只有七种，但销量已超过 600 万份。其中，《每周电视》发行 270 万份，是法国期刊发行量之冠。《袖珍电视》发行 193 万份，也很惊人。

（七）其他杂志

随着法国社会的老年化，创办于1968年4月的老年杂志《我们的时光》成为法国发行量较大的杂志之一，近100万份。

二战后，科学技术迅猛发展，为满足大众对科技知识的强烈需求，百科类期刊纷纷问世，最具代表性的是《科学与生活》月刊。

第十节　通讯社

一、哈瓦斯通讯社（L'Agence Havas）

哈瓦斯通讯社是世界上最早的通讯社，同时也是二战前法国最有实力的通讯社。该社1835年创办于巴黎。

（一）成立经过

哈瓦斯的创办人夏尔·哈瓦斯（Charles Havas，1783—1858）原为葡萄牙人，法国大革命后迁居巴黎。1806年经拿破仑特许开设银行，并与人合办《法兰西公报》。

1825年起，哈瓦斯开始从英、德、俄、意等国的报纸上翻译、编辑新闻供给巴黎。1832年成立翻译事务所，专门经营翻译外报新闻的业务，编译后分送政府机关、外交使馆、银行、商业报团、个人和报纸订户。1835年，翻译事务所正式定名为"哈瓦斯通讯社"，他是第一个把Agence这个法文单词用于"通讯社"的人。哈瓦斯社最初的新闻稿是复写或用石印印行的，每日一份，后来增加到每日数份，自称"报纸的报纸"。他的供稿原则是"迅速和优质"，初期靠快马传送，1837年开始在巴黎、布鲁塞尔、伦敦之间用信鸽传递消息，当日到达，使得比利时和英国早报上的新闻，巴黎的晚报就可刊出。这样一来，巴黎几十家报纸和许多机关、公司和个人都成为他的订户。连巴尔扎克都说："一般人都认为巴黎有好多家报纸，但是严格说全巴黎只有一家报纸，那就是曾在卢梭大街开过银行的哈瓦斯先生经营的'哈瓦斯通讯社'编发的新闻稿。"

1845年，该社在国内开始用电报传送新闻，并在布鲁塞尔、罗马、维也纳、马德里、美国等地设立分社。1850年，哈瓦斯将社务交给儿子奥格斯特（Auguste）。50年代，该社已经普遍使用电报向法国各地及欧洲许多报纸供稿。1857年，奥格斯特与"通用广告社"合作，和200家地方报纸订立了合同，用国内新闻交换各报第三或第四页的部分广告（通常为一页的1/3或1/4），然后再将广告版面售予广告商。这种将通讯社和广告业务合并的做法既得到了丰厚的经济回报，又受到各报欢迎，极为成功。

（二）发展历程

通讯社的发展与技术的进步密切相关。19 世纪中叶，发明了电报，其发展速度相当快，到 1872 年世界性的电报网就已初具规模。哈瓦斯社的业务也随着电报的普及不断扩大着。

1856 年与路透社、沃尔夫社订立了交换股票行情的协议，1857 年兼营广告业务，1859 年，与路透社、沃尔夫社正式交换新闻，1860 年，发展国际电报通讯业务，60 年代，该社通过海底电缆把新闻业务扩展到了拉丁美洲。

1870 年与路透社、沃尔夫社签订“三社协定”，享有独占权的地区是：法国、瑞士、意大利、西班牙、葡萄牙、埃及（同路透社合作）、中美洲、南美洲。1893 年，美联社加入协定（改称“三社四边协定”）后，势力范围有所调整：哈瓦斯社在法国及其殖民地、南美、欧洲天主教国家等。

1879 年，巴黎银行家爱兰奇（Baron L’Erlanger）接办该社后，改为股份有限公司，以扩大经济来源。

该社还下属两家小通讯社，一个是无线电通讯社（Agence Radio），专门播发政治和财政消息；一个是法布拉通讯社（Fabra），是西班牙的主要通讯社之一。到 1934 年，哈瓦斯社的报纸订户已达两千余家。

1921 年“通用广告社”完全并入哈瓦斯社。一战后，哈瓦斯社成为法国广告界的最大控制者，控制了法国报界广告总收入的 80% 以上。1930 年《小巴黎人报》的驻纽约记者在一次会议中，就哈瓦斯社控制广告及广告对报业的影响发表了意见：一家报纸离开哈瓦斯社，就会丧失全部广告收入。广告社有这样大的权力，对报纸及大众的影响是十分可怕的，因为具有实力的广告户反对报纸的编辑方针时，便直接或间接加以干涉，迫使报纸放弃主张或掩盖此事。

（三）走向衰亡

表面上哈瓦斯社是一家独立的民营通讯社，但大部分经费来自政府，政府各部门及殖民地报纸是该社最大的主顾，如 1931 年政府资助该社的费用为 3600 万法郎，并常利用哈瓦斯社作为政治、外交行动的探测气球。它实际上是“半官方”的通讯社。

哈瓦斯社也沾染上了法国新闻界接收贿赂的习气。沙俄政府的档案中有这样的记载：1904 年以后，对法国新闻界的贿赂以哈瓦斯社和《时报》为主，哈瓦斯社每月一万法郎以上。

20 年代后期，经济危机使其财政趋于恶化，亏空日益严重。1931 年起，依靠政府补助维持，显现出明显的官方意志。

二战爆发后，希特勒占领巴黎，哈瓦斯社被德军接管，成为纳粹的宣传工具。1940 年 12 月，维希政府将其改组成三个机构：广告社、法国新闻社(French Information Service)、世界电讯社（Telemondial)。后者专管国际新闻，实际上是“德国新闻社”的支社。自此，世界上第一家通讯社在战火中消逝了。

该社的一部分爱国员工在国内外建立了四个反法西斯通讯机构：1940 年伦敦的法国独立新闻社、1942 年阿尔及利亚的法非新闻社、国内的新闻资料通讯社和自由法国通讯社。

二、法新社（Agence France-Press）

（一）建立与组织构成

全称“法国新闻社”，是 1944 年 9 月根据政府的行政命令，将战时四家反法西斯的通讯机构合并而成的。其社址、设备均为原哈瓦斯社所有，职员也大多为原哈瓦斯社的职工。当时法新社是官方通讯社，社长由政府任命，经费靠政府拨款支持。

1957 年国会通过法新社改组章程。规定该社为“独立的公共企业”，社长不再由政府任命，完全按商业法经营。法案重新确立了它的董事会由八名新闻机构代表、七名国营机构客户代表组成，主持社务工作。还有个由知名人士组成的高级委员会监督法新社章程的实施，设主席一人，由全国法律解释委员会成员担任，委员七人，由最高法院法官、报业组织、新闻记者团体、法国广播电视公司等机构的代表组成。专门的财政委员会监督该社财政状况。不过法新社与政府仍存在无法割舍的关系。该社的财政赤字由政府各部门分担，董事会中“国营机构客户”代表常由政府指派，所以它仍具有半官方性质。

法新社经费收入主要有三个来源：1）政府补贴性订费，即由政府机构、国营大公司订阅法新社的产品，照章付费，这部分约占总收入的 48%；2）报刊传媒订费，占 27%；3）私营机构、企业订费占 20%。1994 年收入 11.65 亿法郎，1995 年收入 12 亿法郎。

（二）业务现状

法新社共有 2000 名工作人员，一半以上是记者和编辑。此外，还有 2000 名报道员，即按稿付酬的编外人员。现有九个国内分社，169 个国外分社，在六十多个国家派驻记者。国外分社中有四个地区总分社：巴黎——负责法国、欧洲和非洲；香港——负责亚洲和太平洋地区；华盛顿——负责北美和拉丁美洲；尼科西亚——负责中东。

该社现用法、德、英、阿拉伯、西班牙、葡萄牙等六种文字发稿。每天新闻和经济信息的总数为 300 万字，其中法文 120 万字，国内新闻占 60%，经济信息五六万字，还有金融股票信息。日发图片、图表二百多幅，存有自 1930 年以来的七百多万张底片。该社与巴黎三台合作开发的电视节目，已于 1994 年 4 月开播。

法新社租用五颗定位卫星收发稿，拥有 1600 个卫星地面接收站和 2000 台微机和终端，使用线路长 20 万公里。记者、编辑全部使用台式或便携式电脑发稿、编稿。直接订户 2650 家，包括报刊、电台、电视台、政府机构、公司、外国通讯社等，间接订户达 10500 家。

法新社当前的经营方针是“发展与多样化”。所谓发展，指改善原有产品，精益求精；多样化则指推出新产品，不抱残守缺，推出的新产品指新的新闻产品。80 年代以来，法新社拓展的服务领域有：创建信息库，开展微电脑信息咨询服务；1984 年 10 月成立视听部，提供广播新闻和声像产品；1985 年加强图片新闻供应，继而又开发图表新闻；设有独立的金融专线，1991 年同英国金融时报集团联合推出英语经济信息专线（AFX），打破了路透社独占伦敦市场的局面。该社把科技消息刊登在《法新社科学简报》上，作为定期新闻稿出售。为了保证照片的质量、时效，该社为摄影记者配备了精良的器材。记者不仅可以通过电话线，也可以使用可携带的卫星天线传输图片，这样记者就不会受发稿条件的限制，而能及时发回稿件。

第十一节　广播电视事业

法国是欧洲广播电视事业较为发达的国家之一。它的无线电广播兴起较早。1903 年，广播事业的先驱德福雷斯特（Lee de Forest）在巴黎埃菲尔铁塔上设立广播试验电台。1922 年法国邮电部在埃菲尔铁塔上架设发射天线，用长波定时播出节目，标志着法国广播事业的开始。以后的发展，大致可分为四个时期：

一、国营为主、私营并存时期（1922—1945）

广播诞生后，私营电台纷纷出现。1923 年政府颁布法令，规定广播事业为国家专利，私人只有经过邮电部特许方可经营，且不得妨碍国营广播和公共利益。

1925 年起，无线电广播很快发展起来，除了国家电台——巴黎邮电电讯（Paris P. T.T.）外，出现了不少生机勃勃的私人广播电台。广播迅速发展，深入到各个阶层，具有行政命令无法比拟的影响力。但是，不少政治家，尤其是右翼政治家对政府信任私人广播的作法表示强烈不满。在他们的压力下，政府于

1926 年 12 月公布一项新法令，逐步取消以前颁发的执照，以建立一个“国家管理下的、协调的广播组织”。法令规定全国只能有 11 家私人广播电台，经营期限不定。邮政部同时设立广播领导机构，以促进公共广播电台的发展。这个政策在两个方面执行：建立地方发射台网；赎买最大的私人电台——巴黎电台，且在 1933 年将其改组为国家广播电台。同年 5 月政府向听众每年收取 50 法郎作为收听费，这也是为发展广播事业提供资金。

这一时期，国营电台居于主导位置，到 1937 年，有三个全国台，18 个地方台。私营电台有 12 家。居民使用的收音机有四百多万台。1931 年开办对海外殖民地广播。1935 年开始试播电视，1938 年定时播放少量节目。但是，1940 年德国入侵法国，打断了法国广播电视事业的正常发展。战争中，广播电台则成为德国纳粹和傀儡政府的宣传工具。

二、国家垄断时期（1945—1974）

1945 年二战结束后，法国政府以行政命令取消了所有私人电台的营业执照，不再允许私人经营广播。同年 11 月，政府颁布法令，成立法国广播电视公司（RTF），领导全国的广播电台和电视台。RTF 隶属于政府新闻部，负责人由政府总理任免，经费来自政府拨款和受众交纳的执照费。这一机构的设立强化了国家对广播电视事业的垄断和控制。1964 年，议会通过广播电视法案，将 RTF 改为 ORTF，全称法国广播电视管理局。新设立的 ORTF，不再隶属于政府部门，而成了具有工商企业性质的“独立”机构，国家主要通过管理局局长和管理委员会对广播电视事业进行垄断和控制。管理委员会由国家和公众代表组成（各占一半），但管理局长由政府任命。这是一种更加灵活更加隐蔽的政府控制方式，旨在缓解 RTF 全面垄断造成的公众不满情绪。

这一时期法国广播电视事业获得重大发展。在 40 年代末，广播业就已超过战前水平，50 年代广播网已覆盖全国，收音机已经普及。1945 年正式设立电视台，1967 年开办彩色电视节目。居民拥有电视机 60 年代初为 100 万台，70 年代初增至 1 200 万台。为弥补资金不足，1967 年议会同意开放电视广告。到 1970 年广告收入已达到 ORTF 总收入的 1/4。

三、分散经营体制时期（1974—1982）

法国广播电视事业在 ORTF 的统管下，缺乏活力，经济窘迫，加之 ORTF 内外，因政府对电视节目等干涉，不满情绪增长。1974 年 5 月，德斯坦当选总统后，社会舆论界要求改革的呼声愈发高涨。在此背景下，议会于同年 8 月通过法案，决定解散 ORTF，将其业务分散给新成立的“各自独立的、自治的、高质量的、互相竞争的七个国营公司”，即法国广播电视公司、法国制片公司、全国视听研究所、法国广播电台、电视一台、电视二台、电视三台，它们分别负责波段管理、设施维修、声像资料保管、广播电视节目制作等。

分散经营体制改变了政府具体管理的方式，但并没有解除政府对广播电视的垄断。七个公司的领导成员都由内阁任命或批准，政府总理协调各公司的事务，经费由政府根据各自的工作质量进行分配。这只是一次“国家垄断下的分工与竞争”。

在实行分散经营体制后，电台电视台的节目安排更适应较为广泛的受众，在创作方面有更多灵活性和自由，在新闻方面对政治方针指示也有更多的独立性。但也有人抱怨，节目不比以前好看，行政费用却在增长，甚至还出现以降低质量而获取商业利益的不良后果。

四、逐步开放时期（1982 年以后）

围绕国家垄断广播电视业的问题，社会各界，尤其是政界、视听界一直进行着激烈的争论，以至于广播电视私营化成为各派政治力量捞取政治资本的赌注。1981 年密特朗担任总统后，着手广播电视体制改革。1982 年 7 月议会通过新的广播法，允许开办私营电台。此后一年间，一千多家私营电台获得了执照。1985 年 1 月政府又宣布开放商业电视，不久全国性私营电视五台、六台获准开办，同时开办四十多个私营独立地方电视台。1987 年，规模最大的国营电视一台也出售给私人。此后政府进一步放宽了对私人建立电视台的限制。

1988 年密特朗再度当选总统，第七次修改广播电视法（自 1958 年以来），1989 年获得通过。依据新法，法国成立真正独立的、有权威的最高视听委员会（CSA）。其权限包括：对私营电台和电视台的批准权；对公共广播机构最高负责人的任命以及对节目编播制作的规则和条件的制定权[①]，从而确立了比较成熟的广播电视管理体制。

总之，密特朗的改革促成了私营与国营广播争夺受众局面的形成。法国《世界报》称密特朗是“伟大的电波解放者”，是“电波解放的原动力”。现在法国私营广播电台数量已达到了 1400 个，形成了十几个商业广播电视网。公共广播电视网更是取得了长足的进展，日益影响着当今法国的政治社会生活。

---

① 引自马庆平著：《外国广播电视史》，北京广播学院出版社，1997 年 4 月第 1 版，第 211 页。

五、广播电视类型

（一）公共广播电视

法国的公共广播电视经过几十年的演变，现已形成几个相对独立的公司，采取国有公营的形式。内阁任命的管理委员会主持各公司事务，管委会享有经营自主权，决定本公司的业务方针，聘任高级管理人员。经费大部分是执照费，少部分来自广告。广播法对广告的时间、内容、形式都有一定的规定和限制。

公共广播主要由法国广播电台（Radio France，RF）经营。它负责采编对国内的各种节目。全台工作人员 2300 名，其中记者 190 名。下属四个台：1）国内台。是昼夜 24 小时播音的综合台。内容广泛，包括戏剧、音乐、综艺、气象、交通服务等节目，早晨、下午、晚上都有新闻节目，每小时播出 5 分钟正点新闻。2）文化台。以文化教育节目为主，也有新闻和时事专题。3）音乐台。是昼夜 24 小时播放的立体声调频广播，主要内容为古典和现代音乐。4）巴黎台。开办于 1971 年 1 月，以巴黎及其郊区听众为对象。内容有简明新闻、音乐、气象服务、交通情况等。

地方的公共广播属法国广播电视公司管理。全境分为若干广播区，每区有公营的中心台和其他地方台，与法国广播电台联成网，并定时转播其节目。另外，又自行编播地方节目。

另外，值得一提的是“法国国际广播电台”（Radio France International）。它 1983 年开办法语环球广播。1994 年 4 月开始播出汉语普通话节目，每天两小时，总发射功率 8000 千瓦。同中国、日本、匈牙利有互转广播节目或租用发射机关系。它目前以 18 种语言播音，海外听众达三千万。

公共电视主要有四个公司经营：1）电视二台（France 2－F2 ）。是法国公营电视台中历史最悠久的，1964 年开播，1967 年首先在法国播出彩色电视节目。原名为第二天线电视台（Antenne 2），1992 年 9 月始称今名。1974 年改制为独立企业。播放全国性节目，可覆盖全国 90%以上的人口，市场占有率约为 30%。2）电视三台（France 3 ，F3）。1972 年开办，1974 年改为独立机构。该台一方面播出全国性节目，内容有新闻、文娱、农事等，主要提供给地方台转播；另一方面负责管理和发展各地区的电视台。3）电视七台。这是 1986 年 2 月创办的文化台，内容有新闻、文化、音乐、舞蹈、戏剧、科技等，着重满足较高层次的受众需要。4）“第五电视网”。又称“知识、培训和就业电视网”，创办于 1994 年 12 月 13 日，与欧洲文化电视台共用频道。从午夜 1 点到次日下午 5 点播出，上午播出各类专业性节目，如大学培训、业余培训等；下午播出音乐、体育和青少年节目。

（二）商业广播电视

在商业广播开放前，许多法国人不愿收听国营广播单调乏味的节目，转而收听“外围电台”或“边缘电台”的节目，这些电台均设在邻国，大多受控于法国资本，而且均用法语向法国广播。较为有名的有：1）欧洲一号电台（Europe No.1）。设在德国的萨尔勃鲁根，是一个用法语广播，以法国听众为对象的商业广播电台。在巴黎设有演播室，节目制作人都是法国人。该台靠美国电台的“音乐加新闻”招数起家，现成为法国最受欢迎的广播电台。据调查，听众最喜欢的八个节目中，该台就占了五个。2）蒙的卡罗电台。位于摩纳哥境内。电台对法国东南部广播，此外还面向广大中东地区播放节目。3）南方电台。设在法国和西班牙之间的安道尔（1981 年关闭），也向法国广播。4）卢森堡广播电台。位于卢森堡境内，向卢森堡全境及法国大部分地区广播。

1982 年国内私营电台获得自由后，数量猛增。到 80 年代末面向全国的广播网已有 11 个，独立的电台数以千计，市场占有率超过国营电台。

商业电视诞生于 1984 年，这年 11 月 14 日，“新频道”电视台（Canal Plus）正式播放节目，它是公私合营的哈瓦斯广告集团和另一些私人股东合资建立的，是法国当时惟一的收费电视台，也称第四频道。通过地面和通信卫星同时传送信号，用户必须每月交纳一定的费用并在电视机上安装解码器才能收看。内容多为文娱、体育、影片等，每天播放电影五六部，尤其受观众欢迎。1992 年在法国有订户 362 万，在西班牙、德国、比利时分别有订户 63 万、61 万、13 万。1994 年之后其业务开始向波兰、瑞士拓展。

其他商业电视台有：1）电视一台（Television Francais1，TF1）。法国最大的全国性电视台，创办于 1945 年，1974 年成为独立机构。1987 年 4 月转售给房地产商马丁·布伊格和其合伙人。私有化初期，一度经营极佳，市场占有率 55%，1994 年流动资金总额的 90% 来自广告。后由于有线电视和卫星电视的冲击，1995 年 1 月市场占有率降为 38.3%。面对挑战，该台积极应战，介入了卫星和有线电视业，并将节目侧重点转移到杂志型、谈话型和纪实性方面上来。到目前为止，该台的市场占有率约为 45%，覆盖全国人口 90% 以上。2）电视五台（TV5）。1986 年创办，属法国埃尔桑集团和意大利贝鲁斯科尼集团联合控有，主要播放电影和电视连续剧。1992 年 4 月因经营不善宣告破产。3）电视六台（TV6）。建于 1986 年，是法语国际性电视台。1986 年转售给私人，1987 年改由城市电视公司主办。又名音乐台，40% 以上的节目是音乐，广告收入占经费来源的 85% 以上。

（三）有线电视和通讯卫星

法国的有线电视发展缓慢，80 年代末，全国仅有用户 14 万户。而同时期，美国有 4863.6 万户，联邦德国 480 万户，比利时 310 万户。原因有二：一是政策多变，有线电视的电缆铺设计划屡屡受挫。二是国内广播电视布局不合理，全国性无线电视网有七个之多，使有线电视一诞生就面临严酷的生存竞争。

目前法国大约有 15 个有线电视网。但经营状况并不理想。“J 频道电视台”基本上在市场中站住了脚跟。该台建于 1986 年 12 月，到 1992 年，已有订户 50 万，1994 年突破 200 万大关。

1988—1990 年，法国发射了两颗几乎覆盖西欧的广播电视卫星，但有关的技术适应性、业务范围、使用方针等问题长期得不到解决。卫星传送节目的功能有待进一步开发。好在“欧洲文化电视台”等已经使用了这两颗卫星，向四亿观众播放节目。

第八章

德国的新闻传播事业

第一节　早期报业的发展

德国是欧洲活字印刷的发源地，同时也是世界上最早出现定期刊物的国家。

1450年前后，德国美因茨的工匠古登堡（Johnnes Gutenberg，约14世纪90年代至1468年），改进了金属活字印刷技术，发明了欧式印刷术。由于国家的分裂、长期的战争和黑暗的专制统制，德国到16世纪末是欧洲封建统治势力最薄弱的国家。

一、定期刊物的出现

近代报刊产生的标志，是定期刊物（至少每周出版一次）的出现。而世界上最早的定期刊物诞生于德国。1609年，德国境内出现了两种周报：《通告——报道或新闻报》（Avisa Relation oder Zeitung），在沃尔芬比特尔（一说奥格斯堡）发行，每周一张，只有一条新闻；《报道》（Relation）在斯特拉斯堡出版，当年9月4日曾刊登著名天文学家伽利略制作一台新的望远镜的消息。这两份周报是德国最早的定期出版物。1615年，爱格诺尔弗·艾莫尔在法兰克福创办了《法兰克福报》，该报每期有数条新闻，因而被视为世界上第一家真正的报纸，艾莫尔也被人们称为德国报业之父。1650年，出版商蒂莫台斯·里兹赫在莱比锡创办了《新到新闻》，这是德国，也是世界上第一家日报。1660年，莱比锡印刷局长创办了《莱比锡新闻》，这份周报于三年后也改为日报出版。这两份日报存在的时间都不长。

1682年，奥·门克教授在莱比锡创办了德国的第一份科学杂志《学术纪事》，著名数学家、哲学家莱布尼茨是该刊的撰稿人。这家刊物和1688年在汉堡出版的《每月论坛报》，开创了延续到19世纪中叶的德国期刊中文学与哲学成分超过新闻的思辨传统。[①]

1670年到1790年，德语地区先后出版3494种期刊，超过同时期世界其他地区出版的期刊的总和。

二、封建势力压制报业发展

17世纪的德意志封建割据，邦国林立，政治经济远比英法落后。这些都在很大程度上限制了德国报业的发展。1608年，神圣罗马帝国皇帝鲁道夫二世发布命令，规定报纸出版前须由教会或地方官检查。这是德国实行新闻检查的开始。

18世纪初期，在诸侯割据的神圣罗马帝国内，勃兰登堡邦国迅速崛起，发展成普鲁士王国。1701年1月18日，勃兰登堡的统治者威廉选侯被赐予国王的称号，改称普鲁士弗里德里希一世（1701年至1713年在位）。从此以后，普鲁士逐渐发展为德意志境内最大的邦国，并同奥地利争夺对德意志的控制权。弗里德里希一世时期，对报刊的各种限禁仍然存在，报纸出版仍需得到官方特许。1704年，职业报人福斯获准在柏林创办了《福斯新闻》(Vossiche Zeitung)。经过几十年断断续续的发展，至1776年该报发行量达到2000份。1711年在波罗的海岸边的罗斯托克创办的《罗斯托克报》，后来也得到较快的发展。

普鲁士第二任国王弗里德希—威廉一世（1713年至1740年在位）即位后，进一步强化了军事官僚机构，同时加强了对报业的管制。为了维护自己的集权统制，他只允许官方报纸《柏林特权报》（1721年创办）发行，作为通告法令的喉舌，而不允许各种民间报刊出版。1728年，他又下令全国各大城市出版官办的广告报，这些报纸主要登载广告，只刊登少量的商业新闻。按照规定，除了官办的广告报外，其他出版物一律不得刊登广告。这样做的结果是既增加了政府收入，又控制了其他报纸的经济来源。这一办法在德国延续了一百多年，成为报

① 参见陈力丹著：《世界新闻史纲》，31页，福州，福建人民出版社，1988。

业发展的一大障碍。

普鲁士第三任国王史称“弗里德里希大帝”(即弗里德里希二世，1740年至1786年在位)。即位之初，由于受到法国启蒙思想家的影响，他曾宣布“报纸有无限制的自由”。1740年，报人施本纳乘机创办了《柏林政治和学术问题新闻》(俗称《施本纳报》)。该报颇受国王青睐，国王曾亲自为之写过战报，修改过稿件。1776年，《柏林政治和学术问题新闻》发行量达1780份，与《福斯新闻》同为18世纪德意志影响较大的报纸。普奥争霸的西里西亚战争(1740—1748)爆发后，弗里德里希大帝收回了报刊自由的承诺，重新颁布了严厉的报刊检查令。

在德意志的另一个大邦国奥地利，统治者对报业的控制也十分严格。18世纪初，那里只有一家政府机关报《维也纳报》，该报在1780年更名为《奥地利帝国维也纳日报》(出版至1931年)。在长达一百多年的时间里，奥地利的民办报刊始终没有发展起来。

第二节　资产阶级革命中的报业

1789年，法国爆发了资产阶级革命。这场革命推翻了封建专制统治，在欧洲大陆建立了第一个资产阶级共和国。革命浪潮同时席卷整个欧洲，革命思想迅速传播到德意志帝国。19世纪初，法国军队在拿破仑的指挥下，多次击败普、奥、俄反法联军，并消灭了德国西南部的112个封建邦国。1806年，莱茵地区的16个邦在法国的庇护和控制下组成莱茵联邦，神圣罗马帝国就此宣告解体。

在法国二月革命(1848)的鼓舞下，1848年3月，德意志各邦国的市民、学生、工人纷纷举行武装起义，德国历史上第一次声势浩大的资产阶级民主革命开始了。革命风暴席卷全国，各邦诸侯、王公贵族纷纷倒台。但是，由于资产阶级软弱妥协，缺乏斗争经验，各地起义先后被镇压下去。

尽管如此，在法国大革命的影响下，在德国资产阶级革命的推动下，德国报业发展有了新的起色。

一、革命中的资产阶级报刊

拿破仑发动的侵略战争使黑暗的德国各邦接受了一次法国资产阶级革命的洗礼，带有资产阶级民主色彩的报刊也相继出现。

1798年，德国出现了一份有影响的商业性报纸《总汇报》(Allgemcine Zeitung)，创办人是出版商科塔，原在杜宾根出版，因遭受各种政治压力，多次迁移，1810 年后在奥格斯堡立足，故又称《奥格斯堡总汇报》。该报自创办之日起就冲破帝国禁令，大量报道法国资产阶级革命的消息，显示了一定的民主主义倾向。1832 年科塔之子继任发行人，进一步扩大报道面，聘请名家撰稿。尽管报纸的政治倾向随着形势的发展而有种种变化，但是在三四十年代的欧洲革命风暴中，该报以消息及时、内容丰富著称于德国。恩格斯曾将它称作德国的《泰晤士报》。该报一直出版到 1882 年。

在拿破仑占领过的地区，先后出现了一些带有自由主义色彩的报纸，如《科伦日报》(1802 年创刊)、《知识界晨报》(1807 年创办于斯图加特)、《莱比锡日报和公报》(1807 年) 等。1814 年在莱茵地区科布伦茨创办的《莱茵信使》周报，具有更为鲜明的民主主义倾向。该报创办人约瑟夫·冯·格雷斯认为，报纸必须勇于面对现实，广泛反映民众意见，成为"人民之口，君主之耳"。该报积极宣传资产阶级民主思想，反对德意志各邦的反动政策。它的言论引起当局的恐慌，1816 年被查封。

1814 年拿破仑溃败。1819 年，德意志联邦* 议会制定了书报检查令，其严格的书报检查规定一度使德国报刊上的政治声音完全沉寂了下来，只有新创办的《普鲁士国家通报》作为政府机关报代表官方发言。1822 年各邦开始征收印花税，此后又多次下令禁止刊登政治新闻，不许批评君主和议会。一系列苛繁的规定，再次把德国报业拖入一个长达十余年的黑暗时期，马克思称这个时期是德国"精神上的大斋期"。

30 年代以后，在法国七月革命的影响下，德国的民主思潮重新抬头。在一些君权统治较为薄弱的邦国，出现了若干新的具有民主倾向的报纸，如萨克森王国出版的《莱比锡总汇报》(1837—1842)、自由市汉堡出版的《德意志电讯》(1838—1848) 等。进入 40 年代以后，德国的民主思潮不断高涨，逐步形成要求"统一与自由"的全民族运动。为了缓和社会危机，1840 年即位的普鲁士第六个国王弗里德里希—威廉四世于 1841 年底颁布了一个新的书报检查令，其中的某些条款比以往有所放松。尽管这一检查令仍然带有专制主义的性质，但德国资产阶级还是不失时机地利用它来进行宣传鼓动，进而掀起了一个新的革命浪潮。

这一革命浪潮的舆论中心，是 1842 年 1 月在莱茵地区科伦市创办的资产阶级民主派报纸《莱茵报》。《莱茵报》全名为《莱茵政治、商业和工业日报》，马克思参加了该报的筹备工作，曾任撰稿人、编辑，自 1842 年 10 月起实际上担任主编。该报揭示了当时一些重大的社会问题，如报刊出版问题、农民问题、德国

---

* 1815 年，德意志境内 41 个邦和自由市组成德意志联邦以取代神圣罗马帝国。

统一问题等，并且对普鲁士的官僚制度、政治措施进行了有力的抨击。报纸发行量曾达3400份。由于马克思领导的《莱茵报》具有革命的民主主义立场，其矛头常常指向普鲁士王国的根本制度，因而一再遭到检察官的挑剔、执政当局的指责和资产阶级股东的埋怨，并于1843年4月被查封。《莱茵报》存在的时间虽然不长，但它是德国第一家具有广泛影响的资产阶级反对派报纸，恩格斯称它是德国现代期刊的先声 。

1848年3月爆发的德国资产阶级革命，给德国报业的发展带来了一次新的转机。普鲁士国王在革命中被迫向起义的柏林市民宣布废除书报检查制度。几个月内，德国各地一下子出现了数百家新办报刊，除了德国民主派的著名报纸《新莱茵报》之外，还有资产阶级自由派的《国家日报》（沃尔夫通讯社的主人沃尔夫所办）、保皇派的《新普鲁士报》（俗称《十字架报》）。原有的《总汇报》、《科伦日报》也因大量报道革命消息而受到读者的重视。德国革命中诞生的报纸还有东普鲁士的《新奥得报》（1849年创办，1855年马克思担任过该报通讯员）、奥地利的《新闻报》（1848年创办，1861年至1862年马克思曾为该报的通讯员）。

由于资产阶级的妥协和叛卖，德国“三月革命”失败了。1849年以后，德国的政治转向反动，大部分民主报刊也随之消失。自由派报纸如《国家日报》、《科伦日报》纷纷倒戈，与封建贵族妥协以求生存；而《新普鲁士报》则成为封建贵族的宠儿。

由于1840年以来普鲁士王国实行的是一种虚假的自由主义新闻政策，宪法中规定的信仰、结社、言论、出版自由从未真正兑现过；而封建主义的专制统治又使资产阶级及其报刊养成一种百般迎合的奴才习气，一切以官方的意志为转移，因此，直到19世纪上半叶，德国仍然没有出现一份能够影响全欧洲的大报纸。

19世纪50年代，随着资本主义经济的发展，德国出现了一份商业报纸——《法兰克福报和商报》。该报创办于1856年，为出版商列奥波特·宗内曼所有，最初主要报道当时颇受关注的商业活动和经济信息，50年代末，逐渐增加了政治方面的内容。由于该报同情工人运动，经常刊登工运消息，并且内容丰富、特色突出，因而在国际上享有一定的知名度。该报后来取代被恩格斯称为“德国的《泰晤士报》”和“德国第二大报”的《总汇报》和《科伦日报》的位置，成为国内有影响的大报，一直出版到1943年。

1862年，俾斯麦出任普鲁士王国宰相，德国从此进入了长达28年的“铁血”统治时期。这一时期，出于武力统一德意志的需要，俾斯麦加强了对报刊舆论的控制。官方报纸有《普鲁士王国国家通报》，1861年创办的《北德总汇报》

和古老的《汉堡消息报》成为半官方报纸。

1870年年底，德意志西南部的四个邦国加入“北德意志联邦”，德意志终于结束了长达952年的分裂状态，实现了统一（奥地利除外）。1871年1月18日，普鲁士国王威廉一世在巴黎凡尔赛宫加冕为德意志皇帝，俾斯麦为帝国政府首相。1874年，帝国国会通过了帝国新闻法，声称要废止书报检查和其他防范性的措施。不过此后帝国国会仍然可以以简单多数通过对新闻出版自由的限制性的措施。为了对付反对派报纸，俾斯麦公开设立了“收买基金”，这项基金当时被人们讽刺为“爬虫基金”，被收买的报纸则被称为“爬虫报纸”。与此同时，俾斯麦还用强力手段对付反对派。在他发动的“文化斗争”（1872—1878）中，审讯成为扼杀言论自由的杀手锏。当时颇有影响的中央党（天主教政党）的报纸《日耳曼尼亚》一天之内竟经历了11次审讯；1878年至1890年社会民主党报刊的遭遇也与此相仿。由于“反社会党人法”（1878）的实施，帝国新闻出版法在很大程度上已经失效。在该法实施的12年间，被查封的社会主义和进步报刊多达608家。

尽管如此，德国的统一、封建壁垒的消除毕竟为报业的发展提供了良好的条件；加之德国统一后，工业革命逐步兴起，传播技术日趋成熟，德国报业又有了一定的发展。原有的报纸，如《总汇报》、《科伦日报》、《国家日报》、《十字架报》、《福斯新闻》继续在发行，另外又增加了亲官方的《北德意志汇报》（1848年创刊，1872年改为日报）、保守派的《邮报》（1866年）、耶稣教自由派的《每日评论报》（1881）等重要报纸。

也正是在这样的背景下，大众化的廉价报纸应运而生。德国的第一份廉价报纸是1871年由报业主莫斯创办的《柏林日报》。1883年又出现了一份廉价报纸《柏林地方新闻》；该报初为周报，1885年以后改为日报。同英、美、法各国的廉价报纸相似，这类报纸以社会新闻、娱乐材料和广告为主要内容，以社会下层为发行对象，形式生动活泼，价格低廉。由于它们完全实行商业化经营，因此被认为是德国资产阶级报业从近代向现代过渡的一个重要的里程碑。

1890年俾斯麦下台，“反社会党人法”被废除，德国报刊终于赢得了一个比较宽松的出版环境。这一时期德国报业的主体是党报，其中德国社会民主党报纸拥有最多的读者，它的主要报纸有中央机关报《前进·人民柏林报》（1884年创刊）、地方党的报纸《汉堡回声报》（1887）、《萨克森工人报》（1890）、《莱比锡人民报》（1894）等等。中央党的主要报纸是《日耳曼报》（1871）。《科伦日报》这时成为民族自由党的主要报纸。与此同时，商业性的大众化报纸也迅速崛起。

二、革命中的无产阶级报刊

随着德意志资本主义经济的发展，工人阶级队伍不断壮大。19 世纪初期，德国产业工人的人数还不足九万，30 年代增加到四十多万人，40 年代则猛增至九十多万人。1844 年 6 月 4 日，德国麻织工业中心西里西亚爆发了反对工厂主的织工起义，表明了德意志工人阶级的觉醒和政治上的日渐成熟。在工人阶级解放斗争的浪潮中，马克思和恩格斯创立了辩证唯物主义和历史唯物主义学说，奠定了无产阶级科学世界观的基础，为无产阶级指明了推翻资本主义、谋求彻底解放的道路。正是在这样的背景下，产生了马克思主义指导下的无产阶级政治报刊。

（一）马克思、恩格斯与《新莱茵报》

1848 年 2 月，马克思、恩格斯为“共产主义者同盟”起草的纲领《共产党宣言》正式问世。随后不久，欧洲大陆爆发了一场急风暴雨般的资产阶级民主革命，意大利、法国、德国、匈牙利、罗马尼亚等国相继卷入革命风暴中。为了指导同盟活动，教育广大群众进行革命斗争，马克思、恩格斯克服重重困难，创办了大型日报《新莱茵报》（Neue Rheinische Zeitung）。这是世界上第一份马克思主义日报，1848 年 6 月 1 日创刊于德国科伦，1849 年 5 月 19 日被迫停刊，共出 301 期。

1.《新莱茵报》创办的背景和经过

1848 年法国二月革命爆发时，马克思和恩格斯先后来到巴黎，为未来的德国革命进行舆论上的准备。他们受“共产主义者同盟”中央的委托起草了德国革命的政治纲领——《共产党在德国的要求》。《要求》的草稿经中央委员会讨论通过后，在巴黎印成传单，连同《共产党宣言》一起分发给回德国参加革命的同盟盟员，并于 4 月初发表在《柏林阅报室》、《曼海姆晚报》、《特利尔日报》、《德意志总汇报》和民主派报纸上。《要求》从当时德国的政治经济状况出发，规定德国革命的基本任务是推翻封建专制制度，建立“一个统一的、不可分割的共和国”。《要求》把德国资产阶级民主革命的胜利看作是无产阶级革命的序幕，指出：无产阶级必须坚持把民主革命进行到底并努力推动革命前进，使之向社会主义的方向转变。

为了传播革命思想，贯彻共产主义者同盟在德国的政治纲领，领导分散在各地的盟员的斗争，马克思、恩格斯决定在德国创办大型日报。鉴于科伦是大工业的中心，无产阶级的力量比较集中，他们决定在这里出版报纸。

在马克思、恩格斯到达科伦之前，这里的民主党人和一部分“共产主义者同盟”盟员也在筹备办报。“同盟”科伦支部的大部分盟员受当地“真正社会主义者”的影响，在出版一份什么样的报纸和在什么地方出版报纸的问题上与马克

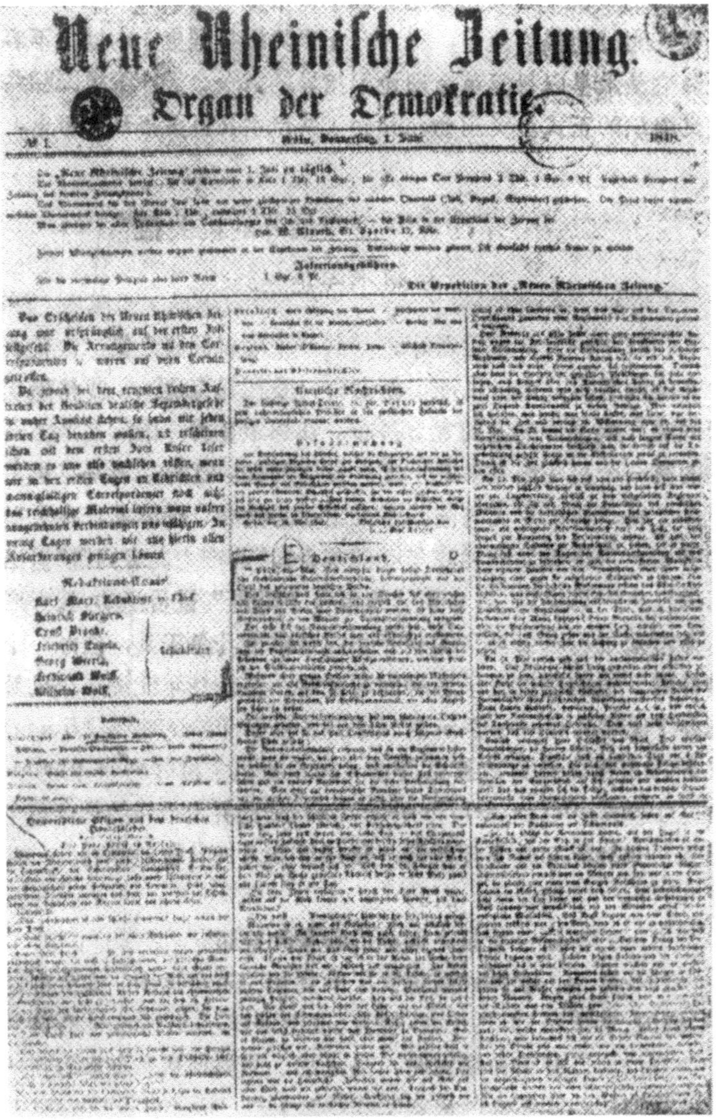
Neue Rheinische Zeitung.
Organ der Demokratie.
№ 1. 1848.

《新莱茵报》创刊号

思、恩格斯发生了意见分歧。他们主张办一份地方性的报纸，并试图把马克思和恩格斯排挤到柏林去办报。在这种情况下，马克思、恩格斯一方面坚持在科伦创办能够影响全德国的大型日报，同时作了一点让步，同意“同盟”科伦支部的亨利希·毕尔格尔斯加入报纸编辑部。恩格斯后来回忆这段历史时说，我们（主要是由于有马克思）在二十四小时内就把阵地夺了过来，报纸成了我们的了。

这份大型日报在筹措了出版经费、组成了编辑部之后，于1848年6月1日正式出版。为了继承《莱茵报》的革命传统，又表明两者的区别，马克思、恩格斯决定将这份报纸命名为《新莱茵报》。

《新莱茵报》实际上是“同盟”的机关报，是“同盟”盟员的组织和舆论中心，但是为了团结更多的人，这份报纸在刊头上标出“民主派机关报”字样。但是，它并不代表议会中的资产阶级左派，正如马克思所说：“这个民主派到处，在各个具体场合，都强调了自己的特殊的无产阶级性质，这种性质是它还不能一下子就写在自己旗帜上的。”①

《新莱茵报》的编辑委员会由八人组成，马克思任主编，恩格斯是他的主要助手，实际上的副主编，并且负责撰写政治军事评论文章。其他编委会成员有威廉·沃尔弗（兼任秘书）、恩斯特·德朗克、格奥尔格·维尔特、斐迪南·沃尔弗、亨利希·毕尔格尔斯、弗莱里格拉特。他们大都是当时著名的政治家、作家，“共产主义者同盟”的盟员。这是一个团结精干的战斗集体，共同承担了全部编辑、采访、撰稿、联系通讯员、处理读者来信的任务，工作十分繁忙，但工作效率却极高（只有亨利希·毕尔格尔斯一人例外）。

马克思领导编委会的工作有两个突出的特点：一是器重编辑们的才华，科学分工，用其所长；二是要求编辑们既做报纸工作，同时又要积极参与社会活动，把办报和实际斗争结合起来。

马克思、恩格斯不但要负责报纸的编辑和出版、发行工作，而且经常为报纸撰稿。在《新莱茵报》存在的不到一年的时间里，他们为报纸撰写各种体裁的文章四百多篇。马克思在斗争最激烈的日子里写的《资产阶级和反革命》、《资产阶级文件》、《霍亨索伦王朝的丰功伟绩》等文章，不仅是捍卫无产阶级利益的典范，而且是新闻评论的精品。

《新莱茵报》除星期一以外，每天出版。一般为四版，新闻多的时候出增刊。报纸十分重视新闻的时效性，遇到重大消息就以传单形式出号外，有时一天出两次报纸。每期报纸和附刊的末尾还辟有《最新消息》栏，简告开印前收到的最新消息。报纸发行方式大部分为订阅，也有一些零售。尽管遇到种种阻挠，报纸的销量在三个月内就达到5000份，最高时达到6000份。

报纸出版过程中的最大困难是经费。创办之初征集到的股份很少，而且只有一小部分付了款。随着报纸的出版，陆续有人退股。在发表了抨击法兰克福议会

---

① 《马克思恩格斯全集》，1版，第21卷，19页，北京，人民出版社，1956。

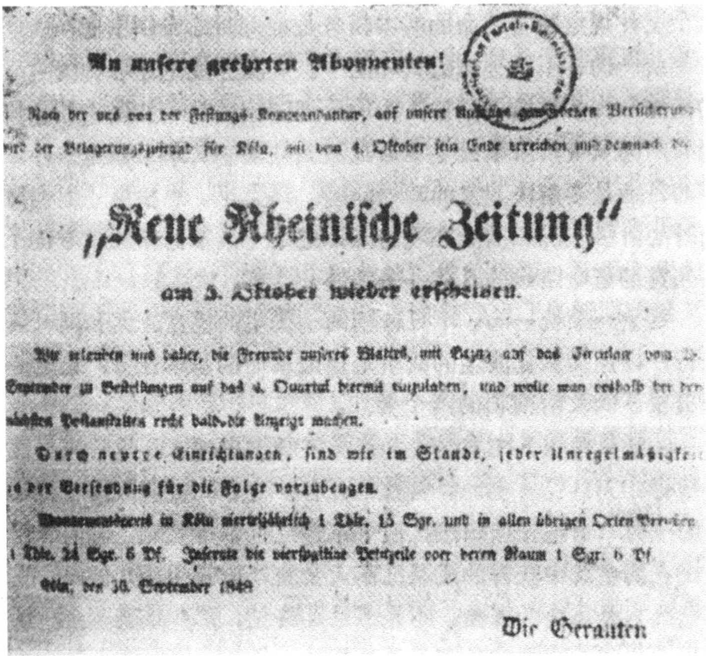
An unsere geehrten Abonnenten!

„Neue Rheinische Zeitung"

am 5. Oktober wieder erscheinen.

Köln, den 30. September 1848

Die Geranten

1848 年 9 月 30 日《新莱茵报》号外

和支持巴黎工人六月起义的言论之后，全部股份都失去了。为了坚持出版，编委会成员千方百计向友人借贷，向革命者募集，并且贡献出自己的积蓄和家产。马克思除了献出现金外，还用继承的全部遗产作抵押来偿还报社欠债。待到他被强行驱逐出境时，他已经一贫如洗。

2.《新莱茵报》的宣传内容

《新莱茵报》是适应德国革命的需要创办的。它始终不渝地宣传《共产党在德国的要求》所规定的革命纲领和路线：对内彻底推翻封建制度，建立统一的、不可分割的、民主的德意志共和国；对外推进反对沙皇俄国的战争。这是德国革命的两项基本任务，因而也是《新莱茵报》宣传内容的两个基本方面。

德国三月资产阶级革命爆发后，在德国如何实现统一，统一后建立什么样的国家的问题上，存在着完全不同甚至截然相反的主张。以普鲁士和德意志北部各邦为主的资产阶级，主张排除奥地利，由普鲁士来统一各邦国，称为“小德意志方案”；以奥地利和德意志南部各邦为主的资产阶级，则主张由奥地利来统一德意志，称为“大德意志方案”。无论是“小德意志方案”还是“大德意志方案”，都主张建立一个君主立宪制的德意志帝国。

德国的小资产阶级在国家统一问题上的态度也是不一致的。小资产阶级的上层分子，一般都支持“小德意志方案”；小资产阶级的下层分子，态度较为接近无产阶级，即主张用革命手段推翻各邦国封建专制政权，建立统一的民主共和国；但在西南部各邦国，小资产阶级则普遍主张建立类似瑞士那样的联邦共和国。

《新莱茵报》不断揭露资产阶级企图以普鲁士王国或是奥地利帝国为中心实现统一的主张的反动实质，批驳小资产阶级主张君主立宪或建立联邦共和国的错误路线；指出德国的未来只能是普鲁士国家的消灭，奥地利国家的崩溃，德国真正统一成为共和国。

在对外政策上，《新莱茵报》反复说明，只有联合欧洲一切被压迫民族共同反对沙皇俄国，德国才能取得民主革命的胜利并实现真正的统一。因为沙俄是反动政治势力的支柱，德国三月革命后沙俄就表示要提供军队帮助普鲁士重建专制政体。这一事实说明，实现德国统一不仅要打倒普鲁士的王朝统治，还要对俄宣战。1848 年 7 月 12 日的《新莱茵报》(第 24 期）明确指出：只有反对俄国的战争才是革命的德国的战争。

《新莱茵报》在宣传革命纲领的同时，还针对共产主义者同盟内部阻挠纲领贯彻的错误观点进行了批驳。以科伦工人联合会领导人哥特沙克为代表的“左”倾机会主义路线，反对同民主派结盟，认为工人阶级参加民主运动是“机会主义”，要求立即建立“工人共和国”；而以柏林工人中央委员会领导人彼尔恩为代表的右倾机会主义路线则认为资产阶级民主革命是资产阶级的事，工人只应进行经济斗争，反对进行政治斗争。《新莱茵报》发表了许多文章澄清被他们搞乱了的思想，阐明资产阶级民主革命对于无产阶级解放运动的意义，指出无产阶级一定要积极参加资产阶级民主革命，争取革命的领导权，为把这场革命转变为社会主义革命创造条件。

由于《新莱茵报》在宣传革命纲领和路线方面做出了很大的努力，德国实现统一的方向和目标为越来越多的人所了解和认同，柏林和科伦的工人组织也开始走上“同盟”指引的方向，站到“同盟”中央方面来。遗憾的是，在当时的历史条件下，无产阶级还没有足够的力量领导德意志的统一，而资产阶级依然软弱无力，统一德国的领导权最终还是落在了普鲁士手中。

3.《新莱茵报》的宣传特色

《新莱茵报》在无产阶级报刊历史上写下了光辉的一页。列宁曾称赞它是“革命无产阶级最好的、无与伦比的机关报”。它的办报思想、宣传特色和战斗传统，是无产阶级新闻事业的宝贵精神财富。

《新莱茵报》的宣传特色主要有以下几个方面：

第一，把对敌斗争的原则性和策略性结合起来。

《新莱茵报》打出的虽然是民主派的旗帜，但是它时时处处强调了自己的无产阶级性质，始终站在无产阶级立场上分析问题，坚决维护无产阶级的根本利益。它不遗余力地宣传共产主义者同盟为德国革命制定的政治纲领，全力贯彻《共产党在德国的要求》中规定的党的路线、方针和策略，以此来武装群众、指导斗争。

与此同时，《新莱茵报》注意斗争策略，对不同对象采取区别对待的方针。对专制制度、容克地主、贵族官僚和反动军阀，《新莱茵报》坚决抨击，深刻揭露；对大资产阶级的反动主张，报纸采取同样的方法。《霍亨索伦王朝的丰功伟绩》一文揭露了几代王朝的罪恶行径，《资产阶级和反革命》一组文章深入剖析了自由资产阶级的本质。对小资产阶级，报纸采取既团结又斗争的态度，支持他们与无产阶级一致的观点，维护他们与无产阶级相同的利益，而对于他们的动摇和不切实际的幻想，则采取批评的态度。这就在很大程度上联合了同盟军，孤立了敌人。

第二，联系群众，代表人民，指导斗争。

《新莱茵报》通过各种渠道保持了同群众的密切联系。

在马克思、恩格斯的领导下，《新莱茵报》建立了广泛而灵活的通讯员网，各国的“共产主义者同盟”盟员，激进的革命民主主义者，普通的工人群众都成了它的耳目和朋友。这些通讯员遍布各个城市，与编辑部保持着密切的联系，从而使《新莱茵报》能够及时地获得有关运动的最新情况，并以比其他报纸更准确的信息赢得读者。从这个角度来说，《新莱茵报》不仅是德国民主派的，而且是欧洲民主派的机关报。

《新莱茵报》十分重视读者来信，从中获取社会信息，了解群众情绪，据以撰写报道和述评。报纸每期刊发十几封读者来信，直接反映群众的呼声。同时，《新莱茵报》十分重视指导群众，给他们提供理论武器。报纸连载了马克思的《雇佣劳动与资本》一文，用通俗的语言教育广大工人认识自身的历史使命，为阶级的解放而战斗。报纸发表的《西里西亚的十亿》等有关农村问题的文章，揭露了贵族地主对农民的贪婪榨取，号召农民在反封建斗争中团结奋进。报纸在革命发展各阶段及时发表的评论，提出的口号，都为群众指明了方向。

报纸编辑部成员不仅用笔战斗，而且直接参加到群众活动中去。他们都加入了科伦工人联合会和民主协会。马克思、恩格斯还经常参加这些组织的集会，发表演说，散发传单。特别是恩格斯，爱北斐特起义一开始他就走上了“士兵的岗位”，以后又参加了巴登、普法尔茨起义，接受了战火的洗礼。《新莱茵报》就是这样同群众打成一片，积极指导运动，推动革命的。

第三，具有鲜明的战斗风格。

《新莱茵报》是无产阶级的旗帜与号角，它的每一篇文章、每一篇报道，都表现出一往无前的战斗精神，浓缩着强烈的爱憎。创刊伊始，它就把矛头指向资产阶级把持的法兰克福议会，说它形同虚设，使统治者大为恼火。《新莱茵报》创办三个星期后，巴黎爆发了工人起义（6月起义）——法国工人为了争取自己的生存权利，与资产阶级军队展开了激烈的街垒战。从起义的第一天起，《新莱茵报》就坚定地站在起义者一边，它不断地发消息，出号外，向读者报道起义情况。起义失败后，《新莱茵报》愤怒谴责当局的残暴行为，热情赞颂起义者英勇抗敌的精神，并且对这次革命进行了总结。当时，在全欧洲的资产阶级报刊都对巴黎工人起义横加指责时，只有《新莱茵报》支持并以极大的热情报道了这次起义。

《新莱茵报》文风鲜明生动、尖锐泼辣。特别是对敌人的讽刺揭露，更是犀利无比，战斗力极强。恩格斯后来回忆这段战斗历程时写道：“这是革命的时期。在这种时候从事办日报的工作是一种乐趣。你会亲眼看到每一个字的作用，看到文章怎样真正像榴弹一样地打击敌人，看到打出去的炮弹怎样爆炸。”①

正是因为《新莱茵报》具有以上特色，普鲁士王朝和与之勾结的资产阶级无比憎恨它，攻击它是“一切可恶报纸中最可恶的报纸”，并且想方设法加以迫害。在不到一年的时间里，反动当局对该报编辑人员制造了23起诉讼案，马克思先后七次受到传讯和庭审，恩格斯也受到两次通缉。1848年9月25日，该报多位编辑人员在参加群众集会时遭到反动当局逮捕，报纸一度停刊。以后，随着新的革命高潮的出现，《新莱茵报》重又披挂上阵。1849年4月和5月，报纸频频出版号外，号召人民准备起义。莱茵省省长和警察厅长惊恐万分，决心采取措施置《新莱茵报》于死地。他们向马克思下达了“警察局的逐客令”，德朗克和维尔特也作为“非普鲁士臣民”被驱逐，斐迪南·沃尔弗和威廉·沃尔弗则受到了法律追究。这样，编辑部除一两个人之外，基本上都受到迫害。于是报纸不得不停刊。5月19日的终刊号是用红色油墨印刷的，发表了德国革命诗人弗莱里格拉特的著名的告别诗和马克思的《致科伦工人》，文章满怀激情地写道：《新莱茵报》的编辑们在向你们告别的时候，对你们给予他们的同情表示感谢。无论何时何地，他们的最后一句话始终将是：工人阶级的解放！

4．马克思、恩格斯的新闻思想

① 《马克思恩格斯全集》，1版，第22卷，89页，北京，人民出版社，1956。

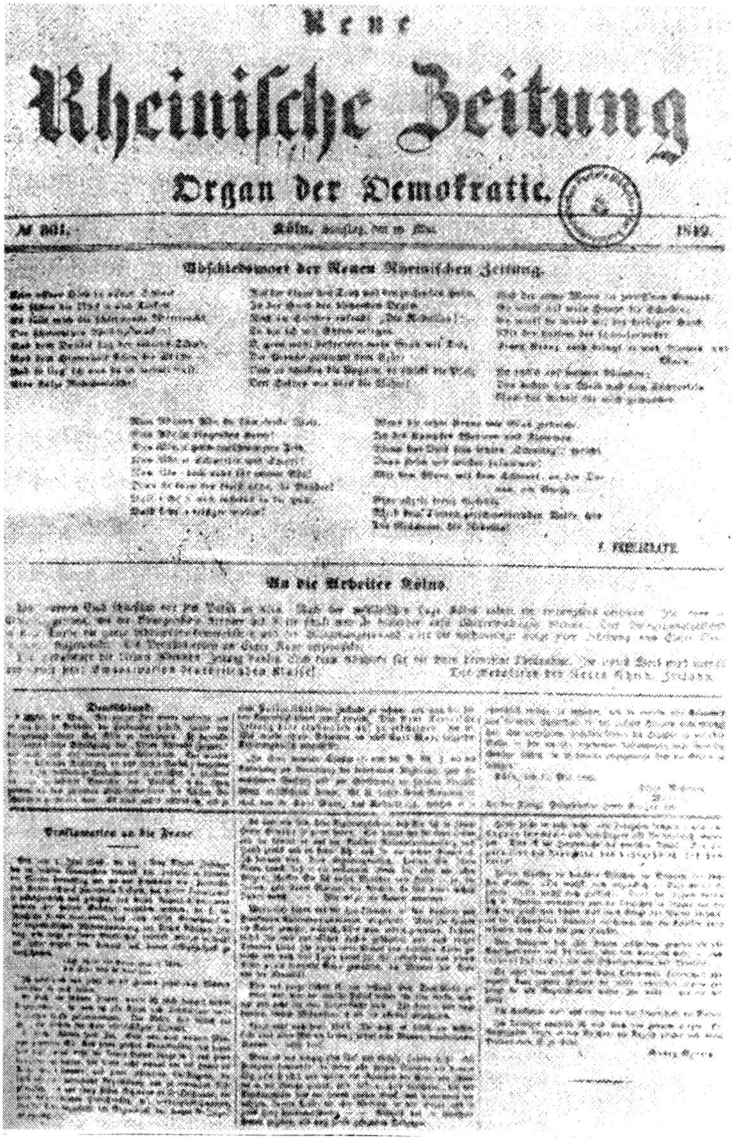

Neue
Rheinische Zeitung
Organ der Demokratie.

No 301. Köln, ... 1849.

Abschiedswort der Neuen Rheinischen Zeitung.

An die Arbeiter Kölns.

《新莱茵报》终刊号

马克思、恩格斯的新闻思想有一个发展过程，以1848年的《新莱茵报》为界，可以划分为前后两个历史阶段。

在前一个阶段，作为革命的民主主义者，马克思、恩格斯新闻思想的核心是自由报刊理论。

马克思认为，报刊是统治者与被统治者之间的一种仲裁力量，即社会的“第三种因素”。他进而指出，报刊应当是政治因素，但不是官方因素，不以官方意志为出发点；它是市民的因素，但不直接和个别人的利益纠缠在一起。它具有“公民的头脑和市民的胸怀”，能够理智地从全体人民的利益出发考虑问题。在自由报刊上，统治者和被统治者同样可以批评对方，此时双方不是“从属关系”，而是“权利平等”的关系。它可以不通过官方的中介，原封不动地将人民的怨愤传送到国家权力机构面前。

马克思对资产阶级的出版自由给予了充分的肯定。他认为，出版自由乃是人类精神的特权，是资产阶级议会民主政治的前提条件。没有出版自由，其他一切自由都将成为泡影。他极为憎恨专制统治者的思想压制，认为书报检查是一种“拙劣的警察手段”。他还指出，因为检查的结果，使每一本被禁的书，不管是好是坏，都成了“不平凡的作品”，从而对读者更有诱惑力。这自然与专制统治者的主观意愿背道而驰。

马克思还认为，要想完整地反映客观事物的面貌，需要各种报刊的相互配合与补充。因此他提出应当允许各种报刊独立自主地发展，允许它们有自己的报道方面，不要压制人们的精神自由。

马克思赞美出版自由，追求出版自由，并把自由报刊看作是社会的仲裁力量，这与上升时期资产阶级革命家的主张是十分接近的。

1848 年以后，随着欧洲大陆资产阶级革命的兴起，随着各国工人运动由幼稚逐渐走向成熟，马克思、恩格斯也由革命的民主主义者转变为共产主义者。伴随着这一变化（尤其是《新莱茵报》创办以后），马恩早期的自由报刊思想也为无产阶级党报观念所取代。

关于报刊的党性原则，马克思、恩格斯认为，无产阶级党报必须遵循以科学共产主义为指导的党的政策纲领。在他们看来，党的纲领“是一面公开树立起来的旗帜”，是党报进行宣传的最高准则。无产阶级政党的机关报必须坚持党的立场，宣传党的策略纲领，贯彻党的路线。他们还指出，报刊不能放弃政治，绝对放弃政治的报刊是不存在的。无产阶级首先需要的是政治机关报，而党的机关报要由在党的队伍中进行斗争的人来编辑。

关于报刊的使命，马克思、恩格斯认为，报刊是社会的捍卫者，是针对当权者的孜孜不倦的揭露者，是无处不在的耳目，是热情维护自己自由的人民精神的千呼万应的喉舌。它和人民共患难，同甘苦，齐爱憎。人民的信任是报刊赖以生存的条件。

关于报刊的作用，马克思、恩格斯认为：报纸的最大好处，就是它每日都能干预运动，能够成为运动的喉舌，能够反映出当前的整个局势，能够使人民和人民的日刊发生不断的、生动活泼的联系。他们同时指出，与报纸相比，杂志能够更广泛地研究各种事件，详细地科学地研究作为整个政治运动的基础的经济关系，剖析正在进行斗争的各政党的性质，以及决定这些政党生存和斗争的社会关系。

这些新闻观点显然已经褪去民主主义色彩，具有了真正的无产阶级性质。

（二）德国社会民主党的报刊

19 世纪 60 年代，德国工人运动进入了一个新的发展阶段，马克思主义为越来越多的人所接受，并日益产生重大的影响。在这一过程中，德国无产阶级政党逐步建立、壮大起来。

当时德国曾经并存过两个工人政党。一个是全德工人联合会（又称拉萨尔派），创立于 1863 年 5 月，主席为拉萨尔。该组织奉行机会主义路线，主张通过选举和依靠“国家帮助”建立生产合作社，使资本主义过渡到社会主义。拉萨尔还支持俾斯麦用“铁血政策”统一德国。另一个是德国社会民主工党（也称爱森纳赫派），是在威廉·李卜克内西和奥格斯特·倍倍尔领导下从前一组织分裂出来的，1869 年 8 月正式成立。该党在马、恩影响下，逐步接受了科学共产主义理论，贯彻第一国际的纲领和路线，主张通过自下而上的革命统一德国。以后两党逐步接近，并于 1875 年 5 月在哥达举行合并大会，建立了统一的德国社会主义工人党（后改称德国社会民主党）。两党的合并对于加强工人运动的团结是有益的。但是合并时通过的纲领带有浓重的拉萨尔主义色彩，马克思曾在《哥达纲领批判》中给予严肃批评。

全德工人联合会和社会民主工党合并前，两党都有自己的机关报。

拉萨尔派的机关报是《社会民主党人报》，创办于 1863 年。马克思、恩格斯曾经在该报发表过文章，后来因该报坚持错误主张并吹捧普鲁士王朝，便与之断绝关系。1871 年该报改名为《新社会民主党人》，为周三刊，出版至 1876 年。该报除奉行机会主义路线外，还极力宣扬个人崇拜，排斥不同意见。因为按拉萨尔的理论，领袖要尽可能独裁，工人只有接受领袖的“智力独裁”才能获得解放。拉萨尔还曾建议俾斯麦把用电报传递国内外消息的事业由国家垄断起来，钳制人民的言论和新闻自由。对于上述观点，马克思、恩格斯给予了严厉的批判。爱森纳赫派的倍倍尔也曾指出，这是给掌权的个人提供了在党内还掌握舆论工具的可能性，从而使他可以把党的机关报变成自己的私有财产，并且只准许在党的机关报上发表那些对他有利的东西，其他所有的意见都遭到压制……从而使任何反对派都不能公开发表意见，因为当权者可以立即通过报刊公布那个在某一点反对他的人是叛徒。

爱森纳赫派的机关报是《人民国家报》，1869 年 10 月 2 日至 1876 年 9 月 29 日在莱比锡出版，起初每周出版二次，1873 年起改为每周出版三次。威·李卜克内西和奥·倍倍尔主持报纸工作。《人民国家报》编辑部同马克思、恩格斯保持着密切的联系，在他们的关心和帮助下，该报成为革命的喉舌，成为当时德国最优秀的工人报刊之一，在对德国无产阶级进行政治教育方面发挥了重要的作用。

作为德国社会民主工党的机关报，《人民国家报》致力于宣传党的纲领路线，在德国统一、普法战争、巴黎公社等一系列重要问题上坚持党的立场，反映党的意见主张。《人民国家报》还经常刊载第一国际（1864 年 9 月 28 日在伦敦成立）的文件，报道国际的消息，普法战争期间及时刊登马克思为第一国际起草的宣言，这使它实际上成为第一国际在德国的机关报。马克思、恩格斯非常重视该报的宣传活动，并为它撰写了许多文章。马克思的《资本论》部分章节、《〈路易·波拿巴的雾月十八日〉第二版序言》，恩格斯的《论住宅问题》、《〈德国农民战争〉德文第二版序言》、《在国际中》等文章都是在这家报纸上发表的。1870 年 12 月，倍倍尔、李卜克内西等人被捕后，报纸的质量有所下降。1872 年至 1873 年间，马克思、恩格斯多次批评该报同拉萨尔派妥协调和的倾向。

德国社会民主工党和全德工人联合会合并后，两派机关报暂时并列为新成立的德国社会主义工人党的中央机关报。1876 年 10 月 1 日，《前进报》在莱比锡创刊，取代了上述两家报纸。《前进报》主编是威·李卜克内西和当时被选为党的执行委员会两主席之一的哈森克莱维尔。该报每周出三期，创办后两个月就拥有 1.2 万订户。它曾刊登过不少马克思、恩格斯的重要文章，最为重要的是它在 1877 年至 1878 年间发表了恩格斯批判资产阶级哲学家、庸俗经济学家、改良主义者杜林的一系列文章，即《反杜林论》，对宣传科学社会主义理论产生了积极的作用。

两党合并后，在党报和党的领导机构的关系上，确立了一些明确的准则，1875 年代表大会通过的组织章程曾经对此有过规定。主要是：党的机关报是党的财产，它的业务由执行委员会根据代表大会的决议进行监督；党的报刊在原则问题上必须遵守党的纲领，在党的策略问题上应服从执行委员会；机关报的主要人员由代表大会选举产生（但也可以授权执行委员会确定），其他人员由执委会确定；执委会有权免除报刊编辑人员的职务，但这些人员有权向监察委员会以至代表大会提出申诉。这些原则是德国党在马克思、恩格斯的影响下在实践中逐渐形成的，直至第一次大战为止基本上没有变化。

1878 年 10 月，以俾斯麦为首的德意志帝国政府为了镇压日益高涨的工人运动，操纵国会通过了《反对社会民主党企图危害治安的法令》（或称《非常法》），规定取缔德国社会民主党和一切进步工人组织，封闭工人报刊，没收社会主义书报。在这种白色恐怖形势下，《前进报》也于10月25日被当局查封。

《非常法》颁布后，德国社会民主党失去了合法地位，在国内创办党报已经是不可能的了。为了抗击反动政府的迫害，继续进行革命的宣传鼓动，德国党的领导人决定在国外出版报刊，把合法斗争与秘密斗争结合起来。

《灯笼》（1878.10—1879.6）是《非常法》施行期间第一个在国外出版的德国社会民主党的机关报，创刊于布鲁塞尔，后在伦敦出版，发行人是卡·希尔施。该报以信件形式寄往德国秘密散发，对帝国政府反民主的政策进行了抨击，同时批评了德国党内某些领导人的机会主义倾向。由于该报不能胜任党的机关报的重任，一年后停刊。

1879年9月28日，在马克思、恩格斯的直接参与和支持下，德国社会民主党中央机关报《社会民主党人报》（Der Sozialdemokrat）创刊。这是一份周报，先在瑞士苏黎世出版，1888年10月迁至伦敦出版，1890年9月27日停刊，共出版12年。《非常法》施行期间，该报通过“红色战地邮局”秘密运回国内，在德国各地广为传阅，发行1.1万份，成为德国党曾经拥有过的最好的报纸。

《社会民主党人报》的创办过程充满了矛盾和斗争。早在报纸筹办之时，马、恩得知流亡苏黎世的党报编辑人员（被称为苏黎世“三人团”）主张放弃阶级斗争和暴力革命，采取机会主义的办报方针，便撰写了致奥·倍倍尔、威·李卜克内西等党的领导人的“通告信”。“通告信”严厉批评了“三人团”的错误主张，强调报纸必须坚持正确的立场，必须贯彻党的政治纲领。党的领导机关接受了马、恩的意见，拒绝了“三人团”提出的办报纲领，同时解除了他们党刊编辑的职务，保证了报纸的正确方向。

在马克思、恩格斯的关心和指导下，《社会民主党人报》高举正义的旗帜，同俾斯麦政府的反动政策、同党内的机会主义派别进行了不妥协的斗争，坚持了无产阶级的策略纲领。1884年底，俾斯麦政府为了推行殖民主义政策，向国会提出航运津贴法案（要求每年支用450万马克津贴航运企业主）。当时党的代表机关——议会党团中的一部分右倾机会主义分子准备对法案投赞成票。这一做法立即遭到党团左翼以及广大党员的反对。《社会民主党人报》连续发表文章和编辑部评论，谴责议会党团某些领导人的机会主义立场，终于迫使他们对法案投了反对票。议会党团起初试图中止党报活动，经过一番激烈的论争，党团被迫让步，并于1885年4月23日和报纸编辑部发表联合声明，承认《社会民主党人报》不是少数人的私家报纸，而是全党的机关报；党团是党的代表机关，有权对报纸工作进行监督，但是党报具有批评的权利，任何限制批评的企图都是违反党的原则的。

《社会民主党人报》在《非常法》期间出色的宣传活动，使它成为当时德国和国际工人运动中最重要的报刊之一。恩格斯对该报在革命年代发挥的作用给予了高度的评价，说“在它的篇幅上极其明确地和坚决地阐述并捍卫了党的原则，编辑部的策略几乎毫无例外地都是正确的”①。他还赞扬说，《社会民主党人报》是德国党的旗帜，德意志帝国最后不得不在我们的旗帜面前降下了自己的旗帜。

1890年《非常法》废除后，德国社会民主党重新获得了公开活动的权利，《社会民主党人报》完成了自己的历史使命，自动停刊。

《社会民主党人报》停刊后，1891年1月1日，新的中央机关报《前进报》在柏林出版，李卜克内西长期担任主编。1891年该报有订户2．5万个，1899年增加到5．3万个。90年代，德国社会主义报刊有很大发展，党的各类报刊相当齐全。1894年至1895年，共出版社会民主党报65种，工会报纸50种，总发行数达100万份，大大超过同期欧美其他资本主义国家的工人报纸数目。

德国社会民主党人的机关刊物是《新时代》(Die New Zeit)。该刊1883年1月创办于斯图加特，按月出版，1890年起改为周刊，考茨基任主编。考茨基1874年参加社会民主党，1881年与马克思、恩格斯相识，在他们的影响下，写了不少宣传和解释马克思主义的论著。马克思、恩格斯的许多著作，也被刊登在《新时代》上。1891年1月底，《新时代》发表了马克思于1875年写的哥达纲领批判，这对德国社会民主党人起草党纲具有重要的意义。1892年至1895年间，恩格斯在《新时代》上发表了《费尔巴哈和德国古典哲学的终结》、《德国的社会主义》、《法德农民问题》、《1848年至1850年的法兰西阶级斗争》再版导言等许多重要文章。恩格斯逝世后，《新时代》逐渐背离了马克思主义。1910年，该刊成为中派分子的机关刊物，第一次世界大战期间支持社会沙文主义，1923年8月停刊。

第三节 两次大战期间的报业

一、一战前后的报业

(一) 大众化报纸的兴起

德国社会在19世纪末经历着深刻的变化。此时工业革命趋于完成，资本主

① 《马克思恩格斯全集》，第1版，第22卷，90页，北京，人民出版社，1956。

经济进一步发展，而政治环境由于俾斯麦下台、“反社会党人法”的废除，有了一定的改善。

19世纪末20世纪初，在德国占主导地位的虽然是政党报纸（包括资产阶级各党派的报纸和社会民主党的报纸），但商业性的大众化报纸也获得了较快的发展，以这类报纸为基础的报业垄断组织纷纷出现。与英美等国不同的是，德国（还有日本）没有一个明显的廉价报纸时期，其报业发展只是呈现出廉价报纸时期的某些特征。

在现代大众化报纸兴起的过程中，鲁道夫·莫斯（Rudolf Mosse）起了重要的作用。莫斯早在1865年就创办了《广告电讯报》（柏林），用一半以上的篇幅刊登广告，报价低廉，获利甚丰。他还自办广告社，经营广告业务。1871年他在柏林创办的大众化报纸《柏林日报》又获成功，成为其他报刊模仿的对象。

1883年，出版商奥古斯特·谢尔（August Scherl）创办了《柏林地方新闻》。该报初为周报，1885年改为日报，主要刊登地方新闻，并辟有多种特写专栏，颇受市民欢迎，发行量很快达到10万份。

造纸和印刷商乌尔斯泰因（Leopold Ullstein）也创办了一系列大众报纸，如1889年的《柏林画报》（周刊）、1898年的《柏林全德新闻》、《柏林晨邮报》，后者创刊10天，发行量就达到10万份，1913年达到40万份。1904年，乌尔斯泰因又创办了德国首份以零售为主的大众报纸《柏林午间报》，着重刊登社会新闻和娱乐材料，头版全部是照片和大字标题。

在上述商业性报纸发展的过程中，逐步形成了德国最早的报团：莫斯报团、谢尔报团、乌尔斯泰因报团。它们分别拥有多家报刊。

（二）一战中的新闻宣传

1914年7月28日，第一次世界大战爆发。第一次世界大战虽然以巴尔干事件为导火线，战争开始后，真正的决定性的战斗却是在英、法、俄与德国之间进行的：从北海到瑞士边界的西线，是德国对法国、英国和比利时作战；北起波罗的海，南到罗马尼亚的东线，是德国和奥匈帝国对沙皇俄国作战；在巴尔干地区的南线，主要是奥匈帝国对沙皇俄国和塞尔维亚作战。

列宁指出：“1914—1918年的战争，从双方来说，都是帝国主义的（即侵略的、掠夺的和强盗的）战争，都是为了瓜分世界，为了分割和重新分割殖民地、金融资本的‘势力范围’等等而进行的战争。”① 这次大战不同于以往历次战争的显著特点，就在于它不仅是交战双方军事力量的较量，而且是双方政治、经

① 《列宁全集》，第3版，第2卷，577页，北京，人民出版社，1995。

济、宣传力量的全面较量。为了稳定军心、鼓舞士气，同时为了瓦解敌军斗志，各交战国纷纷控制并利用新闻媒体，在另一条战线上展开了攻势。

战争期间，德国建立了新闻检查制度——由直接隶属德军司令部的“作战新闻局”负责实施，加强了对新闻媒介的控制和利用。1917 年 10 月，德军在卡波雷托战役中成功地利用了宣传战术，取得了良好的效果。当时，德军面对的是由地域观念极强的北意大利皮蒙特人组成的军队。德军于是伪造了大量的北意大利报纸，上面刊登着皮蒙特居民与当地警察发生流血冲突的消息和图片，并煞有介事地公布了“死伤者”的姓名、性别、职务等详细资料。总攻前夕，德军将这些报纸扔到意军阵地，意军官兵读报后，军心大乱。德军和奥匈军队乘隙而入，一举击溃了敌人。

不过，在战争期间，由于德国军队传统意识强，对宣传的重要性缺乏足够的认识，因而尽管其对敌宣传组织比英、法等国完善、系统，宣传效果却远不及其他国家。日本学者池田德真指出：“德国在武力战中，确实是进攻性的，但是相反，在宣传战中，它完全是被动的。它似乎提供了一个对敌宣传中的被动法如何无济于事的标本。”战时德军的宣传重心主要放在防御敌人方面，宣传上的主动进攻意识比较淡薄。其具体做法是：第一，向自己的士兵收购英国和法国空投的传单；第二，严密封锁边界线，防止那些反战的、攻击德国的宣传品进入德国本土。这种防御性的宣传效果是十分有限的，因为在战争后期的几个月间，协约国方面投下了 1830 万份传单，根本不可能全部收购到手；而且，即便在与邻国交界处拉上铁丝网，也不可能完全阻止英法等国通过中立国把宣传品运到德国。希特勒在《我的奋斗》一书中对英国的宣传谋略极为称道，并认为，德国之战败，并不在于军事战略失误，而是因为英国的宣传炸弹摧毁了它的战斗精神。

二、两次大战期间的报业

第一次世界大战使德国百业凋敝。1918 年，柏林爆发“十一月革命”，以士兵、工人为主的起义大军推翻了霍亨索伦王朝的统治，建立了共和国。然而在 1919 年 1 月的国民议会选举中，资产阶级右翼窃取了胜利果实，并于 8 月通过了魏玛宪法。德国历史上第一个资产阶级共和国——魏玛共和国（1919—1933）正式成立。魏玛共和国初期由社会民主党右翼执政，以后纳粹势力抬头，1933 年希特勒上台，建立了纳粹统治。

（一）魏玛共和时期

魏玛共和国国民议会把新闻出版自由纳入基本法的范畴。宪法第 118 条规定：每个德国人在一般法律的范围内，都有权通过言论、印刷品、图画以及其他方式自由发表自己的意见。劳动关系或雇佣关系均不能损害这种权利。当他在使用这种权利时，任何人都不得予以歧视。不再实行书报检查。并规定，如要重新实行书报检查，必先取得国民议会中三分之二人的同意而修改宪法。这就意味着德国不会再有像1878年反社会主义非常法之类的压制报刊自由的法令出现。

魏玛宪法有关新闻出版自由的规定，为德国报业的发展提供了广阔的空间。1914年，全国有报纸2200家，1932年上升到4703家，总销数2500万份，达到了德国报业史上的最高点。

1．政党报纸

这一时期，政党报纸仍有很大的影响力，约占报纸总数的47%。这是因为一战结束后，各报经营困难，纷纷求助于政党；而议会政治活跃，也促使各党派竞相占领宣传阵地。当时主要的政党报纸有中央党的《科隆新闻》、天主教党的《德意志报》、国家党的《新普鲁士十字新闻》、社会民主党的《前进报》等。希特勒的纳粹报刊此时也在伺机发展。1920年希特勒建立了国家社会主义工人党，同年买进一家私人报纸，改名《人民观察家报》。这是该党的第一份机关报。1929年，国家社会主义工人党的另一份主要报纸《攻击报》创刊，1933年3月成为该党宣传部的机关报。至1932年，国社党的报刊已达120家。

1890年反社会党人法废除后，德国无产阶级政党的报刊进入了一个新的发展阶段。1918年，德国共产党成立，同时将在革命高潮中创办的《红旗报》作为机关报。“十一月革命”失败后，德共转入地下，到20年代逐步恢复正常活动，并建立了以《红旗报》为中心的党报系统。

2．商业性报纸

这一时期德国商业性报纸不断增加，报业垄断逐渐形成。以前的三大报团在发展中出现了一些新的变化。

以《柏林晨邮报》起家的乌尔斯泰因报团此时已拥有五家日报：《柏林晨邮报》、《柏林全德新闻》、《柏林午间报》、《福斯新闻》、《时报》晚刊。它们之中《柏林晨邮报》销量最大，1932年达到60万份，为全国报刊发行量之首。该报团还拥有10种周刊、10种月刊，以及出版社、广告社、印刷厂等。

莫斯报团的规模也在不断扩大，此时拥有四家日报：《柏林日报》、《柏林人民报》、《柏林晨报》、《准时晚报》。该报团还拥有广告社、通讯社以及其他附属企业。

谢尔报团一战时日趋衰败，1916年转入德国大垄断资本家胡根贝格之手，此举标志着德国工业垄断资本对新闻业的渗透。胡根贝格集团在柏林拥有三家日报：《柏林地方通讯》、《每日报》、《柏林图画晚报》，此外还拥有一个很大的地方报团、一家汉堡日报、九种周刊以及广告公司、通讯社、出版社、影剧院、电影公司，实力雄踞各报团之首。

（二）纳粹统治时期

希特勒上台（1933.1.30）后，就对报业举刀相向。1933 年 2 月，纳粹政府制造了国会纵火案，并以此为借口大肆捕杀共产党人，封闭了五十多家共产党报纸和 130 种社会民主党人的报纸。与此同时，魏玛宪法规定的出版自由条款被宣布停止实行。3 月，政府设立国家宣传部（负责对报刊、广播和电视进行集中控制），戈培尔出任部长，统管宣传文化事务。从此，宣传部每天都要举行记者招待会，由戈培尔或他的助手发布各种具体得无以复加的指示。3 月 18 日，戈培尔发表了关于新闻界任务的讲话。他说：正如我早已强调指出的那样，新闻界不仅要发布消息，而且还必须发布指示。在这里，我首先要奉劝已公开声称为国家的报刊，先生们，你们将会看到这样一种理想的状况：新闻界被组织得那么好，以至于它在政府的手里可以说是可随意演奏的一架钢琴，是能为政府效劳的影响群众的极为重要、极为有意义的工具。同年，希特勒政府还颁布了《新闻记者法》，规定编辑部成员必须经戈培尔接见才能任用，一般记者必须是雅利安人种的德国公民，凡信奉马克思主义或有其他“政治上有害行为者”不得从事新闻工作。《新闻记者法》不但把犹太人远远排除在新闻活动之外，同时还将所有的新闻记者都变成了统治当局政治意志的执行者。

1933 年 7 月，纳粹政府以暴力夺取了莫斯报团的所有报刊和财物，随后又强制没收了乌尔斯泰因报团（这两家报团均为犹太人所有），负责接管这两家报团的是纳粹党的埃耶出版社。该出版社以低廉的价格收购了许多出版社，成为一家庞大的纳粹报业康采恩。原三大报团之一的胡根贝格报团因属雅利安人所有并支持希特勒政府而被保留下来，经过改造后，成为纳粹党的御用工具。

纳粹统治时期，德国报纸数目锐减。1934 年报纸总数 1200 家，仅为魏玛共和时期的 1/4，到 1945 年减至 1000 家。德国共产党的《红旗报》等报刊被迫转入地下，在极其恶劣的条件下出版。德国共产党还秘密油印多种报纸和传单，进行反法西斯宣传。这一时期，纳粹报刊大为发展，总数达到三百五十多家，发行量占全国总量的 82%。纳粹机关报《人民观察家报》一跃而成为全国头号大报。

同报刊相比，广播电视系统与政府思想行动“一体化”的进程更为迅速。希特勒把广播看作陆海空军之后的第四条战线，利用它来宣传纳粹的政策，向本国和欧洲各国人民发动心理攻势。

通讯社也被纳入法西斯政府的统辖之中。沃尔夫通讯社 1933 年即被政府接管，改名为德国通讯社，成为正式的官方通讯社。

总之，纳粹时期法西斯政权对新闻业实行了全面的控制。这时垄断资产阶级为了侵略扩张，镇压人民，运用国家机器强制实行的对新闻业的垄断，是资产阶级新闻业垄断的特殊形态。

三、二战时期的新闻宣传

1939年9月1日，德国发动了对波兰的进攻，由此开始了第二次世界大战的欧洲战争。德国采用闪电战术，很快就占领了大半个欧洲，1941年6月，又开始了对苏联的进攻。

二战期间，德国新闻媒介全部转入战时轨道，成为希特勒得心应手的宣传工具。战争之初希特勒即告诫纳粹宣传人员，应当把大战的责任完全加到敌人的身上去，即使与事实不符合，也要把它当作真实的情形看待。为了达到这个目的，纳粹的宣传工具置客观性、真实性原则于不顾，竭力掩盖战争的侵略性质，大搞欺骗宣传，愚弄德国人民。

德国侵占捷克领土（1938）之前，纳粹分子曾煽动捷克境内的日耳曼人在布拉格、布鲁恩和伊格劳等城市寻衅滋事。捷克警察奉命不得采取行动，以防事态扩大。德国报刊却不顾事实真相，造谣说捷克人迫害“可怜的日耳曼人”，并大张旗鼓地宣传。许多消息连同标题，如《捷克野兽击倒怀孕的日耳曼女人》、《捷克蛮人使赤手空拳的日耳曼人普遍受到血浴》等，都是由戈培尔亲自确定的。这样做的目的，是为德国吞并捷克制造借口。

德国侵略波兰之前，纳粹宣传机构又一次如法炮制。1939年8月10日，《柏林日报》以大字标题发出警告：《当心波兰!》；《领袖》日报的标题是：《华沙扬言将轰炸但泽——极端疯狂的波兰人发动了令人难以置信的挑衅!》。8月26日，《柏林日报》出现耸人听闻的标题：《波兰完全陷入骚乱之中——日耳曼人家庭在逃亡——波兰军队推进到德国国境边缘》；《十二点钟报》的标题是：《这样的玩火行为太过分了——三架德国客机受到波兰人的射击——走廊地带许多日耳曼人农舍成了一片火海!》。8月27日，官方喉舌《人民观察家报》头版登出了一个高达一寸的通栏标题：《波兰全境均处于战争狂热之中！150万人已经动员！军队源源送往边境！上西里西亚陷入混乱》。8月31日，纳粹党卫队表演了伪装波兰入侵的一幕。9月1日，德国百万大军越过了德波边境。

在进行国内宣传、煽动战争狂热的同时，纳粹政府还利用无线电广播进行针对同盟国的宣传。1940年5月，德国进攻法国之前，首先对法国展开了强大的谣言攻势。他们利用三个功率强大的电台，播放捏造出的法语新闻，使听众误以为是法国官方提供的消息，从而在法国国内引起极大的恐慌与混乱。德军入侵法国的第二天，巴黎报界宣称，有人发现德国伞兵化装成邮差、警察、牧师或修女。此后，这类谣言越来越多，如“法国甘林总司令已经自杀”、“德国伞兵已在巴黎公园降落”、“孩子们不少已经吃了有毒的巧克力死亡”、“法国使节将与德国签订停战协定”等等。这些虚假新闻对法国军民产生了极为恶劣的影响，大规模而毫无结果的搜捕、盘查又加剧了混乱局面。川流不息的难民拥塞在所有的公路上，军队简直无法调动。这种混乱最终导致了法军的失败。

对英国的宣传也是如此。战时德国创办了用英语播送的对英中波广播和对全世界的短波广播。其中最有名的节目是由赫赫勋爵主持的。赫赫勋爵原是英国人，能用纯正的牛津口音与英国听众谈天说地。他惯用的手法是，用一种悲天悯人的语调向英国听众现身说法，如提到英格兰时，先着意描绘它美丽的风光，敦厚的人情，然后话锋一转，说“这里的男人们在欧洲大陆打仗，女人们却在家中哭泣!”他还旁征博引报章言论、政府报告，似乎言之凿凿，使英国政府颇为苦恼。《舆论》季刊说：“赫赫勋爵的宣传，已经被人们迅速接受，都说他讲得有道理。”《纽约时报》的伦敦通讯员也说：“显然有许多不加深思的英国人，在以失败主义的口气复述着‘赫赫勋爵’的话，并引为格言。”赫赫勋爵每天播音 15 分钟，时间不固定，其使用的频率与 BBC 短波频率很接近，目的是让英国听众弄错频率。

纳粹新闻媒介这种狂热的鼓噪和欺骗性的宣传，对德国民众具有很强的蛊惑力，使他们“义无反顾”地集合在法西斯的战旗之下，成为希特勒庞大的战争机器的推动力。这种蛊惑人心的、煽动性的、欺骗性的宣传被后人视为一种典型的宣传模式，即“纳粹式宣传”。

第四节　二战后的报业

1945 年 5 月，德国法西斯在同盟国军队的沉重打击下彻底失败，随后苏美英法对德国进行了四年的军事管制（美、英、法管制西部地区，苏联管制东部地区）。1949 年 9 月 20 日，德境西占区正式建立德意志联邦共和国，简称联邦德国或西德；同年 10 月 7 日，德境东占区建立了德意志民主共和国，简称民主德国或东德。在此后的 40 年里，德国分裂为两个国家。直到 1990 年民主德国并入联邦德国，整个德国才重归统一。

一、联邦德国的报业

（一）盟军管制时期的情况

1945 年 5 月 8 日，即停战后的第四天，盟军就颁发了新闻管理条例。条例规定：在纳粹统治时期出版的报刊一律停办；禁止任何与纳粹有关的人从事新闻出版活动；创办报刊必须事先向盟军当局登记、申请许可证。

为了弥补报业真空状态，盟军总部发行了一种《德意志简报》，免费分发给德国人阅读。此外，1945 年 10 月，美国占领当局在法兰克福创办了《新闻报》（该报设备全部来自美国，每天发行 15 至 18 万份，并设有柏林分版，1955 年 1 月停刊）。英国占领当局也于 1946 年 4 月在汉堡创办了《世界报》（该报初为周二刊，三年后改为日报，销数最高时达 30 万份。1952 年，英占领当局公开出售此报，结果为联邦德国最大的报团施普林格报团收买）。

1945 年 7 月，盟军当局开始准许非纳粹德国人申请办报，并陆续发给执照。1949 年 9 月 21 日，盟军总部统一宣布，在联邦德国生活的德国人（被军事法庭判为高级战犯或罪人的前纳粹分子除外）都无需事先获得批准就有权出版报刊。此后半年内，报刊的数量由 400 家左右上升至 568 家。联邦德国报业由此进入了一个新的发展时期——由政党报纸向商业性报纸转变，并逐渐开始了报业集中、垄断化的过程。

（二）发展、垄断进程

联邦德国成立之初的十几年间，报业发展迅速，报纸数目增至一千五百余种。其中政党报纸约占 20%，远远少于战前。在此之后，报业发展势头减缓（六七十年代几乎处于停滞状态），并出现集中、垄断化的趋势。其标志是：报纸的总发行量持续增长，种数和出版单位却在不断减少。1954 年，德国无竞争性报纸的城镇占全国有报纸城镇总数的 15.2%；到 70 年代末，这个数字上升到 40%以上。1954 年，联邦德国拥有独立编辑部的报纸 225 家；1976 年，这个数字减少至 121 家。

经过多年的竞争与兼并，至 80 年代，联邦德国形成 10 个大的报业集团。它们是：施普林格报团、布洛斯特—芬格报团、斯图加特报团、杜蒙报团、南德意志报团、慕尼黑报团、莱茵报团、麦得扎克报团、法兰克福报团、鲁尔报团。其中，施普林格报团是最大的报团，它所拥有的报纸发行数占全国总发行总数的 30．21%。

施普林格报团是二战以后发展起来的。施普林格战前曾在沃尔夫通讯社和其他小报当过记者和编辑，战后继承了父亲的印刷厂，创办了一系列报刊。1946 年创办广播周刊《听》获得成功。1948 年创办《汉堡晚报》，两年间就成为联邦德国销量最大的报纸之一。1952年创办大众化报纸《图片报》，发行量很快跃居全国报纸之首；紧接着又买下英军创办的《世界报》，把它办成了一份“高级报纸”。到本世纪80年代，施普林格报团已经成为欧洲屈指可数的大报团，拥有全国性日报《世界报》和《图片报》，最大的晚报《汉堡晚报》，最大的星期日报《星期日图片报》和《星期日世界报》，两家柏林报纸《柏林日报》和《柏林晨邮报》，最大的广播电视刊物《听》以及其他一些报刊。除此之外，施普林格报团还拥有两家通讯社，主要为本系统报刊提供新闻。80年代末期，它购买了东柏林《晨报》50%的股份，并向东欧国家渗透。

联邦德国的杂志业也出现了垄断化的趋势——四家大的出版公司控制了全部发行量的64.2%。它们是：鲍尔出版公司、施普林格出版公司（1842年创办的科技出版社）、布尔达出版公司和格鲁纳－雅尔出版公司（现在是世界性的贝特斯曼出版集团的一个子公司）。

（三）主要报刊

1.《世界报》(Die Welt)

《世界报》与《法兰克福汇报》、《南德意志报》一起，并称原联邦德国“三大报”。《世界报》1946年6月由英军占领当局在汉堡创办，1976年迁至波恩继续出版。1952年招标出售，施普林格买下75%的股权。90年代初发行量为二十多万份。读者多为国家机关和经济界的上层人士。

《世界报》平日20版左右，分四个部分：重要新闻和评论、综合新闻、文体新闻和特稿，此外还有一系列专版，广告约占一半篇幅。该报信息广泛，文字精炼，版面活泼。它拥有较大范围的记者网，其首都新闻的报道具有一定的权威性，对国际新闻也相当重视。该报对记者、编辑的挑选较严。它要求他们具有大学毕业资格外，还要求有专业知识。如，从事经济内容的编采人员，必须懂得广告业务和具有生产方面的知识。

2.《法兰克福汇报》(Frankfurter Allgemeine Zeitung)

1949年11月1日创办于美因河畔的法兰克福市。该报重视经济新闻和国际新闻，读者对象主要是政府部门和企业界上层人士以及独立职业者。90年代初发行近40万份。该报是一家超区域性日报，在世界上有一定声望，我国报刊常译载它的文章。它也注意反映中国情况。该报文艺版从1987年5月3日起，还曾连载老舍小说《骆驼祥子》。

该报平日出24至30版，内容分政治、经济、文艺三大部分，此外每天分别有科技、书籍、旅游等专版。

该报最大的优势，是拥有一个遍布世界的记者网，这使它能够在很大程度上不依赖通讯社而发布来自世界各地的消息，并使它在经济报道方面独领风骚。该报每日还出版一张供订阅的附加版“经济一瞥”。

3.《南德意志报》(Sueddeutsche Zeitung)

1945 年 10 月创办于慕尼黑。初为周二刊，1949 年改为日报。该报创办时持社会民主党执照，以后变为私人报纸，但仍倾向于社会民主党。读者对象主要是自由派知识分子，90 年代初发行四十多万份。

该报篇幅比较大，平日 40 至 50 版，周末更多。平日版分三部分，政治新闻与评论、地区新闻和文艺影剧消息、经济新闻。此外还有一些定期和不定期的副刊和专页。

该报新闻版的特点是报道面广，而它对所在的巴伐利亚州的报道同样内容广泛。许多人对该报新闻文体的特色（其头版有杂文栏“曝光台”）以及它对所有危害社会的现象予以抨击的做法颇为赞赏。

4.《图片报》(Bild-Zeitung)

1952 年由施普林格在汉堡创办，它是联邦德国最早的一份通俗画报，四开小张，几乎全靠街头零售。90 年代初日发行量高达五百多万份，占联邦德国日报发行量的四分之一，居西欧各报之首。

在《图片报》上占主要篇幅的不是文字报道，而是图片、大字标题、彩色线条和花边。读者可以通过这份报纸了解身边发生的一切新闻。该报每天通过卫星传真在各大城市同时出版。

5.《明镜周刊》(Der Spiegel)

1947 年创办于汉堡，是德国最有影响的新闻周刊，用德文和英文出版，90 年代初发行量超过 100 万份。该刊以“展示社会的阴暗面”为己任，注重调查性报道，敢于揭露政界内幕和社会弊端。70 年代该报对国防部长施特劳斯受贿渎职的揭露、1983 年对钢铁大王弗利克公司贿赂政界要人的揭露、1987 年对石荷州州长巴舍尔在竞选中采用不正当手段的揭露，都曾引起强烈的社会反响。

二、民主德国的报业

（一）苏军管制时期的情况

民主德国的新闻业是在苏联的影响和扶持下发展起来的。早在 1945 年苏军占领期间，民主德国在苏军协助下就创办了《柏林日报》。同年创办的还有自由民主党的机关报《晨报》、基督教民主联盟的机关报《新时代报》和工会联合会的机关报《论坛报》。

1946 年德国统一社会党成立，随即创办了党的中央机关报《新德意志报》

(1946年4月23日创办于柏林)，并指定《柏林日报》作为党的柏林市委机关报(该报后又宣布为非党报纸)。此外，德国统一社会党还创办了中央委员会机关刊物《统一》和有关党的生活的刊物《新路》。各州县党组织以及党所领导的群众团体也都有着自己的机关刊物，如《莱比锡人民报》、《萨克森新闻报》，自由德国青年联盟的《青年世界报》、农民互助协会的《自由农民报》、民主妇女联合会的《今日妇女画报》等。

(二) 发展进程

德意志民主共和国成立后，苏军将新闻媒介的管理权移交民主德国政府。由于民主德国有报业发展的良好基础，报纸数量不断增加。到50年代中期，全国已发行40种日报、32种周报(刊)。

同一时期，民主德国的杂志种类多达250种。其中，专业性的刊物占很大的比重，如文学艺术界的《新德意志文学》、《世界舞台》；体育界的《国际体育活动》、《体育画报》；农业方面的《德国农业》；新闻界的《新德意志新闻》等等。

至80年代，民主德国出版日报39种，总发行量八百多万份；周报31家，总发行量870万份；杂志517家，期发行1800万份。其中发行量最大、影响最大的报纸是德国统一社会党机关报《新德意志报》(每期发行约为110万份)。

三、两德统一后的报业

1989年下半年，民主德国局势发生剧烈动荡——游行示威此起彼伏，党政领导人频繁更迭，大批公民出走联邦德国，柏林墙和两德之间的边界一夜之间全部开放。1989年11月，联邦德国总理科尔提出德国统一的十点计划；1990年8月31日，《两德统一条约》签署；10月3日，民主德国以五个州和柏林地区的形式加入联邦德国，德国正式统一。

两德统一，实际上是联邦德国对民主德国的"全面改造"——联邦德国的"基本法"在原民德地区生效；联邦德国的资本主义政治体制取代了民德原有的社会主义政治体制；联邦德国的托管局* 以私有化的形式，将民德的社会主义计划经济纳入其市场经济体系。与此相应，民主德国的新闻媒介也全面接受了联邦德国的"改造"和影响，发生了巨大的变化。

民德的印刷媒介，是由托管局以拍卖的形式实现私有化的。1990年9月，柏林出版社及其所属的《柏林日报》、《柏林晚报》和《广播电视节目报》被托管

---

* 联邦德国1990年7月1日成立托管局(Treuhandanstait)，任务是将民主德国的国家计划经济转变为市场经济。1994年完成使命。

局卖给了格鲁纳—雅尔出版公司和英国出版商罗伯特·马克斯韦尔；1990 年秋，萨克森州的《自由新闻》和萨克森—安哈特州的《中德日报》被分别卖给了联邦德国的两家报社；1991 年 4 月，托管局一次性卖掉了属于原民德统一社会党的 10 家地区性报纸，而这些报纸在民德报业市场上曾经居于重要地位。

随后，托管局对民德地区所有的出版社、报纸杂志社都进行了拍卖和转让，使他们成为私有企业。

与此同时，联邦德国的出版物大量涌入民德地区。1990 年初，联邦德国的《图片报》在民德地区广为发行，其销量很快超过 100 万份。其他的报纸杂志，如《明星》画报、《彩色》、《时代》、《明镜周刊》等也步其后尘，打入民德报业市场。从 1990 年 2 月起，联邦德国几十家通俗报纸在民德地区同时出现；四家大的出版公司（鲍尔出版公司、施普林格出版公司、布尔达出版公司和格鲁纳—雅尔出版公司）建立了报刊批发网，将报刊发行市场瓜分完毕。

联邦德国方面还以独资或合资的方式创办了许多新的报刊。截至 1990 年 8 月，联邦德国出版社新创办的地区性报纸的发行量达到 70 万份，占民德地区报纸发行总量的 7.9%。1993 年 4 月，民德地区创办了 34 家日报，它们全部为联邦德国传媒机构所有。

从统一后德国的情况看，1995 年出版的日报和周报共计 444 种，有 1620 个地方版和地区版，总发行量约为 3240 万份，人均报纸拥有量占世界第四位，仅次于日、英和瑞士；杂志一千六百多种，总发行量约 1.4 亿份；各种专业刊物八千多种。德国发行量最大的日报是《图片报》，1995 年达 452 万份。有重要影响的全国性报纸主要有《南德意志报》，发行量 40.1 万份；《法兰克福汇报》，39.1 万份；《时代》周报，47.9 万份；《世界报》，20.6 万份。发行量最大的地方性报纸是《西德意志汇报》，发行量约 120 万份。杂志中时事政治性的《明镜周刊》发行量 103 万份，《明星》画报 125 万份。

第五节　通 讯 社

一、沃尔夫通讯社

沃尔夫通讯社是德国通讯社的始祖，也是世界上最早的和规模最大的通讯社之一。该社创建于 1849 年，创办人是贝恩哈特·沃尔夫。沃尔夫早先在法国哈瓦斯通讯社（1835 年创办）做译员，1848 年回国接任柏林《民族国家报》社长，翌年开办了以他名字命名的通讯社，利用电报收集、发布股票行情和经济信息。

沃尔夫通讯社业务发展极为顺利。1856 年，该社与路透社（1851 年创办）

交换经济及股票行情信息；三年后又与路透社、哈瓦斯通讯社及美联社共同签约，互相交换政治及经济新闻。但是，由于当时欧洲大陆电讯联系尚未畅通，所以直到60年代，该社才能够向德国的报纸及商业公司提供经常性的信息服务，并与路透社、哈瓦斯通讯社齐名，成为欧洲三大通讯社之一。

沃尔夫通讯社同普鲁士政府关系密切，处处为政府的内外政策服务。1865年，俾斯麦将沃尔夫通讯社置于政府的控制之下，并改组为股份公司。以后俾斯麦统一德国，并企图称霸欧洲，沃尔夫通讯社与哈瓦斯通讯社、路透社的关系也日趋紧张。1875年，在政府的支持下，沃尔夫通讯社扩建为大陆电报公司，不过习惯上仍沿用沃尔夫的名称。

1913年，矿业大王胡根贝格打入新闻业，建立了德国的第二家通讯社"联合电讯社"。

第一次世界大战爆发后，沃尔夫通讯社与路透社、哈瓦斯通讯社的联系中断，因而被迫中止了在德国以外的业务。德国政府为了冲破英法等国的新闻封锁，于1915年另外开设了一家官方通讯社"海岸通讯社"（简称海通社）。海通社用无线电波对外播发新闻，一天几个小时，由德国驻中立国的大使馆抄收以后分送当地报社。该社后来成为希特勒的御用工具，1945年停办。

第一次世界大战以后，沃尔夫通讯社降格为国内通讯社。1933年希特勒上台后将它接管，改组为德国通讯社。历史悠久的沃尔夫通讯社就此告终。

二、德国新闻社

盟军占领期间，美、英、法占领区分别出现了各自的新闻社。1949年9月1日，在这三个新闻社的基础上成立了德意志新闻社（DPA），简称德新社。它是股份公司（由一百多家报社、电台、电视台组成）性质的企业，不过联邦政府每年都给予财政支持。

德新社是联邦德国最大的通讯社，1980年有报社成员188个，广播电台成员三个。为了避免财力雄厚的成员控制通讯社，该社特规定，任何一个出版商或出版集团所占股份不得超过1%，所有电台股份总和不得超过10%。

德新社领导机构为股东大会选举产生的董事会。董事会任命正副社长和总编辑，主持全社工作。其业务部门有国内新闻部、国际新闻部和新闻图片部。该社有工作人员约780名，在国内，首都波恩设有联邦分社，其他各州均设分社；在国外，同六十多家通讯社建立了合作关系，在八十多个国家和地区派驻记者。

德新社每天发布德文对内新闻10万字，德、英、法、西班牙、阿拉伯等文字的对外新闻七万多字。它的新闻、特稿和图片订户有国内的广播电台、电视台和一千多家报纸，国外的一百多家通讯社、广播组织和报社。

德新社建立后，联邦德国很快出现了一批地方性和专业性的通讯社。其中1948年成立的体育通讯社，是世界上惟一的体育专业通讯社。1971年，合众社在联邦德国的新闻社停办，在此基础上成立了一家新的全国性通讯社——德意志电讯社（DDP）。德意志电讯社也是一家股份公司性质的企业，为联邦德国的第二大通讯社。该社总部和国内部设在波恩，国际部设在伦敦。它每天发稿三万四千多字，66%为国内新闻，其余为国际新闻。该社同样接受联邦政府的资助。

除德新社外，联邦德国还有其他较大的通讯社：联合经济通讯社（专门提供内外经贸信息）（VWD）、基督教新闻社（EPD）、天主教通讯社（K NA）等。

三、德意志通讯社

德意志通讯社（AND，简称德通社）是原民主德国惟一的国家通讯社，1946年10月10日根据各报刊和广播电台的倡议建立。成立之初，德通社是股份有限公司性质的企业，1952年，政府将它收归国有，成为国家通讯社。

德通社是民主德国境内惟一有新闻播发权的通讯社。总部设在柏林，在国内14个专区设有分社，在四十多个国家派有常驻记者，与七十多个国家的通讯社签有新闻合作协定。德通社每天以德、英、法、俄等六种文字，向国内外发布约12万字的消息，是当时社会主义国家中比较权威的新闻发布机关。

两德统一之后，德通社改为自筹资金的独立股份公司，影响力骤减。与此同时，德意志电讯社（DDP）、美联社、路透社、法新社等在民德新闻市场上占据了重要的位置；原联邦德国的体育通讯社、联合经济通讯社、天主教通讯社等也纷至沓来，德通社一家称雄的局面一去不复返了。1992年5月，托管局将德通社出售给德意志电讯社最大的股东——明镜证券公司，合称德通社联合的德意志通讯社（DDP ADN），所属图片社由联邦档案馆接收。

第六节　广播电视事业

一、广播电视的开端

德国是广播电视诞生较早的国家，其广播事业开始于1923年，电视实验播出始于30年代中期。

（一）广播

德国早在1903年就设立了无线电报公司，开办了海岸电台，开始将无线电通讯用于航海活动。第一次世界大战期间，无线电通讯不仅广泛用于军事方面，而且成为德国向国外传播新闻的主要途径。1923 年 10 月，汉斯·布利多在柏林创办了第一座广播电台（私营），主要用于播放音乐和娱乐节目。这之后，公营和私营电台在各大城市陆续出现。1925 年，德意志帝国广播公司成立。1929 年 8 月，德国政府开办了对外广播，用于向海外领地播音。

1933 年希特勒上台后，德国的广播事业就被纳入法西斯政府的统辖范围，由国民教育和宣传部直接掌握。同年，法西斯政府设立了全国性的广播机构——德国广播协会，并下令没收所有私营电台，停办一切地方电台，实行高度的舆论控制。在希特勒、戈培尔的操纵下，德国广播电台大肆宣传法西斯主义，鼓吹对外侵略，煽动战争狂热，成为反动政府的御用新闻工具。

（二）电视

德国的电视实验始于 30 年代初。1934 年，柏林建立了实验电视台，1935 年 3 月开始播放电视节目。1936 年，奥林匹克运动会在柏林举行，该台曾作过几小时实况播映，收看人数达 15 万。1938 年，德国电视台正式建立，并开始定时播放节目，紧接着建立起了全国电视网和大众化电视机的生产线。

第二次世界大战中，德国电视台被盟军炸毁，电视业的发展陷于停顿状态。

二、联邦德国的广播电视业

盟军占领德国期间，各广播电台均被没收。1949 年以后陆续移交联邦德国政府。为了避免纳粹统治时期言论控制的一幕重演，美、英、法占领军提出了重建广播事业的两大原则：广播应为独立的事业，不受政府控制；广播应为公益事业，不能依赖广告生存或受其危害。据此，广播被视为公共财产，任何宗教团体或私有利益集团不得染指。这就奠定了联邦德国社会公营的广播电视体制的基础。

（一）公营广播电视系统

占领结束后，联邦德国各州陆续建立了社会公营性质的广播电台。这些电台既不属于政府，也不属于个人，而是由社会各界共同管理。为了加强彼此间的合作，1950 年 10 月，各州广播电台联合起来，成立了德国广播联合会（ARD）。这些地区电台还联合建立了两个全国性的广播电台——德意志电波电台（DW，1953）和德意志电台（DLF，1960），前者对世界各国广播，后者对全德国广播。根据 1960 年通过的联邦广播法，这两个电台的经费从联邦财政预算中拨给。

联邦德国的电视台是在广播电台的基础上建立起来的。1952 年 11 月，各州广播电台联合组建“德意志电视台”，即电视一台（ARD），经费由各州电台负责，节目大部分由地方台提供，总部设在汉堡，发射中心在法兰克福。1963年4月，各州再度合作建立的电视二台（ZDF）开播，总部设在美因兹。1967年，联邦德国开始播出彩色电视节目。联邦德国政府对电视台的干预很少，节目内容和技术问题均由专家负责。

社会公营广播电视系统在联邦德国长期占据主导地位。它的管理机构由三部分组成：1）广播委员会。这是公营广播电视系统的最高权力机构，由各社会团体代表、州政府代表、州议会各党派代表组成。其职责是制订章程，选举管理委员会，决定总经理的任免，批准财政预算等。2）管理委员会。这是业务监督机构，职责是同总经理签订合同并监督其执行，检查预算实施情况。3）总经理（台长）。负责领导全台业务工作，任免部门负责人，确定节目计划，负责财务实施。

公共广播电视系统的经济收入一般来自两个方面：听众和观众每月交纳的收听费、收视费。这项费用由德国广播联合会和电视二台共同建立的收费中心统一征收，然后按一定比例在各台间分配。广告费。各台均有广告，但播出广告必须遵守有关规定。如电视广告每天不得超过20分钟，不得在晚上8点以后及公共节假日播放，不得在节目中间插入等。

（二）私营广播电视系统

从80年代起，联邦德国逐步开放私营广播电视。1981年，联邦宪法法院作出私人可以经营广播电视的裁决，私营电台随即出现。1984年又出现了私营电缆电视台。当时对这个问题各州政府意见不一，争议很大，直到1987年4月才达成共识，签订了新的州际广播协议，确认经州政府许可，可以建立私营广播电视机构。协议还规定，经州政府批准，可以在电缆系统中转播所有能够收到的公营或私营电视节目。自此，联邦德国正式走上了公私并存的广播电视双轨制的道路。

从目前的情况看，虽然公共台在联邦德国具有相当的优势，但私营电台电视台的数目也在不断增长。联邦德国现有私营广播电台几百座，都是地方性的。其中的一些，如萨克森的FFN广播台、巴伐利亚天线台、汉堡广播台等已经拥有相当广泛的听众，有的甚至在竞争中超过了公共广播电台。从总体上看，私营广播台的节目内容比较丰富，有的以播放音乐为主，有的则播送地区新闻，而公共广播电台通常是不向公众提供这类节目的。

联邦德国有两家主要的私营电视公司，一家是卫星电视一台（SAT 1），另一家是卢森堡广播电视台（RTL）。前者1985年创建，设在美因兹，以德国、奥地利、瑞士等国的德语受众为对象。施普林格报团、时代出版—电视公司等掌握了它的大部分股权和节目份额。该台以娱乐性节目为主，较多播出美国影片和电视剧。后者1984年创建，从科隆播出。比利时和法国金融集团的下属公司CLT公司是它的最大股东。该台最初只转播重大的体育比赛并播出一些性爱节目，后来也制作了许多自己的节目。该台节目比较适合大众口味，平均每天的收视率为20%，超过了卫星电视一台（14%）。卢森堡广播电视台在广告市场上也是最为成功的，它播出的广告约占全部电视广告的40%。为了扩大播出范围，这两家公司不仅相互之间，而且同德广联和德意志电视二台展开了激烈的竞争。

除了上述两家主要的私营电视公司之外，联邦德国的私营电视台还有电视五台（TELE 5）和第七套节目（PRO 7）。最初这两个台只能通过电缆播送节目，现在可以通过电缆、卫星和天线为70%的西欧家庭接收。1992年，电视五台改名为德国体育电视台，施普林格报团和基希集团在该台拥有股份。

三、民主德国的广播电视业

民主德国的电子传播媒介是作为国家事业运营的，由部长会议下辖的国家广播、电视委员会来实施。

1945年5月13日，东柏林的柏林广播电台最早在德国恢复了广播。之后柏林又建立了三座广播电台：德意志民主共和国电台、德意志民主共和国之声电台、柏林国际广播电台。德意志民主共和国电台是最重要的对内广播电台，每天播出两套节目，24小时昼夜播放；柏林广播电台主要提供首都政治、经济和文化等方面的信息；德意志民主共和国之声电台主要对民主德国之外的德语地区的居民广播，向他们介绍本国、苏联以及其他社会主义国家的情况；柏林国际广播电台是专门对外广播的电台，用11种语言对东南亚、中近东、非洲、美洲和欧洲国家广播。除此之外，民主德国还拥有11个地方广播电台。

1950年6月13日，民主德国最早的电视台——柏林电视台首次试播，1952年12月正式播放节目（柏林电视台目前有两套节目，第一套节目包括政治、经济、文化、体育等内容；第二套节目以知识性内容为主，并播映纪录片和故事片）。50年代以后，各地方城市也陆续建立了电视台。从1969年10月起，电视台开始播放彩色节目。随着经济和传播技术的发展，民主德国电视机的拥有量迅速增加，成为东欧电视业最发达的国家之一。

四、两德统一后的广播电视业

两德统一之前，联邦德国的电子传媒实行的是公私并存的“双轨制”，即公营广播电视系统与私营广播电视系统协调并存。统一之后，民主德国全盘采纳了联邦德国的广播电视制度。

还是在1989年12月，民主德国的广播、电视国家委员会就被取消，广播、电视机构改名为民主德国广播电台和德国电视台。1990年8月，《两德统一条约》对民德地区广播电视机构的设置作出了具体规定：合并民主德国广播电台和德国电视台，成立独立的广播电视机构，以民德地区为对象播出具有公共性质的广播电视节目。该机构1991年底宣布解散，重新设立各州或几个州共同的公营广播电视机构。

两德统一后，新联邦各州议会开始审议本州广播电视机构的设置问题。虽然按照制度各州都应有自己的广播电视机构，但是德广联（德国广播联合会）以财政困难为由，提出在五个新的州至多只能建立2—3个广播电视机构。经过一番讨论，最终决定由南部的萨克森—安哈特、图林根和萨克森三个州共同成立“中德意志广播电视台”（MDR）；勃兰登堡州单独成立“东德意志勃兰登堡广播电视台”（ORB）；北部的梅克伦堡—前伏波莫瑞州加入联邦德国的“北德意志广播电视台”（NDR）；而中德意志广播电视台和东德意志勃兰登堡广播电视台则加盟德广联。1991年秋天，五个新联邦州的公共广播电视制度全面建立。

两德统一之前，私营广播电视系统在民主德国是不存在的。1992年，联邦政府允许在原民德地区建立私营广播电视台。1993年以后，五个新联邦州接连出现了15家私营广播电台，如萨克森私营广播电台、梅克伦堡—前波莫瑞天线台等。

目前德国的广播电视业相当发达，1994年，平均每千人收音机拥有量为935台，电视机拥有量为560台。

第九章

意大利的新闻传播事业

古罗马是西方文明的摇篮，同时也是现代新闻事业的发祥地（世界上最早的定期手写新闻《每日纪闻》就是在这里诞生的）。

1566年，在威尼斯开始发行由系统的定期的手抄新闻，流传至欧洲，被称为《威尼斯公报》（Venice Gazzette）。继威尼斯之后，罗马、那不勒斯、米兰等地和欧洲各大城市，也都有单页的手抄报纸出现。

以后手抄新闻的政治色彩日渐浓厚。1569年，教皇庇亥五世在红衣主教会议上说，手抄新闻支持宗教改革，是反对教皇和各级主教的。几天后，记者法兰科因为手抄新闻被处绞刑。1572年，教皇发布谕旨，禁止发行手抄新闻，并规定，无论作者还是发行者，凡知情不报的，均将被判处有期徒刑或死刑。1587年，手抄新闻记者加贝洛（Annibalo Capello）被捕，送到罗马后被割去舌头和一只手，在街上吊死示众。

直到17世纪，教皇对手抄新闻的管制才逐渐放宽。

意大利的印刷新闻纸出现于16世纪，17世纪发展起来，与手抄新闻并存了二百多年，最终取代了它。现存最早的意大利印刷新闻纸是1636年出版的，无报名（当时的报纸均无报名）。1645年，意大利萨丁王国授予教士沙西尼发行周报的特许权，为期五年，这是意大利最早有关印刷定期报纸的记录。1646年，路萨斯·阿萨林诺（Lucas Assarino）在热那亚开始出版名为《诚实报》的印刷新闻纸。由于他善于采访，交游面广，报纸办得很成功，因而常被称为“意大利第一报人”。

17 世纪末期，随着新航路的开辟，意大利不再是世界商业交往的中心枢纽，它的新闻业的发展也因此而变得缓慢了。

第一节　近代报业的产生与发展

一、早期近代报纸

18 世纪，意大利经济发展处于停滞状态。北部经济最发达的米兰、那不勒斯等地被奥地利占领（其他地区则被西班牙占领），整个国家分裂为好几个不大的王国，报业发展远远落在英法等国的后面。

一般认为，1714 年在罗马创刊的《罗马新闻》，是意大利的首份近代报纸。该报是教皇统治区的官方报纸，在意大利新闻界居主导地位长达 100 年之久。①

18 世纪末的法国思想启蒙运动及其资产阶级革命推动了意大利资本主义关系的发展，并促进其民族意识的形成。民族解放与统一的思想开始在意大利出现和传播。1770 年，模仿法国《公报》的一家同名报纸在威尼斯创刊。但是，由于威尼斯不是意大利的政治中心，《公报》的影响没有《罗马新闻》大。

1796 年，法国的拿破仑率军入侵，击败了奥地利人，动摇了意大利封建专制制度。当时，出于军事上的需要，拿破仑在米兰创办了《意大利军事邮报》(后改名为《意大利军队观察法国报》)。这份报纸客观上传播了法国大革命的思想。法军进入意大利后，许多地区发生革命，建立共和制度，并出现了一些具有民主主义意识的刊物。

二、政党报纸的兴起

1800 年，拿破仑在马连果城下大败奥军，取得对意大利的统治权；14 年后，又被俄奥为主的反法联军击败，意大利各地区重新置于奥地利帝国的统治之下。

19 世纪前期，奥地利当局在其占领下的北部地区出版了官方报纸《米兰报》(1816—1875)。与之抗衡的意大利革命党派的报纸也随之出现。1820 年至 1821 年，意大利“烧炭党人”举行了反对封建专制统治的起义，在这场斗争中，诞生

① 参见陈力丹著:《世界新闻史纲》，95 页，福州，福建人民出版社，1988。

了著名的革命报纸《意大利周报》。该报创办于1820年，是烧炭党的机关报。它主张驱逐外国侵略者，限制专制统治，实行政治改革。《意大利周报》虽为非法刊物，但影响却很大。

“烧炭党人”运动被镇压以后，1831年，后起的资产阶级民主派建立了“青年意大利”秘密组织，第一次提出了统一祖国、消灭专制制度、实现共和制的明确目标。《意大利青年报》就是此时创刊的（1831）。该报是“青年意大利”的机关报，创办者为资产阶级民主派的领导人（也是“青年意大利”的创办人）朱塞佩·马志尼。马志尼“看到了拿破仑失败后资产阶级的希望、决心和不安；他不是在死扣理论公式，而是……力图把坐而论道变为实际参与，使幻想变成现实”[①]。《意大利青年报》对意大利年轻一代产生了很大的影响。

1848年至1849年，在法国革命胜利的鼓舞下，马志尼等领导意大利人民进行了第一次独立战争。这场战争迫使意大利境内最大的萨丁王国开始实行民主政治，并于1848年公布了新宪法。宪法第25条规定：新闻事业应予自由，但法律应限制自由之滥用。这就从根本上废除了书报检查制度，给民主派报刊的出版创造了有利的条件。这一时期意大利比较著名的报纸是在佛罗伦萨出版的《黎明报·政治和文学性报纸》（1847—1849），主编拉法林。马克思在德国创办《新莱茵报》时，第一个与《黎明报》建立了互相交换报纸的联系。恩格斯说：《黎明报》是意大利为数不多的坚决拥护民主原则的报纸之一。意大利另一家有代表性的民主派报纸是罗马出版的《现代人报》（1846—1849）。

意大利自由派（代表大工商业资产阶级和资产阶级化了的贵族利益）具有代表性的报纸是在都灵出版的《协和报》（1848—1849）和《复兴运动》杂志（1847年创刊）。与民主派的主张相反，这些报纸和杂志反对以人民起义的方式争取民族独立，主张依靠外国势力驱逐奥地利统治者，并通过王国合并达到全国统一的目的。马克思、恩格斯曾就《协和报》特地写了一篇短文《都灵的〈协和报〉》，对它进行了善意的批评。革命中意大利反动报纸的代表是北部的《米兰报》和罗马教庭的《罗马新闻》。[②]

第一次独立战争失败后，以马志尼为首的资产阶级民主派的力量逐渐削弱（民主派报刊大都随之停刊），以加富尔为首的自由派的力量逐步加强。1860年，加富尔创办《人民公报》，作为新建政党——意大利立宪党的机关报。与此同时，马志尼在国外领导了共和派的革命宣传活动（在国内各地）。这一时期共和派的

---

① ［意］焦瓦尼·斯帕多利尼著：《缔造意大利的精英》，161页，北京，世界知识出版社，1993。

② 参见陈力丹著：《世界新闻史纲》，47页。

主要报刊有：《上帝与人民报》（1858 年创刊，热那亚）、《思想与行动》半月刊（1858 年至 1859 年在伦敦、1862 年以后在国内出版，马志尼主编）、《多事人报》（1868 年—1872 年，都灵，朱·贝盖利主编）、《玫瑰小报》（1867 年至 1873 年，米兰）和《火花报》（1866 年至 1894 年，曼图亚）。

三、商业性报纸的出现

在政党报纸发展的同时，意大利的商业性报纸开始萌芽。最初出现的两家重要报纸是 1859 年在佛罗伦萨出版的《民族报》和 1867 年在都灵出版的《新闻报》。后者原名《皮埃蒙特新闻报》，1895 年，路易·吉鲁克斯和阿尔弗雷多·弗拉萨蒂购入该报，改名为《新闻报》。1901 年，弗拉萨蒂家族成为该报惟一主人后，在继承以往开明传统的同时，改进国际和国内报道，使报纸很快成为意大利北方的重要报纸之一。

1870 年，意大利利用普法战争的机会最终实现了国家的统一，建立了意大利王国。这一政治上的变化成为商业性报纸发展的起点。从此，意大利报纸开始了由政党报纸向企业化报纸的缓慢的转变。

最先走上企业化管理道路的是《晚邮报》。

《晚邮报》1876 年 3 月由托雷利—维奥利尔在米兰创办。初为晚报，不久即改为晨报。托雷利—维奥利尔自任总编辑。该报倡导英美式的民主自由，坚持贸易保护主义观点，主张在国家提供保护的前提下实行自由主义制度。1885 年，纺织业资本家克里斯皮家族购入该报后，投入巨资更新设备，报纸销数从 1885 年的 3000 份增加到 1889 年的 10 万份。

1899 年，托雷利—维奥利尔逝世，阿尔伯蒂尼继任总编辑。阿尔伯蒂尼是一位企业家，他把工业效率原则同报纸的政治性原则很好地结合起来，使报纸走上企业化管理的道路。他研究了西方各国的印刷技术后，仿照《泰晤士报》的模式为《晚邮报》建起了一座编辑大楼，并首次引进了现代滚动印刷设备，对报社的工作程序进行了合理化改造。此外，阿尔伯蒂尼还利用报社资金，于 1899 年和 1909 年分别创办了《邮报周刊》和《小邮报》。可以说，阿尔伯蒂尼开创了意大利现代化报纸工作的新时代。

这一时期意大利影响较大的报纸还有：米兰的《世纪报》、都灵的《邮报》、罗马的《信使报》（1878 年创刊）、《论坛报》（1883 年创刊）、波洛尼亚的《古钱报》（1885 年创刊）等。

除了商业性报纸之外，19 世纪末期，意大利还出现了一批学术刊物和众多的社会主义报刊（存在的时间都不长）。前者的代表刊物是由意大利哲学协会出版的《哲学评论》（1870 年创刊）；后者的代表刊物是先后在洛迪、米兰出版、后成为国际工人协会在意机关报的《人民报》（1868—1883）。此类报纸还有意大利劳动社会党中央机关报《阶级斗争》周报（1892—1898，在米兰出版）和意大利社会党中央机关报《前进报》（1896 年至今，在罗马出版）。

第二节　两次大战期间的报业

一、一战期间的报业

在 1914 年至 1918 年的第一次世界大战中，意大利开始持中立态度，后加入协约国，参加了列强重新瓜分世界的战争。

一战爆发前，在是否参战的问题上，意大利朝野各方争论不休。当时的政府首相焦利蒂竭力反对意大利参战，认为这场“既没有正当理由、又没有正当目的、给人类带来巨大灾难的恶魔般的战争”[①]，是能够、也是应当避免的。为了使意大利不致被卷入第一次世界大战，为了使同德意志帝国以及奥匈帝国的谈判取得成功，他全力进行斗争。

与此同时，国内的主战派频繁活动，推波助澜；一些有影响的报纸也发出了战争的叫嚣。阿尔伯蒂尼主编的《晚邮报》极力支持诗人邓南遮所鼓吹的尚武精神，并将报纸的第三版辟成专页，专门刊登有关邓南遮的稿件；在利比亚战争（1911—1912）最激烈的日子里，《晚邮报》甚至直接刊登邓南遮的诗作《海外武功歌》，试图煽动全民族的战争情绪。

弗拉萨蒂主编的《新闻报》最初也支持对利比亚发动战争和向东方扩张，有时甚至火上浇油。但是第一次世界大战爆发后不久，即 1914 年 7 月至 12 月，它逐渐转变了立场。《新闻报》及其主编弗拉萨蒂虽然也同意参战，但与《晚邮报》煽动战争的做法不同，它主张意大利应当谨慎行事，平息国内的民族主义骚动。

《论坛报》的主编马拉戈第是由焦利蒂亲自选定的，该报公开宣称奉行焦利蒂的路线，对他忠心耿耿。即便如此，在意大利是否参战的问题上，马拉戈蒂仍同焦利蒂各执己见。

在意大利各报中，直接对政府作出参战决定产生影响的是《意大利人民报》，而它的创办者就是后来成为法西斯头目的墨索里尼。

墨索里尼曾是社会党人（意大利社会主义者中的一派），于 1912 年到 1914

---

① ［意］焦瓦尼·斯帕多利尼著：《缔造意大利的精英》，392 页。

年主编社会党机关报《前进报》。一战爆发后，他在《前进报》上竭力鼓吹意大利参战，社会党撤销了他的主编职务，并将他开除出党。此后，墨索里尼变成法西斯主义者，与一切社会主义者为敌。1914年底，他罗织一批法西斯分子，在米兰创办了《意大利人民报》，疯狂地鼓吹战争。意大利政府在该报及其他主战派的影响下，于1915年参加协约国，与同盟国作战。墨索里尼参加了军队，在前线两年；退役后，继续主编《意大利人民报》，直到1922年，他才离开该报，交给他的弟弟安那尔杜主编。

一战期间，发行量最大的报纸是《晚邮报》（发行量超过100万份）。该报是当时惟一的一家向所有直接参战的编辑人员发放全薪、甚至增加薪水的报纸。它向前线派遣的记者人数也是最多的。战后，《晚邮报》主编阿尔伯蒂尼逐渐改变原有的立场，最终走上反法西斯的道路，甚至与墨索里尼本人发生了直接的冲突。

二、二战期间的报业

（一）二战前的报业

1921年11月7日，国家法西斯党正式成立，墨索里尼任首领。1922年10月28日，法西斯党"进军罗马"，国王不得已而于次日授命墨索里尼组织新内阁。

1922年10月28日清晨，人们在报摊上看到的《晚邮报》号召人民坚决捍卫宪法的合法地位，反对法西斯党进军罗马。该报认为，这是"爱国者义不容辞的义务"。10月29日，《晚邮报》没有出报，因为阿尔伯蒂尼不想在法西斯的淫威面前屈服。这使墨索里尼大为恼火，他把《晚邮报》同《前进报》、《正义报》等一起，列入禁止发行的报刊之列，但由于执政初期墨索里尼尚不敢大规模镇压反法西斯人士，该报并未停刊。

墨索里尼出任首相后，对新闻界采取了以下几方面的措施。

第一，实行一区一报制。墨索里尼认为，全国报纸太多，不便实行统一管制。于是颁布《新闻法》，规定各地报纸合并，一个地区只准许一家报纸发行。这个办法不仅可以使言论趋于一致，而且是消灭反对派报纸的最好的办法。二战期间，德国、日本等国均仿效过这种做法。

第二，制定《新闻记者登记法》。《新闻记者登记法》颁布于1925年，是世界上最早的记者法。该法规定：凡有违反国家利益之行为者，即撤销记者之资格。同时规定：凡不对法西斯效忠者，均不得从事新闻事业。根据这一法令，一百多名记者被拒绝登记，《晚邮报》主编阿尔伯蒂尼也被迫辞职。

第三，向新闻界直接发布宣传指示。墨索里尼认为，报纸是政府事务的一部分，不能由私人自由经营。他要求新闻媒介“凡对政府有益的事就积极报道，反之就拒绝报道”。在他执政期间，各报总编辑或代表要经常到新闻宣传部（墨索里尼的女婿西阿诺为部长）接受口头或书面指示，这些指示包括每天的版面安排、标题字号和言论基调。1932 年海军演习时，新闻宣传部指示各报夸大事实，说明参加演习的舰艇有 100 艘，潜艇 30 艘。并强调，在这次演习中海军部分是最重要的，罗马的任何报纸只能将最大的标题给予海军部分（尽管空军部分也很重要）。

第四，实行新闻检查。1924 年，社会党议员马蒂奥特因发表反法西斯演说而遭暗杀，全国大小报纸群起攻击法西斯党。墨索里尼感到这样下去对法西斯政权威胁甚大，于是决定实行新闻检查。政府规定，国内新闻由地方长官负责，外籍记者由邮政总局负责。新闻检查人员可随意延长检查时间，使新闻失去效力；亦可删改或扣压新闻。外籍记者如不服从，可判处五年至十年的徒刑。

墨索里尼统治时期，意大利的主要报纸有：米兰的《晚邮报》，日销 70 万份左右，为第一大报；米兰的《意大利人民报》，墨索里尼的弟弟安那尔杜任主编，被认为是代表政府的报纸；罗马的《消息报》，法西斯党的机关报；《罗马观察报》，教廷的机关报；罗马的《意大利日报》；罗马的《论坛报》；都灵的《邮报》晚刊；都灵的《人民公报》（墨索里尼被推翻后，上述各报除《晚邮报》和《罗马观察报》继续出版外，其余不是被封闭，就是因亏损而停刊）。

（二）二战时期的报业

战争期间，除梵蒂冈教廷所属的报纸外，意大利的报刊几乎全部为墨索里尼的法西斯党所控制。法西斯控制新闻媒介的机构是新闻宣传部，部长为墨索里尼的女婿西阿诺。在西阿诺的指挥下，所属报刊以政府的需要为最高目标，组织宣传材料，鼓吹对外扩张，大力推行法西斯主义。与此同时，法西斯政府还利用无线电广播进行对外宣传战。但是总的来说，在战时宣传方面，意大利政府远不如德国、日本那样娴熟、老练，也没有它们那样成功。

对于法西斯的侵略扩张政策，意大利国内一直存在着反对、批评的声音。这方面最有影响的，是教会系统的报纸，如《教廷公报》、《罗马观察家报》等。它们大胆公布带有反法西斯意味的教皇训谕，刊登抨击法西斯主义的文章。由于教会的特殊地位，政府对它们也奈何不得。其他反战、反法西斯的社会党团报刊，就没有这样的有利条件。1941 年，被打入地下的共产党、社会党和其他党派共同组成了“意大利人民统一行动委员会”，共产党的几家秘密报刊成为组织各种抵抗活动的中坚力量。其中最有影响的是秘密出版长达 18 年之久的《团结报》。

该报原在国内秘密印刷，后转到国外印刷，通过秘密交通线在群众中广为散发。1943年和1944年，米兰、都灵等大城市发生大规模的罢工运动，给统治者以沉重的打击。工人普遍认为，是《团结报》策划并领导了这几次罢工。共产党办的另一家报纸《斯巴达克斯的呼声》也是当时影响较大的地下报纸。

第三节　二战后的报业

1943年7月，盟军在意大利登陆。他们与意大利国内的抵抗力量联合起来，结束了法西斯政权的统治。1944年6月，意大利全境解放。意大利的报业从此获得了迅速的发展。

一、发展梗概

战后意大利报业的发展，大致可以分为四个阶段。①

（一）1945年至1954年

这是第二次世界大战结束后的第一个十年，也是意大利新闻体系再生和重建的十年。墨索里尼的统治不仅把意大利拖入了战争的泥潭，也把报纸变成了法西斯主义的工具。战后，人们在清算墨索里尼罪行的同时，也对报纸的作用进行了重新审视。这一时期，一些全国性的报纸，例如米兰的《晚邮报》、都灵的《新闻报》、佛罗伦萨的《民族报》、罗马的《信使报》等先后恢复出版，并在引导人们重建家园的过程中发挥了重要的作用，成为国内最有影响力的舆论机关。

（二）1954年至1970年

这一时期，意大利经济突飞猛进，但报业发展十分缓慢。日报的发行量始终徘徊在500万份左右，十几年没有什么变化。不过，就局部而言，有两个现象值得注意。其一是《每日报》的诞生和迅速成长。该报创刊仅仅几年，发行量就赶上了老牌大报。其二是以《快报》为代表的新闻杂志的异军突起。与日报发行量停滞不前的状况形成鲜明对比，周刊的发行量扶摇直上，60年代中期各类周刊的人均拥有量达33份，创下了欧洲记录。

（三）1970年至1985年

这一时期，意大利经历了前所未有的社会变革，社会制度、经济体制、思想观念、生活方式等都处于急剧的变动之中。与此相应，新闻媒介也经历了严峻的

① 参见唐绪军：《意大利大众传播媒介面面观》，载《国际新闻界》，1997（1）。

考验。在社会变革中，老牌报纸与时并进，发挥了号角和警示作用；新起的、具有较大影响力的报纸也于此时诞生，如《每日新报》、《共和国报》。但是，就整体而言，由于纸价上涨和工资提高等原因，报业普遍遇到财政困难，报纸种类及销量有所下降。在这种情况下，一些利益集团开始插手并试图控制报业，许多报纸在控制与反控制的斗争中苦苦挣扎。为了挽救陷于困境的报业，议会于1981年通过了《出版法》，该法禁止报业所有权集中在少数工业托拉斯手中。然而政府的反托拉斯措施并未取得应有的效果，一个在所有出版领域都拥有资产的媒介巨人“里佐利—晚邮报托拉斯”（Rizzli-Corriere dell Sera Trust）在国内出现了。

（四）80年代后期至90年代后期

这一时期，是意大利报业正常发展时期。前些年的种种危机均已克服，市场、广告与报业的联姻变得越来越紧密。广告投资的扩展给报业提供了一条聚敛财资的道路，各种收入滚滚而来。有了足够的经济实力，报业就能轻松地向新技术转型，从而进一步扩大报纸销量。为了扩大发行，报纸普遍采取了有奖销售、夹带广告、博采等手段，使日报的总销量在1989年达到了一个新的高峰：700万份。

二、主要报纸

意大利的主要报纸有：

（一）《晚邮报》（Corriere Della Sera）

《晚邮报》名为晚报，实为早刊。该报是现存的最老的报刊之一。它创刊于1876年，在伦巴第首府米兰出版但行销全国。长期以来，该报代表米兰、伦巴第资产阶级利益。1974年，意大利最大的出版商里佐利在经营石油化工的蒙特爱迪生集团的资助下，收购了该报的全部股份。

《晚邮报》平日约30版，版面较为严肃，广告占总篇幅的三分之一。发行国外的航空版一般为16页。该报较多刊登文学、艺术作品，重视经济报道和体育报道，国际新闻报道也很有分量。

该报在世界上二十多个重要城市派有常驻记者，并拥有一批颇有名气的“旅行记者”。如女记者奥林埃娜·法拉奇思维敏捷，提问尖锐，善于采访国际风云人物，其作品给读者留下了深刻的印象。1980年，她曾采访邓小平同志。

（二）《新闻报》

《新闻报》是意大利现存历史最悠久的报纸，创刊于1867年，在都灵出版。本世纪初，该报一方面继承过去开明进步的传统，同时不断改进新闻报道，很快赢得了声誉，成为欧洲著名报纸之一。法西斯主义在意大利出现的时候，《新闻报》曾与之进行论争。第二次世界大战后，该报摆脱法西斯的魔爪而获得新生，并一度改名为《新新闻报》。

40年代末、50年代初，该报进行了一系列改革，大力倡导清新活泼、简洁晓畅的文风，同时改革版面编排，使之更有条理。

《新闻报》除星期一外，每天出版。该报历史上以发表有分量的政治评论蜚声报坛，至今仍重视评论。每天还辟有读者来信专页，反映和议论的内容包罗万象。

《新闻报》立足都灵，面向全国，在意大利拥有广泛的读者。长期以来，它是意大利的第二大报，但1986年平均日销量增至64.1万份，超过《晚邮报》。

该报从1926年起就属于菲亚特汽车公司集团。1977年利比亚政府出资购买了菲亚特公司15%的股份，从而成为该报的业主之一。

（三）《信使报》

《信使报》是意大利一家历史悠久的著名报纸，1878年创刊，在罗马出版，1986年平均日销量为21.5万份。

该报代表意大利钢铁、军火工业集团的利益。1973年，亲天主教民主党的出版商迪利奥·鲁斯科尼在梵蒂冈和天主教民主党的支持下，购买了该报一半的股份。后又售出了全部股份。

三、主要期刊

意大利著名的期刊有：

（一）《快报》周刊

在罗马出版，创刊于1955年，发行量30万份。该刊经常刊登引人注目的内幕新闻。1978年，它揭露当时的总统莱昂尼在经济方面的丑闻，导致莱昂尼下台。

（二）《时代》周刊

在米兰出版。该刊的内容与编排很像美国的《生活》杂志，而且时常采用《生活》杂志社记者的文字和图片稿件。近年来发行量达30万份。美国著名进步记者埃德加·斯诺晚年三次访问中国，同毛泽东、周恩来进行了重要的谈话，他撰写的有关访问记就发表在这个刊物上。

（三）《今日》周刊

意大利发行量最大的综合性刊物之一，二战以前在米兰出版，法西斯统治时期被迫停刊，1945年复刊。现由里佐利出版社出版，发行量75万份。

四、主要报团

意大利重要的报纸杂志几乎全部属于或受控于大的垄断资本集团。这些集团有：

（一）蒙达多利—快报集团

这是意大利主要的出版集团，拥有意大利国内期刊市场份额的23%，出版日报《共和国报》以及九家省报，占全国日报发行量的13.5%。1982年，该报坛与人联手涉足电视领域，创办了全国性的商业电视网——Rete 4，但不久即因资金困难被迫出卖给了电视巨头贝卢斯科尼。

（二）里佐利—晚邮报出版集团

该集团自称为独立的出版集团，但实际上同菲亚特公司有着紧密的联系。它拥有全国期刊发行量的17%，出版两份日报——《晚邮报》和《体育邮报》，这两份报纸占全国报纸总发行量的16%。

（三）菲亚特出版集团

该集团是意大利最大的汽车制造企业附属的出版公司，直接拥有和出版两份全国性的日报——《新闻报》和《新闻晚报》，占全国日报总发行量的7%。该报团同时还以财政手段控制着里佐利－晚邮报出版集团的经营业务。

（四）蒙蒂—里费塞出版集团

该集团控制着五家地区性日报的出版发行，发行量占全国日报总发行量的9%。

（五）费鲁兹出版集团

该集团出版《信使报》以及其他三家地方性日报，其发行量占全国报纸总销量的4.5%。

第四节　通讯社

一、斯蒂法尼社

意大利通讯社产生于19世纪50年代。1853年，在撒丁王国首相加富尔的支持下，由新闻记者斯蒂法尼（Gugliclmo Stefano）建立通讯社。这是意大利通讯社历史的开端。意大利统一后，这家通讯社扩大为股份公司。斯蒂法尼社是当时仅次于欧洲三大通讯社的欧洲第四大通讯社，半官方性质。

1890年，斯蒂法尼社与德国的沃尔夫社和奥地利的通讯社签订了协议：三社之间交换新闻，以打破哈瓦斯通讯社在欧洲的垄断地位。其他各国的小通讯社也纷纷加入“三社同盟”，以取得国际新闻。哈瓦斯社为扭转不利地位，后来单独与斯蒂法尼社达成协议。根据协议，斯蒂法尼社将按照哈瓦斯社的意图，把新闻发送至法、德、英、瑞典等国；同时，哈瓦斯社的国际新闻由斯蒂法尼社统一转发意大利各地。“三社同盟”及斯蒂法尼社与哈瓦斯社的特殊关系一直延续到第一次世界大战爆发。

1922 年墨索里尼夺取政权后，斯蒂法尼社被改组为国家通讯社，国外电讯由该社统一播发，其他通讯社和报社不得向国外派驻记者。1935 年，政府新闻宣传部与该社签订合同，由政府负担该社费用。至此，斯蒂法尼社完全置于法西斯政权的控制之下。

1943 年，墨索里尼败亡，斯蒂法尼社随之解体。

二、安莎社

斯蒂法尼通讯社在第二次世界大战结束时瓦解。1945 年 1 月 13 日，意大利 12 家主要日报联合组成全国报业联合社（ANSA），简称安莎社。与路透社、美联社等相同，这是一家非官方的、非营利性的合作通讯社。该社创办后，陆续有日报申请加入联营，使它发展成为有五十多家日报联营的通讯社。

1949 年，意政府向安莎社提供补贴，同时享有任命社长等主要领导人的权力。该社从此成为半官方通讯社，原先标榜的“独立、客观、超党派”的宗旨此后亦不常强调。

自 70 年代末期起，安莎社开始进行大规模的技术革新，到 1982 年，该社消息收发中心已全部实现电子计算机化。在编辑资料库里，电子计算机检索系统取代了装订成册的书面资料，已有一百多家订户通过电话线使用了这一系统。

安莎社每天用意、英、法、西、葡五种文字发稿，在七十多个国家建立了分社或派有常驻记者，其国际新闻报道在欧洲各国经常被采用。

三、其他通讯社

1950 年成立的“意大利通讯社”是意大利的第二大通讯社。它是由北部工业大王埃尼创办的。

意大利共有大小通讯社 350 家，其中专业通讯社 150 家，政党通讯社 50 家。

第五节　广播电视事业

一、广播电视的发端

意大利是无线电广播的发源地。1895 年，工程师马可尼（1909 年诺贝尔物理学奖获得者）利用电磁波作通讯载体试验成功。从 1896 年到 1903 年，他协助欧洲各国建立了 48 个海岸电台，将无线电报用于航海通讯。1901 年，他的大西洋两岸无线电信号传送试验获得成功。

1924 年，两家无线电公司联合组成意大利广播公司。1927 年，该公司改名为意大利广播收听局，并从政府那里获得 25 年的经营特许权。收听局着手建立全国广播网——1930 年，新罗马电台建成；1932 年，新米兰电台建成；1934 年，罗马的短波电台建成，并开始国际广播。1937 年，意大利国内已有三个广播网。1939 年，意全国拥有收音机 117 万台，电台每天播音累计 42 小时。1943 年盟军登陆前，意大利共有 32 个中波电台，9 个短波电台，收音机 182 万台。

二战期间，广播电台作为墨索里尼的战争工具，发挥了很大的作用。由于意军的溃败，广播事业也损失惨重。战后经恢复重建，于 1951 年底重又拥有三个广播网。其中一个为全国广播网，以广播新闻为主；一个以娱乐性节目为主；另一个以文化及古典音乐节目为主。1952 年全国收音机拥有量达 428 万台。同年，意大利广播收听局特许经营的期限已满，于是与政府重新签约，并再度改组。

意大利的电视业是二战以后发展起来的，始于 1945 年。

二、广播电视的发展

二战后，意大利广播电视事业的发展，大致可以分为以下三个阶段：

（一）1946 年至 1975 年

这是意大利广播电视公司独家垄断时期。该公司成立于 1946 年，当时由政府直接控制。它所属的三个全国性的电台广播网于 1950 年开始播出。正式的电视广播始于 1954 年，当时电视信号覆盖的面积为全国领土的 36%。1961 年 11 月，意大利广播电视公司开通第二个电视频道，此时覆盖面积为全国领土的 52%。正式的彩色电视广播始于 1975 年。也正是在这一年，意大利议会通过了一项重要法令——《关于广播和电视播出的新规定》（以下简称《新规定》）。该法令规定，意大利广播电视公司政治上独立，报道要客观；公司下属电视台实行自治，节目计划受议会监督。针对日益强烈的要求开办商业性电视台的呼声，新规定重申了意大利广播电视公司独享的全国广播的权利，同时要求该公司进行必要的改革以适应形势发展的需要。为此，意大利广播电视公司将所属的两个电视频道改组为两个独立的电视台，即意大利广播电视公司电视一台和意大利广播电视二台，以求引进竞争机制。尽管这一时期先后出现了上百家地区性私营广播电台，70 年代初期，个别城市还出现了地区性私营电视台，但直到 70 年代中期，意大利广播电视公司的垄断地位都是无可置疑的。

（二）1976 年至 1990 年

这是商业广播迅速发展时期。1975 年通过的《新规定》，意在巩固广播电视公司在广播电视业的垄断地位。结果却适得其反。一部分私营企业主坚决反对广播电视业的国家垄断，强烈要求获得从事广播电视业的合法权利。在他们的不断申诉下，宪法法院于 1976 年 7 月作出裁决，判定新规定的部分内容违法，允许私人在不危及国家垄断的前提下从事地区性的广播电视业务。法律的缺口一经打开，地方性的私营广播电视台便纷纷建立，一发而不可收。据意大利邮电部 1979 年秋季的统计，当时在全国各地开办的商业性私营电视台达九百多家，广播电台超过 3000 家。不过，其中一半以上的电台电视台很少播出节目（它们的设立只是因为地方性或全国性的团体试图抢占一个频段）；那些正式播出节目的电台和电视台，为了争夺受众市场和广告份额各显其能，播出的节目完全不受管制。这一时期因此而被称为意大利广播电视史上的“混乱时期”。

为了与风起云涌的商业性电视台相抗衡，意大利广播电视公司开办了一个新的电视台——意大利电视公司电视三台，主要播出服务性节目。然而，与商业电视强劲的发展势头相比，公共电视网的反击显得微不足道。1980 年 11 月，电视巨头贝卢斯科尼将其所属的、分布于全国各地的二十余家地方性电视台联网成片，在同一时间以“五频道”的名义播出节目，形成了事实上的意大利第一家全国性私营商业电视台。1982 年，贝卢斯科尼手下的菲宁维斯特公司（Fininvest）已拥有三家全国性的商业电视网，与意大利广播电视公司旗鼓相当。尽管后者在法律上仍享有对全国电视广播的独家垄断经营权，但实际上这一特权已不复存在。

（三）1990 年至 90 年代末期

这是意大利广播电视公司和菲宁维斯特公司平分天下时期。鉴于商业性电视网不断扩张，意大利广播电视公司向法院提起诉讼，认为商业电视台的所作所为已经构成了对它的独家经营权的威胁，希望法院就此作出裁决。但是，法院态度暧昧，并未作出令其满意的判决，因而纷争不断。这一所谓的“电波纠纷”持续了十多年，直到 1990 年议会通过 223 号法令才告结束。223 号令即《公共和私人的广播电视体制之规定》，它首次确认了私人从事广播电视业，包括全国性广播电视业的权利，基本上认可了私营商业性电视网与公营服务性电视网并存的现实。223号法令的通过，打破了公共电视网垄断的单一体制，预示着商业电视网与公共电视网相互竞争的新时代的到来。但是，说到底，这种竞争不过是意大利广播电视公司和菲宁维斯特公司两家之间的竞争，因为它们各辖三家全国性的电视网，占据了意大利国内广播电视市场的90%。而其他小型的广播电视台是无法与它们匹敌的。

就两大电视网的节目构成来看，意大利广播电视公司偏重于新闻和文化类节目，菲宁维斯特公司偏重于电视剧和娱乐节目。两者竞争初期，菲宁维斯特公司因自身采编能力不强，同时也无力制作其他类型的电视节目，于是放弃了电视新闻，以巨额广告收入为后盾大量购进国外节目，主要是美国的电视连续剧，一度吸引了大批的电视观众。面对菲宁维斯特公司咄咄逼人之势，意大利广播电视公司组织了一个专门研究小组，研究节目编排方面的对策。结论是：必须用同类节目与之对抗。于是，80年代初期，意大利出现了各电视台竞相播放美国电视片的热闹场面。

1990年的223号法令对电视台播出外国节目，尤其是来自美国的节目作出了法律上的限制，规定电视台必须遵守欧洲委员会的指令，欧洲国家制作的节目不得少于40%，本国制作的节目不得少于50%。根据这一法令，在自制节目与购进节目的比率上，两家电视网都作了调整，以期实现节目的合理搭配。相比之下，菲宁维斯特公司在自制节目方面取得的进展更令人瞩目。90年代以后，为了改变商业电视台以倒卖外国节目为主的形象，菲宁维斯特公司投入巨资在全国各地建起了一大批节目制作中心，高薪聘请国内外电视节目制作高手，制作出了许多受观众欢迎的节目。

第十章

俄罗斯地区的新闻传播事业

俄罗斯地区的新闻传播事业至今已经历了三个世纪，其间大致可划分为三大时期，即帝俄时期、苏联时期及独联体时期。

第一节　帝俄时期的报业

一、报业的发端

俄国在彼得大帝以前，虽面积广大，但贫穷荒凉，人口极少，与世界没有多少联系，可说是一个非常原始的落后地区。彼得大帝（即彼得一世）继位后(1682—1725 年在位)，积极接受西方的先进文化，在国内进行大刀阔斧的改革，在俄国历史上留下了划时代的功绩。他建立了一个彻底的专制政府，训练新的陆军，成立新的教会，设立学校，应用科学，发展工业，开拓疆域，同时也是报业的创始人。

1703 年，彼得一世下令在莫斯科创办《新闻报》，从此开始了俄国定期物刊的历史。1756 年莫斯科大学主办的《莫斯科新闻》，宣告了俄国第一张非官方报纸的问世；18 世纪 70 年代启蒙思想家诺维科夫创办的具有民主主义倾向的讽刺杂志，预示着民办报刊的出现。然而 19 世纪 60 年代以前，俄历届沙皇政府对舆论的控制和对报刊出版的管制一向十分严格。尼古拉一世于 1826 年制定的被称为“铁的法典”的书刊检查法就充分证明了这一点。该法规定，由三位部长组成最高书刊检查委员会，并由它负责指导舆论，使其符合现实政治形势与政治观点。

二、资产阶级报刊的产生和发展

1861 年农奴制被废除后，沙皇政府对舆论的控制有所松动，俄国报业逐渐发展起来，报业结构也有变化。其突出表现在：1）政论性报纸和政党报纸相继创办。1860 年全国政治性报纸只有 15 家，1870 年 36 家，1881 年增加到 83 家，基本上改变了过去以文学报刊为主的报业结构。2）具有资本主义企业特征的报业开始出现。彼得堡著名出版商苏沃林 1876 年出任《新时报》（1868—1917）主编，他在政治上采取保守主义立场，顺从沙皇政府的意志。在报纸编排上，形式多样，栏目众多，消息灵通，报道及时，文字高雅，文学性强，该报办得非常成功，很快成为俄国最大报纸之一。后来，苏沃林又出资办了几家报纸，靠报纸发财，成了百万富翁，被人称为俄国的报业大王。

早期资产阶级报刊可以分为两部分：革命民主主义派报刊和民粹派报刊。革命民主主义派由平民出身的知识分子组成，其代表人物是车尔尼雪夫斯基。革命民主主义派的主要刊物有《同时代人》、《祖国纪事》、《钟声报》等。民粹派是继革命民主主义派之后出现的一种小资产阶级社会主义思潮，代表人物是米海伊洛夫斯基。民粹派的主要刊物有《俄国财富》、《欧洲通讯》、《俄国劳动》等。革命民主主义派报刊和民粹派报刊在宣传内容上的共同点是，主张消灭沙皇专制制度和农奴特权制，主张废除土地私有制，把土地分给农民；不同之处是，后者否认农奴制废除后资本主义必然在俄国发展的历史规律，提出为了保护小生产必须遏止资本主义的发展。

（一）革命民主主义派的报刊

以代表广大人民群众利益，尤其是农民利益为己任的革命民主主义者（大部分为平民知识分子），早在 40 年代就已崭露头角，而他们的影响一直持续到 60 年代以后。

1.40—50 年代革命民主主义派的报刊

40 年代俄国最杰出的革命民主主义思想家是维·格·别林斯基（1811—1848）和亚·伊·赫尔岑（1812—1870）。当时革命民主主义派最有影响的杂志是《同时代人》和《祖国纪事》。

《同时代人》是俄国革命民主主义派的文学和社会政治杂志，1836 年由普希金在彼得堡创办。最初为季刊，1837 年普希金逝世后，由茹科夫斯基等继续出版。1838 年转入文学评论家彼·普列特尼澳夫之手，1843 年改为月刊。普列特尼澳夫接办后，该刊主要登载文学作品，脱离现实政治斗争，发行量急剧下降。1847 年，涅克拉索夫和帕纳耶夫取得《同时代人》的发行权，别林斯基遂为该刊制定了抨击农奴制度、宣传革命民主主义派思想的纲领。

《祖国纪事》是文学和社会政治月刊，1839 年在彼得堡创办。前期由安·克拉耶夫斯基发行，别林斯基主持评论栏目。在别林斯基的引导下，该刊积极宣传唯物主义和空想社会主义理论，同保守派作斗争。后别林斯基同克拉耶夫斯基在政治观点上发生了分歧，转到《同时代人》杂志工作，《祖国纪事》的战斗性有所减弱。1848 年以后，在沙皇政府出版监督委员会的严密管制下，该杂志逐渐带有了学院派色彩。

以别林斯基和赫尔岑为代表的革命民主主义者相信，就像封建制度为资本主义制度所取代一样，资本主义制度也必将让位于社会主义制度。他们及其拥护者大都醉心于空想社会主义学说，并且不倦地在俄国宣传这种学说。

别林斯基经常为杂志撰稿（先是《祖国纪事》，1847 年起是《同时代人》），建议读者研究欧洲社会主义者的新著作，有时还对这些著作的内容作详细的评述。

侨居国外的赫尔岑极力主张解放农民。1853 年，他在伦敦创设了第一个"自由俄国印刷所"，给不受检查的俄国民主出版业奠定了基础。赫尔岑在早期印发的传单中满腔热情地号召废除俄国的农奴制。他在《北极星》文集（从 1855 年到 1862 年每年出版）中刊载了在沙皇俄国禁止发表的革命论著。从 1856 年到 1860 年，他主持出版《俄罗斯之声》丛书（每年两册），刊登了大量的有关农民解放问题的文章和资料。

1857 年夏天，赫尔岑在国外创办了《钟声报》。该报通常每月出版两期，连续出版了 10 年，它是通过秘密越境的方式运送到俄国并散发到广大读者手中的。由于它密切注视并真实地反映俄国现实生活中的重大问题，极力主张农民的解放，在国内极受欢迎。

2.60 年代以后革命民主主义派的报刊

60 年代革命民主主义派的优秀代表是尼·加·车尔尼雪夫斯基（1828—1889）。

车尔尼雪夫斯基出生于萨拉托夫的一个教士家庭，他从小就了解农奴的悲惨境况。大学时代，他继承了别林斯基的革命传统，立志一生为民众服务，把自己的全部知识和精力献给反对沙皇制度的革命斗争。

19世纪50年代的后五年，车尔尼雪夫斯基已经是著名的文学家和当时的进步杂志《同时代人》的主要编辑。他和自己的朋友、文学家尼·亚·杜勃罗留波夫（1836—1861）一起，在沙皇政府及其严厉的书报检查制度下巧妙地利用自己的作品进行革命的宣传鼓动。

在废除农奴制法律草拟时期，车尔尼雪夫斯基及其战友在《同时代人》上发表了大量的论文、书评和小品文，坚决捍卫农民的利益。他们向读者介绍了废除农奴制工作的准备过程，讲述了农奴的困苦状况，揭露了农奴主贪得无厌的本质和自由派* 的伪善面目。针对贵族地主企图侵害农民的人身自由和财产权益的阴谋，车尔尼雪夫斯基指出，最低限度必须把农奴使用的份地给他们，使他们享有完全的所有权。他坚决抗议对农民的份地估价过高和强迫他们赎买这种份地的行为。车尔尼雪夫斯基主张，与其用花言巧语来掩饰过于沉重的或者不堪负担的数目字，不如承认赎买是不可能实现的。

车尔尼雪夫斯基和杜勃罗留波夫坚信，只有用革命的手段推翻农奴制度，农民才能真正获得解放。为了促进群众性解放运动的深入发展，他们在刊物上及时地反映了农民反对酒类包税制的斗争。杜勃罗留波夫在阐述这一事件的论文中把它称作“人民的事业”，并强调农民运动的组织性和集体的力量。革命民主主义者认为，群众性的农民运动能够给农奴制度以致命的打击。他们得出结论：“号召俄罗斯拿起斧头”和建立革命组织的时期已经到来。车尔尼雪夫斯基书写了革命传单《向领地农民致敬书》，指出沙皇政府废除农奴制的条件对农民来说是极端苛刻的。他揭露了沙皇与地主狼狈为奸的罪恶行径，通俗地阐述了由民选的“人民公务员”治理的立宪国家的民主制度。

俄国废除农奴制的苛刻条件，引起了民众的强烈抗议。1861年2月19日法令公布后，农民骚动蜂起。仅在1861年的10个月内，就有1176个庄园的农民发生暴动。车尔尼雪夫斯基清楚地看到这次改革范围的狭隘和内容的贫乏，并利用一切机会来揭露这次改革的农奴制性质。他读了1861年2月19日的诏书后说：“早就料到会是这样”。他在《同时代人》上对2月19日的诏书没有加以评论，只是把官方材料作为当期杂志的特别附录予以披露。1862年，车尔尼雪夫斯基以致亚历山大二世的书信的形式连写五篇论文，并且具有讽刺意味地标上“没有收信人的信”的标题。他在这篇虚拟的致沙皇的信中指出，贵族地主与农奴在废除农奴制的问题上有着完全不同的立场。制宪的准备工作是以纯粹的官僚主义的方式进行的，因而农民不信任农奴主的改革是合情合理的。他进而指出，

---

* 主张通过和平途径进行政治改革，实为维护沙皇专制统治的资产阶级派别。

这次改革只不过是让农民为消减了的份地支付更多的代役租而已。由于这些文章对俄国的专制制度进行了深入的剖析，沙皇政府的书报检查机关不允许它们公开发表。

《钟声报》也极力反对废除农奴制的苛刻的条件。革命民主主义者奥加辽夫在写给该报的文章中指出：代替旧农奴制的是新农奴制，农奴制并没有真正废除，人民被沙皇欺骗了。赫尔岑和奥加辽夫还向该报读者报道了 1861 年如火如荼的俄国农民运动。他们在报道中写道："巨人睡醒了"，并毅然声明：我们同俄国老百姓在一起，同庄稼人在一起，而不同枢密官在一起。奥加辽夫在《钟声报》上发表论文《人民需要什么?》，对于这个问题，作者本人的回答是："人民需要土地和自由。" 19 世纪 60 年代以后的俄国革命运动就是在这个口号下展开的。

1861 年春天，在农民反农奴制斗争的带动下，俄国国内掀起了波澜壮阔的学生运动。与此同时，以车尔尼雪夫斯基为首的民主主义人士加强了革命的宣传活动。从 1861 年下半年起，一些进步人士接连印发了三期名为《大俄罗斯人》的小报。它们的作者要求彻底解放农民，给他们土地，使各被压迫民族享有充分的自由，在俄国实行民主制度。同年 9 月，俄国出现了赫尔岑在伦敦的印刷所印行的舍尔古诺夫和米哈伊洛夫所写的传单《告青年一代书》。传单号召青年人组成革命小组，并提出为推翻专制制度、建立民主制度而斗争的纲领。1862 年上半年，莫斯科革命学生会的组织者柴契涅夫斯基撰写了《青年俄罗斯宣言》，提出了建立"俄罗斯社会民主共和国"的口号，主张进行坚决的革命行动，彻底推翻专制制度并在俄国建立革命专政。

1861 年底，俄国产生了革命组织的领导中心——处于秘密状态的"土地和自由社"，它的领导人是革命民主主义阵营的领袖车尔尼雪夫斯基。"土地和自由社"同赫尔岑和奥加辽夫保持着密切的联系，在莫斯科、喀山、萨拉托夫以及其他城市都有分社。

1862 年夏天，沙皇政府对革命民主主义运动进行镇压。7 月 7 日，当局逮捕了车尔尼雪夫斯基，并将他监禁在彼得罗巴甫洛夫斯克要塞（车尔尼雪夫斯基被关押在要塞达一年半之久，后根据伪证和伪造文书判处他 14 年的苦役刑，刑满后流放西伯利亚）。不久，又以串通"伦敦的鼓动者"的罪名逮捕了其他许多革命活动家。《同时代人》杂志被禁止出版。

尽管以车尔尼雪夫斯基为领袖的革命民主主义运动因沙皇政府的镇压而告失败，但是他们在俄国社会改革中所起的作用却是不容忽略的。车尔尼雪夫斯基比当时俄国的其他思想家更接近科学社会主义理论，他的学说和他所从事的宣传活动鼓舞着成百上千的人奋起同专制制度和农奴制度作斗争。

（二）民粹派的报刊

19世纪70年代是俄国民粹主义的繁荣时期。与50、60年代的革命先驱者（革命民主主义者）相同的是，民粹派要求消灭沙皇专制制度和农奴特权制，主张废除土地私有制，把土地分给农民；与之不同的是，他们否认农奴制废除后资本主义必然在俄国发展的历史规律，认为资本主义在俄国是一种“不幸”的、“人为”的“偶然”现象，是倒退而有害的“越轨行动”，鼓吹为了保护小生产必须遏制资本主义的发展。他们同时否认无产阶级是最先进、最革命的阶级，认为农民是实现社会主义的主要力量，主张由知识分子领导农民暴动来推翻沙皇专制政府，然后依靠农民“天生的传统的社会主义倾向”，通过“社会主义胚胎”——村社来实现社会主义。为此，1874年春夏间，民粹派发起了“到民间去”的运动。他们以“人民的精粹”自诩，穿上农民的服装，学讲农民的语言，一个村庄接一个村庄地进行宣传鼓动，号召农民立即举行暴动，推翻沙皇政府。但是，被他们看作是“具有社会主义本能”的庄稼汉并没有跟他们走。因为农民迫切需要解决的是收回被地主夺去的土地，而不是那些空洞的革命口号。由于缺乏群众基础，“到民间去”的运动很快就被沙皇政府镇压下去了。

列宁称民粹主义是“社会思想的巨大时期”。而这一时期最有影响的民粹派思想家是尼·康·米海伊洛夫斯基（1842—1904）。

米海伊洛夫斯基出身于贵族家庭，1868年起为《祖国纪事》月刊撰稿。1877年该刊发行人涅克拉索夫逝世后（原主编克拉耶夫斯基于1868年将该刊发行权转让给涅克拉索夫），米海伊洛夫斯基加入编辑部，并升任主编。

早在涅克拉索夫时期，《祖国纪事》就已成为俄国先进的民主思想的合法讲坛，并同西欧的社会主义运动建立了广泛的联系。1872年，《资本论》第一卷俄译本在彼得堡出版（从时间上看，这是《资本论》的第一个外国译本）。当时沙俄政府的书报检查机关错误地认为《资本论》在俄国的读者不会很多，因而放松了对它的管制。然而与沙皇政府的预料相反，《资本论》一出版，不仅销售很快，而且在俄国引起了极大的反响。《祖国纪事》在1872年第4期上发表了《评卡尔·马克思的书的俄文版》的文章，热烈祝贺《资本论》俄译本的出版，同时指出“该书是对学院派政治经济学理论的详细的批判，同时也是一部精雕细琢的英国经济发展史”。

70年代末期，俄国经济学界围绕《资本论》展开了一场争论。争论是由尤·茹科夫斯基引起的。他发表了一篇题为《卡尔·马克思和他的〈资本论〉一书》的文章，说马克思的经济学说只不过是一种具有各种辩证形式的乌托邦，并试图证明资本主义制度的合理性和否定马克思的经济理论。针对茹科夫斯基的观点，《祖国纪事》发表了米海伊洛夫斯基的文章《卡尔·马克思在茹科夫斯基的法庭上》和俄国著名的经济学家、基辅大学教授尼·季别尔的文章《对尤·茹科夫斯基〈卡尔·马克思和他的资本论一书〉的几点意见》，对茹科夫斯基的反马克思主义立场进行了批判，捍卫了《资本论》的基本原则。

民粹派的另一个舆论阵地是《俄国财富》。

《俄国财富》是俄国科学、文学和政治旬刊，1876年在莫斯科出版，同年迁至彼得堡。该杂志创刊之初刊登了许多研究经济问题的文章，是民粹派宣传其主张的重要讲坛。米海伊洛夫斯基自1892年起在《俄国财富》杂志工作，1894年至1904年任主编，并在该刊上发表了大量的文章。80年代以后，米海伊洛夫斯基逐渐由革命民粹主义者蜕变为自由民粹主义者，《俄国财富》也随之发生变化，成为自由民粹派的机关报。从90年代初期起，该刊登载了一系列反马克思主义的文章。例如米海伊洛夫斯基在1893年第10期上发表文章，宣布要对“俄国所谓的马克思主义者或社会民主党人进行一场论战”；同年第12期刊登了克里文柯的文章《文化孤士》；1894年第1至2期又连载米海伊洛夫斯基的《文学与生活》；第11至12期连载尤沙柯夫的《俄国经济发展问题》。这些文章反映了蜕变后的民粹派的思想观点及其主张——在哲学上信奉实证主义，在社会学方面坚持英雄创造历史的唯心史观。

后来，列宁在《回答〈俄国财富〉杂志反对马克思主义的论文》——《什么是“人民之友”以及他们如何攻击社会民主主义者?》的论著中，对《俄国财富》所发表的文章的观点进行了深入的剖析，重申了马克思主义的立场。（1905—1907年革命后，《俄国财富》改变了编辑方针，政治上保持中立，1918年停刊。）

除《祖国纪事》和《俄国财富》之外，民粹派的刊物还有《欧洲通报》、《俄国劳动》、《周刊》等。

70年代的民粹主义是一种小资产阶级社会主义思潮。民粹派用主观唯心主义世界观改造世界的臆想，是无助于解决俄国社会的根本问题的。但是，在当时俄国的历史条件下，民粹派对沙皇专制统治的揭露及其行动具有一定的进步意义。但是，当无产阶级作为一支独立的政治力量登上历史舞台以后，民粹主义便逐渐成为一种阻碍社会进步的力量。从80年代起，民粹派的大多数人都放弃了斗争的武器，转而与沙皇专制制度妥协，成为农村中富农利益的代表。

三、无产阶级报刊的产生与发展

农奴制废除后，俄国社会生活中的一个重要变化，是新的阶级——无产阶级的出现。随着无产阶级队伍的不断壮大、无产阶级革命运动的蓬勃发展，无产阶级报刊也随之出现。俄国无产阶级报刊有三个发展阶段：工人报刊、全俄政治报和布尔什维克报刊。

（一）工人报刊

俄国工人报刊是俄国工人运动的产物。

1．早期工人报刊的出现

19世纪七八十年代，随着资本主义经济的发展，俄国工人阶级逐渐形成一支独立的政治力量。

在沙皇专制制度的暴戾统治下，俄国无产阶级身受经济和政治上的双重压迫，处境十分艰难。

从70年代起，群众性罢工斗争蓬勃兴起。1870年5月，彼得堡涅瓦纱厂爆发了俄国工人的第一次罢工。从1870年至1880年，俄国共发生350次工人斗争。在工人斗争的洪流中，1875年，敖德萨成立了第一个工人组织“南俄工人协会”，1878年，彼得堡成立了“俄国北方工人协会”，协会积极开展宣传教育活动，多次领导工人罢工，并于1880年出版了俄国历史上的第一个工人秘密刊物《工人曙光报》。

《工人曙光报》创办于1880年2月15日，由协会领导人哈尔图林亲自担任编辑。哈尔图林通过《工人曙光报》宣传协会纲领，指出工人阶级的历史使命和先进作用，主张工人与农民联合起来，争取共同的政治权利，为最终推翻沙皇的专制统治而斗争。《工人曙光报》创办不久，哈尔图林因制造冬宫爆炸事件和刺杀亚历山大二世，被沙皇政府紧急缉捕（1882年被绞死），《工人曙光报》随之停刊，“俄国北方工人协会”也遭破坏。

“俄国北方工人协会”的革命宣传活动虽然短暂，却在先进工人中产生了较大的影响。普列汉诺夫后来评价：1879年初的工人运动比民粹主义学说整整高出一个头。[①]

群众性的罢工斗争为工人运动的深入开展准备了条件，也引导俄国先进的知识分子摆脱民粹主义的影响，转到马克思主义的立场上来。普列汉诺夫就是在工人运动的影响下从民粹主义者转变为马克思主义者的。

2．普列汉诺夫的宣传活动

在俄国，80年代是工人运动进一步发展、马克思主义开始传播和社会民主主义组织萌芽时期。而俄国最早的马克思主义者就是格·瓦·普列汉诺夫（1856—

① 参见《英法德俄历史（1830—1917）》，下册，356页，北京，商务印书馆，1972。

1918)。

普列汉诺夫出身于贵族家庭，1873 年进入康斯坦丁诺夫军事学校，次年转入彼得堡矿业学院学习。1875 年，普列汉诺夫结识了民粹派活动家米海伊洛夫斯基等人，开始阅读马克思著作，对资本主义制度的矛盾与罪恶有了深入的了解，并且认识到，只有社会主义才是人类的出路。当然，这时他心目中的社会主义还是民粹派的以农民公社为基础、共同占有土地、公平分配产品的小资产阶级社会主义。1876 年，普列汉诺夫加入“北方革命民粹派小组”，开始与首都工人建立联系。同年 12 月，普列汉诺夫作为职业革命家，领导彼得堡喀山教堂广场的民众大示威。由于沙皇政府的缉捕，他于 1877 年初逃亡国外，七个月后秘密回国，继续领导工人运动。经过两年多的体验，普列汉诺夫认识到，工人是人民中最活跃、最积极、最能帮助农民阶级走向革命化的人。他是民粹派中第一个觉察到工人阶级的重要性，并在报刊上宣传这种观点的革命家。

普列汉诺夫是一位富有经验的新闻工作者。早在矿业学院学习时期，他就担任了民粹派“土地与自由”秘密会社的地下机关刊物《土地与自由》的编辑。1879 年，民粹派分裂，普列汉诺夫领导成立“黑色土地平分社”。该社主张没收地主和官府占有的土地，将它们分给农民，减免各种赋税和徭役。为了宣传该社的政治主张，普列汉诺夫于 1880 年在彼得堡创办了秘密机关刊物《土地平分》杂志。

1880 年，沙皇政府捏造罪名，说普列汉诺夫参与恐怖活动。为了躲避警察的追缉，普列汉诺夫再次逃往国外，开始了长达 37 年之久的流亡生涯。在瑞士的日内瓦，普列汉诺夫同恩格斯建立了联系。从这时起，他开始大量接触马克思主义学说，逐渐抛弃了原有的民粹主义的观点，最终成为马克思主义的宣传家。

1883 年 8 月，普列汉诺夫和阿克雪里罗得、查苏利奇等一起，在日内瓦创立了俄国第一个马克思主义团体“劳动解放社”。“劳动解放社”的功绩之一是把《共产党宣言》、《雇佣劳动与资本》、《社会主义从空想到科学的发展》等经典著作译成俄文，运回国内秘密散发。

为了扫除传播马克思主义的障碍，“劳动解放社”还开展了对民粹派的批判。普列汉诺夫写的《论一元论历史观之发展》、《社会主义和政治斗争》、《我们的意见分歧》等书，通俗地阐述了辩证唯物主义和历史唯物主义的基本原理，批判了民粹派的英雄史观和个人恐怖策略。列宁指出：普列汉诺夫的《论一元论历史观之发展》一书培养了一整代俄国马克思主义者。但是，“劳动解放社”对民粹派的批判是不彻底的，它的纲领本身还存在着民粹主义的痕迹。普列汉诺夫没能看到工农联盟和农民在革命中的作用，过高地估计了资产阶级的作用，这些观点成了普列汉诺夫后来蜕变为孟什维克分子的思想根源。

与此同时，俄国国内的许多地方也成立了马克思主义组织。1885 年，保加利亚民族解放运动的参加者、后于彼得堡大学留学的布拉戈耶夫在彼得堡成立了一个叫做“俄国社会民主党”的组织（也是俄国的第一个马克思主义小组），并且秘密创办了俄国最早的社会民主主义报纸《工人报》。该报同“劳动解放社”保持密切联系，并因此而提高了理论宣传水平。《工人报》第 2 号曾刊登普列汉诺夫的文章《俄国工人的当前任务》，此文流传于莫斯科、奥德萨、基辅、喀山等地。1885 年 3 月，布拉戈耶夫被捕，《工人报》只出版两期就停刊了。

此后，从 1885 到 1895 的十年间，俄国再也没有工人报刊出现。这是因为当时所有的社会民主主义组织在实践上与工人运动都很少联系，只是一些从事宣传活动的狭小团体。而没有群众性的工人运动，工人报刊就不可能广泛地发展起来。因此，当时俄国革命者面临的一项重要任务，就是把马克思主义同工人运动结合起来，把零散的马克思主义小组联合成一个统一的工人阶级政党，以便领导无产阶级和劳动人民推翻沙皇专制统治，建立社会主义制度。这项艰巨的历史任务就落在了伟大导师列宁身上。

3. 列宁早期的宣传活动

弗拉基米尔·依里奇·列宁 1870 年 4 月 10 日（公历 22 日）生于辛比尔斯克（现名乌里扬诺夫斯克）。还是在中学读书时，列宁就参加了革命活动。1887 年 5 月，列宁的哥哥亚历山大·乌里扬诺夫因参与谋刺沙皇亚历山大三世而遭杀害。这件事深深教育了列宁，使他认识到民粹派的个人恐怖策略是不足取的。他坚定地表示，不会走这条路。同年，列宁进入喀山大学法律系学习，不久即因投身学生运动而被捕流放。1888 年秋，列宁返回喀山，参加了当地的马克思主义小组，潜心学习《资本论》和其他的马克思主义著作。1889 年 5 月，列宁到达民粹派的主要根据地之一萨马拉，同当时俄国马克思主义在思想上的主要敌人民粹派进行了坚决的斗争。1893 年，列宁组织了萨马拉第一个马克思主义小组。在萨马拉期间，列宁深入学习马克思主义理论，并把马克思主义同俄国革命的具体实践结合起来。1889 至 1893 年暑假期间，列宁多次到农村考察，并用马克思主义观点对俄国社会经济的深刻变化以及各阶级的政治经济地位进行了科学的分析，有力地批驳了民粹派的错误理论。

1893 年 8 月，列宁前往俄国革命运动的中心彼得堡。在这里，他经常深入群众，了解工人状况，给工人讲述《资本论》，宣传马克思主义。当时，民粹派理论家米海伊洛夫斯基等在《俄国财富》上发表文章，向马克思主义发起进攻。为了在思想上彻底粉碎民粹主义，扫除传播马克思主义和建立无产阶级革命政党的障碍，列宁对民粹派进行了系统的批判。1894年，列宁写了《什么是‘人民之友’以及他们如何攻击社会民主主义者?》等著作，深入批判了民粹派主观唯心主义的世界观和改良主义的政治纲领。列宁还阐明了工人阶级是社会上最先进、最革命的阶级，第一次明确提出了俄国无产阶级的历史使命和战略任务：建立一个用马克思主义思想武装起来的无产阶级政党，建立巩固的工农联盟，推翻沙皇专制制度，引导俄国无产阶级走向社会主义和共产主义。

列宁在思想理论上为建立无产阶级政党进行斗争的同时，还进行了艰巨的组织工作。1895年11月，在列宁的领导下，彼得堡约20个马克思主义小组联合成立了“工人阶级解放斗争协会”，提出了从政治上领导工人运动的任务。

“工人阶级解放斗争协会”是俄国无产阶级政党的萌芽。它一成立，就十分重视宣传鼓动工作，但因财力、物力方面的困难和沙皇政府的压制，无法出版报纸，只能印刷传单和宣传品。

斗争协会先后出版了79种传单和印刷品。它们真实地记述了工人阶级的生活苦难，揭露了沙皇专制制度和资本主义制度的罪恶本质，并且指出工人阶级的斗争目标和实现这一目标所应采取的方法和手段。它们同时号召工人群众把争取经济权利的斗争与反对沙皇制度的政治斗争结合起来，把俄国的解放运动推向新的高潮。

在彼得堡“工人阶级解放斗争协会”的带动下，莫斯科、基辅、乌克兰等地也相继成立了同样性质的斗争协会。各地斗争协会纷纷印刷传单、小册子，进行革命的宣传鼓动，从而实现了由对少数先进工人的宣传到在广大工人群众中进行宣传鼓动的转变。

为了进行广泛的政治宣传，列宁领导的彼得堡斗争协会决定扩大出版活动，创办协会的机关报《工人事业报》。列宁为该报写了社论《告俄国工人》和《我们的大臣们在想什么?》、《弗里德里希·恩格斯》两篇文章。《工人事业报》创刊号全部稿件校订完毕，一切准备工作就绪，但因1895年12月8日晚列宁及斗争协会的其他领导人被警察逮捕入狱、创刊号稿件被没收，《工人事业报》未能问世。

1896年底，彼得堡“工人阶级解放斗争协会”秘密出版了不定期的《彼得堡工人小报》，该报只出两期，就被沙皇政府查禁了。第一期是油印的，印数300－400份；为躲避沙皇政府的缉查，第二期于1897年9月在日内瓦出版。这一期的报纸外形像小册子，共8页，封面上印有“全世界无产者联合起来!”的口号，并注明它是“工人阶级解放斗争协会”的不定期刊物。《彼得堡工人小报》以反映民众的疾苦、呼声为主要内容，同时号召民众组织起来，共同进行反对专制制度的政治斗争。

《彼得堡工人小报》出版不久，基辅社会民主主义小组于1897年1月秘密出版了《前进报》(油印)。该报在创刊号社论《为什么需要工人报纸》中指出：报纸是为工人办的，它向工人群众报道、解释他们所关心的一切事情，帮助他们为建立美好的生活而斗争。第三期《前进报》是作为基辅斗争协会的机关报出版的。编辑部发表声明说，希望广大工人给报纸写通讯，并帮助散发报纸。《前进报》一共出版4期，主要报道国际工人运动的消息，也刊登小品文、诗歌和小说，内容较为丰富。报纸辟有《地方消息》、《俄国通讯》和《零讯》等专栏。不足之处是偏重经济斗争问题，忽视政治斗争和社会民主主义策略的宣传。

1897年8月，全俄第一份社会主义报纸《工人报》在基辅秘密出版。它的创办标志着俄国工人报刊日趋成熟。《工人报》是根据1897年3月在基辅召开的各地斗争协会代表会议的决定创办的。关于办报的宗旨和任务，报纸在创刊号中明确指出：要使工人认识到自己的切身利益和历史使命，为在俄国建立统一的社会民主工党而斗争。在第2期的社论中，报纸进一步阐明了建立统一的社会民主党的必要性，指出如果将俄国各地分散的工人小组联合成一个有共同名称、统一且组织严密的政党，并由这个政党来领导工人运动，其力量就会大十倍。这篇社论还明确指出，社会民主党的长远目标是为社会主义而斗争，近期任务则是争取政治自由，同沙皇专制制度作斗争。《工人报》辟有"俄国通讯"、"国内评论"、"最新消息"、"祖国各地"等栏目，及时报道国内各大城市工人斗争消息，对西欧无产阶级运动中发生的重大政治事件也有评论。

在工人阶级解放运动的高潮中，1898年3月，在明斯克召开了俄国社会民主工党第一次代表大会，参加大会的有彼得堡、莫斯科等几个大城市斗争协会和其他组织的代表。大会宣告了俄国社会民主工党的成立，指定《工人报》为党的正式机关报。但是，这次大会没有制定党纲、党章，大会选出的中央委员会成员不久即被逮捕，《工人报》第三期稿件也被警察搜去，报纸未能继续出版。所以，明斯克大会实际上并没有完成建党任务。

(二) 全俄政治报

列宁被捕入狱以至被流放西伯利亚(1897—1899)期间，一直密切关注俄国和国际工人运动的进程，孜孜不倦地寻求建立马克思主义政党的途径。他认为，出版一份具有全国影响的政治报纸，把各地分散的社会民主党人的思想统一起来，是目前最紧迫的任务。列宁认为，只有把全党机关报创办起来，才能使革命事业"各部分的工作者"意识到他是在"行列"里行进，他的工作直接为党所需要，他是勒死俄国专制政府的链条上的一个环节。

列宁从流放地回来后，就立即着手进行其办报计划。因为当时国内环境太险恶，列宁决定到国外去筹办。1900 年秋，列宁到日内瓦就《火星报》和《曙光杂志》的编辑、出版问题同“劳动解放社”的普列汉诺夫等人磋商。普列汉诺夫等起初对创办全俄政治报纸的意义认识不足，后来又在如何办报的问题上与列宁发生了意见分歧。经过列宁的耐心说服，普列汉诺夫终于同列宁达成共同创办党报的协议。1900 年 12 月 24 日，第一份全俄政治报——《火星报》在德国莱比锡创办（从第二期起转移到慕尼黑出版，1902 年 4 月转移到伦敦），报头上印着当年被流放的十二月党人的诗句：“行看星星之火，燃成熊熊之焰”。

《火星报》编辑部由列宁、普列汉诺夫、马尔托夫、阿克雪里罗得、波特列索夫和查苏利奇六人组成，克鲁普斯卡娅任编辑秘书。从 1903 年 5 月起，“劳动解放社”不顾列宁的反对，将《火星报》迁往日内瓦。由于多次迁移，《火星报》编辑部实际上分成了两部分，慕尼黑和伦敦部分由列宁领导，日内瓦部分由普列汉诺夫领导。但从《火星报》创办的全过程看，列宁起着主导作用。

1.《火星报》的宣传内容

《火星报》的宣传内容主要集中在两个方面：同经济派* 论战和宣传党的纲领。

（1）同经济派论战。19 世纪 90 年代，国际共产主义运动中两条路线的斗争空前尖锐化。1895 年恩格斯逝世以后，伯恩斯坦公开打出“修正”马克思主义的旗号，向马克思主义发起了猛烈的进攻。各国机会主义在思想上、理论上和行动上附和伯恩斯坦主义，掀起了一股国际性的逆流。在俄国，以马尔丁诺夫等为代表的经济派利用《工人思想报》和《工人事业杂志》宣传机会主义思想主张，疯狂反对马克思主义。在“工人阶级解放斗争协会”被摧毁、列宁被捕以后，经济派逐渐取得了大多数社会民主主义组织的领导权。

1899 年，一部分经济派人士发表宣言，公开反对无产阶级革命，鼓吹资产阶级改良主义。他们以 90 年代罢工斗争的胜利为借口，认为工人只需“同厂主和政府作经济斗争”就可以了，政治斗争应当由资产阶级自由派去进行。经济派否认革命理论对工人阶级的指导作用，认为工人运动本身就能产生一种独立的思想体系，反对把科学社会主义理论灌输给工人。他们无视（甚至认可）党的组织当时存在着的组织涣散、小组习气和手工业方式的状况，反对建立集中统一的无产阶级政党。因此列宁认为，反击经济派，是建立无产阶级政党的必要条件。而这种反击，主要是通过《火星报》进行的。

---

* 经济派是伯恩斯坦主义在俄国的变种。

针对经济派有关工人只需通过罢工储金会进行单纯的经济斗争的观点，《火星报》在创刊号上发表社论《我们运动的迫切任务》。社论号召工人“不但要组织互助会、罢工储金会和工人小组，而且要组织政党，组织起来同专制政府和整个资本主义社会进行坚决的斗争”。社论指出：不这样组织起来，无产阶级就不能去进行自觉的阶级斗争，不这样组织起来，工人运动就会软弱无力。只靠一些储金会、工人小组和互助会，工人阶级永远不能完成自己所肩负的伟大历史任务：使自己和全体俄国人民摆脱政治上和经济上的奴隶地位。

针对经济派关于社会主义思想体系能够从工人运动中自发产生，无须从外部灌输进去的主张，《火星报》于第12期发表列宁《同经济主义的拥护者商榷》一文，予以反驳。文章指出，经济派的主要错误在于，他们搞不清运动的“物质的”因素和思想的因素的相互关系问题，“他们不懂得，‘思想家’所以配称为思想家，就是因为他走在自发运动的前面，为它指出道路，善于比其他人更早地解决运动的‘物质因素’自发地遇到的一切理论的、政治的、策略的和组织的问题”。《火星报》还指出，社会主义思想体系是革命的思想家以马克思主义理论为指导，参加工人运动实践，在研究社会发展规律和无产阶级斗争规律的基础上形成的，它不会自发地产生。向工人群众传播革命的理论，对当时的俄国极为重要。因为俄国的社会主义革命刚刚开始，许多问题亟待解决，迫切需要革命理论的武装与指导。如果像经济派那样赞赏自发的工人运动，否认革命理论的指导意义，工人运动就会受资产阶级思想体系的支配，偏离社会主义轨道。

针对经济派关于工人只要有罢工组织和合法团体就行了，用不着建立政党的论点，列宁在《火星报》上撰文指出：“只要我们能够把日益觉醒的无产阶级的一切力量和俄国革命者的一切力量联合成一个党，并能使俄国一切生机勃勃和正直的人都倾向于这个党，我们就一定能够拿下这座堡垒。只有到那个时候，才能实现俄国革命家彼得·阿列克谢耶夫的伟大预言：等到千百万工人群众举起筋肉条条的拳头，士兵刺刀保卫着的专制枷锁就会被粉碎！”列宁还论述了建立无产阶级政党的重要意义，指出：无产阶级的自发斗争如果没有坚强的革命家组织的领导，便不能成为无产阶级的真正阶级斗争，并且满怀信心地认为，只要有一个“革命家组织”，就能把俄国“翻转过来”。

列宁通过《火星报》的宣传及其论著粉碎了经济主义思潮，打击了国际修正主义，为建立新型的无产阶级政党奠定了思想基础。

（2）宣传党的纲领。在《火星报》创办的近三年的时间里，报纸发表了三百多篇论述党的工作的文章。从创刊号起，报纸就辟有“党的生活”栏目，集中介绍各地党组织的工作、学习情况，并围绕有关党的组织建设问题发表了一百多篇文章，内容涉及“应当建立什么样的党”、“怎样建党”、“党的纲领和任务是什么”等等。

制定党纲草案是《火星报》的一项重要工作。围绕这个问题，编辑部领导成员（主要是列宁与普列汉诺夫）曾发生严重的意见分歧。列宁早在被捕入狱和流放西伯利亚期间，就起草过两份党纲草案，分别送给了“劳动解放社”和国外的社会民主主义者。《火星报》创办后，他重又把制定党纲提到议事日程上来。党纲草案是由普列汉诺夫起草的。列宁对他起草的第一、第二个党纲草案都不满意，认为草案在许多问题上含糊其词，有着明显的改良主义的倾向（例如其中没有“无产阶级专政”的明确提法，而只有“劳动者和被剥削者的统治”这种合乎改良主义要求的模棱两可的概念）。列宁对党纲草案进行了原则性的修改，加进了无产阶级专政的条文，明确规定党的最高纲领是进行社会主义革命和实行无产阶级专政，实现共产主义；最低纲领是进行资产阶级民主革命，推翻沙皇专制制度，建立民主共和国，实行八小时工作制，消灭农奴制残余，没收地主土地给农民。

1902 年 6 月，《火星报》将修改后的党纲草案刊登出来，同时发表编辑部的文章，指出党纲应当是全党思想的集中体现，希望每个委员会、党小组和个人都要参加讨论，发表意见。之后，《火星报》又连续发表论文和文章，进一步阐明党的纲领和策略。在《火星报》的宣传、引导下，列宁的建党思想深入人心。许多地方组织发表声明，表示同经济派断绝关系，拥护党的纲领。至此，《火星报》为俄国社会民主工党制定并宣传党纲的任务圆满完成。

2.《火星报》的组织工作

在宣传党的纲领、路线，为建党奠定思想基础的同时，《火星报》还通过代办员网同各地方组织建立密切的联系，为建党奠定了组织基础。

1901 年 5 月，列宁在《火星报》第 4 期发表《从何着手?》一文，就党报作用提出了一个著名的论断：“报纸的作用并不只限于传播思想、进行政治教育和争取政治上的同盟者。报纸不仅是集体的宣传员和集体的鼓动员，而且是集体的组织者。”①

关于报纸是集体的组织者，列宁打了一个比喻：“报纸可以比作脚手架，它搭在正在建造的建筑物周围，显示出建筑物的轮廓，便于各个建筑工人之间进行联络，帮助他们分配工作和观察有组织的劳动所获得的总成绩。”列宁将全俄政治报纸《火星报》比作“脚手架”，正是希望她的代办员能够在“建筑”社会民

①《列宁全集》，第 2 版，第 5 卷，8 页，北京，人民出版社，1986。

主工党这座“大厦”的过程中发挥重要的作用。

《火星报》的代办员网是列宁亲自建立起来的。他们是各地革命运动的参加者，基层党组织的骨干。他们的具体工作是，为报纸征集稿件、供应地方组织文件，向《火星报》反映情况，运送、翻印和分发报纸。《火星报》通过代办员和各地党的委员会取得联系，并通过他们与俄国广大劳动群众保持联系。这样，报纸就能及时地对俄国革命运动的重大事件进行报道和评述。

《火星报》代办员是在极其困难的条件下工作的。《火星报》在国外出版，每次都要秘密运回国内。为了避开警察的追踪和搜索，他们不得不经常改换运输路线。运输线有陆路的，有水路的，一期报纸往往要经过许多国家，运行几千公里，经过许多代办员的手，才能到达读者手中。

为了使报纸能够持续出版，代办员们还为《火星报》募集资金（《火星报》的出版经费大部分是靠募捐来的）。而募集资金的过程，实际上也就是宣传《火星报》，组织、动员群众，密切他们与党组织关系的过程。

艰苦斗争的考验和磨炼，使代办员中的许多人成为职业革命家，甚至为革命献出了宝贵的生命。巴布什金和巴乌曼就是他们中的优秀代表。

巴布什金是《火星报》代办员中最突出的一个。他 14 岁起就在彼得堡做工，1893 年参加革命运动，协助列宁组织彼得堡工人斗争协会和创办《火星报》。他不但自己为《火星报》写稿，宣传列宁的建党思想，还把莫斯科附近几个大工业区工人写的几百篇通讯转交给《火星报》，并且和其他同志一起做了大量的组织工作，把莫斯科的大部分社会民主党人团结在《火星报》周围。巴布什金屡遭沙皇政府逮捕、监禁和流放。他越狱后又从事革命活动，参加了 1905 年的俄国革命。1906 年在西伯利亚为起义工人运送武器时，被沙皇的讨伐队枪杀。当时没有人知道这不幸消息。数年后列宁闻知噩耗，十分痛惜。他于 1910 年 12 月 31 日在《工人报》上发表的为巴布什金的牺牲而写的讣告中，给予他很高的评价，称他是“人民的英雄”，一个杰出的党的工作者，党的骄傲，一个把自己的一生忘我地献给了工人事业的同志。

巴乌曼化名格拉奇，也是《火星报》优秀的代办员，1896 年参加彼得堡“工人解放斗争协会”。巴乌曼为《火星报》做了大量的工作，使许多地方组织摆脱“经济派”的影响，转到《火星报》方面来。和巴布什金一样，他曾几次被捕、流放。1904 年，巴乌曼成为党中央莫斯科委员会和北方局领导人，1905 年 10 月 18 日被黑帮分子杀害。是年 10 月 20 日，人们在莫斯科为巴乌曼举行葬礼，葬礼转而变成三十余万人参加的政治大示威，表达了人民对这位党的忠诚战士的哀悼和对沙皇专制统治的强烈抗议。

巴布什金和巴乌曼是《火星报》代办员的典型，是建设社会民主工党“大厦”的主体力量。列宁对这支力量有着高度的评价：“在这个共同组织的建筑物的脚手架上，很快就会从我们的革命家中间涌现出和提拔出一些社会民主党的热里雅鲍夫，从我们的工人中间涌现出和选拔出一些俄国的倍倍尔，他们会率领已经动员起来的军队，唤起全体人民去铲除俄国的耻辱和祸害。”①

正是由于编辑部集体和广大代办员的共同努力，第一份全俄政治报——《火星报》胜利完成了统一全党思想、联合各地分散的组织、筹备召开党代会的艰巨任务。1903 年 7 月 17 日至 8 月 10 日俄国社会民主工党第二次代表大会的召开（先后在布鲁塞尔和伦敦举行）宣告了党的成立。

由于《火星报》为建党作出了巨大贡献，俄国社会民主工党第二次代表大会通过决议，表彰其历史功绩，并宣布它为党中央机关报：

“鉴于：

一、《火星报》在思想统一方面，发展与贯彻革命社会民主主义的原则、并根据这些原则与我们党内的各种机会主义思想及企图使工人阶级运动放弃惟一正确道路的思想作斗争方面的成就，

二、《火星报》在领导党的实际工作方面的作用，及

三、《火星报》在统一工作方面的领导作用，——俄国社会民主工党第二次代表大会宣布《火星报》为党的中央机关报。”②

3.《火星报》时期列宁的新闻思想

《火星报》时期，列宁发表了《〈火星报〉和〈曙光〉杂志编辑部声明》、《〈火星报〉编辑部声明》、《从何着手?》、《怎么办?》等一系列重要文章。它们不但深入系统地阐述了马克思主义的建党理论，同时也涉及无产阶级报刊的性质、功能、作用等问题。

（1）关于新闻事业的党性原则。列宁认为，思想性、坚定性、政治路线的明确性以及对敌斗争的不妥协性，是机关报极为重要的品格。他在《〈火星报〉编辑部声明》中指出，我们不打算把我们的机关报变成一个形形色色的观点简单堆砌的场所。相反，我们将严格按照一定的方针办报。一言以蔽之，这个方针就是马克思主义。

（2）关于报纸的功能。关于党报的功能和作用，列宁在《从何着手?》一文中指出：报纸的作用并不只限于传播思想、进行政治教育和争取政治上的同盟

① 《列宁全集》，第 2 版，第 6 卷，162 页，北京，人民出版社，1986。

② 转引自《联共（布）关于报刊书籍的决议》，340 页，北京，人民出版社，1954。

者。报纸不仅是集体的宣传员和集体的鼓动员，而且是集体的组织者。列宁认为，通过报纸集中地、系统地向群众进行革命的宣传鼓动，传播马克思主义思想，批判机会主义观点，讨论党的策略纲领，就能改变党内思想混乱、组织涣散的状况，为建党打下良好的群众基础和思想基础。

(3) 关于出版自由。1895年底，列宁在监狱中起草了《社会民主党纲领草案及其说明》。在纲领草案第3章第4条里，列宁第一次把争取“出版自由”作为党的奋斗目标之一。列宁指出俄国工人阶级争取自身解放的斗争是政治斗争，其首要任务是争得政治自由，而取得政治自由的首先要求是争取出版自由。此后，列宁为争取出版自由进行了不懈的斗争。

(4) 关于报纸的群众性。《火星报》初创时期，列宁就明确提出了报纸的群众性的问题。他在《〈火星报〉和〈曙光〉杂志编辑部声明》中指出，一定要把机关报办成一切革命民主主义者的机关报。他号召俄国的社会主义者和有觉悟的工人、备受政治制度压迫和有志于使俄国人民摆脱政治奴隶地位的人们都来支持刊物，都来揭露俄国专制制度的罪恶，都来报道有关运动的消息，发表自己的意见，介绍自己的经验。总之，大家都来畅谈对运动的贡献和在运动中的收获。这样，就能办好全俄社会民主党人的机关报。

《火星报》时期列宁有关报刊的思想、原则，在后来的革命斗争中不断得到充实、发展。

(三) 布尔什维克报刊

俄国社会民主工党第二次代表大会宣告了布尔什维克党的建立。也就是说，在马克思主义理论基础上产生的布尔什维主义作为一种政治思潮，作为一个政党而存在，是从1903年开始的。

但是，“二大”期间，围绕“建立什么样的党”的问题，列宁同马尔托夫发生了意见分歧。列宁希望建立的是一个集中统一、纪律严明的革命政党，马尔托夫希望建立的则是一个松散的、不定型的、谁都可以参加的俱乐部。由于得到机会主义分子托洛斯基的支持，马尔托夫的提案竟被通过，并以党章条文的形式确定下来。因此，俄国社会民主工党从建立之初就分成了相互对立的两大政治派别。在选举中央委员会时，列宁的拥护者获多数票，被称为布尔什维克（俄文多数派的译音）；马尔托夫派获少数票，被称为孟什维克（俄文少数派的译音）。

“二大”以后，党内两条路线的斗争更加激烈了。“二大”曾作出决定，由列宁、普列汉诺夫和马尔托夫共同领导《火星报》编辑部的工作。马尔托夫无视大会的决定，拒绝参加编辑部工作。《火星报》第46—51期就由列宁和普列汉诺夫负责编辑出版。后来，普列汉诺夫转到孟什维克方面去，竟要求让被大会否决了的孟什维克原任编辑重新加入编辑部。列宁反对这种做法，于 1903 年 11 月 11 日发表声明，退出编辑部。从 52 期起，《火星报》的领导权被孟什维克掌握，报纸因此而成为反对列宁和布尔什维克党的工具。此后，党内称 52 期以后的《火星报》为“新《火星报》”，52 期以前的《火星报》为“旧《火星报》”。新《火星报》于 1905 年停刊。

1. 建党初期的布尔什维克报刊

孟什维克篡夺《火星报》领导权以后，在报纸上大力宣传机会主义观点，鼓吹党派自由，攻击列宁要在党内建立“农奴制”。他们的行动得到第二国际机会主义者的支持，第二国际执行局居然强令布尔什维克停止同孟什维克“争论”。

为了反击孟什维克的进攻，捍卫无产阶级政党的组织原则，列宁决定创办自己的布尔什维克报刊。经过紧张的筹备，布尔什维克的第一份机关报——《前进报》终于问世了。

《前进报》是一份周报，1905 年 1 月 4 日在日内瓦创办。该报继承旧《火星报》的传统，同机会主义进行了坚决的斗争。创刊号社论《专制制度和无产阶级》以及列宁的文章《无产者的漂亮示威和某些知识分子的蹩脚言论》批判了孟什维克的机会主义观点，揭露了自由资产阶级与专制制度相互勾结的事实，指出无产阶级必须联合一切力量，抓住有利时机，准备发动推翻沙皇政府的武装起义。

1905 年 1 月 9 日，彼得堡发生震惊世界的“流血星期日”惨案，全国工人奋起罢工，引起俄国第一次革命的爆发。为了制定统一的行动纲领和斗争策略，把革命引向胜利，布尔什维克建议召开党的第三次代表大会。建议遭到孟什维克的拒绝后，布尔什维克于 4 月 25 日至 5 月 10 日在伦敦单独召开第三次代表大会（“三大”实际上是布尔什维克党的第一次代表大会）。大会制定了党在民主革命中的策略路线，废除了党内存在两个中央领导机构的制度，选举了以列宁为首的新的中央委员会，并决定创办布尔什维克党新的中央机关报——《无产者报》（因创办《无产者报》，《前进报》于 1905 年 5 月 18 日出至第 18 号终刊）。

《无产者报》于 1905 年 5 月 27 日在日内瓦创刊，同年 11 月停刊，共出 26 期。“三大”结束后，孟什维克党人向布尔什维克发起了新一轮的进攻，他们利用报纸、传单、小册子等大肆鼓噪，说这次代表大会不合法，大会决议对社会民主工党党员不具约束力。在他们的影响下，党的一些地方组织的成员对“三大”的合法性也产生了怀疑。有鉴于此，宣传党的“三大”的决议，就成为《无产者报》的首要任务。报纸发表《关于俄国社会民主工党第三次代表大会的通告》、《关于代表大会的合法性的发言》、《第三次代表大会》等一系列文章，对“三大”

的合法性及其全党性质进行了充分的论证，同时揭露了孟什维克企图分裂党的阴谋，号召党员和工农群众紧密地团结起来，共同贯彻“三大”决议，为准备武装起义而斗争。

在布尔什维克的影响和推动下，1905 年下半年爆发了有二百多万人参加的全俄政治总罢工，全国各大城市和工业中心还普遍建立了工人代表苏维埃。在民众的压力下，沙皇尼古拉二世不得不于 10 月底发表立法宣言，宣布公民可以享有言论、集会、结社等自由和人身不受侵犯的权利，答应召开由全体公民选举的国家杜马（即议会），试图以此缓解矛盾，维持摇摇欲坠的统治。布尔什维克一方面及时揭穿沙皇的立宪骗局，同时利用这个有利时机开展公开、半公开的活动，创办公开出版的报纸。

布尔什维克党的第一份合法日报是《新生活报》，1905 年 11 月 2 日在彼得堡出版。同年 11 月 20 日列宁从国外返回俄国，亲自领导编辑部的工作。在列宁领导下，《新生活报》配合党的中心任务——准备武装起义，开展了大规模的宣传活动。报纸批驳了孟什维克所谓“宣言”意味着专制制度的枷锁已经自行打碎，可以用立法杜马和平地实现人民革命的要求的谬论，指出沙皇颁布宣言的目的是要制止人民起义的浪潮，迫使革命的阶级停止斗争。而只有武装斗争才能决定国家的命运，才是革命胜利的惟一保障。

《新生活报》这种坚定的政治立场和旗帜鲜明的战斗风格，引起了资产阶级政治家的恐惧和仇视，资产阶级新闻工作者也打出“代表人民利益”的旗号，主张报纸应当“无党性”。针对这种言论，列宁在《新生活报》第 12 期上发表《党的组织和党的出版物》一文，鲜明地提出了党的出版物的党性原则。列宁认为党的出版物的一个很重要的原则就是，写作事业不能成为个人或集团的赚钱工具，也不能是与无产阶级总的事业无关的个人事业。高喊着“无党性的写作者滚开”、“超人的写作者滚开”，列宁指出对于社会主义无产阶级，写作事业应当成为整个无产阶级事业的一部分，成为由整个工人阶级的觉悟的先锋队所开动的一部巨大的社会民主主义机器的“齿轮和螺丝钉”。写作事业应当成为社会民主党有组织的、有计划的、统一的党的工作的一部分。接着，列宁在《新生活报》第 16 期、第 22 期、第 27 期上又发表文章，对党性原则进行了深入阐述。

《新生活报》的革命宣传，充分体现了列宁倡导的党性原则。由于报纸始终坚持无产阶级立场，深受广大群众的欢迎。报纸每日出 4－6 版，发行八万多份，成为俄国无产阶级政党最大的讲坛。也正是因为这一点，《新生活报》多次遭到沙皇政府的迫害。从创办到停刊（1905 年 12 月 15 日被查封），报纸共出 27 期，其中有 15 期被没收和焚毁，第 27 期因刊登工人代表苏维埃的财政宣言而被查封。

除《新生活报》之外，布尔什维克在彼得堡先后出版的其他报刊还有：《浪潮报》(1906 年 5 月—6 月，共出 25 期)；《前进报》(1906 年 6 月 8 日—27 日，共出 17 期)；《回声报》(1906 年 7 月 5 日—20 日，共出 14 期)；《视觉报》(1907 年 2 月 7 日—17 日)；《新光线报》(1907 年 3 月 5 日—12 日，共出 7 期)。这些报纸常常是一份被查封，立即改名再出。列宁直接领导了这些报纸的编辑和出版工作。

布尔什维克除了在首都出版报纸外，还在各大工业中心出版报纸，在一些地方还出版了士兵报纸和农民报纸。

1905 年 12 月，布尔什维克领导下的莫斯科工人代表苏维埃在莫斯科举行政治总罢工，罢工很快发展为武装起义。起义工人同沙皇军队进行了九天的激战，终因寡不敌众而失败。起义失败后，革命转入低潮，开始了斯托雷平统治时期(1906 年，斯托雷平被任命为沙皇政府的总理大臣)。

为了贯彻“先安内而后改革”的纲领，斯托雷平疯狂实行白色恐怖，宪兵、特务残酷迫害革命者；绞架、监狱、流放所遍布全国。在这种情况下，布尔什维克只能暂时停止公开的活动，将报纸出版转入地下。

这一时期，布尔什维克秘密出版了三份报纸：《无产者报》(1906 年 9 月在芬兰创办，后迁至日内瓦及巴黎，1910 年 1 月停刊，出了 50 期)、《社会民主党人报》(1908 年 2 月在俄国创办，后迁至巴黎、日内瓦，1917 年 1 月终刊，共出 58 期)、《工人报》(1910 年 11 月在巴黎出版，1912 年 8 月停刊)。列宁亲自领导这些报纸的编辑、出版工作。他为《无产者报》撰写了一百多篇文章，对当时党内外出现的“左”右倾机会主义思潮进行了批判，强调党内思想统一的必要性和重要性。他还亲自撰写《关于出版〈工人报〉的通告》，声明要将它办成“团结真正的社会民主党的核心”。由于列宁的领导，这些报纸在革命的低潮时期发挥了重要的作用，尤其是《工人报》，在当时的情况下，它实际上起到布尔什维克司令部的作用，并完成了筹备召开俄国社会民主工党第六次全国代表会议的任务。1912 年 1 月在布拉格召开的这次代表会议决定，将一切坚持分裂活动的机会主义派别清除出党，布尔什维克正式形成一个独立的新型无产阶级政党——“俄国社会民主工党”(布)，并宣布《工人报》为俄国社会民主工党中央委员会正式机关报。

1910 年下半年，俄国工人运动开始由低潮转入高潮。斯托雷平政府不得不改变统治手法，甚至作出一些让步，放宽对报刊出版的管制。在新的形势下，社会民主工党在国内又创办了《思想》(哲学和社会经济杂志，1910 年 12 月创刊，

1911 年 4 月被封，共出版 4 期）；《启蒙》（社会政治和文艺杂志，1911 年 12 月至 1914 年 6 月出版，后被封，1917 年二月革命后复刊，但只出版了一次合刊号）；《明星报》（1910 年 12 月至 1912 年 5 月出版，最初为周刊，从 1912 年起每周出版二次，3 月起每周三次，1911 年 6 月 24 日被迫停刊，11 月 5 日复刊，1912 年 5 月 5 日因创办《真理报》而停刊）。

2．大型群众性政治日报——《真理报》的创办

1912 年 4 月 4 日，西伯利亚连纳金矿工人举行罢工，遭到沙皇军队的残酷镇压，死 250 人，伤 270 人，史称“连纳惨案”。“连纳惨案”引发了全国性的大罢工，俄国出现了一个新的革命高潮。在革命的高潮中，1912 年 5 月 5 日，布尔什维克在彼得堡创办了大型的群众性政治日报《真理报》。

还是在布拉格党代会期间，列宁就开始酝酿创办一份供广大工人群众阅读的政治日报。会议结束后，他和中央委员斯潘达梁来到德国莱比锡，会见《明星报》出版人波利塔耶夫，要他回国筹划出版《真理报》。不久，斯大林也从流放地回国，参加了《真理报》创刊号的筹备工作。他为创刊号写了《我们的目的》的文章，指出《真理报》所要追求的目的是以国际社会民主主义的光芒照耀俄国工人运动的道路，在工人中间传播工人阶级的朋友和敌人的真情，捍卫工人事业的利益。

《真理报》的工作主要是在列宁领导下进行的。当时列宁虽然侨居国外，但是有关报纸的一切问题，如报纸宣传目标、策略的制定，编辑人员的变动，各种副刊、专栏的设定与改进，他都要亲自过问并认真审定。此外他还为报纸撰稿，几乎每天一篇。从报纸创刊到被查封的两年多的时间里，列宁发表各种文章、通讯、书信等近 300 篇。它们涉及的内容相当广泛：阐述马克思主义的学说，分析俄国和世界资本主义的发展，介绍工人、农民运动的状况，评论俄国政党的活动和国际政治领域中最重要的事件等等。

在列宁的领导下，《真理报》克服了创办之初与孟什维克斗争不力的弱点，成为布尔什维克全俄性的政治讲坛，成为真正的工人的报纸。

《真理报》大量刊登工人通讯，介绍工人生活、工作情况，他们遭受的剥削、压迫，以及各个企业罢工的消息。仅在最初的 99 期报纸上，就刊登了 1 783 篇工人通讯，总共有近 5 000 篇工人通讯刊出。

《真理报》之所以能够出版，从物质上说，全靠工人们的捐款。《真理报》创刊号上公布了一份捐款者的名单，其中既有彼得堡和其他城市的产业工人，也有其他行业的劳动者，如司机、售票员和旅馆服务员。工人们把《真理报》当作自己的报纸，除了为它募款、捐款外，还为它提供稿件，组织订阅，扩大发行。

《真理报》平均每日印刷四万份，个别日子出 10－13 万份（当时孟什维克的《光线报》每期不超过 15 000 份），而且一份报纸往往不是一个人、两个人在读，而是几十个人共同阅读。可见，它的读者范围之广、影响面之大，是当时俄国的其他报纸无法比拟的。

正因为如此，《真理报》引起了沙皇政府的恐惧和仇视，他们通过罚款、没收和查封报纸、逮捕审讯编辑人员等手段对它进行迫害。据统计，从《真理报》创刊到停刊的两年零三个月的时间里，它被课罚金共计 16 250 卢布，被没收报纸 41 次，编辑人员被监禁共达 103 个月，报纸被查封过八次。每次被查封后，《真理报》都改用其他名称继续出版，它使用过的名称有：《工人真理报》、《北方真理报》、《劳动真理报》、《拥护真理报》、《无产阶级真理报》、《真理之路报》、《工人日报》和《劳动的真理报》。第一次世界大战爆发前夕，沙皇政府采取非常手段镇压革命，《真理报》报社被捣毁，全体工作人员被捕，很多人被流放到远方。《真理报》于 1914 年 7 月 8 日停刊。

《真理报》虽然只存在了两年多的时间（1917 年二月革命推翻沙皇政府后复刊），它却为布尔什维克党奠定了坚实的群众基础，造就了新的一代工人革命者——真理报派，为十月革命的胜利做了充分的准备。

四、二月革命后报业的进一步发展

第一次世界大战期间，俄国国内的阶级矛盾和民族矛盾日益激化，罢工斗争愈演愈烈：1914 年 8 月至 12 月罢工人数为 3.4 万，1915 年为 54 万，1916 年增至 100 万以上。沙皇政府原想利用世界大战扑灭革命烈火，但事情正好走向反面。战争不但使数百万人丧生，而且使人民生活更加困苦。于是，反对沙皇制度的革命运动重新高涨起来。1917 年二三月间，布尔什维克党领导的彼得格勒罢工斗争在革命士兵的支持下迅速扩展为武装起义。2 月 27 日（俄历），起义群众逮捕了沙皇政府的大臣和将军，结束了统治俄国达三个世纪之久的罗曼诺夫王朝，取得了二月革命的胜利。

二月革命后，由于资产阶级篡夺革命成果以及孟什维克和社会革命党人的妥协退让，俄国国内出现了如列宁所说的“两个政权并存的局面”——资产阶级临时政府的中央政权和各地苏维埃的地方政权并存。

随着俄国专制统治的崩溃，专制主义的报刊限禁也不复存在了，俄国新闻事业随之出现了一个空前繁荣时期。这一时期，《真理报》重新面世，布尔什维克报刊有了进一步的发展；资产阶级以及其他党派的报刊也获得了较为广阔的发展空间。1917 年 4 月 27 日，临时政府通过了新闻出版法。出版法规定：各种政治派别的出版物都可以自由出版、发行和在市场上出售。这就将出版自由以法律形式确定下来。出版法颁布后，俄国多党派、多民族的新闻事业有了较大的发展，地区刊物明显增多，士兵报刊网逐渐形成，用民族语言出版的刊物也出现了。将近 30 种不同政治主张的报纸用乌克兰语、白俄罗斯语、拉托维亚语、阿塞拜疆语、格鲁吉亚语和其他语言出版。由于不同政党和政治派别的报刊同时存在，不同政治观点的论战和交锋也就成为必然的了。

（一）资产阶级、小资产阶级报刊

临时政府成立后，就出版了自己的机关报——《临时政府公报》。由于临时政府是由资产阶级和资产阶级化的地主代表组合而成的，是反对革命、主张战争、无意触犯沙皇专制统治根基的政府，因此，它不可能向革命后蓬勃发展的人民解放运动作出任何重大的让步，也不可能使人民获得和平、土地、面包以及一切自由权利。与此相应，《临时政府公报》从不涉及与国家和人民利益密切相关的问题：战争，和平，农民的土地，革命的前途，8 小时工作制等等，只是一味宣传二月革命的“光荣胜利”，说临时政府是社会意志的合法代表，它正在苏维埃的监督下为人民的利益工作等等。《公报》把战争问题作为首要的问题提出来，认为沙皇政府被推翻以后，战争就不再具有帝国主义性质了；现在，战争的目的是保卫祖国，使它不受外敌侵犯。《公报》还把矛头直接指向列宁领导的布尔什维克党。

在出版《公报》的同时，临时政府还于 1917 年 4 月 21 日创办了一份新的机关报——《人民报》。

这期间，资产阶级政党的报刊不断增加。从 1917 年 5 月起，立宪民主党人开始出版自己的杂志《人民自由党公报》，继续出版资产阶级报纸《白昼》、《言论》、《交易所新闻》以及苏瓦林的《新时代报》。同年 8 月，苏瓦林还创办了一份《莫尔瓦报》，这份报纸毫不含糊地表明了他对临时政府的忠诚。

二月革命后，孟什维克和社会革命党人等小资产阶级党派也出版了自己的报刊。1917 年 3 月 7 日，孟什维克在彼得格勒出版了机关报《工人报》，4 月在莫斯科出版了《前进报》，三四月间，孟什维克在基辅、第比利斯、巴库、拉斯托夫以及其他城市都出版了自己的报纸。

社会革命党人在莫斯科出版了《土地与意志报》，在基辅出版了《人民意志报》，在沃洛格达出版了《北方自由之声报》和其他报纸。社会革命党人报纸中最引人注目的是政治文学日报《人民事业报》，在这份报纸上，A. 克伦斯基、B. 切尔诺夫以及社会革命党人的其他领导人都发表了不少文章。

值得一提的是《消息报》。它是由各级苏维埃创办的机关报，名称各有不同，如《工人士兵和农民代表消息报》、《彼得格勒工兵代表苏维埃消息报》等等。不同地区《消息报》编辑部的领导权往往掌握在不同的利益集团手中，比如彼得格勒、阿尔汉格尔斯、明斯克等地的《消息报》由孟什维克把持，而巴库地区的《消息报》编辑部中既有孟什维克党人，又有布尔什维克党人。1917 年 8 月，随着工人士兵代表苏维埃中央执行委员会的成立，《消息报》变成了中央执行委员会的机关报，并转到布尔什维克手中。①

由于临时政府是在孟什维克和社会革命党人的支持和帮助下窃得政权的，而孟什维克和社会革命党人始终认为，政权归资产阶级乃是资产阶级革命的必然结果，只有资产阶级才有资格管理沙皇政府遗留下来的政权机构。因此，在其报刊中，他们竭力主张与临时政府合作，并声称临时政府一定会代表人民的利益，反映人民的意愿。这些报纸还表现出对布尔什维克党的不信任，反对布尔什维克提出的建立无产阶级专政的主张。它们甚至附和着资产阶级报纸，将矛头指向布尔什维克党和列宁。

（二）布尔什维克报刊

二月革命胜利后，布尔什维克党结束了地下状态，公开出面领导俄国的革命。

根据布尔什维克党中央委员会关于恢复出版党中央机关报《真理报》的决议，1917 年 3 月 18 日（俄历 3 月 5 日），《真理报》在莫洛托夫、叶列麦耶夫和加里宁三人组成的编委会的领导下正式复刊（一个月后，列宁从瑞士回国，亲自主持该报工作）。

在《真理报》复刊的同时，俄国各地布尔什维克党的委员会也纷纷出版了自己的报纸（计约几十种）。

1. 全国各地出版的布尔什维克报纸

《真理报》的复刊，意味着布尔什维克报刊发展的新阶段的开始。同一时期，布尔什维克党莫斯科委员会出版了《社会民主党人报》，乌拉尔州委员会出版了《乌拉尔真理报》，下新城出版了《国际报》，喀山出版了《工人报》，萨马拉出版了《伏尔加河真理报》，萨拉托夫出版了《社会民主党人报》，罗斯托夫出版了《我们的旗帜报》，土拉出版了《无产阶级真理报》，雅罗斯拉夫里出版了《劳动与斗争报》，伊凡诺夫-沃兹涅先斯克出版了《我们的星报》，叶卡杰林诺达尔出版了《波里库班真理报》，克拉斯诺雅尔斯克出版了《西伯利亚真理报》，赤塔出版了《外贝加尔湖工人报》，海参崴出版了《红旗报》。

---

① 参见贾乐蓉：《资产阶级民主时期的俄国新闻事业》，载《国际新闻界》，1997（6）。

乌克兰布尔什维克的报纸有哈尔科夫出版的《无产者》、基辅出版的《社会民主党人呼声》、鲁干斯克出版的《顿涅茨无产者》和敖德萨出版的《南方工人》等。

布尔什维克在南高加索出版的报纸有《高加索工人》、《巴库工人》、《斗争》和《工人斗争》，在波罗的海沿岸出版的报纸有《斗争》、《真理》、《光线》和《论坛报》。

以上报纸中的一些是用民族文字出版的，包括格鲁吉亚文、阿尔明尼亚文、拉托维亚文、立陶宛文、爱沙尼亚文和波兰文等。

布尔什维克除了创办地方党报外，还出版了《士兵真理报》、《战壕真理报》、《战壕警钟报》、《真理之声》、《无产者事业报》、《浪涛报》、《贫农报》等士兵报纸和农民报纸。此外，还出版了《女工》杂志。这些报纸在广大党员和士兵、农民、妇女中进行宣传、鼓动和组织工作，引导他们为争取社会主义革命的胜利而斗争。

2. 复刊后的《真理报》

二月革命后，由于孟什维克和社会革命党人的拱手相让，也由于小资产阶级浪潮对广大群众的侵蚀，政权暂时被资产阶级所窃取。因此，当时布尔什维克党面临的任务，就是领导俄国人民推翻资产阶级临时政府，把革命推进到社会主义阶段。作为中央和彼得格勒市委的机关报，《真理报》在此过程中发挥了重要的作用。

首先，揭露临时政府的本质，宣传将革命进行到底的思想。

布尔什维克党中央在决定恢复出版《真理报》的同时，通过了《策略任务》的决议，为党的机关报制定了行动纲领。根据《策略任务》的要求，《真理报》及时揭露了临时政府的反动本性。报纸指出：二月革命虽然取得了初步胜利，但是离革命的全面胜利还差得很远。因为政权仍然掌握在临时政府手中，人民仍然得不到和平、土地和面包。要想取得革命的全面胜利，就必须前进一步，把政权交归苏维埃。《真理报》号召工人阶级组织起来，成立近卫军，准备向资产阶级发起最后的进攻。复刊后的第4期报纸发表题为《革命的策略》的社论，指出工人在推翻专制制度以后，应该把政权掌握在自己手中，而不是把它让给地主和资本家。第10期社论指出："无产阶级应该懂得，只有手执武器，才有可能巩固自己的胜利，把革命事业进行到底。"《真理报》第14、15期上还刊登了列宁从国外寄来的《第一封信，第一次革命的第一阶段》一文，进一步揭露了临时政府的反革命性质。针对临时政府关于推翻沙皇以后，战争就不再具有帝国主义性质了的论调，《真理报》指出，临时政府仍在推行沙皇的帝国主义政策，它继续在为掠夺他国土地和其他民族进行战争，战争的性质没有改变。

《真理报》还发表大量的论文和文章，谴责孟什维克和社会革命党人在政权、战争和土地问题上的投降主义立场及其与临时政府合作的主张，指出这种主张是非常有害的，因为即使对临时政府实行“监督”，也决不会改变临时政府的基本政策，不会给工人带来任何好处。通过宣传，越来越多的人看清了妥协派的面目，表示要同他们决裂。一些工人和士兵在《真理报》上发表声明，宣布退出孟什维克党。

其次，宣传列宁《四月提纲》，统一全党思想。

1917 年 4 月，布尔什维克党的历史上具有重要意义的事件之一，是列宁著名的《四月提纲》的问世。

在此之前，在对待临时政府的态度问题上，党内一部分人有着错误的认识。列宁回国前，一度掌握《真理报》编辑部领导权的加米涅夫在报纸上接连发表文章，提出有条件地支持临时政府，宣扬爱国主义。这些文章在党员和群众中产生了恶劣影响，出现了严重的思想混乱。

在这紧要关头，列宁回到彼得格勒。回国后的第二天，即 4 月 7 日（公历 20 日），他在布尔什维克党的会议上作了关于战争与革命的报告，这就是著名的《四月提纲》。《提纲》明确指出布尔什维克党的新的战略计划——把资产阶级民主革命转变为社会主义革命。《真理报》第 26 期将列宁的《四月提纲》公诸于世。

《四月提纲》发表后，在全国引起强烈的反响。资产阶级报纸对《提纲》的内容进行攻击，党内相当一部分人（由于受加米涅夫的影响）对此也不甚理解。

针对这种情况，《真理报》做了大量的宣传解释工作。它一面广泛报道各地工人对资产阶级和妥协派言论的谴责，一面连续发表列宁的文章，对《提纲》中所涉及的战争与革命问题进行深入的阐述。报纸还报道了各地学习《提纲》的体会和支持《提纲》的行动，从而在很大程度上统一了全党的思想，促进了革命运动的发展。

第三，宣传四月代表会议精神，促进苏维埃改组。

1917 年 4 月 24 日（俄历）布尔什维克党第七次代表会议（四月代表会议）召开。会议讨论了关于战争与革命的各项基本问题。列宁在会议报告中进一步阐述了《四月提纲》的原则，并且提出“全部政权归苏维埃”的口号作为党的最近任务。《真理报》广泛报道了四月会议的工作，发表详细的工作报告，把列宁提出的“全部政权归苏维埃”的口号作为报纸的中心任务，为争取工农兵群众作了大量的宣传、教育和组织工作。

为了把社会革命党人和孟什维克从苏维埃政权中驱逐出去，使苏维埃真正成为布尔什维克党的坚固的阵地，《真理报》于5月倡导并发起“改选苏维埃代表”的群众活动。报纸刊登了党中央关于《改选苏维埃代表的章程》，彼得格勒等地按照这个章程改选了苏维埃代表以后，报纸立即作了报道。5月10日的《真理报》刊登了“姐妹工具厂”工人通过直接投票的方式改组苏维埃的消息，这条消息极大地鼓舞了其他工厂的工人，加速了苏维埃改组的进程。为了加强工人阶级的组织性和纪律性，《真理报》还反复宣传工会的重要性，促进了全俄各地工会的建立和工人群众的布尔什维克化。为了争取农民，《真理报》连续发表文章号召农民用革命手段夺取土地，说明只有布尔什维克才是帮助农民推翻地主阶级的革命政党，从而使党在农村中的影响进一步扩大。《真理报》还加强了对军队的政治工作，号召士兵成立士兵委员会，把军队的领导权掌握在自己手中。布尔什维克发动各级党组织向前线寄送《真理报》，使成千上万的士兵在报纸的影响下战到布尔什维克一边。

第四，宣传和推动十月武装起义。

1917年7月，顽固推行帝国主义战争政策的资产阶级临时政府在前线战败，引起民众极大愤慨。彼得格勒50万工人和士兵举行示威游行，被反动军队打死打伤四百余人，《真理报》编辑部也被捣毁（7月至10月间，《真理报》变换不同名称继续出版）。“七月事变”后，俄国政治形势发生了根本性的变化，两个政权并存的局面已无法继续。值此之际，布尔什维克秘密召开了第六次党代表大会，全力准备发动武装起义。

当时，《真理报》已改名为《工人之路报》。因为它是公开发行的报纸，必须接受临时政府的检查，所以不能公开进行武装起义的动员工作。在这种情况下，它首先从理论上宣传马克思主义关于武装起义的思想，论述武装起义是阶级斗争尖锐化的必然结果；其次着重宣传“全部政权归苏维埃”的口号，讲清必须把地主、资本家代表逐出苏维埃，由苏维埃执掌政权的道理；同时大量报道各地革命委员会和赤卫队的活动，以防御外敌为名，加紧准备武装起义。这样，《工人之路报》在接受检查的条件下，巧妙地完成了宣传党关于武装起义的战略方针的任务。

10月10日（俄历），布尔什维克党中央通过了关于武装起义的决定。但是，党内反对派加米涅夫、季诺维也夫却在孟什维克的报纸上发表声明，指责党准备发动的武装起义是一种冒险行为，从而泄露了党的机密（党中央于是决定提前行动）。10月24日（俄历）清晨，临时政府下令查封《工人之路报》，并把装甲车开到报社门前，企图捣毁它。为了保卫自己的宣传阵地，上午10时，布尔什维克派赤卫队和革命士兵驱走装甲车，并且加强了守卫。11 时，《工人之路报》在革命武装保护下出版，斯大林发表社论《我们需要什么?》，公开号召推翻临时政府。10 月 25 日（公历 11 月 7 日），《工人之路报》在第一版用大字通栏标题写道："全部政权归苏维埃!""和平！面包！土地!"就在这一天，随着"阿芙乐尔号"巡洋舰的一声炮响，临时政府最后一个堡垒冬宫被攻克，列宁和布尔什维克党领导的十月革命取得了决定性的胜利。《工人之路报》迅速报道了攻克冬宫的消息，刊登了列宁写的《告工人、士兵、农民书》，宣告了人类历史新纪元的到来。

10 月 27 日，《工人之路报》恢复原名继续出版，《真理报》从此成为世界上第一个执政的无产阶级政党的第一份中央机关报。

第二节　苏联时期的新闻传播事业

1917 年 11 月 7 日，列宁领导的十月革命推翻了俄国资产阶级临时政府的统治，建立了世界上第一个社会主义国家。与此同时，俄国新闻业的发展也进入了一个崭新的历史时期。在这一历史时期内，资产阶级报刊被取缔，社会主义的新闻体系建立起来。

一、社会主义报业体系的确立与发展

十月革命胜利后，孟什维克和社会革命党人仍在出版自己的报纸，由大的垄断资本家提供资金的报纸协会也在继续他们的出版活动。据记载，当时孟什维克有 52 种报刊，社会革命党有 31 种，无政府主义者有六种。这些资产阶级、小资产阶级的出版物对革命胜利的反应是共同的——心怀仇恨。一些报纸甚至恶毒攻击布尔什维克党的革命路线，发表大量反对苏维埃政权的言论。有鉴于此，列宁领导布尔什维克党立即采取了强有力的措施。

（一）取缔反革命报刊

苏维埃政权成立不久，列宁就签署了一系列关于新闻出版的法令，用革命手段剥夺资产阶级的出版自由。

1.《关于出版问题的法令》

1917 年 11 月 10 日，即十月革命胜利后的第三天，《真理报》发布了列宁签署的《关于出版问题的法令》。《法令》指出，在大变革的关键性时刻及随后的日子里，临时革命委员会应采取一系列措施，以反对形形色色的反革命报刊。因为"资产阶级报刊是资产阶级最强大的武器之一"，特别是在新的工农政权刚刚确立

的关键时刻，不能让这种武器完全留在敌人的手中。《法令》宣布查封下列报刊：1）煽动公开对抗和不服从工农政府者；2）通过恶意中伤，歪曲事实来制造混乱者；3）挑动从事犯罪活动者。

这是世界上第一个无产阶级专政国家公布的第一个出版问题法令。在《关于出版问题的法令》颁布后的一个月中，革命军事委员会查封了《新时代报》、《言论》、《俄罗斯意志》、《交易所新闻》、《新俄罗斯》、《白昼》等几份对革命事业危害最大的报刊。

2. 关于出版自由的交锋

此次被查封的只是少数为害甚烈的反动报刊，资产阶级仍然可以利用其他报纸进行反对苏维埃政权的活动。《关于出版问题的法令》颁布后，他们在报纸上提出抗议，指责苏维埃政府破坏了出版自由的原则。1917 年 11 月 30 日，立宪民主党中央机关报《我们的心声》刊登了被推翻的临时政府的《告全体俄国公民书》，这份宣言书认为，彼得格勒革命委员会 10 月 25 日（公历 11 月 7 日）发布的推翻临时政府的命令是错误的。临时政府虽然已经不完整了，但它仍然可以同苏维埃政府一起发挥作用，并提出立即召开立宪会议。前临时政府的部长们在宣言书上签了字。

同一天，革命军事委员会作出“关于逮捕所有宣称自己是临时政府成员、并在《告全体俄国公民书》上署名的前部长们的决定”。同时命令所有刊登被推翻的临时政府宣言书的报刊暂停发行。革命军事委员会还查封了一批资产阶级报刊，如《我们的心声》、《晨报》等，被查封的还有孟什维克的《我们的统一报》、《工人报》，社会革命党人的《人民意志报》等（共 10 种）。

3.《关于成立报刊革命法庭的法令》

为了加强对资产阶级报刊的监督管理，1918 年 2 月 22 日，人民委员会在《工农政府报》第 30 号上发布由列宁签署的《关于成立报刊革命法庭的法令》。《法令》指出：“报刊革命法庭审理利用报刊反人民的各种犯罪活动”。“利用报刊进行犯罪活动是指虚假地和歪曲性地反映社会生活现象的各种报道，因为这种报道是对革命人民的权利和利益的侵犯，是对苏维埃政权所颁布的出版法的破坏。”①人民委员会对报刊革命法庭的组成、审理的法律程序等都做了明确的规定，并授权该法庭执行罚款、封闭和没收资产阶级报纸等八项职责。

4.《关于查封破坏国防的孟什维克报纸的决定案》

一些资产阶级报刊虽然因违反出版法令而被封闭，但是它们被封后却不断改

---

① 转引自赵水福、傅显明《列宁与新闻事业》，621 页，北京，北京广播学院出版社，1986。

换名称继续出版。例如孟什维克的《前进报》被报刊革命法庭判决封闭后，改名《永远前进报》，继续从事反革命宣传活动。有鉴于此，1919 年 2 月 22 日，全俄中央执行委员会作出《关于查封破坏国防的孟什维克报纸的决定案》，决定查封《永远前进报》，直到孟什维克用自己的行动证明他们决心同高尔察克一刀两断而坚决转过来保卫和支持苏维埃政权的时候为止。然而孟什维克的报刊仍继续坚持其反革命的立场。为了维护布尔什维克和广大人民群众的利益，苏维埃政权不得不采取更为强硬的措施，勒令其报刊全部停办。到 1919 年底，除布尔什维克的报刊外，其他政治派别的报刊全部停刊或被查封。

至此，对反动报刊的监督管理以至查封取缔工作已基本完成。

（二）建立无产阶级的报业体系

在取缔反动报刊的同时，党和苏维埃政权积极为革命报刊的兴办创造条件。

（1）颁布《关于国家统一管理广告业务的法令》。1917 年 12 月 8 日《临时工农政府报》第 6 号上发表了列宁签署的《关于国家统一管理广告业务的法令》。《法令》规定，在定期报刊、书籍和戏单上刊登有价广告的业务，向书亭、邮局以及向其他单位散发广告的业务，均由国家统一管理。这些广告只能由彼得格勒临时工农政府的出版单位和各地的工兵代表苏维埃的出版单位出版，凡不具有这种权利的出版单位而出版广告者，一律查封。对广告实行国家垄断，是苏联报业建立初期列宁的又一个重要思路。这项措施不但有效地剥夺了资产阶级报刊的经济基础，同时也大大加强了苏维埃报刊的经济实力。

（2）下达关于征用资产阶级的印刷厂和纸库的命令。剥夺资产阶级报刊的物质基础，用以出版无产阶级的革命报刊，是苏维埃报业体系建立初期列宁的总体思路之一。1917 年 12 月 26 日，列宁根据工兵代表苏维埃中央执行委员会主席团的决议，向负责出版工作的扬科夫斯基下了一道指令：请采取一切必要措施，征用《交易所新闻》印刷所以及该所的全部房舍、机器、印刷材料、纸张和其他财产。

根据列宁的指示，同日，革命军事委员会下达了关于征用资产阶级的印刷厂和纸库的命令：用被查封的《新时代报》的印刷厂出版《真理报》，用《言论》和《白昼》的印刷厂出版《士兵真理报》和《贫农报》，《俄罗斯意志报》的印刷厂及储存的全部纸张交彼得格勒革命军事委员会。

（3）拨款给印刷厂。为了支持无产阶级报刊的出版，在新生政权建立之初的及其困难的情况下，列宁仍于 1917 年 12 月签署法令，拨出 44.8 万卢布，作为超预算特殊拨款，发给国家印刷厂。

在此基础上，苏维埃报业蓬蓬勃勃地发展起来。

（三）苏联社会主义报刊网的形成

十月革命胜利后，苏联立即恢复出版《真理报》和对《消息报》进行改造，紧接着又创办了一批中央及地方党和政府的机关报。

1．恢复出版《真理报》

1917年11月9日，党中央机关报《真理报》在彼得格勒恢复出版（复刊之前改名为《工人之路报》）。报纸在当天刊载的编辑部文章中郑重宣告："今后，我们将在原来《真理报》的旗帜下继续斗争，因为劳动群众早已把它看作是自己革命思想与意志的体现！"

1917年12月12日，俄共（布）中央委员会就如何办好《真理报》召开了专门会议。中央委员会认为，必须推选一位精明强干、有理论修养的人来主持党报工作。经讨论决定，布哈林任主编（布哈林同时在国民经济委员会任职），编委会由布哈林、斯大林和索科里尼科三人组成。

布哈林主持《真理报》工作不久，因在对德签订布列斯特和约问题上与列宁发生意见分歧而离开《真理报》，后来他同意了列宁的主张，列宁又将他召回，他在《真理报》一直工作到1929年被派出国担任共产国际执委会委员为止。

《真理报》编辑部于1918年3月随苏维埃政府迁往莫斯科。

2．改造《消息报》

《消息报》的前身是1917年3月在彼得格勒创办的《彼得格勒工兵代表苏维埃消息报》，十月革命前为孟什维克和社会革命党人所控制。1917年8月，随着工人士兵代表苏维埃中央执行委员会的成立，《消息报》转到布尔什维克手中，成为中央执行委员会的机关报，同年10月改名为《工兵代表苏维埃中央执行委员会消息报》。

1917年11月9日全俄苏维埃第二次代表大会召开以后，《消息报》成为苏维埃政权的正式机关报。1918年3月，《消息报》编辑部迁往莫斯科，改称《全俄工农兵哥萨克代表苏维埃中央执行委员会消息报》。苏维埃社会主义共和国联盟成立（1922年）后，1923年7月14日，《消息报》成为苏联执行委员会和全俄执行委员会的机关报。

3．创办《贫农报》

《贫农报》是在《士兵真理报》、《农村贫农报》和《农村真理报》的基础上创办起来的。它创刊于苏维埃俄国粮食恐慌最严峻的关头。当时，富农掌握着多余的粮食，却拒绝按规定价卖给国家。他们还同反革命分子联合在一起，发动叛乱，夺取农民从地主那里分来的土地，气焰十分嚣张。为了维护苏维埃政权，争取广大农民群众的支持，俄共（布）中央于1918年3月27日创办了《贫农报》。

1931年2月1日，《贫农报》与《社会主义农业报》合并。在将近13年的宣传活动中，它始终贯彻党和列宁关于农民问题的方针政策，把广大农民群众团结在党的周围，为巩固工农联盟和苏维埃政权，为实现农业合作化做了大量的工作。

4. 创办《经济生活报》

十月革命胜利后的第二天，列宁立即签署文件，决定创办一份专门从事经济报道的中央级报纸。虽然不久爆发了国内战争，对敌斗争的任务异常艰巨，但筹办经济报纸的工作却没有停止。这份报纸终于在十月革命一周年前夕——1918年11月6日正式创刊。这就是《经济生活报》。

《经济生活报》是苏维埃政权创办的第一份经济报纸，最初为苏维埃俄国最高国民经济委员会的机关报。1920年9月1日，白匪军和外国武装干涉者被击溃以后，为了适应新的形势的需要，它被改为最高国民经济委员会、粮食人民委员部、财政人民委员部、交通人民委员部、农民人民委员部、外贸人民委员部和中央统计局的联合机关报。国内战争结束后，1921年6月30日，由列宁提议并经全俄中央执行委员会主席团会议通过，《经济生活报》改为劳动国防委员会的机关报。

劳动国防委员会是管理全俄经济和国防事务的最高领导机构，列宁担任这个委员会的主席。因此，《经济生活报》在列宁的亲自领导下工作，很好地完成了经济宣传的任务。

5. 创办《民族生活报》

1918年2月，苏维埃人民委员会设立以斯大林为首的民族事务人民委员部。2月15日，民族事务人民委员部首次召开会议，讨论出版机关报的问题。同年4月14日，由斯大林、别林特科夫斯基和阿瓦涅索夫三人组成的编委会成立，11月9日，《民族生活报》创刊号在莫斯科问世。

该报的主要任务是宣传列宁和布尔什维克党在民族问题上的政策和原则，促进各民族的团结与合作。作为民族事务人民委员部的机关报，《民族生活报》在各族劳动人民中的影响不断扩大。报纸初创刊时发行量为7 000－10 000份，1921年增加到30 000份。

1922年苏联成立后，各地方政府纷纷创办民族报纸，到1923年这类报纸共有153种。《民族生活报》的职能逐渐为地方民族报纸所取代。1924年1月，该报停刊。

6. 创办一批新报刊

在恢复、改组、创办报刊，形成国家初级报业网络的基础上，从1921年到

1925年，苏联又有一批新的报刊问世。

《劳动报》是苏联工会中央理事会的机关报，1921年创办于莫斯科。它以工人为读者对象，是一份影响力很大的中央级报纸。

《鳄鱼》杂志1921年在莫斯科创办，原为《工人报》的漫画增页，后改为14－18页的漫画旬刊。该刊以辛辣的笔触，夸张的手法针砭时弊，讽刺社会上的种种不良倾向、不良风气，使人在笑声中得到教益。

《农妇》，1922年在莫斯科创办，是以农村妇女为对象的综合性月刊。

《星火》，1923年在莫斯科创办，是一份图文并茂的综合性画报。

《女工》，1923年在莫斯科创办，是以女工为对象的综合性月刊。

《红星报》，1923年在莫斯科创办，初为红军总部机关报，后改为苏联国防部机关报。

《布尔什维克》，1924年在莫斯科创办，后改名为《共产党人》，是苏共中央政治理论刊物。

《共青团真理报》，1925年创办，是一份面向广大青年人的报纸。

7. 形成全苏报刊网

在红色政权建立暨苏维埃社会主义共和国联盟成立的20年代，党采取一系列措施，克服重重困难，初步建立了一个以中央报刊为主、以地方报刊为辅，以党和政府机关报为主、以服务于不同读者的专门性报刊为辅的新型的报刊网络。

据记载，到1925年，苏联出版报纸共589种，其中农民报纸141种，少数民族报纸153种。这些报纸在动员人民群众抗击反革命势力、保卫苏维埃政权、进行社会主义经济建设方面，发挥了重要的作用。

苏联共产党一贯重视报纸宣传工作。俄共（布）第八次、第九次、第十次、第十二次、第十三次代表大会对报刊工作都进行了专门的讨论，并通过了相应的决议。1923年4月召开的俄共（布）第十二次代表大会通过了《关于宣传、报刊和鼓动问题》的决议。决议指出："为了正确地以报纸供应各种读者，一定要使报纸专业化。应当为每一个重要的读者层创办一种特别类型的报纸，党有了整套的报纸制度，就应一般正确地确定它们的业务范围，使每一种报纸都能根据确定了的服务对象的特点办报。"① 根据第十二次代表大会的决议，20年代中后期，苏联创办了一批为不同类型读者服务的专业报。在全国报刊网络形成的过程中，这是十分重要的一步。因此可以说，"十二大"是苏联共产党报业发展史上的一个里程碑。

---

① 转引自傅显明、郑超然：《苏联新闻史》，121页，北京，新华出版社，1994。

（四）战前苏联报刊的宣传内容

十月革命胜利后，苏维埃政权面临着严峻的局势。此时，第一次世界大战仍在进行，俄国同德、奥还在交战中。占优势的威廉二世的军队在俄国境内咄咄逼人，形成了对苏维埃政权的严重威胁。与此同时，前临时政府总理克伦斯基又集合了旧部，向当时的首都彼得格勒发起了进攻。这时的俄国，经过连年的战争，经济濒于崩溃，社会动荡不安，全国一片混乱。

复刊后的《真理报》、改组后的《消息报》以及新创办的其他报纸面临的就是这样的时局。为此，列宁写了《苏维埃政权的当前任务》、《论我们报纸的性质》、《怎样组织竞赛?》、《伟大的创举》、《生产宣传提纲》等文章，对报纸宣传工作寄予厚望。在列宁的深重期许和亲自领导下，苏维埃报刊圆满完成了过渡时期的任务。

1. 拨乱反正，统一全党思想

十月革命胜利后，围绕如何巩固苏维埃政权等问题，俄共（布）中央发生了严重的意见分歧。分歧表现在对外对内政策上。在对外政策方面，集中表现在要不要同德国签订停战和约；在对内政策方面，则是苏维埃政权当前的主要任务是不是恢复和发展国民经济。以布哈林为首的一些中央委员于1917年3—7月结成“左派共产主义者”派别集团，反对中央就这些重大问题作出的决策。他们以代表革命利益的“左派”自命，指责列宁为首的党中央是“右倾”。

针对布哈林和“左派共产主义者”的错误言行，列宁发表了《奇谈与怪论》、《严重的教训和严重的责任》等文章，批评他们的“左倾”言论是脱离了俄国的实际情况，是在“放空炮”和“挥舞纸剑”。

在关于签约问题的党内论争中，列宁多次处于少数地位，但他坚持原则，耐心说服，并通过党报阐明自己的主张，终于取得了良好的效果。在列宁的严肃批评和热情帮助下，布哈林认识到自己的错误，于1918年5月重新回到中央和《真理报》编辑部工作。同年7月，布哈林在《真理报》上公开做了检查，宣布解散“左派共产主义者”组织，停止派别活动。

在对内政策方面，列宁同布哈林之间也曾出现过重大的意见分歧。针对布哈林脱离革命斗争的实际空谈政治的“左”的倾向，1918年9月20日，列宁在《真理报》上发表了《论我们报纸的性质》的著名的文章。他在文章中指出，老一套的政治鼓动，即政治空谈，占的篇幅太多了，而新生活的建设，建设中的种种事实，占的篇幅太少了。应该“少来一些政治空谈，少发一些书生的议论，多深入生活，多注意工农群众怎样在日常工作中实际地创造新事物”。

在列宁的批评帮助和实践的教育下，布哈林认识到自己的错误，并作了深刻检讨。布哈林虽然在理论问题上与列宁发生了重大分歧，但瑕不掩瑜，他仍然是布尔什维克党最可贵和最伟大的理论家之一。

总之，列宁领导布尔什维克党（嗣后是苏联共产党）通过报刊宣传、思想交锋和必要的组织手段，最终消除了党内存在的严重的意见分歧，使全党在社会主义建设的根本问题上达成了一致。

2. 进行社会主义的经济宣传

布列斯特和约签订以后，苏维埃国家争得了恢复、发展遭到严重破坏的国民经济的宝贵时机。列宁不失时机地草拟了《苏维埃政权的当前任务》一文（发表于1918年4月28日《消息报》），具体地提出了经济上“管理俄国”的方针政策。这篇文章的发表，标志着党和国家的工作重心开始转移到经济建设的轨道上来。

根据列宁的指示和要求，主要从事经济宣传的中央级报纸《消息报》、《经济生活报》等，一俟条件允许，就迅速将报道重心转移到生产建设方面来，为领导部门提供了许多有价值的信息和决策的依据。

苏维埃政权建立初期，燃料问题十分严重。针对这种情形，《消息报》于1920年1月24日刊登一则消息，报道了一个油田贮油的新情况。列宁得知这个消息非常高兴，第二天就写信给最高国民经济委员会石油总委员会，并寄去了《消息报》的剪报，要求它说明是否了解简讯中所谈的事实，其中列举的数字可靠程度如何，就此事采取了哪些具体措施。

1920年12月20日，《消息报》刊登了《发展铁路运输的新方法》一文。文中说，用稍加改装的一般载重汽车代替铁路机车的做法在国外已普遍试验过，效果良好。这件事又引起列宁的兴趣。他立即给交通人民委员部、全苏国民经济委员会、劳动国防委员会和国家计划委员会发出询问书，问他们事情的原委；并给人民委员会和劳动国防委员会办公厅副主任瓦·斯莫尔亚尼诺夫写便条，希望他马上检查，不要拖延，并用电话通知列宁事情的进展情况。次日，列宁又写信给《消息报》主编和文章作者，请作者尽可能准确地告诉他这个消息是从哪里来的。

当时，《消息报》每天都发表不少关于经济问题的消息、通讯、报告、访问记和文章，而列宁每天都阅读《消息报》，从中援引资料，作为他决策的依据：

“昨天《消息报》刊登了数字材料。我援引了其中的主要数字”。

“从10月18日的《消息报》上可以看出……”

“你们昨天可能已经在《消息报》上读过的那些报告表明……”

“昨天我在《消息报》上偶然读到……”

“今天的《消息报》报道说……”

“今天我们在我们的报纸（《消息报》）上读到一篇短文……”①

从以上列宁的引证中可以看出，在经济报道方面，《消息报》功不可没。

《经济生活报》是劳动国防委员会的机关报，它是在列宁的亲自领导下工作的。该报创办之初曾经发表一些专家的“一点也不触及实际工作”的文章，列宁发现后，要求经济学家、著作家和统计学家不要空谈一般的计划，而应当“多研究些我们在中央和地方的实际经验所提供的东西以及科学已经向我们提供的东西”；不仅要经常提供有关苏联经济的真实情况的资料，而且“还要分析这些资料，科学地整理这些资料，为工业管理等提供正确的结论”。根据列宁的要求，《经济生活报》全面、真实地反映国家经济建设的情况，注意搜集实际工作中具体的数据、资料，并对它们进行分析、论证，从而更好地指导实践。《经济生活报》还开辟了许多有特色的栏目，如《在地方上》、《在企业里》、《托拉斯调查》、《工业组织问题》、《合作社》等，文章注重时效性，力求短而精，取得了很好的宣传效果。1928 年 11 月 6 日联共（布）中央在《纪念〈经济生活报〉十周年》一文中，对这份报纸给予了高度的评价。文章指出：《经济生活报》能够成为坚定捍卫列宁主义原则立场，深刻阐明无产阶级国家经济建设实践的指导性的经济报纸。

1924 年列宁逝世后，作为联共（布）总书记的斯大林继续领导苏联的社会主义建设。随着社会主义工业化（1926—1929）和农业集体化（1930—1934）运动的开展，随着三个五年计划（1928—1941）的实行，苏联报刊展开了更大规模的经济宣传活动。例如，在第一个五年计划期间，党中央机关报《真理报》围绕与基本建设有关的一些重要问题——重工业的分布、国内资源的利用、综合材料的供应以及工程设计等展开讨论与宣传，并吸收有关专家参与报纸工作，以便更加深入地阐述这些重大经济问题。第二个五年计划期间，社会主义劳动竞赛出现了新的形式，这就是 1935 年 8 月掀起的斯达汉诺夫运动。斯达汉诺夫运动是一场以突破旧定额，创造新记录，大幅度提高劳动生产率为主要内容的社会主义竞赛运动。在报纸的宣传和推动下，这一运动很快由矿井扩展到全国。在很短的时间内，从工矿企业到商业部门，从国营农场到集体农庄，全国涌现出一大批斯达汉诺夫工作者，他们几倍、十几倍、几十倍地提高了劳动生产率，对五年计划的提前完成起到了重要的促进作用。为了提高全民参加社会主义建设的热情和积极性，苏联报纸各显其能，推出一系列新的宣传报道的形式，如组织劳动竞赛的评奖活动，公布评比结果，推广先进经验；组织流动编辑组和外出编辑部，办增

---

① 赵水福、傅显明：《列宁与新闻事业》，165 页，北京，北京广播学院出版社，1986。

刊，出号外等等，从而使旨在提高劳动生产率的行业性的竞赛活动转而变为全民性的群众运动，有力地促进了社会主义建设事业的发展。

3. 抨击官僚主义和不正之风

内战结束后，由于经济遭到严重破坏，国家民穷财尽，加之小生产的分散性和自由主义习气的影响，官僚主义作风在苏维埃和政府机关内慢慢滋长起来。表现为人浮于事、办事拖拉、玩忽职守、滥用职权等等。列宁要求报刊密切注视这些问题，经常亲自过问问题的解决情况。在列宁的大力支持下，《消息报》公开批判拖沓作风，同浪费国家财产的行为进行全力斗争，并取得了实效。例如，1921 年 5 月，《消息报》刊登了一篇题为《停滞不前!》的通讯。通讯提到一家纺织厂因缺乏燃料停工了三星期，而燃料就在距工厂 500 公尺的河边上。知道此事后，列宁气愤地说："这些官僚，这些拖拉作风！应该把他们送到法院去!"由于《消息报》的披露和列宁的亲自干预，第二天问题就解决了，工厂开工了。

报纸还全力同浪费国家财产的行为作斗争。1921 年 9 月 13 日，《消息报》刊登该报记者的短评《贫困的亿万富翁》，揭露莫斯科喀山铁路线利季诺站仓库的严重的浪费现象。作者写道：从 1918 年起，这里就放着 250 万普特的贵重金属，包括贵重的机器、装备和器具。他们被弃置在沼泽中，没有人过问，没有人保管，听任盗窃和毁坏。列宁看到这条消息后，立即给有关负责人写信，指示：火速检查一下这篇评论所说的是否符合事实。如果符合事实，请立即采取一切必要措施来清点、保管……这些财产，并极严厉地查办失职人员。

在反贪污、反浪费、反对官僚主义的斗争中，《经济生活报》同样发挥了重要的作用。列宁曾指示《经济生活报》要揭露企业、机关或经济部门等等单位中疏忽大意、落后无能的工作人员，更严格地监督不及时或不充分向有关机关作报告的行为，把玩忽的人登在黑榜上。列宁还授予该报编委会对工业管理部门活动的经济效果进行自由批评的权力。遵照列宁的指示，《经济生活报》同官僚主义和不正之风展开了坚决的斗争，而列宁总是全力支持这一斗争。例如，该报记者曾在一个矿区发现骇人听闻的盗窃事件和令人愤慨的浪费现象，并在报纸上公开进行揭露与批评。列宁对此十分重视，当即打电话给最高国民经济委员会主席，要他注意此事，准确查明应负个人责任的人员。《经济生活报》对国家领导机构存在的问题与错误，也不留情面。一次，该报对最高国民经济委员会的本位主义等错误提出了批评意见，结果引起该委员会主席的不满。他试图取消中央授予《经济生活报》批评的权力，甚至提出撤换该报主编。主编克鲁敏向俄共（布）中央组织局报告此事，并要求中央检查《经济生活报》的做法是否符合中央精神。以列宁为首的党中央肯定了《经济生活报》的工作，不同意最高国民经济委员会主席团关于撤销主编职务的意见，支持该报继续同错误现象作斗争。在以后的工作中，《经济生活报》更加积极地运用批评的武器，有力地促进了党风的改变和社会主义建设事业的发展。

（五）确立党指导下的报刊体制

总之，在战前社会主义建设年代，苏联报刊作为党的舆论机关，发挥了巨大的作用。这一时期，苏联报业继续发展，社会主义报业体系全面形成。中央级的报纸有所调整和增加。《消息报》1938 年改为苏联最高苏维埃主席团的机关报，报名为《苏联劳动者代表苏维埃消息报》。经过改组后，《消息报》的地位和影响仅次于《真理报》，是一份指导性的报纸。《经济生活报》1937 年改名《财政报》，1941 年因法西斯德国入侵、苏联报刊结构调整而停刊。《贫农报》于 1931 年与《社会主义农业报》合并。新创办的中央级报纸有《文学报》（1929 年创办的苏联作家协会机关报）、《莫斯科新闻》（1930 年创办的从事对外宣传的周报）等，新创办的地方报纸更多。据统计，1928 年全国有报纸 1 197 种，发行量为 940 万份；1940 年增加到 8 806 种，发行量为 3 840 万份。

苏联新闻体制在列宁去世后、斯大林领导社会主义建设的近 30 年里逐渐形成。其特点是信息来源单一、言论高度集中、没有新闻法规、实行新闻检查、建立编委会制度。

应当指出的是，虽然苏联报刊在战前社会主义建设时期发挥了重要的作用，但是，在错误路线的干扰下，它也曾产生过负面影响。列宁逝世后，从 20 年代后期起，苏联新闻媒介秉承斯大林为首的领导层的旨意，大张旗鼓地开展意识形态领域的批判运动，批判对象波及整个文化界、知识界，以后又发展为肃反扩大化，使大批知识分子和干部遭到逮捕、监禁和杀害，造成极其严重的后果。在此过程中，苏联新闻媒介起到推波助澜的作用，从根本上背离了列宁的新闻思想。

二、二战及战后苏联报业

（一）卫国战争中的苏联报刊

1941 年 6 月 22 日拂晓，法西斯德国对苏联发动突然袭击。历时四年的卫国战争爆发了，苏联报刊全面转入战时状态，报刊的结构也做了相应调整。

首先，停办、合并了一批民用报刊。

战争一开始，根据联共（布）中央的决定，停办了《黑色冶金》、《纺织工业》等专业报纸和《青年布尔什维克》、《文学的同时代人》等中央级政治理论、社科、文艺类杂志；各共和国、州、市党委会的理论、社科、政治刊物和中小企业的报纸也都停办了；此外，还合并了一些刊物，如将《文学报》和《苏维埃文艺报》合并为《文学与艺术报》，将《国营农场》和《畜牧业》合并为《社会主义农业报》等等。

其次，减少报纸篇幅，限制出版期数和发行份数。

战争爆发后，《真理报》和《消息报》等中央级报纸由战前每天出六版减少为四版；地方报纸由四版减少为两版。对报纸的出版期数和发行份数也作了一定的限制：各共和国、州一级的报纸由每周出六次减少为五次；区报由每周出三－五次减少为一－三次。许多报纸的发行份数也减少了，如《真理报》的发行量比战前减少了一半。

第三，大力发展军事报刊。

在缩减民用报刊的同时，军事报刊和前线报刊得到了发展。战前，苏联只有《红星报》、《红海军》两种军报和几种理论杂志。战争爆发后，又创办了两份新的中央军报——《斯大林之鹰》和《红色的鹰》。红军总政治部也组织出版了一批新的中央级杂志，如《红军的鼓动员和宣传员》、《伟大卫国战争》、《前线画报》等等。此外，在卫国战争的前线，还出版了一批前线报。前线报是一种新型的军事报纸，它在战争进程中随战线数量的变化而增减。前线报由前线指挥部和政治部出版，包括兵团报、军团报、师报和旅报。读者对象是各级指挥员和广大士兵。军事记者们认真地履行职责，写出了许多广为流传的名篇。报纸发表用多种文体写成的材料，其中最常用、起了巨大作用的是诗歌、通讯特写、政论和剧本。

在报纸组织结构调整的同时，按照党和政府的要求，苏联报刊全面转入战时轨道，开始了声势浩大的抗战宣传。在谈到报纸在卫国战争中的作用时，苏联最高苏维埃主席团主席加里宁称《真理报》是人民的喉舌，与人民群众发出同一个声音，每日不断地号召人民投入战斗，打击敌人，介绍和推广人民斗争的各种形式，把广阔大地上的苏联人民都吸引到反法西斯侵略者的斗争中，吸引到支援前线的事业中，称赞它是卫国战争年代一份最先进的前线报刊。

我们就以《真理报》这份“最先进的前线报纸”为例，介绍苏联报刊在卫国战争中的宣传内容。

1. 宣传保卫祖国思想，鼓舞人民的抗敌斗志

战争初期，德军利用短时期内的有利条件，迅速占领立陶宛全部，拉托维亚大部，白俄罗斯和乌克兰的各一部。希特勒还野心勃勃地制定了代号为“台风”的计划，企图一举占领莫斯科，把苏联从欧洲的版图上勾掉。

在德军的嚣张气焰面前，《真理报》毫不隐瞒祖国面临的巨大危险，冷静地指出，祖国的命运有赖于每一个苏维埃人的努力，有赖于莫斯科保卫战的胜利。

为使祖国免遭法西斯的蹂躏，《真理报》为苏联人民作出的惟一的选择是“只有活下去，只有胜利”、“为祖国战斗到流尽最后一滴血”。

在前线形势十分危急，需要最大限度地集中人民群众力量的时刻，《真理报》打破了严格的版面布局，经常在不固定的位置上刊登列宁关于保卫祖国的语录和斯大林向首都人民发出的战斗动员令。

1941年11月8日，报纸刊登了斯大林在阅兵式上发表的演说词。斯大林分析了苏军暂时受挫的原因，指出苏军最终战胜德军的必然性，号召苏联军民为打败德国侵略者而英勇战斗。这一天的《真理报》还刊登了苏联党和国家领导人站在列宁墓上检阅苏联红军的巨幅照片，刊登了受阅的苏联步兵、坦克兵雄赳赳气昂昂地走过红场，直接开赴前线的照片。《真理报》在第二天的社论中指出，红场阅兵这件事具有十分重大意义，它不仅在国难当头之时鼓舞了苏联军民的士气，同时也彻底粉碎了希特勒企图在15天内攻克莫斯科，并于11月7日在红场检阅德军的梦想，显示了苏联军队的威力。

《真理报》的宣传与号召，为莫斯科保卫者注入了巨大的力量。他们积极参加构筑城外防御带和市内防御工事，在受坦克威胁的道路上配置了反坦克炮。上百个武装支队、战斗小组和坦克歼击组投入了保卫首都的战斗。苏联军人表示：决不让法西斯强盗进入莫斯科！他们实践了自己的誓言，以顽强的毅力阻止了敌人的进攻，粉碎了希特勒德国不可战胜的神话。

2. 报道卫国战争的重要战事

《真理报》是卫国战争历史的忠实记录者，它记载着苏联红军从莫斯科走向柏林的光辉历程。卫国战争的重要战事，如莫斯科保卫战、列宁格勒战役、斯大林格勒战役等，《真理报》都予以了详尽的报道。在报道前线战事时，报纸把重点放在分析战争形势及战争每一阶段特点、揭示苏德双方军事力量的对比、指出红军指战员和广大民兵的主要任务等方面。下面以莫斯科保卫战的报道为例。

莫斯科保卫战打响后，《真理报》所做的第一件事，就是把全市居民发动起来，让每一个能够拿起武器的人都成为保卫首都的战士。

报纸号召全市人民都来参加军事训练，掌握一个战士所应有的军事技术，学会使用步枪、刺刀，学会投掷手榴弹、燃烧瓶，学会挖避弹壕，学会使用防毒设备，把首都变成一个巨大的军营，把每一个首都居民都变成坚强的战士。

报纸大量介绍莫斯科居民和苏联红军并肩战斗、共同保卫祖国首都的事迹。

根据德军在莫斯科战役中大量使用坦克、飞机进行冲击和突击的特点，《真理报》开辟了《学习军事技术园地》专栏，系统地介绍反坦克常识和防空常识。其中的文章有：《怎样消灭敌人的坦克》、《手榴弹在战斗中的作用》、《炸弹和最简单掩蔽方法》等等。它们像军事教科书一样，配有图示和文字说明。

莫斯科保卫战第二阶段的战役开始后，报纸接连不断地向读者报告前线战绩：巴甫留琴科团的红军战士在卡累利阿打退了敌人的一次次冲锋，一天之内消灭了两千多名德寇，胜利地守卫了阵地；潘菲洛夫师的28名战士在杜鲍谢科沃车站英勇抗击德军冲锋枪连和50辆坦克的猛烈进攻，他们一直坚持到只剩五个人，始终没有后退一步等等。

在莫斯科保卫战最激烈的时候，《真理报》大声疾呼“一步也不能后退”，也正是在这个关键时刻，报纸刊登了作家戈尔巴托夫的书信体文章《谈谈生与死》。作家用其对生命的理解“活着，要像一名真正的战士，死去，也要像一名真正的战士”来鼓励人民为美好生活而战斗。

1941年12月，苏军在莫斯科近郊转入反攻，德军陷入困境。13日，《真理报》刊登了苏联情报局发布的关于德国法西斯突击兵团在莫斯科近郊溃败和提赫文、耶列茨等几十个城市与居民点获得解放的消息。《真理报》在自己的社论中指出：在从莫斯科向西延伸的公路上，遭到红军打击的法西斯匪帮狼狈逃窜，到处都是德国士兵留下的尸体和被击毁的汽车、武器。德军的惨败是吹牛大王希特勒对莫斯科发动总攻的可耻下场。报纸强调指出，莫斯科战役的胜利，粉碎了希特勒的“台风”计划，鼓舞了苏联人民和全世界人民的抗战斗志。

在报道卫国战争主要战事的同时，《真理报》还以大量笔墨介绍了为国捐躯的苏联英雄的事迹，为战斗着的苏联人民树立了楷模。1941年7月10日，《真理报》报道了驾驶着火的飞机与敌机相撞的尼古拉·加斯捷洛大尉的事迹。1942年1月27日，《真理报》刊登了记者利托夫的特写《丹娘》。三周后，又刊登了他的第二篇特写《谁是丹娘》，介绍了被法西斯残酷杀害的女游击队员卓娅的感人事迹。1943年9月，《真理报》刊登了作家法捷耶夫的特写《永生》。作者以感人至深的笔触叙述了克拉斯诺顿城的共青团员奥列格、邬丽娅、伊凡、谢尔盖、柳波芙在地下党组织的领导下同德国占领军进行英勇斗争，最后全部壮烈牺牲的事迹。战争结束后，法捷耶夫根据六青年的事迹写出了长篇小说《青年近卫军》。

3. 号召后方人民支援前线

报纸号召后方民众，调动 全部人力物力，支援前线。

关于保卫劳动果实的号召：

庄稼收割之季，《真理报》提醒农民，不要让用劳动的双手种植起来的庄稼被法西斯匪帮掠夺走。报纸接着报道了列宁格勒、乌克兰、白俄罗斯、摩尔达维亚以及其他一些已经变成战场的地区的农民冒着炮火抢收庄稼，支援前线的事迹。

关于提高工作效率的呼吁：

还是在战争初期报纸就强调指出，应当把完成前线任务指标的情况作为衡量企业及其领导人活动的首要标准。报纸要求广大工人学会珍惜时间，提高工效两至三倍，在每一分、每一秒里生产出更多的煤和金属、更多的大炮和炮弹、更多的粮食和衣物。

关于苏联人民支前行动的报道：

战争期间，苏联人民的爱国热情空前高涨。他们以义务劳动、捐赠钱款和实物等行动支援红军。1941 年夏，莫斯科红色工厂的工人提出，每月参加一天义务劳动，用所得报酬制造飞机、大炮和其他武器。《真理报》热情支持这一倡议，并向全国做了宣传。1941 年 8 月 1 日，《真理报》发表社论《国防基金——爱国主义在新的历史条件下的表现》，同时在新闻通讯中报道了后方人民为国防基金踊跃捐款的情况。《真理报》指出苏联强大的力量就在于全国人民能够并且愿意投入保卫祖国的斗争，无论在前线还是在后方都能感觉到这一点。

关于劳动竞赛的报道：

1942 年 5 月，《真理报》刊登库兹巴斯冶金厂的工人关于在全国开展社会主义劳动竞赛的倡议书以及联共（布）中央委员会和国防委员会关于对竞赛优胜者颁奖的决定。《真理报》指出，开展社会主义劳动竞赛的目的，是为了给前线提供更多的援助，它将使“一切为了前线，一切为了胜利”的口号落到实处。报纸增设了新的栏目：《全苏社会主义劳动竞赛》、《社会主义劳动竞赛参加者的讲坛》。

《真理报》将农村的社会主义劳动竞赛引导到适时进行播种、收割和储备农产品等方面来，并提出良好建议。

在《真理报》的宣传和倡导下，苏联后方的爱国主义运动此起彼伏，有力地推动了战时经济的发展，给了苏联军队很大的支持。

4．揭露德国法西斯的侵略本质

在卫国战争中，《真理报》对德国法西斯的侵略本质进行了深刻的揭露，指出希特勒发动侵苏战争是蓄谋已久的。

为了证实这一点，使苏联人民更加清楚地认识到德国法西斯的本质，《真理报》从希特勒《我的奋斗》一书中摘取了一些极为率直的法西斯强盗的言论，把他企图征服全世界的狼子野心揭露得淋漓尽致。

《真理报》在揭露希特勒种族主义理论的同时，愤怒声讨了法西斯强盗在苏联土地上犯下的罪行，刊登了他们大批枪杀和平居民、毁灭村庄和城镇、设置火葬场、万人坑的消息和照片。这些都充分暴露了希特勒的强盗本性，使读者深刻认识到德国法西斯是苏联各族人民的死敌，不消灭它，就没有苏联人民的生路。

与此同时，《真理报》还及时揭露了德国法西斯的欺骗宣传，挫败了希特勒发动的舆论攻势，因而有效地阻止了谣言的扩散，稳定了人民的情绪，赢得了战争的胜利。

总之，在伟大卫国战争时期，《真理报》是全党、全国的舆论中心，是思想战线上反法西斯的前沿阵地。它在团结人民、教育人民、打击敌人方面的作用是不容低估的。与《真理报》相同，苏联其他报刊在战争中也发挥了重要的作用。正是因为这一点，联共（布）中央和苏联政府给予它们很高的荣誉和奖励。《真理报》被授予列宁勋章；《共青团真理报》被授予卫国战争一级勋章；《红星报》和《红海军》被授予红旗勋章；《斯大林之鹰报》被授予红星勋章。

（二）战后苏联报业的发展

卫国战争胜利后，苏联开始了和平经济建设的新时期。

1. 斯大林时期

激发劳动热情的经济报道：

1946 年 3 月，苏联最高苏维埃通过了《苏联 1946—1950 年恢复和发展国民经济五年计划法令》，即第四个五年计划。

战后苏联报刊的全部工作，就是调动广大工人群众的积极性，激发他们的劳动热情，组织开展社会主义劳动竞赛，保证第四个五年计划的顺利完成。

在这方面，《真理报》为其他报纸做了表率。

转入和平建设轨道之后的这份“功臣”报纸及时调整宣传方针，调动各种传播手段，包括消息、通讯、专题报道、新闻评论等，并且开辟新栏目，全面介绍和推广人民群众在社会主义劳动竞赛中的新鲜经验和伟大创举，从而促成全国性的劳动竞赛热潮的出现。

战后苏联报业修复了战争的重创，获得了较大的发展。到 50 年代初，苏联共有报纸 8 000 种，发行 4 500 万份，发行量超过战前水平。

消除异己的意识形态报道：

1946 年以后，随着斯大林个人威望的进一步提高，在他的直接授意和领导下，意识形态领域的批判运动一个接一个地展开（目的是消除不同声音）。这种情况一方面说明斯大林和联共（布）中央对思想战线的动向给予高度的重视，注意在这个领域内防止资产阶级意识形态的侵蚀；同时也反映了斯大林早在 30 年代即已采取的那种以行政命令手段对待思想意识问题的简单、武断的做法不但没有改进，反而更加严重了。

这种批判运动也通过报刊表现出来。

1946 年 8 月 14 日，联共（布）中央通过《关于〈星〉和〈列宁格勒〉两杂志》的决议。决议谴责两杂志刊登反对苏维埃的异己作品，并责令停办《列宁格勒》杂志；撤换《星》杂志主编，改组编辑部。

1948 年，文学杂志《旗帜》陆续发表了麦尔尼柯夫的中篇小说《编辑部》、卡察科维奇的中篇小说《草原伙伴》、雅塔夫斯基的短篇小说《医生的心》、《盲目的幸福》等。这些小说都受到严厉的批判。

1948 年年底，联共（布）中央以检查文学领域对中央关于《星》和《列宁格勒》两杂志决议的执行情况为名，召开全国各主要杂志编辑部会议。在会上，联共（布）中央严厉批评《旗帜》杂志编辑部“没有完成所应担负的任务，在工作中犯了一系列严重的错误”，并责成《旗帜》杂志编委会和苏联作家协会书记处纠正编辑部的错误。

1949 年 1 月 15 日，《文学报》发表题为《布尔什维克党性的伟大原则》的社论，批判《旗帜》杂志的“自由化错误”。社论批评《旗帜》接连发表思想上有缺陷、艺术上拙劣的作品，编辑部“离开了文学的布尔什维克党性原则，忘记了文学是苏维埃人民进行思想教育的强大的思想武器，忽视了生活的真实性。”社论还批评《旗帜》杂志编委会“依靠少数批评家，随心所欲地校改手稿”。

也是这一时期，联共（布）中央创办了《哲学问题》杂志，组成以凯德洛夫为主编的编委会。其间，发表了卡明斯基的《十八世纪至十九世纪俄国唯物主义哲学中的传统问题》、马尔科夫的《论物质认识的本质》等文章，被指责为“犯了严重的世界主义的错误”。凯德洛夫也因此被撤销《哲学问题》杂志主编的职务。联共（布）中央出面改组了《哲学问题》杂志，组成新的编委会，直到斯大林逝世。

在一系列批判运动之后，苏联思想战线归于沉寂，不同声音也哑然消失了。

2. 赫鲁晓夫时期

打破意识形态僵局：

1953 年 3 月 5 日斯大林逝世后，赫鲁晓夫继任苏共中央总书记。他极力反对斯大林的个人迷信（《真理报》于 6 月开始发表文章，批判个人崇拜），并借此对苏联的内外政策进行了一系列调整与改革。赫鲁晓夫十分重视宣传工作，把报刊作为推进改革政策的重要工具。他认为，以前的报纸言论过于沉闷、保守，因而允许有限度地开放新闻自由。在赫鲁晓夫执政期间，苏联意识形态领域的僵局被打破，一些记者和作家开始触及过去属于“禁区”的问题，持不同政见者的声音也出现了。苏联作家爱伦堡早在 1948 年就写成《谈作家的工作》一文，直到 1953 年才在《旗帜》杂志上公开发表。为什么要等到斯大林逝世后才发表？爱伦堡说："我经过了长时期的犹豫才决定发表这些有关作家工作的意见。""我问我自己：提出有关作家工作的问题的时候是否已经到来了呢？我认为，这时候已经到来了。"[①] 爱伦堡似乎感到松了一口气，呼喊"解冻了"！实际上，这不仅是爱伦堡一个人的感受，而是苏联一部分人的声音。

与此同时，知识界也出现了一批向往西方社会的所谓"自由派"记者和作家。他们借批评斯大林之机，攻击党和社会主义制度，引起苏共领导层的不安。1961 年，苏共二十二大通过了党的新纲领，提出了同资产阶级意识形态——反共产主义思潮作斗争的任务。

深化经济改革：

苏共二十二大同时提出了以扩大企业权限、加强经济刺激、充分利用商品货币关系和各种经济杠杆以及加强经济核算为中心的比较完整的改革思路和方法，从而使苏联的经济改革及其理论指导原则较前大大深化了一步。大会以后，为了贯彻会议精神，苏联掀起了一个为改革大造舆论的新高潮。在这一背景下，1962 年 9 月 9 日，哈尔科夫工程经济学院教授、经济学博士叶·利别尔曼在《真理报》"改进经济领导和计划工作"专栏里，发表了《计划、利润、奖金》一文。文章针对苏联的企业缺乏自主权，缺少发展生产、改善经营的内在动力等问题提出了改进意见。利别尔曼的文章刊出后，经济学界反映强烈。赫鲁晓夫积极支持就利别尔曼文章提出的问题展开讨论。于是，由《真理报》编辑部发起，开展了关于完善经济管理问题的讨论。《消息报》、《经济报》、《经济问题》、《计划经济》等全国性报刊，地方性报刊以及各高等学校和研究机构的学报都刊登文章，参加讨论。从 1962 年 9 月到 1963 年底，仅《真理报》编辑部就收到讨论文章一千多篇。这场讨论在认识苏联计划经济体制下利润和奖金的作用等问题方面有了重大的突破，其意义远远超出讨论本身。

赫鲁晓夫在执政后期，集党政大权于一身，个人决定党和国家大事，政策多变，主观随意性大，造成一系列混乱现象。

3. 勃列日涅夫时期

1964 年 10 月，赫鲁晓夫下台，勃列日涅夫继任苏共中央总书记。

勃列日涅夫上台后，首先对赫鲁晓夫时期的各项政策做了修正与调整，并提出了"新经济政策"的设想。经过几年的努力，苏联经济获得了较稳定的增长，国力也大为加强，缩小了同美国的差距（同时也为苏联推行霸权主义提供了物质基础）。但是 70 年代以后"新经济政策"逐渐失灵，经济开始滑坡，社会生活趋

---

① 爱伦堡著：《必要的解释》，57 页，北京，北京大学出版社，1982。

于停滞，因循守旧、安于现状的风气笼罩了全党。

这一时期的苏联报刊在数量上虽然有较大的发展，但作风又回复到40年代末50年代初盛行的那种掩盖问题、粉饰太平、阿谀奉迎的老路上，报纸远远脱离了人民。在对外政策上，这一时期苏联奉行“勃列日涅夫主义”，从1968年出兵捷克斯洛伐克到1979年入侵阿富汗，苏联领导集团打着社会主义、国际主义的旗号，干着侵略、颠覆、干涉别国内政的行径。苏联报刊在这些问题上一方面掩盖真相、封锁消息，不让苏联人民了解世界舆论对苏联侵略扩张行径的反对和谴责，一方面为苏联领导人的错误路线张目，鼓吹“有限主权论”、“国际专政论”、“社会主义大家庭论”等等，给苏联的形象造成很坏的影响。

1982年11月勃列日涅夫去世后，安得罗波夫（1983—1984）和契尔年科（1984—1985）先后接任苏共中央总书记。安得罗波夫在他当政一年多的时间里，以富于进取的精神和卓著的政绩，在国内和国际上留下了深刻的印象。但是，他的改革只是初步的，不可能触动传统体制的根本问题。契尔年科执政期间没有独特的建树，基本上继承和执行了安得罗波夫的方针政策。在这一时期内，苏联报刊一如往昔，没有发生大的变化。

4．戈尔巴乔夫时期

1985年3月10日，契尔年科因病逝世。次日，苏共中央非常全会选举戈尔巴乔夫任党中央总书记。

到戈尔巴乔夫上台时，苏联已发展成为世界上报业最发达的国家之一。据1986年统计，全苏有报纸八千多家，发行量1.85亿份；其中日报713种，日发行量约为一亿份，每千人平均380份左右；杂志五千多家，发行量2.26亿份。苏联从中央到地方共有六个行政级别，每一级都有报纸，报业结构呈金字塔形。1983年各级报纸数为：中央31种；加盟共和国160种；边疆区、州、自治共和国、自治州429种；城市713种；区级3 019种；工矿、企业、学校、集体农社等基层单位392种。除综合性报纸外，还有按读者对象出版的专门性报纸：共青团报132种，少先队报28种，工业和建设报7种，交通运输报48种，农业报6种，文学艺术报17种，教师报16种，体育报15种。①

80年代中期苏联中央一级报纸的主要情况如下：

《真理报》已发展为具有重要国际影响的现代化报纸。它每天出报，先后开印两次。除了在首都出版外，还将版面电传至全国47个城市同时印刷。1987年发行量为1 130万份，在153个国家拥有读者，有10个国家将其翻译成本国文

① 参见张允若、高宁远：《外国新闻事业史新编》，222～223页，成都，四川人民出版社，1996。

字。日出对开六版，每周一出八版。不登商业广告。

《消息报》的影响仅次于《真理报》，自 30 年代起改为苏联最高苏维埃机关报。每周出六天，对开六版，周一休刊。自 1960 年 6 月 1 日起，每天改在傍晚出版。供莫斯科地区发行的，标注当天日期，为晚刊；供外地发行的，标注第二天日期，为晨刊。供外地发行的《消息报》还在全国 57 个城市同时印刷。1987 年每天发行 1 013 万份。

《劳动报》已成为读者面极广的群众性报纸，在 43 个城市印刷，发行量为 1 820 万份（1987 年），居各日报之首。

《共青团真理报》每周出六天，日发行量 1 700 万份（1987 年）。

《农村生活报》原名《社会主义农业报》、《农业报》，1960 年改用此名，发行 950 万份（1980 年）。

《苏维埃俄罗斯报》创刊于 1956 年，当时为苏共中央、俄联邦最高苏维埃和部长会议机关报，发行 270 万份（1980 年）。

其他还有《红星报》、《社会主义工业报》（1960 年创刊）、《苏维埃文化报》（1977 年创刊）等。苏共中央政治理论刊物是《共产党人》，发行量最大的杂志是妇女刊物《女工》。

戈尔巴乔夫上台之前，苏联社会潜藏着的矛盾就逐渐显露出来：国家政权机构臃肿，腐败现象滋生，劳动纪律松弛，经济发展缓慢，社会生活保守、僵化，缺乏活力。与之相应，苏联新闻业也处在一种僵滞的状态中。人民常用“死气沉沉”、“空洞的说教”等来描述苏联的报刊，有人甚至辛辣地嘲讽苏联的两家大报：“《真理报》上没真理，《消息报》上没消息。”电视也是一样，在很长一段时间里，普通苏联观众对电视节目并不十分感兴趣。原因就是节目太单调太呆板，充满说教，缺乏娱乐性。

1985 年 3 月，戈尔巴乔夫担任苏共中央总书记，一场大规模的改革运动就此拉开序幕。

在 1986 年的苏共二十七大上，戈尔巴乔夫指出，形势迫使苏联“不能局限于局部的改进，必须进行根本的改革”，并提出经济体制改革的基本方针；二十七大以后，苏联又将政治体制改革提上了日程。在调整干部队伍、更新管理方法、整顿社会秩序的同时，戈尔巴乔夫在新闻界极力倡导“公开性”、“透明度”，指出舆论工具是“实行公开性的最有代表性和群众性的讲坛”，“报纸应当支持公开性原则”，“应当将更多的事实公诸于众”。

按照戈尔巴乔夫的要求，从 1985 年底到 1986 年初，苏联新闻媒体在宣传方针和内容上进行了大幅度的调整。各报纸、杂志、广播电台、电视台竞相拓展报道范围，扩大信息量，对苏联社会的各种问题公开揭露，大胆抨击，一时间媒体炙手可热，人们的视、读兴趣陡增。但是，由于最初的控制不力，调整也出现了一些副作用。《真理报》就曾批评某些新闻机构“并不总是采取与党的方针相适应的立场”。

那么，改革中的苏联新闻界是如何进行宣传报道的呢？

公开暴露社会生活中的阴暗面：

过去的苏联报刊重视正面教育，对社会的阴暗面大都避而不提。二十七大以后，在戈尔巴乔夫“公开性”原则的鼓励下，新闻界开始突破“禁区”，矛头直指党内不正之风和社会上存在的各种问题。苏共中央机关报《真理报》报道了阿塞拜疆石油部长、区委书记因滥用职权被开除党籍，绳之以法的情况；《共青团真理报》披露了招生考试中院长、教授、招生人员接收贿赂，营私舞弊，最后被送上法庭的消息；《青春》月刊则对切尔诺贝利核电站发生爆炸后，乌克兰一些高级官员把自己的孩子送到克里米亚别墅而对当地居民秘而不宣、使他们面临核辐射危险的行为进行了揭露。1988年苏共第十九次全国代表会议召开期间，《星火》杂志刊登了在苏联总检察长领导下负责处理特殊重大案件的高级侦察员格德良和侦察员伊万诺夫合写的一篇文章。文章指出：苏联现有数以千计的“地下百万富翁”，他们甚至标价出卖官职。以乌兹别克为例，从乌共产党中央第一书记、原苏共中央政治局候补委员拉希多夫一直到集体农庄主席，形成了一条犯罪的“垂直线”。他们同时指出，由于此次党代表大会选举方法不完善，代表中仍然有少数贪污受贿者。这篇文章在党内引起很大的反响，代表们纷纷要求会议资格审查委员会认真处理此事，把代表中的贪污分子清查出来。

与此同时，新闻媒介还公开触及苏联人民闻所未闻的吸毒、卖淫、走私等社会问题。例如，1986年7月1日，《苏维埃·吉尔吉斯报》报道了内务部领导下的一次稽查毒品种植案件的经过，电视台也播放了一些人偷种大麻的画面。1987年《星期》周刊透露，苏联登记在案的吸毒者已达4.6万人。过去令官方讳莫如深的妓女和性病问题也被提了出来。《文学报》居然转述了一位“颇有教养”的妓女致编辑部的信，说她认为应该允许卖淫活动合法化、公开化，同时征收高税。有的报纸还详细介绍了某地区妓女人数及活动的情况。

一时间，苏联新闻媒体上充满了对社会弊端的揭露，记者笔触所及，无所不包，如食品供应短缺、国营企业破产、医护质量低劣、民族冲突、恶性事故、监狱内情等等。而且，各媒体在报道这类事件时，似乎在比谁揭露得最多，谁披露的消息最惊人，谁的用语最尖利，谁的鞭笞最猛烈。1990年前后，在这方面颇为引人注目的报刊是《共青团真理报》、《星火》周刊、《莫斯科新闻》和《论据与事实》。《论据与事实》原是一家小报，发行量几十万份，由于不断刊登一些内幕新闻，发行量陡增至 3 000 万份。

大量触及时政、历史“敏感问题”：

随着改革的全面展开，随着“公开性”向各领域的渗透，苏联新闻媒体从公开暴露社会普遍存在的矛盾、问题，发展到组织人们对党和政府的大政方针、对已有定论的历史事件和人物进行重新审视和评价。为此，中央电视台开设了“问题·探索·解决”栏目，请观众就自己感兴趣的问题参加讨论、对话，并就人们提出的亟待解决的问题向有关领导质询。《苏维埃文化报》也开设了一个新栏目，取名“直言”，号召人们各抒己见，畅所欲言。于是，一些过去秘而不宣的隐情开始在报端披露：当年斯大林是怎样处决红军将领的；斯大林的妻子阿利卢耶娃为什么饮弹身亡；末代沙皇尼古拉二世及其家属是怎样被处决的；赫鲁晓夫子女回忆父亲的生活；布哈林绝笔书的内容等等。

1985—1987 年，各媒体讨论和批评的焦点主要集中在勃列日涅夫时期的“僵化和停滞”上，也出现了批判斯大林的苗头。例如 1987 年底苏联上映了一部历史纪录片《更多些真实》，影片对 30 年代的斯大林作了这样的评价：“……所有的成就只与一个人的名字联系在一起，开始了对斯大林的个人崇拜。斯大林几乎成了上帝。……遗憾的是，直到今天还有人已经忘记这是怎么一回事，党、国家和人民为此付出了多少代价……多少人无辜被镇压、流放，其中受害最深的是苏联红军。”但当时的大部分文章和节目内容还是采取了全面分析的态度，承认“依靠新制度的优越性”，苏联在很短的时间内取得了经济和社会的进步。

1988 年 6 月苏共第十九次代表会议上，戈尔巴乔夫提出“民主的人道的社会主义”的概念，主张对苏联进行“革命性改造”。这次会议揭开了全面批判斯大林运动的序幕，继之发展为全面否定苏联过去的政治经济体制和历史成就。各报纷纷抨击斯大林和他领导时期形成的“社会主义模式”，说社会主义是一种“倒退”，而只有反社会主义才是“向全人类进步方向的迈进”（《新时代》1990 年发表的列昂尼德·瓦西里耶夫教授的文章《第二次革命》）。一些报纸由抨击斯大林进而发展到攻击列宁，否定他领导的十月社会主义革命的历史功绩。例如《星火》周刊 1990 年的一期公然说“十月革命没有必要，是错误的”，因为“沙皇俄国很富”。

媒介上的这些报道，引起相当一部分人的不满和愤怒。许多人给报纸、杂志写信，指责一些报刊“一味揭露社会和历史的阴暗面”，“说出了敌人所不敢说的话”。一位老战士在给《青年近卫军》杂志的信中疾呼：“保卫我们过去的领导人不受诬蔑和诽谤！”“坚决反对给我们历史抹黑！”许多人甚至到《莫斯科新闻》

周报门前示威，要求撤换该报主编，因为这家报纸发表了诸如七名流亡国外的艺术家致戈尔巴乔夫的“公开信”、肖洛霍夫当年激烈批判合作化运动的一封信以及苏联历史学家对俄共（布）党史的批判。

不同观点激烈交锋：

改革以后，苏联媒体对社会敞开大门，来者不拒，成为观点的自由市场。这些观点彼此碰撞、交锋，汇合成一支杂乱无章的、不和谐的交响曲。

最初是普通民众的不同声音。1988 年 3 月 13 日，《苏维埃俄罗斯报》刊登了列宁格勒工学院女教师尼娜·安德列耶娃的文章《我不能放弃原则》。此文将矛头直接指向戈尔巴乔夫十月革命 70 周年大会的讲话，对改革进行了严厉的抨击。该文发表后引起一场轩然大波，不少人投书报社表示支持。他们认为，改革“背离了社会主义和马克思列宁主义”，背离了“几代苏联人所奠定的社会主义基本原则”，说当前报刊上不少耸人听闻的文章令人迷失方向。在戈尔巴乔夫的支持下，《真理报》于 4 月 5 日发表编辑部文章《改革的原则：思维和行动的革命性》，批评女教师的文章，认为它是一篇“反改革势力的思想纲领和宣言”，实际上是站在保守和教条主义立场上反对改革。紧接着，其他报刊也发表大量的文章和来信，参与论战。论战一直持续到苏共第十九次代表会议开始。

随着改革的推进，不同声音的范围越来越广——社会上各种各样的人，包括民族主义分子、立宪民主党人、无政府主义者甚至纳粹分子，都可以在报纸上发表言论。例如，由激进分子组成的俄罗斯民主论坛宣称，要“把苏共赶出历史舞台”，“没收苏共财产”；无政府工团主义者提出“建立没有党和国家的社会制度”；立宪民主党人主张“全部财产私有化”，“使国家返回到过去的生活方式”。一些“激进”的报刊还把这些人称作改革的先锋，反对“保守势力”的斗士。

苏联自 1990 年 2 月实行多党制以后，不同党派的声音更是不绝于耳。据记载，到 1991 年，苏联已有非正式组织六万多个，全国性的政党约 20 个，共和国一级的政党五百多个。这些党派成立后，纷纷出版自己的刊物，例如，激进民主主义者出版《自由之声》、社会民主党人报出版《新生活报》、无政府工团主义者出版《公社》、立宪民主党出版《基督教民主党公报》、《公民尊严》等等。作为各党派的机关报，这些报刊大都公开声明反对社会主义，其中有的主张复辟君主立宪制，有的希望建立无政府社会，有的鼓动民族分裂。

在“公开性”原则的引导下，在新闻媒体的积极推动下，苏联的新闻舆论完成了从统一到分散、从有序到无序的转变，为苏共解体、苏联解体埋下了伏笔。

（三）苏联新闻体制的确立、特点及变化

我们这里所说的新闻体制，包括新闻机构的归属形式和对它的干预形式两层

含义。那么，苏联的新闻体制是怎样形成的，具有哪些特点，它又经历了怎样的发展过程，出现了哪些变化呢？这还要从苏联党报的前身——《火星报》说起。

1．确立新闻体制的归属形式

如同我们在前面介绍的那样，1898 年召开的俄国社会民主工党第一次代表大会，虽然宣告了党的成立，却没有把党真正建立起来。这次大会之后，针对党内仍然存在着的思想混乱、组织涣散的状况，列宁提出重新建党的计划，并以创办全俄政治报——《火星报》作为行动的第一步。鉴于沙皇专制制度的严密控制，《火星报》是在国外秘密出版的，它为统一全党思想、联合各地分散的组织、筹备建党做出了巨大贡献。因此，“二大”召开之时，根据列宁的提议，俄国社会民主工党作出一项决定：新选出的中央委员会和中央机关报 ——《火星报》编辑部是两个平行的机构，中央委员会大体上统一和指导党的全部实践活动，中央机关报编辑部在思想上领导党，全党最高机构总委员会的任务是使中央委员会和中央机关报编辑部的活动协调一致。这就是俄国社会民主工党关于党报体制的最早的规定。

“二大”以后，孟什维克控制了党中央机关报《火星报》，并通过它进行组织瓦解工作，破坏党性和纪律性。在这种情况下，列宁愤然退出《火星报》编辑部，以中央委员会为立足点，同机会主义分子展开斗争。至此，俄国社会民主工党实际上已经分裂为两派。当时，党内一部分人提议，中央委员会应是惟一的领导机构，机关报受中央委员会领导。列宁从党内斗争的实际需要出发，接受了这一提议。于是，1905 年俄国社会民主工党第三次代表大会通过的党章作出一项新的规定，即中央委员会代表党同其他政党发生关系，任命一个中央委员担任中央机关报的主编，所有定期的党的刊物都必须按照中央委员会的要求刊载中央委员会的一切声明。经过“四大”的一次反复，1907 年党的“五大”通过的党章最后确定了这一党报体制。党章明确规定由中央委员会指定在自己监督下进行工作的中央机关报编辑部。

“五大”关于党报体制的这种表述，70 年来一直保留在联共（布）历次党章上，未作任何改动。它回答了新闻体制所包含的第一个层次的问题，即新闻机构的归属形式问题：党报编辑部由党中央委员会指定，并接受其领导和监督。而对于新闻体制所包含的另一个层次的问题，即党对新闻机构的干预形式（法律的或行政命令的形式）问题，党章却未作说明或补充说明，这就为党的领导者提供了一个可供周旋的自由天地。在这个自由天地里，党的领导者们是如何做的呢？

2．列宁对新闻体制的深层次设想

十月革命刚刚胜利，列宁就亲自签署了新闻出版法令。这个法令在规定了封闭敌对报刊的同时还决定，一旦新秩序确立，对报刊的各种行政干预必须停止，并在对法律负责的范围内对出版实行充分的自由。1920年内战基本结束后，列宁认为新秩序确立的时机已到，主张报纸要全力关注经济建设问题。1922年，路标转换派分子创办了《新俄罗斯》杂志，该刊出了两期即被封闭。列宁写信给捷尔任斯基，指出这样做不妥。之后，联共（布）中央作出决议，允许该刊继续出版。

列宁还认为，报刊具有舆论监督的潜在功能。他多次撰文指出，党报应当揭发党的工作中的错误、违纪事件和坏人坏事。1921年9月1日，列宁在给《经济生活报》编辑部的信中指出，该报要成为一张“战斗的机关报”，这种战斗性的表现之一就是要“更严格地监督”官僚主义的拖拉作风，“把疏忽的人登在黑榜上”。

总之，列宁的设想是，在社会主义建设时期，党对报刊的管理应由行政干预转变为法律制约，同时应加强报纸对党的工作的监督作用。

遗憾的是，列宁关于社会主义报刊的这些设想和论述没有得到应有的重视，相反，他在某些特殊的历史条件下（比如战争条件下）提出的报刊思想却被绝对化和模式化，成为不同历史时期内普遍适用的原则。

3. 斯大林时期确立高度集中的新闻管理体制

20年代列宁逝世以后，联共（布）党内发生了一连串重大的政治斗争。先是同托洛斯基的斗争，而后是同“新反对派”的斗争、同布哈林的斗争，紧接着，便是30年代的肃反运动。在此期间，斯大林实行高度集权的领导方法，严密控制舆论工具，使之服从于政治斗争和肃反斗争的需要。当时，莫斯科的各家报纸都报道了两次大审判的过程和将一批红军将领交军事法庭审判的消息，口径完全一致，没有任何相反的意见。从中可以看出，当时斯大林对舆论的控制是相当严的。

30年代后半期，由于社会主义建设在苏联不断取得胜利，党内“左倾反对派”和“右倾反对派”相继被击溃，对斯大林的个人崇拜也随之升温。斯大体被赞扬声冲昏了头脑，错误地利用个人崇拜违反党的民主集中制原则，实行个人专断；他甚至把新闻工具变成了自己的传声筒，利用它来号令全国。例如，卫国战争爆发前夕，德国准备进攻苏联的消息通过三方面的渠道传到了斯大林的耳朵里，可是他不相信。他从自己的主观愿望出发，授意党的机关报《真理报》出面“辟谣”，说“德国企图进攻的流言蜚语是没有任何根据的”，并借助于《真理报》的影响把它扩散到全国。结果，就在这条消息发出后的第八天，德国的坦克就开进了苏联。

总之，在斯大林当政的近30年的时间里，在主客观因素的联合作用下，苏联逐步形成了高度集中型的新闻管理（干预）体制。这种体制的特征，概括起来主要是：

第一，信息来源单一。苏联国内的信息来源只有一个渠道，即官方渠道，群众知道什么和不知道什么都由官方决定。政府对外来的信息采取封锁政策，对国外广播进行大功率干扰，限制了苏联人民与外部世界的新闻联系。

第二，言论高度集中。在苏联各报中，《真理报》的言论具有绝对的权威性，被称作“报纸的报纸”。其他各报在言论上均仿效《真理报》与它保持一致。而《真理报》是苏共中央的喉舌，它的社论直接反映党和政府的意图。这样，苏共就通过自己的机关报在整个社会范围内实现了舆论一律。

第三，报业无法可循。长期以来，苏联没有成文的新闻法规。报纸的宣传方针和任务根据党中央不同历史时期的方针、政策而定；而党的路线、方针和政策常具体化为党的文件，下发给所属报社，令其依照执行。

第四，实行新闻检查。为了确保报纸宣传与党的立场一致，苏联制定了严格的新闻检查制度。检查机构是一个庞大而特殊的系统，有着不同的层次，既有专职人员，也有兼职人员。其中最重要的检查机构是“国家保密局”。“国家保密局”成立于1922年，直属部长会议领导，自成立起，多次改换形式。该检查机构人员的任务是，对出版物进行预审，一般在报纸付印前检查两遍，最后审阅校样。

第五，建立编委会制度。十月革命前，俄共（布）中央对报纸的领导主要是通过任命各级党的机关报的主编而实现的。十月革命后，苏联各报普遍建立了编委会制度。中央一级和州一级报纸的主编由中央委员会任命，编委会成员由同级党的常委会批准。州以下报纸的主编由上一级党委任命，编委会成员由同级党的常委会批准。同时，党报主编一般都是同级党的区、州、边疆区、共和国中央常务委员会委员，参加当前事务和决议的讨论，参与党的政策的制定和执行。

苏联新闻业的这种管理体制，可以通过集中调控和层层把关，实现党对各级组织和广大群众的强有力的舆论引导，把党的路线、方针、政策具体化为全民的行动。在许多情况下，比如在战时，特别是在卫国战争时期，它的优越性是十分明显的。而在某些情况下，比如在和平建设时期，这种体制的某些特征的弱点也就逐渐显露出来，成为一种消极因素。

4．新闻法颁布以后

进入改革阶段以后，随着媒体宣传内容的变化，苏联的新闻体制也发生了变化。最大的变化是制定了一部全苏新闻法。

戈尔巴乔夫上台不久，新闻界就发出呼吁，把新闻工作纳入法制轨道。经过长时间的讨论和酝酿，苏联第一部新闻法于 1990 年 6 月正式通过，1990 年 8 月开始生效。

新闻法的实施表明，苏联的新闻体制和制度与列宁、斯大林时代已相去甚远了。具体表现在：

（1）取消了新闻审查制度。新闻法第一章第 2 条规定："根据苏联宪法保障公民言论自由和新闻自由，这意味着公民享有以任何形式，包括通过报刊和其他舆论工具发表意见和见解以及寻找、选择、获得和传播信息的权利"，并明确规定"舆论不受检查"。

（2）规定各种组织或公民个人都有权办报。新闻法第二章第 7 条规定："创办舆论工具的权利属于人民代表苏维埃和其他国家机构、政党、社会组织、群众运动、创作协会，属于根据法律创建的合作社、宗教团体和其他团体，属于劳动集体以及年满 18 周岁的苏联公民"。还规定，"不允许垄断任何一种舆论工具"。

（3）扩大了办报人的自主权限。新闻法规定报刊创办者、编辑部、出版人有充分的自主权，包括生产经营权、人事任免权、发稿权，政府不得干预。

新闻法的颁布，使各种反对派报刊获得了合法地位。一些反动报刊以此为挡箭牌，攻击马列主义和社会主义制度，煽动工人罢工，号召推翻共产党，迫使其交出政权。在一些地方，反对派利用外国给的钱成批买下若干天或整日的苏共报纸，然后付之一炬。此外，在进行报刊登记的时候，许多出版物试图脱离原来的创办者，自立门户。例如，《论据与事实》周刊竭力与全苏知识协会脱钩；《莫斯科新闻》也宣布同苏联新闻社脱离关系；一些报纸还删去了报头"机关报"的字样，标明自己是独立的报纸。

在这样的情况下，长期居于苏联报业核心地位的苏共报刊已是江河日下，举步维艰了。尤其是 1991 年以失败而告终的"8.19 事件"后，戈尔巴乔夫退出并解散了苏联共产党；俄罗斯联邦总统叶利钦宣布中止共产党的活动（实际上全面取缔了共产党），下令《真理报》、《苏维埃俄罗斯报》、《工人论坛报》等六家报纸停刊，党报党刊的日子就更不好过了（这六家报纸后又复刊）。以《真理报》为例，"8.19 事件"后，由于精神和物质两大支柱不复存在，《真理报》经济拮据，亏空 1.77 亿卢布（相当于 200 万美元），发行量也由 1 000 万份下跌至 300 万份。此时的《真理报》已变为一般性的政治报纸，印在报纸右上角的"全世界无产者联合起来"的口号也被撤销了。

至此，十月革命后形成的以党报为核心的社会主义报业体系已化为乌有，列宁创立的苏维埃社会主义基业也岌岌可危了。

三、广播电视事业的发展

苏联是广播电视事业起步最早的国家之一，也是实验性电视开播较早的国家之一。解体之前，广播、电视、通讯事业一直是苏联进行社会主义建设的重要的舆论力量。

（一）广播

1. 历史沿革

1917年十月社会主义革命胜利后，苏维埃政府就积极开展无线电广播的研究、实验工作。成立于1918年8月的下新城无线电实验所在此过程中起了重要的作用。1918年底，该所试制成功了第一台无线电话台，并于次年通过无线电话台组织了实验性的语音广播，成功地进行了从下新城到莫斯科的远距离通话实验。对此列宁欣喜万分，他写信致贺说，这是不要纸张、没有距离的报纸。1922年5月27日，莫斯科中央广播电台（当时称无线电话台）试播，8月21日正式播音。1927年9月17日，莫斯科中央广播电台举办大型的广播音乐会，标志着苏联广播事业的诞生。同年11月7日，莫斯科中央广播电台被命名为“共产国际广播电台”。

随着莫斯科中央广播电台的开播，列宁格勒、明斯克、基辅、下新城、顿河岸罗斯托夫、第聂伯罗彼得罗夫斯克、哈尔科夫、巴库、塔什干、第比利斯等地的广播电台也相继建立起来。截至1928年，苏联广播电台总数已有65座，广播覆盖面积达294万平方公里。

在开办无线电广播的同时，苏联也十分重视发展城乡有线广播，建造居民住宅时就安装好线路，只要接上特制的喇叭就可以自动选择收听电台节目，从而使听众范围进一步扩大。

苏联党和政府非常关注广播事业的发展，从20年代起，就多次通过决议，加强这方面的组织管理工作。1924年10月成立无线电广播股份公司（负责建立无线电台、装置无线电设备和组织广播宣传），1928年6月成立邮电人民委员部所属的全苏广播委员会以替代股份公司，1933年1月将全苏广播委员会改为直属苏联人民委员会的机构，由它领导各级地方广播委员会，逐步形成由全苏广播电台和地方电台组成的全国广播网。

1934年联共（布）第十七次代表大会、1939年第十八次代表大会 都把广播工作提到重要的议事日程上来。会议通过决议，要求尽快增加广播电台和有线广播喇叭的数量，扩大接收网，进一步提高广播电台的发射功率。苏联政府还拨出大量资金，支持广播事业的发展。

在党和政府的关怀下，苏联广播事业的物质基础大为增强。到1940年底，国内已拥有强大的无线电工业，广播网和收听网遍布全国各地。这一年苏联的广播电台已有一百多座，收音机一百多万架；有限广播站一万一千多座，广播喇叭六百多万个。

早期苏联广播电台的播音内容主要是新闻、演讲、评论、气象消息以及音乐演出等，从 1924 年 1 月起，莫斯科广播电台开始为地方报纸播送新闻。30 年代，广播节目的形式和体裁进一步拓宽，增加了广播会议、实况转播等内容。二战之前，广播电台主要配合党的中心任务，宣传社会主义建设，推动劳动竞赛。

1941 年 6 月，卫国战争爆发。苏联广播事业立即转上战时轨道，成了团结人民、打击敌人的有力武器。就在德军入侵的当天，苏联外交部长莫洛托夫便代表政府发表了谴责敌人进犯的广播演说。7 月 3 日，苏联人民委员会、国防委员会主席，苏联武装力量总司令斯大林通过广播发表告苏联人民书，号召全民动员，迎头痛击法西斯侵略者。整个战争期间，许多党政领导人的讲话和号令、塔斯社的新闻、军方的战报、来自前线的通讯、沟通前方和后方的大量群众来信，都是通过广播迅速及时地传向广大军民的。据统计，全苏电台共播出二千多份战报、二千三百多条最新消息、八千多封信件以及七千多篇战地通讯，有力地鼓舞了全国军民同仇敌忾地抗击敌人。

尤里·列维坦是卫国战争时期最有名的播音员之一。苏联情报局的战报、最高统帅部的命令以及其他重大消息都是由列维坦播出的。他的声音亮如洪钟，具有强烈的震撼力，以至人民听了欢欣鼓舞，敌人听了胆战心惊。希特勒曾扬言，占领莫斯科以后要绞死几个人，其中之一就是列维坦。由此可见苏联战时广播宣传的巨大威力。

二战结束后，苏联人民迅速恢复遭到严重破坏的广播设施。战后两个五年计划对此都有具体的规定和要求。在党和政府的支持下和广播工作者的共同努力下，苏联广播事业在很短的时间内就完成了恢复和重建工作，1946 年，广播设施和居民收音机数量已超过战前水平；1947 年，列宁格勒、基辅、明斯克、里加、基什涅夫、利沃夫等城市相继建立新的广播电台，并开始播音。到 50 年代中期，苏联广播电台已发展到 130 座，收音机有 740 万架。60 年代中期，广播电台达 407 座（已有调频台），收音机 1350 万架，广播喇叭 3050 万个。70 年代收音机和广播喇叭数字分别上升至 5000 万和 7000 万。到 80 年代末期，全苏有地方电台 176 座，转播台 6270 座，同全苏广播电台一起组成庞大的、用 71 种民族语言播音的国内广播网。居民拥有接收工具 18740 万架，平均每千人 653 架；其中 10480 万架是有线广播喇叭（一般可选择收听电台播出的三套节目）。

2. 对内广播

全苏（中央）广播电台是专门从事对内广播的国家电台，下设九个总编辑部，分别是节目总编辑部、宣传总编辑部、新闻总编辑部、文学艺术节目总编辑部、青年节目总编辑部、儿童节目总编辑部、对莫斯科市和莫斯科州广播总编辑部、体育节目总编辑部、音乐节目总编辑部。每天播出 13 套节目（实际制作的只有五套，其余是为适应不同时区作息情况而复制的），播音时间累计 214.2 小时。

第一套是综合性节目，覆盖全国，昼夜播放 20 小时，内容包括新闻时事、政治经济、科教、戏剧、音乐、体育等。该节目复制四套，通过卫星分别对远东地区、东西伯利亚、西西伯利亚、中亚地区播送。第二套又称灯塔广播电台，专门播出新闻和音乐节目，24 小时连续播放，覆盖 85% 的地区。以上两套节目各地方台都要转播。第三套是文艺、音乐节目，每天播出 17 小时，覆盖 45% 的地区，并复制三套对西伯利亚和中亚播放。第四套是面向莫斯科地区的音乐调频节目，每天播音 10 小时。第五套也是综合性节目，主要为海员、渔民、南北极勘查站工作人员以及其他境外苏联人服务，昼夜 24 小时播音。在苏联广播节目总体安排中，新闻和音乐节目占有相当的比重。

3. 对外广播

苏联进行对外广播的主要电台是莫斯科电台和“和平与进步电台”。

莫斯科电台是世界上历史最悠久的国际电台之一。1929 年 10 月 29 日，开始用德语广播，最初每周只播二小时的新闻和斯大林言论摘录。后来逐渐增加播音语种和时间，80 年代末，用 77 种语言，每天播出三百多小时。

莫斯科电台是官方电台，经费全部来自政府。不仅对世界各个方向广播，还办环球广播。内容以新闻为主，社会政治性节目是重点，是官方的喉舌。

“和平与进步电台”1964 年开始播音，自称属于公共团体的“苏联公众舆论之声”。实际上和莫斯科电台同属苏联广播电视委员会领导，只是播出侧重点不同。播出对象已由最初的拉丁美洲地区扩大到北美和大洋洲以外的所有地区。从播出时间和播出语种来看，规模都比莫斯科电台小得多，“和平与进步电台”以民间面孔出现，向国外听众介绍苏联社会、经济、文化生活，还根据拉美各国电台的要求，为它们准备广播和电视节目。

4. 改革后的广播报道

在苏联实行改革后，和报纸一样，广播作为官方喉舌的性质也发生了变化。

首先，从中央到地方不再遵循“舆论一律”的宣传方针，人们可以听到各种与官方不一致、甚至是相反的看法和意见。

其次，1990 年 8 月 1 日新闻法的出台使私人办电台成为可能，并为私营电台提供了法律依据。

第三，1990 年 7 月 14 日，戈尔巴乔夫发布“关于电视和广播民主化的命令”。此法令使广播不再由中央政府垄断控制，各个政党、各个政治团体和组织都有权利使用广播。

第四，新闻的公开性原则扩大了广播的批评报道面，宣传禁区逐步缩小，从生产、生活中的缺点、社会阴暗面、党内腐败到现行制度的弊端都在批评之列。

第五，停止干扰西方广播，采取与西方合作的态度。1991 年“8.19”事件后，“美国之音”、“自由电台”加紧渗透，苏联当局对此置之不理。1991 年 8 月 28 日，美国“自由电台”和“自由欧洲电台”在莫斯科设立常务办事处。同年 10 月 10 日英国广播公司成为西方第一家在莫斯科直接播音的电台。

第六，在广播风格和形式方面趋向亲切、自然、活泼、多样。

第七，改变了以往联邦一级电台不播广告的传统，“全苏广告公司”负责分配广播中的全部广告节目。

（二）电视

1. 历史沿革

早在 30 年代初期，苏联就开始进行电视实验。1936 年，莫斯科和列宁格勒分别建立了电视中心，1938 年两城市的电视中心开始试验性播放，1939 年正式定期播放电视节目。二次大战爆发后电视中心停播，电视发射中断。1945 年 12 月，莫斯科电视中心在全欧率先恢复播放，但每周只两次，全市电视机也只有 420 台。

从 50 年代起，苏联电视业进入快速发展时期。1951 年莫斯科电视中心改建为中央电视台，向全国播放节目。三年后，中央电视台开始播放（试播）彩色节目。与此同时，各地也大力兴建电视台，发展电视机生产。50 年代上半期，苏联电视台的数量还不多，1954 年只有 10 座；50 年代后半期，在苏联政府关于大力兴建电视台和电视转播台决议的推动下，地方电视台和电视转播台纷纷建成。1958 年，苏联有电视台 67 座，1965 年达四百多座（含转播台）。居民拥有电视机 1954 年为 70 万架，1958 年 300 万架，1965 年 1300 万架，1970 年达3000万架。

60 至 70 年代，苏联实现了电视卫星转播和节目彩色化。1965 年，苏联成功地发射了“闪电一号”通信卫星，不久，与之配套的地面站“轨道”站研制成功。1967 年，苏联第一个卫星转播系统“闪电”—“轨道”投入使用。这套系统开发使用后，中央电视台节目的可靠接收范围显著扩大，全国二十多个城市的地面接收站都能接收到清晰度和莫斯科一样好的图像。1975 年，苏联又相继建立了“荧光屏”、“莫斯科”、“地平线”三个卫星系统，使电视基本上覆盖辽阔的全苏国土。

苏联的彩色电视是1967年正式开播的。这一年的10月1日，莫斯科大街商店的橱窗里出现了播放着彩色图像的电视机。当以蓝天为背景的克里姆林宫红星出现在屏幕上时，人们发出了欣喜的赞叹。为了庆祝彩色电视的开播，苏共中央机关报《真理报》发表了题为《五光十色的世界》的社论。至1982年，苏联中央电视节目全部实现彩色化，121家地方电视台中，也有八十多家播映了彩色节目。

80年代中期苏联正式开办卫星直播电视，用于解决边远地区观看电视的问题。与此同时，电缆电视也积极兴办，1990年有二百多个城市150万用户入网。

2. 改革前的国家电视台

苏联中央电视台是国家电视台，在苏联电视系统中占有重要的地位。中央电视台有基本节目4套，复制节目8套，共12套，每天播映159.6小时，约占全国电视台总播出时间的50%。

中央电视台设有12个总编辑部，分别是节目总编辑部、宣传总编辑部、新闻节目总编辑部、儿童节目总编辑部、对莫斯科市和莫斯科州播放电视节目总编辑部、体育节目总编辑部、青年节目总编辑部、科普和教学节目总编辑部、文学戏剧节目总编辑部、电影节目总编辑部、国际生活节目总编辑部、民间创作总编辑部和一个中心——电视技术中心。

中央电视台第一套节目是综合性节目，包括全苏新闻、社会政治、经济、文化教育等内容，人口覆盖面为95%。第二套节目是为文化水准较高的观众编排的新闻时事、文艺、体育节目，覆盖面为63%。以上两套各复制四套，通过卫星向不同广播区播送。第三套节目面向莫斯科地区播放，以报道首都和莫斯科州的政治、经济、社会新闻为主，并有广告。第四套节目是教学和科普节目，内容包括学校教授的课程和各种科技信息。1982年，苏联中央电视台将此套节目改为第二套全国性电视节目。

在苏联的电视节目中，新闻占有相当的比重。中央电视台的新闻节目主要有《时代》、《今日世界》和《国际纵览》。第一套节目的晚间新闻《时代》是全国电视台都要按时转播的，除时政新闻外，它还大量采用地方电视台的新闻，收视率很高。《今日世界》也是广受欢迎的一个新闻节目。《国际纵览》每周播放一次，是苏联观众了解外部世界的一个重要的窗口。苏联电视台的文化教育节目注重思想性、知识性、趣味性的结合，很有特色。娱乐节目比较健康，绝大部分为本国摄制的，由中央台的“银幕制作中心”、国内各电影厂家以及地方台共同提供。

电视台还经常转播各种文艺演出和体育比赛，以丰富节目内容。中央电视台的技术中心是世界上最大的广播电视中心之一，建立于1980年，发射塔高536米，仅次于加拿大蒙特利尔电视塔，功能齐全，设备先进。

截至80年代末，全苏中央和地方有电视台120座，转播台5500座，形成统一的微波、电缆、卫星传送交织的网络，覆盖全国人口95%左右，其中大部分可看到两套节目。居民拥有电视机3500万。

苏联广播、电视方面的领导机构是国家电视和广播委员会（相当于政府的部），它直属苏联部长会议，负责管理全苏广播电台、莫斯科广播电台、中央电视台和全国的广播电视事业。该委员会出版《电视与广播》、《莫斯科广播电视节目报》、《视野》等刊物，并与一百二十多个国家的广播、电视组织有业务往来。

3. 改革后的电视节目

新闻改革中，苏联电视从节目内容、播映形式到电视事业管理体制，都发生了令人瞩目的变化：

（1）批评性报道揭露性报道大量增加；

（2）开办对话节目促进交流；

（3）新闻覆盖面扩大，官方新闻减少，灾难新闻和西方报道增加；

（4）电视从官办走向商业独立；

（5）非政府电视台出现。

四、通讯社事业的发展

（一）塔斯社

十月革命前，俄国通讯社是彼得格勒通讯社。1917年12月1日，列宁签署法令，宣布彼得格勒通讯社为俄罗斯苏维埃联邦社会主义共和国人民委员会的中央通讯机构。1918年4月17日，全俄苏维埃中央执行委员会和俄罗斯苏维埃联邦社会主义共和国人民委员会作出决议，将彼得格勒通讯社与全俄苏维埃中央执行委员会所属的新闻局合并成俄罗斯电讯社，简称罗斯塔。苏联成立后，经苏联中央执行委员会主席团和苏联人民委员会的批准，苏维埃社会主义共和国联盟电讯社于1925年7月10日正式成立，简称塔斯社（塔斯社成立后，以前俄罗斯电讯社所担负的任务，就由它来承担了）。

塔斯社是苏联的中央新闻机构。苏联政府颁布的《关于苏维埃社会主义共和国联盟电讯社（塔斯社）的条例》对它的职责做了明确的规定：向全苏联和国外发布有关苏联和外国的政治、经济、贸易以及其他一切能够引起共同注意的消息。《条例》同时规定，塔斯社受苏联人民委员会的领导，其社务委员会成员由苏联人民委员会任命，社长领导电讯社的一切活动和行政工作。

本世纪三四十年代，塔斯社已经发展成为世界性的通讯社。它不断扩大新闻报道范围，改进技术条件，提高工作效率。在苏联前三个五年计划期间，塔斯社积极报道第一个社会主义国家的建设成就，表彰人民群众的劳动业绩，对国际形势也进行了广泛深入的介绍与分析，为苏联人民提供了大量的信息。

卫国战争期间，塔斯社为国内所有的报纸提供新闻。那时，塔斯社每天发出200条国内消息，发出2000—3000行（报纸行）的国外消息。塔斯社还创办了政治宣传画“塔斯之窗”，在战争中起到了很好的宣传鼓动作用。

战后，塔斯社发稿所用的文种逐渐增加，技术设备不断完善，服务范围进一步扩大，驻外记者的人数也大大增加了。它发布的新闻在占世界人口总数39%的国家传播，对国际社会的影响越来越大。到50年代，塔斯社已在36个国家的40个大城市，如北京、华沙、柏林、华盛顿等设立了分社或派驻了记者。

1971年12月，根据苏联部长会议的决定，塔斯社提升为政府部一级机构。苏联解体前，塔斯社有14个加盟共和国的通讯社、俄罗斯联邦的三个分社、72个记者站和驻126个国家和地区的记者站和分社。它对内向大约4000家报纸、电台和电视台供稿，对外用俄文、英文、法文、德文、西班牙文等向世界上一百二十多个国家发布消息。它拥有先进的电子信息处理系统，其规模和影响都位居世界各通讯社前列。

（二）新闻社

60年代以前，塔斯社是苏联惟一的通讯社。1961年2月21日，苏联的四个团体——新闻工作者协会、作家协会、对外友好和文化联系协会、全苏政治科学知识普及协会联合创办了“新闻通讯社”（简称新闻社）。新闻社同时向国内、国外提供消息：向国内报刊、广播电台和电视台提供国外政治、经济、社会、文化等方面的消息；向国外通讯社、报刊、广播电台等提供有关苏联各方面的信息。新闻社既提供文字材料，也提供图片，有时还根据国外用户的不同要求提供不同种类的服务。

新闻社用五十多种语言向一百多个国家发稿，在国外发行50种画刊、七种报纸和一百多种新闻稿。每年出版书籍、地图册、导游手册和各种小册子三千五百万册。1991年以后，新闻社划归俄罗斯联邦管辖，改称俄罗斯新闻社。

第三节　独联体国家的新闻传播事业

1991年12月21日，苏联11个加盟共和国的领导聚首阿拉木图，签署了关于独立国家联合体的议定书，发表了《阿拉木图宣言》，宣告了独联体的建立和苏联的终结。到 1993 年，原苏联的 15 个加盟共和国，除了波罗的海沿岸的爱沙尼亚、拉托维亚和立陶宛外，其余的 12 个都成为独联体的成员国。

一、俄罗斯新闻业现状

苏联解体后，作为苏联领土上最大的加盟共和国，俄罗斯成为它的继承者，前苏联的新闻媒体也被俄罗斯新闻出版部统管起来。按照俄当局的指示，新闻出版部的主要任务是：掌管俄罗斯联邦的广播电视、报纸、杂志和通讯社；对新闻进行法律上的监督；负责新闻媒介的注册登记；政府通过这个部门对新闻媒介进行调控和审批。据 1992 年 6 月下旬的统计，在该部登记注册的出版物有 4000 种(其中将近一半是 1990 年 8 月—1991 年 12 月登记的)，此外还有奥斯坦基诺电视广播公司、俄罗斯国家电视广播公司、莫斯科电视广播公司、圣彼得堡电视广播公司以及 300 个地方广播电视组织。

（一）数量猛增

尽管近年来俄罗斯政坛动荡不安，经济发展处于低谷状态，但是社会的变迁在一定程度上刺激了新闻业的发展，媒介数量比前苏联时期有增无减。以报刊为例，80 年代末期，苏联报刊只有几百种，而 90 年代中后期征订目录上可见的报纸就有八百种，刊物四千多种。在最近几年里，报纸的数量增加了五倍，电视公司增加了 10 倍。

（二）原有报刊变化巨大

令人颇感奇怪的是，尽管由苏联到俄罗斯的变化可以用“天翻地覆”来形容，但是前苏联时期几乎所有的中央级报刊都奇迹般地保留了下来，如原苏共中央机关报《真理报》，原苏联最高苏维埃机关报《消息报》，原苏联国防部的《红星报》，原苏联共青团中央的《共青团真理报》，原苏联作协的《文学报》等等。当然，在经历了动荡年代的风风雨雨之后，它们的变化也可以用“天翻地覆”来形容。

《真理报》早先依靠的是苏共中央的财政拨款。苏共解体后，报纸断了财源。危急之中，报纸向社会发出呼吁，寻求支持。1992 年，一个名为 Steelite Holdings Ltd. 的希腊公司表示愿与《真理报》合作。随后，这家公司与《真理报》联合组建了“真理报国际股份公司”。在股份公司中，希腊公司持有 55% 的股份，报社持有 45% 的股份。这样，《真理报》终于生存了下来。

《真理报》虽然得以继续出版，但是它的磨难并没有就此结束。报社与希腊股东不久就出现了矛盾，报社内部也发生了分裂。结果，《真理报》变成了两派，报纸也一分为二，成了两家。一家仍叫《真理报》，由真理报社股份公司出版；另一家叫做《真理报－5》，由真理报国际股份公司出版。两家报社都称对方是冒牌货，自己才是老《真理报》的正宗传人。双方互不相让，官司一直打到仲裁法院。法院的判决虽然对真理报社股份公司不利，但公司仍然决定将《真理报》继续办下去。目前，《真理报》和《真理报－5》同时在出版，但具体情况各不相同。《真理报－5》仍由外国资本支持，政治倾向较为自由；而《真理报》的财政来源据说是俄罗斯一些地区的商业机构和军工企业，它具有民族爱国主义的倾向，被认为是俄罗斯共产党和俄罗斯左翼力量的报纸。

与《真理报》相比，原苏联第二大报《消息报》的运气就好多了。苏联解体后，《消息报》得到俄罗斯一家最大的石油公司——卢科伊尔公司的资助，这家公司买下了《消息报》41％的股份，成为该报最大的股东。由于有了强大的经济后盾，《消息报》的运营一直比较正常。它目前发行六十多万份，虽然与从前无法相比，但在俄罗斯全国性的报纸中还不算太差。而且，就社会影响而言，《消息报》仍居于大报之列。但是，《消息报》的发展也不是一帆风顺的。1997年，《消息报》因转发了法国报纸的一篇披露政府总理切尔诺梅尔金的巨额私人财产的文章，引起其最大股东卢科伊尔石油公司的不满。与切尔诺梅尔金关系一向不错的石油公司指责《消息报》不负责任，并威胁要抛出手中的股份。《消息报》不甘示弱，一方面寻找新的经济来源，同时大造舆论，吁请社会各方面的支持，并在各大报纸中引发了有关新闻自由的一场讨论。尽管《消息报》用了最大的努力，仍然无法抵抗卢科伊尔公司的压力，争端最终以该公司的胜利而告结束。《消息报》主编戈列姆彼奥夫斯基被迫辞职，一大批忠于他的编辑和记者也一同离去。据说他们在另外一些财团的支持下，正准备出版一份新的《消息报》，同老《消息报》分庭抗礼。

原苏联红军军报《红星报》可以说是在经历了巨大的社会变革之后变化最小的报纸。不但它的所属关系、地位以及经济来源没有变，就连它的外形和编辑风格也没有太大的变化。有人说，从《红星报》上几乎感觉不到时代风云的变幻。苏联共青团中央机关报《共青团真理报》和原莫斯科团市委机关报《莫斯科共青团员报》就完全不同了。前者从版式风格到内容都使人想不到它与老《共青团真理报》有什么联系，没有改变的只是名称；而后者（《莫斯科共青团员报》）早已变成受莫斯科市民青睐的报纸。它的内容五花八门，无所不有，各种奇闻轶事、小道消息又多又快。性方面的内容也是《莫斯科共青团员报》的一大特色，因此该报还有一个绰号——“黄色报纸”。

（三）新报刊各具特色

在苏联时期的老报刊基本上保留下来的同时，新的报刊大量涌现，其中不少取得了一定的成功，形成了自己的特色。例如由莫斯科知识界发起创办的《独立报》，是一份颇有见地的报纸，它的有关国家政治、经济、外交政策的分析评论深受专业人员的喜爱。《今日报》的时事政治评论和社会报道，也具有一定的影响。《生意人报》以经济内容为主，兼及其他，不仅为商业、金融界人士所偏爱，对普通读者也有一定的吸引力。时事周刊《总结》虽然问世不久，但地位迅速提高，已经可以同《星火》这样的老牌周刊平起平坐。

目前俄罗斯的主要报刊及发行量为：《俄罗斯新闻报》（1992 年创刊），总统办公厅办，发行 10 万份；《俄罗斯报》（1991 年），原议会办，“十月事件”后由政府接管，发行 53 万份；《红星报》（1924 年），国防部办，发行 10 万份；《劳动报》（1921 年），独立工会联合会办，158 万份；《独立报》（1991 年），该报新闻集体办，发行 5.7 万份；《消息报》（1917 年），该报新闻集体办，61 万份；《真理报》（1992 年），真理报国际股份公司办，19 万份；《今日报》（1993），该报新闻集体办，5.6 万份；《苏维埃俄罗斯报》（1956 年），该报新闻集体办；《工人论坛报》，工业企业家联盟和独立工会联合会办；《共青团真理报》（1925 年），该报新闻集体办，发行 166 万份；《莫斯科新闻》周刊（1930 年），发行 14 万份；《文学报》（1929 年复刊），现由作家自由论坛办，发行 26 万份；《星火》杂志（1923 年）；《新时代》杂志（1943 年）；《经济与生活》周刊（1918 年）。

（四）广播电视界的变革

苏联解体后，俄罗斯境内留下两个全国性的广播电视机构，一个是原苏联的中央广播电视机构，另一个是成立不久的全俄国家电视和广播公司。1991 年 12 月，俄总统叶利钦颁布命令将前者改组为政府领导下的奥斯坦基诺电视广播公司，主办两套广播和两个电视频道的节目，“负责报道独联体国家的政治、经济和文化生活”。其费用三分之一来自国家财政，三分之二靠广告和其他收入解决。随后，政府又逐步推行将该公司股份化的计划。1995 年 4 月 1 日，奥斯坦基诺电视广播公司被改组为“俄罗斯公共电视公司”，只从事电视播放，51% 的股份为国家所有，其余股份出售给 12 家民间企业或公司。这样一来，全俄国家电视和广播公司就成了惟一的全国性的官方广播电视机构。该公司下设俄罗斯电台、俄罗斯电视台、俄罗斯大学电视台（教育台），与 80 个地方电视台、96 个地方电台联结成全国性的广播电视网。除国家经营的广播电视机构外，俄罗斯境内还有近 300 个私营广播电视台。这些广播电视台一般都租用国营机构的设备播放节目。其中影响较大的有“莫斯科回声”、电视第六频道（TB－6）等。

（五）通讯社的变化

苏联解体后，原苏联国家通讯社塔斯社名称未变。1992 年 1 月 22 日，根据俄联邦总统叶利钦的命令，塔斯社与俄罗斯境内的另一家通讯社——俄罗斯新闻社联合组成俄罗斯通讯社，简称俄通社。新的俄通社“将为俄罗斯、独立国家联合体和全世界服务”，受俄罗斯总统、政府和议会的领导。为了保住塔斯社作为世界性通讯社的地位，俄通社仍然保留着塔斯社原有的名称。从 1992 年 1 月 30 日起，该通讯社正式以“俄通社－塔斯社”的电头发稿。1993 年 12 月 22 日，叶利钦发布命令，把俄通社－塔斯社作为国家通讯社，直属政府领导。

尽管俄通社－塔斯社仍然是一家具有重要影响的通讯社，它的工作人员却大为减少——从 5000 人下降到约 3500 人（其中记者 900 人）。该社削减了驻外记者，特别是驻社会主义国家的记者，驻外记者人数从 108 人减至 58 人。

俄通社－塔斯社从纳税上得到国家的优惠，使用国家提供的通讯技术。在向各国广播电视公司出售新闻的同时，它还向一百二十多个国家和地区发行出版物。此外，该社还建立了电子数据库、塔斯信息库。

1994 年，根据叶利钦的命令，俄罗斯新闻社又独立出来，重新获得国家通讯社的资格，地位与俄通社－塔斯社相同。尽管近年来新闻社的工作人员有所减少——从 2000 人减至 1500 人，但它的整体服务水平却在提高。新闻社的新闻产品涉及动态新闻、每周新闻、经济信息、专刊、咨询手册、杂志、图片和影视新闻等。目前该社在国外有七十多个分社。

除了两家国有通讯社之外，俄罗斯还出现了一批私人通讯社。较有影响的是“追溯通讯社”和国际文传电讯社。

“追溯通讯社”是俄罗斯的第一家私人通讯社，1989 年 5 月登记注册。该社最初主要播发政治新闻，后又提供经济、军事等方面的消息。该社在俄罗斯境内设有 35 个分支机构，订户一百多家，多为地方媒介组织。

国际文传电讯社于 1990 年 9 月作为独立的通讯社进行了注册登记。开办之初，该社就赢得了良好的声誉，成为外国媒体在俄罗斯最重要的新闻源（就此而言，其他通讯社无法匹敌）。国际文传电讯社与私人企业建立了广泛的联系，它的 50％的订户是企业。1991 年，它在伦敦、丹佛、法兰克福等地设立了分支机构，同时在哈尔科夫、基辅建立了乌克兰国际文传电讯社，在里加设立了新闻分部。目前，国际文传电讯社用俄语和英语发行 21 种定期电讯和商业新闻。它有 220 位雇员，在莫斯科总部约有 70 名记者。

除“追溯通讯社”和 国际文传电讯社之外，俄罗斯还有一些小型私人通讯社，如经济新闻社、西北通讯社、西伯利亚信息社、莫斯科新闻社、涅加和涅瓦时代等等。

二、俄罗斯新闻体制的确立及特点

与苏联的社会改革同步进行的新闻改革，对联盟解体后俄罗斯新闻体制的确立起到相当大的推促作用。可以说，苏联新闻改革的过程，也就是俄罗斯新闻体制初步形成并最终确立的过程。就其性质而言，这种体制既有别于前苏联主要靠行政手段控制的高度集中的新闻体制，又不同于西方资本主义国家现行的新闻管理模式。那么，它的特点是什么呢？

（一）多样化的媒体归属形式

前苏联的新闻媒介在归属形式上是一元化的。具体表现在，从中央到地方的各种层次的党委机关报都接受所属党委的领导，各种群众团体的报刊、通讯社、广播电台等新闻媒介，也都无一例外地置于党的领导或指导之下，而党通过国家政权形式实现着对新闻媒介的全面管理。

苏联解体后，原有的新闻媒体纷纷改换门庭，使俄罗斯媒体在归属形式上出现了多样化的格局。

（1）国家直接控制的新闻媒介。由国家直接控制的新闻媒介又可以细分为两种：一种是由俄罗斯联邦政府直接控制的，如俄通社－塔斯社、俄罗斯新闻社等；另一种是由俄罗斯议会控制的，如《俄罗斯报》等。作为俄罗斯政府推行其内外政策的舆论工具，它们理所当然地得到政府的扶助，享受国家的财政补贴，经济上无后顾之忧，发行量相对稳定。

（2）国家控制之外的新闻媒介。国家控制之外的新闻媒介并不是指脱离了国家控制的新闻媒介，而是指国家不直接对其宣传方针、组织机构及人事安排进行干预，不给它们以财政资助的媒体。以报刊而论，此类媒体有如下几种：

（3）政党报纸。至1993年年底议会选举前，俄罗斯形成了十几个较大的政党，其中的一些在国家杜马中取得了合法席位。为了政治宣传的需要，这些政党大都掌握并控制了自己的舆论工具。这类报刊有：《苏维埃俄罗斯报》、《公开性》、《俄罗斯真理报》、《斗争报》、《俄罗斯秩序报》等。各政党的资助是这类报刊的经费来源，它们经营的好坏，取决于其归属政党的实力的消长。

（4）社会团体报纸。这类报纸是指由某一社会团体独立经营的、不受政府及任何党派资助的报纸。“8.19事件”后复刊的前苏共报纸或由苏共领导的报纸，如《真理报》、《工人论坛报》、《莫斯科真理报》、《文化报》等即属此类。它们与苏共脱离关系后，宣称是“独立的报纸”，创办者由苏共中央改为新闻工作者同仁。比如复刊后的《真理报》由苏共中央机关报变为一般性的政治报纸，并宣称

"要成为公民和睦的报纸，要坚持中派立场，支持社会的民主改革"；《工人论坛报》由"劳动人民社会保护报"改为"劳动人民社会保护全苏独立报"，主办者是该报新闻工作者同仁；《莫斯科真理报》由苏共莫斯科市委机关报改为"社会政治日报"，主办者由莫斯科市委改为编辑部职工。这类报纸无固定的经费来源，常由报社同仁及社会同情者资助。近些年来独立出版、发行的报纸，如《独立报》等，也属此类。

(5) 商业报纸。商业报纸是俄罗斯市场经济条件下出现的新型报刊，以提供商业信息、指导商务活动为宗旨。它们分属于不同的经济实体和股东集团，具有良好的经济条件，在报业市场竞争中处于有利的地位。此类报刊有《生意人报》、《商业家周报》、《实业世界》、《经济与生活》、《财政报》、《交易所》、《股东》、《市场》等等。

(二) 多样化的媒体调控形式

前苏联一党执政的政治体制，决定了它必然通过强有力的行政手段实现对新闻业的控制。苏联解体后，由于新闻媒介的归属形式发生了变化，俄政府对新闻业调控的形式也相应地发生了变化，由单一的行政手段变为行政、经济、法律等多种手段并用。

(1) 行政手段。首先，对那些从国家财政预算中得到补贴的、具有全国性影响的新闻机构，俄政府仍通过行政手段予以控制。为了集中统一地管理这些新闻机构，俄总统叶利钦设立了俄罗斯联邦新闻中心，并规定新闻中心服从于俄联邦总统。按照叶利钦于 1992 年颁布的《关于俄罗斯联邦新闻中心的命令》，新闻中心的主要任务是协调国家定期出版物，包括报刊、广播电台、电视台的活动；保证新闻媒介及时、准确地报道有关国内改革进程的消息和对国家政策做出解释；帮助沟通总统、政府同各社会组织、党派的联系；帮助国际舆论界扩大对俄罗斯政治、经济和文化生活的报道，与国外建立信息和文化联系等等。目前，该新闻中心已将俄罗斯联邦广播电视局、俄通社－塔斯社、俄罗斯新闻社以及其他一些新闻单位纳入管辖范围。对于这些新闻机构，俄罗斯政府直接为其制定宣传方针，提供信息来源，把它们视为自己的舆论工具。例如，在 1994 年的"车臣战事"中，叶利钦置全国上下的反战呼声（反对俄出兵格罗兹尼）于不顾，要求自己统辖的新闻媒体——俄通社－塔斯社、奥斯坦基诺电视台、《俄罗斯报》、《红星报》等统一宣传口径，为他的军事决策作辩护（尽管这些新闻单位对政府的行政命令并不总是心悦诚服的）。他还命令政府有关部门首先向俄通社－塔斯社，而不是其他新闻机构提供官方消息。

对那些国家直接控制之外的新闻媒介，一般情况下政府对它们不作过多的干预，在决定发表什么和不发表什么的问题上，它们是有着相当的自主权的。但是，如果其言论超出了一定的限度，也会受到来自政府方面的制裁。例如，1993年“白宫事件”期间，《独立报》发表了对政府不利的言论，叶利钦责成有关部门进行检查，大段删除了准备付印的文章，致使报纸开了“天窗”。

(2) 经济手段。对由国家直接控制的新闻媒介，俄罗斯政府和议会不但直接为其制定宣传方针、确定组织机构及人事安排，通过行政手段保证信息来源，而且直接给予财政拨款，从经济上扶持它们。例如，经常刊登俄罗斯政府令和政府决议的《俄罗斯报》最先享受了从国家预算中拨款2.7亿卢布的优厚待遇；俄通社－塔斯社和俄罗斯新闻社经费来源的主要部分也是联邦预算资金；此外，在奥斯坦基诺电视广播公司中，政府也掌握着51%的股权。

而对大部分国家控制以外的新闻媒介，俄罗斯政府则不给予经济上的援助。由计划经济转入市场经济以后，这些媒介被抛向市场，成为自谋生路、自负盈亏的实体。1992年1月，俄罗斯政府开始实行自由价格政策，致使报刊发行费大幅度提高，许多报纸不得不减少出版次数、压缩版面、裁员以至停刊。为了在竞争中立足，存活下来的报纸“八仙过海，各显神通”，有的大量刊登广告，提高收费标准，有的争取外来资本的支持，建立报业联合体（如1992年8月，《消息报》组成了一个报业出版集团——《消息报》报业出版综合体。它掌握《消息报》、《独立报》、《俄罗斯音乐报》等20家报刊，并从事商业经营活动）。与此同时，绝大部分报刊都标榜“客观”、“公正”、“忠于读者”，以多样化的表现手段吸引受众，走上了商业化的发展道路。

(3) 法律手段。苏联解体的同时，俄罗斯联邦于1991年12月通过了自己的《大众传播媒介法》。该法一方面赋予新闻界许多前所未有的宽松条件和活动领域，同时也规定了新闻报道必须遵循的基本原则，界定了当局所能接受的“言论自由”和“舆论自由”的范围。此举的目的在于将“解放了的”新闻界纳入政府所期望的“法制管理”轨道，以避免舆论失控导致人们思想更加混乱，加剧本来就已十分深重的社会政治危机。1993年12月俄新宪法生效后，俄罗斯联邦议会以此为依据，对《大众传播媒介法》进行了多次补充和修改，以便使其更加符合俄联邦社会制度转型的现实需要，更加适应以总统叶利钦为代表的现政权建设西方式“民主”、“法制”、“自由”国家的需要。1997年，俄罗斯又一次提出对《大众传播媒介法》进行修订的问题，理由是由于市场经济浪潮的冲击，俄罗斯的大众传媒面临着许多新的课题：财团资本的渗透及其对新闻媒体的控制、新闻传播商品化现象的出现、新闻工作者的经商行为以及新闻传媒所有权的内容及归属等等，这些都使1991年颁布的《大众传播媒介法》已无法有效地规范和制约当今的新闻传播。看来，对《大众传播媒介法》的再次修订已势在必行。

为了解决新闻领域内因新闻自由问题、广告问题等引出的经常性的争端，1993年，俄罗斯又专门设立了俄联邦总统直属信息争议仲裁法院。该法院是隶属于俄罗斯总统的、专门解决信息争议问题的新型机构。它是国家和媒体之间的调停者，其活动宗旨，就是既保障新闻自由，又要同滥用新闻自由的行为作斗争。

总之，在采用行政手段、经济手段的同时，俄罗斯政府试图通过对一系列具体问题的法律上的确认，来规范新闻媒介的行为。

三、独联体其他国家新闻业现况

苏联解体后，各加盟共和国走上独立兴邦之路。与俄罗斯相同，各国新闻业也发生了巨大的变化。

（1）新闻媒体纷纷改换门庭。1991年“8.19事件”以后，随着苏共从中央到地方组织机构的全面瓦解，苏联原有的机关报体制也不复存在了。与俄罗斯联邦最初的情形相同，各国的新闻机构纷纷改弦易辙，自立门户。

例如，与俄关系颇为密切的中亚最大的国家哈萨克斯坦，开始了以“媒体独立”为标志的“新闻革命”。在这场“革命”中，该地影响最大的报纸之一《列宁旗帜报》改名为《快讯周报》；哈共中央机关报《哈萨克斯坦真理报》虽保留了原名，却改为独立的社会政治报纸。其他的新闻媒介也纷纷同原来的创办者脱钩，改由同仁集体创办。

被美国和欧洲国家的一些民主机构列入“新闻相对自由”国家行列的吉尔吉斯共和国也是如此。原来隶属于吉尔吉斯共产党中央和地方组织的各级机关报，大多变成由报社全体职工集体主办的社会政治报纸；各种各样的专业报纸也与原主办单位脱离关系，在自主选择的基础上重新组合；一些经验丰富的新闻界人士（特别是那些较有名望的记者和编辑）则趁机跳槽，或联手主办、经营较大规模的新闻机构，或创办起属于私人的独立媒体。这种情况在其他国家也普遍存在。

（2）出现了“信息贫乏”状态。苏联解体前，各加盟共和国的新闻媒体大都使用俄语，只有少量的媒体使用民族语言。而且，与本地相比，莫斯科出版的全苏性报刊、来自首都的广播电视节目更受欢迎。例如，在莫斯科出版的一些俄文大报——《真理报》、《消息报》、《共青团真理报》、《莫斯科真理报》、《文学报》、《农村生活报》以及《共产党人》、《国家与法》、《星火》、《苏联电影》、《苏联妇女》等一些政治理论、文学、学术杂志，在各加盟共和国都有着广泛的读者群。

苏联解体后，俄罗斯出版的各种报纸、杂志在其他独联体国家的发行量大为减少。虽然俄罗斯的一些大报在与之关系密切的国家建立了分社，并在当地出版报纸，但更多的报纸只能通过邮局订阅。由于邮发的报纸常常需要一周的时间才能到达，收到杂志的时间更无保证，因此继续订阅的单位和个人逐年减少。至于那些与独联体各国，尤其是与俄罗斯联系不甚密切的国家，其处境就更不如人意了。有些国家，如塔吉克斯坦、乌兹别克斯坦、土库曼斯坦、阿塞拜疆、格鲁吉亚、亚美尼亚等国甚至陷入“信息贫乏”状态，至今尚未完全消除（这些国家近年创办了一些新的媒体，在一定程度上缓解了“信息贫乏状态”）。

（3）新闻业出现无序状态。联盟解体后，由于各国对新闻媒介的行政管理和法律调节十分软弱和混乱，以“独立”、“自由”面目出现的新老媒体开始呈现出“放荡不羁”的状态。它们打出“舆论多元化”的旗帜，为不同政治派别，甚至为反对派提供讲坛，使报纸由党和政府的舆论机关变成了攻击政府的工具。例如，苏联解体前夕由白俄罗斯自由派知识分子创办的《自由报》竭力主张解散联盟，向共产党政权频频施压，鼓动白俄罗斯放弃社会主义选择；解体后，又大力宣传西方的“自由”、“民主”和“人权”，抨击总统的施政纲领，颇得西方国家的青睐，并因此而获得许多物质和技术援助。

一些国家的新闻媒体充斥着低级庸俗的内容，有的国家还出版了各种各样的暴力、色情小报，造成恶劣的社会的影响。吉尔吉斯共和国的一位议员曾指出：在吉尔吉斯共和国，并非所有的新闻媒体都能善意而正直地利用自己手中的舆论工具。一些国家的报纸在进行民族宣传时把握失度，听任激进势力鼓吹极端民族主义，对多民族国家的和睦与稳定构成了潜在的威胁。

（4）政府试图加强对媒介的管理。苏联解体后，独联体的一些国家，如哈萨克斯坦、吉尔吉斯、摩尔多瓦等共和国以俄罗斯联邦新闻法为蓝本，制定了自己的新闻法，试图将国家的新闻出版活动纳入法制轨道。新闻法颁布后，各国权力机关对新闻媒体的管理、监督和控制有所加强。例如，在吉尔吉斯共和国，来自西方的淫秽影片和录像节目基本上从电视屏幕上消失了；少男少女沿街兜售色情报刊的场面也不见了；一些历史较为悠久的新闻媒体进一步坚定了支持政府政策的态度，抨击、斥责声也减弱了。

为了加强舆论控制，许多国家还在主权国家宪法中，规定了对“新闻自由”的限制。1993 年通过的哈萨克斯坦主权国家宪法规定：严禁各政党、组织、运动和社会团体利用大众传媒宣扬暴力，严禁鼓吹以违反宪法手段夺取国家政权，鼓动战争，煽动民族、种族、宗教仇恨和社会对立情绪。根据宪法，哈政府新闻出版管理机构开始对新闻媒介进行严格检查，并通过报刊重新登记、电视频道重新招标等方法，迫使某些媒体停办。1993 年，吉尔吉斯共和国在讨论通过独立后的第一部宪法时，有代表提出关于严禁利用新闻工具对国家总统进行人身攻击的建议，要求将这一条载入宪法，但被否决；1996 年重新修订宪法时，经过全民公决，这一条终于被载入宪法。但是，如今已事过境迁，各国新闻业显然无法再现昔日“舆论一律”的局面，自由民主与健康有序相融合的社会环境似乎很难形成。

以下是独联体欧洲地区其他三国的新闻传播事业的概况。

（一）乌克兰

乌克兰是独联体第二大国，新闻业的规模也仅次于俄罗斯。据不完全统计，目前乌克兰有各种定期和不定期报刊约 3500 种。首都基辅出版的定期报刊有 157 种。1995 年乌克兰邮电部联合公司征订的报刊目录上有报纸 217 种，杂志 224 种。地方出版的报刊在 600—1000 种之内浮动。中央级（全国性）的报刊要少一些。

主要报纸有：《乌克兰回声报》（议会机关报），年发行量为 50 万份；《农村消息报》，30 万份；《政府信使报》（内阁机关报），20 万份；《基辅导报》，20 万份；《工人报》，20 万份。此外还有《全乌导报》、《乌克兰真理报》、《人民军报》、《独立报》、《基辅新闻报》等等。

通讯社：乌克兰有各类通讯社二十多家，主要有乌克兰通讯社（国家通讯社），乌克兰独立新闻社，乌克兰国际文传电讯社，赫鲁新闻社，乌克兰电讯社。

广播电视：乌克兰有国营广播电视机构 23 家。据称，乌克兰私人注册的广播和电视机构有 1100 个。

乌克兰中央电视台 1965 年开播，现有三个频道：一台每天播放 15 个小时，二台每天播放 4 个小时，三台每周播放四次，每次 5 小时。另外，首都还有三家商业台，每昼夜平均播放 84 小时。

中央电台 1938 年试播，1951 年正式开播。广播电台每昼夜节目播出时间为 48 小时。

（二）白俄罗斯

苏联解体后，白俄罗斯一度出现政治制度转型迷茫、社会秩序混乱无序、经济大幅度滑坡的状况。1996 年，政府加大了整顿力度，取得一定的成效，但国家形势依然严峻。这直接影响到新闻业的发展。

白俄罗斯现有 731 家报刊。主要报刊有：议会报纸《人民报》，1990 年 10 月创刊，发行量约为 31 万份，用白、俄两种文字出版，白俄罗斯文为主；政府报纸《共和国报》，1991 年 3 月创刊，发行量约为 17 万份，用白、俄两种文字出版；总统办公厅报纸《苏维埃白俄罗斯报》，1927 年 8 月创刊，发行量约 21

万份，用俄、白两种文字出版，原为政府报纸；《星报》，1917年8月创刊，由政府、议会联合主办，发行量约11万份；军报《为了祖国的荣誉》，1921年6月创刊，用俄、白两种文字。此外还有各党派及地方报纸。

主要通讯社：白俄罗斯通讯社，原为国家通讯社，后名义上独立，现已归属总统办公厅。另有“РИД”、“белаПАН”等独立通讯社。

广播：全国有88家电台。国家广播电台“白俄罗斯”于1925年开播，共两套节目，用白、俄语对全国播音，每套节目日播音时间分别为19小时；私立BA电台对明斯克市用俄语广播，日播音时间22小时；地方电台中影响较大的有“布列斯特之声”电台等。“白俄罗斯”国家电台每日用白、德语对国外播音半小时。

电视：白俄罗斯国家电视中心于1956年开始工作。1992年成立白俄罗斯国家广播电视公司，对广播电视工作实行国家统一领导，该公司现归属总统办公厅。另有若干独立广播电视机构进行定时节目播放。

（三）摩尔多瓦

独立后党派纷争、民族纷争不断，经济形势日趋恶化。新闻业发展不稳定。

现有报纸杂志187种，其中半数为摩尔多瓦文版，另外半数为俄文版或摩俄两种文字版。主要报纸有：《主权摩尔多瓦》（每周出4期摩文版，1期俄文版）、《独立摩尔多瓦》（政府报，俄文版）、《农村生活》、《人民之声》、《文学与艺术》、《国家》、《摩尔多瓦青年》。主要刊物有：《比萨拉比亚》、《摩尔多瓦妇女》、《摩尔多瓦与世界》、《摩尔多瓦文学》。

通讯社有：摩尔多瓦通讯社（国家通讯社）、巴萨通讯社（私营）、因佛达格通讯社（私营）。

广播电台、电视台：摩尔多瓦国家电视广播公司下设摩尔多瓦电台和电视台。此外还有四家私营、地方广播电台，三家地方、私营电视台。

第十一章

东欧各国的新闻传播事业

第一节　社会主义时期的报业

二战以后，随着人民民主政权的建立和社会主义体系的确立，波兰、匈牙利、罗马尼亚、南斯拉夫、捷克斯洛伐克、保加利亚、德意志民主共和国、阿尔巴尼亚等东欧八国的新闻事业得到了发展。

东欧的一些国家走上社会主义道路，曾普遍得到苏联的帮助，有几个国家甚至是依靠苏联红军的力量才获得解放的（如捷、波、保）。因此，它们开始建设社会主义的时候，处处以苏联为榜样，其报业体系也是依照苏联报业的模式建立并发展起来的。

东欧各国苏式新闻体制的确立，不仅有着现实依据，还有着历史渊源。第三国际（1919—1943）时期，联共（布）是居于中心地位的大党，它以自己的章程、纲领和组织形式为蓝本，制定出各工人政党必须依照执行的方针和原则。例如，关于报刊宣传的原则，共产国际的文件规定不管整个党目前是合法的或是非法的，一切定期和不定期的报刊，一切出版机构都应该完全服从中央委员会；出版机构不得滥用自主权，实行不完全符合党的要求的政策。共产国际还作出决定，各党为国际机关刊物筹备的稿件，必须经过国际总部的审查，否则不予刊登。

第三国际的这些规定和做法，无疑会对各国工人政党产生潜移默化的影响（保加利亚共产党 1919 年加入共产国际，罗马尼亚、捷克斯洛伐克共产党 1921 年加入共产国际），成为他们日后确立本国新闻体制和制度的依据。事实正是如此，在第一个社会主义国家的影响和演示下，后起的东欧社会主义国家纷纷仿效苏联，建立起了具有苏联特点的高度集中统一的新闻体制。

以南斯拉夫为例。南共执政初期，南斯拉夫共产党章程曾对党报体制作出如下规定：党中央委员会挑选所有机关报的编辑部成员以及党的刊物和书籍的编辑人员，……党中央委员会也有权直接监督这些报刊的内容。中央委员会……任命在其领导和监督下工作的中央机关报的编辑委员会。这种表述与苏共党章中的有关条文十分相似。按照当时南共领导人亚历山大·兰科维奇的话来说，南共党章的某些条款几乎是逐字逐句地从联共（布）章程中抄来的。

其他一些东欧国家，例如波兰、捷克斯洛伐克、民主德国、保加利亚等在其党章或党内文件中也曾作出类似的规定，要求报纸绝对服从党的领导和监督，为党的中心任务服务，并且普遍建立起了以中央机关报为核心的党报体制。

下面，我们对建国以后东欧各国报业发展的情况分别作一个介绍（民德情况详见德国部分）。

一、波兰

1944 年 7 月，波兰从德国侵略者手中解放出来，成立了人民共和国。当时，波兰工人运动的两大政党都出版了自己的报纸，波兰工人党的报纸是《人民之声报》，波兰社会党的报纸是《工人报》。1948 年 12 月，波兰工人运动结束了分裂状态，成立了波兰统一工人党（由工人党和社会党合并而成），《人民之声报》和《工人报》停刊，改出《人民论坛报》，作为波兰统一工人党的机关报。四十多年来，《人民论坛报》在波兰国家政治生活中发挥着重要作用。该报一般每天出 10 版，1990 年统一工人党被宣布停止活动之前，发行 90 万份。除波兰统一工人党中央出版报纸（《人民论坛报》）之外，各省还出版波兰统一工人党省委会的机关报，各县出版统一工人党县委会的机关报，一些大城市还出版市委机关报。所有报纸都是每周出版六期，星期日和大节日不出报。

波兰统一工人党中央委员会除了出版《人民论坛报》之外，还于 1945 年创办了《农民之路》周刊，之后又创办了《新路》和《党的生活》月刊。它们都是统一工人党中央委员会的机关刊物。

除了统一工人党中央委员会机关刊物之外，波兰其他党派和社会团体也有自己的机关报。如波兰统一农民党的机关报是《农民报》，民主党的机关报是《波兰信使报》，社会主义青年团中央机关报是《青年旗帜报》，人民军的机关报是《自由战士报》，工会机关报是《劳动之声报》等。

随着社会主义事业的不断发展，一个多层次的报刊网络在波兰逐渐形成：50年代初，波兰出版40种大报、376种杂志和其他定期出版物，日报总销数达500－600万份，每四人就有一份报纸。50年代下半期，出版940种报刊，总销数达一千七百多万份。在波兰的报业体系中，统一工人党的报纸占42%，各民主党派报刊占8%，此外还有政府报刊和宗教报刊（宗教报刊占全国报刊3%）。

二、罗马尼亚

1944年8月，罗马尼亚解放。同年12月30日，罗马尼亚人民共和国诞生。与此同时，罗马尼亚共产党的报刊和民主报刊开始出版。在此之前，有几份报纸是秘密出版的，其中包括罗共中央机关报《火花报》（1931年创刊）、后来改为罗马尼亚人民议会机关报的《自由罗马尼亚报》（1943年创刊）、罗共中央理论和社会政治月刊《阶级斗争》。解放以后，这些刊物都公开出版了。

1989年底《火花报》改名之前，它一直是罗马尼亚共产党中央委员会的机关报，在首都布加勒斯特出版。《火花报》为对开大报，除星期一外每天出版。平日出六个版，售价50巴尼。该报版面朴素，不登商业广告，报头上端印有“全世界无产者联合起来!”的口号。《火花报》更名前是全国发行量最大的报纸，80年代中期达到170万份，大约占全国日报发行量的一半。《火花报》对自己的记者有较高的要求：有大学学历，熟悉新闻业务，懂得一门专业；而且有这样的规定：搞工业报道的记者必须是工程师，搞农业报道的必须是农艺师，在群工部工作的必须是法学家、律师，至少应该是大学法律系毕业生。由于人员素质好，要求又比较高，《火花报》在罗马尼亚的政治和经济生活中起着很重要的作用。

除了罗共中央机关报《火花报》之外，罗马尼亚发行量比较大的报纸还有《青年火花报》（劳动青年联盟机关报）、《劳动报》（工会中央理事会机关报）和《自由罗马尼亚报》（国民议会机关报）等。

三、匈牙利

1945年匈牙利获得解放。1948年6月组成的匈牙利劳动人民党，成为共和国的领导力量。从1948年起，匈牙利人民共和国进入社会主义革命和社会主义建设的新时期。

匈牙利共产党的机关报最初叫《自由人民报》，这份报纸是在解放前的1942

年秘密创办的。从1948年起,《自由人民报》成为匈牙利劳动人民党的机关报,1956年改名为《人民自由报》。该报后来成为匈牙利社会主义工人党的机关报,1989年匈牙利共产党更名之前,其发行量为714000份。

除了党的报刊之外,匈牙利的各个社会、文化教育团体也创办了自己的报刊:劳动青年联盟机关报《自由青年报》、民主妇女联盟机关报《妇女新闻》、自由战士联盟的机关报《自由战士报》、体育协会机关报《人民体育报》、人民军总政治部机关报《人民军报》、匈苏协会机关报《新世界报》、保卫和平运动机关刊物《和平与自由》、工会全国委员会机关报《人民之声报》等。

50年代,匈牙利全国大约出版300种期刊,总销数在500万份以上。除中央报刊外,各州还出版18种日报,19种周刊。60—70年代,匈牙利报刊的数量和发行量大大增加。据统计,1978年匈牙利全国共有一千多种报刊,总发行量为144750万份。东欧巨变前的80年代末期,全国共有日报29种,其中7种中央日报,1种市报,21种州报。7种中央日报中除了匈牙利社会主义工人党机关报《人民自由报》之外,还有《匈牙利新闻报》、《匈牙利民族报》、《人民之声报》、《新闻晚报》、《人民体育报》和《每日新闻》。这些报纸在匈牙利社会主义经济建设和体制改革中都发挥着重要的作用。

四、南斯拉夫

1945年5月,南斯拉夫获得解放,建立了南斯拉夫联邦人民共和国。南斯拉夫联邦人民共和国由六个共和国和两个自治单位组成,政党只有一个——南斯拉夫共产主义联盟。

《战斗报》是南斯拉夫最有影响、发行量最大的报纸,1922年创刊,解放后在贝尔格莱德市正式出版。从1944年11月起,《战斗报》成为南共中央机关报,1954年以后改为南斯拉夫劳动人民社会主义联盟的机关报。

《战斗报》是南斯拉夫全国性的主要报纸之一。在各报中,《战斗报》刊载官方文件和领导人的讲话最齐全,其言论最能代表官方。该报1949年发行66万份,占南斯拉夫报纸总发行量的一半以上。虽然自50年代起,南斯拉夫实行权力下放和工人自治,各共和国、自治省的新闻事业迅速发展,使得该报销数锐减,但它的影响还是很大的。

《政治报》是南斯拉夫另一份主要报纸,和《战斗报》一起,并称南斯拉夫"两大报"。《政治报》于1904年1月在贝尔格莱德创刊,两次世界大战期间曾停刊。1944年南斯拉夫解放后复刊,作为南斯拉夫人民阵线的机关报。《政治报》是用塞尔维亚—克罗地亚语出版的,但是它的读者不限于塞尔维亚共和国,其发行量的25%销往全国其他地区。《政治报》的发行量几十年来一直比较稳定，据80年代初的统计，在全国十家销量最大的报纸中，该报名列第二（第一是《新闻晚报》，属《战斗报》系统）。

南共联盟中央理论刊物是《共产主义者》（周报）。50年代初南共改组为共产主义者联盟之后，其他党报都改为自治团体的报纸，只有《共产主义者》周报没有变动。

南斯拉夫各社会主义联盟都有自己的机关报：克罗地亚劳动人民社会主义联盟的机关报是《信使报》、波斯尼亚－黑塞哥维那劳动人民社会主义联盟的机关报是《解放报》、斯洛文尼亚劳动人民社会主义联盟的机关报是《劳动报》、马其顿劳动人民社会主义联盟的机关报是《新马其顿报》，此外还有黑山的《胜利报》、伏依伏丁的《自由伏伊伏丁那报》、科索沃的《再生报》。

进入80年代以后，南斯拉夫全国共出版日报26种，周报161种，总发行量为七百多万份，差不多每三人就有一份报纸。

五、阿尔巴尼亚

1944年11月29日，阿尔巴尼亚全境获得解放。早在德、意占领时期，阿尔巴尼亚的报刊就有了一定程度的发展。1941年阿尔巴尼亚共产党成立后，于第二年8月25日秘密出版了《人民之声报》；1942年年底出版了反法西斯的人民青年机关刊《团结报》和《自由警钟》杂志；游击队、部队也秘密出版了报纸。人民民主政权建立以后，阿共报刊脱离地下状态，获得了空前的发展。到50年代下半期，全国共出版10种报纸，23种期刊，发行量为74000份。

《人民之声报》是阿尔巴尼亚共产党的机关报，也是全国发行份数最多、影响最大的一份报纸。它的创刊日被规定为阿尔巴尼亚的出版节。

《团结报》是阿尔巴尼亚民主阵线的机关报，主要提供国家政权机关和民主阵线工作方面的信息，同时对农业社会主义改造等方面的问题十分重视。

阿尔巴尼亚劳动党中央委员会的政治和理论刊物是《党的道路》。它主要宣传马列主义理论，提供有关党的生活方面的信息。

阿尔巴尼亚各社会、文化教育团体都有自己的机关报刊：劳动青年联盟中央机关报《青年之声报》、国防部机关报《战士报》、体育联合会总会机关报《人民体育报》、工会中央理事会机关报《劳动报》、妇女联合会机关刊《新阿尔巴尼亚妇女》、农业部机关刊《劳动农民》、作家协会机关刊《我们的文学》等。

到80年代，阿尔巴尼亚建国前后创办的一些报刊仍在出版。每周出六期的劳动党中央机关报《人民之声报》仍是阿尔巴尼亚最主要的报纸，发行10万份左右。恩维尔·霍查去世后，该报仍坚持阿尔巴尼亚劳动党的意识形态，宣传、捍卫党的方针、政策。

六、捷克斯洛伐克

1945年解放后，捷克斯洛伐克共产党立即着手恢复和重新出版报刊。1945年5月6日，捷共中央机关报《红色权利报》在布拉格恢复出版。到1989年捷克斯洛伐克政局发生变化之前，这份报纸一直是全国发行量最大的报纸之一（88万份），它为恢复被战争破坏的国民经济、为推动社会政治改革做出了很大的贡献。

1944年9月，斯洛伐克党中央机关报《真理报》恢复出版，1948年6月又创办了捷共中央理论刊物《新思想》。

在捷克斯洛伐克，民主党派办有自己的报纸和杂志。《人民民主报》是人民党的机关报，《自由言论报》是社会党的机关报。捷克斯洛伐克的一些社会、文化组织也出版了自己的机关报：作家协会的机关报《文学报》、青年联盟的中央机关报《青年阵线报》、国防部的机关报《人民防线报》、工会中央理事会的机关报《劳动报》、农业粮食部的机关报《农业报》等。这些报纸都是1945年解放后创刊的。它们均以捷共制定的目标为己任，并以相当的篇幅报道苏联和各人民民主国家社会主义建设的经验。

政局变化之前，捷克斯洛伐克共有30家日报，发行400万份；出版一千多种期刊，发行1500万份。

七、保加利亚

1946年9月，保加利亚废除帝制，建立了共和国。1948年12月，原保加利亚共产党和社会民主党合并，组成统一的保加利亚共产党。从此，保加利亚人民走上社会主义建设的道路。

保共中央机关报《工人事业报》在共和国建立后公开出版（该报于1927年保加利亚工人党成立时创办）。它在组织群众进行社会主义建设方面做了大量的工作。40年来，《工人事业报》一直是国内影响最大、发行量最大的报纸，1944年发行六万份，50年代下半期增加到45万份，80年代末期则达到80万份。

1946年，保加利亚又陆续出版了《劳动报》、《人民青年报》、《祖国阵线报》。保加利亚的许多社会、文化组织都出版了机关刊物：农民联盟中央机关报《农民旗帜报》、人民妇女联盟机关刊《人民妇女之声》、作家协会机关刊《文学阵线》、新闻记者联盟机关刊《新闻》以及国防部机关报《人民军报》等。

20世纪70年代，保加利亚出版报纸710种，发行量7500万份（包括工厂小报）；杂志780种（包括通报），发行量4000万份。进入80年代以后，保加利亚出版965种定期刊物，总发行量为1090多万份。东欧剧变前，保全国有八种中央日报，五种地方日报。中央日报除保共中央机关报《工人事业报》之外，还有《祖国阵线报》、《劳动报》、《人民青年报》、《农业旗帜报》、《文学阵线报》、《人民军报》等。

保加利亚共产党十分重视新闻出版工作，培养了一大批有责任心、业务能力强的新闻工作者，他们在引导人民进行社会主义建设、实现党的总目标方面发挥了重要作用。

通过以上介绍我们可以看出，苏联解体及东欧剧变之前，东欧各国发行量最大、影响最大的报纸，几乎都是工人阶级政党的中央机关报。如波兰的《人民论坛报》，罗马尼亚的《火花报》，匈牙利的《人民自由报》，南斯拉夫的《战斗报》，阿尔巴尼亚的《人民之声报》，捷克斯洛伐克的《红色权利报》以及保加利亚的《工人事业报》（还有民主德国的《新德意志报》）。和苏联一样，建国以后，各国都形成了以党报为主体，辅之以各社会组织和群众团体报刊的社会主义报业体系。

第二节　社会主义时期的广播电视和通讯社

战后获得解放的东欧各国，依照苏联模式（南斯拉夫除外），纷纷建立了社会主义的广播电视和通讯系统（二战以前各国均有广播事业，战后全部收归国有）。这些电子传媒均为官办，对外宣传本国政府的方针政策，对内提供各种新闻。

一、波兰

（一）广播电视

波兰的广播事业创办于1926年，战后获得迅速发展。1952年，首都华沙建起了中央广播电台，外省建立了八个省级电台和六个转播台。50年代，中央广播电台使用多种外语对外广播，介绍波兰在政治、经济和文化生活方面取得的成就。70年代，除中央广播电台外，地方广播电台增至16个，80年代，无线电广播电台发展到40个，一年播音共计63000小时。波兰中央广播电台有五套节目，其中第一套节目的覆盖面最大，听众最多。这套节目昼夜24小时广播，播出各种节目，音乐节目占一半，每天有1300万人收听。第五套节目用11种语言对国外侨民广播。

波兰电视业自50年代初期起步后，逐年发展。1974年建立华沙中央电视台，同时在格但斯克、卡托维兹、克拉科夫、罗兹、波兹南、什切青和弗罗茨瓦夫等地建有七个地方台。80年代，地方电视台已遍布各大城市。华沙中央电视台播出两套节目，平均每天播映20小时左右。第一套节目几乎覆盖波兰全境，每天播映14—15小时，观众达80%。第二套节目覆盖80%的国土，全天播映六小时（节假日增加一倍），主要播映地方电视台制作的节目，也播出电视剧和电影。波兰地方电视台主要播放自己制作的地方新闻和时事节目，并为中央电视台的两套全国性节目提供制作内容。与苏联相同，波兰电视节目不插播广告，没有色情内容，晚间大量播映外国影片。波兰电视台从1971年开始播放彩色节目。

（二）通讯社

波兰通讯社成立于1944年，由波兰部长会议和波兰统一工人党中央直接领导。作为国家通讯社，波通社代表国家发布重大新闻，向国内新闻单位提供电讯稿，向国外发布新闻。除此之外，波通社还出版三十多种新闻刊物，包括分类编排的《参考资料》、用俄文和英文出版的《每日新闻》以及销路颇广的《笑话与漫画》。80年代，波兰通讯社有1000名工作人员。除波通社之外，波兰还有另外两个通讯社——波兰国际新闻社和工人通讯社。前者主要提供有关波兰各方面情况的文字、图片资料；后者面向波兰统一工人党中央和地方的报刊，提供统一的国际评论。波兰国际新闻社的业务范围不断扩大。建社初期（1967年）它只是向国外提供有关波兰情况的材料，后来也向国内的新闻媒体提供新闻，还出版书籍，摄制电视片和电影。80年代，波兰国际新闻社有工作人员六百多名，有八个国内分社，在九个国家派驻记者。

二、罗马尼亚

（一）广播电视

罗马尼亚广播电台创建于1928年，战后发展较快。罗马尼亚中央广播电台对内播出三套节目，每天播音56小时。第一套节目以政治思想教育、经济建设宣传和文娱节目为主，覆盖全国100%地区。第二套节目侧重于文化教育和文艺方面的内容，覆盖全国90%以上的地区。中央广播电台每天用13种语言对亚洲、非洲、拉丁美洲、北美和大洋洲的一百多个国家和地区播音。广播语种还在不断增加。除设在首都布加勒斯特的中央广播电台外，在雅西、克鲁日、克拉约瓦、蒂米什瓦拉、特尔古穆列什等地还有五个地方电台。地方台用罗马尼亚、匈牙利、日耳曼和塞尔维亚语向当地居民广播。据统计，70年代末，罗马尼亚广播电台对内对外全年广播时数约在四万小时以上。

罗马尼亚电视台开办于1958年。60年代中期至70年代初建成电视中心。中央电视台每天播出两套节目，第一套节目以政经新闻和专题节目为主，基本上覆盖全国人口。第二套节目为面向青少年、妇女、军人的专题节目，并转播音乐会、文艺节目，覆盖首都及其周围80公里以内的地区。罗马尼亚于80年代初期开始投资兴建彩色电视中心，1983年8月23日开始播放彩色电视节目。罗马尼亚对广播电视工作者在政治上有较高的要求，规定在广播、电视台编辑部门工作的必须是罗共党员。

（二）通讯社

罗马尼亚通讯社始建于1949年（前身是1919年创办的拉多尔通讯社），总部设在首都，全国各主要城市均有分社。罗通社在国外不设分社，只是在莫斯科有一名常驻记者。该社对内向中央和地方报纸发布国内、国际新闻，对外用英、法、西班牙和俄文发送电讯稿。罗通社同国外一些通讯社签有协约，定期交换新闻。罗通社虽然只有460名工作人员，但业务范围逐年扩大。80年代成立了外刊社，编印四十多种刊物，公开发行。罗通社是国家通讯社，直属部长会议。

三、匈牙利

（一）广播电视

匈牙利广播电台于1925年12月开始播音。战后在恢复被破坏的电台设施的基础上迅速发展。1949年3月建成柯苏特和裴多菲两个电台，1950年开始使用新的短波广播机，听众达到60万人。在发展无线电广播的同时，匈牙利大力发展有线广播，生产普及型收音机。80年代，匈牙利广播电台用七种语言对外广播，每周播音时间约270小时。广播电台还用匈语向散居世界各地的侨民和匈裔广播。匈牙利政府强调广播节目要为普及文化教育事业服务，要推广科学技术知识，教育听众有效地利用业余时间。匈牙利广播节目的特点是：文化节目比重大；新闻、时事节目受欢迎；每星期日播出半小时宗教节目。

匈牙利电视台于1953年12月19日开始试播，1957年5月1日正式播放。1969年3月试播彩色节目，70年代中期开始生产彩色电视机，到80年代，电视台70%以上的节目是彩色节目。匈牙利办得最好的是音乐和戏剧节目，观众最多的是时事节目，青少年节目在节目整体中占很大比重，教育节目受到重视。1982年匈牙利地方电视台为少数民族开办了报道性节目，1983年中央台开始播放96页“电视报”。“电视报”有文字稿、图片、表格等，其报道选题有国内外大事、天气预报、节目预告、体育新闻等等。

（二）通讯社

匈牙利通讯社始建于 1880 年，1945 年匈解放后，逐步将通讯社收归国有。匈牙利通讯社抄收世界上二十几个通讯社的新闻广播，同 15 家通讯社交换新闻，每天用法文、英文、德文和俄文对外广播，每月收发照片 2500 张，出版 21 种匈牙利文和外文刊物。匈牙利通讯社有 1300 名工作人员，近年来开发了许多新业务：改变服务方式（由对读者的间接服务转向以间接服务为主、间接服务与直接服务相结合）；创办报刊（办了《每日新闻报》和《世界经济报》两种报纸）；国内部、对外部、参考部、摄影部编印各种材料，制作录音带，提供图片资料；利用电视扩大服务范围。

四、南斯拉夫

（一）广播电视

贝尔格莱德广播电台于 1929 年 8 月 24 日开始播音。1939 年南斯拉夫有四个电台，1947 年发展到 13 个，70 年代末则增至 195 个。广播电台播音时数和居民拥有收音机的数目也几倍、几十倍地增长：1977 年各广播电台全年播音时数比 1947 年增加了八倍，居民拥有收音机数量相当于 1947 年的 22 倍。广播已覆盖全国，最偏僻的山区都能听到广播节目。

南斯拉夫没有面向全国的中央广播电台，只有向国外广播的国家电台。对外广播是二战期间开办的，50 年代中期到 70 年代前半期进展不大；70 年代中期以后，政府决定建立专门负责对外广播的电台，贝尔格莱德电台的对外部遂提升对外广播电台，称“南斯拉夫电台”，对外广播获得进一步发展。“南斯拉夫电台”于 1978 年 1 月 31 日开始工作，80 年代，用 11 种语言对外广播，每天播音 11 小时，广播国际新闻、南斯拉夫报道和专题评论等，广受国外听众的好评。

1956 年，南斯拉夫在萨格勒布市创办了全国第一个电视台。1958 年 8 月 23 日，贝尔格莱德电视台开始播放节目。1961 年，南斯拉夫有三家电视台，80 年代，六个共和国和二个自治省的首府都有电视台，并播出两套节目。南斯拉夫没有面向全国的中央电视台，六个共和国电视台和二个自治省中心电视台之间自由传送节目。这些电视台和设在全国各地的五百七十多个转播站共同组成电视广播网。在南斯拉夫，电视已覆盖全部国土，边远山区的居民都能看到电视节目。各地电台、电视台都设有节目委员会，电台、电视台的主要负责人由以南共联盟为核心的劳动人民社会主义联盟的各领导机关任命。

（二）通讯社

新南斯拉夫通讯社建于 1943 年，解放后发展成为国家通讯社。南斯拉夫实行自治后，南通社由国家通讯社改为自负盈亏的企业单位，但仍起着官方舆论机关的作用。南通社总部设在贝尔格莱德，在六个共和国和两个自治省的首府设立总分社。国内分社有 85 名记者，另有 47 名记者被派往 44 个国家。南通社每天抄收四十多个国家的通讯社发送的五十多万字的新闻，用英、法、俄、德、西班牙 5 种文字向世界各地发出大约 170 条新闻。

南通社还是不结盟国家通讯社联合组织的发起者和组织者，该社成立于 1975 年，它为转播不结盟国家通讯社的新闻提供翻译和设备，协助不结盟国家培训记者和技术人员。南通社在独立自主不结盟的原则基础上不断改善物质条件，提高政治素质和专业技术水平。它的活动领域不断扩大，成为一个国际上公认的、可信赖的新闻机构和信息来源。

近年来，南通社不断拓展业务范围。例如开辟国际电传专线，为国内大的联合企业提供及时、准确的国际经济信息。南通社经济部还编印出版了八十多种专题的经济参考资料，帮助各经济部门和企业了解信息，扩大业务往来。这在东欧各国是独树一帜的。1985 年 3 月，南通社还发起成立了不结盟国家经济联社，五十多个国家的通讯社参加了联社。这为获取世界各地的经济新闻，扩大南通社和其他国家通讯社的信息联系创造了条件。

五、阿尔巴尼亚

（一）广播电视

地拉那广播电台始建于 1949 年。在斯库台区、吉诺卡斯特区、科尔察区和库克斯区等地，有区一级的地方广播电台。电台除了对内广播外，还用阿尔巴尼亚、法、俄、英、意大利、希腊、土耳其、保加利亚、罗马尼亚、塞尔维亚等语种对外广播。1978 年，阿尔巴尼亚开设了华语广播。

阿尔巴尼亚电视台建于 1971 年 10 月，在国内一些地区设有转播站。电视台每晚播出大约四个小时节目。

（二）通讯社

阿尔巴尼亚通讯社于 1944 年 12 月 24 日成立，是全国惟一的通讯社。在国内各区派有记者，在国外无分社。每天用英文和法文对外广播，抄收世界上二十几个国家通讯社的消息。

六、捷克斯洛伐克

（一）广播电视

捷克斯洛伐克广播电台于 1923 年 5 月 18 日正式开播，至 30 年代末期全国已有一百多万台收音机。战后广播业进一步发展。1956 年全国有 18 个广播站对内广播中央和地方节目，1957 年全国有收音机二百九十多万台。80 年代，捷克斯洛伐克广播电台对内办有两套捷克语节目、两套斯洛伐克语节目和一套音乐节目。音乐节目在节目总体中占有很大的比重。捷克斯洛伐克广播电台从 1963 年起开始对外广播，当时使用 11 种语言。80 年代末期对外广播语言增至 20 种，派驻国外的记者有十几名。设在布拉格的捷克广播电台和设在布拉迪斯拉发的斯洛伐克广播电台是共和国的两个地方电台，此外还有赫维耶兹达电台、伏尔塔瓦电台和德温电台。

捷克斯洛伐克中央电视台于 1953 年 6 月 1 日开始试播，每周播六小时，1954 年 2 月正式播出。1970 年 5 月 9 日又开办了第二套节目。1975 年，开始在两套节目中播出一部分彩色节目，进入 80 年代以后，彩色电视节目已占一半左右。

除布拉格的中央电视台外，捷克斯洛伐克还有四个地方电视台、六个电视转播站。中央电视台交替用捷克语和斯洛伐克语播送新闻和其他节目，派驻国外记者十多人。

（二）通讯社

捷克斯洛伐克通讯社始建于 1918 年，战前作为捷克斯洛伐克国家通讯社向国内报刊、电台提供国内新闻和抄收外国通讯社的国际新闻。德国占领期间，捷通讯社被并入纳粹新闻通讯系统，战后重新改组为国家通讯社。捷克斯洛伐克通讯社总部设在布拉格，在布拉迪斯拉发设总分社，在国内 10 个州设分社。总部每天用英、俄、法、西班牙四种文字向国外发送综合新闻，抄收国外二十几家通讯社的新闻。除捷克斯洛伐克通讯社外，1977 年 7 月 1 日，捷又在布拉格成立了奥尔比斯新闻社。该通讯社的主要任务是出版有关捷克斯洛伐克的宣传品，向国外宣传。

七、保加利亚

（一）广播电视

1935 年以前，保加利亚广播电台为资本家所掌握，用于纯商业目的。人民民主政权建立后，广播事业收归国有。索非亚广播电台对内用保加利亚语广播，用土耳其语对国内少数民族广播，用 12 种外国语对外广播。1948 年，全国有二百多万台收音机，通过广播中心和广播站形成了全国广播网。70 年代，索非亚广播电台对内广播四套节目，对外广播的语种增加到 14 种。

保加利亚电视台于 1954 年 5 月 1 日试播节目，1958 年 11 月第一次进行现场实况转播，1959 年正式开播。1972 年开始播放彩色节目，到 70 年代末，播出的节目基本上都是彩色的了。除设在索菲亚的中央电视台外，在普罗夫迪夫、鲁塞、瓦尔纳和布拉戈耶夫格勒等地还有州电视台。进入 80 年代后，又在首都郊区的维托沙山上修建了“广播电视中心”，电视节目由二套增至三套。

保加利亚电视台重视新闻节目。中央电视台除每天七次固定播出新闻外，还播放有关国内外大事的专题节目。电视台从 1979 年开始播出揭发社会弊病的《保加利亚电视答辩》节目。社会上的种种不公平、不合理现象和政府部门的失职事件都是这个节目批评、抨击的目标。

（二）通讯社

保加利亚通讯社建于 1898 年，二战后（解放后）改组为国家通讯社，由部长会议领导。保通社每天向国内报纸、电台和电视台提供数万字的国内外新闻，对外用俄、英、法、德四种语言文字发送新闻稿。保通社总部设在索菲亚，在全国各州和世界许多国家的首都派有常驻记者。除保通社外，保加利亚记者协会等组织还于 1967 年创办了一个综合性民间通讯社——索菲亚通讯社。该通讯社的主要任务是通过出版物和影片向世界各国宣传保加利亚社会主义建设的成就。

第三节　东欧剧变后各国的新闻传播事业

进入 80 年代以后，东欧各国普遍掀起改革的浪潮。在戈尔巴乔夫“公开性”、“民主化”口号的推动下，在西方反共势力的怂恿和支持下，各国新闻媒体纷纷摆脱政府控制，成为向共产党、向社会主义制度宣战的工具。反对派亦利用媒介大造舆论，步步紧逼，迫使当局让步，造成人心涣散、社会动荡以至社会主义大厦的骤然坍塌。随着国体的变化，各国原先以党报为核心的社会主义报业体系不复存在，各国新闻业从此走上一条与前完全不同的商业化的道路。

1989 年以后，原东欧八国分裂为 12 个国家（民主德国并入联邦德国），现将其新闻业的情况介绍如下。

一、波兰

战后四十多年，波兰统一工人党（共产党）一直是执政党。1989 年 4 月，团结工会取得了合法地位，并在全国大选中获得众议院 35% 的席位和参议院 99% 的席位，波兰统一工人党则成为少数派。在此基础上建立了以团结工会为主体的波兰政府。同年 7 月，国民大会选举雅鲁泽尔斯基为总统。担任总理的马佐维耶茨基宣布：今后“宣传工具属于我领导的政府”，“新闻媒介隶属政府，因此隶属总理"[1]。组阁时，政府新闻发言人、广播电视委员会主席和政府机关报《共和国报》的总编辑全部换成团结工会的人，一些地方电视台的主要负责人也为团结工会人士所取代。1990 年 1 月，波兰统一工人党召开最后一次代表大会，宣布该党停止活动。同年 12 月，团结工会主席瓦文萨当选总统。从此波兰政权全面转移到右翼的非共产党人手中。1995 年 11 月，社民党主席克瓦希涅夫斯基在总统大选中战胜瓦文萨，当选为波兰总统，从而形成总统、议会、政府统归左翼执掌的格局。

国家政权改变后，波兰新闻媒介走上私有化的道路。

报刊发行情况变化不定。目前全国出版发行的报刊约四千余种，其主要报刊有：《选举报》，1989 年创刊，日发行量 55 万份，节日发行量 84 万份，是波兰发行量最大的日报；《共和国报》，1982 年创刊，原政府机关报，现与外资合办，日发行量 20.9 万份，节日最高发行量为 21.2 万份；《华沙生活报》，原为波兰统一工人党领导的华沙地方报纸，现由与外资合办的股份公司经营，日发行量 12.8 万份，节日发行量为 23.8 万份。此外还有《论坛报》、《政治》周刊、《经济生活》周刊等。

国家主要通讯社是波兰通讯社，成立于 1944 年。国家主要电台和电视台是波兰广播电台和波兰电视台。1990 年 10 月波兰众议院通过关于允许开办私营电台和电视台的法令后，波兰出现了近 100 家私营电台和十多家私营电视台（截至 1997 年）。

二、罗马尼亚

1989 年 12 月 22 日，代表共产党执政的齐奥塞斯库政权被推翻，罗马尼亚救国阵线委员会接管了国家的一切权力。1991 年 11 月 21 日，罗马尼亚议会批准新宪法，12 月 8 日全民公决予以通过。宪法规定：罗马尼亚是一个主权独立、统一和不可分割的民族国家，政体为共和制。

目前，罗马尼亚主要报刊有：《罗马尼亚之声》，1993 年创刊，罗政府机关报；《真理报》，原为《火花报》，1989 年改现名，现在是独立日报，发行 50 万份；《自由罗马尼亚报》，原为社会主义民主团结阵线机关报，现为独立日报，发行 40 万份；《今日报》，罗救国阵线机关报，发行 20 万份；《自由青年报》，原《青年火花报》，现为独立日报，发行 100 万份。此外还有《晨报》、《全国信使报》、《每日事件报》、《经济论坛》等。

---

① 新华社新闻研究所编：《苏联东欧剧变与新闻媒介》，76 页，北京，新华出版社，1993。

罗马尼亚新闻社是国家通讯社，原名罗马尼亚通讯社，1949年建立。

国家广播电台——罗马尼亚广播公司1994年在罗马尼亚广播电台的基础上组建而成，对外用罗马尼亚语和12种外语广播。

国家电视台——罗马尼亚电视公司开办于1958年，1994年改组为电视公司。1983年8月开始黑白、彩色混播，不久全部播放彩色节目。罗马尼亚同一百多个国家的广播、电视系统有业务联系。

三、匈牙利

1989年10月23日，匈牙利人民共和国改名为匈牙利共和国。同年匈国会通过宪法修正案，对宪法做了重大的原则性的修改。修改后的宪法取消了马列主义政党的领导作用，实行多党制议会民主和市场经济，在国家机构中体现分权原则。

目前，匈牙利办报无须批准，到文教部登记即可。不少日报有外国股份。1995年有全国性日报12种，主要日报有：《人民自由报》，由匈外合资的报刊公司经营，日发行量28.9万份；《人民之声报》，现为独立报纸，日发行量九万份；《匈牙利新闻报》，原政府机关报，现为接近政府的独立报纸，英国的镜报集团拥有其55%的股份，日发行量7.3万份；《匈牙利民族报》，日发行量4.5万份；《新匈牙利报》，日发行量3.6万份。

匈牙利通讯社为国家通讯社，1880年成立，业务上与前相比没有太大的变化。

主要广播电台有科苏特广播电台（1949年成立）和裴多菲广播电台，均为国营电台。广播时间平均每周502小时。

电视台：匈牙利电视台，国营，1958年成立；多瑙河电视台，私营。平均每周播放电视节目217小时。

四、南斯拉夫

1991年，南斯拉夫社会主义联邦共和国的斯洛文尼亚、克罗地亚、波斯尼亚和黑塞哥维那、马其顿四个共和国相继宣布独立。1992年4月27日，南斯拉夫议会通过新宪法，宣布塞尔维亚和黑山两共和国联合成南斯拉夫联盟共和国。

1995年，南斯拉夫有报纸590种，发行量为3.01亿份。其中日报17种，发行量为2.3亿份。主要日报有：《战斗报》、《政治报》、《晚报》、《我们的战斗报》和《胜利报》，用塞尔维亚文出版。1995年出版杂志450种，发行量330万份，主要有《新闻周刊》、《经济政策》、《国际政治》、《当代》和《军队》。

南斯拉夫通讯社为国家通讯社，建立于 1943 年 9 月。

1995 年全国共有 77 家电台和七家电视台。

五、克罗地亚

1991 年 5 月底，克罗地亚举行全民公决，赞成独立。同年 6 月 25 日，克议会通过决议，宣布脱离南斯拉夫社会主义联邦共和国独立，此举引起克境内塞尔维亚族居民的武装抵抗。1992 年 2 月，联合国安理会通过决议，决定向克境内的塞族地区派遣联合国保护部队。1992 年 5 月，克罗地亚加入联合国。

1996 年克罗地亚共有 1 700 个出版部门，出版刊物约 3 400 种。1995 年主要报纸（发行量）为：《晚报》（15．5 万份）、《信使报》（3．2 万份）、《自由达尔马提亚报》（2．5 万份）、《环球》（1．34 万份），均用克罗地亚文出版。

国家通讯社是克罗地亚通讯社，成立于 1990 年 7 月。

全国有电台 69 个，电视中心一个。

六、斯洛文尼亚

1991 年 6 月 25 日，斯洛文尼亚议会通过决议，宣布脱离南斯拉夫社会主义联邦共和国为独立主权国家。1992 年 5 月，斯洛文尼亚加入联合国。

1994 年斯洛文尼亚有日报六种，总发行量为 32.2 万份；刊物有 953 种。主要报纸有《劳动报》、《共和国报》、《每日新闻》和《斯洛文尼亚人》等，用斯洛文尼亚文出版。

国家通讯社是斯洛文尼亚通讯社，简称 STA。

全国有电台 28 个，电视中心二个，另有二十几个地方有线电视台。

七、马其顿

1991 年 11 月 20 日，马其顿正式宣布独立。1993 年 4 月 7 日，马其顿以“前南斯拉夫的马其顿共和国”的暂时名称加入联合国。

1994 年，马其顿发行报纸 17 种，年发行量 33 万份；杂志 56 种，年发行量 431 万份。主要报刊有《新马其顿报》、《晚报》、《今日报》、《马其顿太阳报》、《动态》、《言论》、《时代》等。

通讯社有马其顿文传社（国家通讯社）、马其顿新闻社和马其顿新闻中心。

广播电台：马其顿广播电台（国家广播电台），设 32 个转播台，用马其顿语、阿尔巴尼亚语、土耳其语、吉卜赛语、弗拉西语、塞尔维亚语、保加利亚语和希腊语广播。

电视台：马其顿电视台（国家电视台），设中央台一个，地方台五个，三个频道，用马其顿语和阿尔巴尼亚语等七种语言播送。

八、波斯尼亚和黑塞哥维那（简称波黑）

在90年代初南斯拉夫解体过程中，波黑于1992年3月就国家是否独立举行全民公决，穆族和克族赞成独立，塞族抵制投票，此后，波黑三族间爆发了历时三年半的武装冲突。1995年11月，在美国主持下，三个共和国的总统签署了波黑和平协议，波黑战争结束。

1997年波黑有报纸74种，刊物33种。

全国有电台48个，电视中心一个。

九、阿尔巴尼亚

1991年，阿尔巴尼亚社会主义人民共和国改名为阿尔巴尼亚共和国。1992年，阿右翼政党民主党在议会大选中获胜并开始执政。该党的目标是，建立市场经济机制，实行对外开放政策，同欧洲实现一体化，解决民族问题。民主党还主张国家政治多元化，经济私有化，社会西方化。

阿尔巴尼亚有各类报刊160种，其中主要有《当代报》，发行量约六万份；《人民之声报》，主要反对党社会党党报，发行量约1．5万份；《民主复兴报》，民主党党报，发行一万份。其他报刊还有《共和报》、《选择报》等。

阿尔巴尼亚通讯社为国家通讯社。

地拉那广播电台为国家广播电台，除对内广播外，还有对阿侨广播和英、法、德、意、希、土、塞等七种语言的对外广播。

阿尔巴尼亚电视台为国家电视台，1981年开播彩色电视节目，现在每天播放节目十多个小时。从1993年11月起，开始每天播放二小时卫星电视节目，覆盖整个欧洲和地中海地区。

阿通讯社和广播电视局独立于各政党，广播电视局直属议会。

十、捷克

1989年11月，捷克斯洛伐克政局发生剧变，捷共失去执政党地位，原国家、政府及捷共领导人全部更迭。反对派上台后，对宪法做了修订，取消了有关捷共领导作用的条款，宣布实行多党制和议会民主制。1990年更改国名为捷克和斯洛伐克联邦共和国。1992年12月31日，联邦解体。从1993年1月1日起，捷克和斯洛伐克分别成为独立国家。

捷克新闻业基本实现了公司化、私有化。1995 年，捷全国发行各种报纸、杂志 4380 种。主要报纸有《权利报》、《今日青年阵线报》，此外还有《人民报》、《经济报》等。

捷克通讯社（捷通社）为国家商业性通讯社，在国外有 19 个分社，与二十多个国家的通讯社有业务联系。

1995 年捷国家电台共播出 5.6 万小时，私人电台播出 22.5 万小时。

捷电视台于 1953 年开始试播，1954 年正式开播。捷现有国家和私人广播电台数十家。

十一、保加利亚

1989 年，保加利亚政局发生剧变之后，新闻界也发生了巨大的变化，国家通讯社、国家电台、电视台等只对议会负责。除了党派机关报之外，独立派报纸大大增加并占据了主要地位。同时，私人电台、电视台大量出现，并在社会政治生活中发挥着越来越大的作用。

1995 年保加利亚发行报纸 1059 种，杂志 711 种，发行量分别为 4.01 亿份和 1590 万册。重要报刊（均用保文出版）有：《言论报》，保社会党机关报，前身为《工人事业报》，1990 年 4 月 4 日改名；《民主报》，民主力量联盟机关报，1990 年 2 月 12 日创刊；《农业旗帜报》，农民联盟机关报，1923 年创刊；《劳动报》，1946 年创刊；《24 小时报》，1991 年 4 月 18 日创刊。

主要通讯社：国家通讯社——保加利亚通讯社，成立于 1898 年，同世界上许多国家通讯社有合作关系和业务联系，其领导人由议会任免；索菲亚通讯社，成立于 1967 年，国家资助，民间经营，主要负责对外宣传和报道；巴尔干通讯社，成立于 1993 年，私人经营。

保加利亚广播电台：全国性国家广播电台，成立于 1929 年，业务受议会监督，领导人也由议会任免。现有全国性节目四套，对外用 12 种语言广播，每天 44 小时。1993 年开始允许建立私人电台。截至 1996 年，共有 22 家私人电台。

保加利亚电视台：全国性国家电视台，业务受议会监督，领导人由议会任免。建成于 19 58 年，1959 年正式开播。现有二套节目。截至 1996 年底有二家私人电视台。

思考练习题

1. “出版自由”的口号是在怎样的历史背景下提出来的？弥尔顿的《论出版自由》包含了些什么内容？

2. 简述约翰·洛克其人及其对自由主义的思考。

3. 丹尼尔·笛福在英国新闻史上占有怎样的地位?

4. 英国资产阶级革命后，当局主要采取哪些手段控制出版事业?

5. 威克斯案与“朱尼斯匿名信案”大体经过如何?

6. 密尔的《论自由》一书提出了哪些重要观点?

7. 英国乌托邦主义经历了哪些阶段?其代表人物有哪些名著?

8. 英国宪章运动中出现过哪些重要报刊?《北极星报》的出版经过和影响如何?

9. 第一个无产阶级国际共产主义组织的机关刊物叫什么名称?它的历史意义何在?

10. 马克思是怎样论述报纸与杂志区别的?

11. 第一国际的机关报的状况如何?有何经验教训?

12. 北岩在英国报业史上占有怎样的地位?《每日邮报》成功的原因何在?

13. 英国议会为何要数次设立皇家报刊委员会?试对其结果作出分析评价。

14. 英国当前有哪些主要报团?它们概况如何?

15. 英国拥有众多全国性日报的原因何在?英国的“高级报纸”与“大众报纸”各有何特点?

16. 路透社的发展状况如何?近年来它的业务有何特色?

17. 英国广播电视事业的发展经历了哪几个阶段?BBC的现状如何?

18. 法国最早的日报诞生于何时?此前法国出版过哪几家重要的官方报刊?

19. 为什么人们把法国的18世纪称为“启蒙时代”?当时有哪些代表性的思想家?他们的主张和贡献如何?

20. 法国大革命时期有哪些重要报刊?简述马拉其人及其报刊活动。

21. 为何法国革命后政党报纸长期居于统治地位?

22. 巴黎公社时期(1871)的革命报刊有何特点?其在新闻领域方面最重要的历史教训是什么?

23. 法国成功的廉价报纸出现于何时?《新闻报》是如何提高它的发行量的?

24. 法国的报业垄断何以晚于英、美?目前法国有哪些主要报团?

25. 法国现有哪几家主要报纸?《世界报》当年是怎样创办起来的?

26. 法新社的前身是哪家通讯社?简述其当前的“发展与多样化”的经营方针。

27. 法国广播事业开始于何时?它的发展大致可划分为哪几个阶段?

28. 为什么世界上最早的定期刊物、日报出现于德国?

29. 拿破仑发动的战争对德国出版业带来了些什么影响?

30. 为什么十七八世纪后德国报刊发展的步伐比美、英、法等国迟缓?

31.《新莱茵报》创办的背景与经过怎样?它的宣传有何特色?该报对后来的无产阶级报纸有何影响?

32. 马克思和恩格斯的新闻思想发展过程如何?

33.19 世纪后期被誉为“德国党的旗帜”的是什么报纸?它的大致情况如何?

34. 二战时期德国新闻宣传的情况如何?试对其分析批判。

35. 简述施普林格其人及其报业帝国。

36. 目前德国有哪些重要报刊?

37. 简述两德统一后的德国广播电视制度。

38. 手抄小报为什么首先在威尼斯兴起?

39. 印刷新闻纸出现后,手抄新闻与之并存相当时间。其原因何在?

40.19 世纪前期,意大利革命党派办过一些什么重要报纸?他们的办报目的是什么?

41. 法西斯党“进军罗马”后,墨索里尼对新闻界采取了些什么措施?

42. 意大利《晚邮报》是一家晚报吗?该报哪一位女记者曾访问过邓小平?简述该报的历史与现状。

43. 安莎社是一家什么样性质的通讯社?该社崛起的原因何在?

44. 沙俄时期有哪些代表性的资产阶级报刊?它们是在怎样同封建压制的斗争中创办和发展起来的?

45.《火星报》的创办情况如何?该报在俄国社会民主工党建党过程中作出了怎样的贡献?

46. 简述《火星报》时期列宁的新闻思想。

47. 简述《真理报》在十月革命前的发展情况以及它在俄国革命运动中的重大贡献。

48. 苏维埃政权建立初期,党和苏维埃政府采取了哪些改造和发展报业的措施?新经济政策时期报刊方针有什么重大调整?

49. 苏联报刊在卫国战争中主要宣传了些什么思想内容?

50. 斯大林时期确立的新闻管理体制具有怎样的特征?

51. 苏联改革后广播事业出现了什么变化?

52. 苏联社会主义新闻事业是怎样瓦解的?它留给我们什么深刻教训?

53. 苏联瓦解后,俄罗斯新闻业的现状如何?

54. 俄罗斯现在哪几家通讯社较有影响?
55. 俄罗斯之外独联体各国新闻业发生了怎样的巨大变化?
56. 简述二战后东欧各国新闻体制确立的历史渊源。
57. 如何看待剧变后东欧新闻事业的变化?

北 美 篇

概　述

地理上的北美洲是指巴拿马运河以北的广阔地区，此处专指美国和加拿大。

美国和加拿大幅员辽阔，总面积1934万多平方公里，1996年人口有2.9亿左右，其中美国2.63亿，加拿大0.3亿。两国早期都曾沦为外国殖民地，后获得独立，现在都属于发达国家。

美、加地理毗邻，有着许多共同点：绵长的边境线、共同的语言、较相近的文化背景和政治经济制度、共同的防卫体系、密切的贸易联系等。美国拥有较为强大的经济和科技实力，加拿大一直明显处于文化、经济上的被动地位，具体到大众传播媒介，特别是广播电视业，来自美国的影响使加拿大传媒很难确立起自身特色。加拿大一直关心着如何保持本国传播媒介特性的问题，因而出现了一种强烈的民族主义感情。美国媒介自然不愿放弃唾手可得的财富，经济利益夹杂着文化和观念的冲突是两国争议的实质。

对于加拿大政府来说，报纸在运输、发行过程中控制起来较为容易，而无形的广播电视节目则要难得多，所以两国的矛盾主要集中在广播电视业。美、加的媒介争执大致分为两个阶段。

第一阶段从1970年到1976年。

广告删除之争。1971年7月，加拿大广播电视管理机构CRTC为减轻美国电视节目给加拿大电视业造成的冲击，提高加拿大电视节目的民族性，发布了对有线电视的政策声明，允许有线电视公司在保留美国电视节目的同时，删除夹在其中的广告，代之以公共服务信息，并以此作为获得有线执照的条件。

1974年5月，被删改了节目的美国布法罗三家电视台向加拿大联邦上诉CRTC的决定。1975年1月法院做出回答，支持CRTC，因为美国电视台使用的是加拿大领空，它是加拿大的公共财产，而在使用加拿大公共财产时，不论是对频道、还是对在频道上播出的信号，美国都无权提出任何要求。美国电视台的人却认为，CRTC一方面使加拿大的有线电视可以无偿使用美国电视节目，一方面借删除广告，堵塞美国边境电视台的经济补偿机会，进行“掠夺”，是“国际海盗行为”。对此，吸引着45%多伦多观众的布法罗电视台决定对节目加密。

第二阶段从1976年到1988年。

《加拿大所得税法》修订之争。1971年7月，CRTC要求加拿大政府修改所得税法令，使美国边境电视台广告时间的费用提高一倍，从而削减了加拿大公司对美国广告时间的购买量。1977年9月22日该法令正式实施。短短几年里，美国边境电视台的加拿大广告总收入就从1975年的近1900万美元下降到1976年的1600万美元，1977年的900多万美元，有效降低了美国电视台在播出加拿大广告方面的市场竞争力。

1989年，美国和加拿大签署了世界上第一个将自由贸易从商品延伸到服务方面的贸易协定。1992年美加贸易协定扩展到墨西哥，达成《北美自由贸易区协定》，从而组成大陆范围的共同市场。该协定包含了"同国待遇"条款，即要求各国以对待本国企业的方式对待其他国家的企业，任何一方都不得在其国内对"一个以商业方式存在的单位"设立额外规则，并以此作为提供服务的前提。由此看来，似乎美国后发制人，占了上风。

美、加由媒介引发的冲突有着深刻的政治、经济、文化原因。加拿大在政治上，一方面，作为开放和民主的社会，不能完全阻止美国节目的进口；另一方面，它又希望保持独特的加拿大民族特征。在经济上，加拿大一方面希望包容为加拿大带来利润的美国节目；另一方面，又不准备接受美国节目对加拿大节目制作业的冲击及其经济后果。在文化上，加拿大政府一方面寻求改变公众对美加之间无边境的片面认识；另一方面，又要安抚精英阶层煽动与美国划清界限的偏激态度。这种两难抉择综合反映在它混合体制的广播电视政策上。

美国政策支持信息和观念最大限度的流通和产品及服务最大限度的竞争。当然，在美国国内，媒介信息决非自由流通的。美国对外大肆宣扬信息自由流通，只不过是掩盖其谋求经济利益和文化霸权实质的遮羞布罢了。

美加在大众传播领域的矛盾从一个侧面反映了建立世界新闻传播新秩序的复杂性和长期性，不仅发展中国家与发达国家之间，就是发达国家之间也存在着难以调和的矛盾。

第十二章

美国的新闻传播事业

第一节　殖民地时期的报刊

一、殖民地的开辟和报纸诞生的环境

1492年哥伦布发现新大陆后，欧洲人开始向北美移民。最初来到的是葡萄牙人和西班牙人，不久，法、英、荷兰、瑞典人也接踵而至。在欧洲国家对北美的探查和殖民活动中，英国对后来美国的历史发展具有特别重要的作用。

16世纪末，英国向北美殖民的条件已趋于成熟：政治上建立了统一的封建君主王朝、经济上商人阶级从事着广泛的外贸活动，这些都有利于海外扩张。此外，宗教斗争使清教徒不堪忍受专制君主的镇压也移居北美。17世纪早期，英国在大西洋沿岸建立了第一批殖民地：切萨皮克湾（Chesapeake Bay，包括弗吉尼亚和马里兰）和新英格兰（New England）。

新英格兰是1620年英国在新大陆北部普利茅斯建立的殖民地，因殖民者来自英格兰，就把这个殖民地叫新英格兰。10年后，又有一批宗教移民来到距普利茅斯一天航程的北部地带波士顿，建立了马萨诸塞湾殖民地。这里水产森林资源丰富，造船业发达，又兴起了伐木工业、木材加工和其他小型工业。移居者大都受过良好教育，并希望后代也能如此。到波士顿的第五年，即1635年，他们

从税款中拨款，创立了公立中等学校“波士顿拉丁学校”，只招男生，重点学习拉丁文和古典著作，为升大学做准备。1636年，他们又创立哈佛学院，进行高等教育。著名的政治家、在独立宣言上签字的汉考克、亚当斯、佩恩和胡珀就是这两所学校培养出来的。

教育事业带动了印刷业的发展。为出版大、中学所需教材，1638年在坎布里奇设立了第一个印刷所。该所是哈佛大学出版社的前身。创办头两年就出版了《自由民誓言》、《航海历书》和《赞美诗全集》三本著作。

由于重视教育和文化发展，波士顿成为新大陆的文化中心，具备了创办报纸的前提条件。不过此时英国国王正在加强集权统治，对殖民地的言论控制也愈发严格起来。1662年，马萨诸塞殖民地议会通过了第一个限制新闻出版的正式法案，虽然当时该殖民地的管辖地区，只有哈佛一个印刷所，两台印刷机，但仍规定出版物要经审批，发给许可证后才能出版。1668年英王在给北美殖民总督的定期指令中说：鉴于在你管辖的地区内，印刷自由可能带来极大的麻烦，你应发布必要的命令，确保任何人不得拥有可以进行印刷的印刷机，没有你的特许和首先取得许可证，也不得印刷任何小册子或其他印刷品。

二、本杰明·哈里斯和第一张报纸的诞生

1662年的出版法只能延缓、却不能从根本上阻止报纸的出现。美国第一张报纸《国内外公共事件》(Public Occurrences Both Foreign and Domestick) 1690年在波士顿诞生了。

《国内外公共事件》报的创办人本杰明·哈里斯(Benjamin Harris)，原是英国出版商，1679年在英国主编辉格党的《国内新闻》时，因揭发天主教迫害新教徒的阴谋被法院以“藏有煽动性书籍”的罪名逮捕，判处枷刑，并课以罚金。在监狱里他仍编辑报纸，出狱后继续从事新闻工作。1686年，他的印刷所遭到搜查，发现的一些小册子证明他与某颠覆组织有联系，当局准备再次逮捕他。哈里斯得到警告，逃往北美，在波士顿落脚，开办了一个兼营书籍的咖啡馆。

哈里斯善于经营，咖啡馆很快成为上层人士以及文人墨客漫谈政治的场所。哈里斯决定利用大量流通的信息，办一张通俗、低廉的报纸，每月出版一次，如果新闻多，随时增刊。

于是，1690年9月25日，哈里斯在R·皮尔斯印刷所印行了《国内外公共事件》报。这是一份六寸宽九寸半长、四个版的报纸。只印三版，第四版是空白，读者可以在传阅时将自己知道的新闻写上去。该报有国外新闻，也有本地消息。在选材上，首先报道重大事件，如英法军队在新大陆西部各省争夺殖民地的

战况，波士顿流行天花及死亡人数；为增加猎奇性，它还报道了法国国王玩弄儿媳、致使儿子造反的丑闻；报道消息时注重夹叙夹议。《国内外公共事件》报与其他印刷品相区别的特征是，它不但看上去像一份报纸，读起来像一份报纸，而且也是把它当做一份长期的新闻刊物办的。但该报出版四日后，殖民当局发表一项声明，说《国内外公共事件》报含有非常激烈的评论，且有种种荒谬不实的报道……当即禁止发卖并令收回，此后严禁任何人未经先行呈准，擅自印行任何印刷品。这样，美国的第一份报纸成为出版许可法的第一个牺牲品。

哈里斯1694年在英国废除出版法案后回国，1699年至1706年出版《伦敦邮报》，但无利可图，晚年穷困潦倒。

三、邮政局长的官报

（一）坎贝尔的《波士顿新闻信》

1704年4月，约翰·坎贝尔（John Campbell）创办美国第一张连续发行的报纸——《波士顿新闻信》（Boston New Letter）。坎贝尔是波士顿第一任邮政局长，他利用职务之便，把官方消息、车船信息、街谈巷议等编写成新闻信，供给一些政府官员，包括殖民地几位总督阅览。

该报每周出版一次，两面印刷，内容的三分之二报道英国政治、宫廷及欧洲战争新闻。其余则为短讯，如船舶到达、死亡、传教、官吏任命、气象、灾害、诉讼等。最后一栏有少许广告。

该报在报名下，注有“政府核准发行”字样。它吸取《国内外公共事件》报的教训，稿件送审被批准后方才刊印。所以该报得以延续72年，在创刊初期还领过政府津贴。

1723年坎贝尔将报纸售给印刷人格林（Bartholomew Green），十多年后，格林去世，其女婿卓普尔（John Draper）继承并进行了改革，扩版至四至六大页，印刷精美，有大量广告，报道本市、各殖民地和欧洲各国新闻。1762年卓普尔之子查理继任。革命期间支持保皇党被捣毁，但仍不失为殖民地时期具有悠久历史的三大报之一。

（二）布鲁克的《波士顿公报》

1719年，新任邮政局长威廉·布鲁克（William Brooker）要求坎贝尔移交《波士顿新闻信》，遭到拒绝。布鲁克于当年12月21日创办另一份周报《波士顿公报》（Boston Gazette）。该报在内容和形式上与《波士顿新闻信》大致相同，报名下也有“政府核准发行”字样，作为邮局办的刊物，其最大优势是能以较低廉的费用发行。1721年，该报由布鲁克的后任接办，此后，由相继五任的邮政局长继续承办。1741年，与《新英格兰周报》合并，这是美国新闻史上第一次报刊合并交易。该报在独立战争期间，成为鼓吹革命的号角。

四、民办报刊《新英格兰报》

1721年8月，詹姆士·富兰克林创办了《新英格兰报》（New England Courant）。该报与当时的官报迥然不同，广告很少，无当局许可，日常稿件不送审。它以英国阿狄生的《旁观者》为榜样，"是为读者提供喜闻乐见和迫切需要的新闻、而不是刊登被那些只关心自身利益的官僚所控制的消息的第一张美国报纸，它的风格是敢作敢为，而且文学水平高"①，笔锋直指宗教和政治领袖。

詹姆士·富兰克林是美洲最早拥有印刷机的出版商之一，负责印刷过《波士顿公报》，布鲁克离职后，新局长把印刷工作转给塞缪尔·尼兰，詹姆士一气之下，决心创办自己的报纸。

他借当时医学界关于接种牛痘的辩论在《新英格兰报》上做文章，把这个医学问题变成了政治问题和社会问题，声讨了骄横一世的教会神甫。随后又对政府发起攻击，批评政府对附近海盗抵御无力，行动缓慢，惹恼了当局。1722年以蔑视罪传讯了詹姆士，判处一个月监禁。获释后，他却更加猛烈地抨击政府和教会。1722年底，议会宣布：严禁詹姆斯再出版《新英格兰报》以及其他任何同类性质的小册子与印刷品。

为规避这项法律，詹姆士以其幼弟本杰明·富兰克林的名义继续发行。不过与前期相比，该报后期已大为驯服，因而其影响及受欢迎的程度就下降了。加上本杰明的离去，1727年因故停刊。

1732年应罗得岛政府的邀请，詹姆士去那里作政府承印人，负责印刷政府文件和公告等。同年创办了该岛第一份报纸——《罗得岛公报》。八个月后停刊，其印刷所继续营业。他去世后，其子小詹姆士在其叔叔本杰明的帮助下，创办《信使报》，至今仍在发行，是美国历史最悠久的报纸之一。

史学家对詹姆士·富兰克林给予了高度评价，说他最重要的贡献是使美洲报业摆脱了出版许可证发放者的羁绊，开创了美国报纸编辑史上的独立传统，誉称他是"叛逆者"。

五、本杰明·富兰克林及其办报活动

本杰明·富兰克林（Benjamin Franklin，1706—1790）出身于马萨诸塞州手

① ［美］埃德温·埃默里、迈克尔·埃默里著：《美国新闻史》，39页。

工业者家庭，是詹姆斯·富兰克林的弟弟。他的整个生涯可以概括为："事业的成功、丰富多彩和有益于社会，历史上从未有过另一位美国人可与他相比。"历史对这位杰出人物给予很高评价。"本杰明首先是一位印刷商和新闻工作者，但他同时又是发明家、科学家、政治家、外交家、国务活动家、社会学家的先驱、商人、教育家和世界公民。"① 在哲学上，他拥护自然神论，承认自然界的存在及其规律的客观性。在文学方面，造诣很深，作品《自传》闻名于世。在科学研究上，发明了避雷针、双焦眼镜、玻璃键琴等，堪称"全才"。

富兰克林13岁起就在兄长的印刷所当学徒，还当过《新英格兰报》的投递员。他勤奋好学，利用工余，阅读了大量书籍，16岁时就以"沉默行善"的笔名，给哥哥的报纸投稿，不知真相的詹姆斯以为出自名人之手，不敢怠慢连续刊登，这些随笔，成为当时北美殖民地的优秀作品。秘密泄漏后，其兄大为不悦，连载旋告结束。

1723年本杰明为了谋求自立，离开兄长，从波士顿来到费城，先在缪塞尔·凯默的印刷所当工人，后被派去英国学习先进的印刷和刻版技术。1728年春，创办自己的印刷所，1729年接办凯默的《宾夕法尼亚公报》，在创刊词中说：我们深感发行一份好的报纸，并不像许多人想像的那样容易。一位《公报》的作者，必须精通多种语文，写作流利自如，叙事明晰简洁；他应能够谈论海陆空战事，通晓地理、历史，各国国王与政府的利害关系、宫廷的秘密，以及一切民族的风俗习惯。这样的作者在当时的北美殖民地实属凤毛麟角。富兰克林以身作则，他写的文章，不论是严肃的评论还是幽默小品，都雅俗共赏，为读者所喜爱。富兰克林主张当人们各持异议时，双方应享有平等的机会，在报上发言，让公众听到各自意见。最终真理总会战胜谬误。

七八年后，24岁的富兰克林成为北美各殖民地里最佳报纸的独资老板，《公报》的发行量和广告刊登量都居首位。他凭自己的才干、巧妙的经营，使新闻事业变得有利可图，记者、编辑则成为受人尊敬的职业。1748年，42岁的富兰克林退出《公报》，将它交与印刷师哈尔（David Hall）经营，哈尔家族一直经营到1815年，后转让他人。

富兰克林同时是出版商、编辑、广告设计者、广告经理和推销员。他创作的

---

① ［美］埃德温·埃默里、迈克尔·埃默里著：《美国新闻史》，45页。

广告强调产品效益，为宾夕法尼亚壁炉厂制作的壁炉推销广告写得活灵活现，至今人们还把它称为“富兰克林壁炉”。富兰克林因此赢得了美国广告之父的美誉。1864 年一位传记作家说：我们必须承认，是富兰克林创立了现代的广告系统，可以肯定地讲，自他开始以后，我们才像如今这样使用强大的宣传机器，来进行广告宣传工作的。

富兰克林还是美国杂志的创始人。外国史专家认为，欧美 18 世纪的“历书”是现代杂志的先驱。1732 年富兰克林用理查德·桑德斯的笔名，在费城编写的《穷人理查德历书》是美国最著名的历书，该书指导农民如何校正已经停了的钟，怎样辨别一天的时间，记载各种农事的开始季节，还附带许多有益、有趣的知识，很受读者欢迎。1741 年 1 月他着手创办了一份《一般杂志》的刊物，但当时的社会、文化教养和时间的余暇还不适宜杂志的生存，该杂志出版六期后，以失败告终。

富兰克林注重培养有发展前途的印刷工，他手下的工人在本地或在其他殖民地创办印刷所和出版报刊达六家之多。1748 年脱离了报社 工作的富兰克林致力于公共事务和社会活动。1753 年他被任命为北美殖民地副总邮政局长，为使报纸能快速送达各殖民地，他设法改善道路，并雇用快马作交通工具，缩短邮件收集时间，将两周收集一次改为一周一次。波士顿到费城走陆路的时间从过去的六个星期缩短了一半。此前，他在费城建起北美第一个公共图书馆，组织美洲哲学会，帮助创立了宾夕法尼亚大学。

1754 年在北美殖民代表会议上提出殖民地联合计划。他以宾州代表身份出席代表大会前，在报纸上画了一幅政治漫画——一条蛇断为八段，题为《不联合，即死亡》，以呼吁各殖民地的联合。1775 年富兰克林当选为第二届大陆会议代表，并参加起草《独立宣言》。1776 年出使法国，缔结法美同盟。1781 年代表美国同英国谈判，1783 年于英国签订了《巴黎合约》。1787 年为制宪会议代表，主张废除奴隶制。

六、其他殖民地报纸

1725 年以后，各殖民地的报纸纷纷创办了起来。

（一）波士顿的报纸

塞缪尔·尼兰（Samuel Kneeland）是印刷商，负责《公报》的印刷。后《公报》因邮政局长更换改变了印刷商，他仿效詹姆斯自己办报，与《公报》竞争。1727 年 3 月 20 日他创办了《新英格兰周报》（New-England Weekly Journal）。这是第一份在附近居民点派有通讯员的报纸，通讯员的任务是及时发回他们所在地发生的新闻，既体现了接近性，又加强了时效。他不像詹姆斯那样以少数叛逆者为对象，而是以幽默、趣味来迎合多数市民的口味。

1731年，律师杰里米·格里德利创办《每周评论》，一年后，他将该刊转让给托马斯·弗利特，几年后，弗利特将其改名为《晚邮报》(Evening Post)。1734年波士顿又出现一家新报纸《邮差报》(Post-Boy)。格里德利则成为波士顿《阿美利加杂志》(1743—1746) 的主编。

这样一来，在人口不到两万的波士顿，就有五家报纸并存竞争。《晚邮报》在弗利特的苦心经营下，几年后成为波士顿最优秀、最受欢迎的报纸。尼兰则把自己的《新英格兰周报》与官方的《波士顿公报》合并，1741年改名《波士顿公报与乡村新闻》。此后，波士顿四家报纸共存的局面持续了25年。

（二）费城的报纸

费城是宾夕法尼亚州首府，原瑞典殖民地。1638年瑞典人在北美特拉华河上建立殖民区，称为“新瑞典”。后来，荷兰人也在此建立贸易点。两国为争夺此地1655年发生战争，结果荷兰获胜。1644年英国又夺走这块殖民地。1681年改称宾夕法尼亚，并筹建了当时殖民地的第二大城市费拉德尔费亚，简称费城。

1683年威廉·布雷德福在费城安装了第一台印刷机。1719年12月22日即《波士顿公报》创办第二天，其子安德鲁·布雷德福 (Andrew Bradford) 创办了《美利坚信使周刊》(American Weekly Mercury)，这是波士顿以外的第一份报纸。虽然它得到官方许可，但仍登一些直言不讳的文章，曾指责参议院“信用丧失殆尽”，结果受到总督斥责，不过他并没有因此而改变初衷，依旧刊登一些讨论政治自由的文章。安德鲁去世后，他的侄子威廉·布雷德福三世于1742年创办《宾夕法尼亚新闻报》(Pennsylvania Journal)，该报大胆敢言，是革命时期爱国派的著名报纸。

1728年12月印刷商缪塞尔·凯默创办《宾夕法尼亚公报》，报头上注明是“一切艺术与科学的总传习所”。该报有四个版，第一版按A字部开始，转载《百科辞典》条目，两个版报道新闻，一个版刊登政府文件或其他论文。后来还增加了小说连载的新内容。由于富兰克林想在费城报界插足，设法破坏该报，第二年秋季，发行量减少到不足100份，被迫转让给富兰克林。

（三）纽约的报纸

威廉·布雷德福因不满费城的出版检查，一度迁至纽约担任参议会的官方印刷师。1725年11月8日创办纽约第一张报纸《纽约公报》(N.Y.Gazette)，纽约因此成为第三个有报纸的殖民地。该报是两页的小型报纸，内容主要是国外三到六个月前的陈旧消息、政府文件、船舶进出港一览表和少量广告。在所有问题上威廉都拥护政府决策。有人对该报的评价是“满纸枯燥无味的材料与令人生厌的颂词”。

布雷德福的两名学徒也在纽约创办了两份报纸《邮差周报》(Weekly Post-Boy)、《晚邮报》(Evening Post)。前者的主笔派克(James Parker)曾得到了富兰克林的资助，创办了两份报纸一份杂志。《邮差周报》态度独立，言论大胆，是纽约报界执牛耳者。

(四) 马里兰等地的报纸

马里兰是第四个开始发行报纸的殖民地。1727 年，威廉·帕克斯在安纳波利斯编辑出版了《马里兰公报》。

1736 年，帕克斯又在威廉斯堡创办了《弗吉尼亚公报》，这是弗吉尼亚的第一份报纸。

到 1765 年，除特拉华与新泽西，所有的殖民地都有了报纸。波士顿有四种，纽约和费城各一种，康涅狄格、罗德岛、北卡罗来纳和南卡罗来纳各两种，其他四个殖民地各一种。这样，报纸在北美大陆取得了立足之地，但其发展历程仍然充满艰辛。

七、新闻自由与曾格案件

18 世纪 30 年代，当时美洲的出版商已不再需要取得政府批准了，为了禁止发表对政府不利的言论，报纸对自身言论承担事后法律责任，这就是所谓的诽谤法。一旦被认为犯有煽动性的诽谤罪，就要被判处监禁。

1733 年，德国巴拉丁移民曾格(John Peter Zenger)在纽约创办了《纽约周报》(N.Y.Weekly Journal)。该报是小型四页报纸，文章大部分是平民派领袖所写，多是批评总督威廉·科斯比(William Cosby)和地方议会的内容。一年后，科斯比令首席法官以“对政府进行无耻的中伤、恶毒谩骂和煽动性责难”的罪名，对曾格提起诉讼，1734 年 11 月将他逮捕。1735 年 8 月法庭开审，当时最有名气的律师安德鲁·汉密尔顿(Andrew Hamilton)以 80 岁高龄出庭为曾格辩护。按照当时英国和北美的惯例，凡是对政府进行批评，不管内容是否真实，一律视为诽谤，若言论属实，其煽动作用更为明显，所以事实是比谎言更大的诽谤。汉密尔顿从两个方面对指控进行了反驳：首先他指出诽谤罪只有在言论不实时才成立，每个公民都有“陈述无可非议的事实真相的自由”，政府所谓诽谤的实质，正是那些人伤害和压迫在他们统治下的人民，激起人民的呐喊和控诉，然后再将人民的控诉作为新的压迫和起诉的根据。其次，汉密尔顿坚持陪审团不仅有权进行事实判断，还有权进行法律判断，裁决应由法庭和陪审团共同做出。最后陪审团不顾法官的阻挠，判曾格无罪。正像汉密尔顿在法庭上指出的："摆在法庭面前的问题……不是这个可怜的印刷商的案件……不是！它的结果可能会影响到美洲大陆每一个生活在一个英国政府统治下的自由人。这是最好的案件，这是有关自由的案件……揭露与反对专制权力的自由……通过说出与写下事实。"汉密尔顿辩护中提及的两项原则，半个世纪后被美国政府制定的诽谤法案采纳。而曾格案是殖民地人民争取新闻自由的第一次重大斗争，取得了一定成果。一位学者在《美国的新闻事业》中说：曾格案件的广大意义到后来变得明显了，因为它是这种感觉的开端：人们觉得英国所制定的法律，除非得到殖民地人民的同意是不能适用于美洲英国殖民地的，这种革命性的观念后来在美洲各人民领袖的言论和写作中都有所表现。

第二节　独立战争中的报刊与报业活动家

1776—1783 年北美的独立战争是一次争取民族解放的战争，也是一次资产阶级革命，它推翻了英国的殖民统治，确立了资产阶级政权。北美报刊在这场战争的酝酿、准备和进程中发挥了巨大作用。报纸的主要变化，是以政治新闻代替那些陈腐的国外新闻。

一、革命前殖民政府对报刊的压制

1765 年殖民政府颁布了印花税法案，规定凡法定文书、官方文件、书籍、报纸，均应以盖有纳税图章的纸张印行。报纸税率，规定半张（两页）及少于半张者，半便士，一张者（四页）一便士。广告税系每项付税两先令。

印花税法案实施后，引起各报一致抗议，纷纷刊登指责该法案的读者来信。有些报纸拒绝付税照常出版，还有报纸宣布暂时停刊以考虑如何对付印花税。1766 年英国政府被迫撤销了印花税，但又制定了一项汤森法案（Townshend Act），规定征收纸张、茶叶、酒、油、玻璃、铅和油漆等物品的税。殖民地人民成立了反抗捐税的组织，制定拒绝输入协定，抵制英货。纸张税事关报业，报纸又成为这次运动的主要角色，但也有报纸反对拒绝输入和抵制英货。在当时 30 多家报刊中，2/3 以上属于爱国派（反英派），将近 1/3 属于保皇派（亲英派）。

二、爱国派报纸和保皇派报纸

爱国派中坚力量是主张武装抗英、彻底独立的资产阶级革命派。主要报刊有：

（1）《波士顿公报》。这份1719年创办的老报已由激进分子主持，受到官方多次控告，但都被大陪审团驳回。在它周围集结了一批像塞缪尔·亚当斯这样的政治家。销数曾达2000份，是爱国激进分子的代言人。

（2）《马萨诸塞侦察报》。1770年，20岁的艾塞亚·托马斯（Isaiah Thomas）在波士顿创办《马萨诸塞侦察报》（Massachusetts Spy），这是一份与《波士顿公报》影响力相当的爱国派报纸。刊登很多匿名的政治论文，公开鼓吹独立的主张，是殖民地最富煽动性的印刷物，销量达3500份。

（3）《宾夕法尼亚新闻报》。1742年由威廉·布莱德福三世经营。竭力反对印花税，在税收开始前，曾在第一页刊登墓碑图样。最先主张独立。

（4）《宾夕法尼亚邮报》。1771年由爱国军人约翰·邓勒普（John Dunlap）创办。1776年12月27日最先刊登了潘恩鼓舞人心的《危机》（Crisis）。

（5）《宾夕法尼亚公报》。富兰克林把该报转给了哈尔，这时是哈尔的二子和塞莱斯（William Sellers）共同经营。

三家在费城出版的报纸，并称为费城三大革命报纸。

（6）《新闻报》。（The Journal）1766年由霍特创办于纽约，政治上支持独立，业务面相当宽，获利颇丰。

爱国派当中也有些保守报纸，害怕群众运动，主张和英国妥协。

保皇派报纸有《波士顿邮差报》（Post—Boy）、纽约的《公报与信使周报》。费城还有三家保皇党报纸《宾夕法尼亚晚邮报》（Pennsylvania Evening Post）、《宾夕法尼亚汇报》（Pennsylvania Ledger）、《皇家宾夕法尼亚公报》（Royal Pennsylvania Gazette）等，它们站在殖民当局的立场上，接受政府津贴并为之效劳。

三、战争中的革命宣传家

1774年英国在北美殖民地的权力迅速瓦解，各地反英运动如火如荼。9月，在费城召开了第一次大陆会议，目的是使北美殖民地朝着建立全国性政权的方向发展。会议闭幕后马萨诸塞地方大会成立安全委员会，制定抵抗计划贮藏枪支弹药。1775年4月，民兵在列克星敦与英军交火，揭开了独立战争的序幕。7月，第二届大陆会议在费城召开。成立了大陆军，任命乔治·华盛顿为总司令。1776年3月始，各殖民地陆续宣布独立，推动了《独立宣言》的诞生。1776年7月4日，大陆会议通过了托马斯·杰斐逊等起草的《独立宣言》（Declaration of Independence），宣布13个殖民地独立，全部断绝同英国的一切政治关系。宣言鼓舞了大陆军和民兵的战斗意志，经过数年艰苦卓绝的斗争，终于在1781年彻底打败了英国殖民者。在战争初期，大陆军处于不利地位，爱国派报纸大多随军撤出波士顿、纽约、费城等地，或暂停发行，个别的则倒戈为保皇派报纸。随着战局形势的扭转，大陆军每收复一城，爱国派就在那里恢复旧报或创办新报，保皇派报纸越来越少。1775 年战争开始时，美国有 37 家报纸，战争期间，有 17 家报纸停刊，另有 15 家报纸创刊，1783 年战争结束时，美国有 35 家报纸。

1783 年英国政府正式签约承认美利坚合众国独立。1787 年美国国会通过宪法，1789 年 4 月联邦政府正式成立。稳定的时局、经济的发展使美国报业逐渐繁荣起来。原来的报纸纷纷改为日报出版，如《宾夕法尼亚晚邮报》原来每周出版两三次，1783 年 5 月 30 日率先改成日报，《宾夕法尼亚邮报》也在 1784 年 9 月改成每日出版。专业新闻工作者也逐步形成，早期的编辑和出版商大都是从印刷车间里成长起来的学徒，而这时没有印刷工经历的新闻工作者增多了。

独立战争期间，有几位卓越的革命宣传家和报刊活动家，他们的宣传和鼓动是战争中鼓舞民众的精神力量，对革命的胜利产生了积极影响。其中著名的人士有：

（一）塞缪尔·亚当斯（Samual Adams，1722—1803）

美国独立运动中杰出的宣传家和政治活动家。1722 年出生于波士顿一个新兴资产阶级的家庭，毕业于哈佛学院。1748 年任波士顿一个激进派政治俱乐部所办的《独立广告报》编辑，经常抨击英国政府横征暴敛的政策。第二年，该报停刊，他就给《波士顿公报与乡村新闻》撰稿，宣传抗英主张。

亚当斯不仅是报刊宣传家，还是革命的组织者。在反印花税的高潮中，他将聚集在《波士顿公报》营业所附近的激进分子组织起来，成立了“自由之子社”，并在各地设立分社，建立了“自由之子社”宣传网，集中了一批活跃的报人和印刷商，如《马萨诸塞侦察报》的艾赛亚·托马斯、《纽约新闻报》的约翰·霍尔特、《南卡洛来纳公报》的彼得·蒂莫西等等，为革命做了积极的舆论准备。

英国政府被迫取消印花税后，又颁布了一系列其他征税法令，1768 年英国政府又向北美殖民地增派军队加强统治，使殖民地人民与英军矛盾更加激化。亚当斯开展了揭露英军暴行的宣传活动，鼓舞人民抵制英货，勇敢地与英国政府斗争。1773 年殖民地人民抵制英国廉价茶叶，发生了著名的“波士顿倾茶事件”。亚当斯预感到武装革命即将来临，1772 年成立了一个“通讯委员会”，以便在马萨诸塞州各地互通情况，传布消息。其他各州也仿效他们纷纷成立通讯委员会，并联结成网。殖民地的各种动态消息都在这里汇集，经加工整理后提供给革命报刊。通讯委员会既是一个类似通讯社的信息传布机构，又是一个革命组织。1775 年 4 月，列克星敦民兵就是得到通讯委员会成员的报告后，打响独立战争第一枪的。

1774 年以后，亚当斯一直担任马萨诸塞州大陆会议代表，独立战争后，长期担任该州的副州长、州长。

（二）托马斯·潘恩（Thomas Paine，1737—1809）

潘恩 1737 年 1 月 29 日出生于英国一个贫困的手工业工人家庭，13 岁便辍学，青少年时的坎坷生活使他屡遭失业和饥饿的威胁。1772 年他以“Pain”（“痛苦”之意）为笔名，写了反映英国税吏的小册子《税吏事件》。1774 年远涉重洋来到北美，在费城担任《宾夕法尼亚杂志》编辑，1775 年发表《在美洲的非洲人奴隶问题》疑问，以犀利的笔锋，猛烈抨击罪恶的奴隶制度，为他在新大陆初步赢得了声誉。1775 年独立战争爆发后，不少人对北美殖民地究竟能否独立，应不应该脱离英国，缺乏信心。亲英的托利党人更是继续鼓吹效忠英王。在这关键时刻，潘恩于 1776 年 1 月以“一个英国人”的署名，发表了《常识》的政论小册子，以通俗、充满激情的语言，呼吁北美殖民地人民立即拿起武器，进行争取自由的战争，指出争取独立是个常识问题，并大声疾呼：“所有正确的、合理的事情都在为分离做辩护”，继续从属于英国有百害而无一利。这篇战斗的檄文一问世，不到三个月就印行了 12 万册，殖民地爱国报纸差不多都转载了。北美 300 万人民几乎所有识字的人都读了，产生了极大影响。它鼓舞了人民战斗的决心和勇气，被认为是独立战争的响亮号角。华盛顿说，《常识》使包括他在内的人的心理起了“巨大的变化”。《常识》还为当年 7 月一致通过的《独立宣言》铺平道路。

1776 年 8 月潘恩应征入伍，在紧张的军旅生涯中，他又写下了一系列战斗性很强的文章。当华盛顿败走长岛时，潘恩完成了《危机》系列文章的第一篇。该文发表于 1776 年 12 月 27 日约翰·邓拉普的《宾夕法尼亚信使报》，随后各个殖民地爱国报纸迅速转载。他以充满战斗激情的语言，鼓舞军队的士气。大陆军中冻得浑身麻木、萎靡不振的士兵，读了后大为振奋。《危机》的“这些话被世代传诵。在那凄风苦雨的二次大战的日子里，被蹂躏的各国人民听不到任何胜利的消息，以为自己的希望已很渺茫，但是当他们从收音机里秘密收听到从太空中传来的这些写于 1776 年 12 月 19 日文章的时候，他们心中便燃烧起希望的火花”。整个战争期间每当关键时刻，潘恩就拿起笔写《危机》续篇，一共发表了 13 篇，有的抨击英国派来的议和使者，有的揭露保皇派的反革命阴谋活动，有的在危急关头激励士气。华盛顿亲身体验到了潘恩政论的巨大威力，在当时纸张缺乏的情况下，曾下令收集破旧军毯供造纸之用，以保证潘恩文章的发表。士兵们受到鼓舞，连续打了几个胜仗，扭转了战局。

战争结束后，1787 年潘恩回到欧洲，往来于英法之间。法国大革命期间，他撰写了《人权论》，引起轰动。次年又发表《人权论》续篇。1794 年写了《理性的时代》第一部，1796 年出版第二部，他正式宣布自己是自然神论者，尖锐批判神学，特别大胆地批评了基督教，美化了资本主义制度。1802 年潘恩返回美国，因反对私有制，宣传无神论，遭到当局冷遇，在穷困潦倒中度过余生。1809 年 6 月 8 日病逝于纽约。

（三）艾赛亚·托马斯（Isaiah Thomas，1749—1831）

自幼丧父的托马斯为了帮助母亲，六岁起就当了印刷学徒。作为小学徒他长年累月工作于铅字盘边，在排版过程中学会了拼写单词，在校对清样过程中扩大了知识面。1766 年 17 岁的托马斯因在反印花税斗争中公开传播革命观点，被老板解雇。1770 年他与人合办《马萨诸塞侦探报》，不久独自经营。起初该报倾向辉格党，很快托马斯就改变立场站到了激进分子一边。他参加了"自由之子社"和"通讯委员会"，在报上公开宣传独立，并领导开展了地下活动。正是他领导下的人们点亮了老北方教堂尖塔上的信号灯，向民兵发出警告，预告了英军对列克星敦和康科德的袭击。次日托马斯亲耳听到了独立战争的第一枪，写下了详细、传神的报道，大声疾呼美国人民"永远不要忘记列克星敦之战"，永远不要忘记英国军队的"血腥屠杀和抢劫"，永远铭记"先烈们高尚的大无畏行为"，用来"鼓舞我们打败可憎的专制暴君"。

战争胜利后，托马斯主要从事出版事业，拥有规模较大的印刷所，出版了四百多种关于法律、医药、农业和科学的书籍。1802 年退休后，撰写了两卷本的《美国印刷业史》（1810 年出版），并创建了"美国文物家协会"。

第三节　政党报纸时期

1783 年独立战争结束后，建立了共和政体的资产阶级政权，到 1833 年《纽约太阳报》创刊，在半个多世纪里，新闻出版一直是党派间争权夺利的工具。大多数报纸依附于党派，公开宣传所归属的政党主张，为自身利益辩护，不同阵营的报纸互相攻击甚至谩骂、捏造诽谤，一定程度上反映了政党报纸的本质——与其说是报纸不如说是宣传工具。

一、政党报纸的第一时期（1783—1801）

（一）联邦派报人和报纸

在华盛顿执政时期，形成了全国性党派，以杰斐逊和麦迪逊为首的民主共和党“反联邦派”和以亚历山大·汉密尔顿为首的联邦党。副总统约翰·亚当斯和总统华盛顿属于联邦党。两个党开始在汉密尔顿的经济政策上发生争议，继而在对法国革命及其后的欧洲战争上争论加剧。政治哲学、建国方略和经济利益的差异也反映在两党掌握的报纸言论中。

当时联邦派主要报人和报纸有：

（1）芬诺（John Fenno）和《美国公报》（Gazette of the United States ）。新政府最初定都纽约，当时联邦派在纽约并无报纸，于是1789年4月15日，汉密尔顿出资创办了《美国公报》半周刊，由教师出身的约翰·芬诺任编辑。汉密尔顿、亚当斯等人经常为其撰稿，不久该报就被公认为联邦派的喉舌。1791年随政府迁至费城。1793年短期停刊，复刊后改为日刊。1818年与他报合并。

（2）韦伯斯特和《智慧女神报》。诺亚·韦伯斯特多才多艺，“他不仅被公认为他那个时代伟大的编辑，而且他还是律师，翻译家，历史学家，经济学家，气象预报工作者的先驱和一位科学种田的农民”。他编辑的《英文语法讲座》畅销一时。1793年韦伯斯特在纽约负责编辑《智慧女神报》（日报）和《先驱》半周刊，1797年后，分别改名为《商业广告报》和《旁观者》。

韦伯斯特坚定地站在联邦派一边，为华盛顿辩护，驳斥对方报纸的诽谤言论，为联邦派人重新控制政府做出了重大努力。但韦伯斯特厌倦了党同伐异的政治生活，研究起了语言学。他编辑的辞典对该领域做出杰出贡献。

（3）科贝特（William Cobbett）与《箭猪公报》（Porcupine’s Gazette）。1797年3月4日英国人威廉·科贝特在费城创办了《箭猪公报》。在创刊号中他声称：“我将不作公正不偏的陈述，那将毫无用处，而且毫无意义。”但他过分的谩骂作风，及其独立的攻击精神，以至在联邦派内也不受欢迎。有位书评家在谈他的作品时将科贝特比作箭猪——一种浑身长满坚硬的毛刺以抵御对方的动物，科贝特反倒为这一名称自豪，从此就经常用“彼得·箭猪”的笔名。

他和反联邦派《曙光女神报》的主编贝奇（B.F.Bache）势不两立。科贝特将谩骂发展到登峰造极的地步，对反联邦派人无论活着的还是死去的（富兰克林·贝奇，富兰克林的外孙）都一起攻击。

（4）联邦派领袖亚历山大·汉密尔顿（Alexander Hamilton，1755—1804）和《纽约晚邮报》（N.Y.Evening Post）。汉密尔顿出身于英属西印度群岛的苏格兰人家庭。1772年来到纽约。1773年至1774年在皇家学院（今哥伦比亚大学）学习，后任律师和大陆会议代表。1777 年至 1781 年任华盛顿的秘书和参谋。1787 年作为制宪会议代表，在制定联邦宪法中起重要作用。1789 年至 1795 年任财政部长，提出整顿财政、建立国家银行和保护关税等计划，并领导镇压了“威士忌酒事件”。对外主张发展同英国的关系。历任军队检察长、议员。1804 年与副总统艾伦·伯尔决斗时重伤致死。

汉密尔顿是联邦派的著名领袖，也是一名新闻记者。读书时，就向《纽约邮报》投稿，后来帮助芬诺创办《美国公报》，资助韦伯斯特发行《美国学术报》。

1800 年联邦派在大选中失败，联邦派的报纸亦随之失势。为了继续与反联邦派抗衡，汉密尔顿邀请威廉·科尔曼（William Coleman）于 1801 年 11 月 16 日创办了《纽约晚邮报》。在《纽约晚邮报》创刊后到他逝世的两年半里，他实际上是该报社论的指导人。在两党报纸的争斗中他的笔像利剑一样对反联邦派进行着无情的攻击。

在该报的创刊号上，科尔曼宣布他憎恨“人身攻击、下流嘲讽以及与印刷商和编辑发生言辞方面的争吵”。他不会脱离“正常讨论的轨道”。但这种自我粉饰的面纱很快就被政治冲突撕碎了。该报反对法国，主张同英国通商，攻击杰斐逊总统，并不时和反联邦派报纸论战。

该报在书评、文学、戏剧评论及商业新闻方面均负盛誉。销量不断上涨。1815 年为 1500 份，20 年代初，达 2000 份。科尔曼去世后，布兰特（William Cullen Bryant）任主编达 50 年之久，他支持杰斐逊总统，使该报成为民主党的报纸。

（二）反联邦派报人和报纸

（1）菲利普·弗伦诺（Philip Freneau）与《国民公报》（National Gazette）。弗伦诺 1771 年毕业于普林斯顿大学，是富有热情的爱国派，曾任船长、新闻记者，革命前就为报纸撰稿，传播自由思想。1791 年 10 月 31 日创办了《国民公报》半周刊，他任主编。该报最初几期较为温和，不过不久，他就向汉密尔顿猛烈开火。他笔力强劲、能言善辩，使汉密尔顿认识到这是一位不可等闲视之的劲敌，“联邦党人于惊恐之中，撰写社论，各种侮辱谩骂铺天盖地而来，但是对此，弗伦诺照样能加倍奉还”。

1792 年汉密尔顿对弗伦诺的攻击忍无可忍，于是在《美国公报》上刊登一封匿名信，指责弗伦诺不应接受政府津贴还攻击政府，并指出杰斐逊是藏在弗伦诺身后、那些污言秽语的真正作者。杰斐逊在写给华盛顿的长信中则发誓《国民公报》没有任何文字是由他直接或间接撰写的。几个月后，弗伦诺又开始攻击华盛顿，他写道：身居一国之长……往往很少了解国家的真实情况，特别是如果因他身居要职而高高在上，以至于认为偶尔到人民中间去一下是有失于身份的。华盛顿称他是“那个无赖弗伦诺”。

1793 年，杰斐逊离开内阁，弗伦诺失去了财政支持。加之黄热病猖獗，工人们纷纷逃出城，该报于同年停刊。

(2) 贝奇 (B.F.Bache)、杜安 (William Duane) 与《曙光女神报》(Aurora)。本杰明·富兰克林·贝奇是本杰明·富兰克林的外孙，反联邦派的主要新闻工作者之一。1790 年刚满 21 岁的他就创办了《综合广告报》(General Advertiser)，《国民公报》停刊后，1794 年 11 月 8 日该报改名《曙光女神报》。

贝奇受弗伦诺风格的影响，比他有过之而无不及，更激烈地表现出党派偏见，赤裸裸的人身攻击司空见惯。在华盛顿总统第二任届满发表告别演说后，贝奇在 1796 年 12 月 23 日报纸上写道：“如果曾经有一个人使一个国家堕落了，美国就是被华盛顿堕落了。如果曾经有一个国家遭到了一个人的不正当影响，美国就是遭受了华盛顿的不正当影响。如果一个国家曾经被一个人所欺骗，美国就是被华盛顿欺骗了。我们当以他的行为作为前车之鉴。它的教训就是任何人都不能愚昧无知。”①

作为报复，联邦派人砸了该报的营业所，殴打了贝奇。科贝特在《箭猪公报》上这样挖苦贝奇：“这个穷凶极恶的无耻小人（无愧是老本杰明的子孙）懂得：凡是有点见识的人都对他嗤之以鼻，把他看做信口雌黄的说谎者，一个工具，一个被人收买的走狗……他是一个面目狰狞的魔鬼。他的目光从不逾过你的膝盖。他一脸菜色，双颊凹陷，双目呆滞，而且他给人的总印象是：恰如在示众架上呆了一个星期或十天的那么一个家伙。”②

一年多以后，这两位互相谩骂、武力相加的主编都死于黄热病，当时贝奇还不满 30 岁。

威廉·杜安是生于纽约的爱尔兰人，曾在伦敦和加尔各达从事新闻事业，相当成功。后因抨击东印度公司，被遣返回国。贝奇病逝后，继任该报主编，经营了 25 年之久，并采取了比该报创始人更激烈的言论方式。

（三）论争的焦点

在宪法制定过程中出现了美国的两大党派，宪法支持者即联邦派与宪法反对者即反联邦派的斗争。两派不能单纯地按贫富和阶级划分，但多数联邦派是商人、专业人员、具有商业利益的农场主和城市工匠及西部边区的拓殖者，反联邦派的核心是内地（不包括西部边区）自给自足、农耕地区的农场主，包括纸币政

---

①② ［美］埃德温·埃默里、迈克尔·埃默里著：《美国新闻史》，109、110 页。

策拥护者、债务人和州政府官员。1789年经过一番斗争，各州虽然已接受宪法，但1791年又通过了对宪法10条的修正案，后来称为《权利法案》（Bill of Rights）并成为宪法的一部分。

《权利法案》第一条就声明：国会将不制定任何法律——剥夺言论或新闻出版自由。此前不少州就在本州的《权利法案》里提供了这样的宪法保护。如1776年弗吉尼亚州的《权利法案》中称：新闻出版自由是自由的强大堡垒之一；除非那些专制暴君的政府，这一自由是永远不能被限制的。马萨诸塞州在其1780年《权利法案》也有类似的表述。

法案还规定了个人自由权利，包括宗教信仰自由、言论出版自由、和平集会和请愿自由等。至此新闻出版自由作为宪法的重要补充得以在书面上确立下来，但现实的种种阻碍使它与理想仍有相当大的距离。

1796年联邦派约翰·亚当斯就任总统。1798年夏天，国会通过了一系列法律，6月18日《国籍法》、一周后的《外侨法》、7月6日的《侨敌处置法》、7月14日通过一项惩治煽动的法律，这四个法律统称为《关于处置外侨与煽动叛乱法律》。另有一联邦党人提出制定叛乱和煽动法律，大致内容是任何人，无论外侨或公民，反对或破坏任何合众国的法律实施，威胁合众国政府官员，破坏他们的名誉、人格或财产，或从事任何叛乱、密谋、或非法聚集、集会，处5000美元以内的罚金，并判处五年以内的徒刑。这种处罚同样适用于被认为犯有以下罪行的任何人：即利用中伤或恶意的出版、写作、演说的机会攻击合众国政府、国会两院或总统，图谋使他们蒙受耻辱；出于敌意煽动叛乱、唆使外族反对合众国。

这一提议立即招致反联邦派人的猛烈攻击，认为纯粹违反了由宪法保障的新闻出版自由，因为第一修正案阐明的原则是报刊可以自由地在法律能够判定的范围内发表任何它所喜欢的东西，特别是可以自由地批评政府，对政府履行人民的“警犬”责任。杰斐逊等人认为该法是对美国人民理智的考验，看看它对一种公开违反宪法的行为能够忍耐多久。如果它行得通的话，我们则会立即看到国会的另一种尝试行动：即宣布总统的终身制，之后，又颁布其他法律使总统和国会议员都实施终身职务。因此他们要把该法当做“违反宪法和纯粹无效”的东西竭力反对。

1800年5月，国会请求亚当斯命令法官对杜安发表伪造、诬蔑、诽谤性文章的行为提起诉讼。但该案一拖再拖最后不了了之。这表明该法案不仅未能使反对派的报纸保持沉默，反而在实际上激起它们对政府发动新的攻击，并使它们能够利用这些讨厌的法律作为导致联邦主义者倒台、杰斐逊当选的主要因素之一。

二、政党报纸的第二时期（1801—1833）

自 1801 年起杰斐逊连任两届总统，他所代表的反联邦派连续执政到 1840 年。杰斐逊一上台，就废除了《关于处置外侨和煽动叛乱法律》，按自己的新闻自由观念进行了改革。而联邦派以重金收买报纸，利用新闻自由，恶毒攻击杰斐逊，两党派报纸进行的攻击、谩骂也最为激烈，莫特称这一阶段为“政党报纸的黑暗时期”。

（一）杰斐逊的新闻自由观

托马斯·杰斐逊（Thomas Jefferson，1743—1826）是《独立宣言》的主要起草者、美国第三任总统、资产阶级革命家。1743 年 4 月 13 日出生于弗吉尼亚州一个种植园主家庭，17 岁进入威廉—玛丽学院，博览群书，钻研人文、自然科学和外语，毕业后自学法律，于 1767 年取得律师资格。1769 年当选为弗吉尼亚州议会议员，1773 年在本州成立了通讯委员会，积极宣传并领导反英独立运动。1774 年第一届大陆会议上他发表《英属美洲的权利概述》，激发人民反英的爱国热情。1775 年第二届大陆会议上杰斐逊执笔起草了《独立宣言》，成为北美殖民地人民反英斗争的旗帜，它在历史上第一次以政治纲领形式宣布了民主共和国的原则，被马克思誉为“第一个人权宣言”。

独立战争后，杰斐逊在同联邦派的斗争中，捍卫《独立宣言》规定的人民民主权利，就出版自由与汉密尔顿进行了激烈的辩论。

汉密尔顿认为：出版自由是依靠舆论、公民和政府维系的，毫无写入宪法的必要。新闻出版必须接受检查，应当受到严格限制。加强新闻立法，以杜绝言论诽谤，而对诽谤的认定，也不能只凭是否说出了事实。新闻出版自由要以确凿的事实和良好的动机为保证，陪审团有权利对此进行考察。必须对人民的言论严加管束。

杰斐逊则认为：世界上每个政府都有人类的弱点和腐化堕落的胚芽，为了防止政府蜕化，必须由人民来监督。为了防止犯错误，就必须通过报纸让人民充分了解公共事务。虽然他们有时也会被引入歧途，但将会迅速纠正自己。民意是政府存在的基础，要向人民提供关于它们自己事务的全部情况，并且力争做到使这些报纸深入到全体人民之中，而不是在政治贵族中传播信息。我们的第一个目标是给人们打开所有通向真理的道路。迄今为止，找到的最好的办法是新闻自由。言论出版自由与政府的秩序是一致的，正派的政府不会被言论打倒，我们决不能限制出版自由，除非对公民的名誉造成损害。人权法案没有明确宣布言论自由，实在是令人不能容忍的疏漏，必须在今后的立法中予以纠正。他要求新宪法应该包括一个声明，即联邦政府将永远不限制报纸发表任何它们高兴发表的东西；也不减轻出版商对于所发表的错误事实承担的责任。对诽谤不必恐惧，说实话就不是诽谤，即使纯粹的诽谤，也有人民做出公正的判断。

杰斐逊关于新闻自由的名言至今仍被人们广为流传："如果由我来决定选择一个没有报纸的政府，还是要没有政府的报纸，我会毫不犹豫地选择后者。""离开了对新闻出版自由的保障，就无其他自由的保障可言，当公众舆论允许自由表达时，其力量是不可抗拒的。""没有监察官就没有政府，但是，哪里有新闻出版自由，哪里就可以不需要监察官。"

两人争论的结果是，1789 年国会通过了宪法前 10 条修正案（又称《人权法案》），其中第一法案规定国会不得制定关于下列事项的法律：确立宗教或禁止信仰自由；剥夺人民言论或出版的自由；剥夺人民和平集会及向政府请愿的权利。

（二）遭受攻击的杰斐逊及其表现

但杰斐逊和汉密尔顿的斗争远没有结束，1800 年他在竞选期间又遭到了联邦派接连不断的指控，称他是一个危险的政治煽动家；是一个无信义、不道德、反宗教者；是独立战争中的懦夫、乔治·华盛顿的诽谤者、渴望独裁统治的人。对此，杰斐逊在 1802 年的一封信里说：他们（联邦党人）将其报刊塞满谎话、诽谤和狂言。……我们正在进行一次实验，看一看不借助胁迫而进行的自由讨论是否足以宣传和保卫真理，是否足以使一个政府在其行动和意见方面保持纯洁和正直。……他们选中了我来担任这一荣誉的角色，同时又以世上任何国家闻所未闻、见所未见的这种凶恶方式来攻击我。但是我将保护他们造谣与诽谤的权利，而且我仍将珍视这一权利的继续维持……

杰斐逊认为，他的第二次当选证明，无法无天的新闻出版界并不能阻碍民主政体中的公民对其领导做出公正的判断。不过在他遭受了太长时间的恶意攻击后，他也表达过激愤之词，1813 年他在一封信里说我国报纸信口雌黄，捏造事实，已经比波拿巴设计的锁链更加有效地破坏了报界的效用。他知道造成这种状况的真正原因在于报纸不是独立的，而是隶属于党派和政客的，是政治斗争的缩影，而非新闻的报道。

不管怎样，杰斐逊的信念是坚定的、正确的，这就是公共舆论将会纠正报刊对其自由的滥用，至少就他自己的情形而言是如此。尽管他在有生之年未能看见这些滥用慢慢减少。在他一生中大部分时间，新闻出版界一直存在着嘈杂的党派纠纷，尽管到 1810 年后报刊的性质开始变化。

（三）报刊的发展

1792、1796 年，肯塔基、田纳西等州并入美国，1803 年杰斐逊购买了路易斯安那，又使美国领土扩大了一倍。国家领土的扩张把报刊的发行范围向西拓宽了。

《匹兹堡公报》（Pittsburgh Gazette）是新拓殖的西部出现的第一份报纸，1786 年约翰·斯卡尔（John Scull）创办，后改名为《邮报—公报》。

《肯塔基公报》（Kentuck Gazette）是约翰·布雷德福（John Bradford）于 1787 年 4 月创办的，发行至 1848 年。

在 18 世纪的最后十年到 19 世纪的最初 20 年里，各州纷纷出现了报纸。如西弗吉尼亚的《波托麦克卫报》（Potowmac Guardian，1790）、田纳西的《诺克斯维尔公报》（Knoxville Gazette，1791）、新奥尔良的《路易斯安那箴言报》（Moniteur de la Louisiane，1794）、俄亥俄州的《西北前哨报》（Centinel of the North-Western Territory，1795）、底特律的《公报》（Gazette，1817）、佛罗里达的《佛罗里达公报》（Florida Gazette，1821）等等。

在报纸互相进行攻击期间，却孕育着现代杂志的雏形。18 世纪末在康涅狄格河新罕布什尔一侧有一份名叫《农民博物馆周刊》的杂志，上面刊载的文章嬉笑怒骂，受到全国各地读者的欢迎。该刊被认为是新闻杂志的先驱。

1786 年创刊的《哥伦比亚杂志》上刊有用铜版雕刻的插图，表明了向画报发展的趋势。

1787 年创刊的《美国博物馆》杂志被认为是当时编辑最好的一份刊物，有大量关于政治、经济、社会等方面的资料，其中有几期厚达一百多页。

三、政党报刊的第三阶段（1833—1860）

19 世纪 30 年代廉价报纸虽然已经出现，但并没有将政党报纸立即取而代之，这一时期政党报纸仍是新闻事业的主体，不过已开始走向衰落。

19 世纪 30 年代和 40 年代是美国近代两党制形成时期。1828 年，反联邦派以南部和西部棉花种植园主为核心，联合东北部的小农场主、中西部的家庭农场主以及一部分商业资产阶级，组成了民主党。1833 年至 1834 年间，国民共和党联合其他党派组成了自由党。在 1836 年的竞选中，两党利用党派系统组织竞选，初步形成了两党制。两党制的形成并非偶然。它反映了工业资本家、金融资本家和铁路资本家与种植园主的经济利益之间、自由雇用制与奴隶制之间的矛盾和冲突。

民主党领袖安德鲁·杰克逊执政期间（1829—1837）进行了资产阶级民主改良运动，泛称“杰克逊民主”，群众性的民主改革如女权运动、工人运动等加剧了其民主色彩。他主张消除政治上、经济上的特权，呼吁平等竞争，政府必须为组成美国的大多数人即种植园主、农场主、技工和劳工等服务。杰克逊是美国第一位平民出身的总统，他入主白宫被看作是开始了平民积极参与政治的时期。杰克逊的民主改革、工人运动的兴起使得30年代在工商业最发达的城市出现了廉价报纸。

第四节　廉价报纸的兴起

19世纪初开始的工业革命促使美国经济快速发展，印刷出版技术大大改良，1810年出现了效率相当于人力印刷机10倍的滚筒式印刷机。这些都促使廉价报纸迅速蔓延到全国。南北战争以后，廉价报纸超过政党报纸成为大众阅读的主体。1880年全国有报纸七千多家，大部分是民营的商业报纸。较为著名的四家廉价报纸都在纽约。

一、廉价报纸的先驱——本杰明·戴（Benjamin Day）的《太阳报》（The Sun）

《太阳报》是美国第一份成功的廉价报纸，是本杰明·戴1833年9月3日在纽约创办的。在它创办前，就已有了三家廉价报纸，但刊行不久就夭折了。《太阳报》却获得了明显的成功：创刊时印行1000份，四个月后，销售5000份，居纽约各报之首；一年后达10000份，三年后30000份，发行量空前巨大，震动了报界。它的出现和成功是资产阶级报纸向廉价报纸发展的转折点。

其次，该报创始人本杰明·戴（1810—1889）是帽商的儿子，当过印刷学徒工。1831年到纽约开办印刷所。当时政党报纸充满政治新闻和评论，报价昂贵（每份六美分以上），而且只能订阅，没有零售。为了给印刷所增添印刷业务，本杰明·戴决心改变传统方式，办一份面向平民百姓的报纸。《太阳报》一炮打响，得益于他全新的办报方式。

首先，该报有明确的办报方针。在创刊号上，本杰明·戴宣称：本报目的在普及大众，提供“当天所有的新闻”，售价低廉，以每一读者之能力所及为度；与此同时，又为广告提供一种有利的工具。当广告数量增加之后，页数还将扩大，而售价保持不变。该报坚持低价发行，每份四版，售价一美分，一般市民均能承受得起。借着发行面宽的优势，该报注重吸收广告。第四版全是广告，第三版有一半专门刊登分类广告，甚至第一版上也插登广告。充裕的广告收入使报纸

THE SUN.

NUMBER 1.] NEW YORK, TUESDAY, SEPTEMBER 3, 1833. [PRICE ONE PENNY

PUBLISHED DAILY,

AN IRISH CAPTAIN.

FOR ALBANY—PASSAGE ONLY $1.

FOR NEWPORT AND PROVIDENCE.

The front page of Vol. I. No. 1, of the New York Sun. The type-page measures about 7 1/2 x 10 inches.

1833 年 9 月 13 日《太阳报》

有可能更新设备，1837 年起采用了当时最先进的滚筒印刷机，每小时印刷 4000 份，使大量发行有了物资技术上的保证。

其次，该报注意刊登有趣味的新闻来吸引读者。本杰明·戴特别雇请了一些善于采访地方新闻、社会新闻、犯罪新闻及种种“人情味”故事的记者。他们采写的报道很能吸引读者。所谓人情味的故事，取材大都是无足轻重的生活琐事，但写得委婉动人。报纸还寻求一些奇闻趣事、耸人听闻的材料来招徕读者。

第三，该报销售得法。仿照伦敦某些报纸的做法，主要靠报童在街头销售。本杰明·戴鼓励推销，给报童相当大的回扣，100份报纸批发价只收67美分。

凭借上述做法，《太阳报》获得了明显的成功。发行量不断上升，广告量急剧增加。本杰明大发其财，每年纯利二万元。

《太阳报》的成功为美国资产阶级报业开拓了一个新的天地，但这家报纸的格调不高，为了招徕顾客，充满低级、庸俗、耸人听闻的消息，甚至不惜弄虚作假、任意编造。其中最为突出的是关于“月球人”的假报道，从1835年8月21日起连续发了七篇报道，称英国科学家用特大望远镜观测到了月球人。这一荒诞离奇的“科学新闻”一时引起轰动，报纸销量大增。不久以后骗局被戳穿，同业群起指责。“月球骗局”是美国新闻史上一个精心策划的假报道的典型。

1837年本杰明·戴把报纸转卖他人。1868年著名报人查尔斯·达纳接办，任主编29年里使该报再度辉煌，1876年发行13万份。达纳之后，《太阳报》几易其主。1920年停办，晚刊于1950年并入他报。

二、贝内特父子和《先驱报》（The Herald）

詹姆士·戈登·贝内特（James Gordon Bennet，1795—1872）是一位优秀的新闻工作者。苏格兰人，24岁到美国，曾从事过教师、职员、记者、编辑工作，曾两次试图自办报纸。1835年5月6日他在纽约创办的《先驱报》获得了成功。该报创办六个月销数就接近《太阳报》，1836年扩充篇幅后每份由一分钱提为两分钱，销数仍然上升。为了战胜《太阳报》，他提出“人道主义”、“改革社会”、“自由民主主义”等口号，60年代该报达到六万份，超过《太阳报》而居全国各报之首。这份报纸在欧洲也被广为订阅，成为最受欢迎的一家美国报纸。

《先驱报》首次确立了报纸要以新闻报道为主体的原则。贝内特在发刊词中表示，要办一份超党报派的独立报纸，致力于纪录事实，公正地独立地进行报道，并适当地予以评论。他对一切政客及议员展开攻击，声称他们是欺诈者。他在1837年11月21日的《先驱报》上宣称：“本报完全不知道自己的读者为谁，因此勿需向特定的对象屈膝。”

该报新闻报道的面广、速度快、文字通俗、议论辛辣。地方新闻内容丰富，包括社会、金融、社交、体育、戏剧新闻等等。警署新闻经常引起社会轰动，首创的华尔街新闻引起纽约商界的重视。他宣称：“本市商界人士无人不阅读《先驱报》。”社交新闻报道名门富豪的社交活动，赢得了上层人士的好感。此外，贝内特很重视全国性新闻和国外新闻，《先驱报》关于国会的报道具有很高的质量。1861—1865年南北战争期间，该报有四十多名记者分布于各个战场，对战争的报道超过了所有的竞争者。

该报在新闻报道方面的一些做法和创举使它在美国的著名廉价报纸中占有一席之地。创办人贝内特因为使报纸闯入并干预了社会生活，被看作是美国第一个真正的记者。

1872 年，老贝内特病故，其子年仅 26 岁的小贝内特继任。他能写一手好文章，对新闻感觉非常敏锐。但他的专制作风也颇受非议。他曾对下属说："我要求你们切记，我是这份报纸的惟一读者。我是惟一应该被取悦的人。假使我要把它头尾颠倒，就得头尾颠倒。"

1887 年，《先驱报》出巴黎版，但长期亏损。在德军进攻巴黎之际，仍坚持出版。

1918 年小贝内特在巴黎病逝。1920 年，该报以 400 万美元的价格卖与他人。

美国新闻史专家莫特对大小贝内特的评价是："一个是争取新闻的大师，一个是制造新闻的奇才。"

三、格里利（Horace Greeley）和《论坛报》（Tribune）

霍勒斯·格里利（1811—1872）是美国最著名的报人之一。1916 年 9 月，我国共产主义先驱者李大钊曾专门撰文介绍过他，并给以很高评价。

格里利生于贫苦的农家，天资聪颖，5 岁读完圣经，具有很强的拼字能力。15 岁在乡间学习印刷术。20 岁到纽约。1833 年与人合办《晨邮报》，但不到一个月即告失败。但他雄心未改，1834 年协助编辑自由党的《宪法报》（Constitution），并自己创办文学周刊《纽约人报》（New Yorker），发行 9000 份。以后他帮助自由党人主编竞选州长和总统的宣传报纸，并使他们获得成功，从而成为纽约自由党的三巨头之一。

1841 年 4 月 10 日他创办了廉价报纸《论坛报》，每份四版，售价一分，出版七周后，销量即超过一万份。同其他报纸相比，该报首先确立了报纸理性原则，在办报方针上，摒弃了一般廉价报纸的三种做法：煽情主义新闻、不健康的医药广告和虚伪的政治中立。该报也有社会新闻和警事报道，但主要在说明经过而非一味追求刺激。为此它曾获得"伟大道德机关报"的雅号。

其次，该报重视言论，大量刊登鼓吹社会改革的文章。它的言论紧密结合下层群众关心的问题，直接作用于社会改革。如宣传空想社会主义，提倡开发西部，反对奴隶制度，主张男女同工同酬，保障工会权利和工人福利，要求打击投机商人，严惩贪官污吏，提倡禁烟禁酒，保护关税等。这些言论在社会上产生了重大影响，甚至掀起了广泛的群众运动。正因为如此，《论坛报》的绝对销量虽始终落后于《太阳报》、《先驱报》，但它在舆论界的影响却远远超过了那两家报纸。1841 年 9 月 2 日另外发行日报精华汇编《论坛周报》（Weekly Tribune），每年定价二元。并用薄利多销的方法促进发行，规定一次定购 20 份者，每份每年一元。结果销量不久就超过日报，1860 年竟达 20 万份的空前纪录。

该报在鼓吹改革的言论中，影响最大的有：1）提倡开发西部。这是当时美国经济发展的必然趋势，也是城市贫民的一条谋生之路。报纸提出了“青年人，到西部去”的响亮口号，在 40 年代美国人向西部进军的浪潮中起了重要作用。报纸还积极敦促政府修筑铁路，架设电线，制定“宅地法”。2）反对奴隶制度。随着 50 年代全国废奴运动的高涨，一贯反对奴隶制度的格里利运用《论坛报》进行了积极的宣传。1854 年他参与创建共和党，并帮助林肯入主白宫。轰轰烈烈的废奴运动后来成为南北战争的导火线，在战争中该报发表《向里士满进军》、《二千万人的祈祷》等社论，坚决支持政府讨伐南方。美国历史学家高度评价《论坛报》，称它在废奴运动中的作用仅次于林肯总统。

这些都是格里利思想的外在表现。他号召社会改革的目的在于使劳动阶级免于无知、依赖、贫穷和无效率，而非使他们脱离劳动。他赞成傅立叶的空想社会主义，拥护工会制度（曾任纽约印刷工会首任会长），注意职工福利和农民生活，反对墨西哥战争等。在他的葬礼上演说家比奇尔在致词中说：今天，在两大洋之间，实无一文明人或儿童未受格里利的影响。

《论坛报》注意广招各方面人才。《纽约时报》创始人雷蒙德、《太阳报》主编达纳都在该报工作过。马克思长期担任该报驻英国的通讯记者，1851—1862 年间先后为该报写过五百多篇有关欧洲重大事件和问题的述评。

四、亨利·雷蒙德（Henry J. Raymond）和《纽约时报》（New York Times）

亨利·雷蒙德（1820—1869）是一位卓越的新闻工作者。他生于富裕的农家，受过良好的教育，毕业后进入《论坛报》工作，成为格里利的得力助手。后来由于与格里利产生政见分歧，离开该报。1851 年当选为纽约州议会议长。

1851 年 9 月 18 日，雷蒙德与两位同仁合作创办了《纽约每日时报》，大张四版，售价一分，次年改成两分。销数在十周内达两万份。1857 年改名为《纽约时报》。雷蒙德认为《太阳报》和《先驱报》耸人听闻、道德沦丧，《论坛报》政治倾向偏激，易于感情冲动。他主张“刊登应该刊登的消息”，力求办一份新闻翔实、言论平和的廉价报纸。该报创刊后努力贯彻这一办报方针，新闻报道详尽准确，言论调和平稳，尤其注意国外新闻。到南北战争时，已成为美国杰出的日报，对战争的报道十分出色。

1857 年雷蒙德写了《新闻事业的理论》一文，论述公众报纸和政党报纸的区别。他认为政党机关报不对新闻事业负责，不是新闻事业的合法成员。而公众报纸即廉价报纸必须超党派且独立，具有更高尚的职能。但在实际办报活动中，由于雷蒙德本人又是一个活跃的政界人物，《纽约时报》仍具有鲜明的政治立场。

五、报业的发展

电报线路铺设面的加宽、用于大量发行的印刷机和铅铸制版法等技术上的改进，促使报业从东部大城市向西部和偏僻地区发展。

19 世纪 50 年代处于内地的辛辛那提和圣路易斯两地均有数家日报发行。辛辛那提有《辛辛那提公报》，1815 年创办，起初为周刊，1827 年改为日报发行；《辛辛那提商业报》1843 年创办。圣路易斯的著名报纸有《密苏里共和党人报》，前身是 1808 年出版的《密苏里公报》；1852 年创刊的《密苏里民主党人报》。

五大湖泊地区人口的迅速增长，使芝加哥和密尔沃基成为重要城市。1833 年芝加哥第一份报纸《民主党周报》（Weekly Democrat）创刊，并于 1840 年改为日报发行。《芝加哥论坛报》（Chicago Daily Tribune）创办于 1847 年，力量日益壮大，成为芝加哥的主要日报，并于 1861 年吞并《民主党周报》。密尔沃基最早的周报是 1836 年创办的《密尔沃基广告报》，它是《威斯康星新闻报》的前身，1837 年创办的《密尔沃基哨兵报》1844 年改为日报，成为该市第一家日报。

在其他地区，报业也经历着一条从周报到日报的发展历程。如 1849 年明尼苏达州的第一家报纸《明尼苏达先锋报》1854 年改为日报出版。

随着西部的开发，西部报业也有着显著的发展。

爱荷华州的第一份报纸《杜比克访问者报》（Du Buque Visitor）创办于 1836 年。

堪萨斯市的第一份报纸是印第安语的教会报纸，1835 年创办。第一份英语报纸是《堪萨斯前锋周报》（Kansas Weekly Herald），创办于 1854 年。

俄克拉何马的第一份报纸创办于 1844 年，是印第安语的教会报纸。

德克萨斯州的第一份报纸《电讯与德克萨斯纪录报》（Telegraph and Texas

Register）创办于1835年。该州1850年有报纸40家，1860年增加了三倍。

西海岸的第一份报纸是《俄勒冈旁观者报》（Oregon Spectator），半月刊，由俄勒冈市促进协会创办于1846年。1850年出现俄勒冈周报，1861年改为日报，是西北乃至全国的著名报纸。

加利福尼亚的第一份报纸《加利福尼亚人报》（Californian）创办于1846年，几个月后迁至旧金山。1847年《加利福尼亚明星报》（California Star）创办。两年后两报合并，翌年又改为加州第一张日报。

1848年加州发现金矿后，冒险家如潮水般涌来。这使得信息沟通变得更加重要。1853年旧金山有12家日报。1855年《公报》（Bulletin）创刊，1860年加州报纸约有100家，其中40家（14家日报）在旧金山。

第五节　南北战争中的报业

1861年美国的南北冲突激化，导致了战争的爆发。战争期间，最主要的北方报纸分成两派，即支持林肯的和反对林肯的。

一、北方报纸

（一）支持林肯的报纸

以纽约报纸为例，战争初期，17家日报中，有五家支持林肯：《纽约时报》、《晚邮报》、《论坛报》、《太阳报》、《商业广知报》。

格里利是坚定的废奴主义者，1861年1月他发表了第一篇“站稳立场”的社论，2月，又在社论栏上方用大号字登出一条标语：“决不妥协，决不对叛徒让步，保持宪法现状。”在内战正式打响后，格里利用充满激情的社论鼓舞人民，不要因为暂时的挫折而气馁，坚信胜利的到来。6月26日他写道：“全国的战斗口号：‘向里士满前进！决不允许叛逆会议于7月20日在那里召开。国军必须在此之前占领该地。’”该报废奴运动的高潮是格里利1862年8月20日发表的著名社论《二千万人的祈祷》，被认为是要求在奴隶制上采取行动的呼吁书。

《纽约时报》在废奴问题上的态度起初不太积极，1860年在总统提名时，雷蒙德反对林肯。战争爆发后，雷蒙德认清了形势，也成为总统忠诚不渝的捍卫者。

《纽约晚邮报》的主编布莱恩特通过社论表明自己的主张，必须解放奴隶，决不允许脱离联邦。

在其他城市支持林肯的报纸有《费城新闻报》（Philadelphia Press）、《华盛顿记事报》（Washington Chronicle）、《费城询问者报》、《芝加哥论坛报》等。

（二）反对林肯的报纸

反对林肯的报纸主要有五家：《纽约先驱报》、《世界报》、《商业新闻》《每日新闻》、《每日报》。

贝内特的《纽约先驱报》竭力反对废奴运动。1854 年 2 月 28 日贝内特写道：二十几年以来，《纽约先驱报》通过或好或坏的报道，是忠实地为南部的宪法权利进行辩护的惟一的北部报纸。该报在内战期间攻击林肯与废奴主义，认为南方的分裂运动是"革命的权利"，因此该报在南方很受欢迎。不过 1864 年林肯第二次竞选时，贝内特转而支持他，据说是因为他获得了在外交事务方面任职的许诺。

《纽约每日新闻》1855 年由派生斯（Parsons）创办的便士报、本杰明·伍德（Benjamin Wood）购买后，成为更彻底地赞成奴隶制度的报纸。他反对以武力对付南方，并称这次战争是愚蠢的行为。1861 年 8 月，该报和《商业新闻报》、《每日报》等一并被勒令停刊，一年半后，以晚刊形式出版。对林肯的激烈攻击，一如从前。该报 1870 年销数达 10 万份，为美国销数最大的日报，在此后 30 年中，销数在美国日报中始终居领导地位。《商业新闻报》在海拉克（Gerard Hallock）主编的 25 年里，一向强烈支持赞成奴隶制度，认为南方各州退出联邦是正当的权利。

（三）战时新闻政策

由于军事安全的原因，当局要求新闻界必须谅解政府对新闻传播机构的控制。对于反对政府的报纸官方一般采取查禁、勒令停刊等办法，限制颠覆性言论的传播。对无明显反政府倾向的报纸则采取进行新闻检查的方法。

战时的新闻检查分三个阶段。第一阶段，邮政局拒绝向敌占区投递信件，禁止电报公司拍发任何带有军事性质的电文。为保证信息畅通，1861 年 8 月 2 日官方和新闻界达成如下协议：新闻界保证不向敌人传送任何具有军事价值的情报，官方同意将为公众所关心的消息提供方便。第二阶段，新闻检查官由陆军部长担任，1862 年 2 月 25 日要求记者必须接受自发的、国务院的以及陆军部的三重检查。记者在发稿前，须将原稿送交宪兵处长审批，删除涉及军事方面的材料。第三阶段，所有记者到战场采访均须得到军事指挥员的同意，记者已经逐步清楚在报道战斗时所应掌握的分寸，到战争临近结束，报界与官方是配合的。

二、南方报纸

南方报纸的政治倾向也同北方报纸一样，有猛烈攻击政府的，也有支持政府的。1862 年里士满的几家报纸感到为了支付战争新闻所需的巨额费用，必须联合起来，它们成立了“里士满报业联合会”。事实证明光里士满的地方报纸还达不到上述目的，于是，将其扩大为“美利坚同盟国报业协会”，简称PA，聘请J.S.思雷舍为总干事。1863年思雷舍对军方扣押部分电讯稿的行为表示抗议，声称协会的目的是出于公众的利益而采集准确的报道，这与军事安全并行不悖。军方被说服了，答应报业协会的记者“享有一切便利，尽早接触与公众利益相一致的情报”，思雷舍也答应协会记者对所报道事件不发表任何意见和评论。报业协会新闻报道的这种客观性质，向来被认为是在新闻写作方面进行的一场“彻底的革命”。

在战争期间，南方报纸处境相当困难，纸张奇缺；不少编辑、记者也被应征入伍，报纸往往因此停刊。

在南方各报中，《新奥尔良蜜蜂报》（New Orleans Bee）是著名的中间派报纸。主张南方获得所需权力即可，不必解散联邦。与此相对《查尔斯登信使报》（Charleston Mercury）是极端反联邦政府报纸。1832年就反对联邦法律的实施，1860年3月主张解散联邦。《北卡罗莱纳标准报》（North Carolina Standard）是和平派的代表报纸，反对分裂，反对征兵。声称内战是：“富人的战争，穷人的战斗！”

三、战争导致的新闻报道改革

战争初期新闻报道仍冗长，记者们刻意渲染，使用较多的形容词。随着战争的继续，这种报道越来越不适应紧张的形势，于是一些大报开始把重要新闻摘成新闻简报，不久小报也开始仿效这种做法。这些新闻简报，导致了现代报刊的标题，即以数行文字概括全篇报道。这也是战时特殊情况所迫。此外记者们常常担心，他们的电报是否会全文发出，故把新闻中最重要的内容放在第一段，这就是导语的起源。

第六节　工人报刊

随着工厂制和城市的发展，工匠和工人要求制定社会和经济立法来保护他们的利益。随着产业工人阶级的诞生和早期工人运动的开展，出现了最初的工人报刊。

一、工人报刊的兴起

1827年在美国第一个工会组织和第一个工人政党成立的地方——费城创办了第一份工人报纸《机工雇工拥护者》，出版不到一年停刊，第二年又创办了《技工自由先驱》、《技工自由报》二种工人周刊。

1828年费城成立了美国第一个工人政党，之后，1829年纽约也成立了一个工人政党，工人组织向西、向北发展起来。1828—1834年间有61个城镇组织了工人政党，出版了五十多种工人周报，如《时代精神》、《农工拥护者》、《自由主义者》、《独立政治评论》、《工人公报》、《工人团结》等先后在各州各城市出版。它们宣传各种"工人方案"，要求普及教育制度。

工人周报中最出色的是乔治·亨利·伊文斯的《工人辩护者报》（Working Man's Advocate），1829年10月31日创办于纽约。伊文斯14岁从英国来到美国，当过印刷学徒和印刷工。该报在美国工人报纸中居于领导地位，以争取"平等教育、平等权利"为主要奋斗目标和宣传内容。在第一篇社论中他就宣称在压迫工人阶级的势力全部消灭之前，工人阶级决不会放弃斗争。1830年12月11日又写道：许多工人们所要求的改革现在已被公认为正当合理的了，甚至许多过去一直支持当权政党的报纸，现在也对这些要求表示拥护了。

该报的影响并不限于纽约，在其他城市也有订户，1836年因伊文斯的健康原因停刊，1844年伊文斯康复后该报重新出版。

除《工人辩护者报》外，《人报》（The Man）也是比较出色的工人报纸。在30年代初美国工会反对重新授予合众国银行特权的斗争中发挥了重要作用。该报还详细报道了英国和其他国家工会和工人运动的情况，各国贫民的痛苦境遇，体现了国际主义精神。

1834年美国第一个全国性工人联合会"全国工会"成立，创办了《全国总工会报》，在工资工时、币制改革、工厂法规、国民教育、劳改犯人、自由土地等问题上积极为工人辩护。

1837年美国爆发第一次全国性经济危机，严重打击了工人运动，生产几乎停止，成千上万工人失业，工会组织无法维持下去，各地工会组织、全国工人联合会和工人政党纷纷解体，早期工人报刊步入低潮。

二、19世纪中期的工人报刊

1848年欧洲革命失败后，不少革命政变的领导人和参加者为逃避逮捕和监禁流亡美国。他们比较先进的欧洲革命政治背景和在美国所受的民族压迫经历结合起来，使这些移居者在美国劳工运动中居于先锋地位。其中德国流亡到美国的革命者对美国工人运动做出了巨大贡献。马克思主义是由移居美国的欧洲工人带到美国的，最初的各种马克思主义刊物是德文的，是移居美国的马克思和恩格斯的同志们创办的。

德国流亡者约瑟夫·魏德迈是科学社会主义在美国的最初传播者，他于1852年1月6日出版了一份名为《革命》的周刊，出版了两次后因资金不足停刊，但其刊载的《卡尔·马克思的1845年至1847年商业危机史》、《政治评论》、《欧洲的党派》、法国事变概述和《共产党宣言》第二章《无产者和共产党人》等文章都闪烁着马克思主义的光辉。同年6月魏德迈在纽约创办了第一个宣传马克思主义的秘密团体——“无产者同盟”。1853年春天，为迎接日渐高涨的工人运动，他又创办了一份工人阶级的报纸——《改革报》(Die Reform)，该报态度比较温和，但适合工人现有水平，魏德迈利用报纸在广大读者中传播知识，阐述经济和历史方面的根本问题，受到工人们的欢迎。

同期，国际工人协会在美国也具有了一定规模。1872年国际工人协会在美国约有80个左右的分组，拥有5000名成员，分布在芝加哥、旧金山、华盛顿、新奥尔良、纽瓦克、斯普林菲尔德和纽约市等地。

第七节　新式新闻事业

19世纪中叶开始，报刊的大众化趋势继续发展，报纸种数大量增加。1880年全国报纸增至7000家，到90年代增至12000家。销量也在惊人地发展着。1872年只有《太阳报》和《每日新闻》超过10万份，1892年有八家报纸超过10万份，其中芝加哥《每日新闻》为243000份，纽约《世界报》为374000份。专业性杂志《妇女家庭》(The Ladies’s Home Journal)居全国报刊发行之冠，1892年为70万份。从1870年至1900年，报纸数目增加了三倍，销售量增加近六倍，周刊数目增加了二倍，报刊经营全面转上商业化轨道，从而形成一条“90年代的分水岭”，它标志着资本主义“新闻事业进入现代化的时代的进程已经完成。”

1883年普利策《纽约世界报》的出现是美国新闻史上的一大转折，标志着廉价报纸取代政党报纸成为报刊的主体。

一、普利策和《世界报》

约瑟夫·普利策(J.Pulitzer，1847—1911)出生于匈牙利的一个小康家庭，受过良好的家庭和学校教育。1864年应募来美从军，退役后做过各种杂工，工余时自学英语、法律、新闻写作。1868 年被德文报纸《西方邮报》聘为记者，从此开始报业生涯。他以“工作、工作、工作，思考、思考、思考”为座右铭，靠顽强拼搏的精神和特殊的采访本领，为报界所赏识。1869 年 1 月被选为密苏里州议会的共和党议员。

（一）《圣路易斯电讯报》起家

1878 年普利策购买了《圣路易斯电讯报》，不到一年又合并了当地的《邮报》，改名《邮讯报》。宣称“《邮讯报》将不为政党，而为人民服务；不是共和党的而是真理的喉舌；不支持‘行政当局’，而对它进行批评；反对所有的欺诈和骗局，不管它们发生于何处，属于何种性质；提倡原则与理想，而不提倡偏见与党派性。”同时，普利策用煽情主义的新闻报道手段，招徕读者。《邮讯报》的成功，不仅为普利策进一步扩大报业积累了大笔资金，而且也为他闯入纽约新闻界，经营更大规模的报纸提供了必要经验。

（二）《世界报》起飞

1883 年普利策买下纽约《世界报》（The World），在发刊词中他宣称：要用与过去完全不同的经营管理方法，使《世界报》以新的宗旨、方针、信息和兴趣面向读者。他指出，在日趋发达的大都市里，应当有这样一种报纸，不仅报价低廉，内容丰富，篇幅巨大，而且是真正民主的，它将站在人民一边，不依赖财富势力，它将揭露一切欺骗与无耻行为，反对一切公共弊端，为人民的利益而奋斗。普利策从两个方面加强该报的影响力：1）注重严肃的言论和报道，不断揭露贪污行为，攻击不正当财富的拥有者，提倡在资本主义制度范围内进行有限度的改革。在社论中还提出过为解决社会不公问题的“十大纲领”：征收奢侈品税；征收巨额收入税；征收垄断企业税；向特权公司征税；严惩贪官污吏；严惩在选举中左右雇员选票的雇主；改革文官制度；征收遗产税等。《世界报》的发刊词和“十大纲领”引起了人们对它的注意和尊敬。2）该报能迅速打开局面的原因还在于，大量刊登刺激性报道，采用煽情主义和耸人听闻的手段扩展销路。但同时他意识到自己喜爱有声有色的故事和新闻，难免会助长编辑、记者们添油加醋的作风，因此他命令在城市版编辑部的墙上贴了一幅标语：“精确，精确，再精确！”虚报数字的新闻记者会遭到斥责和罚款。

该报销量不断上升。1887 年初超过 25 万份，1893 年时资产超过 1000 万美元，成为巨大的资本主义企业。篇幅也在不断扩大。原为对开八版，后增至12版、16版，报价不变，仍为二美分，靠广告补贴成本。星期日版是20版，后增至40版，出版10周年纪念号为100版，开美国报纸巨大篇幅之先河。

（三）办报方针与社会贡献

美国新闻史学者莫特把普利策的办报特点归结为六项：1）以国内外重大新闻为骨干，添加大量轻松、有刺激性的新闻以增加读者对报纸的兴趣。2）借发起全国性运动之机，提高该报声誉。如为筹建纽约港自由女神像台座发起的募捐活动。3）高质量的社论版，有力地论述、倡导、支持新闻栏倡导的社会改革运动。4）篇幅大，报价低。5）率先使用插图（木刻图画）。6）重视报纸的推广工作，用各种奖励办法扩大销路。

普利策深知好的报纸必须要有良好素质的工作人员，并十分注意进行新闻工作的专业训练。他的遗嘱中宣布捐赠250万美元作这建立新闻学院的费用。可惜的是当1912年哥伦比亚大学新闻学院落成时，普利策已经去世了。普利策还留下50万美元设立"普利策奖"，奖项有优秀的文学、历史、音乐和新闻作品，其中以新闻奖的比例最大。最初评选对象是五项，后增至15项，包括：为公众服务成绩优异奖、地方新闻报道奖、全国新闻报道奖、国际新闻报道奖、社论写作奖、漫画创作奖、摄影作品奖等。普利策奖被认为是美国新闻界最荣耀的奖赏。

《世界报》提倡社会改革是受到尊敬的，但是它大量刊登犯罪新闻，则为世人所诟病。这主要是由于他资产阶级的实用主义思想。他认为煽情主义可以吸引读者来读报，读者基础扩大了，报纸的各项社会运动也就有了支持者。煽情新闻是手段，社论才是目的。普利策是一个想要消除社会的弊病，以便保障资产阶级社会的生存的资产阶级"改良家"。他政治上的进步、新闻事业理想和贡献应当予以肯定，其煽情主义做法则应加以批判。

二、赫斯特和《纽约新闻报》

威廉·伦道夫·赫斯特（William Randolph Hearst，1863—1951）出生于旧金山一个矿业主家庭。19岁进入哈佛大学担任过学生定期刊物《讽刺文刊》的事务经理，后因违反校纪被开除学籍。1887年他主持其父的《旧金山考察者报》，1895年他来到纽约，购得一份陷入困境的报纸，更名为《纽约新闻报》(New York Journal)，开始同普利策的《世界报》展开激烈竞争。

,000 REWARD.—WHO DESTROYED THE MAINE?—$50,000 REWARD.

NEW YORK JOURNAL

AND ADVERTISER.

TRUCTION OF THE WAR SHIP MAINE WAS THE WORK OF AN ENEMY.

$50,000!

,000 REWARD!
the Detection of the
Perpetrator of
the Maine Outrage!

Assistant Secretary Roosevelt Convinced the Explosion of the War Ship Was Not an Accident.

The Journal Offers $50,000 Reward for the Conviction of the Criminals Who Sent 258 American Sailors to Their Death. Naval Officers Unanimous That the Ship Was Destroyed on Purpose.

$50,000!

$50,000 REWARD!
For the Detection of the
Perpetrator of
the Maine Outrage!

1898 年 2 月 19 日《纽约新闻报》

（一）与普利策的竞争

赫斯特的办报方针是，得到新闻，尽快得到新闻，不怕花钱；不断地以喧嚣刺激读者。攻击不正当财富，向穷人许愿，以吸引读者。该报注重犯罪新闻、丑行、灾祸报道和各种特写，并大量应用照片。其版面与刺激性，和普利策的《世界报》相比，有过之无不及。这使得该报的销数不久就恢复到了过去的水平。

为了在竞争中取胜，他首先抓编辑部的班子，调来《旧金山考察者报》的总编，聘请著名作家、戏剧评论家任专栏的作者。不惜高额薪金从《世界报》挖走该报星期日报的全班人马。赫斯特也通过搞一些社会运动，以标榜其对贫民特别是受压迫者的同情，如用事实揭露政府官员滥用职权，获得良好的宣传效果，来增加报纸声誉。他借公众领袖之口，在自己的报纸上登出了这样的标题：“实干的新闻——各行各业的行动家衷心支持《纽约新闻报》代表人民所做的斗争”和

“《纽约新闻报》最早应用的新思想，似已成为美国报纸的公认职能。”

在与普利策的竞争中，大量应用暴露性新闻与犯罪新闻是赫斯特的拿手好戏。他的《新闻报》在煽情主义方面超过了《世界报》，美国一位新闻学者说：“赫斯特降低了新闻事业水平，他出版了美国最坏的报纸。”该报版面充斥黄色新闻，并配以木刻插画。耸人听闻的标题，随处可见。如《杀死小贝西的神秘凶手》、《为了爱情，女人怪事何其多》、《年轻姑娘为何自杀》等等。

（二）黄色新闻的泛滥

《世界报》星期日版有一个引人注目的漫画专栏，是画家奥特考特（Richard F. Outcault）的“黄孩子”（Yellow Kids）。主人公“黄孩子”只有几根头发，无齿傻笑，经常穿一件又长又大的黄衣服，到处东游西逛，发表观感，借以评论纽约新近发生的事件。由于漫画多以当时社会新闻为主题，而且趣味盎然，故黄孩子的大名在纽约家喻户晓。奥特考特随《世界报》星期日刊全班人马来到《新闻报》继续主持“黄孩子”专栏。普利策又请拉克斯（George B. Luks）到《世界报》主持该专栏，由此引发了“黄孩子双胞胎案”，为争夺“黄孩子”的版权而诉诸公堂。两报均刊登“黄孩子”的大幅广告，使“黄孩子”成为风行一时的人物。有人把它搬上舞台，在纽约音乐厅上演，使“黄孩子”成为《世界报》和《新闻报》的象征，加上两报充满刺激性新闻，于是人们将这种新闻和黄孩子漫画联系起来称它为“黄色新闻”。这一名称最早出自《纽约报》华德曼之口，经达纳的《太阳报》引用，此后成为人们熟悉的专用语。

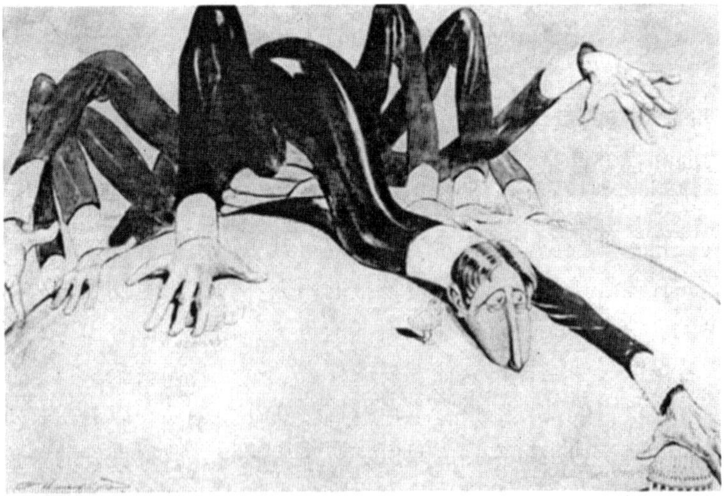

赫斯特漫画

美国新闻史学者莫特认为，黄色新闻和煽情主义新闻并非同义语。黄色新闻是建立在煽情主义基础上，注重犯罪、丑闻、流言蜚语、离婚、性的问题，强调灾害和体育新闻的报道。此外还有一些特殊做法：1）使用大字号煽动性标题（黑体字或套红色印刷），经常对不甚重要的新闻加以渲染、夸张，整个报纸版面给人以耸人听闻的虚假感；2）滥用照片，以至偷窃和伪造照片；3）种种欺骗手法，如捏造访问记和新闻报道，歪曲性的标题，假科学，假学术；4）星期日增刊，登载彩色滑稽连环画和肤浅的文章；5）标榜同情“受压迫者”，发动运动反对平民所遭受的欺辱。

《新闻报》与《世界报》激烈竞争中发展起来的黄色新闻，引起全国报纸的仿效，并于1899—1900年达到最高峰。当时21个报纸集中的城市里，约有三分之一的报纸是纯粹的黄色报纸。辛辛那提、圣路易斯和旧金山是黄色新闻的中心。《丹佛邮报》（Denver Post）是最“黄”的报纸，还有《波士顿邮报》（Boston Post）、《费城询问报》（Philadelphia Enquirer）也是典型的黄色报纸。不过也有一些报纸“洁身自好”，没有受到黄色新闻的影响。如《堪萨斯城明星报》（Kansas City Star）、纽约的《晚邮报》、《纽约时报》、《论坛报》等。在华盛顿、巴尔的摩以及南方城市，黄色报纸数量较少。

（三）煽动美西战争

美西战争是美国对外扩张、侵略的开始。美国资产阶级报纸煽动发起对西班牙的战争，以夺取其殖民地古巴和菲律宾。《新闻报》和《世界报》均大造舆论极力鼓吹战争。刊登西班牙在古巴的暴行报道、照片，以激发对西班牙的不满和抗议。1896年赫斯特就派速写画家雷明顿（Frederic Remington）到哈瓦那挖掘新闻材料。雷明顿到哈瓦那后，致电赫斯特：“这里很平静，不会有战争，想回去。”赫斯特回电：“雷明顿，留在那里，你供给照片，我制造战争。”后来赫斯特否认“制造战争”这句话，但他努力鼓吹战争，却是不争的事实。

1898年2月15日美国战舰缅因号在哈瓦那被炸沉，《新闻报》的通栏标题是：“炸毁缅因号是一个敌人所为。”该报不管法院的调查有无结果，断言这是西班牙人所为，并悬赏五万美元征求查明罪犯的证据。这一做法招致其他各报的效仿，战争气氛越来越浓。“勿忘缅因号事件”成为对西班牙挑战的口号，4月29日美国终于对西班牙宣战。

赫斯特派数艘汽艇和拖船，率领20名记者、画家、摄影家到战地采访。船上有印刷厂，可以随时印发《新闻报》。在缅因号沉没后，《新闻报》已发行一百余万份，战争中，发行150万份。

（四）教唆刺杀麦金莱总统

1896年7月以来，麦金莱一直是赫斯特攻击的对象。在麦金莱与白里安竞选总统时，赫斯特就竭力支持白里安，结果失败。1900年，白里安再次被麦金莱击败。赫斯特的《新闻报》不仅对他恶毒攻击，甚至煽动刺杀总统。肯塔基州长科贝尔被刺杀后不久，《新闻报》1901年2月4日刊登一首令人吃惊的四行诗："枪弹穿过科贝尔的胸膛，寻遍整个西部不知它飞向何方；它很可能向这里飞来，击中麦金莱把他送进停尸房。"两个月后，《新闻报》晚刊社论说："如果坏人和坏制度只有用杀的手段才能去掉的话，那就必须给杀死。"9月麦金莱遇刺身亡，从凶手杰高斯的口袋里搜出刊有攻击麦金莱文章的《新闻报》。副总统西奥多·罗斯福继任后，在致国会的第一封信中说，凶手之所以杀总统，很可能是受了政治演说和报纸恶毒攻击的言论影响。1906年他更明确地说明，煽动者就是赫斯特。赫斯特的教唆杀人引起社会公愤。他的模拟像被吊在公共场所，读者纷纷抵制《新闻报》。赫斯特不得不把报名改为《美国人报》。

（五）黄色新闻的衰落

1901年以后，《新闻报》和《世界报》的竞争趋于缓和，庄重报纸如《纽约时报》兴起，人们对黄色新闻负面影响的厌恶，使得黄色新闻逐渐衰落。再过十年，黄色新闻的浪潮才平息下来，新闻工作者才集中注意于更加理智地运用标题、图片和彩色印刷等问题。

三、奥克斯和《纽约时报》

阿道夫·奥克斯（A.S.Ochs，1858—1935）生于辛辛那提德国犹太移民家庭，从小在印刷所当学徒，1878年买下一家地方小报，办得颇为成功。1896年，当《纽约时报》由于创始人去世陷入经营危机时，奥克斯接管了该报，与股东们达成协议，如果他能在四年内使报纸恢复元气，该报将由他控制。

（一）庄重的新闻政策

奥克斯的挽救计划既不像赫斯特和普利策那样展开耸人听闻的新闻比赛，也不像纽约的一些出版商那样，用通俗化的内容赶上大量发行的大报。他愿意出版一份新闻全面、社论稳健，供不喜欢过分强调性的材料和特写的读者阅读的报纸，他的原则宣言中包括：我的殷切目标是：《纽约时报》要用简明动人的方式，用文明社会中慎重的语言，来提供所有的新闻；即使不能比其他可靠途径更快提供新闻，也要一样快；要不偏不倚，无私无畏的提供新闻，不论涉及什么政党、派别或利益；要使《纽约时报》的篇幅成为研讨一切与大众有关的重大问题的论坛，并为此目的而邀请各种不同见解的人参加明智的讨论。他的报上不刊登连环漫画，把"刊载一切适于刊载的新闻"刊登在每日头版报眼上，以"本报不会玷污早餐餐巾”为广告树立庄重、严肃的报纸形象。

《纽约时报》的特稿很有特色。报道每天的地产交易情况，增加每周金融评论，辟开列法院案件和记录的专栏、书评专页，报道重点放在政府新闻上，详细刊载政府文件、重要演说、外交协定，并有以评述时事为主的星期日增刊。

（二）任用优秀编辑范安达

奥克斯认真选用富有经验的新闻人才担任编辑记者。1904 年起卡尔·范安达（Van Anda）开始担任总编。范安达是美国现代新闻史上的一个极富传奇色彩的人物，被很多报界同仁视为办报天才；还是在俄亥俄州乡下度过童年时，就显示出对报纸的强烈爱好，曾把各种报纸剪贴在一张纸上卖钱。

范安达同奥克斯一样不苟言笑，他的目光被称为“范安达死光”。他在 20 年里恪尽职守，兢兢业业，每天工作 12 个小时，每周七天，天天如此。与奥克斯是最亲密、最默契的合作者，奥克斯为搞到新闻不惜资本，范安达则让物有所值。他对日常发生的大量新闻和重大突发性新闻十分关注，想方设法争取速度赶在截稿前把稿件发出，但又要求用认真、负责的态度对待每一篇报道。他的杰出成就突出表现在 1912 年泰坦尼克号邮船沉没事件的报道。

1912 年 4 月 15 日星期一凌晨 1 点 20 分，编辑部收到美联社发来的第一份报道豪华邮轮泰坦尼克号处女航中撞上冰山的消息，范安达立即向驻哈里法克斯和蒙特利尔的《纽约时报》记者和白星航运公司办事处了解到该船无线电报在第一次呼救后半小时，已不再发声。因此，他断定船已沉没。

凌晨 3 点半以前，范安达和编辑部其他成员已经组织好这次报道。根据名单准备好了一篇著名乘客的背景介绍，还准备了供头版刊用的该船的照片，上午，在其他报纸关于这件事的报道还不完全和不确切时，该报却用数栏大字报道了泰坦尼克号沉没的消息。

星期二、三、四，当死里逃生的人们陆续抵达纽约时，范安达在港口附近的旅馆租了一层楼，建设了四条直通编辑部的电话线，在营救船到达三小时后，该报第一次印刷的报纸就出现了。一共 24 页，其中 15 页报道了泰坦尼克号的两千多名乘客有一千五百多人丧生的消息。在重大新闻的采访和组织工作方面，这一天的《纽约时报》至今仍称得上是个杰作。

1914 年 8 月该报第一个获得了英国外交部给德国和奥地利信件的原文，并立即用六个版的篇幅全文发表。次日，又发表了德国就宣战的前因后果进行说明的独家新闻。《纽约时报》在整个一次大战中战地报道全面翔实，图文并茂，在数次重大新闻报道中获得了较高的声誉，1899 年发行 7.5 万份，1901 年超过 10 万份，成为面向上层读者的严肃性报纸的先驱。

1925年范安达退休，而他制定的传统一直延续下来，即以“客观的、超党派”的态度刊登长篇的报道，报道国内外一切重大新闻，包括被其他报纸忽视或压缩成概要的新闻。这传统使该报享有了“档案记录报”之称。

1918年普利策新闻奖第一次颁发时，《纽约时报》当之无愧地成为获奖者。

四、斯克里普斯和报团的出现

爱德华·怀利斯·斯克里普斯（Edward Wylies Scripps，1854—1926）出生于伊利诺伊州拉希维尔的一个农场。1872年，在底特律《论坛报》做办事员，次年转入兄长办的《底特律新闻报》做发行和编辑工作，后改任本市新闻编辑，从此正式步入报坛。1878年11月2日他在兄长的帮助下，创办了《克利夫兰报》，在他的努力经营下，该报状况日趋改善。在办报方针上，抨击大企业的权势和法律、政治等方面的各种权威，强调为劳工福利服务，他说：“我有一个原则，即竭力使富有的人难以更富有，贫穷的人易于不再更贫穷”。在编辑业务上，讲求语言简练可读，言论客观。几年后，该报销数超过当地其他任何报纸，获得大量利润。

《克利夫兰报》成功后，斯克里普斯在19世纪80年代开始向其他城市扩张，接连创办了《圣路易纪事晚报》（1880）、《辛辛那提邮报》（1881）、《肯塔基邮报》（1885）等报纸，初具报团的规模。

1889年他与弥尔顿·A·麦克雷合作组成“斯克里普斯—麦克雷报团”，拥有2/3的股份。这一联合报团不断扩大，相继增加了《堪萨斯市世界报》（1897）、《阿克朗报》（1899）、《底麻恩新闻》（1902）、《哥伦布公民报》等。到1911年，该报团已经在俄亥俄、印第安纳、田纳西、衣阿华、科罗拉多、德克萨斯等州拥有18家报纸。1914年又增至23家报纸。

值得一提的是，进入20世纪后，赫斯特控制的报纸也在不断增多，1900年在芝加哥创办《美国人报》、1902年出版《芝加哥检查报》、1904年创设波士顿《美国人报》。他不仅控有大量报刊，而且还控有了许多其他新闻传播媒介。1907年，开办了国际新闻社和全国新闻社，向报团控有的报纸和其他报纸提供新闻。

当时还出现过一些报团。据记载，1900年美国有八个报团，控有27家主要报纸，约占日报发行量的1/10。这是美国报业垄断化的开始。

第八节　现代战争中的报业

一、第一次世界大战期间的报业

1914 年 8 月第一次世界大战爆发，1917 年美国参战，虽然有两洋做屏障，战火没有燃烧到美国本土，但整个国家还是弥漫着浓厚的战争气氛。

（一）成立公共新闻委员会

美国宣战后一周，威尔逊总统就下令成立公共新闻委员会，主要负责发布关于战争的实况，协调政府的宣传工作，充当政府与报纸之间的联络员。该委员会制定了一套自动的新闻检查制度，报纸的主编都必须遵守这些规定，不登有利于敌人的消息。新闻记者出身的乔治·克里尔负责领导该委员会的工作。

克里尔做的第一件事就是规定关于部队调动、船只开航和其他纯军事性质的消息禁止发表。1917 年 5 月委员会发行一种《官方公报》，用报纸的形式发布消息。此外克里尔要求广告商和出版物为政府提倡的各种运动、红十字会及其他有关战争的活动捐赠广告篇幅。

作家、画家创作了鼓舞人心的广告词和招贴画，电影厂生产了爱国主义和有教育意义的影片。

（二）颁布新闻检查法令

1917 年 6 月 15 日政府颁布了惩治间谍法，法案规定凡故意制造假报道或错误言论企图破坏陆海军的军事行动，企图引起武装部队的不忠诚或妨碍征兵的，均处以重大罚款或监禁。有悖该法案条文的所有信件、通知、报纸、小册子、书籍和其他材料一律不得邮寄。

该法案沉重打击了社会党机关报和德裔美国人的报纸，其他几个反战的或反协约国的刊物都被取消了邮寄权。

1917 年 10 月颁布的通敌法案，授权对所有海外通讯进行检查，并规定用外文发表的报纸和杂志如经要求须把译文送交当地邮局，这主要是为了控制德文报纸。用海底电报、电话或电报传送的国外通讯，由新闻检查局进行检查，为此政府于 1917 年 10 月成立对通讯工具进行控制的新闻检查局。

1918 年 5 月对惩治间谍法又作了进一步的修正和扩大，“任何对美国政府的形式，或宪法、陆海军，国家或军队制服使用不忠诚的，亵渎的，谩骂的或侮辱性的语言”进行写作或出版，或对这些观念和制度进行“侮辱、蔑视、谩骂或毁坏名声”的言论，均以犯罪论处。这些条文使邮政总长在取消出版物的邮寄权方面拥有前所未有的巨大权力。

（三）战时报道和战地记者

一战期间，美国约有五百多名记者在欧洲战场采访。1917 年参战后，又增派了 40 名记者随美军在欧洲登陆。在欧洲战场采写的所有新闻都要经美国远征军情报处新闻组检查。关于一般的交战、伤亡和部队番号的消息，只有在官方公报已经提到的情况下才能发表。在国内的训练营和军队驻地也驻有新闻官员。

在关于战争的报道中，纽约《论坛报》记者戴维斯（Richard H. Davis）关于德军进驻布鲁塞尔的报道，合众社记者弗格森（Fred S.Ferguson）关于圣·米耶尔战役的抢先报道，威尔·欧文关于伊普雷战役和德国首先使用毒气的报道，都是当时著名的战地新闻。

记者们在战争中面临着枪林弹雨的考验，冒着生命危险采写新闻，《芝加哥论坛报》的记者弗洛伊德·吉本斯就被德军的机关枪打瞎了一只眼睛。

当时还有一种战地报纸，即远征军各部队出版的自己的报纸。最著名的是《星条旗报》，1918 年 2 月创刊于巴黎，后来《纽约人》的主编哈罗德·罗斯任首席编辑，由著名的记者格兰特兰·赖斯和亚历山大·伍尔科特协办。

二、两次大战之间的报业

二次大战期间，美国报纸的突出特征是报纸的合并和垄断的加剧。

（一）报纸的兼并与集中

美国报纸合并的原因在于：

（1）独立报业的兴起以及代表各种派别报纸的纷纷创刊，以致报纸数目远超出社会的需要，合并淘汰是大势所趋。

（2）现代报纸均以广告为主要财源，而广告客户往往将广告刊登于影响力或销数最大的报纸。在这种情形下，影响力小或销数小的报纸，经济难以维持。

（3）早报和晚报由一家经营，成本降低，故形成早报与晚报合并的局面。

（4）报纸经营现代化，固定资本与流动资本均大幅提高。故资本较小的报纸很难与大报竞争。

（5）因美联社对于非会员的供给新闻有限制，所以新兴的大报要想取得美联社的会员权，必须合并当地实力较弱的美联社会员。

据美国参议院《经济集中与二次大战》的报告记载：1909 年美国有日报 2200 家，1944 年减至 1744 家，减少了约 20%。据 1940 年的调查，全国有 1425 个城市（占全国地区的 88%），当地只有一家报纸，或有一家以上而属于同一家公司。在全国最大的 104 个城市里，有 20 个大城市只有一家报纸，或有一家以上而属于同一家公司。同时在这 104 个城市里，82 个城市有早报，其中 74 个城市只有一家晨报，有晚报的有 101 个城市，其中 72 个城市只有一家晚报。

下面两个表反映了报刊兼并集中的一些数据：

日报种数销数变化

年份	日报种数	日报销数	全国人口总数
1880	909	3566395	50153785
1900	2190	15102156	75994575
1910	2433	24211477	91972266
1920	2042	27790656	105710260
1930	1942	40000000	122000000
1940	1878	41131611	131669275

“一城一报”发展情况

年份	有日报的城市数	独家日报城市数	所占百分比	无竞争性日报城市数	所占百分比
1880	389	149	38.3	150	38.6
1900	915	353	38.6	356	38.9
1910	1207	509	42.2	518	42.9
1920	1295	716	55.3	743	57.4
1930	1402	1002	71.5	1114	79.4
1940	1426	1092	76.6	1245	87.3

无竞争性日报的城市包括：独家日报的城市以及虽有几家日报但同属一家公司的城市。

（二）报纸销量增加

与报纸种数减少相对，销量一直在迅速增加。1909 年，全国日报总销数2420万份，1942 年达4340万份，1959 年增至5670万份。

报纸的个别销数也在不断增加。1914 年纽约《新闻晚报》（Evening Journal）销量近 80 万份，是美国销量最大的日报。纽约《星期美国人报》（Sunday American）销量为 75 万份，是销量最大的星期报。销量最大的晨报是《波士顿邮报》，发行 42.2 万份。1924 年纽约《每日新闻》（Daily News）超过《新闻晚报》成为第一份突破百万份大关的报纸，其星期报也超过《美国人星期报》，突破百万大关。1940 年《芝加哥论坛报》成为超过百万份的第二家日报。

（三）报团的发展和新垄断格局的形成

1933 年美国有 63 个报团，拥有 361 家报纸，销量占全国的 37%，其中最大的六个报团有报纸 81 家，销数占全国的 21%；到 1940 年，报团报纸的总销数占全国总销数的 40%，而报团星期报的总销数占全国星期报总销数的 1/2。具体情况见下表：

年份	报团数	控制日报数	占日报总数	占日报总销量
1910	13	62	2.8%	
1930	55	311	16%	43.4%
1935	63	328	17%	41%
1945	76	368		

这一时期影响较大的报团有：

（1）芒西报团。1889年弗兰克·芒西（Frank Munsey）创办了《芒西周刊》（Munsey's Weekly），随后改为月刊，这是他“报业帝国”的第一步。1893年，他将这份刊物减为一角一份，大获成功。1891年创办消遣性的《大陆报》（Continent），内容以图画和人情味新闻为主，但四个月后以失败告终。1901年10月收买华盛顿《时报》（Times）和纽约《每日新闻》（Daily News）。1902年10月收买《波士顿新闻》(Boston Journal)。1908年购入巴尔的摩《新闻晚报》，并在费城创办《时代晚报》（Evening Times）。

芒西曾这样表白他的报业哲学：“经济学上的定律，同样适用于报纸企业，而且对于现代所有企业都相吻合。在工商业、运输业、银行业……小型企业无论如何不能与大企业竞争。”简言之他认为报业要发展就需要合并。

1916年芒西取得纽约《太阳报》的控制权，将它与1912年买到的《新闻报》合并，经营效果不甚理想。1920年，收买纽约《先驱报》，把《新闻报》与之合并。1923年兼并《环球报》，1924年又吞并《邮快报》。许多著名的报纸都落入他的手中，因此被称为“报业绞肉机”。1925年正当他为收买芝加哥《每日新闻》进行谈判时突然去世，他一手建立的报业帝国，也随之瓦解。

（2）斯克里普斯报团。1914年，斯克里普斯—麦克雷报团有报纸23家，同年两人因意见不合，麦克雷退出报团。1917年斯克里普斯将报团交与两个儿子詹姆斯（James G.）与罗伯特（Robert P.）经营，1920年合众社总经理霍华德（Roy W.Howard）接任报团主席职务，后罗伯特与霍华德合作，编辑权与经理权完全平等，自此成为美国当时最有势力的斯克里普斯—霍华德报团（Scripps-Howard Chain）。

20年代该报团增加了18家报纸，主要有匹兹堡的《新闻报》（Press）、《纽约电讯报》（N.Y.Telegram）、丹佛的《时报》（Times）和《洛基山新闻》（Rocky Mountain News）等。30年代又增加三家报纸，如德克萨斯的《前锋报》（Herald）与《邮报》（Post）。在众多次合并中，轰动一时的是1931年合并普利策的《世界报》。普利策1911年10月29日去世时曾留下遗嘱，规定《世界报》永远不得出售，并嘱咐他的儿子及子孙，必须负责保持、改进、并永远维护这份报纸。但他的三个儿子仅仅把这份遗嘱遵守了20年。从1927年起，《世界报》的业务就开始衰败，1930年，早、晚及星期版亏损190万美元。1931年霍华德以500万元高价收购该报的早、晚及星期日版。将晚刊合并于《电讯报》，改名为《世界电讯报》(World-Telegram)，而将早报及星期版停刊。

老斯克里普斯1926年去世，以后霍华德就成为该报团的实际负责人。

(3) 赫斯特报团。1917年以后，赫斯特报团每年都增加新的报纸。如1918年买入芝加哥《论坛报》，1919年买入《华盛顿时报》和《威斯康星新闻报》，1921年买入《底特律时报》，1923年买入《巴尔的摩新闻报》，1927年买入匹兹堡的《太阳报》，1934年买入巴尔的摩《邮报》等等。

这些报纸在买进后加以合并，如1933年《美国人报》并入《镜报》等。1935年赫斯特报团达到鼎盛时期，在19个城市拥有26家日报，发行量占全国的13.6%，17家星期日报，发行量占全国的24.2%，另外还有14家杂志，三个通讯社，二个电影公司，八个电台，成为煊赫一时的报业王国。

赫斯特并不满足于报业的成就，他还怀有强烈的政治野心，参加竞选国会议员、参议员、纽约州长以及美国总统，花费了大量竞选经费。同时又挥金如土，穷奢极欲。它的报团1924年已开始负债，1929年经济大萧条中陷入困境，使他不得不于1930年将几个最值钱的报纸售出5000万元股票，1937年将他最大的财产“美国人报纸公司”向银行抵押10年。由银行成立保管委员会，全权处理他的报纸。1951年他去世后，报团由他的儿子们继承。他的报团仍为美国大报团之一。

(4) 麦考密克—帕特森报团。罗伯特·麦考密克 (Robert R.Mccormick) 和约瑟夫·帕特森 (Joseph Medrll Patterson) 是表兄弟，同年出生，耶鲁大学同学，同年毕业。麦考密克研究法律，曾任律师，帕特森曾到中国、德国、俄国、比利时担任战地记者。

该报团控制了美国两家销数最大的日报，即《纽约每日新闻》和《芝加哥论坛报》以及几家地方小报。在两人先后于1946年和1954年去世后，报团自然瓦解。

三、二战中的新闻界

绥靖主义在1938年9月的慕尼黑协定中达到顶峰。美国虽未参加该协议，但却参与了对德国的绥靖活动。在日本偷袭珍珠港后，美国也卷入了战争。

（一）战时新闻政策

在“为国家利益服务”的名义下，美国政府采取了“大棒加胡萝卜”的两手政策把新闻界控制在手中：对新闻实行严格有效的检查，同时充分利用媒介，以此作为对敌宣传、争取舆论、鼓舞士气的工具。

美国战时的新闻检查，是通过两个层面实现的：“一是国内一般的新闻检查，此种检查系由美国新闻检查局进行。美国对日宣战不久，就成立了新闻检查局。美联社执行主编拜伦·普赖斯被任命为局长。作为检查的标准，1942 年 1 月，政府颁发了《美国报纸战时行为准则》。这个准则，同样也适用于无线电广播。据此，报纸、杂志、书籍等传播媒介，均不得不适当地刊登有关军队、飞机、船只、战时生产、武器、军事设施和天气预报等消息。”“二是前线各战区司令部对前线记者采写新闻所进行的检查。此种检查，比起新闻检查局来，要严格得多。”“通过这两方面的检查，美国的新闻媒介，基本上被纳入了战争轨道。”①

战时新闻局还负责对海外的宣传工作，配合军队进行心理战术。如出版《时事周报》、《降落伞新闻》、《马里亚纳时报》等日文报纸，用飞机把它们撒向日军阵地。此外还设立了美国之音电台，主要进行对外广播。

（二）战时新闻宣传

二战时期，美国各报纸、通讯社、杂志、电台等新闻媒介向海外派出了大量记者，一度达到五百多名，美国武装部队还委任了 1646 名通讯员，其中不乏女记者，如国际新闻社派驻北非和欧洲的特写记者伊内兹·罗布、合众社的埃利诺·帕卡德和达德利·安妮·哈蒙等。正是这些深入实地的战地记者，使美国媒体对二战的报道达到了有史以来最出色、最充分的程度。而这辉煌的成就无不浸透着记者们的心血、甚至生命，有 37 名美国记者血洒战场。

在战争报道上最有成效的报刊有：《纽约时报》、《芝加哥每日新闻》、《巴尔的摩太阳报》、《时代》周刊等。《纽约时报》的军事评论、战略分析文章在当时享有很高的声誉。尤其是该报科学记者威廉·劳伦斯成了战争期间目睹原子弹爆炸的惟一见证人和记录者。《芝加哥每日新闻》则第一个全面地报道了苏芬战争、德国入侵挪威及苏德战争的生动场面等。

广播更是发挥了其声音和时效的优势，把大量生动的新闻传回国内。哥伦比亚广播公司驻欧洲的记者爱德华·R·默罗和威廉·L·夏勒、全国广播公司的 H.V. 卡顿伯恩就通过无线电波把战争新闻带到了美国家庭的起居室。默罗就是以《这里是伦敦》的现场广播报道而一举成名。

---

① 张昆：《简明世界新闻通史》，230 页，武汉，武汉大学出版社，1994。

四、朝鲜战场上的新闻管制

二战后不久，美国就打着联合国的旗号发动了朝鲜战争（1950—1953）。大批记者蜂拥而至朝鲜半岛。驻朝鲜联合国军司令麦克阿瑟将军，最初听任记者自行其是。记者们并没有领他的情，发表了一些对他不利的消息和言论，如反映士兵士气低落，刊出颇有怨言的访问记等。这些言行激怒了麦克阿瑟，作为回应，1951 年 1 月，他颁布了一套严格的检查条令：不仅检查军事消息，还检查所有可能损害联合国军士气或使美国及其盟国和中立国感到为难的言论。记者要把“退却”写成“向后发起了进攻”才能通过检查。

1951 年 4 月，麦克阿瑟被撤职，新闻方面的检查有所松动。

五、二战以后报业的发展

二战以后，美国成为世界上的头号强国、资本主义世界的领导者。国力的增强，经济的发展，军备的扩张，使美国报业出现了一些新的特点。

（一）继续兼并集中

报纸发行量持续上升，但日报总数不断减少。“一城一报”现象愈发严重。参见下面两表①：

日报种数销数变化

年　份	日 报 种 数	日 报 销 数	全 国 人 口 总 数
1949	1 780	52 845 551	14 7946 000
1964	1 763	60 412 266	192 000 000
1979	1 756	62 000 000	220 000 000
1983	1 790	61 400 000	

“一城一报”发展状况

年　　份	有日报的城市数	独家日报的城市数	所占百分比	无竞争性日报的城市数	所占百分比
1954	1 448	1 188	82	1 361	94
1961	1 461	1 222	83.6	1 400	95.8
1971	1 511	1 312	86.3	1 474	97.6
1976	1 550	1 369	88	1 511	97.5

① 张允若、高宁远：《外国新闻事业史新编》，156 页。

据统计，1985 年美国有 1534 个城镇出版日报，只有 142 个城市存在两个或两个以上的报纸，而且大都属于同一公司，因而形成了垄断进一步加强的局面。

（二）报团的兴衰变化

美国的报团在战后新一轮竞争中，或衰落、或消失、或更加发达。

世界上最早的报团斯克里普斯报团在战后逐渐衰落。根据 1986 年的统计资料，美国当时十大报团的排列顺序是：1）甘尼特报团，拥有 88 家日报、21 家周报；2）奈特—里德报团，拥有 28 家日报、12 家非日报；3）纽豪斯报团，拥有 26 家日报、7 家杂志；4）论坛报报团；5）时报—镜报报团；6）道·琼斯报团；7）美国新闻出版公司；8）纽约时报报团；9）汤姆森报团；10）斯克里普斯－霍华德报团。

六、跨媒介与跨行业垄断发展

美国从单一的新闻经营向多种产业经营转变的步伐在近年来越来越快，众多跨国公司纷纷看好新闻产业，不惜巨资收购报纸、广播、电视，甚至整个媒介集团。1985 年 3 月，首府传播公司以 35 亿美元收购美国广播公司的消息让整个传媒界震惊。而 10 年之后，靠动画片起家的迪斯尼公司又收购了首府－美国广播公司，一跃成为世界上最大的传媒娱乐帝国，集电视、广播、出版、娱乐、电讯于一体，既能制作又可播出，年收入将达 160 亿美元。就在迪斯尼公司收购了首府－美国广播公司的消息传出不到 24 小时，西屋电器公司宣布出资 54 亿美元收购哥伦比亚广播公司。时代－华纳不甘示弱，连续吞并了包括 CNN 在内的六家公司，重新抢回了第一的宝座，1996 年的收入达 209 亿美元。

《1996 年电信法》的出台，推倒了行业壁垒，使兼并高潮达到了空前的程度，仅以 1997 年为例：

（1）奈尼克斯公司以 221 亿美元买下了贝尔大西洋公司，成为美国最大的地区性电话公司。

（2）默多克新闻集团以 30 亿美元购买了新世界通信集团的全部股权，成为美国最大的拥有 22 个连锁电视台的业主。

（3）美国西部公司以 108 亿美元获得美国第三大有线电视公司——大陆有线电视公司的控制权。

（4）芝加哥论坛公司以 11.3 亿美元买下复兴通信公司，因而成为拥有 16 家电视台的大公司，其节目可进入美国三分之一的家庭。

（5）甘尼特公司以 17 亿美元买下多媒体娱乐公司。

（6）达拉斯的贝洛公司以 15 亿美元买下普洛维斯日报公司，从而拥有 16 家电视台和一个有线网以及两家报纸。

(7) 钱勒斯广播公司以 3.65 亿美元从科尔法克斯公司买下 12 家广播电台。[①]

兼并重组的浪潮从美国掀起，继而扩展到其他发达国家，呈现了国际化的趋势。跨国集团不断涌现，如默多克的新闻集团、索尼公司等。

第九节　报业现状

一、报纸综述

(一) 种类

美国是当今世界上报业最发达的国家。据《不列颠百科全书 1993 年鉴》，90 年代初，美国有英文日报1626种，日发行量超过6300万份；其中 847 种日报有星期日版，每期发行6200万份。此外还有其他几种文字的日报，7600种非日报，每千人拥有日报数为 251 份。

(二) 特点

(1) 篇幅多，广告比重大。从下表可看出二战以后各类报纸平均页数的增长趋势：

年代	晨报	晚报	星期天报（刊）
1946	23 页	24 页	71 页
1956	34 页	35 页	107 页
1966	45 页	45 页	140 页
1974	63 页	57 页	188 页
1980	72 页	60 页	208 页
1988	79 页	66 页	232 页

据 1987 年统计，大城市的晨报平均 91 版，晚报 77 版，星期日报 351 版。其中 2/3 是广告。报纸巨大的篇幅造成巨大的纸张消费，美国 1989 年消耗的新闻纸达12343000吨。不过 37％的新闻纸可以回收利用。

(2) 内容庞杂，包罗万象。除了新闻、特写、评论以外，还有娱乐、体育、旅行、家具、起居、购物、餐饮、园艺、服装等等方面的文章。

(3) 进一步加强深度报道，报纸呈现“视窗化”趋势。虽然无法与电子媒介

① 参见谢国平：《改变世界的搏击》，104—105 页，上海，复旦大学出版社，1999。

的速度抗衡，报纸扬长避短，增加调查性、解释性报道的比重。同时，报纸由只注意内容，转向形式的多样化，用图片、大幅标题对读者造成强烈的视觉冲击，以引起其阅读欲望。

（三）发行量

根据美国 1998 年 3 月 31 日至 9 月 30 日报纸发行排行前 25 名名单，可以看出美国报纸近期的总体走势是：平均销量下降，但大报看好。

星期日发行量排行前 10 名的报纸

	每星期日销数
纽约时报	1627099
洛杉矶时报	1361202
华盛顿邮报	1080082
芝加哥论坛报	1019458
费城问询报	880918
纽约每日新闻	810295
底特律新闻与自由新闻报	805405
达拉斯晨报	780084
豪斯顿纪事报	752190
波士顿环球报	751021

排行前 10 名的日报

	每日销数
华尔街日报（全国版）（周一至周五）	1740450
今日美国（周一至周四）	1653428
洛杉矶时报（周一至周五）	1067540
纽约时报（全国版周一至周五）	1066658
华盛顿邮报（周一至周五）	759122
纽约每日新闻（周一至周五）	723143
芝加哥论坛报（周一至周五）	673508
新闻日报（周一至周五）	572444
豪斯顿纪事报（周五至周六）	550763
芝加哥太阳报（周一至周五）	485666

（四）报团的变化

当代美国主要报团[①] 有：

公司名称	日刊发行量	日报数量	星期日报总数	星期日报数量
甘乃特报系	6022929	82	5689876	63
奈特－里德报系	3794809	28	4681411	24
纽豪斯报系	2997699	26	3784926	21
时报－镜报公司	626259	8	3144142	7
论坛报公司	2608222	9	3428671	7
道·琼斯报系	2409955	23	495665	14
汤姆森报业公司	2127123	122	1681684	70
纽约时报公司	1919094	27	2461966	17
斯克里普斯－霍华德报系	1570957	21	1755627	11
科克斯企业公司	1280040	18	1654123	17
赫斯特报系	1207089	13	2349024	10

（五）问题与对策

90年代中后期以来，由于全国广告直接邮寄、电子媒介的冲击、发行量下降、新闻纸价格上涨等诸多原因使美国报纸面临着前所未有的困境。一些报纸惨淡经营，要么倒闭、要么卖出。西部最大的时代－镜报公司（Times Mirror Co.）就关闭了《巴尔的摩太阳晚报》(Baltimore Evening Sun)；该公司苦心经营10年的《纽约新闻日报》(New York Newsday）也因亏损一亿美元而不得不倒闭，让2000名职员丢失了工作；接着，公司的“旗舰”《洛杉矶时报》采取“瘦身法”，削减了10个部门，成为1995年美国新闻界的热门话题。

奈特—里德公司（Knight—Ridder Inc.）的境遇也不妙。它削减了《迈阿密先驱报》（Miami Herald）300个职位，以换取《费城每日新闻》（Philadelphia Daily News）的正常运转；《休斯顿邮报》（Houston Post）也因经济原因倒闭，1500名职员被迫离职。

如履薄冰的美国报业开始探索冲出困境的出路，如开发电子网络报纸、改进广告、提高销路、与受众建立良好关系等。道·琼斯公司一面向电视业进军，一面固守《华尔街日报》这块阵地，出资6500万美元改进设备，增加彩色版，以吸引广告商。

---

① 参见胡舒立：《美国报海见闻录》，1版，15页，北京，中国广播电视出版社。

1996 年报界宣布成立一个新的报业联合体，即“新世纪网络”（New Century Network），由八家大报集团组成，包括 185 家日报和两万多名记者。目的是以有组织的形式制止报业下滑，同时便于在信息传播和广告方面利益共享。

（六）主要报纸

据 1998 年的统计数字，美国报纸发行量最大的十家日报（不包括星期日版）是：《华尔街日报》（1740450）、《今日美国》（1653428）、《洛杉矶时报》（1067540）、《纽约时报》（1066658）、《华盛顿邮报》（759122）、《纽约每日新闻》（723143）、《芝加哥论坛报》（673508）、《新闻日报》（572444）、《豪斯顿纪事报》（550763）、《芝加哥太阳报》（485666）。

但是发行量高并不等于报纸的声誉高，《纽约时报》等六家日报被公认为美国主要报纸。

1．《纽约时报》（New York Times）

《纽约时报》1851 年由雷蒙德创办，在它初创时期，美国新闻史学家莫特这样评价道：“《纽约时报》代表了便士报时期的最高成就。”

雷蒙德去世后，该报一度下滑，1896 年阿道夫·奥克斯（Adolph S.Ochs）接办实行改革。他压缩了小说的篇幅，加强新闻；扩大经济消息，每周都发表金融评论；非常详细地报道政府新闻和法院案件，甚至不忘纪录城中的每一次火灾。奥克斯的宗旨是“报道一切适合刊登的新闻”。

奥克斯 1935 年去世后，其女婿阿瑟·海斯·苏兹贝格成为发行人。1961 年苏兹贝格退休，女婿奥维尔·德赖富斯接任，两年后，德赖富斯去世，老苏兹贝格之子阿瑟·奥克斯·苏兹贝格继任。

小苏兹贝格在主张保持该报传统风格的同时，还致力于革新，其中颇为引人注目的就是改版。1976 年 9 月，《纽约时报》将八栏改为六栏，在头版增加了图片和空白，相对减少了新闻，黑、白、灰分明，便于阅读。为适应读者多样化的口味，推出一系列专刊和副刊，如《每日经济》、《体育》、《生活》、《家庭》、《旅游》、《健康》、《书评》等。

经过近一个半世纪的发展，该报已成为美国、乃至西方世界最具权威性的报纸。

从内容上看，它并没有商业社会常有的那种浅薄和哗众取宠之处。它格调严肃，不以惊世骇俗的大字标题、耸人视听的下流新闻招徕读者；它信息量极为充足，对每一起国内外重大事件，对社会政治、经济、文化的方方面面，都有详尽的独家报道；它总是对一切事物保持冷静的姿态，用最巧妙、最职业化的手法掩盖报纸的倾向……而这一切，恰恰很集中地代表着公认的当代西方报纸价值取向。有的学者认为，它从编排上看，不似《真理报》之精益求精；从文辞上看，不及《泰晤士报》之自然优美；从报道上看，不比《费加罗报》之详尽；从风格上看，不如瑞士《新苏黎世报》或德国的《法兰克福汇报》之严肃庄重；但它在兼有这些优点方面，远远超过世上任何一家报纸。

《纽约时报》一向以“历史的记录者”自居，不放过任何有价值的新闻，哪怕有风险也要刊登。70 年代发生的“五角大楼文件”事件就充分说明了这点。

从 1971 年 6 月 13 日起，《纽约时报》开始系统披露一份揭露美国越战内幕的绝密文件。该文件是美国前国防部长麦克纳马拉命人准备的，7000 页，共计 250 万字，涉及美国卷入印度支那战争二十多年来的全部情况，足以说明美国政府的错误、愚蠢和虚伪。6 月 15 日纽约联邦南区法院根据政府要求颁布临时限制令，禁止《纽约时报》继续刊发五角大楼机密文件。司法部长米切尔的理由是该文件的发表会影响国防安全和国家利益。《纽约时报》则认为，首先，在非战争时期，任何人无权事先约束消息的公布，即使该消息公布后触犯了法律，也只能事后裁决，事先限制新闻的行为是对宪法第一修正案的践踏；其次，这些文件被列为绝密，不是由于国家安全的原因，而是由于政府担心文件公之于众后，会有碍自身形象。这一事件轰动了美国和世界，有学者称：当时，我们都震惊了，因为政府居然可以制止最有影响的《纽约时报》发表一条重大新闻。我们觉得，历史好像一下回到了 250 年以前，回到了亨利八世的时代。1971 年 6 月 30 日，最高法院以六比三作出裁决：报界有权公布历史记录，不管这些记录是否印有“绝密”标记。《纽约时报》获胜了！

《纽约时报》篇幅巨大，内容丰富。平日版约为 80 至 100 版。1980 年起分纽约版和全国版两种，纽约版有 ABCD 四部分：A 组为国内外新闻版，包括社论和社论版对页；B 组为都市版，报道纽约、新泽西、康奈狄克地区的新闻以及部分全国新闻；C 组为特写版，从周一到周五分别刊登体育、科学、生活、家庭、周末等不同内容的新闻特写；D 组为经济版。全国版主要是平日版 AD 两组的内容，由卫星传送到新泽西州、芝加哥、佛罗里达、加利福尼亚等地印行。星期日版在 400 版以上，除新闻版外，还有 7 到 10 个专刊副刊，90 年代初每期 398 页到 576 页，1997 年最多时达到过 1614 页，重达 5 公斤半。1998 年星期天版约为发行 163 万份。

《纽约时报》的读者以政界、企业界和知识界为主，是国会议员、高级官员、工商巨头和许多国家首脑必读的报纸。

该报共有四千多名工作人员，从事新闻业务的有 1100 人。强大的从业者队伍使报纸有着丰富的稿源，美联社、路透社等大通讯社的稿件也不过 5% 左右。

报纸25%的收入靠发行，75%靠广告支撑。

1994年11月《纽约时报》进军有线电视业，购买了“爆玉米花频道”40%的股权，该报宣称，今后六年它准备向电视台、有线电视业和多媒体领域投资10亿至15亿美元，使该报的电子业利润比例上升到25%。目前《纽约时报》公司占有电视网的五个小型附属台，其中包括哥伦比亚广播公司的三个附属台、美国广播公司的两个附属台和纽约市一家调幅调频广播电台。

2.《华盛顿邮报》(Washington Post)

民主党人史蒂森·赫金斯创办于1877年12月6日，对开四版，零售价三美分，发行一万份。

1889年赫金斯将报纸卖给哈顿和威尔肯斯。

1905年至1916年间，转入《辛辛那提简讯报》老板麦克利恩手中，他增加了广告收入，却降低了报纸的信誉和影响。

1916年至1933年麦克利恩去世，其子爱德华成为报纸发行人，因他与共和党总统哈定关系密切，从而使报纸成为共和党人的工具。这时期，报纸发行量逐步下降，广告大减。

1933年，《华盛顿邮报》被公开拍卖，金融家尤金·迈耶以82.5万美元买下该报，公布了著名的办报原则：

报纸的第一使命是说明真相，说明经过调查证实的全部真相。

因此，本报将尽量告诉全体人民有关美国与世界的重要事件的真相。

作为新闻传播者，本报将遵循一名绅士理应遵循的社会礼仪。

本报的内容需雅俗共赏。

报纸的职责是为读者、为公众服务，而不是为报纸老板的私利服务。

为报道真相，报纸应准备在必要时为公众利益牺牲报纸自身的物质利益。

本报不会与任何特殊利益集团结盟，它对于公共事务和公务人员的见解将是公正、自由和有益的。

1933年至1943年，迈耶聘请著名的作家担任社论版主笔，优异的社论版使该报获得了“明智，有人情味，开明”的声誉，发行量增长了三倍，达16.2万份。

1946年起，迈耶的女婿菲利浦·格雷厄姆接办该报。先后购买了《华盛顿时代先驱报》、《新闻周刊》和几家电视台，成为一家新兴的传播集团。到1954年发行量已达38万份，成为国会议员、政府官员、驻华府记者的必读报。美国最著名的政论家李普曼也常为《新闻周刊》和《华盛顿邮报》撰写专栏文章，使其愈加令人瞩目。

1963年格雷厄姆去世，其妻凯瑟琳·格雷厄姆成为公司总裁。

1971年《华盛顿邮报》继《纽约时报》后，揭露了美国在越战中有关秘密情报，声名大振。紧接着，该报历史上最著名的事件发生了。

1972年6月17日凌晨，五个窃贼闯入华盛顿水门饭店的民主党总部，企图把窃听器安装在电话上，在逃走时被捕。当时两党的竞选正如火如荼，很少有人意识到这与白宫有关。《华盛顿邮报》根据在警察局获得的一些重要细节，按图索骥，两名年轻的记者伍德沃德和伯恩斯坦坚持不懈，冒着相当大的危险，在邮报高层编辑、领导的大力支持下，终于揭开内幕，矛头直指白宫和尼克松本人。这一利用总统权力践踏民主的特大政治丑闻引起了巨大震动，其他媒介也加强了报道力度。1974年，众议院司法委员会通过弹劾总统的三条罪状：（在水门事件中）妨碍司法程序罪、滥用职权罪、因不肯交出录音带犯有蔑视国会罪。尼克松不得不辞职。1974年8月9日，《华盛顿邮报》用将近两寸半特大字号（168点）的通栏标题，宣布了美国历史上第一次总统辞职的消息，也宣告了该报的胜利！

"水门事件"的成功报道使该报获得了1973年普利策公共服务奖，并享誉世界。

1979年凯瑟琳的儿子唐纳德·格雷厄姆继任该报发行人。

1983年《华盛顿邮报》出全国版。1998年星期日版发行108万份，平日发行约76万份。它是美国惟一可以在某些领域（如政治新闻）与《纽约时报》一争高低的报纸，可见其威望与影响。平日版有四组，A组为国内外要闻和评论，B组为文化生活、影视娱乐，C组为本市新闻，D组为体育、金融、商业。

该报注重国会新闻和政府活动，国际新闻也很多。读者群与《纽约时报》相仿。

该报还拥有一家著名的特稿社——1962年成立的洛杉矶时报－华盛顿邮报特稿社，专发在两报刊登的专栏、通讯和特稿等。

3.《洛杉矶时报》(Los Angeles Times)

1881年创刊，1882年共和党人哈里森·格雷·奥蒂斯控制了该报，1917年其女婿哈里·钱德勒继任发行人，经营报纸的同时还涉及石油、航运、畜牧、建筑和轮船等业务，20年代起，面向东部和中西部发行特刊《严冬人》。1944至1960年哈里之子诺尔曼·钱德勒接班，1960年诺尔曼的儿子奥蒂斯·钱德勒成为发行人后，宣称：我们过去极其保守，经常很片面地处理新闻——在劳资冲突中，我们只登一方的意见，我们很少登关于民主党的消息，局限在自己的宗教范围里。为了跻身高质量报纸之列，他决心进行改革。

首先，组建得力的编辑部，不能适应新需要的旧人或者退休、或者辞职；减少乏味的电讯稿，代之以内容丰富的独家新闻。

其次，加大对华盛顿记者站的资金投入，聘请大批精英记者，大大提高了首都新闻的稿件质量。如华府记者写的关于美国政府如何丧失越战谈判机会的长篇系列报道发表后引起强烈反响。

第三，向国外派驻大量记者。1960 年以前，该报仅有一个驻外记者，1962 年加强了巴黎记者站，又在东京、里约热内卢、墨西哥城、香港、联合国开设了新的记者站。1963 年，又成立了伦敦记者站、维也纳记者站、波恩记者站和罗马记者站。1964 年，在莫斯科、西贡创办记者站。随即，曼谷、新德里、布宜诺斯艾利斯等地记者站也相继开办。1978 年中美建交后，该报又是最早在北京开办记者站的美国报纸之一。

第四，立场上，该报力求塑造“温和保守派”的形象。反对极端主义，对当前重大问题采取“不动感情”的态度。奥蒂斯把专栏作家分成三类：自由派、保守派和中间派，以保持“社论·言论”版的平衡。

经过一系列改革，《洛杉矶时报》已经从偏执的“党派”报纸转变成真正意义上的报纸，从一州之报成为一张全国性的报纸。

该报与洛克菲勒财团关系密切，资金雄厚，广告充足。平时出 100 版左右，星期日出 400 版以上。平日版分五个部分：国内外和当地要闻；地区新闻、社论和社论版对页；体育、商业、金融；文艺、影视、社交、书评等；娱乐材料和分类广告。此外还有七个郊区版。该报的读者主要是西部中高层人士。

1998 年星期日报发行 136 万份，仅次于《纽约时报》；平日发行约 106.8 万份，居全国第三。

4.《华尔街日报》(Wall Street Journal)

1889 年，由道·琼斯公司创办于纽约。最初是一张金融类报纸，30 年代末成长为综合性日报。该报的经济分析和道·琼斯公司汇编的股票指数，历来为国内外经济界所关注。非商业性新闻、人物专访、时政述评、各种各样的专栏和关于文化的讨论深刻、丰富，也颇有声誉。该报头版不登照片，刊头古朴典雅，六栏的版面朴实无华，给读者以很强的亲和力。

《华尔街日报》有东部、中西部、西南部、西部四个版，要闻基本相同，地方性新闻和广告有所区别。1976 年起在香港出亚洲版，1988 年起在布鲁塞尔出欧洲版。

一项报纸订户调查的统计资料称：整个华尔街及美国企业界，外加具有重大影响力的法律、政治、教育及医学界巨头，从周一到周五，每天至少要花 45 分钟看《华尔街日报》。

该报90年代初向73个国家派有87位记者。1998年全国版发行174万多份，名列全国日报发行之首。

5.《基督教科学箴言报》(The Christian Science Monitor)

1908年创办于波士顿，是基督教科学协会面向全国出版的报纸，创刊号上宣称："造福全人类"。从初始，就抵制黄色新闻，保持严肃正派的报格。国际国内报道与评论，特别是国际问题报道尤负盛名。较早采用了解释性报道，提供新闻背景，阐明来龙去脉；重视文艺、科教方面的特稿；70年代以来增辟了园艺、食品、家庭、金融、书评等特稿专栏；不登或很少登犯罪和灾害新闻，即使登了也是为了说明事实，而不在于着力渲染细节；广告量少，而求对内容有所限制，拒绝刊登烈性酒、色情影片、烟草等广告。发行量不大，约20万份。

6.《今日美国报》(U.S.A Today)

甘奈特报团1982年9月15日在华盛顿创办的全国性综合日报。在美国激烈的报业市场，一家新报纸往往要亏损好几年，才能立住脚。到1986年《今日美国报》的税前亏损共计4.5亿美元，远远超过了任何一家美国报纸的早期亏损。1987年7月，甘奈特报团宣布，《今日美国报》于1987年5月出现微利，比原计划提前了半年。

《今日美国报》每期分为四组，A组新闻版，B组《金钱》专刊，C组《体育专刊》，D组《生活》专刊。内容包罗万象，辐射大众。该报在全国派有记者，每天都将各地趣闻电告总部，经编选后，刊登在"各州新闻"版，按字母顺序50个州无一短缺，让各地读者都能产生一种心理亲近感。

1998年该报周一到周四发行量为1653428份，如果将它的周五版（发行2083213份）看作星期日版的话，其销量已超过《纽约时报》，列全国第一位。该报获得众多读者的原因在于：大量的新闻满足了忙碌的人们对信息的渴求；对图片、照片等形象手段相当重视，12名专职美术家每周为报纸设计上百幅图表，还拥有一个储存了数十万张彩色照片的图书馆，A14天气预报版，也是运用示意图表的范例，丰富的图片适应了在电视机前成长起来的年轻人的阅读习惯。

第十节　杂志的发展

一、杂志的起源

与报纸类似，美国杂志的起源可以上溯到殖民地时期，最早的杂志受到英国的影响。服务对象是少数能够识字读书的精英阶层，这就决定了杂志内容多是一些关于宗教、哲学、自然科学、政治和文学的文章。1743年，殖民地出现了第一本可以被称为专业化杂志的杂志——《基督教历史》，它是一本关于宗教的杂志。独立战争期间，又有五家杂志创刊，其中以费城罗伯特·艾特肯的《宾夕法尼亚杂志》最为有名，刊登了托马斯·潘恩的《常识》。不过总的来说，由于18世纪殖民地上人们的识字率还较低，同时由于当时邮件传送缓慢，信息流通困难，所以杂志在这一时期的发展相对缓慢，大多数杂志发行量只有500册左右，发行时间也基本上只能维持一年上下，并且内容以文摘为主，以至于一些现代西方学者不无嘲讽地称它们为《读者文摘》的先驱。

二、19世纪的杂志

殖民地独立后，轮转印刷机使两面印刷成为可能，义务教育制度的实行使民众的识字率大大提高，社会改革运动为杂志提供了讨论的话题，吸引着读者的注意。如1820年美国第一本废奴主义杂志《普遍解放的思潮》在俄亥俄州出版，当时正是南北双方关于奴隶制冲突日益激烈的时候。该杂志引起了许多持不同政见者的关注，被称为"引发了南北战争冲突的小说"——《汤姆叔叔小屋》最初就是以连载的形式在杂志上刊登的。《星期六晚邮报》、《北美评论》、《大西洋月刊》(1857)、《哈泼斯》(1850) 等一些著名杂志主要刊登小说、诗歌、学术文章以及政治和社会评论。

南北战争以后美国通俗期刊在版式、内容、形式和其他方面都发生了变化。《北美评论》、《哈泼斯新月刊》、《民族》和《大西洋月刊》逐步成为一批著名文人和辩论家的论坛。《妇女之家》、《家政》、《麦考尔》则传授妇女持家的艺术。

19世纪80至90年代，杂志真正进入大众文化阶段，许多专业化杂志或准专业化杂志纷纷创办，当时最流行的两种专业化杂志是妇女杂志和农业杂志。1879年国会通过邮政法案，明确规定了二类邮件的范围，1885年又规定报刊杂志一磅收费一分，打开了出版物廉价投递的道路。《麦克卢尔杂志》是由报业巨头麦克卢尔创办的美国第一本大批量、廉价发行的杂志，每本售价15美分，引得《星期六晚邮报》、《芒西斯》等杂志也纷纷降价。1865年美国只有杂志700种左右，这些杂志不仅价格低廉，而且以多样化的文章招徕读者，为不同口味的读者提供多元的选择余地。

19世纪末，廉价杂志开始兴起。印刷的改进，特别是自动排铸机的完善，使杂志能大量印行。工商业发展，广告收入增加，使杂志可以降价发行。正如19世纪30年代，出现了廉价报纸一样，90年代出现了廉价杂志（一角钱一份）。首创者穆塞1889年创办了《穆塞杂志》，1893年售价改为一角。其他著名杂志如赛勒斯·柯蒂斯的《妇女家庭杂志》、马克卢尔的《马克卢尔杂志》紧随其后，降价销售。“杂志大发展，进入了普及的新时期。1900 年杂志达 5500 种，其中全国性杂志有 50 种。销数逾百万份的有《妇女家庭杂志》，逾十万份的有多种。”

三、杂志发起“掏粪运动”

19 世纪后半期大批欧洲移民带着发财梦来到美国，但其境遇并不美妙，他们住贫民窟，靠微薄的工资为生，却在资本家的“血汗工厂”进行着繁重的体力劳动。于是 19 世纪 90 年代出现了谴责贫富分化、控诉资本家只为满足个人贪欲不顾工人福利的运动，媒介上也开始经常刊登一些呼吁改革的文章。

20 世纪初，新闻界中以杂志为主体掀起了一股揭露丑闻、谴责腐败、呼唤正义与良心的运动，这就是著名的“掏粪运动”。这一名称来源于当时的总统西奥多·罗斯福，他把写揭露新闻的记者比作英国约翰·班扬的小说《天路历程》里的主人公，埋着头拿着粪耙收集污物，而不愿抬头看天主。在罗斯福看来，这些记者也像朝圣途中“拿着粪耙的人”，即使给他们一顶闪闪发光的皇冠，也不会把目光从污秽处收回抬起头来，所以他们是令人不屑的掏粪者。但是，新闻界把这一称呼视作光荣的奖赏接受下来。

“掏粪者的时代”是从 S.S. 麦克卢尔的杂志 1902 年底发表的三组重要文章开始的。《麦克卢尔杂志》有一个非虚构小说编辑部，成员有长于写传记和做调查工作的艾达·M·塔贝尔，有前《晚邮报》和《商业广告报》的本市编辑林肯·斯蒂芬斯，还有从《芝加哥纪事报》转到《麦克卢尔杂志》的雷·斯坦纳德·贝克。1902 年底塔贝尔小姐开始揭露洛克菲勒和美孚石油公司的黑幕。她在《麦克卢尔杂志》上连载名为《美孚石油公司的历史》，证据确凿地描述了美孚石油公司通过不正当竞争手段把对手挤垮的行为。同一时期，斯蒂芬斯发表了系列文章《城市的耻辱》，描述了早先邮讯报揭露过的圣路易斯市的情况，并揭露了纽约、费城、芝加哥等其他城市的弊端，曝光了贫民窟的真实情况。贝克也写了一系列报道劳工联盟腐败问题的文章，名为《工作的权利》。

《麦克卢尔杂志》的一系列揭丑文章引起了公众的注意，在它的引导下，《世界主义者》、《柯里尔杂志》、《人人杂志》等也加入了揭丑者的行列。1906 年《世界主义者》发表戴维·格雷厄姆·菲利普的连载文章《参议员的叛逆》，抨击二十多名民主党和共和党的保守的参议员，说他们是财团的代言人。该杂志还刊登了艾尔弗雷德·亨利·刘易斯写的攻击国际收割公司的文章。1904 年《人人杂志》请华尔街金融家托马斯·W·劳森写了一篇名为《疯狂的金融界》的文章，使公众了解了华尔街的内幕。杂志销量在一年内从 20 万份猛增到 73.5 万份。1905 年以后，《柯里尔杂志》成为继《麦克卢尔杂志》之后揭丑运动的主力。它的出版者是罗伯特·J·柯里尔。1905年和1906年，该刊发表了许多涉及经济、社会问题的文章。塞缪尔·霍普金斯·亚当斯撰写的《美国大骗局》，揭露了许多被称为“包治百病”的流行药品是假货的事实，其中一些还含有毒成分。揭露成药的同时，还出现了一个反对罐头食品厂在食品中搀假和操作不卫生的运动，这使公众大为震惊，导致1906年美国通过了食品与药物纯洁法案。

“掏粪运动”中的著名人物当数美国小说家厄普顿·辛克莱，他对食品加工业的曝光是这一运动中的经典之作。辛克莱1878年出生于马里兰州巴尔的摩市一个破落贵族家庭，早年就开始靠写惊险小说为生。少年时代起，热衷于阅读社会主义理论书籍，以思想激进著称。1904年芝加哥屠宰业工人举行大罢工，一家名叫《理论呼声》的杂志希望辛克莱能到那里进行实地调查。他在芝加哥工人当中生活了七个星期，做了详细的了解与访问。第二年发表著名的《屠场》，因涉及问题过于尖锐，连载五次后被迫中断，辛克莱在杰克·伦敦和其他进步作家的帮助下，自筹资金1906年将该书出版，在全国引起强烈反响。他向人们报道了芝加哥肉类加工厂里工人们所受的残酷剥削和骇人听闻的食品不卫生情况。小说发表后，西奥多·罗斯福下令对此进行专门调查，结果证明情况属实，于是国会1906年通过了一项联邦肉类检查法。但是对工人的经济状况依旧置之不理，辛克莱指望改善工人生活的目的没有实现。

随着第一次世界大战的临近，民众的注意力开始集中在欧洲战场上，“掏粪运动”逐渐衰落。尽管有些文章带有煽情主义和谩骂倾向，但瑕不掩瑜，它在影响和引导社会方面起的巨大作用向人们展示了新闻报道的功能，使20世纪的第一个十年成为一个大声疾呼改革的时代，在美国新闻史上写下了光辉的一页。

四、一战中和战后的杂志

第一次世界大战期间，杂志的内容重点也紧紧围绕着战争展开。《文学文摘》抛弃了原有的所有栏目集中报道战争；以介绍美国地理而闻名的《全国地理杂志》花了大量篇幅介绍战争前线的地理情况；《家政》和《麦考尔》则倡导节约，甚至建议妇女到工厂去工作，以便男人们上前线。

20世纪20年代以来，美国杂志业取得了长足的进展。具有悠久历史的综合性杂志继续出版，有些仍保持着巨大的销量。但更多的杂志则向专门性方面发展，出现了文摘杂志、新闻杂志、商业杂志、男人杂志、妇女杂志、城市杂志、娱乐杂志、文学杂志、科普杂志、儿童杂志、电影杂志、滑稽连环画杂志等多种类型。这些专门性杂志的内容和格调相对固定，旨在吸引特定的读者群阅读。杂志的专业化读者也照样吸引着许多广告商，这些广告商希望能够把他们的广告对准似乎合适的顾客。

20 世纪 70 年代以来，美国杂志业如同报业一样，也呈现出所有权集中的趋势。一些主要杂志均为几家大出版公司所有。目前美国知名的大出版公司有：时代公司——拥有《时代》、《财富》、《人物》、《体育画报》、《金钱》等杂志；麦格劳·希尔公司——拥有《家政》、《世界主义者》、《大众机械》、《运动巡礼》等 14 种杂志；三角出版公司——拥有《电视指南》、《十七岁》等若干种畅销杂志；纽豪斯公司——拥有《时尚》、《小姐》、《纽约人》等十余种杂志。目前在美国为广大读者普遍感兴趣、发行量居前列的八家杂志中，除了《读者文摘》和《全国地理杂志》二家以外，都是集团所有的。

五、杂志的现状

80 年代初，美国一项全国性杂志市场调查表明：买杂志成为人们一种普遍性消费行为，大约 3/4 的成年人每年都要买杂志，1/5 的人每年要买九种以上的杂志。

相对于 80 年代红火场面，90 年代的杂志业趋向衰落。本世纪初，家庭平均拥有杂志 0.93 册，80 年代初，拥有量上升为 3.52 册，并有 2500 种杂志问世，如《纽约妇女》、《洛杉矶风格》、《孩子》、《欧洲旅行与生活》、《维多利亚》、《模特》等，仅 1989 年就有 584 种杂志诞生。90 年代的情况正好相反，由于资金困难、激烈的竞争、广告收入下降、邮费上升，《七天》、《模特》、《出租车》、《今日心理学》等停刊，下面的数据反映了杂志所面临的困境：

杂志名称	下降幅度（单位:%）
《电视导报》（默多克新闻公司）	12%
《人物》（时代华纳公司）	10.1%
《时代》	8.2%
《新闻周刊》	12.2%
《妇女时代》	18.1%
《家庭圈》	18.3%

下面的两张表表明了美国杂志近年的发行量：

美国杂志发行量十强排行榜

杂志名称	发行量（单位：百万册）
《现代老年》	20.5

《读者文摘》	15.1
《电视导报》	13.0
《全国地理杂志》	9.0
《美化家庭与花园》	7.6
《有线指南》	5.3
《家庭圈》	5.2
《好家政》	5.0
《妇女家庭杂志》	4.5
《妇女时代》	4.3

美国杂志总收入十强排行榜

杂志名称	总收入（单位：百万美元）
《电视导报》	1077.6
《人物》	906.4
《体育画报》	787.3
《时代》	708.1
《读者文摘》	543.6
《新闻周刊》	532.7
《展览》	494.0
《美化家庭与花园》	474.7
《PC 杂志》	381.6
《商业周刊》	348.4

六、三大新闻周刊

美国过去虽然也有新闻杂志，但是现代新闻杂志则是在 20 世纪 20 年代出现的。《时代》周刊取得成功后，其他新闻杂志群起效仿。现在美国三大新闻周刊是《时代》周刊，发行 410 万份；《新闻周刊》，发行 320 万份；《美国新闻与世界报道》，发行 230 万份（1997 年数据）。美国的报纸以地方性为主，新闻周刊则行销全国。

（一）《时代》周刊（Time）

该刊是亨利·卢斯（Hennry Robinson Luce）和布里顿·哈登于 1923 年创办的，1929 年哈登去世后由卢斯单独经营，后逐步成为美国最有影响的新闻杂志。

卢斯是美国来华传教士之子，生于中国山东省的登州（今蓬莱县），14 岁离开中国，回国接受教育，后就读于著名的耶鲁大学。1923年大学毕业后创办了《时代》周刊，获得成功后又于1929年创办《财富》杂志，1936年创办《生活》画报等杂志，成为报业大王。

卢斯极力支持美国政府的对外扩张政策，鼓吹20世纪是美国的世纪。《时代》周刊过去长时期反华反共，直到卢斯去世前数年，反华态度才开始有转变。中美建交后，它对华报道比较充分，也比较客观。

《时代》周刊创刊时宣称，它旨在使“忙人”能够充分了解世界大事。该刊的特点是将一周的新闻加以组织、分类，并提供背景材料，进行分析解释。这种新闻报道方式不同于美国报纸的传统的客观报道，成为30年代流行起来的解释性报道的先驱。《时代》周刊的编排，受到国内外新闻杂志的模仿。

《时代》创立了一种“时代体”（Timestyle），即字里行间充满卢斯本人核定的术语、倒装句子，灵巧的形容词，还有一种对事物无不通晓的架势。此外，《时代》每一期有一个封面故事，编辑部每年都要遴选一位本年风云人物，撰成长稿，刊在每年最后一期的《时代》上。邓小平同志就曾被评选为该刊的风云人物。这一做法引起了读者良好的反响。

《时代》周刊经过多年的发展日臻完善，目前它有近100名编辑和助理编辑，在美国各大城市均派驻记者，并且在国外有二十多个分社。除了出国内版外，还出版澳大利亚、新西兰、日本、加拿大、南非、欧洲等国外版。内容按地区略有增减，发行量为410万份。

《时代》周刊版面有数十栏：世界新闻、美国新闻、企业、宗教、教育、医药、科学、两性、音乐、法律、报刊、人物、书评、影剧、读者来信等。其“封面报道”相当于报纸的头条新闻，一般是在封面刊登照片、图表与大字标题，再在内页用较多篇幅刊登专题报道。

（二）《新闻周刊》（News Week）

1933年创刊于纽约，原属于麦克劳—希尔公司，1961年售给“华盛顿邮报公司”，该刊的立场与《华盛顿邮报》相同，编排和栏目略同于《时代》周刊，此外还经常刊登图片、图表、专栏作家文章以及各国政治、外交人物的访问记等。

该刊有上百人的编辑部，二十多个国内外分社，另出太平洋版、大西洋版等国外版。目前发行量约为320万份，是《时代》周刊最大的竞争者。

（三）《美国新闻与世界报道》（U.S.News and world Report）

由美国新闻与世界报道公司在华盛顿出版。其前身是1933年创办的《美国新闻》和1946年创办的《世界报道》，1947年两者合并后改用现名。该刊也是新闻周刊，但在编排上不同于《时代》周刊和《新闻周刊》，侧重政治、经济、军事述评，栏目不多，内容较为严肃。其军事报道和评论较有份量，受到各方重视，是该刊的特点之一。

该刊在国内外一些大城市设有办事处，消息比较灵通，目前发行量约为230万份。

七、《读者文摘》等杂志

综合杂志中重要的有《读者文摘》、《大西洋杂志》、《哈普斯杂志》、《星期六评论》等。

（一）《读者文摘》（Reader's Digest）

1922年德威特·华莱士（Dewitt Wallace）夫妇以600美元起家创办的一份32开本书本式月刊，由设在纽约州的读者文摘杂志社出版。

该刊宣称它的稿件具有三项标准：1）适用性，即适合一般读者的口味；2）持久的兴趣，即使过了一段时间再读，仍然有兴趣；3）建设性，即刊登的文章具有一种乐观向上的精神。

《读者文摘》声称，它的稿件是报刊、书籍的精华，有如牛奶上面的一层奶油，好吃易消化，节省读者的时间。《读者文摘》上面的文章题材相当广，除摘登当时政治、经济、社会、心理、医药等方面的文章外，还刊登所谓具有“永久性趣味”的小说、故事、散文、游记、幽默等稿件。每期约200至300页，刊发稿件约30篇。此外，每期还有一篇书摘，篇幅较长。

该刊的成功是有目共睹的。它深受世界各地中下层读者的欢迎，现今用17种文字出42种版本（包括中文版），在160个国家和地区发行。另据1997年公布的数字，该刊国内发行量为1510万份，在美国杂志业中排名第二，国外发行量为900万份。总收入为5.4亿美元。自1950年起，《读者文摘》编辑部又进一步出版《读者文摘书摘本》，每年五册，在世界销量逾1000万册。该刊还发行图书、录音带，逐步发展成为一个规模巨大的出版公司。

《读者文摘》引起了许多效仿者，有人出版一般性文摘，有人出版专门性文摘，如《科学文摘》、《天主教文摘》、《黑人文摘》、《漫画文摘》等等。该刊在发达起来以后，就不完全以摘刊报刊文章为满足，它要刊登自己的稿件，以宣传其保守的政治主张。但是，为了符合“文摘”的名称，又不得不组织其他刊物先行刊登某些稿件，然后再进行转载，一度每期有三五篇乃至七八篇稿件都是这种性质的。1944年当人们得知真相后，对这种做法予以强烈的批评。

该杂志历经近80年的风雨，已发展成为拥有杂志、书籍、行销和投资营运的王国，年收入超过20亿美元，成为全球一亿多读者的精神食粮。

（二）性杂志

其代表刊物有《花花公子》和《阁楼》，前者由休·赫夫纳创办于 1953 年，第一期就以玛丽莲·梦露的裸体照作为中心页，售价 0.5 美元，一下子卖掉了 5.3 万册，一年后销量即达 10 万册，1960 年为 100 万册，历史最高纪录高达 700 万册。90 年代后销量有些下滑，1995 年每月仍可售 350 万册。

《花花公子》的产生与成功是 50 年代人们转变对于性的认识的标志，对开启 60 年代美国性解放运动起了一定作用。赫夫纳宣称自己在提倡性科学而非在进行色情宣传，但不管怎样，大多数人仍认为该杂志是一份难登大雅之堂的色情杂志。90 年代该刊开始刊登一些著名作家的文章，增加了电影、音乐、体育、政治、商业等领域巨星名流的访问记和传略，以期树立一个成熟的新形象。

性杂志主要是针对男性的，也有一些面向妇女的杂志，如《风流女子》（Playgirl）等。

（三）体育杂志

这类杂志既包括综合性的体育杂志，如《体育画报》（Sports Illustrated）和《体育》（Sports），也有只涉及一种运动的专项杂志，如《滑雪》和《网球》。特别是当一种新的运动形式风行起来以后，很快就会出现有关该运动的杂志。20 世纪 70 年代末，当羽毛球风行时，就有好几种羽毛球杂志问世。体育杂志同性杂志一样，一度为“男子专有”。现在，由于综合性体育杂志读者中的妇女读者越来越多，面向妇女的体育杂志也应运而生。

（四）妇女趣味杂志

一些全国最成功的、发行量最大的杂志都是面向妇女的。美国报业自由妇女学院的一份调查报告曾列出了 331 种妇女杂志。19 世纪末，发行量超过 100 万的第一份杂志就是《妇女家庭杂志》（Ladies’ Home Journal），至今不衰。它与《美化家庭与花园》、《家庭圈》、《妇女时代》、《麦考尔杂志》、《好家政》、《红书》一起被称为“妇女杂志七姊妹”，加起来销量超过 3700 万册。历史悠久的《魅力》、《时尚》、《哈泼斯市场》等杂志和新兴的《妇女世界》、《新女性》、《Ms》也是美国销量很大的杂志。

（五）男性趣味杂志

该类杂志的代表，如默多克在 1990 年创办的《男子生活》，声称主要是面向 30 岁至 50 岁的男子，并且他们受过良好教育，从事着体面的工作。有时这类杂志与性杂志和体育杂志交叉。

（六）幽默杂志

这类杂志起初是由报纸上滑稽连环画汇集而成。20 世纪 30 年代，出现了一些彩色图画杂志。该类杂志不仅有一大批青少年读者，在成年人中也很有销量。但 50 年代以来，该类杂志中的恐怖、犯罪、色情、暴力等内容越来越多，引起了社会各方的关注和批评。

（七）城市杂志

顾名思义，城市杂志就是主要报道一个特定城市或地区的活动。多数大城市和许多较小城市都有城市杂志。其主要内容有调查公共事务、报道当地生活，如饮食娱乐。1923 年创刊的《纽约客》杂志，图文并茂，富于幽默、充满人情味，在它的带领下，本世纪 60 年代一大批城市杂志纷纷诞生并发展起来。

（八）商业（专门职业）杂志

该类杂志主要面向某一特定行业或商业领域的专业人士发行，但通常也言及整个工业或商业，并非局限于一个组织或企业。过去该类杂志种类不多，内容以广告为主，质量较低，70 年代以来，无论是印刷质量还是编辑内容都有很大发展。美国的商业杂志数量巨大，有四五千种之多，麦克劳－希尔公司、哈考特·布雷斯·乔范诺维奇公司、潘坦 IPC 公司、卡纳斯公司控制着大量商业杂志。有三家商业杂志在美国乃至全球有广泛的影响，它们是：《商业周刊》（Business Week），创办于 1930 年；《财富》（Fortune），创办于 1930 年；《福布斯》（Forbes），创办于 1917 年。

八、杂志的趋向和功能

美国一共有大约一万二千余种杂志，其中大约有 800 种是综合性杂志，此外全是专门性杂志。由此可以看出，现代社会中的大众传媒确实在走向“小众化”，不贪大求全，而是以专门知识，实实在在把握住特定读者，赢得市场。

杂志自诞生以来，经受住了历次新媒体的冲击，如今在第四媒体风起云涌之际，杂志的解释功能还应是它固守阵地的有力“武器”。新媒体以快取胜，杂志则关注着如何解释社会及其各部分的关系，预测发展趋势，把琐碎的事实联系起来，阐明新闻事件的意义。难怪有人称杂志是“伟大的注释者”。即使是广播、电视、因特网，也意识到在时效性上占据优势的同时，务必加强深度报道、从多方位观察新闻事件。

第十一节　通 讯 社

美国报纸的新闻，除一部分是由本报记者采写外，相当大的一部分是由通讯社和特稿社提供。对地方性报纸来说，通讯社更是新闻信息的主要来源。美国目前约有400家通讯社和特稿社向全国各地乃至国外的报纸、广播电台、电视台提供新闻（包括新闻、特写、评论、专栏文章、照片、漫画以及其他资料）。其中最大、最有名的即美联社及合众国际社。

一、美联社

（一）美联社的历史沿革

美联社的早期历史，要追溯到1848年。时值墨西哥战争之际，为了及时、经济地进行战地报道，纽约六家大报（《太阳报》、《先驱报》、《商务报》、《论坛报》、《快报》、《信使报和询问者报》）组成了一个联合采访部。战争结束后，这六家报纸出于共同采访国外新闻的目的，在联合采访部的基础上，合股组建了“港口新闻联合社”。该社以两条快艇，迎接入港的欧洲船只采访新闻，或在欧洲船只到达波士顿后，将消息用专线送往纽约各报，而所需费用由各报平均负担。1851年，创刊不久的《纽约时报》加入其中成为第七个成员。1856年，港口新闻联合社改组为纽约新闻联合社。

纽约新闻联合社建立后，发展相当迅速，很快业务就扩展到国内其他地方报社，参加成员不断增多。对外则同哈瓦斯、路透、沃尔夫三大通讯社建立联系，交换新闻。纽约新闻联合社在向内地成员报社供应新闻时，往往采用集体签约的办法以减轻电报费用，这就促使内地成员报社联合起来，陆续组成了西部、南部、新英格兰等地区性联合新闻社，作为纽约联合新闻社的附属机构。这些地区性新闻社和纽约总部在新闻供应上、收费问题上常有摩擦。纽约本地成员之间也有矛盾，至1882年有些成员甚至退出该社，另组建了一个名为合众社的新社，致使总部机构四分五裂，无法开展正常的业务活动。

1892年，位于芝加哥的西部联合新闻社宣布成立独立的公司，取名为美国联合通讯社（Associated Press），推举梅尔维尔·斯通为总经理。发展至1895年，美国联合通讯社的成员和订户已达到700家，东部地区和纽约的报纸也大多陆续加入了美联社。与此同时，合众社逐步瓦解。1900年，美联社再行改组，将总部迁到纽约，并与欧洲各大通讯社订立合同，交换电讯，自此以后，基础日益巩固。

1902年，美联社在欧洲设立若干分社，但在海外发稿工作进展缓慢。1920年，若干中南美报纸获准加入美联社。还由于与路透社、哈瓦斯社及沃尔夫社的合同规定，各社必须互相尊重彼此的势力范围这使美联社的发展受到限制。1934年美联社宣布将一切合同限制废除，开始向其他国家报纸提供服务。

美联社在两次世界大战之间发展迅速，社员已从700个增至1400个，电报专线从5万英里增至28.5万英里，增置了自动手发电报机与图片传真机等。二战以后继续发展，社员范围已从报纸扩大到电台、电视台，而且允许非社员定购稿件。

（二）美联社的现状

美联社是由各成员单位联合组成的合作型企业，社务由社员大会产生的董事会主持，董事会任命社长兼总经理领导日常工作，经费由社员以股款形式分担。美国国内90%以上的报纸是美联社的订户，其成员有1556家报纸、6000家电台和电视台。海外订户8500家，包括近2000家报纸。

美联社总部设在纽约，国内有六个总分社、143个分社和记者站，国外有三个总分社（伦敦、东京、布宜诺斯艾利斯），九十多个分社。国内采用其新闻的单位（包括社员和订户）近万家，国外订户有八千五百多家，分布于一百多个国家和地区。有正式记者、编辑约2000名（常驻国外记者500人左右），在全世界有三千多名外籍雇员。

该社的编辑部门分设：总编室，编审国内分社来的新闻稿及国际部初审过的国外新闻，向国内报刊发稿；国际部，编审国外分社来稿；对外部，将重要的国内、国际新闻编写后向国外不同地区播发；经济新闻部，编写国内外来的经济专稿，编发股票、商品行情；体育新闻部；图片新闻部；特稿部，播发特写、专栏、知识性、娱乐性材料；广播新闻部，为电台、电视台提供每小时一次的文字新闻，提供现场报道和录音材料。1994年起又新设电视部（APTV），工作中心设在伦敦，从11月1日起，通过亚洲、拉美、北美和全球服务四条专线，向全世界电视订户提供声像新闻。

美联社现用英、法、西班牙、瑞典等六种文字发稿，英文、西班牙文由纽约总社播发，法文、德文、瑞典文、荷兰文在欧洲翻译播发。主要发稿线路有英文大广播、体育专线、金融经济专线三条。每天24小时发稿。除总社发稿外，还在欧洲、中东、亚洲、拉丁美洲设有四个地区发稿中心。日发新闻稿300至350条，周末和节假日为200至260条。日发新闻图片逾百张。主要业务是提供新闻、图片、图表、特稿、金融股票行情、经济信息服务；另有音像服务，为电台、电视台提供口播新闻和电视节目。美联社采取滚动式发稿方式，即一条重要新闻一天重复播出三四次乃至七八次，滚动中不断增加新的背景和情况。据估计，美联社日发新闻稿和信息稿之和，约有400万字，图片一百二十多张。

1994年美联社又增设两个新节目：美联电视（APTV）和广告传输网（Ads END）。前者总部设在纽约，主要采集国际新闻，直接向世界各地的电视台提供图像新闻。到1995年底，约有1000家美国报纸加入了美联社广告传输网。

美联社拥有覆盖全球、包括地面线路和卫星传送在内的通讯网络。总社、分社和散布在世界各地的记者和用户，通过电子计算机系统和各种先进的电子传输手段，昼夜不停、迅速快捷地传递世界各地的信息。

美联社还同道·琼斯公司合作，办了美联－道·琼斯新闻社，向国外43个国家的新闻单位和订户提供财经消息。美联社的分支机构报业联合社向一千多家私人订户提供美联社新闻，而它的另一个分支机构“广阔天地”则向非美联社成员的出版物和订户提供图片资料和新闻照片。1998年6月美联社购买了世界电视新闻社（WTN）后，将其与自己的电视新闻分社（APTV）合并成立了美联社电视新闻社（APTN），此举意味着世界性的电视新闻社已从三家减少到两家：一家是美联社电视新闻社，一家是路透社电视新闻社（Reuters Television News），预示着两者间更激烈的竞争。

美联社的收入主要靠国内报纸、电台、电视台等新闻媒介的订费。海外订户收费和金融信息线路收费占收入的比例不大。1994年的年收入达3.715亿美元，比上年增长4.5%，但仍入不敷出，税后亏损507万美元。

二、合众国际社

（一）合众国际社的由来

1907年，美国的合众社成立，创办人是美国斯克里普斯报团的业主爱德华·斯克里普斯。该社系由斯克里普斯原来控有的斯克里普斯—麦克雷报业联合组织、斯克里普斯新闻社，加上新购进的发行人报联社合并而成。由于该社不是三社四边协定的成员，故而在对外活动方面不受任何束缚；同时，该社还采取了与美联社不同的经营原则，欢迎所有的新闻媒介成为自己的订户。1925年，合众社先于美联社两年播发新闻照片，十年后又成为向电台提供新闻的第一大通讯社。至第二次世界大战前夕，合众社已在52个国家各地区拥有报纸、电台订户达1750家。

在合众社创办两年后的1909年，美国另一个报系的老板赫斯特建立了国际新闻社。其创办的最初目的是向赫斯特报团麾下的报纸提供国内和国际新闻，使它们在一定程度上摆脱美联社和合众社的制约。和合众社一样，国际社亦非三社四边协定的成员，其新闻稿既可在国内，也可在国外出售给那些得不到或不愿定购美联社电讯的人，所以它的业务扩展得颇为顺利。至1940年，国际社的国内外订户已达900家。不过，与美联社、合众社相比，在规模上仍属小字辈。1958年，该社与合众社合并为合众国际社。

（二）合众国际社的现状

合众国际社是一家商业性公司，总部设在纽约。战后多次易主，原有职工两万两千多人，由于经济困难，规模和影响大为缩小，1992年固定员工500人，国内分社53个，国外分社48个，在近百个国家派有驻外记者。国内外新闻媒介订户二千五百多家，还有一些非媒介订户。该社编辑部门的设置以及各部职能和美联社基本相同，有总编室、国际部、拉丁美洲部、对外部、经济新闻部、体育新闻部、特稿部、图片新闻部、口语新闻部等。

图片新闻部的创设早于其他通讯社，该部的图书资料室收藏有一千多万张底片为用户服务。1987年又率先建成全数字彩色新闻图片网。口语新闻部从世界发生事件的一切地方，向美国和国外一千多家电台、电视台提供实况和口语报道。

该社每天用英、西班牙、葡萄牙、阿拉伯文等四种文字发稿，发稿线路有国内线和北美、欧洲、拉美、亚洲四条国际线。

合众国际社还经营多种业务。它通过美国遥控计算公司兴办数据库，向机关、企业、学校、图书馆和私人专用的计算机终端提供各类新闻性数据；同商品新闻社联合组成合众－商品新闻社，向世界各地商业界提供经济新闻；在伦敦建立专门报道重大国际比赛的国际体育新闻社；在加拿大建立分支机构加拿大合众社，发稿范围扩大到全加三分之一的日报和若干英法语广播、电视网。

三、其他通讯社和特稿社

在美国，报纸依赖通讯社和特稿社是一种普遍现象，地方报纸自不必说，就是像《纽约时报》这样的大报也不可能在国内每个州都派驻记者，海外记者的数目更不能与大通讯社同日而语。之所以这样做的原因很简单，报业经营务必进行经济核算，用最小的付出获得最多的回报。因此报纸在外派记者时，都要仔细权衡。各报都普遍设有美联社和合众国际社收费专线，还有的与各种特稿社订立合同，每日接受和选用这些特稿社发送的各种专栏文章和滑稽连环画。

当前美国的新闻通讯社和特稿供应社少说也有三百多家。其中主要的通讯社尚有纽约时报新闻社、洛杉矶时报－华盛顿邮报新闻社、道·琼斯新闻社、芝加哥论坛报新闻社、基督教科学箴言报新闻和图片社等。著名的特稿社有金氏特稿社、联合特稿社等。特稿包括评论、专栏文章、漫画和笑话等。激烈的竞争迫使这些通讯社、特稿社提高稿件质量，办出自身特色，不断拓展稿件范围，这就给用户提供了很大的选择余地。

另一方面，上述的一般通讯社和特稿社的稿件再多，仍难动摇美联社、合众社的主导地位。这两家大通讯社的要闻目录，必然影响各报的版面安排，使美国报纸在报道某些全局性重大事件，特别是国际重大事件时出现不同程度的雷同现象。这也就是报纸在条件允许时尽可能派出自己驻各地记者的原因。

除由报纸和报系经营的通讯社和特稿社以外，美国还有许多专业性通讯社，由民间团体、工商企业等经营，专门发布一些特殊领域的新闻信息。例如由工会组织劳联—产联主办的联合新闻社，向美国二百多家全国性工人报刊和数千家地方性工人报刊供稿。还有专门供工商企业的公共人员使用的公共关系通讯社，总部设在纽约，向报界发布有关本企业的新闻和宣传材料。

第十二节　广播电视事业

一、无所不在的广播

（一）广播的兴起和发展

美国的广播电视事业起步较早，19 世纪末，就有科学家和无线电爱好者从事无线电广播试验。1906 年匹斯堡大学物理学教授兼西屋电器公司工程师费森登（Reginald Fessenden）用声音进行传播的试验获得成功。1910 年 1 月纽约大都会歌剧院转播了歌唱家的演出。1919 年威斯康星大学建立了美国第一座电台，播报气象和市场消息。1920 年 11 月 2 日，西屋电器公司在匹斯堡开办的 KDKA 电台第一个获得营业执照，当天就播报了哈定和考克斯（Harding-Cox）竞选总统的新闻，被认为是美国广播事业的开始。

KDKA 电台的成功，引得许多电气公司、报纸、教育机构、商场纷纷成立广播电台。其中美国电报电话公司建立的 WEAF 电台成为美国广播的基石。1926 年由美国无线电公司、美国通用电气公司和美国西屋电气公司组建的全国广播公司（National Broadcasting Company，简称 NBC）成立后，WEAF 电台归该公司所有。全国广播公司于 1926 年 11 月 15 日开始播出，1927 年 1 月成立了两个不同的广播网（Red & Blue Networks），通俗地说就是“红色网”和“蓝色网”，前者以娱乐性节目为主，后者经常播放新闻、严肃音乐和文化节目。1934 年该公司拥有 127 座电台，面向全国广播。1927 年 9 月哥伦比亚唱片广播公司成立。1928 年被威廉·佩利收购，改名为哥伦比亚广播公司（Columbia Broadcasting System，简称 CBS），到 1934 年为止有 97 座电台。

以上两家广播公司到了 30 年代末已控制了全国半数以上的电台，为社会各界所关注。1941 年联邦通讯委员会制订了“广播联营条例”，限制广播事业的垄断化。根据这一条例，1943 年全国广播公司被迫将蓝色广播网出售，以后该网改建为美国广播公司（American Broadcasting Company，简称 ABC）。从此出现了全国广播公司、哥伦比亚广播公司和美国广播公司三足鼎立的局面。与此同时，美国还陆续形成了一些较小的广播网，如 1934 年成立的相互广播公司；另外还有一些地区性的广播网。

30 年代至 40 年代是美国广播事业成长的黄金时代。二战以后美国广播在同电视的激烈竞争中扬长避短，仍然长盛不衰。历年商业电台的增长情况如下：1921 年 30 座，1930 年 612 座，1940 年 815 座，1950 年 2819 座（含调频台 733 座），1960 年 4134 座（调频台 678 座），1970 年 6503 座（调频台 2184 座），1980 年 7714 座（调频台 3155 座）。

（二）广播的地方化和专业化特色

目前美国广播事业的最大特色是地方化和专业化。所谓地方化，是说美国的广播电台绝大多数是地方性商业电台，由私人所有，为当地听众及工商、政界、文化娱乐界服务。专业化是就广播内容而言，绝大多数美国电台的节目是相当专一的，集中于某一特定内容，如新闻、音乐、体育节目和天气预报；节目中间穿插着各种商业广告。广告成为美国商业广播电台的惟一经济来源。电台通过特定内容的节目吸引和维系着一群具有某些共同点的听众，从而使广告商作广告时更有针对性。

美国有全天播送一般新闻、体育新闻或经济新闻（金融、股票市场行情）的电台；也有全天播放古典音乐或现代音乐（爵士乐、摇滚乐、乡村音乐、唱片音乐等）的电台；还有专门播讲福音书的宗教电台。全国九千多家广播电台中有三分之一专门播放各种流行音乐，有一千多家宗教电台。每一种电台都有一群固定的、忠实的听众，形成了类似杂志那样的和受众之间相互依存的关系。

美国电台的节目大都是口语直播，因而使听众具有一种亲切感。电台还经常举办广播谈话、讨论会、辩论会、现场直播报道、电话采访等富有真实感、现场感的节目，不仅向听众提供了有用的信息，满足了听众对某方面知识的需求，同时还使听众体验到一种真实的参与感。

二、对外广播——美国之音（Voice Of America）

在世界八十多个国家的对外广播中，美国的对外广播处于领先地位。美国的对外广播最重要的是“美国之音”电台（VOA）。“美国之音”成立于 1942 年 2 月 24 日，当时主要从事战争宣传。二次大战结束后，主要进行反共宣传。以后逐渐将重点转为阐明美国政府的政策，宣传美国社会和美国生活方式、报道国内外新闻及时事评论等，节目内容广泛，形式多样，包括新闻、时事分析、评论、新闻专题、音乐、艺术、科学、体育及各种英语教学节目等。“美国之音”初创时隶属美国战时情报局，1953 年起归美国新闻署领导，经费来自政府拨款。

“美国之音”现有工作人员三千余人，总部设在华盛顿，在国内外设有16座转播台，拥有113座发射机。发射设备总功率22470千瓦。它使用48种语言，每周播音1166小时，其中包括一套昼夜不停的环球英语广播。

“美国之音”在继续传统演播方式的同时，已经开始用电子邮件的方式向人们发送新闻。

三、迅速发展的电视业

美国电视业是本世纪20年代末开始发展起来的，一些大的电器制造公司是电视实验的重要推动者。

1939年4月全国广播公司实况转播了纽约世界博览会的开幕式及罗斯福总统在会上的讲话，这是美国正式播出电视节目的开始。1941年6月，全国广播公司和哥伦比亚广播公司在纽约的电视台分别获得联邦通讯委员会签发的执照，成为美国第一批商业电视台。同年12月，有32个商业电视台领到了营业执照。当电视业正要腾飞之际，美国卷入了第二次世界大战，电视的发展停顿了下来。不过战中还是有纽约、费城、芝加哥、旧金山等地的六家电视台继续播送节目。

二战后美国电视业迅速发展，在20世纪50年代，电视的普及率由1950年的9%提高到1959年的88%。到80年代初，美国已拥有电视机1.5亿架，电视台总数达1135家，其中商业性电视台839家，公共教育电视台296家。

1992年电视台总数达1693家，拥有电视机家庭的百分比为99%，电视从业人员为15万人。

美国在40年代就开始研究彩色电视。1953年12月，联邦通讯委员会开始发放彩色电视台执照。1954年，全国广播公司率先播出彩色电视节目。但由于成本高昂，所以直至1961年美国彩色电视机仍仅占总数的1%，约60万架。不过在70年代美国彩色电视获得积极发展，85%的家庭都有了彩电。

60年代以后随着空间技术的发展，美国的电视广播就同卫星通信结合起来。70年代起，卫星转播又同地面电缆传送相结合，促进了电缆电视的迅速发展。80年代起，美国卫星直播电视进入实用阶段，其他各种电视新技术也在不断开发之中。

据统计，美国家庭每天平均有六个小时消磨在电视机前。美国公众中67%的人已经把电视作为消息的一种主要来源。47%的人把它视为可以获得的最可信的消息来源。

据1984年的统计数字，拥有电视机的美国家庭为8400万户，占美国家庭总数的98%。需要指出的是，另外2%的家庭中有许多是出于对电视这种“庸俗大众文化工具”的反感而抵制购买电视机，并不是因为买不起。美国家庭的电视机平均每天工作七小时以上。65%的居民主要通过电视获取新闻，而且自1961年以来，电视一直被认为是比其他传播媒介更可信的新闻来源。当代美国青少年从降生之日起就开始受到电视潜移默化的影响，青少年从小学到高中的12年间，平均每人消耗在电视机前的时间为2.2万个小时，为在校上课时间的二倍。电视的冲击和影响已成为当代美国社会生活中不可忽视的力量。它既是向青少年提供教育的重要工具，又是大多数美国人获得新闻和娱乐的主要源泉，同时也是交流各种意见观点的自由论坛。电视的出现，大大改变了美国政治竞选的程序方式，削弱了传统的党派作用，使候选人的外在魅力、表达能力及礼仪风度也成为决定胜负的主要因素之一。

电视的强大影响同时也引起一些深谋远虑的观察家们的不安。他们认为，电视新闻时间的限度和突出图像因素的特点会导致简化新闻，甚至曲解新闻。例如，大多数公众是依靠每天晚间的半小时新闻节目来获得一天的国内外新闻的，而在这有限的时间内一条新闻的平均播放时间仅58秒，半小时内用于叙述和解说新闻的文字稿不超过4000字，这只相当于标准报纸上四栏的版面（不到半版的篇幅）。因此有人说，电视新闻只不过是伴有图像显示的新闻标题。这就使观众得不到关于时间全过程的完整概念，而只是一些带戏剧性的简短新闻片断。

而且，美国的电视主要是一种娱乐性工具，新闻节目只占每天电视播映时间的十分之一。美国电视业人士认为，电视从娱乐性行业那里继承的东西远比从新闻业那里得到的为多。当前美国电视娱乐节目的形式主要有：音乐剧、轻歌舞剧、喜剧、话剧、故事影片、戏剧纪录片、电视连续剧、风光旅游片、体育节目等等。而且，目前商业性电视和有线电视所播放的娱乐性节目中，大量充斥暴力、犯罪、色情场面，对美国公众特别是青少年造成了不良影响，这些已引起社会公正人士的普遍关注。

四、商业广播电视

（一）全国广播公司（National Broadcasting Company，简称 NBC）

全国广播公司1926年创建于纽约，是美国无线电公司的子公司，其创始人大卫·沙诺夫有“美国无线电广播之父”之称。全国广播公司在美国广播电视领域起步最早并长期占据领先地位，重要原因之一是利用了它的母公司和其他电器、电子大企业在广播技术方面的早期成果和现成设备。例如美国电话电报公司于1921年在纽约市建立的WEAF广播电台及其外地电台联营组成的广播网于1926年被美国无线电公司买下，并于1927年成为全国广播公司“红色”广播网。由美国无线电公司、通用电气公司、西屋电器公司建立的若干电台组成的联播网成为全国广播公司的“蓝色”广播网。由此全国广播公司的广播网从东部拓展到西部，成为当时首屈一指的商业性广播企业。

全国广播公司在发展电视方面也走到了前面。1928 年 7 月开始建立实验电视台。1939 年 4 月正式播出节目。1941 年正式开办电视广播，1954 年率先播出彩色电视节目。全国广播公司的电视新闻在 50 年代到 70 年代一直居领先地位。该公司电视新闻的两位主持人亨特利和布林克利很受观众欢迎，许多美国人就是观看着他们主持的电视新闻长大成人的。

全国广播公司及其母公司现在已发展成为多元化的电子和信息传播大企业，除广播电视外，还经营唱片磁带、图书出版、电视机收音机录像机制造、卫星通讯以及出租汽车、房地产等业务。1985 年美国无线电公司和通用电气公司合并，更增强了它的经济后盾。90 年代初有直属电视台六座，联属电视台 203 座，直属电台八座，以及少量联属电台。

1995 年 12 月 14 日全国广播公司和微软公司宣布将合作创办 24 小时有线电视频道和新闻电脑网络。新设频道称为 MSNBC，是两家公司的英文缩写。1996 年 7 月 15 日 MSNBC 开播。媒体分析家拉瑞·葛布兰地认为这是一个非常聪明的对策。全国广播公司已经意识到观众正在关上电视机，打开电脑。因此，MSNBC 将是一个左右逢源的策略，不管观众使用何种媒介。据估计，MSNBC 的用户在 1999 年底将达到 4000 万。

（二）哥伦比亚广播公司（Columbia Broadcasting System，简称 CBS）

哥伦比亚广播公司成立于 1927 年 2 月，原为 16 家广播电台联合组建的独立广播电台联营公司，1927 年 9 月，与哥伦比亚唱片公司合并，组成哥伦比亚唱片广播公司，后哥伦比亚唱片公司退出，公司改称现名。随后该公司推出第一个广播节目。1928 年，烟草商威廉·佩利获得该公司的控制权，出任总经理。1931 年 7 月，哥伦比亚广播公司在纽约的电视台试播电视，1939 年 10 月正式播出。1965 年开始播出彩色电视节目。

哥伦比亚广播公司的电视新闻节目的收视率自 70 年代以来压倒全国广播公司位居首位。这一成就得益于一批出色的电视记者和节目主持人，如 40 年代到 50 年代的埃德华·默罗，60 年代到 70 年代的沃尔特·克朗凯特，以及 80 年代涌现的中青年新秀如丹·拉瑟、黛安·索耶等。这些主持人知识渊博、机敏干练、口齿伶俐、个性鲜明、技艺全面，他们主持的一些固定节目，如《现在请看》、《晚间新闻》、《CBS 报道》、《60 分钟》、《人物介绍》等都办得很有特色，成为全国最佳节目。从 50 年代中期到 70 年代中期，晚间新闻节目的收视率一直排名全美第一。

在娱乐方面，CBS的名牌节目有1938年的广播剧《星球大战》，因极其逼真，曾引起恐慌。1948年开播风行二十多年的《城市干杯》，1951年开播反映普通人家庭生活的系列电视剧《我爱露西》，1979年推出《飘》和《鹰冠庄园》等。

70年代中后期，CBS由于内部的争权夺利，极大影响了对外竞争力。

1995年8月西屋电器公司以54亿美元将它收购，新的CBS在广播电视方面重新恢复了领先地位：是美国最大的电视集团，15家电视台覆盖全国1/3的家庭，并占全国最大的10个电视市场的70%；是美国最大的广播集团，39家电台覆盖全国35%；有200家附属电视台和585家附属广播台，互相叠加起来可覆盖全部美国家庭；广播业中最大的销售公司，向电视网、地方电视台、有线台和体育台出售节目。

（三）美国广播公司（American Broadcasting Company，简称ABC）

美国广播公司1943年成立于纽约，其前身是全国广播公司的蓝色广播网。该公司经过努力，终于在技术和内容上可与上述两家公司一争高下了，形成三足鼎立的局面。1953年美国广播公司同派拉蒙公司合并，增强了电视节目制作能力。1985年为大都市通信公司购买，组成大都市美国广播公司，实力大增。

美国广播公司不惜高薪聘请知名的电视记者和节目主持人，以提高新闻和其他节目的质量。该公司利用特写材料使节目生动活泼，播放一些有独创性的节目，从而大大提高了节目的收视率。例如，1977年播映的追溯黑人历史的系列片《根》，连续八个晚上吸引观众1.3亿人，成为美国电视史上观众最多的节目之一。美国广播公司较注重体育节目。1977年3月，该公司首先派人到中国拍摄体育节目。1984年3月，它以22500万美元购买了在洛杉矶举行的第23届奥运会的电视播放专利权，有3500人投入这一工作。

1985年3月首府传播公司以35亿美元买下美国广播公司2900万股，改名为首府-美国广播公司，共拥有225座电视台，电视网深入到99.9%的美国家庭，是最成功的体育频道ESPN的最大股东，该频道遍及全美6600万家庭，以及全世界150个国家近9500万家庭，是首府-美国广播公司最有价值的资产。

它在伦敦、巴黎、罗马、波恩、贝鲁特、开罗、约翰内斯堡、莫斯科、特拉维夫、香港、东京等地设有办事处，此外它还经营唱片磁带、书刊出版、电影、有线电视、游乐场等业务。

1995年8月，首府-美国广播公司被著名的迪斯尼公司以190亿美元购买，成为集电视、广播、出版、娱乐、电讯于一体的传播娱乐帝国，同时拥有制作和传播两大阵地，开始了新的发展历程。

（四）福克斯广播公司（Fox Broadcasting Corporation，简称 FBC）

福克斯广播公司成立于 1986 年，国际传播巨头鲁珀特·默多克将他当年购买的六家电视台联合而成。

90 年代中期，福克斯广播公司通过企业和节目方面突出的行动，有力地改变了全国广播电视网的结构。1994 年福克斯以高于 CBS 的价格赢得了播出全美橄榄球联盟比赛实况的权利。几个月后，福克斯和“新世界传播集团”签署了一个会员协议，从而获得了 12 个城市的会员台（其中九个排在全国前 30 名）。CBS 受到相当大的损害，因为 12 个电视台有八家原来是 CBS 的会员台。所有这些行动表明福克斯正在迅速地上升至和三大老牌电视网势均力敌的地位。90 年代初福克斯广播公司已有直属电视台七座，联属电视台 127 座。

以四大网为代表的商业广播电视的内容，主要是新闻、娱乐和广告三部分。

（1）新闻。广播新闻兴起于 30 年代，在此之前的电台主要播放音乐和娱乐节目，转播少量的竞选新闻。二战期间，广播以时效快、播送灵活、收听方便等优势吸引了大量观众。

正式的电视新闻节目开办于 40 年代末期，1948 年 CBS 创办了第一个定期的电视新闻节目，随后 NBC、ABC 也相继开办，时间也逐步延长。50 年代后，陆续增加了晨间、午间、晚间、夜半等时间段的新闻，以及各种专题新闻，从而使新闻节目成了电视节目的骨干。其中 CBS 1968 年开办的《60 分钟》最受观众欢迎，至今不衰。

电视新闻的节目质量直接关系着电视网的声望，收看率的高低决定着广告收入，而广大受众对新闻的兴趣日浓。因此各公司都十分重视新闻节目，竞相投以巨资，提高节目水平，更新技术和设备，尤其不惜重金网罗人才，以高质量的节目赢得观众的青睐。

（2）娱乐。大多数美国人把大众媒体作为放松、逃避和转移注意力的场所，媒体也因势利导，在广播电视的大部分时间安排了娱乐和体育节目。虽然娱乐节目的编排要花费巨额资金，比如一个主要的电视网每周花在编排非新闻节目的费用可能超过 2000 万美元，但同时它也带来巨大的广告收益。娱乐节目已成为现代广播电视业中一个不可缺少的部分。

美国被称为“汽车轮子上的国家”，几乎每部车都配有收音机，可以收听轻松的音乐或谈话类节目。而电视节目更是丰富多彩，美国电视中的娱乐节目可以按播出时间分为黄金时间（晚上 7：00 至 11：00）的娱乐节目和日间娱乐节目两大类。黄金时间的节目主要有电视连续剧、情景喜剧、综艺节目等；日间节目主要有肥皂剧、谈话节目、儿童节目。谈话节目也会在深夜播出。周末的下午常播体育节目，周六早上的时间主要留给儿童节目，周日晚上则几乎一定是电影。

近来新闻、纪录节目和娱乐性节目的界限正变得模糊起来。“信息娱乐”和“基于真实”的节目正变得十分普遍。某些流行新闻被挑出来用一种故作庄重的方式进行讨论。大新闻网一直是严肃新闻的根据地，现在也开始投入其中。如CBS的新闻杂志《48小时》获得成功后，又制作了《街头故事》，每周强调一个主题，如犯罪、毒品、卖淫和城市阴暗面。还有更多的关于这些真实故事的制作计划，侧重报道阴谋、犯罪和伤害事件。尽管批评家对此颇具微词，认为这类节目降低了观众的心志，于人们身心健康无益，但舆论调查显示它们在观众中有一定市场。

（3）广告。广告是支持美国商业广播电视运营的重要资金来源。商业台的广告五花八门，次数颇多，节目播出当中常会被广告打断。电台每小时的广告时间约为15－20分钟，电视台黄金时间约为10分钟，其他时段更多。广告收费标准根据各个节目的视听率而定。附加在吸引人的节目上的广告费自然不菲。

美国大众传播研究领域，有专门从事广播电视广告的影响研究的学者，从1970年以来他们通过大量实证研究，对儿童如何感知和理解广告，一般广告技巧的效果，广告如何影响购物技巧的发展等方面进行了考察。认为广告确实在一定程度上影响着人们的起居言行。这些调查报告也成为媒介用来争取广告的一个有力佐证。而大公司企业也很舍得在广告上投入，如Procter & Gamble每年花费九亿美元做广告，Head & Shoulders、Top Job或Philip Morris公司花费7.6亿美元推销Miller啤酒、Maxim咖啡或Jell－O糖果。这说明广播电视广告确实能帮助他们推销产品和服务项目。

五、公共广播电视

除了商业台以外，美国对内广播还有一些属于非商业性的电台和电视台，共有电台1272座，电视台347座。它们的宗旨是为公众提供教育或服务，因此被称为公共广播电台或电视台。其主办者大致有四类：州政府、地方教育部门、高等学校、非营利性公共团体。这些台不播放广告，经费来自国会拨款、经办部门出资、企业界赞助、受众捐助以及自行开辟的其他财源，如出售节目、发行节目报等。

美国最早的公共电台是1919年威斯康星大学建立的9XM电台，最早的公共电视台是1953年开播的休斯敦KUHT电视台。

美国国会1967年通过公共广播电视法案，规定全美所有的教育电视台和非商业性电视台统称公共电视台，经费来源主要依靠政府和经办部门的拨款或基金会的捐款、大企业的赞助、观众的自愿捐款和出售节目的收入。1968 年成立了公共广播公司（CPB），旨在统筹联邦政府拨款的分配和使用，协调公共系统各台之间的关系，促进公共广播电视的发展。公共广播公司于 1969 年和 1970 年分别建立了公共电视网（PBS）和公共广播网（NPR）。公共电视网是各公共电视台的会员组织，它负责节目的分配和交换。公共广播电台网则是各公共广播电台的会员组织，主要负责提供新闻节目。

公共广播电视播出的节目内容比较健康，与商业台形成了鲜明的对照，因而深受各界（尤其是知识分子阶层）的欢迎。现在每周观众超过 9600 万，经常观看其节目的儿童有 3000 万、教师有 200 万。在公共电视台，长期播放的儿童节目《芝麻街》，科学节目《自然》、文艺节目《美妙的演出》、新闻节目《前线》等，都已脍炙人口。

但是在高度商业化的社会，知识性和教育性的节目难以获得较高的收视率，它们经济拮据，生存和发展都困难重重。为争取到更多的观众，以得到更多的资金支持，公共广播电视逐渐制作并播出了越来越多的娱乐性节目，或者播出一些有轰动效应、刺激性强的新闻报道和评论，使公共广播电视节目内容日趋“媚俗”，口碑下降。在整个美国新闻媒介日趋依赖市场、日趋商业化和竞争激烈的大环境里，公共广播电视面临着两难选择。

六、电缆电视

70 年代以来，美国的电缆电视发展迅速。至 90 年代初，各地电缆电视系统已有五千多个，入网的电视家庭有 5487 万户，占全部电视用户的 60％左右。经由卫星向电缆电视用户播送节目的全国性电视台网已有 72 个。电缆电视的节目内容也日趋专门化，有的全天提供新闻节目，有的全天提供市场信息，或体育节目、或儿童节目、音乐节目、电影故事片等等，以供不同兴趣的观众选择收看。

美国开办最早也最具影响的电缆电视台是时代－华纳公司的“家庭影院”（Home Box Office，简称 HBO），主要提供电影和体育节目。它建于 1972 年，开始时依靠地面微波线路传送，1975 年通过卫星传送。1991 年其用户达 1760 万，形成又一个全国性电视网，总部设在纽约。

另一个具有重大影响的电缆电视网是有线新闻电视网（Cable News Network，简称 CNN）。由特纳广播公司总经理泰德·特纳创办。该公司早在 1976 年就向电缆电视系统播放电影和体育节目。1980 年 6 月创办 CNN，每天 24 小时连续播送新闻，内容不但详尽而且有一定深度。1982 年起增办第二套新闻节目，向全国夜以继日播放简明新闻和各种信息。

CNN1995年10月与时代－华纳公司合并，业务如日中天，继续发展。据统计，1996年国内有6800万订户，三百八十多家电视台转播其节目；国外观众1.07亿，遍及全球，有137个国家的电视台（网）转播其新闻。

CNN总部设在亚特兰大，拥有实力雄厚的采编队伍，全套自动化的信息传递和处理系统，国内外许多城市设有分支机构。

除了HBO、CNN以外，影响较大的电缆电视台还有：

娱乐和体育电视台（ESPN，1979年于纽约）、表演时代公司（1980年于纽约）、音乐电视台（MTV，1981年于纽约）、气象频道公司（1982年，于亚特兰大）、家庭购物网（HSN，1985年于克利尔沃特）等。

电缆电视的发展对传统电视网已构成重大威胁。为此，传统的各大电视网除了加强原有阵地外，也开始插手电缆电视领域。NBC正在筹建自己的电缆电视台，ABC已控制了ESPN台80%的股份。它们还在不断向其他电缆电视台渗透。

七、数字电视

从1987年7月起，美国联邦通信委员会为了与日本广播协会的高清晰度电视开发活动相抗衡，正式启动了关于"先进电视服务及其对现有电视服务的影响"（以下简称先进电视系统）的调查和研究。

最初提出先进电视这个概念，其内涵主要包括一切可以使现行模拟电视图像、声音的质量有所提高的系统。90年代以来，进一步明确要开发包括HDTV在内的地面数字电视系统。

1997年4月，联邦通信委员会发布了数字电视实施进程表。

美国数字电视发展时间表

1998年11月1日，40家商业、公共电视台开始播出部分数字电视节目。

1999年5月1日，排行前10名的电视市场上的各大电视网附属台必须播出数字电视节目。

1999年11月1日，排行前30名的电视市场（占美国50%的家庭）上的各大电视网附属台必须播出数字电视节目。

2002年1月1日，所有的商业电视台必须播出数字节目。

2003年1月1日，所有的公共电视台必须播出数字节目。

2006年1月1日，联邦通讯委员会将拍卖传送模拟电视的无线电频率。一个市场上一旦有85%的家庭接收数字电视，那么该市场的电视台就可以停播模拟电视。

1998年10月底，美国广播公司在波士顿用数字方式播出了约翰·格伦搭乘“发现号”航天飞机发射升空的情景。11月1日，全国广播公司、美国广播公司、哥伦比亚广播公司、福克斯广播公司下属的40家商业性和公共电台在洛杉矶、旧金山、华盛顿、芝加哥、底特律、费城、波士顿和达拉斯十个大城市开始播出数字电视节目，标志着酝酿了十多年的“数字电视技术革命”成果正式进入了美国家庭。美国由此成为世界上第一个提供地面数字电视的国家。

八、广播电视的管理

（一）联邦通讯委员会

美国联邦通讯委员会（Federal Communications Commission，简称FCC）是管理美国广播电视及通信事业的机构，根据《美国通讯法》成立于1934年，以取代1927年成立的联邦无线电委员会。

它的目的在于有次序地发展和经营广播业，迅速有效地使用国内、国际电信并做到收费适当，利用有线和无线通信增进生命财产的安全，以及通讯设备在国防上的应用。主要任务和权责为办理各州及国外广播电台的调节事宜，负责频道分配等，以促进无线电的广泛、有效应用，以及有线、无线通讯业务在国防上的应用。其具体职能为决定广播电台和电视台的台址、呼号、功率，颁发、更换或吊销营业执照，以及批准广播会社修建，进行技术检查等。

联邦通讯委员会由七人组成，委员在参议院提名和认可后由总统任命，任期七年。1983年6月，委员会由七人改为五人，属于同一政党的委员限于三人，委员不得与联邦通讯委员会管理的事业有金钱上的利害关系。委员会主任由总统在委员中指定，并可在任何时候加以调换。

联邦通讯委员会作为广播业的最高行政权力机构，其决策对广播公司有着很大影响，难怪有人说它是广播电视电信的“看门人”，是罗斯福政府对后代产生的重要影响之一。

（二）广播电视事业的自律

美国的广播电视事业，除官方管制以外，广播电视也有自律规章。不过这类规章有赖于以下两个组织的贯彻实施。

一个是1930年成立的国家广播协会，其会员均为全国所有电台及广播网。该协会所规定的规范，已对美国广播界产生良好影响。另一个是全国广播电视工作者协会，该协会于1952年颁布了电视规范，作为各电视台电台遵守的准则。当然，这种自律手段有相当的局限性，损害规章范围的现象多有发生。这也正好证明了联邦通讯委员会存在的必要性。

（三）广播电视法令

1.1934 年广播法

该法令的主要内容是：明确规定电波属于人民，持有许可证的广播电视台是临时管理者，必须经政府批准才可以进行广播，而且必须为公众利益服务；规定设立统管各州之间用有线和无线进行的通讯、电话、广播，以及管理国外通讯业务的单一机构“联邦通信委员会”。

该法令的框架下，美国电子传媒被划分为通信和广播两个界线分明的部分，而统一媒体领域又被分成若干部分，如电话业分成长途、地区和市内三个市场，相互保持着封闭和隔离状态。广播电视业也被分成广播、无线电视和有线电视三种，对不同媒体的兼营有着严格限制。如 1982 年曾明确规定，禁止电话公司开展影像传输业务。

该法令是美国广播电视史上的一个里程碑，对美国电信和广播的发展起到了非常重要的作用，在以后的六十多年里成为美国电信和广播事业的基本法。

不过由于技术进步和广播电视业的高速发展，该法令逐渐出现了滞后问题。如媒体间的条块分割，对建设多媒体信息高速公路就是巨大障碍。

2.1996 年电信法

与 1934 年广播法相比，1996 年电信法主要有三方面的区别：打破媒体间壁垒，允许各个不同媒体在市场上互相渗透；放宽媒体所有制的限制，促进竞争；以法的形式规范节目内容，限制色情和暴力等低俗内容的传播。

它对广播电视业做了如下规定：

(1) 关于电视台的所有权。1) 废除最多只能拥有 12 家电视台的规定，将一家电视台在全国的家庭覆盖率最多只能 25% 提高到 35%；2) 保留了各台之间原有的地方合同，但改变了原来一个市场上不能同时拥有广播电台和电视台的规定；3) 允许同时拥有无线电视网和有线电视系统；4) 允许已经在拥有了一家电视网的情况下新建一个电视网，但不允许购买另一个现成的电视网。

(2) 关于广播电台的所有权。废除对全国范围内的所有权的限制，放松对地区范围的所有权的限制。

(3) 关于广播电台执照期限。原来规定电视台期限为五年，电台为七年，一律改为八年，并简化更新执照的手续。

(4) 关于电话公司和有线电视台互相收购。原则上禁止电话公司收购有线电视台，反之亦然。

(5) 关于电话公司进入有线电视业。撤销禁止电话公司在其服务范围内提供图像服务的规定。

（6）关于有线电视进入电话业。取消禁止有线电视业向其他人提供地方性电话服务的规定。

联邦通讯委员会主席亨德评价道：这一法律拆除了通信领域中的“柏林墙”。按照美国《商业周刊》的估计，业务交叉的电讯、计算机、广播电视和娱乐业创造了 40 万个就业机会，几乎是全美新创造就业机会的 20%。

第十三章

加拿大的新闻传播事业

加拿大国土广袤，997.06万平方公里的土地上只有3500万人口。历史上，加拿大曾长期处于法国和英国的殖民统治之下，至今仍有两种官方语言——英语和法语。在加拿大，约67%的人讲英语，约18%的人讲法语，法语人口主要居住在魁北克省。在本世纪60年代魁北克人掀起了一个使法语成为魁北克惟一语言的运动，70年代，禁止在魁北克使用法语以外的其他语言，80年代发展为独立运动，90年代民族分离倾向愈加明显。

在地理上，加拿大与美国毗邻，大约90%的人口集中在同美国接壤的200英里宽的狭长地带。美国强大的经济和技术实力对加拿大构成了文化“侵略”的外部威胁。对此，加拿大新闻传播事业的一个主要指导思想就是贯彻“加拿大化”的方针。

第一节 报纸的历史沿革

加拿大的新闻事业大致可分为四个时期：

一、移植时期（1752—1807）

同美国一样，加拿大的早期报纸也是在殖民者的影响和政府的扶植下创办起来的。第一家加拿大报纸是约翰·布谢尔（John Bushell）于1752年3月23日出版的《哈利法克斯新闻》。这一时期的报纸上充斥着政府通告、宣言、命令和法规，偶尔有些国外新闻，通常也是一个月前的事件。版面呆板，专栏冗长、枯燥，偶尔有单调的标题。集权主义的政府严密地控制着报纸，编辑们也深知要想生存，政府的庇护必不可少。

这一时期，杂志初露端倪。加拿大的第一家杂志是1789年创办的《新斯科舍杂志与文学、政治、新闻综合评论》，1792年3月停刊。第二家杂志是《魁北克杂志》（Quebec Magazine），用英、法两种文字出版。

二、逐步发展时期（1807—1865）

人口的增长、经济的发展和社会机构的扩大激发了人们对新闻的渴望，为报纸的发展创造了良好的环境。1813年加拿大有报纸20家，到1857年已有291家。《哈洛韦尔自由新闻》1832年进口了第一台铁制印刷机，1833年《广告报》成为第一家日报。1839年第一家便士报《新闻晨报》诞生，发行周期为三周。

这时的报纸逐步扩大了报道面，除政治新闻外，还有当地社会新闻和文学作品摘录、广告等。更为重要的变化是报纸不再是政府言听计从的宣传工具，一些编辑认为报纸有监督政府的责任，依据对政府的立场，私人报纸被分为改革派报纸或是反改革派报纸。

这时的杂志更为活跃，但处境仍相当艰难。

三、向西部推进时期（1865—1900）

不列颠哥伦比亚地区报刊的创办标志着这一时期的开始。“当时大批移民因‘淘金热’纷纷涌向西部。铁路和汽轮的采用，大大缩短了到西部地区的行程。随着加拿大西部的开发，太平洋沿岸地区也纷纷办起了报刊。”

不列颠哥伦比亚是第一个拥有报纸的西部省份。1858年创办的《维多利亚报与英属美洲》，开始时每周出两期，后增为每周五期。1880年法兰克·奥利弗创建了阿伯特地区第一张报纸《埃德莱顿公报》，一直出版至1951年。育空地区的第一家报纸《育空河午夜太阳报》也创办于“淘金热”时期。

这时的报纸开始关注社会上的重大事件。如1867年英国议会通过《不列颠北美法案》，允许在加拿大分散的殖民地组成联邦国家，作为英联邦第一个自治领地。在相当长的一个时期，成立联邦国家的问题就成为报纸上的主要话题。同期，报纸内容愈发多样化，插图大为改进，广告比重继续增加。1871 年《加拿大新闻画报》刊登了蒙特利尔海关新建筑物的照片，开了报纸新闻摄影的先河。1888 年《温哥华新闻广知报》首次采用轮转机印报。

四、迅速变化时期（1900—20 世纪 70 年代）

进入 20 世纪以后，报纸的规模不断扩大，技术的改进、公众对新闻的需求等构成了报纸发展的良好环境。销量在半个多世纪里有了巨大增长。英法语报纸 1900 年销量为 65 万份，70 年代后期，则翻了六七倍。

技术手段更加先进，导致垄断程度也提高了。以日报为例，1930 年，66 个出版者拥有报纸 116 种，而这一时期 117 种报纸基本上控制在 11 个报业集团手中。其中索瑟姆报团和汤姆森报团规模最大，加拿大几种最主要的报纸几乎全都由它们把持着。从销数上看，垄断现象也很明显。全国日报总销数五百二十多万份，六大报团占有其中 80%，而索瑟姆和汤姆森两大报团又占有全国英文报纸销数的 60%。

第二节　报业的现状

一、报团之间的激烈竞争

20 世纪 70 年代至今加拿大报纸进入了激烈竞争时期。在电子媒介大行其道的当代，加拿大报纸一方面与广播、电视、因特网争夺着受众群，一方面又在报界内部进行着激烈的兼并角逐。加拿大现有全国综合性日报 105 种，平均每周发行量约为 3300 万份，也就是说，平均每天有五分之一的 15 岁以上的加拿大人拥有一份日报。这一比率在世界各国名列前茅。

如同其他主要资本主义国家一样，加拿大报业的基本特征之一也是垄断。90 年代初，加拿大报业主要由三大报业集团控制：一是索瑟姆报团（Southam Inc.）它是加拿大历史最悠久的报业集团，创建于 1877 年，拥有包括《新闻报》(The Gazette)、《渥太华公民报》（Ottawa Citizen）在内的日报 28 种，是加拿大发行量最大的报业集团。二是汤姆森报业集团（The Thomson Corporation），它是一家跨国媒介集团，肯尼思·汤姆森是国际知名的原英国报业巨头汤姆森爵士之子，原来在加拿大只有 33 家中小城市的报纸，1980 年 1 月吞并了加拿大另一重要报业集团——自由新闻出版有限公司（F.P.Publication Ltd.），从而实力大增，拥有包括加拿大最著名的《环球邮报》(The Globe and Mail) 在内的九家日报以及大量周报和商业性杂志，以日报的发行量而论，位居第二。三是霍林格国际公司，是一个新兴的国际媒介集团，拥有日报 14 种，虽然报纸的影响都不很大，但就发行量而论，位居第三。这三大报业集团控制了加拿大日报总数的一半，发行量超过全国日报发行总量的 60%。

不过三足鼎立的局面于 1996 年 5 月宣告结束。霍林格国际公司收买了索瑟姆集团 41%的股份，成为这家老牌报团最大的股东。索瑟姆集团被吞并后，一向平静的加拿大报界进入了多事之秋。霍林格公司向加拿大报业全面出击，演出了一出又一出兼并重组的活剧。至 1998 年初，该公司不仅将自己所拥有的日报种数增至 27 家，同时还占有了索瑟姆集团 58%的股份，控制着该集团所属的 32 家日报。这样，霍林格国际公司便拥有了加拿大报业 105 份日报中的 59 份，控制着全国日报发行量的 41%，成了加拿大报业名副其实的龙头老大。

不过占据了加拿大报业半壁江山的霍林格国际公司并未满足，它在加拿大第一大城市多伦多尚无一席之地，并且该集团近 60 种日报中，发行量最大的《温哥华太阳报》(The Vancouver Sun) 在全国日报发行量排名表中仅列第五。为打进多伦多市场，并拥有一张发行量最大的报纸，该集团收购了太阳媒介公司《金融邮报》(The Financial Post) 80%的股份，又于 1998 年 10 月 28 日在多伦多创办了一家全国性报纸《民族邮报》(National Post)。这样以多伦多为基地的日报就有了五家：全国发行量最大的《多伦多明星报》(The Toronto Star)；位居第二的《环球邮报》(The Globe and Mail)；太阳媒介集团 (Sun Media Corp.) 的《多伦多太阳报》(The Toronto Sun) 极受普通市民的欢迎；发行量居全国第三或第四位的《金融邮报》和《民族邮报》。

霍林格国际公司创办《民族邮报》这样一份全国性的新报纸无异于在加拿大报界挑起了又一场争夺读者和广告商的大战。就在《民族邮报》上市的第二天，多伦多明星报公司 (Torstar Corp.) 宣布它将出资 7.48 亿加元收购太阳媒介公司。汤姆森报业集团自然也不能无动于衷，所属的《环球邮报》摆出迎战架势：一是增加国内其他地区新闻报道的比重；二是进一步加强经济报道与体育报道；三是准备出版彩报。而有限的广告市场份额、读者的心理定势、巨大的资金投入使刚刚问世的《民族邮报》的前景并不光明。一些加拿大报业的观察家认为，《民族邮报》的创办不仅是自《今日美国报》之后北美地区报业最具冒险性的一项投资，同时也将进一步加剧加拿大报业集团之间你死我活的竞争，其影响将是深远的。

二、商业化趋势严重

报业激烈的竞争和私有垄断程度的升级，使报纸对广告客户的依赖性逐步加大。加拿大资深记者彼特·德斯巴拉茨在他的《加拿大新闻媒介指南》一书中尖锐地指出："私营报纸曾使报业的新闻自由达到空前的程度，然而后来形成的巨大报业集团却在向另一个方面发展。他们往往为了自身的经济利益而违背了新闻的宗旨和职业道德。"事实上正是如此，加拿大航空公司曾警告过一家报业集团的广告部经理，如果他们的报纸继续出现有关空中撞机或劫机事件的新闻，航空公司将取消与该报的广告合同。

加拿大《环球邮报》的主编罗伊·麦格瑞在 70 年代末预言："所有日报的出版商们总有一天会不再自欺欺人地说自己在从事报业，而是坦率地承认他们在经营着带广告的生意。"不久汤姆森报业集团的总裁就对皇家委员会的人士坦言："你看，我们经营的是一个生意集团，只不过碰巧是在做报纸的生意罢了。"

三、主要报纸

加拿大最主要的英文日报是《环球邮报》和多伦多的《多伦多明星报》，温哥华的《省报》、《太阳报》和蒙特利尔的《新闻报》。主要的法文日报有《义务报》、蒙特利尔的《新闻报》和魁北克的《太阳报》。

（一）《环球邮报》（The Globe and Mail）

《环球邮报》是一家全国性报纸。它虽然大部分行销加拿大中南部和东南部，但其影响遍及全国。它在世界上也有一定声望，它的社论和新闻报道常为报刊所引用和转载。其出版地点在安大略省府多伦多市，从 1980 年起，通过卫星在卡尔加里和蒙特利尔两地增出了传真版。

《环球邮报》的前身是《环球报》，创办于 1844 年，最初是一份多伦多边境居民区的周报，创始人乔治·布朗。第一版专门报道英国和加拿大的议会辩论。第二版是社论和世界最新消息，不过所谓的"最新消息"是由轮船带来的，其时效远不能与今日相比。第三版是商业和地方消息，第四版是广告专版。

早期的《环球报》获得成功的原因主要有：1）布朗的社论深受欢迎。2）连载小说。1849 年该报一周出版三次，发行 4000 份，其中许多人订阅《环球报》无疑是因为布朗买下了连载狄更斯新小说《董贝父子》版权的缘故。3）不惜重金购入新机器。该报创办两个月后，就购买了加拿大第一台滚动印刷机。1853 年使用新的轮转印刷机，改为日报出版。4）积极扩展业务范围。先后成立了体育部、文学和金融事物栏目、城市栏，同时在新城镇安大略、汉密尔顿和伦敦设立分社，在蒙特利尔设立办事处。

19 世纪 70 年代来自外部的竞争和经济萧条使该报的发行量第一次下跌，从 24000 份减少到 20000 份。1888 年贾弗里家族买入《环球报》，并未能改变这一状况。直到 1890 年约翰·威尔逊被任命为主编，该报才恢复了活力。威尔逊一反传统做法，认为新闻是不带党派偏见的，对自由党和保守党应该一视同仁。在他的努力下，曾作为激进的改革喉舌的《环球报》已经成为安大略那些殷实的上层阶级的报纸了。

一战中，《环球报》作为辛迪加的成员，发表了一些英国资深记者菲力浦·吉布斯爵士写的战地报道。战后，该报又陷入沉闷的气氛中，在 20 年代，其对手《邮报》和《电讯报》拉走它的读者时，竟然还浑然不觉。《邮报》销数则一路攀升，1929 年，日销量112400份，而《环球报》只有92000份，并继续下跌，七年后，降至78000份。

1936 年，乔治·麦卡拉买入困境中的《环球报》后，又买入《帝国邮报》，将两报合并为《环球邮报》。麦卡拉对这份新报纸做出了重大调整：首先从一贯反对保守党的自由派报纸转变成一份保守党机关报，坚定地反对长期执政的自由派政府。其二，取消对广告部门禁止登关于雪茄烟、腰带、威士忌酒和廉价服装的种种限制，刊印赛马等社会新闻，提高了发行收入。其三，重视技术的开发。麦卡拉和《纽约时报》一起资助长距离有线传真的研究。

1955 年，《环球邮报》转入工业家 R·霍华德·韦伯斯特手中。韦伯斯特任命奥克利·达格利什任主编。这位雄心勃勃的主编决心把该报办出个名堂来。1957 年他实施了两项计划，一是办杂志版大小的电视增刊，二是办一份 16 版的小报《青年》，两份都夹在星期六的《环球邮报》中，两年后因亏损停刊。1958 年创办国际版，在伦敦印刷，发行两万份左右，不久再次亏本。1963 年试验从多伦多向欧洲发行航空版，五年耗资 100 万美元后停刊。他又办了一份彩色杂志，先亏本、最后停刊。在一系列失败之后，达格利什创办了单独出版的日报《商业报道》，刊登股票市场一览表、金融消息、经济评论等，获得成功。

尤其值得一提的是，达格利什对新中国态度友好，访问过北京，还派驻了西方报纸第一位驻京记者。尽管安排一名驻京记者费用甚高，但收益很显著。世界各大报纸都通过报业辛迪加争相购买《环球邮报》关于北京方面的报道。

这以后《环球邮报》几度转让，1965 年被自由新闻公司收买，1980 年并入汤姆森报团。如今该报的国内消息是加拿大报纸中最充分的，国外新闻主要借助报业辛迪加提供的《纽约时报》、伦敦《经济学家》、《泰晤士报》的消息。该报平时一般有几十版，周末版常在 100 版以上。现有工作人员千余人，记者、编辑已普遍使用电脑传稿、编稿。

《多伦多明星报》（The Toronto Star）属于多伦多明星报有限公司。1899年约瑟夫·阿特金森爵士被任命经办该报，1911年哈里·C·欣德马什加入，后来成为阿特金森的女婿，两人采用的办报方法被称之为“混乱新闻学之最后家族”，即不怕花钱，派出大批记者对重要新闻进行充分报道，租用火车乃至飞机供记者使用，以期获得最佳新闻效果。常刊登美女照片用大字标题、整版照片报道慈善事业、骇人听闻的消息等使读者不忍放弃。

50年代末开始，该报加强了深度报道，为有深远意义的报道配上详尽的背景资料，版面别具一格，引人入胜。有相当专门知识的作者们就国际、国内的重要事件为其写作权威性的特写。1961年美国举行一次社会调查，对非美国的报纸排列名次，结果《多伦多明星报》在布宜诺斯艾利斯的《新闻报》、英国的《泰晤士报》和曼彻斯特的《卫报》之后，名列第四。

《温哥华太阳报》（The Vancouver Sun）属霍林格国际公司，是该公司中发行量最大的报纸，在全国发行榜上位列第五。最初名称是《新闻——广告报》，后改名《太阳晨报》，1944年出版商唐纳德·克罗米将其改名为《温哥华太阳报》。他坚持进行有分量的报道，强调地方新闻的鲜明性和可读性，雇用了一批专栏作家，向世界各地派驻记者，使该报的势力日增。

《新闻报》是加拿大最大的法文报纸。在蒙特利尔出版。

第三节　杂志和通讯社

一、杂志

加拿大有近千家期刊。麦克莱恩—亨特有限公司和索瑟商业出版公司是加拿大的两家出版期刊的大企业。前者的《麦克莱恩》(Maclean) 原是一种综合性的双周刊，为与美国的《新闻周刊》竞争，于1975年改为新闻杂志，是加拿大发行量最大的杂志之一。麦克莱恩—亨特有限公司主办的另一种杂志——《主妇》(Chatelaine) 月刊，用英、法两种文字出版，销量达150万份。

加拿大期刊市场的一个显著特点是美国期刊随处可见。其中美国的《读者文摘》和《新闻周刊》销量最大，《读者文摘》还出版加拿大版，既有英文版又有法文版。美国期刊对加拿大文化的完整性构成了威胁。早在1970年加拿大参议院的一个特别委员会就曾尖锐地指出：“杂志是特殊的。在加拿大，杂志是我们所拥有的惟一的民族出版物……。就民族文化生存的意义来说，杂志又可能在加拿大具有同任何事物一样的潜在重要性。”

二、通讯社

加拿大最大的通讯社加拿大通讯社（The Canadian Press）创建于1917年，该社由110家加拿大报纸联合建立，总部在多伦多，同时在温哥华、埃德蒙顿、温尼伯、渥太华、魁北克等设立了18个国内分社，并在伦敦、纽约、华盛顿、巴黎设国外分社。该社与美联社、路透社、法新社订有交换新闻的协议。它为100家会员报纸收集和提供新闻，其经费也由这些报纸提供。

1953年加通社成立了一个附属机构——“广播新闻有限公司”（Broadcasting News Ltd），向三百多家电台和电视台提供新闻。加通社用英、法两种文字发稿，并向订户提供图片、特稿及股票行情等服务项目。

加拿大合众社（United Press Canada）由合众国际社与“多伦多太阳出版公司”联合创办，股份主要由后者控制，总部在多伦多，并在温哥华、温尼伯、渥太华、蒙特利尔、魁北克城等地设分社。

1922年，加拿大又成立了英国联合新闻社。

第四节　广播电视事业

一、广播的起源

20世纪初，世界无线电技术的发展也波及到了加拿大，与此同时，政府也开始了对这一领域的管制。1905年7月，加拿大政府公布了《无线电报法》（The Wireless Telegraphy Act），规定凡进行无线电报业务者必须取得海洋渔业部的执照。1913年又公布了《广播电报法》（The Radiotelegraph Act）。

加拿大商业性的无线电广播开始于1919年。这一年的9月，马可尼无线电电报公司（Marconi Wireless Telegraph Company）在蒙特利尔创办的XWA电台是加拿大第一座广播电台。1922—1923年，海洋渔业部发出了34份私人商业广播电台的执照。20年代，曼尼托巴省开办了两座电台是加拿大最早的公营广播电台。1927年阿尔伯塔大学开办了最早的教育广播电台CKUA。至1927年，广播电台数目已达75个，皇家加拿大全国铁路公司于1928年建成了加拿大第一个全国广播网。

广播业如果没有听众的积极参与也很难兴盛起来。1922年规定收音机的持有者必须每年缴纳1加元的牌照费，1924年牌照费由不足1万增至50万加元。

1932年5月26日，加拿大无线电广播委员会CRBC成立，其成员由联邦政府任命的三位委员和代表各省的九位助理委员组成。CRBC虽然具有管辖全国广播电台的权力，但不得在全国网上播出商业性节目。完全处于行政式管理状态下的CRBC，招致广泛意见。

1936年加拿大广播公司（Canadian Broadcasting Corporation，CBC）接替了CRBC，CBC继承了CRBC管理全国广播事业的特权，还获得了较多的资金支持。1938年订立了正式引进美国商营娱乐节目的合同。此举遭到私营电台的攻击，被认为是不公平竞争，CBC既然得到了公共资金的支持，就不应当再来挤占它们的市场。此后CBC就卷入了与私营电台的长期辩论之中。

由于CBC握有对全国广播事业的管理权，私营电台对它也奈何不得。不过暂时妥协并不等于不满的消除。1947年9月，代表商业电台的CAB首次提出要求建立一个“分离的、不偏不倚的”管理机构，而且要求对加拿大广播领域中两种制度作明确的分界。有调查显示，公众的兴趣也在向私营电台方向倾斜，而电视的兴起构成了对公营体制的最大威胁。

二、电视的崛起

正可谓“电波无国界”，40年代美国电视迅速发展起来之际，加拿大60%的人口就处在美国电视的覆盖之下。普通民众对于“电子入侵者”的态度显然要宽容得多，政治、文化界人士则着手开发电视技术。

1952年9月，CBC开始独家经营电视，经过一年多的斗争，第一家私营电视台于1953年10月获得开播权。1958年9月新《广播法》（Broadcasting Act）诞生，11月广播理事会（Board of Broadcast Governors，BBG）成立，把CBC是管理者又是经营者的权力分离开来，从而使CBC和私营电视台成为平行存在，相互竞争的关系。

三、广播电视与技术革新

（一）电缆电视

加拿大的电缆电视是靠美国的电视节目发展起来的。1968年广播法把电缆电视作为“广播接收事业”列入广播事业范围内。1982年8月加拿大广播电信委员会调查，加拿大已有近700万户家庭入网电缆电视，即总户数中的75%已成为电缆电视的用户，比例超过美国，而且这一比例还在继续增长。加拿大逐步成为世界上电缆电视普及程度最高的国家之一。加拿大电缆电视公司是最大的电缆电视企业，不仅在加拿大国内各地经营电缆电视，而且进入了美国和爱尔兰。

（二）卫星电视

二战以后世界很快进入了卫星通信时代。加拿大拥有先进的有线和卫星电视系统。1962 年加拿大发射了第一颗科学卫星 Alouette Ⅰ，并于 1965 年发射了 Alouette Ⅱ卫星。1964 年加拿大加入了国际电信卫星组织（Intelsat），参与了“晨鸟”1 号的发射工作，并与美国合作过多次。到 80 年代加拿大已拥有四颗卫星，用于传送电话、电视和广播等信号，使偏远地区的观众也能收看到 CBC 的节目。

（三）图文电视广播

1978 年加拿大通信部研制了视频传真技术，可以用电话线路传送，也可以用同轴电缆、光纤、卫星线路、广播电波传送，被称为“特里顿”系统。这是继英、法之后世界第三种图文电视广播方式。

1979 年，安大略电视台利用“特里顿”系统，在北美各广播机构中第一个开始进行图文电视广播实验。1983 年，在多伦多、蒙特利尔、卡尔加里三市，进行“立即传出信息”（Information Relayed Instantly from the Source）的实验广播。它通过加拿大广播公司的英语和法语电视网，提供新闻、体育、天气预报、商品信息、交通情况、金融消息、餐馆向导、地区活动通报、节目介绍等。

四、加拿大广播公司（CBC）现状

CBC 经历了六十多年的沧桑，在与私营广播电视的斗争中，势力几度消涨，仍享有加拿大广电事业的重要地位。如今的 CBC 管理着一个用多种外语对世界广播的加拿大国际广播电台和采用两种官方语言和当地语言用卫星对北方少数民族地区广播的广播电台、电视台系统。CBC 每年预算达 11 亿加元（约相当于 68.2 亿元人民币），其中 20％左右来自广告和其他商业性收入，其余部分全靠政府财政拨款。

（一）CBC 的广播系统

CBC 有四个全国性的广播节目网，英语、法语各有一个调频和一个调幅广播网。“CBC 广播”是全国性的新闻信息节目频道；“CBC 立体声”是一个全国性音乐和艺术节目频道。英语广播有 10 个大的地区制作中心和 23 个较小的中心，CBC 法语广播有 16 个节目制作和播出中心。

（二）CBC 的电视系统

同广播一样，CBC 电视网分为英语和法语两部分。CBC 总部设在渥太华，英语节目总部设在多伦多，在 90 年代中期，有 11 个自己的电视台，22 个私营附属台，438 个 CBC 的转播台和 172 个私人或社区的转播台；法语节目总部设在蒙特利尔，有八个地区制作和广播中心，五个私营附属台，174 个 CBC 的转播台和 28 个私营和社区的转播台。

（三）国际广播

加拿大广播公司以“加拿大国际广播电台”的名义进行国际广播。在蒙特利尔制作，发向欧洲、东欧、非洲、加勒比海地区、北美、中南美、中东等七个方向。使用英语、法语、西班牙语、葡萄牙语、德语、俄语、乌克兰语、捷克语、波兰语、匈牙利语等 11 种语言播出。

（四）经济来源

政府微薄的拨款与 CBC 庞大的费用相比，无异于杯水车薪，这就促使它一步步地商营化。CBC 的自筹资金包括订阅费、出售节目费和出租场地费等，广告费的比重最大。1994—1995 年度的创收资金比 1984—1985 年度翻了一番，从 1.98 亿增加到 3.96 亿，创收资金由占全部资金的 18%上升到 27%。

为了吸引观众，进而吸引广告商，CBC 不得不播出许多的美国娱乐节目，这又使得许多学者认为它缺乏公营电视网的文化品位，背离了本国文化的正路。这也是 CBC 在财政困境中的无奈选择。

五、加拿大电视有限公司（Canadian Television Network Ltd.，简称 CTV）

CTV 是加拿大最大的私营电视公司，创立于 1961 年。用英语播出，有 15 家较大的商业电视台联合组成，总部设在多伦多，节目覆盖英语人口的 96%。

六、加拿大西部全球电视公司（Can West Global）

1975 年加、美边境的一座电视台 KCND－TV 搬到曼尼托巴省的温尼伯市，从此创办了加拿大西部全球电视公司的第一家电视台 CKND－TV。该公司不断扩大，拥有有线超级频道“首要电视台”和全国各地的地方电视台，成为加拿大盈利最高的电视网，在澳大利亚和新西兰拥有两家电视公司，从 1998 年 10 月起开始拥有爱尔兰的第四个电视网。

七、公营主导、自由竞争的广播电视体制

与报业的私有垄断相比，加拿大电台、电视台的所有制相对多样化，在以 CBC 和各省政府拥有的广播电台、电视系统占主导地位的情况下，私营电台和电视台都分散掌握在为数较多的公司手中。13 家较大的私营广播电台集团公司总共拥有 133 家广播电台，不到全国私有广播电台总数 446 家的 1/4。一百三十多家电视台中，没有一家大集团的所有数超过七家。

为了确保多种体制并存下的自由竞争秩序，加拿大于1968年成立了广播电视委员会，后改名为加拿大广播、电视、电讯委员会。这个委员会负有审批营业执照、规定有关规章制度、制定广播电视节目的制作标准和广告的数量、收取执照费以及监督财政收支等职责。该委员会明文规定："加拿大的广播、电视系统是全民族文化的源泉，必须造福于全社会，维护加拿大的民族特性和团结，丰富加拿大人民的文化生活，增强国家机器的力量。"

目前加拿大已基本形成了一个以公有制为主体、多种体制并存的广播电视系统。全加拿大的四个网络中，有两个是CBC属下的公有网络；一个是魁北克省的私营电视网络，一个是加拿大第二大英文电视网络CTV。

思考练习题

1. 为什么《国内外公共事件》报出版了一期就夭折了？

2. 美国独立战争时期有哪些著名的报刊活动家？他们的情况怎样？

3. 美国政党报纸第一时期有哪些代表性报刊和报人？这些报纸有何特点？

4.《权利法案》(1791)是怎样问世的？其内容与意义如何？

5. 简述杰斐逊的新闻自由观。它对以后西方新闻理论有何影响？

6. 美国有哪些著名的"廉价报纸"？它们有哪些共同特点？

7. 美国早期工人报刊是怎样兴起的？当时有哪些代表性的工人报刊？

8. 简述约瑟夫·魏德迈其人及其在美国的报刊活动。

9. 普利策是从哪些方面加强纽约《世界报》的影响力的？试对其生平及办报活动进行分析并作出评价。

10."黄色新闻"这一用语是怎样出现的？试述黄色新闻与资产阶级政治的关系。

11. 美国第一个报团是怎样创建的？简述美国目前报团的概况。

12. 何谓"掏粪运动"？其兴起的历史背景如何？

13. 美国有哪些著名报纸？简述其中的"三大报"的历史与现状。

14.《今日美国报》为什么能迅速崛起？为什么美国长期以来缺少全国性日报？

15. 美国有哪几家最著名的新闻周刊？《时代》杂志有何特色？

16. 简述美联社和合众国际社的历史与现状。

17. 美国广播电视事业的简略历史和目前概况如何？为什么各广播公司特别重视新闻节目？

18. 美国1996年电信法与1934年广播法相比，有哪些区别？它对广播电视业作了哪些规定？

19. 加拿大与美国之间媒介争执的情况如何？加拿大的新闻业为什么提出贯彻“加拿大化”方针的口号？

20. 加拿大报业的发展可划分为哪几个阶段？

21. 加拿大有哪些较重要的英文日报和法文日报？略述《环球邮报》的历史与现状。

亚洲篇

概　述

亚洲是世界上面积最大、人口最多的洲。总面积 4400 万平方公里，总人口超过 32 亿。亚洲是世界文明发祥地之一，有着悠久的历史和灿烂的文化，但在西方资本主义经济发展和对外殖民扩张中，从 16 世纪起，除日本外亚洲大部分国家都相继沦为殖民地或半殖民地。亚洲人民为捍卫民族独立，争取民族解放，进行了长期艰苦的斗争，不过在第二次世界大战以前，保持或取得独立的国家还不到 10 个，战后随着反帝反殖斗争的进一步开展以及国际形势的变化，亚洲国家几乎全部摆脱了殖民地半殖民地的命运，走上了独立发展的道路。

亚洲报业发展的历史相当悠久，最初的报纸大多是殖民者为适应殖民统治的需要，用外国文字出版的。其中最早的当数荷兰人 1615 年在巴达维亚（今印度尼西亚雅加达）出版的《新闻纪要》。19 世纪中期起，民族民主思想开始传播，一些国家的先进分子相继办报，用以制造革命舆论，争取民族独立。这些民族报刊随着革命运动的深入而不断发展壮大，逐渐成为报业的主流。

二战后，中国、朝鲜、越南、蒙古、老挝等国走上社会主义道路，建立了以共产党为核心的社会主义报业体系。除此以外，以日本和印度为代表的多数国家走的是资本主义道路，积极发展资本主义报业。亚洲报纸目前的发行量占世界的 30%，比例看起来较大，但由于人口过多，实际上每千人占有日报 32 份，除了少数国家，总的来说并不发达。此外，亚洲报业发展很不平衡，日本每千人报纸占有率居世界前列，平均线以下的国家也不在少数。

同报纸一样，亚洲国家广播电视事业的发展也很不平衡。日本有着世界上技术程度最高、最普及的广播电视网，新加坡、韩国、马来西亚及西亚产油国的广播电视事业也较为发达。而一些国家如不丹至今还没有创办电视。亚洲国家的广播电视节目虽然差别很大，但还是有着一般性的规律可循。

首先，大多数国家的广播电台主要实行国有制，由政府部门控制；

其次，大多数国家商业广播电台、电视台的经济收入，主要来自于广告费和收看收听费；

第三，大多数电台、电视台缺少训练有素的工作人员；

第四，大多数国家的政府已慢慢承认广播、电视可作为教育和培养人才的工具；

第五，几乎所有的国家都认为新闻节目对国家对内管理、对外联系有着相当重要的作用；

第六，电子新闻采集设备已被大多数国家采用，新闻现场演播越来越现代化；

最后，由于高生产费用和生产技术的缺乏，许多国家需要花高价引进外国进口节目（尤其是电视节目）。

要说明的是，上述大多数情况不适合日本。日本在许多方面都比亚洲其他国家或地区先进。

1996年4月，亚洲开始实行广播电视数字化。以香港为根据地的卫星电视台（Star TV）的日语广播和汉语普通话广播开播，采用了数字技术。1996年10月，马来西亚的“阿斯特罗电视台”使用马来西亚一号卫星，用23个频道的卫星直接进行入户广播。印尼、泰国、中国、韩国等也随即开始了数字电视广播。

亚洲几乎每一个国家都有自己的国家通讯社，有的国家甚至有两个或三个。只有新加坡和马尔代夫等少数国家没有自己的通讯社。亚洲的通讯社大多数由国家控制着，或者由国家创办，也有少数是私营的。有些国家，像孟加拉、印度尼西亚，既有官方的通讯社，也有私营的通讯社。亚洲大多数私营通讯社都直接或间接的受政府控制和影响。

亚洲还出现了地区性通讯社和国际性通讯社，前者如1981年建立的亚洲—太平洋新闻通讯社，后者如中国的新华社，它们促进了地区间的新闻沟通，为缩小世界新闻传播的不平衡状态做出了贡献。

亚洲的新闻教育和培训方兴未艾，大多数国家已在大学建立了新闻系（院）。本地教科书正越来越通用，但许多材料仍来自于西方。亚洲各地的新闻教育存在着明显差别，其中之一是理论和实践的分离。例如，日本几乎把重点完全放在了新闻和大众传播媒介的理论研究上，而香港等地，则把重点放在媒介制作和新闻报道上。此外，发展的问题极大地影响着亚洲新闻教育和训练学院的全部课程，并且一个全新的特殊领域——发展新闻学也在亚洲非常牢固地建立起来。

发展新闻学是发展中国家的新闻学者提出的一种要求从正面报道他们国家发展状况的新闻学理论，形成于20世纪70年代。他们认为，西方新闻界从其政治偏见和传统的新闻价值观出发，在关于发展中国家的报道中，一味追求怪异的突发事件，极力渲染战争、内战、灾祸、犯罪及各种落后现象，而对这些国家在政治、经济、文化和社会生活等各方面的进展和成就却不屑一顾。为此，他们要求打破国际新闻传播中的这种不平衡和不平等状况，建立起世界新闻传播新秩序。他们提出，西方新闻界应当改变传统的价值观念，注意从事件发展过程，完整地报道事件；注意既报道突发事件，也报道非突发性新闻；尽力扩大报道面，全面反映发展中国家在各个领域取得的进展和成就。一些发展中国家建立起区域性跨国联和通讯社，进行这种国际新闻报道内容与方式改革的尝试。①

① 甘惜分主编:《新闻学大辞典》，1版，82页，郑州，河南人民出版社，1993。

21 世纪 新闻传播学系列教材

第十四章

日本的新闻传播事业

第一节　早期报业的发展

日本报业在封建势力的控制下发展迟缓，1868 年明治维新后才开始出现日报。而在此之前大约 17 世纪时，在江户（今东京）街头出现类似报纸的出版物，这种单面新闻印刷品用粘土做成瓦坯，在上面雕以文图，经烧制定型后，印在纸上而成，故被称为“瓦版”。又因贩卖者沿街边读边卖，正式名称为“读卖瓦版”，其内容多为灾害、战争、怪异之事等。读卖瓦版虽然算不上正式的报纸，但由于它已具有现代报纸的某些基本特征，如以报道新闻为主、印刷发行等，而且存在的时间比较长，所以被认为是日本报纸的雏形或萌芽状态。

一、翻译、翻刻的报纸

1603 年，德川家康（丰臣秀吉死后全日本最大的“大名”）取得了世袭的“征夷大将军”的称号，在江户（现东京）设置了幕府。16 世纪中期开始，葡萄牙、西班牙、荷兰等国商人和传教士进入日本，威胁到幕府的统治地位，幕府遂于 17 世纪开始排斥外国人，实行长达 200 年之久的闭关锁国政策。

在“锁国时代”，幕府了解海外信息的惟一渠道是《荷兰传闻书》。

《荷兰传闻书》是由当时日本与外国沟通的窗口——长崎荷兰商馆，收集各国商船带来的消息，整理成册，经幕府官办的翻译机构翻译而成的。作为“秘密文件”，它只在幕府少数官员中传阅。19世纪中期“锁国时代”结束后，迫于下属臣僚和各地藩侯要求了解外部世情的压力，幕府放宽了《荷兰传闻书》的阅读范围，允许在藩臣诸侯间传阅。

19世纪50年代，荷兰政府停止向幕府提供《荷兰传闻书》，改为直接呈送荷兰东印度公司的机关报《爪哇新闻》（Javasche Courant，周刊）。为了继续了解、掌握外国情报，幕府命专事西学研究、翻译工作的官方机构“洋书调所”将此译成日文，自1862年起，以《巴达维亚新闻》的名字公开发行。因系官办，故冠以“官版”二字。[①]

《官版·巴达维亚新闻》是日本最早的官方译报，由“洋书调所”工作人员竖川三之桥和万屋兵四郎印刷发行，先后印发了23卷。后又根据同一来源，发行《官版·海外新闻》九卷；发行《官版·海外新闻别集》上、中、下三卷。除此之外，“洋书调所”的学者们还翻印了英国人、美国人在中国的宁波、上海、香港等地发行的《中外新闻》、《六合丛谈》、《香港新闻》等中文报纸，以《官版·中外新闻》、《官版·六合丛谈》、《官版·香港新闻》的报名在日本江户等地发行。

上述报纸，都是原样翻译或翻印的，报纸形式、印刷手段都很落后。除了《官版·巴达维亚新闻》曾使用过荷兰人于1849年赠送给幕府的一台手摇印刷机印制外，其他“官版”报纸还是沿用过去的木版手工印刷方式，有的甚至是手抄出版。

二、外国人在日本办的报刊

“官版”报纸问世之前，在横滨、神户、长崎等有治外法权的城市，就出现了由外国人经办的外文报纸。《长崎航运及广告报》是日本的第一份外文报纸，它是由留居日本的英国人汉萨德于1861年6月22日创办的。不久汉萨德移居横滨，又于同年11月创办了《日本先驱报》。这之后，日本陆续出现了十几种外文报纸。

幕府官员令“洋书调所”翻译这些外文报纸，于是出现了外文报纸的日译本（均为手抄报纸）。《横滨新闻》（又称《横滨新闻纸》、《日本贸易新闻》、《日本交易新闻》、《日本贸易特别新闻》、《横滨贸易评判》等）是葡萄牙人创办的《日本商业新闻》的日译本；《日本每日新闻报》是汉萨德《每日日本先驱》（1863）的

---

① 参见宁新：《日本报业简史》，4页，北京，中国社会科学出版社，1981。

日译本；《日本新闻》、《日本特别新闻》是《日本时报》的日译本；《中外新闻纸》是《日本先驱报》的日译本。这些报纸最初只提供给幕府要员，后来读者范围有所扩大。

继外文报纸和这些报纸的日译本之后，日本又出现了由外国人经办的日文报纸。主要有《海外新闻》、《万国新闻纸》、《伦敦新闻纸》、《各国新闻纸》四种。其中最有影响的是由美国领事馆副翻译官海科（美籍日本人）于1865年创办的《海外新闻》。该报以向日本人传播外国文明为主旨，大量收集外国商船带来的各种信息，其内容远比"官版"报纸充实。

由此可见，在幕府末年的各类报纸中，占主导地位的是由外国商人、传教士创办的报纸。它们不但数量多，存在的时间长（汉萨德的《日本先驱报》直到1914年第一次世界大战爆发才停刊），而且对后来日本人自己创办的报纸产生了重大的影响。

三、日本人自己办的报刊

1868年1月3日*，年仅16岁的天皇睦仁（即明治天皇，1867年至1912年在位）出面召开了由倒幕派皇族公卿、大名和武士参加的御前会议，宣布成立新的中央政府。"尊王倒幕"运动自此拉开序幕。幕府残余势力不甘失败，与明治政府军对垒京都附近，结果惨遭失败。政治、经济形势日趋有利于明治新政府。

正是在"明治维新"的动乱时期，出现了日本人自己办的报纸。

1868年年初，明治政府在京都出版了政府公报——《太政官日志》报，这是日本的第一份官办报纸。它专门刊登天皇敕谕、政令及战报等。接着，在大阪也出现了支持明治政府的《各国新闻纸》、《内外新闻》，在京都还出现了倾向于政府的民办报纸《都鄙新闻》。

与此同时，幕府所在地江户出现了支持幕府的佐幕派报纸，如柳河春三主办的《中外新闻》以及随后在江户、横滨等地出现的《日日新闻》、《江户新闻》、《远近新闻》、《内外新闻》、《公私杂报》、《海陆新闻》、《新闻事略》、《外国新闻》、《东西新闻》等等。柳河春三主办的《中外新闻》（创刊于1868年初）是日本的第一份非官方报纸。该报既抄译外文报刊的消息，也刊登日本国内的消息。它在内容和形式上与幕府的"官版"报纸均有区别。该报颇得读者青睐，据说每期发行量都在千份以上，这个数字在当时是很可观的。

这一时期两派通过报纸所进行的激烈论战，为日后政党报纸的产生奠定了基

* 即日本旧历庆应3年12月9日。旧历庆应4年9月8日，改年号为明治，故1868年又是明治元年。

础。但是，由于历史条件所限，上述报纸还未能做到定期发行，并且印刷手段落后，发行量不大，因此它们还不能算是真正意义上的报纸。

第二节 “明治维新”至一战期间的报业

“明治维新”是一次资产阶级革命(尽管它不彻底),它标志着日本从封建社会向资本主义社会的转变。伴随着这一转变,日本报业的历史长卷也正式展开了。

一、日本报业史上的第一个新闻法规

1868 年 4 月，明治新政府军进驻江户（1868 年 4 月江户易名为东京）后，就立刻取缔了所有佐幕派报纸。为了加强对报业的控制与管理，新政府参照外国报纸法，于 1869 年初制定了《报纸印行条例》。这是日本历史上第一个有关新闻的成文法规。其内容为：

（1）每份报纸必须有各自的名称；

（2）凡官方批准出版的报纸，不必每期送检，只要将当日发行的报纸向官厅呈送两份即可；

（3）每份报纸必须标明出版地点、年月日、编辑人、出版者姓名及各期期数；

（4）一切天变、地异、物价、商法、政治（不许对政、法妄加批评）、军事（言论错误而又不改者应追究责任）、火灾、嫁娶、生死、文学艺术、服装、饮食、各种官方公报、洋书译文、海外杂话以及与世无害的事项均可登载；

（5）刊登赠答文书、个人著作、杂谈等，应加注姓名（惟诗歌除外）；

（6）不许对宗教妄加评说。

《报纸印行条例》附录：

（1）官方报纸的取缔权不属于开成学校（“洋书调所”后改名为开成学校）；

（2）各府、县出版的报纸，其检阅权归各府县裁判所；

（3）外国人用日文出版的报纸，必须向当地裁判所备案，当地裁判所必须加以监督；

（4）开成学校只负责监督东京出版的报纸；

（5）东京出版的各报如违反新闻条例，由开成学校向东京裁判所提出控告，再由东京裁判所进行审判定罪。[①]

① 参见［日］山本文雄：《日本大众传播工具史》，10～11 页，西宁，青海人民出版社，1984。

从以上条款看，只要报纸对政治、军事、宗教等不妄加评论，政府即准许其发行。由于《报纸印行条例》的规定并不十分严格，原佐幕派报纸《中外新闻》、《远近新闻》、《内外新闻》等相继复刊；同时还出现了一些新创刊的报纸，如《明治新闻》、《六合新闻》、《博问新闻》等。但是，所有这些复刊和新创办的报纸，都不再与幕府有关，而是站在明治政府的立场上，支持官方政见，并大量刊登有关维新变革的措施和介绍欧美科技、文化方面的消息。

二、日报的问世

1870年4月《横滨每日新闻》的创办，标志着日本真正意义上的近代报纸的诞生。

这是因为，首先，《横滨每日新闻》为日报，定期发行，而在它之前的报纸多为不定期出版；其次，《横滨每日新闻》采用先进的日文活铅字印刷，而它之前的报纸基本上是木版手工印刷；再次，《横滨每日新闻》用“西洋纸”单张印刷，而它之前的报纸用日本纸张印刷，其状与书籍、小册子无异；最后，该报的读者群不再限于幕府高级官员，而是扩展到包括普通市民、工商业者在内的民众层。

《横滨每日新闻》是在神奈川县令关盛良的鼎力支持下创办的，他动员富商们捐款，并让外务省在横滨工作的翻译官子安峻等协助发行。该报新闻与广告各占一半，在新闻报道中，贸易和物价方面的内容占有相当的比重，其中有关贸易都市横滨的经济新闻颇受关东一带工商业者的欢迎。

《横滨每日新闻》问世后，在各地政府的支持下，类似的报刊相继出现。如1871年的《京都新闻》、1872年的《大阪新闻》就分别是在京都府知事和大阪府知事的援助下创办的。1871年在东京创刊的《新闻杂志》，也是在明治政府高级官员木户孝允的帮助下创办的。该报初为小型周刊，后改为对开报纸，隔日出版，读者遍及关东一带。

东京最早的日报，是1872年3月创刊的《东京日日新闻》。该报由条野传平等创办，民间发行，同时得到当时的政治家江藤新平和大隈重新的支持。1874年底，福地源一郎就任该报社长，《东京日日新闻》自此一直站在官方一边，成为明治新政府的御用报纸。据说这份报纸当时的发行份数为1000份左右，而政府订阅份数占22.5%。

1872年4月，英国人约翰·布拉克在东京创办了日文报纸《日新真事志》(布拉克曾任《日本先驱报》的主笔)。该报每期四页，内容包括公报、东京及横滨地方消息、海外新闻等，信息面很广，言论自由无羁，颇有生气。该报因此获得左院（法令审议机关）御用的特权，经常刊登左院议事、议案、建议等。

1872年7月，《邮便报知新闻》在日本首任邮政长官前岛密的支持下创办。该报以当时遍布全国的五千多名邮政办事人员为读者对象和义务通讯员，通过邮政系统获取消息。这种便利条件使《邮便报知新闻》在新闻报道的丰富性方面大大超过其他报纸。

明治维新后出现的这些报纸，均是在中央、地方政府的保护和支持下，借助官方的力量向全国发行的。1873年3月，大藏省曾通知各府县：《新闻杂志》、《东京日日新闻》、《横滨每日新闻》是传播国内外新闻和知识的报纸，故每日或每二日向各府县发送上述三种报纸，以供阅读。同年7月8日，又发出通知，将《日新真事志》与以上三种报纸并列，决定同时向东京以外的各府县发送四种报纸。

明治政府还积极促进报纸和读者的结合。具体做法是组织报纸读解会。所谓报纸读解，就是对报纸上的公报和新闻进行通读和解释。例如，明治5年（1873年）9月，山黎县命令所辖各区正、副区长组织报纸读解会。命令说："今后，应在各村神官僧侣之中，挑选适当的人，举办报纸解读会，小儿妇女也可随意前往聆听。"明治7年9月，宫城县也下达了类似的命令，命令说："报纸是当今不可缺少的读物。各区可从地方费用中拨款订报，应将报纸张贴在小学、寺庙等合适的场所，每月请有文化者前往讲解六次，遇有疑难之处，可请教师帮助解决。"

为了促进报纸和读者的结合，政府还在许多地方设立了"报纸纵览所"，展示东京、大阪和当地的报纸，免费让民众阅读。

总之，明治政府通过向地方发送报纸、组织报纸读解会和设立"报纸纵览所"等方法，有效地扩大了报纸的影响，对它的进一步发展起到了相当大的推促作用。

三、政论、政党报纸的出现

日本近代报纸是在明治新政府与幕府残余势力的斗争中作为阶级的舆论机关诞生的，因此，它与党派政争有着密不可分的联系。

尽管明治初期的报纸是在政府的扶持下发展起来的，但是，随着政府内部矛盾的出现，它又成为不同派别（其后是不同政党）用以相互攻击的武器。

70年代初期，明治政府要员在是否立即出兵朝鲜的问题上发生了意见分歧，形成主张征韩的"急进论"和反映政府意向的"渐进论"两派；政府的御用报纸也以此为界，分别成为两派政治观点的讲坛。

《邮便报知新闻》、《朝野新闻》、《东京曙光新闻》等站在"急进论"者的立场上，主张日本对外扩张，同中国满清政府争夺在朝鲜半岛的权益，以便为无法管束的闲散没落的士族寻找生路；《东京日日新闻》等报则站在政府主流派的立场上，主张日本应优先整顿内政，加强经济、军事力量，不要急于对外扩张。此论战以“急进论”代表人物的下野而告结束。

1875年11月7日，因主张“征韩”而失败的原急进派开明人士江藤新平等向左院提交了关于设立民选议会的建议书，并在《日新真事志》上发表，由此拉开了“自由民权运动”的序幕，也引发了“民权派”与“官权派”之间的论战。“民权派”联合具有资产阶级民主革命思想的知识分子，通过报纸宣传民主、自由思想，要求开设国会、制定宪法；“官权派”站在政府立场上，主张按部就班，不急于开设国会。“民权派”最有力的喉舌是《横滨每日新闻》。1879年，该报迁至东京，改名《东京·横滨每日新闻》，成为“民权派”社团组织“嚶鸣社”的机关报。“民权派”的报刊还有《东京曙新闻》（原名《新闻杂志》）、《朝野新闻》、《邮便报知新闻》等。“官权派”的主要报纸是《东京日日新闻》，此外还创办了《明治日报》、《东洋新报》等报纸。《日新真事志》则采取中立态度，两派意见均发表。

这一时期，两派报纸围绕召开国会等问题进行了激烈的论争，双方（尤其是“民权派”）各执己见，互不相让。日本新闻史因此而把这一时期称为“政论报纸”时期。

面对“民权派”报纸的凌厉攻势，明治政府先是颁布了“新闻纸条例”（1875年），继而又制订了“诽谤法”（同年），并规定了对新闻记者的刑律。此后的五年内，全国有二百多名记者、报人遭受罚款或拘捕的处分，日本新闻史上出现了空前的言论恐怖时期。明治政府对报纸采取的镇压措施，不但未能剪除“自由民权运动”，反而促进了它的发展。1881年10月，迫于民众的压力，明治天皇终于颁布诏书，决定开设国会，实行立宪。于是各种政治势力很快结成有组织、有章程、有纲领的大小政党（以自由党、立宪改进党、立宪帝政党为最大），一些政论报纸也转而成为各个政党的机关报。

当时各政党的主要报纸有：自由党的《朝野新闻》、《自由新闻》（1882年，东京）、《立宪政党新闻》（1882，大阪）；立宪改进党的《邮便报知新闻》、《东京·横滨每日新闻》、《大阪新闻》（1877，大阪）；立宪帝政党的《东京日日新闻》、《明治日报》（1881）；中立派的《时事新报》（1882，东京）、《朝日新闻》（1879，大阪）。

围绕立宪后的日本应当建立怎样的国体、政体的问题，各个政党通过所属机关报展开了激烈的论战。“自由党”和“立宪改进党”主张把日本改造成英、法那样的资产阶级民主国家，“立宪帝政党”则主张把日本建成德国那样的君主立宪制国家。论战范围不断扩大，许多报纸卷入其中。由于政党论争成为这一时期报纸宣传的最突出的特点，日本新闻史把它称作“政党报纸”时期。

为了限制政党报刊的自由论争，明治政府于1883年修改了“报纸条例”，征收高额保证金，迫使几十家报纸停刊。与此同时，政府通过分化离间，削弱和瓦解反对党“自由党”和“立宪改进党”。1883年9月，“立宪帝政党”根据政府意向率先宣布解散；“自由党”于次年被迫解散；“立宪改进党”也在一度停止活动后进行了改组。随着政党活动的衰败，各党机关报也走入低谷，有的停刊，有的转向——短暂的“政党报纸”时期宣告结束。

四、大众化报刊的兴起

随着明治政府“文明开化”政策的实施，中下阶层对信息、娱乐等的需求越来越大，于是，小报这种适合普通民众口味和需要的报纸应运而生。19世纪80年代后半期，在资本主义工业发展提供的必要的物质条件的基础上，由小报逐渐发展起来的报纸开始走上商业化的路途。

（一）小报的产生

小报是与政论型的大报相对而言的。它产生于19世纪70年代，时间上与大报不分先后。

小报主要面向中下层读者群，一般不刊登政论性文章，主要内容是新闻报道、娱乐材料、连载小说等；小报亦文亦图，形式活泼；语言通俗，标注假名（日语拼音字母）；版面较小，售价低廉。总之，小报是一种大众报纸。日本新闻界人士认为，这一时期出现的小报，是日本现代报纸的前身。

最早出现的小报是1873年初创刊的《东京假名书新闻》和《每日平假名新闻》。这两家小报首开使用日文拼音字母“假名”排版印刷的先例。但是，它们的寿命都很短，前者仅出了三期，后者稍长一些，也只存在了一年。

大多数小报都是在1874年到1879年之间问世的，其中最有代表性的是东京的《读卖新闻》和大阪的《朝日新闻》。

《读卖新闻》创刊于1874年11月2日，创办人为子安峻、本野盛亨、柴田昌吉。该报初为隔日刊，只发行200份，半年后改为日刊，发行量猛增至一万份，居东京各报发行份数之首。该报起初与政党没有关系，后来随着民权运动的勃兴，也逐渐带有了政治色彩，成为改进党系统的报纸。不过与改进党的其他机关报（如《邮便报知新闻》等“大报”）相比，《读卖新闻》受政党的影响还是比较小的。尽管如此，随着政党活动的终止，该报的发行量还是受到了一定的影响。从1886年起，《读卖新闻》开始刷新版面，大量刊登文学作品，使该报以“文学报”的特质身价倍增。

《朝日新闻》创刊于1879年1月25日，由木村滕发起创办（其父平八资助），村山龙平任社长。该报起初为小报性质，民权运动时期开始涉足政治，刊载言论，兼具大报和小报的特点。“政党报纸”后期，为了免遭停刊的厄运，它以中立面目出现，奉行“企业本位”和“报道第一主义”，追求新闻报道的时效性，努力采集独家新闻，并向国内外派驻记者（1881年就有记者常驻釜山，1884年就有记者常驻上海）。该报由村山龙平和上野理一接手合资经办以后，由于经营得当，顺应世情，发展一直比较顺利（80年代以后，发行量跃居全国首位），是日本近代报纸向现代报纸发展的先驱。

除了《读卖新闻》和《朝日新闻》之外，当时有影响的“小报”还有《平假名插图新闻》、《假名读新闻》、《浪花新闻》、《大阪新闻》等。

（二）商业性报纸的形成

在经历了“政党报纸”的兴衰和“小报”的产生、演进之后，1886年到1887年，日本报纸开始走向商业化经营之路。

最先走上这条路的是《邮便报知新闻》。1886年，该报仿照欧美模式，对报纸内容、版面、组织机构乃至经营方式进行了全面的调整。具体做法是：第一，对新闻报道、评论写作加强管理和监督，投入高素质的人力完成这项工作；第二，一反常规，变大型化版面为小型化版面；第三，版面力求大众化，文章力求平易近人，汉字加注假名，刊登连载小说；第四，改进发行方式——要求地方提前交款订报，东京市内的发行全部改由报社直接投递。同时大幅度削减报价，将每月定价由8角3分降至3角，结果销数大增。1886年发行6700份，1887年发行12000份，1888年达到22000份，跃居东京首位。《邮便报知新闻》降价后，各报纷起仿效，报纸之间展开了争夺读者的自由竞争。

之后是《东京日日新闻》。该报社长原为福地源一郎，1888年，福地将社长职位让给关直彦。关直彦摆脱了福地时代御用报纸的传统，标榜不党不私，使报纸面貌焕然一新。该报登载福地的连载读物《色与欲》、《外国巡礼》等，关直彦本人除了撰写社论，也发表连载作品《欧美的故事》，介绍新知，活跃版面。报纸还邀请一批社会名流作为名誉客员，为报纸撰稿。这样，在关直彦担任社长后，报纸发行量增加了一倍。

这一时期最为引人注目的报纸是《朝日新闻》。1888年，大阪的《朝日新闻》打入东京，收买东京的《觉醒报》，创办了“朝日”系统的《东京朝日新闻》，从而形成了日本第一个跨城市经营的报系。该报励精图治，与同行展开了激烈的竞争，并且在竞争中获得很大的发展。具体做法是：

第一，采用先进的印刷技术。《朝日新闻》社率先引进法国的马里诺尼轮转印刷机，由以往的平板印刷改为圆筒两面同时印刷，大大加快了印报速度，降低了报纸的印制成本。

第二，使用电报传发新闻。早在80年代初期，电话、电报等近代通讯工具在日本刚刚出现的时候，大阪《朝日新闻》就开始利用电报传送消息，从而极大地提高了发稿速度。1889年2月11日，明治天皇颁布“帝国宪法”，政府决定在当天上午发布宪法，将宪法全文交付各报刊登。由于使用了电报，几乎和东京报纸同时，大阪《朝日新闻》登出了发布宪法的消息，并出版了印有宪法全文的“号外”。速度之快，令同行震惊（当然，花费之大也令其他报纸难以企及）。

第三，采取多种促销手段。首先下调报价——比《邮便报知新闻》更便宜，月定价2角5分，订报半年者，只收原价的一半。报社还买下了当时东京惟一的交通工具铁道马车，凡积极订阅报纸的读者，都可免费乘坐。由于采取了这样一些促销手段，报纸的发行份数不断增加。

这一时期实行商业化经营的报纸还有：

(1)《大阪每日新闻》。该报前身是1876年创刊的《大阪日报》，1888年改用此名后，标榜不党不私，并自称为“大阪实业团体之工具”，业务不断拓展。1906年在东京创办《每日电报》，1911年买下《东京日日新闻》并将《每日电报》并入其间，形成又一跨两地经营的报系。

(2)《时事新报》。该报1882年创办于东京，创刊之初即宣称恪守“独立不羁”的编辑方针。这一方针深得商业资本家的赞许，读者面不断扩大。该报十分重视广告，除了在报纸上刊登广告外，还大做户外广告，以此扩大影响、增加收入。1883年，该报的广告收入就占总收入的23%。

(3)《万朝报》。1892年创办于东京，以下层民众为读者对象，大量刊登社会新闻、奇闻轶事，揭露达官贵人的隐私丑闻，颇受中下层读者的欢迎。该报曾经对纳妾问题作过调查性报道，报道揭露道：“自古到今，（妇女）一直处于被男人玩弄的地位……在日本当今社会，不管具有什么地位、什么思想的男子，都在实行着一夫多妻制，即事实上对妇女伦常的破坏。现从我们所知道的范围内，摘发数百实例，欲问社会，羞也不羞。”① 接着，在题为《弊端一斑 蓄妾实例》的报道中，作者揭露了约500个蓄妾的名人，连载50次。这一揭丑报道，虽然引起上流社会的反感，但《万朝报》的知名度和影响却越来越大。

① ［日］内川芳美、新井直之：《日本新闻事业史》，21页，北京，新华出版社，1986。

(4)《二六新报》。1893年创办，读者对象亦为下层民众，同样以报道耸人听闻的社会新闻为主。1901年10月26日，该报刊登“衣冠禽兽岩谷松平”的连载文章，揭露这位烟草大王玩弄女佣的丑行，以致岩谷松平不得不刊登谢罪广告，表示“定以此回事例为鉴，跟上社会进步，慎重检讨自己平素行为，改良家庭，改善内外诸状况”[①]。此后，岩谷松平专门拜访了《二六新报》社长秋山定辅，双方握手言和。

《万朝报》和《二六新报》的揭丑对象，多为明治社会的暴发户。对其丑行的揭露，一方面代表社会伸张了正义，同时极大地吸引了读者，赢得了民心。这使报纸发行量急剧增长。在1900年前后，两报成为东京地区数一数二的大报。

（三）杂志的商业化

在报界由政党报纸向商业报纸转变的同时，日本的杂志也出现了同样的倾向。

在日本，报纸和杂志几乎同时出现。二者起初并未分家，《官版·巴达维亚新闻》虽冠以报纸的名称，却是线装，5页或10页左右，为杂志形式。1861至1863年间由“洋书调所”翻刻或手抄的所有出版物，都可以被看作是日本最早的杂志。

幕府末年由柳河春三创办的《西洋杂志》（1867年）是日本近代杂志的先驱。该杂志刊登有关欧洲各国历史和科学的报道，“广集天下奇闻，以使人耳目一新”[②]。明治之后最早出版的杂志，是大阪府的《明治月刊》。与《西洋杂志》相同，该刊也以介绍海外知识为目的。此后出版的杂志有《新塾月志》、《俳谐新闻志》、《教养新闻》、《教林新报》、《评论新闻》、《海外杂志》、《医事杂志》、《文部省杂志》等等。除介绍海外新知外，早期杂志多以宗教、医学教育为主。明治7年以后，杂志内容趋于专门化。评论、政论杂志开始出现，宗教杂志进一步发展，科学、教育、医学类杂志不断增加。明治10年以后，杂志种类更多，门类更细了。

在此基础上，明治20年（公元1887年），日本杂志开始向商业化方向迈进。其重要标志是由博文馆的大桥左平创办的《日本大家论集》的问世。该杂志汇集其他报刊登载过的著名人物的评论，带有文摘的性质。初版3000册当天卖光，大获好评。博文馆又趁热打铁地创办了《日本之教学》、《日本之女学》、《日本之法律》、《日本之时事》、《日本之少年》、《妇女杂志》等二十余种杂志，奠定了杂

① ［日］内川芳美、新井直之：《日本新闻事业史》，22页，北京，新华出版社，1986。

② ［日］山本文雄等：《日本大众传播工具史》，7页。

志出版业的基础。日本杂志业从此步入全盛时期。

日本报刊大众化的进程虽然比欧美国家开始得晚（英美等国始于19世纪二三十年代，而日本始于19世纪后半期），但一经上路，就获得蓬勃发展之势，并为日本现代资本主义新闻体系的最终确立奠定了基础。

第三节　两次世界大战与报业

第一次世界大战使日本由债务国一跃而变成债权国，实力大增。随着战后日本经济的繁荣、发展，日本报业也被纳入资本主义经济体系，实现了企业化经营。与此同时，各报竞相从国外购入先进的印刷设备，充分利用当时科学技术所能提供的一切快速传递手段，极大地提高了新闻传播的效力。

从30年代起，日本新闻业逐渐被军国主义势力所左右，受到越来越严格的控制。二战时期，政府将新闻业纳入“战时体制”，使它成为日本军国主义对外侵略扩张的宣传工具。

一、一战与报业

（一）战前报业

早在中日甲午战争（1894—1895）和日俄战争时期，日本报业就获得了巨大的发展，最终确立了现代报业的基础。

甲午战争中，日本报纸几乎无一例外地支持日本政府的对华政策，主张“国权皇张”，鼓吹“举国一致”、“奔赴国难”等等，竭力煽动国民的战争意识。这段时间，日本新闻界和政府的关系十分密切，日本政府在对华战争中毫无后顾之忧，一举打败了腐朽的清朝帝国。

日俄战争时期，除少数几家报纸持“反战”立场外，大多数报纸也都积极支持日本政府的对外战争政策。

在此期间，日本报业无论在新闻报道方面，还是在技术手段方面都取得了长足的进步，各报发行量均有所增长。当时，号称全国第一的“大众报纸”《万朝报》的发行量已达到12万份。1904年，《大阪每日新闻》和《大阪朝日新闻》后来居上，分别达到20万份，占全国首位；《万朝报》为16万份，退居第三。1907年，《大阪朝日新闻》和《报知新闻》（1896年初由《邮便报知新闻》改名）又分别达到30万份；《大阪每日新闻》次之，为27万份；第三位是《万朝报》，25万份；第四位是《东京朝日新闻》，20万份。

（二）战时报业

1914年7月28日，第一次世界大战爆发。它的导火索是一个月前奥匈帝国皇太子、皇位继承人弗朗西斯·斐迪南在波斯尼亚首府萨拉热窝的被刺杀。此事发生后，《大阪每日新闻》和《东京日日新闻》以急电形式发布了这条新闻，紧接着，《朝日新闻》也登载了这条消息。一战正式爆发后，《朝日新闻》、《大阪每日新闻》等纷纷派记者随军采访，报道有关战局的进展情况和国际形势的变化。

《朝日新闻》先后派遣驻英记者三人，驻美记者三人，驻俄记者二人，驻法记者一人。《时事新报》派遣驻英记者二人，驻俄记者一人。但是，正如该报驻英记者伊藤正德所说，报社财力有限，不能用电报同别的报社竞争。《朝日》、《每日》记者坐汽车，自己只能跑步追赶。而且，当时西伯利亚铁路不通，邮件经美国送回日本，中间要经过重重检查，船行大洋的速度也比今天慢两倍，二个月之内自己的报道只能见报一两次。因此，《时事新报》无论如何也竞争不过《朝日新闻》和《大阪每日新闻》(其他报纸更是无力派遣驻外记者，而只能依靠路透社的电报)。

除派驻记者外，《朝日新闻》同路透社、同英国《伦敦泰晤士报》还有特别合同；《大阪每日新闻》同合众社也有特别合同。

1914年8月23日，日本政府发表声明，宣布站在英法一边，对德宣战。日本报纸大都支持政府的这一立场，并支持日本政府乘机抢夺德国在中国山东省权益的侵略活动。日本军队进攻青岛时，《朝日新闻》和《大阪每日新闻》纷纷派文字和摄影记者赴战地采访，发回大量报道。

总之，在第一次世界大战中，大阪系的《朝日新闻》和《大阪每日新闻》因拥有雄厚的资金和贯彻商业主义的办报方针，逐步走上了日本报业霸主的道路。

(三) 战后报业

第一次世界大战以1918年11月11日德国政府与联军统帅共同签订停战协定为标志而告结束。在此之前，世界上第一个社会主义国家——苏俄已经建立，帝国主义列强对新生的苏维埃政权虎视眈眈，企图把它扼杀在摇篮里。日本军国主义政府也趁机扩大自己的势力范围。1918年1月，日本抢先派军舰闯入海参崴；同年8月2日，日本政府又抢先发表了“出兵西伯利亚宣言”，不顾美、英等国的限制，向西伯利亚出兵七万多人。

这一时期，受到俄国十月社会主义革命鼓舞的日本人民掀起了要求“不干涉俄国”、“立即撤军”的群众示威活动，再加上日本当时正爆发“米骚动”(反对米价飞涨的饥民暴动)，国民的反战运动更是如火如荼地展开。在此期间，日本报界普遍表示“日本出兵西伯利亚没有明确理由”。为此，先后有56家报纸被寺内正毅内阁勒令停刊。同时，内阁还禁止报纸报道有关“米骚动”的任何消息。

寺内正毅的镇压措施，引起报界的强烈不满。1918 年 8 月 25 日，全国 84 家报社的新闻记者代表在大阪召开了“关西记者大会”，会议形成决议：要求寺内正毅内阁立即总辞职；要求言论自由；拥护确立宪政等。

报道这次记者大会情况的《大阪朝日新闻》在提及此事时，使用了“白虹贯日”一语，政府当局以“这一消息是暗示革命”为理由起诉该报。结果，登载这一消息的当天报纸被禁止发售；发行人兼编辑山口信雄和撰写这条新闻的记者大西利夫被判刑两个月；社长村山龙平被迫辞职；包括总编辑在内的许多编辑人员都被迫退出报社。

“白虹贯日”事件，是日本历史上最大的一次言论贾祸事件。它表明，俄国十月社会主义革命胜利后，为了防止国内社会主义运动的滋生与发展，日本政府提高了警觉，加强了对舆论的控制。到 20 年代末、30 年代初，当日本最终确立了军国主义体制时，报业很快就被纳入专制统治下的“战时体制”，其仅有的一点自由主义色彩也被剥夺殆尽。言论自由的理想破灭后，报纸加速了向企业化发展的进程。

二、二战与报业

（一）战前报业

日报在第一次世界大战中发战争财，实力大增。此后，随着日本经济的繁荣、发展，日本报业也被纳入资本主义经济体系，实现了企业化经营。总的看来，自一战结束至二战爆发，日本报业发生了以下重大变化。

第一，组织机构的变化。

一战以后，报社与其他工商企业一样，实现了股份制经营。这种经营方式的确立，使报社原有的组织机构发生了很大的变化，内部分工更加细密了。一般来说，报社分为编辑和经营两大部类，编辑部又下设通讯、政治、社会、经济、学艺、对外等机构，专门负责编辑业务；营业部下设广告、销售、会计、印刷、出版等机构，专门负责报纸的经营业务。机构的严密、人员的扩充和职责范围的明晰，使报社的企业化经营有了充分的组织保证。

第二，经营方式的变化。

随着资本主义工商业的发展，报纸开始大量刊登广告。与先前零散的、少量的广告相比，此时报纸广告的内容和范围都有了明显的扩大，所占篇幅更多了，表现形式也愈益多样化。与此相应，广告费也不断增加。一战期间，广告费升至每行一日元，20 年代中期上升到每行二日元。各报为争夺广告生意展开了激烈的竞争。

销售方式也发生了较大的变化。早在1903年，《邮便报知新闻》就在全国各地设立了报纸销售店，专售《邮便报知新闻》，其后各报纷纷仿效。一战以后，报纸销售形式更加多样化。在报纸发行地有直属销售店，也有专属销售店；在外地有多种报纸的销售店，也有和各报签订合同的特约综合销售店。报纸之间为扩大销售展开了激烈的竞争。那些资金雄厚、设备先进的报纸纷纷降低售价、扩大发行；一些小型报纸则由于实力不足而在竞争中败下阵来。

售价的降低使报纸的发行量大幅度增长。到20年代中期，《东京日日新闻》的日发行量达到60万份以上，《东京朝日新闻》达50万份，《邮便报知新闻》和《时事新报》也达到40万份。大阪的《朝日新闻》和《每日新闻》的日发行量则突破了百万份大关，一举确立了日本全国性报纸的“双雄”地位。

第三，编辑制度的变化。

战时和战后日本报纸编辑制度的一大变化，是采取了综合编辑制。在此之前，报纸的政治、经济、社会版被明确划分开来，社会版有独立的一页。各版记者从不同的角度进行采写，内容经常重复、雷同，缺乏统一的规划。有鉴于此，各报在原有机构的基础上，设立了总编辑部，实行综合编辑制度，对新闻报道进行统一的调度和安排。首先采取这个做法的是《东京朝日新闻》(1920)，之后各报也仿照实行。

社会版的编辑方针也发生了变化。过去社会版以采访和报道警察局新闻为主，报道面窄，分量也比较轻。战后随着社会的进步，工人、妇女、官员等都成了该版报道的对象，政治、经济、文化等方面的问题也被屡屡涉及，这使社会版的地位不断提高。

这一时期，报纸还增加了地方版。明治末期《国民》首出地方版，大正时期扩展到其他各报。随着地方版的增设，大报地方通讯网更趋完备，通讯员遍布全国。到1920年8月，《朝日新闻》的通讯员总数达527人，《大阪每日新闻》、《东京日日新闻》的通讯员数量与《朝日》亦不相上下，其他报纸略差一些。

第四，技术手段的变化。

一战前日本各报普遍使用的马里诺尼轮转印刷机，在速度和数量方面已不能适应日益增长的社会需求。1920年，《大阪每日新闻》首先从美国进口高速轮转印刷机，使四页报纸的印刷速度达到每小时27000份。而后，各报也竞相从国外购入先进的印刷设备，有的报社还装置了自动折叠机，更新了照相版的印刷技术。从20年代起，日本已经能大批量地生产新闻用纸，并开始使用自动铅字铸造机铸造各种型号的铅字。

各报为了争取读者、扩大销售，充分利用当时科学技术所能提供的一切快速传递手段。1923 年 6 月，《大阪朝日新闻》、《大阪每日新闻》、《时事新报》以及“电通”经与邮政部交涉，获准在大阪和东京之间架设专用电话线（以前这是财界专利，他们限制报社及通讯社使用）。1924 年 7 月，“电通”还架设了东京至福冈间的西部专用线，使得中央消息只数分钟就可以传到地方。与此同时，许多报社还安排专人培训信鸽，利用信鸽快速传递消息也获成功。

印刷设备和印刷技术的改进、提高，专用电话线的开通，为报纸的大量发行，信息的快速传播提供了充分的物质、技术条件。

与报纸的发展相呼应，20 世纪初期的日本杂志业也进入了蓬勃发展的新时期。

首先，以普通读者为对象的大众化杂志纷纷出现。当时日本有九大畅销杂志，除了明治时期创刊的《雄辩》、《讲谈俱乐部》之外，1914 年（大正 3 年）又创办了《少年俱乐部》，1916 年创办了《滑稽俱乐部》，1920 年创办了《现代》、《妇女俱乐部》，1923 年创办了《少女俱乐部》，1925 年创办了《国王》，1926 年创办了《幼年俱乐部》。妇女杂志的种类也逐渐增加。继明治时期开始发行的《妇女之友》、《妇女世界》之后，1913 年又出版了《妇女界》，1916 年出版了《妇女公论》，1917 年出版了《妇人界》、《主妇之友》，1920 年出版了《妇人俱乐部》，1922 年出版了《令女界》、《女性改造》、《妇人画报》。这些杂志以刊登婚姻、育子、理财、美容等方面的实用性文章为主，拥有广泛的读者。

在大众化杂志迅速发展的同时，以知识界为读者对象的综合性杂志也有所增加。1895 年 1 月创办的《太阳》杂志，在日本思想界一直居于主导地位。1899 年 1 月问世的《中央公论》后来居上，很快取代了《太阳》的位置。一战时期该刊提倡民本主义，宣传民主思想，对知识界产生了很大的影响。作为指导性的言论机关，《中央公论》声誉日增。在此之后，一批具有社会主义思想倾向的杂志纷纷问世，如《改造》、《解放》、《社会问题研究》（均创办于 1919 年）。它们介绍社会主义运动，解释马克思主义经济学理论，进行思想论战。其影响一度压倒《中央公论》，深受青年读者的欢迎。其后还有《文艺春秋》（1923 年）、《文艺战线》（1924）等杂志的出版。总之，这一时期杂志取代了报纸原有的地位，在思想领域发挥着主导作用。

（二）战时报业

从 30 年代起，日本报业便受到越来越严格的控制，逐步被军国主义势力所左右，失去了应有的“独立性”。二战时期，政府更是将报业纳入“战时体制”，使它成为日本军国主义对外侵略扩张的宣传工具。战时日本政府对报纸的控制主要表现在以下几个方面。

第一，成立内阁情报局。

为了加强对新闻言论的统一管制，日本军国主义政府于1936年成立了“内阁情报委员会”，1937年“七·七事变”后，改名为“内阁情报部”，1940年改名为“内阁情报局”。该机构由政府各部门有关官员组成，直属内阁首相，是负责统制宣传的中枢权力机关。其职责是：1）处理有关推行国策方面的事项，统一收集情报、监督报道及组织宣传；2）根据“国家总动员法”，对报纸及其他出版物进行管制；3）指导或取缔广播事项。太平洋战争爆发后，情报局成为政府军部独裁的言论工具。

第二，制定新闻统制法规。

战争期间，在以往新闻法规的基础上，军国主义政府又制订了一系列旨在限制新闻出版活动的法规。其中包括《不稳文书临时管理法》（1936）、《军用资源秘密保护法》（1939）、《国防保安法》（1941）、《言论、出版、结社等临时管理法》（1941）、《战时刑事特别法》（1942）、《新闻纸等刊载限制令》（1941）、《新闻事业令》（1941）等。

由政府一手操控的御用新闻团体“新闻联盟”（1942年改名为“日本新闻会”）还仿照纳粹德国的“新闻记者法”，制定了日本的“记者规章”，要求记者须“明确国家使命”，方有登记资格。

第三，实行“一县一报”的合并措施。

“国家总动员法”规定：战时政府为实现国家总动员，在必要时可以根据敕令，决定有关企业的开设、托办、共同经营、让渡、废止、停办以及法人的合并、解散等。据此，从1938年到1940年，政府开始对报刊进行全面整顿——合并现有的报刊，不允许创办新的报刊。1940年5月，政府在内阁情报局下设立了新闻出版用纸统制委员会，对新闻用纸以及其他资材的使用进行严密的控制；对不愿接受合并的报纸，削减或断绝其纸张来源。在政府的威逼下，很快实现了“一县一报”。1939年，日本有大小报纸848家，到1942年，只剩下54家。

通过以上措施，日本政府将新闻业的用纸、资材、编辑、出版等全面统制起来，实现了所谓“国论统一指导”的体制。为了争取言论自由和生存、发展的权力，日本的报纸也曾表示过一定程度的反抗，但是在军国主义的淫威之下，很快就被镇压了下去。按照政府的要求，日本的报纸步调一致地服务于法西斯的内外政策，竭力吹嘘日本“皇军”的“节节胜利”，叫嚣建立“大东亚共荣圈”，欺骗日本人民。总之，这一时期的日本报纸在制造战争舆论、使日本民众滋生盲目的战争意识方面，起了重大的作用，成为日本军国主义战车上的一个不可缺少的部件。

第四节　二战后的报业

1945年9月2日，日本正式投降；9月29日，代表盟国进驻日本的美占领军当局宣布废除日本军国主义政府战时颁布的各项法令，同时在日本推行旨在扶助资本主义发展的“民主改革”。以此为起点，日本报业的发展进入了一个新的时期。

一、日本的新闻改革

日本投降以后，美占领政府对日本新闻界采取了一系列改革措施。具体表现在：

首先，解除报业的羁绊，使之自由发展。从“明治维新”开始，日本的报纸就被纳入专制主义言论统制的体系中，并在第二次世界大战期间达到顶峰。1945年9月底，占领军总部民间情报教育局发出了《关于新闻及言论自由的追加措施的备忘录》，要求日本政府立即废止平时及战时有关限制新闻自由及通讯自由的法令；日本政府的任何机关今后均不得发布有关新闻报道的禁止令；废除现行的各项法令中与占领军总部新闻自由原则相矛盾的部分。同年10月4日，占领军又发布了著名的“人权法案”；同年年底，内阁情报局被撤销。随着统制法令、统制机构的消亡，日本报业获得了自由发展的空间。首先，战时“一县一报”的限制被打破，从1946年起，不断有报纸创刊或复刊，当年9月，已有报纸180家，同时，战争时期政府实行的“国论统一指导”的体制也自动解体，各报在经营方面又展开了竞争。

其次，对日本报纸进行管理和审查。占领军通过废除战时新闻统制法令、机构，把报纸与政府分离开来，使报纸获得了前所未有的新闻自由。但是，这种自由并不是绝对的，它必须“服从维护占领军安全的需要”。这样一来，战时日本政府对报纸的统制地位便被占领军所取代。占领军对日本报纸的管理和审查，主要是通过新闻检查以及控制纸张的分配等手段进行的。其中尤以新闻检查为甚。最初一段时间，占领军只是对个别报纸进行事前检查，而对大部分报纸进行事后（即出版后）检查。之后事前检查的范围逐步扩大到东京40家、大阪10家、地方60家报纸。被删除和不准见报的内容包括对美军暴行的揭露、有关美军私生活的报道、指责联合国军政策的言论等等。在占领军的多重控制之下，日本报纸所能享受到的自由是十分有限的。尽管如此，日本报纸仍能利用管理上的漏洞，巧妙地报道一些禁止报道的事件。

第三，对左派报刊采取清除政策。战后，日本共产党、社会党等进步党派团体相继恢复或成立，并可以进行公开的社会政治活动。1945 年 10 月，日共机关报《赤旗》复刊，在日本人民民主革命运动中起到一定的促进作用。1950 年侵朝战争之际，占领军总司令部指责共产党是侵略者的帮凶，示意取消共产党的合法地位。侵朝战争开始的第二天（1950 年 6 月 26 日），《赤旗》报即被总司令部勒令停刊一个月；期限未到，又被追令无限期停刊。7 月 28 日，占领军当局又对整个报界进行“整肃”，结果，共有 704 名记者和从业人员被革除公职，近千种进步刊物遭取缔。与此同时，日本共产党的主要干部也受到“整肃”，日共被迫转入地下。1952 年以后，日本政府仍继续执行美占领时期的政策，以“防止破坏活动法”、“秘密保护法”等法规，制约着新闻界。

总之，在 1945 年 8 月到 1952 年美国军队代表盟国进驻日本期间，占领军试图按照美国模式，对日本的新闻媒介进行“民主化”和“非军事化”的改造，日本新闻业则在这一改造中，逐渐具有了资产阶级民主色彩，进而走上西方“新闻自由”的发展道路。

二、报业的飞速发展

日本新闻改革之后，随着报业自由竞争帷幕的重新开启，报纸的发行量出现了快速增长的势头，40 年代末期即达到 1418 万份，而到 1952 年年底，则达 2273 万份，创历史最高记录。

50 年代中期，《朝日新闻》、《每日新闻》、《读卖新闻》三大报的发行量在竞争中交替上升。“朝日”、“每日”除坚守东京、大阪、西部（北九州小仓）阵地外，不久又打入名古屋，设立了中部分社；“读卖”随即打入大阪。与此同时，东京的《日本经济新闻》（前身为《日本产业经济》）进入大阪，大阪的《产业经济新闻》也跨入东京，从而形成五家全国性大报并驾齐驱的局面。

60 年代是日本经济快速发展时期，现代科学技术成果和新的发明创造被更多更快地运用于新闻传播领域，从而使报刊编辑、排版、印刷、发行的速度和质量有了进一步的提高。据统计，1952 年至 1962 年，日报发行量由 2273 万份上升到 2655 万份，增长了 17%；1962 年至 1972 年，发行量由 2655 万份上升到 3816 万份，增长了 43%。这一时期，随着资本主义经济的发展，报纸广告大量出现。与之相应，报纸的版面不断增加，广告分量已占总篇幅的 40%左右。广告收入开始超过发行收入，成为报纸的主要财源。据记载，广告收入在总收入中的比重 1951 年为 27.2%，1960 年为 42.5%，1973 年为 59.8%，达到历史最高峰。

70 年代由于受到“石油冲击”（阿拉伯产油国提高石油价格）的影响，日本经济发展的速度明显减缓，报业的增长也较为缓慢，规模趋于稳定。日报发行量1975年为4051万份，1985年为4803万份，增长率约为18%。由于经济不景气，加上电视的竞争，报社的广告收入直线下降，而各项开支（尤其是人事费用）却大为增加。许多报社经营不善，入不敷出，只好靠各种副业收入加以弥补。这一时期，日本报业全面采用了电子技术，实现了以电脑照排为中心的生产流程的自动化。70年代采用该技术手段的报社占20%，80年代末则已超过90%。从此，日本报业的发展进入了一个全新的历史时期。

据《世界知识年鉴》（1997—1998）统计，日本现有综合性日报124家，日发行量5203万份。

三、五大报纸及其他

日本的报纸基本上都是商业报纸，一般采取股份公司的经营机制。在报社的各项收入中，广告约占40%以上。就其性质而言，日报有综合性、专业性以及娱乐消闲性报纸之分；在综合类报纸中，又有全国性和地方性报纸之分。

全国性报纸有五家——《读卖新闻》、《朝日新闻》、《每日新闻》、《日本经济新闻》、《产业经济新闻》，它们在日本舆论界居于主导地位。

（一）《读卖新闻》

《读卖新闻》，1874年创刊。办报方针是："要敢于同左右两翼的独裁思想作斗争"。该报有4484名职员，27个海外支局，1995年日刊与晚刊共发行1450万份。同时还办有《周刊读卖》和英文的《YOMIURI DAILY》以及其他文化、体育事业。

（二）《朝日新闻》

《朝日新闻》，1879年创刊。办报方针是：本着不偏袒任何政党的立场，实行言论自由，为建成民主国家和确立世界和平而作出贡献，公正迅速地报道真实情况，本着进步的精神进行评论，以期达到公正。该报有4254名职员，27个海外支局，1995年日刊与晚刊共发行1290万份。办有《周刊朝日》、《朝杂志》、《科学朝日》等杂志以及其他文化事业。

（三）《每日新闻》

《每日新闻》的前身是1876年创办的《大阪日报》。其办报方针是：独立于一切权力之外，通过不偏左也不偏右的社论和报道，自由地为建立民主社会作出贡献，通过为国际所关注的社论和报道，为建立和平的社会作出贡献。该报有5726名职员，21个海外支局，1995年日刊与晚刊共发行240万份。办有《经济学人》、《星期日每日》等刊物以及其他文化事业。

（四）《日本经济新闻》

《日本经济新闻》前身是1876年创办于东京的《中外物价新报》，之后几易其名，1946年定为现名。其办报方针是：中正公允，以期实现日本国民生活的基础——经济的和平民主发展。该报有职员3655名，21个海外支局，1995年日刊和晚刊总共发行464万份。办有《日经商业》、《科学》等报刊。它的经济信息很有权威性。

（五）《产业经济新闻》

《产业经济新闻》前身是1933年在大阪创办的《日本工业新闻》，1942年该报合并了33家产业和经济小报，改为《产业经济新闻》。它主要反映日本财政界的意见和主张。现有887名职员，11个海外支局，1995年日刊与晚刊总共发行117万份。办有《晚刊富士》、《正论》等报刊以及其他文化事业。

地方性报纸又可以分为地区报纸、县报和城镇小报。地区报纸是在某地区数县范围内发行的报纸，目前有三家：《西日本新闻》，总社在福冈市，主要在九州和本州岛西南端发行；《中日新闻》，设有名古屋、东京、北陆三个本社，分别出报，在中部各县发行；《北海道新闻》，总社设在札幌，主要在北海道发行。县报基本上在县内发行。城镇小报多为非日报，只在某一城镇发行。

除了众多的商业报纸外，日本各大政党以及社会团体也都拥有自己的机关报。与综合性报纸不同，这些报纸侧重于报道党派活动，宣传各自的政治主张。这类报纸主要有共产党的《赤旗报》、工会总评议会的《总评新闻》、创价学会的《圣教新闻》等，其中以《赤旗报》影响较大。

日本的新闻杂志一般为报社所办。几家全国性大报办有《朝日周刊》、《读卖周刊》、《每日周刊》、《产经周刊》等，侧重刊载时事和分析、评论性的文章，文字生动，图片吸引人。

综合性杂志在舆论界也有一定的影响。其中最负盛名的是《文艺春秋》月刊。该刊创办于1923年，初期是文艺刊物，以后逐渐发展为涉及社会生活各个领域的综合性刊物，经常刊登专家评论和调查性报道。该刊1974年11月号发表了有关钱权政治的长达61页的报道，揭露首相田中角荣以权谋私、聚敛财富的内幕。这一报道成为不久以后田中被迫辞职的导火索。《文艺春秋》每期一般480页，发行100万份左右。除此之外，日本较有影响的杂志还有《中央公论》（月刊）、《世界》（月刊）等。

四、五大报系

二战以后，日本报业实行企业化经营的一个重要特点，就是新的报业垄断格局的形成。目前，在五家全国性大报的基础上，已经形成五个全国性的垄断集团。其垄断性具体表现在：首先，它们都在东京、大阪以及其他主要城市设立总分社，分别出报；每个总分社又出版各种地方版，例如《朝日新闻》就有一百多个地方版；此外它们还各自出版多种期刊、图书。所以，它们实际上是拥有许多子报的报业集团。其次，它们除了出版报刊外，还经营广告和其他文化产业，因而它们又是庞大的传播媒介集团。再次，除媒介产业外，它们还兼营其他业务，分别拥有几十家旅游、交通、娱乐、房地产、保险业等方面的子公司，因此它们同时又是跨行业的联合企业。

例如，《朝日新闻》除了出版日报外，还出版各种期刊、年鉴、图书，如《朝日周刊》、《朝日评论》、《朝日画报》、《朝日摄影》、《朝日年鉴》、《日本季刊》、《朝日晚报》（英文版）等，同时它还拥有全国朝日广播公司，经营广告代理、旅游、房地产等多种行业。

《读卖新闻》同时出版英文版《读卖新闻》、《读卖周刊》、《读卖新闻摄影》、《读卖年鉴》等多种报刊图书，经营日本电视广播网，兼营棒球队、足球俱乐部、交响乐团、旅游、房地产等行业。

《每日新闻》办有英文版《每日新闻》以及《经济学人》、《每日周刊》、《每日画报》、《每日年鉴》等报刊和图书，拥有东京广播公司，并经营印刷、广告、服务业和电影社等。

《日本经济新闻》同时出版《日经产业新闻》（日报）、《日经流通新闻》（周二报）、英文《日本经济新闻》（周报）以及《日经会社情报》等，并涉足广告、建筑、电影、电视摄制等行业，“东京十二台”即是该报系的电视台。

《产业经济新闻》是“富士·产经集团”的核心，该集团包括富士电视公司、文化放送、日本放送、大阪放送、关西电视等广播电视台以及《产经·体育》、《富士晚报》、《大阪新闻》、《产经周刊》等报刊，同时兼营出版、广告和服务行业。

上述五家全国性的报系，如今已居于日本报业的垄断地位，其日报发行量已占到全国日报发行量的60%左右。

第五节 通 讯 社

一、早期的通讯社

日本最早的通讯社——东京急报社出现于1887年，由六角政太郎创办。该社早期的业务是在大阪与东京之间，用电报传递有关大米买卖的行情。

1888年，三井财团的益田孝在政府的支持下，创办了时事通讯社，专门向各报提供政府发表的文书和政治消息。1890年，《邮便报知新闻》的矢野文雄创办了新闻用达会社。同年11月，警察局长清浦奎吾根据政府的指示，成立了东京通讯社。1892年，新闻用达会社与时事通讯社合并，成立了帝国通讯社。明治、大正时代，帝国通讯社一直是国内最有实力的通讯社。

这一时期日本创办的通讯社还有中外电报通讯社、国外通讯社、日本通讯社、自由通讯社、中央通讯社（后改名为中外通讯）、明治通讯社、独立通讯、内外调查通讯社、朝野通讯社、经济通讯社、专门通讯社、实业通讯社、太平洋通讯社等，形成了通讯社群小割据的局面。

1901年，日本电报通讯社出现，帝国通讯社遇到了强有力的竞争对手，两大通讯社并存的局面自此形成。

早期通讯社只发布国内消息，不传播外电。海外新闻一般是从横滨的英文报纸上翻译过来的。早在1872年，路透社的亨利·柯林斯就在横滨开设了支局，向英文版的《日本先驱报》、《日本》提供欧洲的重要新闻和市场行情。日本报纸将其翻译转载。

1893年，大桥佐平创立的内外通讯社一度曾与路透社建立联系，后因收支不平衡，该社被无偿转让。同一年，《时事新报》与路透社订立了正式合同，打开了直接收取外电的通道。之后，《大阪每日新闻》、《朝日新闻》也同路透社订立了合同。日本两大通讯社——日本电报通讯社和帝国通讯社则是从《日本泰晤士》方面转收路透社的消息，然后再发往各个报社。因此可以说，在日本，建立外电直接接收渠道的，首先是报社，而不是通讯社。

中日甲午战争（1894—1895）以后，与报业的发展相呼应，日本的通讯技术也有了很大的改善，速报的时效性提高了。为了加强国际新闻报道，1914年3月，日本又创办了国际通讯社。

一战期间，无论是电报通讯社、帝国通讯社还是新建立的国际通讯社，其作用都没有得到很好的发挥，只是与美国的合众社有着特别合同的电报通讯社，在俄国革命的报道方面起了一定的作用。原因在于，战时对电报等通讯工具的使用有诸多限制，军方检查严格，使随军记者在发稿时颇费周折。一般从发稿到收到稿子需要两周的时间，时效性很难保证。因此日本的大部分报纸都是从英美通讯社和外国报纸上获取域外新闻。

20年代以后，帝国通讯社开始衰落，于是国际通讯社开始向国内通讯业务领域渗透，1926年5月改组为日本报纸联合社（简称“联合”），1927年5月开办国内通讯业务。1929年3月，帝国通讯社破产，日本的新闻通讯业进入了

“电通”与“联合”双雄对峙的时代。同年6月，“联合”与路透社达成协议，取得向中国报纸直接提供日本新闻的权利。1933年以后，“联合”又与路透社分离，实现了完全的独立。

在对报纸和广播进行控制的同时，日本政府和军部一直在设想建立便于控制的国家通讯社。1936年，日本政府将电报通讯社（“电通”）和报纸联合社（“联合”）合并，共同组成同盟通讯社。同盟通讯社的成立，使日本政府对舆论的控制进一步加强。作为服务于军国主义政府的国家通讯社，同盟社不仅在国内发展，其影响也扩展到广大的亚洲地区。与二战进程相伴随，它在制造舆论、推进法西斯战争方面起到了不可忽略的作用。

二、时事社和共同社

1945年8月日本投降后，占领军进驻日本，10月同盟通讯社解散，重新成立两家通讯社：共同通讯社（简称共同社）和时事通讯社（简称时事社）。

（一）共同社

共同社成立于1945年11月1日，是日本最大的通讯社，现有职员1918人。它自称是“代表日本国民的国际性通讯社”，是“日本全国的报社、广播电台合作建立起来的，以收发消息为宗旨的共同组织”。它的加盟单位有78家，包括全国性报纸、主要的地区性报纸和日本广播协会。它的主要任务是向加盟的报纸、广播电台、电视台等提供国内、国际的文字、声音及图片新闻，同时还向在海上航行的日本船只播发日文和英文新闻，全天发稿量为60万字左右。此外，它办有英文国际传真业务，播发《共同传真快讯》，内容为当天的日报、日刊来不及刊登的新闻，以及《综合世界经济通信》，并出版各种年鉴。

共同社在世界上31个国家和地区设有支局，同世界上58家通讯社建立了合作关系。

（二）时事社

时事社成立于1945年，现有职员1246人。它自称是向日本报道世界的动向，向世界传播日本的声音的国际性通讯社。它在海外设有25个支局，同19家外国通讯社建立了合作关系。它每天的发稿量为12万字左右，还办有《经营信息新闻》（关于经济、金融、证券、经营、资源、环境等方面的信息）、《金融传真新闻》（关于外汇、黄金、债券、股票动向、贸易情报、景气指标等的消息）等传真业务，颇有影响。它出版《世界周报》等刊物及《时事年鉴》，还设立了社团法人内外形势调查会、社团法人中央调查社等组织，活动范围相当广泛。

除了共同社、时事社之外，日本还有一家1945年设立的财团法人无线电通讯社。它专门抄收世界各国的短波广播，编写成新闻向日本的内外新闻机构、政府机关以及各国驻日外交机构提供。

第六节　广播电视事业

一、发展梗概

日本的广播事业发端于 1925 年。1924 年 11 月，在邮政省的监督下，成立了“中央放送局”，并在东京、大阪、名古屋建立了广播电台。三家电台分别于 1925 年 3 月至 6 月开始播音。建立之初，这三家电台是独立存在的，各有自己的播放计划和节目安排。不久政府决定，由政府负责兴办和发展广播事业，以发挥广播“指导国民思想”的作用。1926 年，政府令三家广播电台解散，在此基础上成立社团法人日本广播协会——NHK 的前身。可见，日本的广播事业一开始就被置于政府的控制之下。

日本入侵中国以后，作为一种新的传播媒体，广播的优势逐渐显露出来。政府军部深知广播宣传的重要性，因而在进行国民总动员的同时，加强了对广播的直接控制。1939 年，在内阁情报部的指导下，制订了每日广播的节目大纲。不久，政府又修改了广播专用无线电规则，规定：战时及其他必要的情况下，凡涉及公益事项的广播，邮政大臣有权加以指挥，同时对广播内容将采取必要的措施。在内阁情报部和邮政省的双重管辖之下，广播电台亦完全失去了自主权，成为战时政府的御用工具。

政府指导广播的一个突出的特点是，将纳粹德国的做法原封不动地搬到日本。如同德国最重要的节目是希特勒的演说一样，日本最重要的广播节目是东条英机的演说。其次是军界、政界首脑的讲话。此外还设置了有关战争的其他节目，如《告国民》，由政府直接出面呼吁国民协助战争；《战时国民读本》，每周二至三次播讲由情报局提供的文章，说明战争的意义，介绍占领地的情况等等；《国民的誓言》、《我们的决心》等专题节目，则由民间人士表达支持战争的决心。

为了侵华战争的需要，日本政府还进一步扩大了对海外的广播。最初是对中国国民党军队和当地居民的华语广播（1931）；而后日本广播公司用日语和英语开办了对美国西部、加拿大西部、夏威夷等日侨比较集中的地区的广播（1935）；1937 年以后则进一步扩大到西欧、拉美、东南亚地区。而对中国、印度支那和东南亚的广播，直接配合着日军的军事行动。

日本广播协会成立后，日本的广播事业进入了迅速发展的黄金时期。1928 年 11 月，NHK 着手建立全国广播网；1931 年 4 月，东京第二广播部开始播音。

侵略中国的九一八事变（1931）以后，在“为国防大力普及广播”的口号声中，日本政府积极推进广播的普及工作。这一年，广播电台迅速增加到28座，收音机的社会拥有量超过100万台。同时，从组织机构到节目内容，政府都严加控制。

日本的广播事业一直由官办的NHK垄断经营。直至1947年，盟军占领军总司令部指示日本政府，要使广播脱离政府、政党的控制而独立存在；允许民间自由设立广播电台等。据此，日本国会于1950年通过“电波三法”（《电波法》、《广播法》、《电波监理委员会设置法》），广播电台也正式向民间开放。1951年9月，名古屋的中部日本广播和大阪的新日本广播问世，由此揭开了日本广播业由独家垄断向多样化经营发展的序幕。官办、民营电台之间的竞争，激发了广播事业的活力，促进了广播覆盖率、普及率的上升。

日本的电视，早在1925年就有过试验，1939年日本广播协会就开始了对电视的研究工作，以后由于战争扩大而中止。战后日本广播协会建立了东京电视台，1953年2月开始电视播放。进入60年代，随着经济的起飞，日本电视业有了飞速发展。居民拥有电视机数字1958年为198万台，1961年上升为1022万台，1970年为2282万台。私营电视公司1960年为39家，1970年增至71家。与此同时，日本广播协会的地方台也不断增加。1960年开办彩色电视节目，1963年首用通信卫星转播了美国的电视节目。

目前日本广播电视业十分发达。1995年全国有收音机12322万台，平均每千人989台；电视机3519万台，平均每千人282台。

二、日本广播协会（NHK）

日本最大的广播电视机构——日本广播协会（简称NHK）创建于1926年，战后重新改组。1953年开播电视以前，该机构一直经营广播业，现在主要力量已转向电视。

按照日本《广播法》的规定，NHK是实行自主经营的“特殊法人”，它在承担法律规定的职责和义务的同时，享有充分的新闻自由，任何人不得对广播内容进行非法限制和干涉。它不以赢利为目的，不播放广告，旨在通过制作新闻、娱乐节目，提高国民的文化水准，其全部经费来自电视机执照费，经济基本自立。

NHK是具有半官方性质的公营广播电视机构，其最高权力机构是经营委员会，其成员由首相提名，经参众两院同意后任命，任期三年。经营委员会的12名成员中，有八名为地区代表，另外四名来自教育、文化、科学和工商界，会长由委员互选产生。NHK的执行机构为理事会，设正、副总经理和理事若干名，总经理由经营委员会任命。

NHK是日本最大的广播电视系统，包括三套广播网：第一广播网以新闻时事为主（占40%以上），其次是文化和娱乐节目；第二广播网以知识教育为主，其次是文化和新闻时事；第三广播网是调频广播，以文化娱乐节目为主，也有新闻时事节目。此外，NHK还有两套电视网：一套为综合频道，每天播出18小时，其中新闻节目占39.4%，教育节目占13.6%，文化节目占25.9%，娱乐节目占21.1%。一套为教育频道，每天亦播出18小时，其中教育节目占总播出时间的77.9%，文化节目为20.1%，新闻节目为2%。从总体上看，NHK的节目内容比较严肃、正统，新闻报道方面力求准确、公正，注重时效性，娱乐题材尽力避免庸俗化，在世界电视领域享有较高的声誉。目前，NHK广播电视的人口覆盖率分别为100% 和99%。

NHK还有一个国际广播电台，专门从事对外广播。

三、民营广播电视

经过四十多年的发展，日本的民营电视已相当发达。就全国范围而言，影响较大的广播电视公司有以下五家：

东京广播公司，简称TBS，是属于《每日新闻》系统的广播电视网。该公司的电视台成立于1953年，在全国设有25个联播台，每天播放20小时。

日本电视广播网公司，简称NTV，是《读卖新闻》系统的商业电视台，成立于1953年，总部设在东京，在全国有25个联播台，每天播放18小时。

全国朝日广播公司，简称ANB，是《朝日新闻》系统的广播电视公司，成立于1959年，在全国有18个联播台，总部设在东京。

富士电视公司，简称FTV，是《产经新闻》系统的商业电视台，成立于1959年，在国内有25个联播台，每天播放节目20小时以上。

东京十二台，简称IZ，是《日本经济新闻》系统的商业电视台，成立于1964年，在五大民营电视台中，它的实力最弱。

民营电视台与NHK大不相同。首先，民营电视台播出广告，广告收入是其基本的收入来源；其次，在民营电视台的节目内容中，娱乐性题材占有相当大的比重，新闻节目所占比重比较少；第三，民营电视台多为私人企业，经营的目的是为了获取利润。

近些年来，日本私营广播电视系统呈现联营趋势。五大商业广播电视网——东京广播公司、日本电视广播网公司、全国朝日广播公司、富士电视公司、东京电视台与103家公司联营，其中36家兼办广播电视，67家只办电视。此外还有

25座不与广播电视网联营的商业广播电台和10座以播放电视文字广播为主的商业电视台。商业电台、电视台除了主要播放娱乐性节目外，其新闻节目、纪录片、教育、科技及其他信息性节目制作的比重也逐渐增大，收视率不断提高。

四、广播电视与高科技

（一）电缆电视

日本是当今世界上信息技术最为发达的国家之一。80年代中期经邮电部批准，第一批电缆电视台开始营业，几年后大小电缆电视台增至四万多家，其中有的以转播电视公司节目为主，有的以自办节目为主。1989年共有用户600万家。

（二）卫星电视

1984年和1986年，日本先后将两颗实用广播卫星BS-2a、BS-2b送上轨道。从1986年起，NHK利用它们进行电视卫星直播。1987年7月，NHK开办了世界上第一个全日夜卫星直播频道。1990年，另一颗广播卫星BS-3升空，其转发器分别为NHK、日本卫星广播公司（JSB）、日本高清晰度电视推广促进会所使用。NHK目前办有两套卫星直播节目：第一套全天24小时播送，以国际新闻（包括金融和商业行情）和体育新闻为主，另有部分音乐和特别节目；第二套选自地面常规电视节目，每天播出22小时半，主要供边远地区收看。两套节目的观众约650万户。JSB是以经济团体联合会为核心组成的民间卫星广播公司，各私营电视台都是它的股东，1990年11月开办卫星直播电视，每天播出24小时，内容以电影、音乐、戏剧、体育和电视购物为主，用户约为150万。

（三）高清晰度电视

早在1973年，日本就开始研制高清晰度电视。这种电视将现有的图像扫描行数增加一倍，并且采用高保真立体声音频信号和宽屏幕画面，极大地提高了画面的清晰度。1981年，日本先于美国和西欧推出高清晰度电视，并形成MUSE制式。1988年汉城奥运会时进行试播，全国10万观众通过2200部高清晰度电视机收看了卫星直播节目。1991年，NHK、各民营电视台和电器厂家组成了高清晰度电视推广促进会，同年11月通过BS-3卫星每天播送八小时高清晰度电视。

第十五章

朝鲜半岛的新闻传播事业

目前朝鲜半岛上并立着两个独立的国家——朝鲜和韩国，虽然现今两国的政治体制、经济状况和文化事业存在很大差异，军事摩擦时有发生，而在第二次世界大战结束以前，朝鲜半岛上还只有一个国家，两国的新闻事业也“本是同根生”，只不过在朝鲜战争后，才开始循着各自不同的道路发展。

一、古代朝鲜民族国家的新闻事业

朝鲜半岛有文字记载的历史始于公元前 37 年。

朝鲜的报纸可追溯到 692 年的“寄别报”，单页，出现于朝鲜半岛东南部新罗国。世界上现存最古老的雕版汉字印刷品（704—751 年）也出现于朝鲜的新罗时代。

1392 年汉城出现了一种报道宫廷动态和政府活动的《朝报》。16 世纪，民间还出版过一些新闻简报，类似中国古代的“小报”。

二、朝鲜民族国家的现代新闻事业

1883 年，朝鲜的李氏王朝创办了《汉城旬报》，由政府的维新派主持，对象是较高级的官员。第二年 12 月 4 日维新派发动的政变失败，报社被捣毁。1886

年初至 1887 年，政府出版署出版汉、朝鲜文混合的《汉城周报》，每期 18 页左右，以时政新闻为主。

1896 年 4 月 7 日，旅美医学博士徐载弼创办《独立新闻》，每周三期，被视为朝鲜历史上第一份现代意义的民营报纸，主张改革政治体制，提倡民权和民族主义。创刊号上明确写道："我们强调用朝鲜文字，这样谁都可以读它。"1899 年被保守派停刊。1957 年韩国报界把该报的创办日定为报纸节。

1898 年 1 月 26 日，朝鲜国第一份日报《协成会会报》诞生，每期四版，均为朝鲜文，主张改革维新，维护国家主权，反对列强侵略，抨击政府腐败。1898 年 4 月改称《每日新闻》不久自行停刊。

李朝末年朝鲜国已成为日本的傀儡，新闻事业受到严厉管制。1899 年政府制定了报纸新闻检查条例，以控制舆论。

三、日本统治时期的朝鲜民族新闻事业

日俄战争结束刚刚两周，日本就开始了吞并李氏王朝的计划，继《日韩协定书》、《日韩协约》等一系列不平等条约签署后，1910 年又签署了《日韩合并条约》，规定"韩国皇帝，将有关韩国的一切统治权完全而且永久地让给日本天皇。……韩国完全并入日本帝国。"从此，日本帝国主义在朝鲜开始了 35 年（1910—1945）赤裸裸的殖民统治。

（一）日本对韩国新闻界的压制和控制

日本采取了严酷的文化灭绝政策，以达到最终摧毁朝鲜语言、文字和报刊的目的。全境除日本驻韩总督的机关报《每日新报》（一说《每日申报》）外，禁止任何朝鲜文报刊出版，全半岛大大小小 24 种报刊，全是日文。

1919 年"三·一"独立运动后，日本当局被迫采取了一些怀柔政策，稍微放宽了新闻政策。随后，出现了一些朝鲜文的民营报纸，如 1920 年 3 月 5 日创办的《朝鲜日报》、4 月 1 日创办的《东亚日报》等。

日本当局虽然允许朝鲜民间报刊存在，却不改其霸道专横的作风。以《东亚日报》为例，该报从 1920 年 4 月创刊到 1940 年 8 月停刊的 20 年里，被日本当局处以无限期停刊四次，没收 489 次，禁止销售 63 次，删除 2423 次，其中删除社论 267 次、政治消息 381 次、社会消息 1509 次、文化消息 193 次、照片 73 次。

日本当局还制造了朝鲜近代史上臭名昭著的"105 人事件"，大肆逮捕、囚禁包括新闻界人士在内的爱国人士。他们借口驻朝鲜的日本总督寺内正毅准备参加 1911 年 12 月 28 日鸭绿江铁路大桥竣工仪式时，发现沿途有企图暗杀他的人，

因此在朝鲜国内搜捕了七百多名爱国志士，最后判处 105 人半年到 10 年徒刑，包括曾在《皇城新闻》、《大韩每日申报》任负责工作的尹致昊、梁起铎、安泰国、林蚩正等人。

日本总督府还巧立名目，使韩国新闻工作者遭“笔祸”事件不断。如 1928 年 3 月，汉城铁路警察署称《中外日报》连载的《世界一周纪行》“鼓吹独立意识”，囚禁发行人四个月，判处执笔者六个月徒刑。

（二）新闻界的斗争

在日本帝国主义的残暴压制下，朝鲜爱国报刊仍旧坚持不懈地进行争取祖国独立、要求民族自由的斗争。1921 年 11 月 27 日“无名会”报业俱乐部成立，其章程中规定要“伸张言论自由和维护会员权益”，表示要努力“废除对报刊的检查和许可制度”。1923 年 3 月韩国报社代表、书籍社员和律师等联合组成“修改新闻纸法、出版法筹备会”，并向日本总督府递交了《修改出版法建议案》，提出“废除朝鲜现行出版法中对日本人和朝鲜人区别对待的法令”、“修改新闻纸法”等要求。

新闻团体在“日章旗事件”中的英勇表现堪称对日斗争中最辉煌的战绩。1936 年 8 月，在柏林举行的第 11 届奥林匹克运动会上，朝鲜运动员孙基桢代表日本队在马拉松比赛中获得冠军，《东亚日报》、《朝鲜日报》、《朝鲜中央日报》在刊登孙的照片时，抹掉了他运动衣上的日本国旗标志。日本当局发现后，立即逮捕有关人士，《东亚日报》的社长总编被迫辞职，报纸停刊九个月。不过这一事件在朝鲜民族报纸史上留下了光辉的一页。

针对日本帝国主义的文化灭绝政策，朝鲜民族报刊积极从事唤起民族意识的活动，以激发民众的爱国热情。如《朝鲜日报》开展有组织的韩字普及运动、征集《韩文纪念歌》、《文字普及歌》；《东亚日报》社在 1931 至 1934 年间开展了四次学生夏季“到群众中去”运动，给 10 万名文盲讲课。此外，还举办了各种群众性的体育、文艺活动，如 1923 年 6 月《东亚日报》主办了朝鲜半岛第一次妇女公开体育运动大会，1929 年 9 月、1930 年 4 月，又举办了第一届东亚游泳大会、第一届东亚马拉松大会。

朝鲜的杂志也以各自特色影响着民众。如 1920 年 6 月 25 日创刊的《开辟》月刊，刊登《民族改造论》等文章，使用“改造主义”、“民族自决主义”等新名词，努力寻找民族出路。1922 年 9 月 3 日创刊的《东明》杂志，是朝鲜最早的正规周刊，主张“阐明和普及民族固有的精神和文化，从而提倡和发扬自主独立的精神”。

朝鲜民族报纸为拓宽韩国民众视野，极力开拓国际报道领域，参与国际新闻活动。如《朝鲜日报》、《东亚日报》于 1925 年 1 月向莫斯科派驻两名记者，以丰富关于苏联的报道；《中外日报》1927 至 1928 年连载的《世界一周纪行》，受到韩国民众欢迎。1921 年 10 月，《东亚日报》社记者金东成参加了在美国檀香山举行的第二届万国记者大会，并当选为副会长。

朝鲜文报纸与日本当局进行斗争的同时，还进行着自身建设。1921 年《东亚日报》首先引进轮转印刷机，1924 年《朝鲜日报》首次同日出版早报和晚报，首次刊登连载漫画和关于妇女的新闻。1925 年，七百多名新闻记者在汉城召开了首届报人大会。

四、朝鲜和韩国的新闻传播事业

二战结束后，朝鲜半岛分裂为两个制度不同的国家。1948 年 8 月 15 日南部朝鲜成立大韩民国，以汉城为首都，李承晚任总统。同年 9 月 9 日，北部朝鲜成立朝鲜民主主义人民共和国，以平壤为首都，金日成为首相。

（一）朝鲜

朝鲜是目前世界上五个社会主义国家之一，朝鲜近代报刊的发展与共产主义运动密不可分。

1919 年 3 月 1 日在反对日本帝国主义的起义中，第一批马克思主义小组和共产主义团体相继诞生，为无产阶级政党的建立奠定了基础。1925 年 4 月朝鲜共产党成立。20 年代初，马列著作和通俗刊物开始在朝鲜流传。1922 年最早的社会主义刊物《新生活》创办，随后《朝鲜之光》、《前进》、《大众日报》等进步刊物在朝鲜和东京留学生中出版。1924 年日本殖民者镇压了所有的进步刊物。

1935 年祖国光复会成立，创办了《大国民》、《三一月刊》，出版小册子开展宣传。

1948 年 9 月 9 日朝鲜民主主义人民共和国成立，新闻出版事业迅速发展。

1. 报刊

1950 年有报纸 34 种，50 种杂志。1950 年 6 月美国发动对朝战争，战争期间报刊仍坚持出版。和平到来后，报刊继续发展。其中主要的报刊有：

(1)《劳动新闻》。朝鲜劳动党中央委员会机关报。前身是创刊于 1945 年 11 月 1 日的《前卫报》，是朝鲜最大的报纸之一。每天出六版，有重大事情时出 8 版，1990 年发行 100 万份。国内各地有常驻记者，国外记者一般由朝中社记者兼任。

(2)《民主朝鲜》。创办于 1946 年 6 月 4 日，是朝鲜最高人民会议常任委员会及内阁机关报，每天 4－6 版，与中国的《光明日报》建立了友好联系。

(3)《今日朝鲜》。是一本综合性月刊杂志，主要用于对外发行，介绍朝鲜政治、经济建设、历史、地理、文化、风光、民俗等，由外文出版社出版中、美、俄、法、西班牙等版本。

2. 通讯社

朝鲜中央通讯社（Korean Central News Agency，KCNA）简称朝中社，成立于1946年12月5日，最初叫“北朝鲜通讯社”，1948年10月12日改为现名，是朝鲜民主主义人民共和国的国家通讯社，由政府直接领导。总部在平壤，分社设在各道和特别市，在中国、埃及、阿尔及利亚等国驻有记者。

朝中社办有的刊物：《朝鲜中央通讯》、《参考通讯》、《英文通讯》、《法文通讯》、《俄文通讯》、《西文通讯》、《参考新闻》等。该社还向亚、非、拉等地进行英、法语广播，与新华社有直通线路。

3. 广播电视事业

1948年9月9日朝鲜民主主义人民共和国成立后，大大加快了广播事业的发展：更新设备，在工厂、农村、学校、医院、机关等单位普遍建立了有线广播。1945年10月14日朝鲜中央广播电台开始播音，转播了“平壤市欢迎祖国凯旋群众大会”实况。美朝战争中，坚持播音。目前，广播已覆盖全国。对内节目有三大类，新闻、专题、音乐文艺，对外用英语、阿拉伯语、西班牙语、汉语普通话、朝鲜语、日语、法语、俄语等向北美、欧洲、东南亚等地区进行短波播音。

朝鲜中央电视台成立于1963年3月3日，1970年11月起改播彩色节目。70年代后半期，中央电视台几乎覆盖全国。节目特点：新闻节目政治性强、文艺节目民族色彩浓、知识性节目题材广。1971年4月开办了开城电视台，播出有针对性的节目。1983年12月三寿电视台开播，但播出时间有限。

朝鲜的广播电视都为国营，由朝鲜中央广播委员会管理经营。全国10个道分别设有道广播委员会，指导地方广播。

（二）韩国

李承晚当政时正值朝鲜战争前后，当局继续实行出版许可证制度，并采取高度集权控制方式。1960年李承晚倒台后至1961年5月，解除了对办报的限禁，报纸一下子增加到85家。1961年5月朴正熙上台，重新实行军事管制，报纸锐减到34家。1973年5月，他实行“维新体制”，对报纸进行大合并，使报纸遭受很大打击。在他执政后期，才放松了政策，韩国报业得以发展。

1980年夏，全斗焕执政，实施“言论整肃”，宣布汉城只能存在六家综合性报纸，地方上一道一报。1980年12月颁布《新闻基本法》，规定各新闻媒介

“自发”改组合并。政府文化公关部政策局每天发出具体报道要求，即哪些可以登，哪些不可以登。

1987年在舆论压力下，民正党代表委员卢泰愚6月29日发表《民主化宣言》，确认新闻自由，废除《新闻基本法》。同年国会通过《关于定期刊物登记等的法律》等一系列法律条文，预示着韩国新闻界开始走向法制化管理阶段。此后，一些新报纸纷纷涌现，报界开始了真正市场化的竞争。

1989年初，卢泰愚当选总统，取消了新闻检查，报纸登记注册制度取代了许可证制度，报纸自行定价、扩版，政府不再向报纸直接下达指令，报道禁区大为缩小，报纸数量骤增。

金泳三上台后，在全国各行业掀起廉政风暴，新闻界继续开放政策的同时，重点整顿新闻记者的职业作风，对十来家涉嫌受贿的报纸领导人和上百名记者进行拘留审查。

近几年，韩国的新闻机构、报刊品种以及新闻从业人员都大量增加，领导人大幅度调整。截至1996年3月底，韩国有报社、通讯社、广播电台等新闻机构216家，发行报刊9720种，新闻从业人员42839人。比1992年3月底的132家、5952种、36292人相比，分别增加了64%、63%和18%。新闻从业者在报纸、电台电视台和通讯社所占的比重分别为52.6%、45.8%和1.8%。从业者的男女比例为84.6%和14.4%。

1. 报刊

韩国报刊以民营为主。在1996年3月底的216家新闻机构中，报社为67家，其中中央综合日报10家，经济报纸九家，外文报纸二家，体育报纸三家，地方综合日报43家。

在9720种报刊中，有日刊148种（其中报纸114种，其他34种），通讯稿二种，周刊2865种，月刊3701种，双月刊878种，季刊1443种，半年刊369种，年刊314种。

韩国的主要日报都兴建了拥有最新科技设备的采编大楼，并在印刷、出版方面进行了革新。大部分发行全国的日报都采用了电脑化排字和编辑技术，并进行多种彩色印刷。

韩国的著名报刊有：

(1)《东亚日报》。1920年4月1日创刊，是朝鲜半岛上最古老的两家朝文日报之一，主张建立民族的政府、恢复公民权利、保障个人自由和新闻自由，因此经常受到政府的批评。但它的公正中立赢得了一般读者的广泛支持和尊重，发行量曾达一百多万份。

该报在国内设有 11 个支社、49 个支局、927 个发行点，在东京、洛杉矶、多伦多、香港、雅加达等地设有分社，同美国《纽约时报》、英国《泰晤士报》、日本《朝日新闻》和韩国联合通讯社有互换新闻关系。

(2)《朝鲜日报》。1920 年 3 月 5 日创刊，与《东亚日报》同为朝鲜半岛上最古老的两家朝文日报之一，在国内设有 11 个支社、86 个支局、1124 个发行点，在纽约、香港、马尼拉、雅加达、华盛顿、东京等 12 个地方设有支社、分局。

(3)《中央日报》。1965 年 9 月创刊，是韩国发行量最大的一家朝文报纸。在国内设有五个支社、521 支局、198 个发行点，在纽约、洛杉矶、芝加哥、东京四个地方设有支社，其他地方设有九个分局，并同美国《华盛顿邮报》、《洛杉矶时报》、《巴尔的摩太阳报》、英国《经济学家》和《卫报》、法国《世界报》、日本时事社、《日本经济新闻》有互换新闻的协定。

2. 韩国的通讯社

1979 年朴正熙总统被暗杀后，政府加紧了对新闻媒介的控制，1981 年 1 月下令将所有的通讯社与报纸、广播合并，以合同通讯社（1945 年 12 月 20 日成立）、东洋通讯社（1955 年 8 月 20 日成立）为基础，吸收、合并三家专业通讯社——时事通讯社（1951 年 5 月 21 日成立）、经济通讯社（1946 年 8 月 15 日成立）、产业通讯社（1969 年 11 月 1 日成立），组成了新的大型通讯社——联合新闻社。

1981 年初正式发稿，1986 年 2 月通过电脑向海外发送英文新闻稿，1987 年 6 月 18 日开通汉城至东京的话路专用线，在韩国各地派驻记者的网点有 53 处，在国外有东京、香港、曼谷、华盛顿、纽约、巴黎、洛杉矶、墨西哥城、开罗等支社、支局，同 31 个国家和地区的 42 家通讯社建立了新闻交换关系。

3. 广播电视

1927 年汉城开办第一座广播电台，分别用日语和朝鲜语广播。1945 年 9 月被美军接收，将其由“汉城广播电台”改名为“韩国广播电台”，1948 年转交给韩国政府。1952 年各国营广播电台统称“韩国广播电台系统”。1973 年更名为“韩国广播公司”（KBS），性质由国营企业改为公共企业。但政府仍旧对它实施控制。

50 年代起民营和宗教的广播电视开播。1954 年创办了最早的民间广播电台——基督教广播电台（CBS），1956 年由美国经营的商业电视台开播，1961 年“韩国广播公司电视台”在汉城开播，1969 年商业性电视台也开始播放节目。1980 年广播事业主要由“韩国广播公司”、“文化广播公司”控制。同年 12 月 1

日实现电视彩色化。

1990 年 7 月 14 日，议会通过了新的广播电视法、广播电视广告公司法、广播电视体制法，重新允许民营广播电视台。由此韩国形成了公营、半公营、民营、宗教等几个不同的广播电视系统。目前韩国有广播电台 97 家，电视台 39 家。

1995 年开通了有线电视，共 28 个频道，每天播出 180 多个小时，政府对从外国购进的节目在编排上有所限制：体育节目限制在 50% 以下，其他节目为 20－30%，一周至少要提供 700 小时的国产节目。1995 年下半年，开通九个卫星电视频道。

1995 年 8 月 5 日，韩国在美国佛罗里达州宇航基地发射了第一颗人造地球卫星——无穷花 1 号，成为世界上第 22 个拥有商业卫星的国家。目前在韩国，有 KBS、MBC 等电视广播公司进行数字电视节目试播，但价格不菲的数字电视还难以让普通家庭接受。1999 年 6 月韩国三星电子公司宣布，该公司开发成功用普通电视机即可收看数字电视节目的家庭用数字电视接收机。数字电视接收机可将电视台播放的数字电视节目信号解调成普通电视可接收的电视节目信号，使广大消费者不必购买价格昂贵的数字电视（目前市场价格为 8000 千至 10000 美元），而使用普通电视机即可收看到高清晰度、立体感强、音质优美的数字电视节目。一台数字电视接收机 1999 年末的价格约可降为 1000 美元。

（1）韩国广播公司（简称 KBS）。成立于 1973 年 3 月 3 日，根据韩国新广播法改组而成的所谓国营广播机构，经理由总统根据文化公报部部长提名任命，经济来源是电视收看费和广告。

同时办有三套电视节目，第一套节目中，新闻和教育节目占了 80% 左右，第二套节目中，有 50% 的教育节目，第三套则全是教育节目。

（2）文化广播公司（简称 MBC）。是惟一的商业电台，经营广播和电视，在主要城市拥有广播网，在汉城和釜山办有调频音乐电台。电视中娱乐节目比重较大。

（3）广播广告公司。1981 年由各新闻宣传公司合办，共同制作并向广播、电视台提供广告，这是当局“广告事业要脱离广播，以提高广播的公共性”的方针的产物。

（4）国际广播。韩国广播公司用朝鲜语、日语、汉语普通话、英语、西班牙语、德语、葡萄牙语、阿拉伯语、法语、印尼语、俄语等 11 种语言向欧洲、北美、中东等七个地区广播。其中日语节目较多。

第十六章

印度的新闻传播事业

印度位于南亚次大陆，面积295.2372万平方公里，1992年有人口8.46亿，首都新德里，通用语言是印地语和英语。

印度是世界四大文明发祥地之一，有四千多年的古老文明。17世纪初，英国开始在印度建立殖民地，1849年英军占领印度全境（包括现在的印度、巴基斯坦、孟加拉国、克什米尔地区、缅甸西部、斯里兰卡）。经过长期的斗争，印度人民于1947年8月取得独立的自治领地位，1950年正式成立印度共和国。

第一节　报　业

一、历史沿革

在17世纪后半期到18世纪初，印度出现了类似中国邸报的手抄新闻，主要记述皇室活动，供各层官吏阅读。

（一）早期英文报刊

印度的近代报业诞生于殖民地时期，1766年英国人威廉·博尔兹在孟买创办了一家无名报纸，抨击殖民统治。1780年印度第一家真正的报纸诞生于加尔各答，由詹姆斯·奥古斯塔斯·希基创办，名为《孟加拉公报》，是一份英文周报，每期两页，主要报道政治和商业新闻。

不久，一批英文报刊在印度创办，1784年创刊的《加尔各答日报》，是英国政府在印度的官方机关报。其他重要英文报纸还有：

报纸名称	创办时间
《孟加拉新闻》	1785年
《加尔各答纪事》	1786年
《孟买先锋报》	1789年
《孟买日报》	1791年
《孟买信使报》	1790年

这些报纸都是在东印度公司的资助下出版的。

（二）早期印地语报刊

19世纪初，印度有了本地文字的报纸，1818年英国传教士华德等三人在加尔各答创办了印地语报纸《印度之镜》。几乎同时，第一家孟加拉语的报纸《达尔巴新闻》在加尔各答诞生。

1822年第二家印地语报纸《孟买新闻》（Bombay Samachar）创刊，创办者为法多杰·马兹班，至今尚存，是印度现存历史最悠久的报纸。

在与殖民者斗争的过程中，出现了不少主张出版自由，批评殖民政策的报纸。其中不乏英国人办的报纸，最著名的当属1818年詹姆斯·白金汉（James S. Buckingham）创办的《加尔各答报》，主张给印度人民新闻自由，为此她多次受到殖民当局的迫害，1823年被驱赶出境。

印度本地最初的资产阶级改良运动在19世纪初也利用报纸作为斗争的工具。兰姆·莫罕·罗易（Raja Ram Mohan Roy）是印度著名的宗教改革家，也是报业的先驱，精通梵文、巴利文、阿拉伯文、波斯文、英文和希腊文。1821年在加尔各答创办孟加拉语的《明月报》，同年又创办孟加拉语的《孟加拉使者》周报，1822年，创办波斯语的《镜报》和《波斯文周刊》，此后还创办了数种英语和孟加拉语对照的刊物，主张社会改革，反对种姓制度以及寡妇殉葬、一夫多妻和童婚习俗，提倡普及教育，要求保护出版自由，其观点在所办报刊上均有所反映。

（三）废除检查制度后的报刊

1835年印度代理总督麦特卡尔夫宣布废除新闻检查制度，实行出版自由。这给印度自由报刊和商业报刊的诞生创造了有利条件。加上电报技术和铁路的出现为新闻事业的发展带来了方便，近代大报相继问世。

1861年原自由派报纸《孟买时报》和另外两家合并成商业性报纸《印度时

报》。1868年《甘露市场报》、1875年《政治家报》和《凤凰》报在加尔各答创刊。

19世纪后半期，印度民族解放运动风起云涌。政治性报纸发展迅速。1878年六名爱国知识分子在马德拉斯创办英文周报《印度教徒报》（The Hindu）。1880年国大党创始人巴尔·提拉克在浦那创办马拉特文的《醒狮周报》，次年创办英文《月光报》。宣传民族主义，主张维护民族资产阶级利益，改善人民生活，反对暴力。

1885年印度国大党在孟买成立。该党很快分裂为激进派和温和派，并各自创办报刊进行舆论宣传。

二、20世纪的报刊

（一）概述

20世纪初，印度的民族解放运动方兴未艾。被印度人民尊称为“圣雄”的莫汉达斯·甘地（1869—1948年）1904年在南非创办了《印度舆论》，用英、印地、泰米尔和古吉拉特四种文字出版，积极宣传民族解放。回国后，他担任《青年印度》周刊和《新生活》月刊的主编，这两种刊物对印度1918—1922年的民族解放运动起了一定推进作用。国大党的另外一位领导人阿萨特也曾创办过乌尔都文的《新月杂志》（1912年）、英文的《同志》杂志（1912年）、《传达报》（1914年）。与此同时，社会主义报刊出现，但影响较小。

30年代经济危机打击下的印度掀起又一次民族解放高潮。1933年甘地创办了《哈里詹斯》周报，1936—1938年印度共产党和国大党合作，在1938年创办了几家重要报纸，如共产党的《民族战线》和《革命》杂志。国大党的《国民先驱报》，由著名领袖尼赫鲁主持，后成为国大党的机关报，并扩展为报业公司，至今还在出版。

1947年印度独立。1949年宪法规定了公民言论出版自由的条款，摆脱了束缚的报纸发展很快，1952年至1981年间，报刊总数增长了四倍，由4769家变为19144家，日报从330家增为1362家。到1993年共有报刊19937种，日报2281种，每期发行1700万份。

（二）印度报业结构的特点

（1）种数多，销量不大。它的日报数已超过美国，居世界第一，但每期发行量只有美国的1/4强，每千人有报纸21份。没有一家日报销量达到百万份，主要原因在于居民收入不高、文盲较多、读者群分散等。

（2）语种繁多。印度报刊使用的文字有93种，主要文字有16种，如印地、英、阿萨姆、孟加拉、古吉拉特等。历史上英文报纸一直占优势地位，1979 年印地语日报发行量首次超过英文日报。但真正能在全国通行的还是英文。

(3) 出版地集中。尽管各邦都有报刊，但主要还是集中在 15 个重要城市，新德里、孟买、马德拉斯、加尔各答四个城市出版全国近 1/3 的报刊、半数以上的日报。

(三) 主要报刊与报系

《印度快报》(Lndia Express)。1940 年创办于孟买，现在在孟买、新德里、马德拉斯等 13 个城市同时出版，1990 年日发行量为 51 万份。该报属戈恩卡家族所有，对国大党持批评态度，以揭露政府内幕消息闻名。印度快报系有 15 种出版物，是印度最大的报团。

《印度时报》(The Times of India)。1838 年创办于孟买，原名《孟买时报》，1861 年改为现名。属于达尔米亚—贾殷财团所有，现在在孟买、新德里、阿默达巴德等六个城市同时出版，日发行量近 60 万份。该报新闻详尽、文字严谨；政治上一般支持国大党。主要读者是社会中层知识分子、海外印侨。该报系有 14 种出版物，其中用印地文出版的《新印度时报》发行五十多万份。

《印度教徒报》(The Hindu)。1878 年由六位爱国知识分子创办，具有反抗殖民主义的传统。二战期间坚决反对法西斯主义，支持民族独立运动。现为卡斯图里父子有限公司所有，总部设在马德拉斯市，在马德拉斯市等四个城市同时印刷。支持国大党，读者对象多为有知识的年轻人。该刊常被比作英国的《卫报》。该报系有四种出版物，其中英文的《印度教徒周刊》发行四十多万份。

印度报刊大多是私营的。其中主要报刊均控制在垄断资本家手中，形成几个报系，他们的政治态度由其出版人的政治态度所决定，是资产阶级不同派别的喉舌。印度的大报系有八个，即印度时报系、印度快报系、欢喜市场报系、印度教徒报系、印度斯坦报系、甘露市场报系、政治家报系、自由新闻报系。

三、甘地的新闻思想

莫汉达斯·卡拉姆昌德·甘地 (Mohandas Karamchand Gandhi，1869—1948 年)，印度民族运动领袖，在印度有“圣雄”之称。生于波尔班达的土邦大臣家庭，1888 年就读于英国伦敦大学，专攻法律。1891 年取得律师资格回国，第二年在孟买高级法院任律师。1893 年应印度富商之聘，赴南非任一商行的法律顾问。很快投身于反对南非当局种族歧视的斗争，以争取印度侨民平等权利，并首创“非暴力主义”。1915 年返印。二战后，1924—1934 年、1940—1941 年任国大党主席。同期，多次发动反英不合作运动；反对教派仇杀；提倡手工纺织和穿用土布，抵制英国机制布；鼓吹精神力量的感化和阶级和平，反对暴力革命；主张社会改良和道德复兴，提高贱民阶层的地位。个人奉行禁欲和苦行，经常采用绝食的斗争方法，曾屡次被捕。在领导印度1947年获得独立的斗争中起了重要作用。由于与反对派纠纷，1948年1月30日被印度教大会的狂热分子刺杀。著有《青年印度》和《甘地自传》等。

甘地在他的斗争生涯中创办或主持了多家报刊，如《印度舆论》、《青年印度》、《哈里詹斯》等。他在新闻理论方面有很多独特见解，可归纳如下几点：

（1）报纸的功能。1）反映公众对问题的看法；2）唤起人民的值得向往的情绪；3）揭发缺点。

（2）废除新闻检查制度。在报纸上面不应有审判官。他说："谁应是审判官？有用的，无用的，善的，恶的都继续共存。人们必须对它们做出选择。"

（3）报纸是一支强大的力量，但也可能是破坏性力量。他说："如果运用不好，它像一股洪水，淹没农村，毁坏庄稼。一支失控的笔只能造成破坏。"因此他主张对报刊实行内部控制。这种"内部控制论"比美国的"社会责任论"早提出二十多年。

（4）与持不同意见者进行公开论战是不明智的。他说："我是乐观主义者，我不和反对者论战。我的刊物给反对者的篇幅和给改革者的篇幅一样多。""如果改革者有耐心，今天的反对者到明天将变成改革者。"

（5）广告过多会影响报纸的独立性。因此他主张严格限制广告在报纸篇幅中的比例。①

第二节　杂志和通讯社

一、杂志

印度第一家杂志是1785年创办的《东方杂志》。

周报、周刊多是印度近代杂志业的一大特色。1981年有5624家，和报纸一样，周刊周报的种类多，但销量小，至今还没有超过百万份的。较为有名的月刊有英文《印度国情》、《东方经济学家》、印地文《新文学》等；周刊有泰米尔文《库木达姆》、英文《星期日标准》等。

《今日印度》创办于1974年，是一份政治性的双周刊，在上层和中上层英语

① 参见陶涵主编：《世界十国新闻史纲要》，223～224页，北京，文津出版社，1989。

读者中十分流行。

社会主义杂志 1922 年印度共产党领袖丹吉创办《社会主义者》周刊，1926 年旁遮普省工农党出版旁遮普文《工人》杂志，1927 年孟买工农党出版马拉提文《革命》周刊。这几家是印度最早出现的宣传共产主义的刊物。

1938 年国大党取消对共产党的禁令。共产党人又在孟买创办了英文周刊《民族战线》和马拉提文的《革命》杂志。1940 年以后，《民族战线》和《革命》被查封。

二、通讯社

印度的主要通讯社有四家，即印度报业托拉斯、印度联合新闻社、印度斯坦新闻通讯社和印度新闻社。这四家通讯社曾因国大党政府命令，在 1976 年 2 月一度合并为萨马查尔通讯社（Samachar）。1977 年人民党新政府组成后，根据新闻界的要求，解散了萨马查尔通讯社，并于 1978 年 4 月恢复四家通讯社的独立经营。

（1）印度报业托拉斯（简称 PTI）。简称印报托，是印度最大的通讯社。前身是 1910 年建立的印度联合通讯社，1919 年被路透社收买，成为其附属机构。印度独立后，印报托接替了印度联合通讯社和路透社在印度的业务，于 1949 年 2 月正式发稿。该社是印度报业老板合股企业，凡采用它的消息的印度报刊、电台、电视台，均可购买该社的股票，但股东不分红。

印报托总部在孟买，在国内有五十多个分社，在巴林、北京、科伦坡、达卡、伊斯兰堡、加德满都、吉隆坡、伦敦、莫斯科、联合国等处派有记者，订有路透社、法新社的新闻，与共同社、南通社、波通社、德新社交换新闻。

（2）印度联合新闻社。印度独立后，一些报人不满印报托的垄断和它的亲国大党观点，准备建立与印报托竞争的另一通讯社，于是《印度时报》、《印度斯坦时报》、《政治家报》、《印度教徒报》等大报发起，1961 年印度联合新闻社（United News India，UNI）成立并开始发稿。

1976 年印度联合新闻社被政府强行并入印报托，1978 年 4 月又决定将其从中分离出来。该社是印度第二大通讯社，国内新闻采用率高，但国际新闻方面，该社还不能与印报托抗衡。

第三节　广播电视事业

1927 年 6 月，印度第一座私人经营的广播电台开始播音，1930 年因经济原因倒闭，由英国殖民政府接管。1936年，英国殖民当局建立了全印广播电台，为英国做宣传。1947年印度独立后，全印广播电台改为国营。

印度第一家电视台于1959年试播，由当时的联邦德国援建。1972年印度第二座电视台—孟买电视台开播。接着，1973年斯利那加、阿姆利则电视台开播，1975年马德拉斯、加尔各答等主要电视台也相继开播。

1976年印度电视台脱离全印广播电台直属新闻广播部领导，改称全印电视台。1978年改组为印度电视公司，下设20家电视台，新德里电视台为中央台，位于孟买、加尔各答和马德拉斯的三座电视台成为主要的区域性电视台。四家电视台都开办了两套全国性电视节目，一套为英语，一套为印地语。其余电视台属于首府电视台，也都开办用地方语言播出的节目。

80年代加快了发展步伐，增加发射台和转播台，积极推行卫星广播计划，1990年转播台逾500座，覆盖人口80%以上。国营广播电视的经费主要来自国家拨款、收听收看费和广告收入。

印度大力发展通信卫星，先后发射了1A、1B、1C、1D等通信卫星，完成了卫星电视对全国的覆盖。1995年还开办了国际频道，通过亚洲一号卫星覆盖36个国家。

进入90年代以来，印度电视受到来自多方面的挑战。

首先，80年代后期以来家庭用卫星接收装置越来越普及，外来电视的影响正在扩大。一些外国电视台的节目，如美国有线电视新闻网（CNN）、香港卫视台、英国广播公司世界电视台、亚洲广播网、亚洲电视网等利用卫星直播手段进入印度，受众数量逐年增加。对此印度政府制定了相关法律加以控制，1995年的有线电视法案规定，任何加密频道的节目都必须经过印度有关当局审查，国外电视公司的播出受到严格制约。

其次，印度国内有线电视也对印度广播公司形成挑战，它们靠转播国外节目夺取观众，其最强劲的对手恐怕要数印度Zee多媒体公司了。该公司是印度最大的有线—卫星电视企业，拥有九个有线电视频道和1860万户有线与卫星电视用户，Zee电视网的观众超过了10万户家庭，而印度电视台只有3.5万户家庭。Zee电视台的广告收入增长了48%，卫视台增长了20%，而印度电视台从1997年到1998年只增长了15%。

印度电视台决定通过不同类型的节目吸引特定的观众群，以保证收视率，如1993年增设了六个新频道——《大都市频道》、《新体育频道》、《商业频道》、《时事频道》、《精粹频道》和《音乐频道》，通过卫星向孟买、加尔各答、新德里和马德拉斯播放，并向全国转播，旨在丰富节目内容，扭转被动局面；通过

PAS－4 卫星播放一套 24 小时的体育节目，免费播送重大国际赛事和印度国内的体育报道。

（1）全印广播电台（All India Radio，简称 AIR）。到 90 年代初，全印广播电台已有 205 座广播电台，147 个中波发射台，54 个短波发射台和 104 个调频发射台，使用 23 种语言和 146 种方言对国内广播，可覆盖 97.5%的人口。该台使用印地语、英语、地方性语言播送区域性和地方性节目，另外还有三个地方调频广播电台和四个青年广播电台。

全印广播电台是全球最庞大的广播部门之一，设有国内部和对外部，国内部下设 34 个地区新闻组，每天用 19 种语言播送 78 次全国性新闻节目，新闻节目占全部内容的 24.8%，另外用 64 种部族方言播送 127 次地方性新闻。还同时为国内外广播提供新闻稿件。

全印广播电台分为四类：一是区域性广播电台，指位于新德里、加尔各答、马德拉斯和孟买的四座大型广播电台。二是首府广播电台，大部分只用中波播送一套节目，面临着众多方言的挑战。三是地区性广播电台，指在各邦内以语言和文化为区别而开办的广播电台，是首府广播电台的补充。四是地方性广播电台，是为特殊方言地区开办的。

（2）全印娱乐广播电台。全印广播电台于 1957 年在孟买开办了该台。用印地语播出，85%的节目内容为音乐，包括电影音乐、轻音乐、民间音乐以及宗教音乐，其余为新闻、幽默小品和专题节目。

1967 年该台开始播出广告，开创了印度广播电视播出广告的先河。政府规定，广告播出时间不得超过全部播出时间的 10%。

（3）对外广播。全印广播电台 1939 年 10 月开办国际广播，现在用印地语、英语、法语、俄语、斯瓦希里语、尼泊尔语、缅甸语、藏语等 26 种语言播音，还向非洲、大洋洲、东南亚等地的印度人播出印地语、泰米尔语、旁遮普语节目，覆盖 84 个国家和地区。

主要内容包括新闻、报刊述评、时事评论和音乐节目。其中新闻节目的稿件由全印广播电台提供。

（4）印度电视台（Doordarshan India，简称 DDI）。1959 年 9 月试播，1965 年正式播出。原为全印广播电台的一部分，1976 年成为独立机构，隶属新闻和广播部。印度电视台约有 523 座电视发射台，使用 16 种语言和 45 种方言对全国播出。并在六个城市开通了卫星电视，使电视的覆盖率达到 86%以上的人口。近年来，增开了娱乐、时事、影视等频道，以吸引观众。

第十七章

东盟及西亚主要国家的新闻传播事业

东南亚国家联盟，简称东盟，1967年8月8日成立于泰国曼谷，最初的成员国有：印度尼西亚、马来西亚、菲律宾、新加坡和泰国，成立目的在于加快这些国家的经济增长、社会进步和文化发展，促进各地区的和平和安全。之后，文莱、越南等国也先后加入东盟，使之成为一个重要的区域性合作组织。

东盟国家在地理上、种族上、文化上、历史上、经济上呈现多元化的形态，这样也造就了这个地区多元化的新闻传播事业和体制。

而东盟国家新闻传播事业的功能主要有：支持建设国家并且成为国家发展的参与者；促进和加强东盟成员国之间的合作关系；帮助形成一个国家的特色；促进社会和谐；有助于解释社会公众的问题和说明政府的政策；传递信息和教育人民；引导人民团结和相互友爱，防止出现各个民族、种族和不同的宗教团体之间的矛盾，促进社会稳定和人民的团结。

这些原则对于保持东盟的稳定和政治、经济的平稳发展是必不可少的前提条件，也是发展经济的一种润滑剂，是调节社会、保持社会公正、发展经济和保证人民安居乐业的必要条件。

第一节　新加坡的新闻传播事业

新加坡共和国位于马来半岛南端，由新加坡岛及附近50多个海岛组成，面积618平方公里，1991年有人口276.27万，通用语是英语、华语、马来语、泰米尔语。

18到19世纪初，新加坡是马来人居住地。1819年沦为英国的殖民地。1942年被日军侵占。1945年8月恢复英国统治。1946年1月"新马分治"，将新加坡作为直辖殖民地单独管理。1959年，经过长期斗争，新加坡在英联邦中获得自治地位。1963年马来亚和新加坡、沙捞越、沙巴组成马来西亚联邦。1965年新加坡退出，单独成立新加坡共和国。独立30多年来，新加坡的经济飞速发展，人均国民生产总值为23532万美元，接近日本的2/3，已跻身于世界新兴工业化国家之列。

一、报刊

（一）19世纪的报纸

新加坡报业起源于19世纪初。1824年元旦英国传教士创办了第一家报纸《新加坡纪事报》（Singapore Chronicle or Commercial Register），1837年停刊。之后出现过几家短命的报纸，如《新加坡自由新闻》、《新加坡商报》。1845年7月15日英国人罗伯特·卡尔·伍兹创办英文的《海峡时报》（The Straits Times），原名《海峡时报和新加坡商业新闻》，周报，每期一张。1858年1月改为日报，《海峡时报》的历任主编都是英国人，所以政治观点一直亲殖民政府。该报后来成为新、马地区最有影响的报纸，出版至今。

新加坡最早由华人创办的华文报刊是1881年12月创刊的《叻报》（Lat Pau）。该报是具有真正新闻性的日报，创办人薛有礼，一直出版到1932年。此后陆续出现的华文报纸有1890年的《星报》、1901年的《医学报》等。

（二）20世纪初至二战结束

19世纪末20世纪初，中国国内的资产阶级革命方兴未艾，以孙中山为代表的革命派和戊戌变法失败后流亡海外的保皇派纷纷在新加坡办报，制造舆论。

保皇派的主要报纸有1898年的《天南新报》，邱菽园创办。革命派的报纸有1904年由陈楚楠创办的东南亚第一家革命报纸《图南日报》、1907年的《中兴日报》，由同盟会新加坡分会创办、1909年的《星洲晨报》，1911年的《南侨日报》，1914年的《国民日报》等。

20年代又有两份重要的华文报纸创刊：

《南洋商报》，1923年9月由陈嘉庚创办，为的是推动华人社会的文化教育事业，同时为促销自己的橡胶产品。《星洲日报》，1929年1月由万金油制造商胡文虎创办。该报率先降低报价，并在香港、上海、厦门等地派驻通讯员，增强新闻时效。1929年7月起，每周出版《星光图画副刊》，随主报赠送。1932年起出版《星期特刊》，同年8月增出晚报。1936年到1938年间，又在槟城专门发行槟城版的《星洲日报》，后发展成为《星槟日报》。1938年1月至1941年1月，著名作家郁达夫任《星洲日报》副刊主编，1938年在香港创办《星岛日报》和《星岛晚报》，逐步形成了星系报团。

1942年2月，日军入侵新加坡，接管了各家报业，2月21日出版华文的《昭南日报》和英文的《昭南新闻》(Shonan Shimbun)，直到1945年8月投降为止。

（三）二战结束后至70年代末

日军投降后英国恢复对新加坡的统治，并于1946年实现了“新马分治”。新加坡报业开始了一个新的发展时期。

1．英文和马来文报纸

1945年9月《海峡时报》率先复刊，并向马来亚各地发行。1956年发行量达八万多份。后又在吉隆坡设立分社，出版《海峡时报》吉隆坡版，60年代该报实力不断增长，逐步形成海峡时报集团。1957年它又创办新加坡惟一的马来亚文报纸《每日新闻》(Berita Harian)，几年后发行英文的下午报《新国家报》(New Nation)。1976年出版专业性的《商业时报》(Business Times)，主要报道经济新闻。1980年创办小型报纸《新加坡邮报》(Singapore Post)，每周出版二次，主要刊登影视新闻和文化娱乐消息，到70年代末，海峡时报集团已经成为新加坡报界举足轻重的力量，《海峡时报》发行量达18万份，星期刊更多。该集团还出版多种英文期刊，如《她的世界》(Her World)、《号声》(Fanfare)、《新加坡商业》(Singapore Business)、《新指南》(New Directions)、《音响界》(Craft of Sound)、《海峡时报年鉴》(Straits Times Annual)等。而邻近国家或地区的报业，如文莱的《婆罗洲公报》、菲律宾的《亚洲杂志》、马来西亚的《新海峡时报》、泰国的《曼谷邮报》、美国的《亚洲华尔街日报》等，还参与了国外的图书出版、音像制品和房地产交易。

2．华文报纸

战后华文主要报纸《南洋商报》和《星洲日报》于1945年9月8日同时复刊。

《南洋商报》于1950年10月16日增出《南方晚报》(1963年6月1日改名为《南洋晚报》，同年12月25日停刊)。1962年8月起，《南洋商报》分别在新加坡和吉隆坡两地出版。1974、1977年政府先后颁布《新加坡报章法令》及其修正法令，限制私人对媒介的控股权。遵照此法，1975年《南洋商报》改组为公共公司，名为南洋报社新加坡有限公司。1980年9月1日创办大众化晚报《快报》，此外还出版《星期六周刊》、《南洋学生》、《南洋月报》、《文艺行列》、《南洋广播周刊》多种杂志。

《星洲日报》1975年和其他报社一样改为公共公司，名为星洲日报（新加坡）有限公司，出版过《星洲周刊》、《星洲少年》等，均随报赠送。

二战后还出现过一些其他华文报刊，大部分存在时间不长。如1946年陈嘉庚创办的《南侨日报》、1947年出版的《南侨晚报》、1967年著名报人梁润之和查良镛（金庸）合办的《新明日报》等。

（四）80年代以来的报业现状

1. 报业格局的调整

1982年以来，新加坡报业出现重大变动。

1982年新加坡总理公署发表公告，宣布对全国报业进行重大调整：《南洋商报》和《星洲日报》合并为一家控股公司；《海峡时报》停办《新国家报》和《商业时报》(后来《商业时报》并未停办)；《南洋商报》和《星洲日报》所控制的英文《新加坡箴言报》（Singapore Monitor）借用New Nation的报名出版，为期一年；《海峡时报》另外出版一份华文午报。

1984年7月，新加坡报业机构又出现新变动。新加坡新闻与出版有限公司(1982年5月《南洋商报》和《星洲日报》合并而成)、海峡时报有限公司和时报出版有限公司组成垄断集团，名为新加坡报业控股有限公司（Singapore Press Holdings Ltd.SPH)，受政府间接控制，1988年11月时报出版有限公司退出联合，1990年控股公司实行改组，分成4个集团：英文及马来文报章集团、华文报集团、报章服务集团、广告市场集团，形成90年代初新加坡报业的基本格局。据1997年材料，新加坡有日报十家，总发行量93万份，平均每人33万份。

2. 主要报刊的状况

华文报集团所属的主要报纸：

(1)《联合早报》（Lianhe Zaobao)。1983年3月16日出版。每天出对开60多页，使用简体字，横排版式。特点是：一方面提供全面的综合新闻，另一方面加强本地社区、华人社会以及中国大陆和港台的报道。对中国大陆、台湾和香港的报道，客观温和。重视言论和副刊，尤其是副刊内容丰富多彩，为各种对象、各种年龄和文化层次的人提供服务。1987 年 11 月 1 日出版的《早报周刊》颇受欢迎。

为拓宽稿源，该报同境外新闻机构，特别是大陆、港、台、马来西亚等地的新闻机构建立了各种业务联系。1988 年和 1992 年先后在香港和北京设立办事处，在曼谷、马尼拉、文莱等地聘请通讯员，在大陆、港、日、美、法、德等地聘请特约专栏作者。并致力于推广华语华文、发扬华族文化的工作，例如举办两年一度的华文书籍“金狮奖”和国际华文文艺营、一年一度的世界华文书展等活动。1993 年 2 月日销量 201135 份，周末和周日为 220339 份，平均为203879 份。

世纪之交，《联合早报》面对第四媒体的挑战，于 1995 年 5 月通过“亚洲一号站”进入互联网，成为东南亚国家上网的第一家华文报。

(2)《星期五周报》(Friday Weekly)。1991 年 2 月 22 日创办的全国惟一一份华文学生报纸，以华族学生为主要对象，也供以华文为第二语文的学生阅读。每期 4 开 24 版，图文并茂、彩色印刷。内容除浅显的国际国内新闻外，侧重于校园新闻和学生生活，还有娱乐、体育、漫画、小说和读者信箱等。与小读者开展广泛的联系，假期还组织各种学生参加的游戏、比赛，以贴近读者。1993 年发行 4.2 万份。

英文马来文报章集团拥有的主要报纸：

(1)《海峡时报》(The Straits Times)。是新加坡也是马来半岛现存历史最悠久的报纸，创办于 1845 年 7 月 5 日，除了日本占据新加坡中断三年外，连续发行，具有重要影响。70 年代吉隆坡分社独立出去，主要面向新加坡国内读者，但报纸还发行到曼谷、香港、雅加达等地。在华盛顿、纽约、伦敦、东京、雅加达、马尼拉、香港、悉尼、布鲁塞尔等地驻有记者或特约记者。

该报重视国际新闻报道，辟有世界新闻、东南亚新闻、东亚新闻、马来西亚新闻、分析评论、体育新闻、金融新闻等多种栏目，国内新闻相对来说较少，编排受英国影响较大，版面分 8 栏，采用准横式排版。90 年代初发行 28 万份，星期日版为 30 万份。每周插有几次双语版，方便不懂英语的人阅读。

1992 年该报又增办了一份英文报纸《新报》(New Paper)，文章短小通俗，图片多而大，彩色印刷，80%是软新闻和娱乐性内容，主要面向教育水平较低的读者，1994 年发行 9.2 万份。

(2)《每日新闻》(Berita Harian)。1957 年创办的新加坡惟一一份马来文报纸。星期日版为《星期日新闻》(Berita Minggu)，单独发行。90 年代初平日发行 4.2 万份，星期日版为 5.4 万份。

除此以外，新加坡还有一些独立的报纸，如泰米尔文日报《泰米尔钟声报》

(Tamil Murasu，1934 年创办)、马来亚文的《马来西亚马来亚兰人》（Malaysia Malayali，1938 年创办）等。

新加坡没有自己的通讯社，一些国际通讯社都在新加坡设立了工作中心。

二、广播电视事业

新加坡的广播诞生于 20 世纪 30 年代。1935 年 7 月，殖民地开办了英马广播公司（British - Malaya Broadcasting Corporation），在新加坡和马来亚广播。1936 年 6 月建立了新加坡广播电台。1942 年日军占领期间被日军接办。新加坡独立后，电台为新政府接管。1963 年制定广播电视法，明确规定政府有开办和经营广播电视的特权。1963 年 2 月新加坡开办电视，最初只有一个频道，每天播音一个半小时。1974 年播放彩色电视节目。

新加坡广播公司（Singapore Broadcasting Corporation，SBC）1980 年从政府文化部分离出来，负责经营全国的广播电视播放，经济来源靠受众收听费(35%)、广告费（55%)、政府拨款（10%)。新加坡广播公司现有九个广播频率，三个电视频道，使用四种语言（华语普通话、马来语、泰米尔语、英语）和多种华语方言播送。另外有一家公私合营的电缆电视公司，提供微波传送的收费节目，有三个频道：英语频道，由美国家庭影院亚洲台（HBO Asia）每天提供 12 小时的节目；综合频道，用华语普通话播送，每天 18 小时，周日 24 小时，节目主要来自香港、台湾、中国大陆；新闻频道，全天 24 小时播音，内容来自美国的 CNN、英国的独立电视新闻中心、日本的 NHK 以及本国的 SBC。

新加坡还有一家私营的有线广播有限公司（Rediffusion Ltd.)，成立于 1949 年，经政府特许经营。1991 年又批准成立了两家私营广播电台，隶属于新加坡全国工会联合会，主要为听众提供娱乐性节目。

政府对广播电视管理相当严格，对涉及种族问题、宗教信仰、道德观念、政治局势的内容，进行严格审查。禁止新加坡公民使用卫星天线接收或转播境外节目。

据日本 NHK 广播文化调查研究所 1994—1995 年的材料，新加坡居民有收音机 177 万台，平均每千人 627 台；电视机 103 万台，每千人 367 台。

第二节　马来西亚的新闻传播事业

马来西亚由马来半岛南部的马来亚和婆罗洲北部的沙捞越、沙巴两部分组成，面积 32.95 万平方公里，1994 年有人口 1860 万。总人口中马来人占 59%，华人占32%，印度人占8%，其他人种占1%。马来语是国语，英语是官方语言。

近代马来西亚遭受了多次列强的入侵：1511年葡萄牙入侵。1641年沦为荷兰殖民地，1771年英国入侵，1941年12月日本占领马来西亚，1945年8月英国殖民者卷土重来。1955年马来亚联盟党在大选中获胜，1957年8月31日英国被迫承认马来亚联邦独立，1965年新加坡退出后，成为独立国家。

一、报 刊

（一）历史回顾

马来西亚最早的报刊是用英文出版的。第一张英文报纸是《政府公报》(The Government Gazette)，1806年创办于槟榔，这份报纸接受政府津贴，为政府承印各种公文材料。此后陆续出现的英文报纸有：1826年9月创办的《马六甲观察者》(1929年10月停刊)、《马六甲记事周报》、《槟榔记事报》、《杂录》、《槟榔公报》、《海峡年鉴》等。

马来西亚是海外华文报纸的发源地，而且华文报纸一直是马来西亚的重要组成部分，1815年以来出版过上百种华文报纸。最早的华文报纸是著名的《察世俗每月统记传》(Chinese Monthly Magazine)，1815年8月5日创办于马六甲，由英国传教士马礼逊和米怜在中国刻工梁发的协助下创办，月刊，木版雕印，免费散发，以"阐发基督教义为根本要务"为宗旨，此外还宣传伦理道德、介绍"国俗天文地理"。1822年停刊。1828年在马六甲又出版了《天下新闻》月刊，主编是英国传教士吉德，单张活字印刷，仍是宗教刊物，发表历史、科学、伦理道德等方面的文章，1829年停刊。

马来文报纸的诞生晚于英文和华文报。第一张马来文报纸是1876年在新加坡发刊的《Jawi Peranakan》，1906年又出版了一份《领袖》，致力于宗教改革，以后又陆续出现过一些马来文报纸。时间最长的是1939年创办的《马来使者报》，至今仍在出版。

19世纪末，当地报纸迅速发展。英文报纸有：1894年《海峡财政》周报在吉隆坡创办，1896年又创办了《马来邮报》。1903年（一说1911年）在槟榔出版了《海峡回声》，该报在辛亥革命时期曾为孙中山的革命活动在南洋地区传播信息、鼓吹宣传。华文报纸有：1896年在部分保皇党人在槟榔创办的《槟城新报》，1907年槟城富商创办的《槟城日报》，1909年林道南等人创办的《吉隆坡日报》，1910年陈占梅创办《泗洲周报》。1910年12月，缅甸《光华日报》的创办人庄银安等人办起了槟城的《光华日报》，该报后来成为同盟会在南洋的重要宣传机关，至今仍在出版，是世界上现存历史最久的华文报纸之一。

1945 年日本投降后，马来亚地区的报业重新复兴。

(1)英文报纸类。《海峡时报》1952 年兼并了《马来邮报》，从而获得了吉隆坡的设备，建立了吉隆坡分社，就地出版了《马来邮报》、《海峡时报》和马来文的《每日新闻》。1965 年新马分家，1972 年马来西亚官方的"国营企业公司"收购了吉隆坡的海峡时报，改名为《新海峡时报》，原《海峡时报》的《马来邮报》、《商业时报》、《每日新闻》均改属新海峡时报公司。

(2) 华文报纸类。华文旧报纷纷复刊，新报竞相问世，但新办的报纸不少因政治或经济的原因不久就停刊了。主要的除《光华日报》外，还有：《南洋商报》，1923 年陈嘉庚创办于新加坡，很快就向马来地区发行。1962 年该报驻吉隆坡办事处独立，出版《南洋商报》的马来版，逐步发展成为马来西亚《南洋商报》股份有限公司；《星洲日报》，1929 年胡文虎创办于新加坡，发行马来版。1965 年新马分治后，吉隆坡正式出版马来西亚的《星洲日报》；《星槟日报》，1939 年胡文虎创办，原是《星洲日报》的槟城版，后来独立，1965 年后，由《星槟日报》有限公司管理。

战后《马来使者报》恢复出版，60 年代迁到吉隆坡出版，1967 年出版日报《马来西亚使者报》，形成一家报团。一些新报纸也纷纷问世。进入 80 年代以后，马文报纸的发行量迅速增加，影响日益扩大。

(二) 报团与主要报纸

马来西亚的报业实行私有制、商业经营，但大部分报纸都有政治背景，直接或间接地为一些政治势力控制。目前马来西亚有两家大报团：

(1) 新海峡时报集团。拥有英文的《新海峡时报》、《马来邮报》、华文的《新明日报》、马来文的《每日新闻》以及各自的星期日刊，所属刊物有《她的世界》、《马来西亚文摘》等。该集团实际上由政府或执政党控制。

(2) 马来使者报集团。拥有《马来使者报》、《马来西亚使者报》以及各自的星期日刊，出版《基布拉使者》、《宝石》、《妇女》等多家杂志，还出版书籍、行销新、马、文莱等地。所属报纸通常充当执政党和政府的喉舌。

马来西亚目前主要的报纸有：

(1) 英文《新海峡时报》(New Straits Times)。马来西亚历史最久、最有影响的全国性报纸，每天出对开 48 版，读者约有 65 万，星期日刊是《新星期天日报》(New Sunday Times)。

(2) 华文《南洋商报》(Nanyang Siang Pau)。1962 年 8 月 31 日由新加坡《南洋商报》驻吉隆坡办事处发展成为一家报社，现在是全马来西亚最大的一家华文报纸，社址在吉隆坡，在槟城、马六甲等地设立办事处。声称保持“不偏不倚的立场”，力争做到“上情下达，下情上达”，“使华裔同胞了解国家和政府的方针，使华族能及时参与国家建设与发展”。每天发行大约 18 万份，广告约占 50％，有中马、南马、北马等地新闻增刊，周日附送一份《南洋周刊》。

（3）马来文《马来西亚使者报》（Utusan Malaysia）。1967 年出版的全国性日报，社址在吉隆坡，是马来西亚报集团的主要报纸，由执政党马来民族统一机构控制。星期日刊名为《马来西亚周报》（Mingguan Malaysia）。

据 1997 年统计，马来西亚有日报 39 家，发行量 220 万份，平均每千人 117 份。

二、通讯社

马来西亚国家通讯社（Malaysia National News Agency，简称马新社 Bernama）。是该国惟一的通讯社，筹建于 1965 年。1968 年起开展业务。实行商业化经营，向订户收取稿费，政治上由政府控制。

该社的业务分为三类：普通新闻、经济新闻、特稿，有时转发国外分社的消息。在国内设有多处分社，在曼谷、新加坡、雅加达、马尼拉、伦敦等地设有国外分社。

三、广播电视

马来西亚的广播事业开始于 20 世纪 30 年代。1935 年不列颠马来亚广播公司设立第一座广播电台，1937 年正式播音。日本占领期间，在马六甲、槟城等地增设电台。日本投降后，英国恢复统治，在殖民政府设立广播部，建立马来亚广播电台。马来西亚独立后基本继承了原有的体制，并于 1963 年 12 月开办了电视。1969 年和 1971 年分别开设了第二、第三套电视节目。1972 年电视教育节目开播。1978 年开办彩色电视。

马来西亚长期没有私营广播电台。1994 年 8 月第一家私营广播电台——时代广播电台才在吉隆坡开播，主要播放国际国内新闻、金融行情、交通信息、天气预报和音乐娱乐节目。全天 24 小时播放，收听范围在吉隆坡及其附近地区。

（1）马来西亚广播电台（Radio Malaysia）。1963 年马来西亚联邦成立，原来的马来亚电台改名为马来西亚广播电台，成为全国性的官方电台，以后不断在各主要城市建立广播站，形成全国广播网。该台现有六个广播网：全国广播网、蓝色广播网、翡翠（绿色）广播网、红色广播网、首都广播网和立体声广播网。内容有新闻、音乐和其他娱乐节目。使用马来语、英语、华语和泰米尔语。

（2）国际广播。马来西亚广播电视台以“马来西亚之声”每天 24 小时广播，使用印度尼西亚、英语、汉语普通话、泰语、阿拉伯语、马来语、菲律宾语、缅甸语共 8 种语言。

（3）马来西亚电视台（Talivisyen Malaysia）。创建于 1963 年 12 月，社址在吉隆坡，属于官方电台。现有两个频道：第一频道以英语和马来语节目为主，1969 年开办的第二频道，主要侧重宣传教育、新闻和音乐、戏剧等。该频道有马来语、华语普通话、泰米尔语、英语的新闻节目和其他节目。

马来西亚坚持“以亚洲的价值观传送亚洲的信息”（首相马哈蒂尔语）的主张，对外来节目都要按照自己的节目标准进行严格审查，特别对含有暴力、性和反主流文化的节目更为注意，发现不妥之处必须经过处理方能播出。对本国节目也实行事先审查制，这项工作由政府新闻部主管。

第三节　印度尼西亚的新闻传播事业

印度尼西亚拥有广袤的国土，号称“千岛之国”，有 17000 个大小岛屿，人口排在中国、印度、美国之后，位列世界第四，分属一百多个民族，其中爪哇族占 47%，通用语为印尼语，90%的人信奉伊斯兰教。

印尼历史上也受到过多国侵略。15 世纪起就先后遭到葡、西、英、荷等国的入侵，1602 年，荷兰在此建立了东印度公司，开始了 300 多年的统治。二战中，日军占领印尼，1945 年印尼爆发 8 月革命，宣告独立。最终于 1950 年建成统一的资产阶级共和国，由民族党领袖苏加诺任总统。但 1965 年苏加诺被军人废黜，印尼进入了长达三十多年的苏哈托统治时代。

由于民族、宗教和语言等各方面的隔阂，印尼的民族矛盾和宗教矛盾时有发生。当地有相当多的华侨、华人，在印尼的经济生活中发挥了重要作用。但华人在印尼还是少数民族，政治上没有发言权，排华、反华运动时有发生。最近的一次发生在 1998 年 5 月。

一、报刊

（一）荷兰殖民统治时期（15 世纪初—1942）

印尼的新闻事业是西方殖民统治者带来的。1615 年，印尼出现了第一张报纸——荷兰文的《新闻纪要》（也称《巴达维亚政治评论》），主要转载荷兰报刊的内容，另有少量本地新闻和广告，1744 年停刊。直到 19 世纪，第一张印尼语的报纸出版，如 1855 年在梭罗出版的《布罗马梯尼》和 1856 年在苏腊巴亚出版的《马来新闻》。1823年英国传教士瓦特·亨利·麦都思在巴达维亚（今雅加达）创办的《特选撮要每月统记传》，是最早的华文报纸，每月一期，宣扬基督教义，刊登伦理和科学知识，1826年停刊。

进入20世纪，报刊在印尼独立运动中发挥了巨大的推动作用。辛亥革命前后，印尼华人受中国民主革命的影响，办起了多家报纸，其中，用马来文出版的有《泗水新闻》、《商报》、《新报》；用华文出版的有《泗滨日报》（1908年）、《华锋报》（1909年）、《苏门答腊民报》（1914年）等。20年代，华侨华文报刊在印尼的影响日趋扩大。本世纪二三十年代，这类报纸又有新的发展，著名华文报纸有1921年的《新报》和《天声日报》。他们在推进华人事业，宣传抗日，支持当地人民的民族独立斗争方面，都发挥了良好作用。

（二）日军占领时期（1942—1945）

这一时期，印尼大部分报纸被查封，日军另外创办了宣传“大东亚共荣圈”的报刊。印尼人民在日军的严密控制下，采用巧妙的方法进行斗争，如用隐讳的语言在报上发表文章。

（三）战后到60年代中期（1945—1965）

日本投降后，荷兰人想重温殖民旧梦，印尼爆发了反抗荷兰殖民主义者的战争，并于1949年取得了胜利。独立后的印尼，采用多党制政体，各政治力量纷纷办报，宣传各自的主张，最有影响是共产党的机关报《人民日报》，成为发行量最大的报纸，1957年达到六万份。华文报除《新报》、《生活报》继续出版外，雅加达的《生活报》、《自由报》、棉兰的《民族日报》、泗水的《大公商报》等二十多家华文日报相继面世。

这一时期的媒介由各政党控制，并成为它们的喉舌和宣传工具以及争权夺势的武器。

（四）当前的印尼报业（1965年至今）

1965年“9·30”事件后，军人集团控制了政府，所有共产党报刊和进步报刊都被查封，在排华浪潮中，华人报刊也被停刊。1966年国会制定了相当严厉的新闻法，规定创办报刊必须获得经营许可证，政府的新闻主管部门有权颁发并随时吊销许可证。根据这一法律，政府陆续颁发了一批许可证，建立了在政府严格管理和指导下的报业秩序。政府一直要求报刊在建国五项基本原则（信仰神道、人道主义、民族主义、民主和社会公平）基础上加强自律，要求它们服从管理，承担对社会的责任，促进社会的稳定和发展。1984年还成立了全国性的新闻委员会，专门就新闻媒介在这方面的执行情况进行检查督促。

目前印尼有报刊117家，日报68家，每千人拥有日报24份。主要报刊有：

（1）印尼文《罗盘报》（Kompas）。1965 年由一个天主教团体创办，后来逐渐摆脱了宗教倾向，现在是印尼最受欢迎的报纸，也是印尼最重要的独立报纸。该报谨慎地摆好政府和读者之间的关系，对一些政府活动和文件新闻低调处理，但有时也反映政府观点，而刊登的新闻大都为读者喜爱，广告约占版面的 35%。每天出 16 版，发行 50 万份，居各报之首。

（2）《战斗报》（Berita Yudha）。1971 年创办的一份军队报纸，代表政府观点，政府消息所占比重较大。全国发行，发行量 8 万份左右。

（3）华文《印度尼西亚日报》（Harian Indonesia）。1966 年创办于雅加达，是目前印尼惟一一份华文报纸，而且为华文和印尼文合刊。由官方陆军部主办，每天 8 版。宣称创办宗旨是："向不大懂得印尼文和只懂华语的印尼居民提供有关政府措施、法令条例和事件的说明。"

（4）印度首都有两份英文报纸：《雅加达邮报》（Jakarta Post）和《印度尼西亚观察家报》（Indonesian Observer）。他们的主要读者是在印尼投资做生意的外国人和懂英语的印尼人看。随着印尼经济的活跃和蓬勃发展，这两张报纸的地位显得相当重要了。

二、通讯社

安塔拉通讯社（Antara News Agency）。成立于 1973 年，是印尼国家通讯社，由国家情报部管理，在国内外派有常驻记者，同世界 20 多个主要通讯社（美联社除外）签订了新闻交换协定，是亚洲—太平洋通讯社组织、国际伊斯兰通讯社和不结盟国家通讯社联盟的成员国。

三、广播电视事业

千岛之国的印尼，由于其特殊的地理条件，使得广播电视在其社会生活中更具有重要性。

印尼的广播事业诞生于 20 世纪 20 年代初期。第一座电台名为巴达维亚电台，是一家私人电台，设在巴达维亚（今雅加达），后来成为著名的东印度公司电台。印尼开办无线电广播初期，政府对电台的功率和频道都有所限制，后来，印尼的电台合并为一家，叫 PPPK，总部在巴达维亚。1942 年日军强制接管了广播电台，并要求所有的收音机都要登记，进行封存，防止收听国外短波节目。1945 年 8 月，电台重新回到印尼人民怀抱。同年 9 月 11 日，爪哇地区电台的代表在雅加达举行了一次会议，宣告印度尼西亚共和国电台成立。1946 年 4 月，归属国家所有，由政府控制。

60 年代中期，在雅加达和其他大学地区出现了十几座业余电台，由于有反政府的宣传倾向，遭到了军队的搜捕。从此，业余电台逐渐消失。

值得一提的是，因印尼岛屿众多，其对内广播和对外广播（印度尼西亚之声）都使用短波。在雅加达只有一座中波电台，听众可以收到三套节目：一套是全国节目，一套是地方节目，一套是特别节目。雅加达用六个短波频率发送全国节目，用四个短波和一个中波频率播出地方节目，二个短波频率播出特别节目。

印尼的商业电台除了播出商业信息和新闻外，主要还是播放音乐，政府禁止它们播出除国家电台的新闻稿之外的政治新闻。

印尼 1962 年才在雅加达建立了第一座电视台，用来转播第四届亚运会。1963 年正式开播，只有爪哇岛能收到。1976 年国内通信卫星“帕拉帕一号”启用后，接收范围扩大，但偏远地区仍因缺少接收设备和电源，收看困难。1977 年 11 月引进彩色电视。尽管印尼的电视起步较晚，但发展相当迅速。1989 年以后，政府放宽了对电视的限制，允许建立私营电视台。90 年代初，共有四家私营电视台在运营，较为著名的有 RCTI 电视台和 SCTV 电视台。

印尼文盲率 23%，因此广播电视的作用凸显出来。电视出现以前，广播是人们获取信息的最主要途径，现在则改成了电视。所以印尼的电子媒介重视对农村播出节目，政府也利用广播电视把各种信息通过听觉和视觉传达给广大民众。

目前全国 10 个城市有电视台，另有 155 座转播台，经费靠国家拨款。1995 年全国有收音机 2810 万台，平均每千人 149 台；电视机 1150 万台，平均每千人 61 台。

（1）印度尼西亚广播电台。成立于 1945 年 9 月，财政来源为国家拨款，收看收听费由地方政府决定。在印尼全境几乎都能收听到该台的三套节目，即雅加达播出的全国性节目、地方中心台播出的大区性节目和面向本地的地方性节目。

（2）国际广播。印度尼西亚广播电台对国外广播使用“印度尼西亚之声”呼号，用阿拉伯语、汉语普通话、英语、法语、德语、印度尼西亚语、日语、马来语、西班牙语、泰语 10 种语言广播，每天播音总时数为 12 小时。

（3）印度尼西亚公共电视台。1963 年正式开播，为国家电视台，由政府拨款。起初，该台采用微波通讯进行信号传输，因为微波传送距离有限，加上印尼岛屿众多、建设微波中转站多有不便，电视发展受到了制约。一直到 1975 年 12 月，全国才有 12 座电视台。于是政府决定优先发展卫星通讯，以此推动电视业。1976 年印尼政府就通过国外公司发射了一颗通讯卫星，成为世界上第六个拥有通讯卫星的国家。使用了通讯卫星后，印尼全国各个地方都可以接收到国家电视台播出的新闻和娱乐节目。目前印尼电视台有 80% 的节目是国内制作的，还有

20%靠国外进口，内容有戏剧、文化节目和各种娱乐节目，主要来自美国。

该台在全国各地有几百个台站，能提供境外的广播电视节目，每天观众一亿人左右。

第四节 越南的新闻传播事业

越南位于东南亚印度支那半岛东部，面积329556平方公里，首都河内。官方语言是越南语、华语、高棉语、英语、法语、苗语。

19世纪后期，越南同柬埔寨一起沦为法国殖民地。二战期间，又被日本占领，1945年以后，越南人民才在胡志明的领导下获得解放。但随后法国企图重新控制越南，1946年抗法战争爆发。1954年法国惨败。日内瓦举行的国际会议决定以北纬17度为停火线，将越南分为南北两部分。1976年7月2日越南全国统一，正式成立了越南社会主义共和国。

一、报刊

1861年法国海军上将博纳德（Admiral Bonard）创办了越南第一张报纸《交趾支那远征军公报》（Bulletin I’Expedition de La Cochin Chine），用法文出版，记述法国本土及远征军消息为主要内容。第一张越南文报纸是1865年出版的《嘉定报》，创办人张荣淇，被认为是越南新闻界的鼻祖。

1881年和1898年法国殖民当局颁布的“新闻法”规定，只准许法国公民及归化的越南人发行报纸。所以从法国殖民统治开始到一战结束，越南所有的报纸都是法国人或者法国籍的越南人主办的。

越南的第一张华文报纸是1918年创刊的《南圻日报》，由法国牧师安德烈注册创办，不久停刊。1920年，他又创办了《华侨报》，由真正的华侨接办后，才开始刊登祖国要闻和侨社新闻。1929年元旦，《民国日报》创刊，次年改名为《中国日报》，是一份纯商业性的报纸，一直出版到1965年，改为《建国日报》出版。

从九一八事变到七七事变，越南华侨关心国事，华文报纸不断涌现。影响较大的有：1931年10月创办的《民报》、1938年秋创办的《全民日报》、1940年3月创办的《远东日报》。二战期间，日军占领越南，只剩《中国日报》一家。

二战后，许多报纸纷纷复刊，华侨报纸一度繁盛，60年代经过合并改组，所剩无几。统一前南越的新闻事业大大超过北越。统一后，媒介都收归国有，全国没有一家非官方经营的报纸或杂志。1986年开始，越南实行“革新、开放”

政策，1989年再度加强对新闻的管制，公布新的新闻法强调：所有的新闻媒介都是越南共产党和国家的喉舌，每一份出版物都要在出版前受到有关部门的检查，否则不能出版。

1992年以来，广告业在越南快速发展，许多国际大公司在越南投资，掀起了广告大战。过去政府规定，报纸只能有10%的广告版面和广播只能有5%的广播时间，现在都被打破了。

为了尽快赶上世界发展的脚步，越南政府近年来加大了对基础设施的投入，如制定了优先发展电信，大力引进外资和新技术等措施。

目前越南有六家日报，最主要的报刊是：

(1)《人民报》 (Nhan Dan)。1951年创办于越南北部的坤衿，此前是1925—1927年的《青年报》、1936年的《斗争报》、1938—1939年的《民众报》、1942—1945年的《解放旗帜报》和1945—1951年的《真理报》。现为越南共产党中央委员会机关报。发行约30万份，是全国最大的报纸，用越南文出版的日报。

(2)《人民军队报》(Quan Doinhan Dar; People' s Army)。是越南人民军总政治局主办的军方报纸，全国第二大报，是用越南文出版的日报。前身是1941年创办的《北山报》、1944年改名为《枪声报》、1945年8月改为《金星报》、1946年12月改为《卫国军报》，1950年《卫国军报》和《游击队报》合并，改为现名。发行12万份，是越南共产党的喉舌。

二、通讯社

越南通讯社 (Thong Tan Xa Viet Nanm)。1945年9月创建于河内，当时与"越南之声"电台属于一个机构，1950年独立后定名为越南通讯社。1976年和越南南方解放通讯社合并为越南社会主义共和国国家通讯社，总部在河内，在胡志明市设有总分社，在其他各省、市设分社。在中国、俄罗斯、德国、古巴、老挝、柬埔寨、埃及、阿尔及利亚、法国、印度、英美等国家派有常驻记者。

对内每日电传发稿，每天出版国内、国际两种越文新闻稿和英法两种文字的对外新闻稿，供河内报纸和电台使用。该社每天还出版《快讯》、《世界参考》、《特别参考》等多种参考资料，供中央和有关单位参考。

该社对各省、市发稿用有线电传，对外发稿文种有英文、法文、西班牙文，系无线广播。河内与北京、莫斯科、巴黎之间通过专线发稿。

三、广播电视

越南的广播电视均由越南广播电视委员会管理。越南之声电台的听众大约占总人口的60%，71%的人收看电视节目。

越南之声电台。创建于1945年，是越南的中央广播电台，设在河内。该电台用华语（普通话与粤语）、英、法、俄、西班牙、日语、泰语等对外广播。

越南电视台。建于60年代末，1971年1月27日开播，是一家国家电视台，由波兰和苏联援助建成。1980年开始播出彩色电视。

越南电视台有三个频道的节目，和36个省的省级电视台联网。三个频道分别专门播放教育节目、儿童卡通节目、从东欧进口的戏剧节目、电视连续剧和传统的越南节目。

1993年开播的越南电视台第三频道专门播放体育、经济新闻和电影、选美比赛等受观众欢迎的节目。

平均每千人有收音机106台，电视机33台，总体水平还比较低。

第五节　黎巴嫩和科威特的新闻传播事业

西亚国家因盛产石油而比较富裕，广播电视相当普及。阿曼、黎巴嫩、巴林、卡塔尔、科威特等国家的收音机、电视机普及率位居亚洲前列。

一、黎巴嫩的新闻传播事业

黎巴嫩国土面积1.05万平方公里，人口350万，通行语言为阿拉伯语、法语、英语。黎巴嫩风光旖旎，素有“东方瑞士”之称，首都贝鲁特则被誉为“东方巴黎”，该国是惟一不以伊斯兰教为国教的阿拉伯国家。

（一）报刊

黎巴嫩的报业是在19世纪中叶开始发展的，当时正处在土耳其奥斯曼统治时期。1858年较早地出现了现代报纸《新闻花园》（Hadiqat al Akhbar）。黎巴嫩与欧洲距离较近，深受欧洲的文化熏染，因而聚集了较多的阿拉伯文化人。他们积极为报纸撰稿，所以早期的报刊书生气浓厚，而知识分子的自由主义思想常常使他们与当局产生麻烦。在奥斯曼帝国的大棒政策下，黎巴嫩知识分子分散到西亚和北非各地。这一地区的近代报刊不少都是由黎巴嫩逃出来的知识分子创办的。因此黎巴嫩被认为是亚洲近代报刊的发源地之一。

1909年黎巴嫩通过了自由主义色彩较浓的新闻法，报纸在阿拉伯民族主义运动中开始发挥积极的作用。然而，报纸的出版活动仍然受到政府的监视，如1916年5月，31位阿拉伯领导人因为要求独立和煽动舆论在贝鲁特和大马士革被处以绞刑，其中16人是新闻工作者。

1920年至1941年，黎巴嫩由法国托管。在法国人的严格控制下，黎巴嫩仍创办了不少报纸，并积极参与独立运动。

1943年黎巴嫩实际上已获得独立，但法国对报刊的控制权直到1946年才最后移交给黎巴嫩。黎巴嫩的政治制度为一切希望参与其中的人提供了一个相对开放的机会。在这种环境下报纸数量激增，且大多数报纸反映了特殊集团或党派的利益。各个党派以报纸为盾牌，不断与政府发生冲突，1952年由一些报纸发起的反政府运动，将公众的不满情绪集中调动起来，迫使贝沙拉·扈利总统辞职。新政府是依仗报纸的力量才上台的，于是通过了较为宽容的新闻法，撤销了对报纸的大部分限制条令。报纸种类迅速增加，仅贝鲁特就有五十多家日报。

1975年初开始的黎巴嫩内战中，虽然大多数报纸继续出版，但版面减少了一些，而且差不多所有内容都是黎巴嫩战事。政府认为战争中的报纸要对国家负起责任来，于是公布了事先检查制度，赋予公安总局预先审阅将要出版的一切东西的权力。任何人不得出版“煽动宗教斗争的、……挑起危害公共安全的行动的、(或)……引起导致重开战争的争论的材料”。初犯时处以罚金和监禁，再犯时将被吊销发行出版物的许可证。

为了逃避战火，一些出版商在内战期间将他们的出版社从贝鲁特转移到欧洲，于是由黎巴嫩人办的周报便在巴黎和伦敦出版。这些周报不仅成为移居国外的阿拉伯人的读物，还从欧洲运回包括黎巴嫩在内的阿拉伯国家发行。如1979年阿拉伯文的周报《未来》(al Mustaqbal)、《阿拉伯祖国》(al Watan al ’Arabi)和《今日》(al Nahar)等在巴黎出版，阿拉伯文周报《事件》(al Hawadith)和英文周刊《事件》(Events)在伦敦出版。“这些在欧洲出版的周报在黎巴嫩的形势稳定之后大概又将迁回贝鲁特出版。如同其他机构一样，黎巴嫩内战对那里的报纸来说是一次破坏性的事件，但报纸的基本特征仍然保持了下来。”① 形形色色的政治和宗教倾向依然存在。

黎巴嫩首都贝鲁特是整个阿拉伯世界的出版中心。出版十几种日报，主要的报刊有：《日报》、《阿拉伯周刊》、《狩猎者》等。

(二)通讯社

黎巴嫩国家通讯社(National News Agency Of Lebanon)属于黎巴嫩政府新闻部领导，每天出版阿、英、法三种文字的新闻稿，主要报道黎官方活动。

阿拉伯通讯社(Arab News Agency)创建于1973年夏，是一家私人通讯社。该社每天出版阿、英、法三种文字的新闻稿，主要是摘发当地阿文报刊的消息和

① [美]威廉·A·鲁：《阿拉伯报刊》，149页，北京，新华出版社，1987。

综合外电，有时刊登独家新闻和对时事形势的分析。

（三）广播电视

黎巴嫩的广播事业开始于1938年，是法国人建立的一个电台，1946年法国人撤退后，归黎政府所有。60年代初，政府投入一定资金扩建了发射台，使全国都能接收到广播信号，听众数量大有增长。

黎巴嫩现有两套广播节目，第一套节目以本国居民为主要对象，第二套节目以外国人为对象。国内广播兼作国际广播。

虽然政府直接掌握黎巴嫩电台的编辑政策，"他们要保证重要的政治节目和政府给予的引导保持一致。但是新闻广播一般不遵循任何明显的一贯的政策路线，它们通常以直截了当的、保持平衡的方式进行报道，而且较大量的广播时间也是用于娱乐性节目和不带有政治色彩的特写报道"①。

黎巴嫩的电视开始于1959年6月，是一家由黎巴嫩商人建立的商业电台。1962年由英国人支持的另一家电视台——东方电视公司开播。两家电视台用阿拉伯语、英语、法语通宵播出节目，依靠广告收入。节目的主要部分是非政治性的，几乎3/4的节目是进口的电影和录像磁带。电视公司是政府拥有50%股份的半官方机构，经理由总统任命。剩下的50%股份由一家私营公司和法国投资公司持有。

近年来黎巴嫩与以色列的冲突使它的新闻传播事业发展大受影响。

二、科威特的新闻传播事业

虽然1946年才出版了第一家阿拉伯文的定期刊物，但1961年6月独立后，新闻事业迅速发展，陆续创办了多种高质量的报刊。《舆论报》、《政治报》、《火炬报》是重要的阿拉伯文日报，《科威特时报》、《阿拉伯时报》是著名的英文日报。

《舆论报》（Al Ra' y al Amm）创办于20世纪60年代，该报坚决支持王室，偶尔也揭露一些政府官员的腐败行为。在国际问题上，有反社会主义倾向，维护科威特独立。

《政治报》（Al Siyassah）也创办于20世纪60年代，内容多样、观点多元，是一家较为自由、坦率的报纸。

《灯塔报》（al Qabas）创办于1972年，四年后发行量跃居全国日报第一位。它并不鼓吹任何一种政治路线，而是力求满足科威特的各个派别。其新闻和评论

---

① ［美］威廉·A·鲁：《阿拉伯报刊》，187页，北京，新华出版社，1987。

处理得相当自由和客观。侧重经济报道和有分析的内幕新闻、编译文章。

《祖国报》(al Watan)与其他报纸相比，更注重外国事务，特别是海湾地区事务。倡导民主，呼吁言论自由和交换思想的自由，向持有各种不同观点的作者开放版面。

科威特通讯社(Kuwait News Agency，简称KUNA)建立于1956年10月，是半官方的通讯社。负责对国内外发稿，包括国内外重大新闻、经济消息、金融消息、社会奇闻等。此外，科通社还经常转发沙特阿拉伯、阿拉伯联合酋长国、卡塔尔和巴林等海湾国家的报纸社论和其通讯社发布的消息，也常转发新华社的阿拉伯文消息。

科威特的广播开办于1951年，1961年开办电视。独立后全部收归国有，组成科威特广播电视台，由政府新闻部领导。

科威特广播电视台有八套广播频率、二个电视频道、设备先进，内容除新闻、文教、娱乐外，还有大量宗教宣传。广播中有一套专门的古兰经节目，另外三套是面向海湾地区或亚、非、欧洲的对外节目，使用波斯语、阿拉伯语、英语、乌尔都语。电视节目全部彩色化，用阿语、英语覆盖整个海湾地区。

科威特政府对广播电视的管理相当严格，评论稿要经新闻部官员审查，进口节目也要经专门委员会检查，不得有反对伊斯兰教、宣传共产主义和色情的内容。

思考练习题

1. 亚洲报业在二次大战前的状况如何？二次后发生了怎样的变化？目前现状怎样？

2. 何谓“瓦版”？其形式和内容如何？

3. “明治维新”前日本报刊状况如何？以何种报纸占主导地位？

4. 日本第一个新闻法规制定于何时？此后复刊的佐幕派报纸和新创办的报纸政治倾向如何？

5. 日本与政治型大报相对的小报产生于什么年代？有何特点？

6. 何谓“白虹贯日”事件？试对此作出简要分析。

7. 日本军国主义政府是如何控制报业的？

8. 二战后日本为何获得了快速的发展？

9. 日本“五大报”是指哪几家？五大报系的垄断性具体表现在哪些方面？

10. 共同社是一家怎样性质的通讯社？它的概况如何？

11. 简述NHK的历史与现状。

12. 简述朝鲜民族国家的现代新闻事业

13. 在日本统治时期，朝鲜民族报刊是怎样展开英勇斗争的？

14. 朝鲜民主主义人民共和国有哪些重要报刊？韩国的著名报刊又有哪些？

15. 简述“圣雄”甘地其人，他的新闻思想如何？

16. 印度报业结构有何特点？其主要报刊政治倾向如何？印度八大报系的名称是什么？

17. 印度第一座电视台始建于何时？90 年代以来印度电视受到了怎样的挑战？

18. 东盟国家的新闻传播事业的主要功能是什么？试对其作出评价。

19. 新加坡与马来西亚的华文报纸的现状如何？

20. 为什么电子传媒在印尼现实生活中的作用比较突出？

21. 越南的首家越文报纸创始于何时？近年来越南报业发生了些什么变化？

非洲篇

·外国新闻传播史··外国新闻传播史··外国新闻传播史··外国新闻传播史·

概　述

非洲是仅次于亚洲的世界第二大洲，面积3020万平方公里，人口6.8亿。

非洲有着悠久的历史和灿烂的文化，埃及的尼罗河流域是世界古代文明发源地之一。15世纪起，西方殖民者相继入侵，非洲绝大部分国家先后沦为西方国家的殖民地。二战以后，饱受侵略和奴役之苦的非洲人民纷纷拿起武器，掀起了声势浩大的民族解放运动。到90年代初，非洲大陆基本上脱离了殖民统治，除三个地区尚未独立外，独立国家达54个。独立后的非洲各国，积极致力于维护国家主权、发展民族经济、进行文化建设的工作，并取得了显著成就。但由于殖民主义者的长期统治，加之频繁的政变和连续的自然灾害，非洲至今仍是世界上最贫困的大陆，非洲国家的经济、文化、教育，包括新闻事业仍然比较落后。

非洲报业发展的特点与亚洲基本相似。在殖民地时期，报刊的创办大多出自外国人之手。在争取民族解放运动的漫长斗争岁月里，民族报刊遭受侵略者的严厉压制，发展非常缓慢。

独立以后，原殖民地当局或外国人办的报刊，大多数被新政府收归国有或控股，同时，政府又兴办了新报刊，或者扶植殖民地报刊，从而促进了报业的发展。目前非洲多数国家已经建立了自己的报业体系，在世界报坛占有一席之地。政变频繁，紧张局势和动荡时期的不断出现，使各国政府特别注意新闻媒介的影响和对它们的控制。报纸、广播、电视台，在每一次夺取政权的行动中无一例外地首先被占领。政府特别谨慎地派卫兵保护这些设施，以防政治上的突然事变。而刚刚独立的新国家面临着外部和内部的诸多问题，需要团结一致，将公开辩论中的分歧减少到最低程度，所以，非洲大部分国家的新闻都必须支持政府政策以有利于国家利益，新闻体制都是国家所有制。

非洲各国报业之间的情况差距很大，发展相当不平衡。由于报纸与政治、经济等的密切关系，加之整体文化水平低、广告金额少以及发行系统不发达等各种原因，使得非洲报纸主要是在城市中发展起来。南非、埃及以及较为富裕的北非国家，报业已有相当规模；其中南非有报刊七百多种、日报20家，居全非首位；千人日报占有率以毛里求斯最高，达76份。另一方面，撒哈拉沙漠以南不少国家经济落后、文盲甚多、政局动荡、部族语言复杂，严重制约了报业发展。至今吉布提、乍得、冈比亚、利比里亚等国还没有一份日报。

大多数非洲独立国家都建立了国家通讯社，但也有尚未建立通讯社的国家，如博茨瓦纳、佛得角、塞舌尔、斯威士兰、尼日尔、纳米比亚等。国家通讯社付钱给国际通讯社和几个较大的国家通讯社，购买它们的电讯。它们把根据接收的电讯编号的新闻稿直接发给个人用户和机关用户，或者通过地方报纸和电台向公众发布。在这个过程中，通讯社进行了取舍，留下了它们认为公众应该知道的东西，舍弃了收到的大部分材料。

1980 年美国学者诺恩·卡罗莱娜研究发现，加纳对接收稿件的采用率只有 1/10。除了向国家通讯社出售新闻，国际通讯社和几家较大的通讯社还在许多非洲国家设立分社采集新闻。

由于非洲文盲多，广播便成为人们用来获取新闻、了解外界的主要渠道。因此，各国也都特别注意发展广播事业，每个国家都有广播电台。

非洲国家的电视事业虽比较年轻，但也取得了很大发展。现在，绝大部分独立国家都开办了电视，一般都为国营体制，经费主要来自国家拨款，还有少部分是视听费和广告。

由于经济依旧欠发达，占世界人口 1/8 的非洲，收音机只占世界总数的 6.2%，电视机只占世界的 2.5%，收音机和电视的普及率低使无线电讯号难以发挥其冲破时空限制的优势。收音机每千人拥有数最高的是只有 70000 人口的岛国塞舌尔（486 台），最低的是马里（42 台）；电视机比率最高的是毛里求斯（217 台），最低的是一些尚未开办电视的国家，如几内亚比绍、科摩罗、冈比亚、马拉维、卢旺达。

大多数非洲国家从独立的最初年代起，就意识到要确立独立的新闻传播系统，把报刊、广播、电视和通讯社收归国有，提高新闻工具的国有化程度。非洲国家为了获得大量新闻在发展卫星接收设备，许多国家建造了国家通信组织的地面系统，一些国家在建造地面站。但由于缺少本国的技术干部和新闻工作者，在发展电信方面变得更加依赖外国公司。

获得独立以后，非洲国家经历了缺这少那的困难时期，其中最为严重的是缺乏训练有素的新闻记者。1961 年，联合国教科文组织的一份报告说，“有些国家（非洲国家）连一个合格的记者都没有”。为填补这一空白，一些国际组织行动起来，试图为非洲新闻部门培养记者。这些国际组织包括国家新闻协会、国际新闻工作者协会、国家新闻工作者联合会、联合国教科文组织等。1963 年至 1968 年，仅国际新闻协会培训的记者就达三百多人，培训对象涉及东非、中非和西非。在非洲常设训练学院中，加纳新闻学院是历史最悠久的一个，创办于 1957 年。此外，尼日利亚大学新闻系、肯尼亚新闻学院、南非大学新闻系都是非洲比较有名的新闻教育单位。

第十八章

埃及的新闻传播事业

埃及地跨亚、非两洲，是世界文明最古老的发祥地之一。1517 年成为奥斯曼帝国的一个行省，18、19 世纪先后沦为法国和英国的殖民地。1922 年取得名义上的独立。1952 年以纳赛尔为首的自由军官组织推翻法鲁克王朝统治，1953 年正式成立埃及共和国。

第一节 报 刊

一、历史梗概

埃及早在公元三千多年就已有了古文字和书写的纸莎草纸。而今的埃及新闻传播事业仍旧是非洲最发达的国家之一。

埃及的报业开始于 18 世纪末。1798 年，拿破仑率军入侵埃及，用携带的印刷机出版了法文《埃及信使报》和《埃及旬报》，前者供法军传递消息、互通情报；后者用于研究埃及的经济、文化、历史和社会等问题。均用法文出版。

19 世纪初，奥斯曼帝国驻埃军官穆罕默德·阿里被任命为埃及总督，实行了一些有利于资本主义发展的措施。1827 年，阿里创办了一家月报——《柯里夫新闻》(Jurnal al Khadyu)，1828 年他又创办了《埃及事件报》(Al Waqa'I' Mas-

riyah)，主要发布官方新闻和政府法令、公告，同时刊载一些各地要闻和有关文学和社会问题的文章，几位阿拉伯著名的文学家先后担任过该报的主编。用法、阿文出版。该报一直出版到1952年才停刊。

1875年黎巴嫩人塔克拉经国王批准在亚历山大创办了《金字塔报》。该报模仿英美报纸，采用新闻文体，大量刊登广告，实行商业经营，自称以“积极发表政见，及时报道商情，摆脱宗教束缚，传播现代科学文化”为宗旨。1881年由周报改为日报，并迁至开罗出版。是埃及最早采用商业化经营的报纸。

1879年埃及成立以阿拉比将军为首的第一个资产阶级政党——祖国党。同年出版了《祖国报》，积极宣传民族主义，喊出了“埃及是埃及人的埃及”的口号。

1882年英军占领埃及。民族独立运动领袖穆罕默德·阿布笃于1884年初在巴黎建立了团结会，创办了《团结报》，为反对英国占领而大声疾呼。他在报上撰文表示：“英国不撤兵，埃及人民的斗争永不罢休！”

1889年被誉为埃及新闻事业奠基人的阿里·优素福创办了《坚强报》，埃及史籍称之为：“是当时最能代表埃及人民、最能忠实反映民意的日报。”1895年又出版了一份《埃及人报》，是一家大型的民族主义报纸，在埃及新闻史上占有重要位置。1892年建立的新月出版社，是埃及最古老的出版社。

1900年，在埃及民族运动中影响最大的报纸《旗帜报》诞生，用英、法、阿三种文字出版，在阿拉伯世界广为流传，创办人是穆斯塔法·卡米尔，同时办有《旗帜》月刊。

1916年埃及正式脱离奥斯曼帝国，1922年建立君主立宪制的国家，这一时期的埃及新闻事业有所发展，陆续出现了一些新报刊。1924年创办于开罗的《图画》周刊，是一份政治性画报，刊登图片的同时发表新闻述评；1925年创办的《鲁兹·优素福》周刊，是一家艺术政治性刊物，也刊登一些社会新闻和漫画。1934年大众性周刊《最后一点钟》出版。1943年出现的《消息报》最为重要，由阿明兄弟创办，以大众化的形式，吸引了相当多的市民读者。

1952年以纳吉布和纳赛尔为首的一批青年军官发动“七月革命”，推翻了最后一个立宪王朝的国王法鲁克，建立了埃及共和国，开始了埃及新闻事业的新历程。一方面陆续接管了外商报纸，一方面创办新报刊，如1953年12月埃及革命指导委员会创办了机关报《共和国报》，后来的总统萨达特任第一任总编。1956年6月4日埃及另一家新报《人民报》创办，同年10月，创办了开罗第一家《晚报》。

1960年5月，根据纳赛尔的社会主义纲领，埃及政府颁布报刊国有化法令，所有规模较大的报刊都收归国有，还将四个比较大的私人出版社——金字塔出版社、今日消息出版社、新月出版社和鲁兹·优素福出版社的所有权移交给已经拥有解放出版社的民族联盟。同时民族联盟成立董事会，享有对报纸发放许可证、提供经济资助和配备人员等许多权力。董事会由政府控制，从而达到控制舆论的目的。70 年代，萨达特政府逐步放宽新闻政策，1974 年宣布取消大部分新闻检查，1976 年允许其他政党出现并允许党派出版报纸，1978 年撤销文化情报部，1980 年 4 月，经公民投票通过了宪法修正案，规定新闻事业是行政、立法、司法之外的“第四权力机构”，5 月这一立论被写进宪法修正案条款。7 月 10 日通过了《埃及新闻法》，明确规定：新闻业是独立的人民的权力，它解释舆论的倾向，运用各种表达方式形成和指导舆论，自由地行使自己为社会服务的使命；新闻工作者是独立的人士，他们在工作中不受非法律的权力的约束。“新闻法”还规定报业可以采取国家、政党、工会、团体、个人五种所有制形式，但是个人办报应采取合作社或股份公司的方式，而且个人股份不能超过一定的限额。

1981 年穆巴拉克继任总统，继续推行新闻改革，减少对报业的行政干预。目前埃及的报业机构是以公营为主、允许各种所有制并存的报业体系。在公营报刊中政府一般占有 51% 的股份。还有若干家反对党报刊存在，如进步联合党的《国民》周刊和新华夫脱党的《华夫脱》周报。

二、三大日报

埃及的报刊在阿拉伯世界有着广泛的影响。目前有各种报刊 241 家，日报 18 家，主要用阿拉伯文出版，也有少数用英文、法文出版。现今的三大日报是《金字塔报》、《消息报》和《共和国报》。

(1)《金字塔报》(Al Ahram)。是非洲第一大报。1875 年黎巴嫩人塔克拉兄弟创办于亚历山大，最初是周报，标榜的宗旨是：“积极发表政见，及时报道商情，摆脱宗教束缚，传播现代科学文化，”多方争取读者，不断扩大销数，使舆论界耳目为之一新，一跃而成为埃及民族资产阶级的喉舌，当时被誉为“埃及升起的一颗文明新星”！该报是第一家不受政府资助的报纸，采用商业化经营方式，模仿英美大报，刊登大事记、大量刊登广告等。1879 年因揭露埃及封建王朝的腐败行为，一度遭封闭。1881 年复刊后改为日报，报风不变。

20 世纪 50 年代初，该报为 1952 年的“7·23”革命进行了积极的舆论宣传。但此后的几年，远离现实，成为“一张死气沉沉的报纸”。1956 年至 1974 年，著名记者海卡尔（Mohamed Hassnin Haikal）任总编辑，他特别注重报纸的头版，强调“客观”报道新闻，避免“耸人听闻”和“煽情性报道”的做法，提高标题质量；加大国际新闻、科教、文化、体育、文艺的报道力度，为报纸提供更多的“深度报道”和分析文章；开辟“社论版对页”，加强读者和编者往来。海卡尔同纳赛尔关系密切，所以经常能得到一些独家新闻，而许多人之所以读该报的原因与其说是为了获得事实报道和客观分析，不如说是为了得到埃及政权在想什么和做什么的线索。

海卡尔聘请埃及著名作家撰稿，把文化艺术版办得有声有色；在伦敦、纽约、巴黎和主要阿拉伯城市派驻记者；建立了一个由专家、学者们组成的“战略研究中心”，为该报及时提供新闻报道背景材料和研究性文章；1963年成立“金字塔报广告社”，60年代末出版《金字塔经济学家》和《国际事务》等报刊；建立海外发行系统，从而使该报成为一家国际性的阿拉伯文日报。1988年曾被“世界报纸指南组织”评为最佳国际报纸。

该报现在用阿拉伯文早、中、晚三次印刷出版，一般为对开14至20版，另有周末版。90年代初每天发行30万至50万份，在伦敦出英文国际版，在纽约同时印刷。

(2)《消息报》(Al Akhbar)。是埃及发行量最大的报纸。它是1943年孪生兄弟穆斯塔法·阿明（Mustafa Amin）和阿里·阿明（Ali Amin）在开罗创办的阿文日报。最初就接受国王的资助，之后又得到美国的津贴。该报模仿美国大众报纸的风格，经常刊登耸人听闻的消息和黄色新闻。

1960年收归国有，仍是一张面向市民的大众化报纸，内容广泛，周六以《今日消息报》的名称出版，发行量高达百万份。与《金字塔报》相比，该报生动、通俗，正像一位编辑说的那样，《消息报》要办成“像一位每天换一身新衣服的漂亮姑娘，她一走进房间就会吸引人们的目光。而《金字塔报》却像一个头戴高礼帽、身穿晨礼服、手执文明杖的老头”。

(3)《共和国报》(Al Gomhouria)。1953年由英国东方出版公司在开罗创办的阿文日报。1961年改组为社会主义联盟机关报，反映政府观点，由前总统萨达特任总编，由解放出版社在开罗出版，每天出对开十多张，发行30—44万份。

第二节　广播电视和通讯社

一、广播电视

埃及是阿拉伯世界广播电视发展的先驱，拥有该地区规模最大、影响最广的广播电视系统。开罗被视为阿拉伯世界的电影电视中心，素有“中东好莱坞”之称。

埃及的广播电视实行国营体制，主要用阿拉伯语播出，在节目播出的内容和形式上都很注重伊斯兰教的道德和礼仪。1995 年埃及有收音机 1645 万台，平均每千人 291 台；电视 500 万台，平均每千人 89 台，居非洲各国前列。

（一）广播的发展

20 世纪 20 年代埃及出现民间广播，主要集中在开罗一带。1928 年埃及政府建立了第一座广播电台。1933 年政府与英国马可尼公司签订了为期 10 年的协议，委托马可尼公司为埃及建立非商业性的广播体系，设备均由英国提供。1934 年 5 月 31 日由马可尼公司建立的广播电台开播，到 1939 年，埃及全国已有收音机 86477 台。1947 年政府将广播收归国有。

1959 年，纳赛尔发布总统令，对埃及广播的使命作了进一步的陈述，指出，埃及广播应当为以下目的服务：1）提高艺术水准；2）强化民族情感，加强社会合作，增进各社会集团之间的团结，维护公认的传统；3）在群众中传播文化；讨论社会问题，增强精神和道德评价；4）振兴阿拉伯文学、科学和艺术；5）告知听众人类文明最优秀的成果；6）使听众从国内外新闻中获得教益；7）向国外听众介绍埃及和阿拉伯世界；8）鼓励听众在不同领域发挥聪明才智和创造性；9）加强本国公民与驻外侨民的联系；10）提供娱乐。

由于纳赛尔将埃及广播的对象定义为全阿拉伯世界以及非洲和整个伊斯兰世界，所以埃及的广播超越了国界，面向尽可能多的邻国进行广播。这是埃及广播的一个突出特点。①

1981 年 4 月，埃及广播电台以广播网的形式重新组合，按照节目播出内容将所有广播电台分为七大广播网：总广播网、地区广播网、《古兰经》广播网、文化广播网、阿拉伯之声广播网、传播广播网、对外广播网。

（1）总广播网（The Main Network）。类似埃及广播总台，全天播出，节目充分代表政府观点。

（2）地区广播网（The Local Network）。由九个地区性广播电台组成：亚历山大电台、人民电台、青年体育电台、大开罗电台、中部三角洲电台、上埃及北部电台、西奈北部电台、西奈南部电台和运河电台。中心设在开罗，每个台都有自己的节目。

(3)《古兰经》广播网（The Quran Network）。是为普及伊斯兰教育和价值

---

① ［美］威廉·A·鲁：《阿拉伯报刊》，73 页。

观而设置的宗教广播网。

(4) 文化广播网 (The Cultural Network)。为埃及中上层人士开办，以有针对性地满足高品位的文化和音乐需求。

(5) 阿拉伯之声广播网 (The Voice of the Arabs)。对周边国家广播和进行国际广播的主要电台，全部节目用短波播出。

(6) 传播广播网 (The Communication Network)。主要是为播放国外广告设立的商业性电台。

(7) 对外广播网 (The Overseas Network)。目前埃及使用“埃及国家广播电台”的呼号，用 32 种语言对世界各地进行广播。埃及对外广播的口号是：“人民间的和平，民族间的真诚友谊和所有人的自主与尊严。”除了对外广播网以外，总广播网、阿拉伯之声广播网也开办了国际广播。此外《古兰经》广播网、地方广播网和文化广播网中的部分广播电台也用短波进行对外广播。埃及的对外广播在向世界阐明埃及政府对国际事务的立场，向国外介绍埃及文化，宣传伊斯兰教义，加强阿拉伯世界的团结，抵制西方的宣传影响，形成有利于埃及的国际舆论方面起了非常重要作用。

埃及对外广播的播音时数和使用语种在全世界都名列前位。

(二) 电视的发展

1960 年 7 月在开罗开播了电视节目。1974 年 8 月正式开办彩色电视。1990 年建立了区域性卫星广播网，通过阿拉伯通信卫星向中东各国提供埃及的电视节目，每天播出 16 个小时。1994 年开办了第二个卫星频道，覆盖欧洲大部分地区，用英语、德语、法语、俄语等播出。

埃及现有两家全国性的电视频道，在开罗、亚历山大、伊斯梅利亚等地开办了地方性电视台，90 年代初，就形成了较为完整的电视覆盖网络。

二、通讯社

在法鲁克王朝时期，英国人于 1946 年和 1948 年在苏丹首府喀土穆分别创办了苏丹新闻社和苏丹通讯社，名义上是英埃共管，实际上埃及对这两家通讯社并无主权。1956 年 2 月埃及第一家通讯社中东通讯社成立。

中东通讯社 (The Middle East News Agency，简称 MENA)。是埃及惟一的国家通讯社。该社于 1956 年 2 月由埃及两家日报和两家出版社筹资建成，1960 年收归国有。

该社宣传政府政策，用阿拉伯、英、法文发稿，每天共计发稿 10 万字左右，着重报道埃及、阿拉伯和不结盟国家事务。

中东通讯社在国内有 26 个分社；在伦敦、纽约、巴黎、华盛顿、波恩等地设有 15 个分社和记者站，与路透社、法新社、合众国际社、美联社等定有接收新闻的合同，并为卡塔尔、塞浦路斯、马耳他通讯社转播，同新华社签订了互换新闻的合同。

第十九章

非洲其他代表性国家的新闻传播事业

第一节 南非的新闻传播事业

南非共和国位于非洲最南端，1992 年有人口 3 938 万，76.7% 为黑人，12.7% 为白人。1652 年，荷兰人在南非建立了殖民点，一百五十多年后，即 1806 年，英国也在南非建立了殖民点。1910 年英国将几个省组成南非联邦，作为其自治领。1961 年南非独立，退出英联邦。长期由白人执政的南非实行种族隔离政策，有色人种特别是黑人地位很低。1989 年改革派人士德克勒克上台，实行了一系列社会政治改革。在 1994 年的大选中，非国大领袖曼德拉当选首任黑人总统。1999 年 6 月非国大再次获胜，姆贝基当选为第二任黑人总统。

一、报刊历史梗概

南非的报业起步较早。1795 年英国殖民者就在此发行了《开普顿公报和非洲广知报》周刊，用英文和荷兰文刊登新闻，是南非、也是非洲大陆最早的报纸。1816 年，英国记者格雷格未经殖民当局批准在开普敦创办了《南非商报》，是首家商业报纸。1830 年《南非人报》创刊于开普敦，用荷兰语和英语同时印刷，延续整整 100 年，马克思曾为该报撰稿。随着南非民族意识的确立，人们感到需要办一张真正是非洲人的而不是欧洲荷兰人的政治机关报。1876 年《阿非里卡爱国者》杂志创办，提出"我们的语言，我们的民族，我们的国家"的口号，出版至 1883 年。1884 年《黑人之声报》问世，该报在民族解放运动中发挥了重要作用。

19 世纪 80 年代后，由于发现了金矿，南非经济迅速发展起来。约翰内斯堡成为南非第二个新闻中心城市，其他城市也陆续出现了报刊。1887 年《明星报》在约翰内斯堡出版，至今还是南非发行量最大的报纸。德班作为南非第三个新闻中心城市，主要报刊是《每日新闻报》。

英布战争后，1902 年 9 月，在约翰内斯堡附近的兰德金矿出版了具有英国《每日邮报》传统的《兰德每日邮报》，以自由主义方针自诩，该报是南非最著名的报纸。1906 年约翰内斯堡又出版了《星期日时报》，至今仍在出版。

目前南非新闻事业的规模和现代化水平居非洲之首。报刊大多实行商业化经营。据统计，南非现有报刊七百多种，大多用英文或南非荷兰文出版，部分用黑人部族文字出版。有日报 20 种，平均每千人 37 份。

二、《兰德每日邮报》(Rand Daily Mail)

《兰德每日邮报》是南非最重要的报刊。1902 年创办于约翰内斯堡，是由一位叫弗里曼·科恩经营黄金的商人和一位叫埃德加·华莱士的青年记者（原为英国北岩爵士《每日邮报》记者）合办的。最初该报的种族立场非常鲜明，社论中经常谈及"懒惰的土人，我们文明的寄生虫"。这也是当时非常普遍的现象。该报同时还办有一份生动活泼的地方性日报；出一张妇女版，介绍巴黎和伦敦时装；一个特稿版，刊登通俗小说、体育、娱乐节目等。

1910年该报和《开普时报》、《卫报》与路透社商定，由三家报社向路透社传送新闻，同时接收路透社的国际电讯。1920 年《卫报》和《兰德每日邮报》正式达成协议，不出版会引起双方进行直接竞争的报纸。这一协议至今还生效。

该报与英亲善的态度在 1957 年劳伦斯·甘达尔任主编后大有改变。他要求报纸在提到黑人名字时，一定要冠之以"先生"一词；接着他发表了一系列揭露黑人劳工所受的非人待遇等文章。在政府操纵下，南非广播公司发起了反对甘达尔的宣传运动，报纸的发行量在 60 年代有所下降。但黑人读者却在增加。因为经济原因，黑人买报纸的不多，但每份报纸的传阅者一般都有十几个。"从长远的南非经济市场的观点来看，甘达尔面向越来越多的黑人读者的决定是一个很合情理的投资；但从近期来看，这意味着由于政府的压力正在达到顶点，《兰德每日邮报》会因此丢失大量读者，造成财政的不稳。"

80年代初，特图伊斯·迈伯格成为该报的主编。他发表的第一篇社论说：该报将冲越火线，为了民主自由、种族正义和人人参与政事而继续搜集报道材料。该报的主编们一边在政府的压力下保持立场，一边致力于提高报社的财政收入。90年代以来，情况已大有好转。

二、通讯社

1912年由路透社创办的南非新闻联合社，当时叫路透南非新闻社，为南部非洲提供新闻。1938年改为现名，是非洲第一个国家通讯社。而今合众国际社、法新社、路透社、美联社等大型通讯社都在南非设立办事处，进行新闻交换活动。

三、广播电视事业

南非共和国的广播比埃及出现得更早。1923年南非铁路公司在约翰内斯堡创办了第一座广播电台。1924年，开普敦和德班相继开办了广播电台，1927年合并为非洲广播电台。1936年根据广播法设立了公共事业型的南非广播公司。由于南非有多种民族语言，南非广播公司开办了23套全国性和地区性节目，其中全国性广播节目有五套。

南非电视出现较晚，1970年才开办电视，现在南非广播公司的广播部分有七套国内广播、一套对外广播、十个地区电台、八个本地语言电台；电视部分有四套节目，分别使用英语、南非荷兰语、祖鲁语、豪萨语和其他当地语言播映。

南非实行单一的公共广播体制，南非广播公司独家垄断广播电视领域五十多年，经费的1/4来自视听费，3/4来自广告收入。1986年政府迫于国内外舆论压力，批准设立私营的电视网。于是1986年10月南非电子媒介电视网（Electronic Media Network，简称M－NET）应运而生，它是现在南非多选择电视公司(Multi-choice）的前身。“电子媒介电视网”以其节目的娱乐性备受观众欢迎：电影50%，电视剧15%，儿童节目12%，体育11%，进口节目约占80%。所以其用户到1990年初，已达四十万户。从1992年起，“电子媒介电视网”向整个非洲扩展业务，通过卫星和地面传输两种方式向非洲各国转播节目。到1998年上半年，在非洲有订户130多万，其中国内订户占76%，国外的24%订户分散在大约44个国家。1995年该集团在非洲、中东、西欧、泰国和澳大利亚推出数字化直接入户的业务，利用数字压缩技术为用户提供更多的电视节目平台。目前转播的四十多个频道里，有CNN、体育频道ESPN、全国广播公司的CNBC、音乐电视台MTV、英国的BBC世界新闻台、阿拉伯广播电视、德国的一台和二台、卢森堡电视台和我国的中央电视台国际频道等。在频道中，观众可以根据“电子节目指南”查询到八天以内的各节目开始、结束时间、种类、内容介绍和是否适合儿童观看。该集团拥有雄厚的技术实力、世界尖端的电视网络系统和训练有素的专业人员，这是其之所以能在十年内获得成功的必要条件。

南非1966年开办对外广播，用“南非之音”的呼号，使用英语、斯瓦希里语、法语和葡萄牙语等七种语言播出，每天广播36个小时。

1995年南非有收音机1 210万台，平均每千人305台；电视机390万台，平均每千人98台。

第二节　尼日利亚的新闻传播事业

尼日利亚是非洲人口最多的国家，1997年为1.05亿。它是非洲古国，19世纪沦为英国殖民地，1960年获得独立，1963年建立尼日利亚联邦共和国，是撒哈拉以南地区新闻事业比较发达的国家。

一、报刊

最早的尼日利亚报纸是1859年在拉各斯创办的土语报纸《伊维·伊洛辛》，1863年在拉各斯出版了第一份英语报纸《英国非洲人》。进入20世纪，尼日利亚爱国者以报刊作为反抗殖民主义的重要工具，如1925年出版的《拉各斯每日新闻》、1937年创办的日报《西非向导报》等。后者的主编阿齐克韦后来担任了独立后的第一任总统。

尼日利亚独立后，政局长期不稳，发生过多次军事政变，文人政府和军政府交替执政。一般的说，在文人执政时，报业比较繁荣，但往往成为各党派争权夺利的工具；军政府时，往往严格管制新闻事业，所以尼日利亚的报业总是在反复曲折中前行。目前全国有报刊93种，日报25种。主要的日报有：

(1)《每日时报》(Daily Times)。发行量最大的英文日报，1925年创办于拉各斯。早期由英国《每日镜报》集团经营，后来被尼日利亚人收购。1975年8月军政府收买了60%的股权，以后该报一直在政府控制下，但商业性较强。每天大约出40版，有大量广告。90年代初每天平均发行30－40万份。每日时报公司是该国最大的报业集团，拥有《每日时报》、《星期日时报》、《商业时报》、《每晚时报》、《国际时报》等15种报刊。

(2)《新尼日利亚人报》(New Nigerian)。1965年创办于卡杜纳，每天用英文和豪萨语出版，内容基本相同。原是北部各州政府共有的报纸，代表豪萨族利益。1975年被政府收购，成为一家官方日报，反映官方立场。每天发行15万份。

二、通讯社

尼日利亚通讯社（News Agency of Nigeria，简称NAN）。于1977年3月开始筹建，正式成立于1978年10月，是尼日利亚官方通讯社。

该社目前分上、下午两次播发新闻稿，以国内新闻为主，国际新闻靠外电，设有特稿部。在国内21个州和新首都阿布贾都设有分社，在国外内罗毕、伦敦、纽约、华盛顿、新德里、莫斯科等地设有分社。同美联社、路透社、法新社、新华社、塔斯社等订有新闻交换协定。

三、广播电视事业

尼日利亚的广播开办于殖民地时期的1936年，1957年成立尼日利亚联邦无线电广播公司，1978年改称尼日利亚广播公司，由联邦政府任命的总局长负责日常工作，总部设在拉各斯，在全国有20个州级分台。播出三套全国性节目，使用英语、豪萨语和民族语言广播。

1962年增设了对外广播，呼号为“尼日利亚之声”，用英语、法语、豪萨语、阿拉伯语和斯瓦希里等七种语言播出，是西非仅次于加纳电台的国际电台。

尼日利亚是非洲第一家电视台的诞生地，1959年10月开办于伊巴丹。1962年尼日利亚国家电视台成立。1977年起，与地方电视台组成电视联播网。每晚从8时到9时半由拉各斯总台通过卫星向全国播出文艺和新闻节目。1977年5月成立尼日利亚电视局，以加强全国电视广播的统一管理，督促进一步发展。

尼日利亚电视台的设备比较先进，各台都有广播彩色电视节目，采访使用英国ENG设备。

1995年尼日利亚有收音机2000万台，每千人平均190台；电视380万台，每千人平均36台。

1960年独立以来，尼日利亚的广播电视业一直由政府严格控制。90年代中期，政府开始改变这一传统做法，允许私营广播电视出现，因为这样可以增加新闻记者的就业人数，形成有益的竞争，从而提高全国广播电视节目的质量。

1998年6月15日尼日利亚18家私营电视台正式播出，政府对这些电视台的要求是对新闻等节目实行自我检查，严禁在黄金时段播出色情片、严格限制播出表现暴力的电视节目。

第三节 加纳的新闻传播事业

加纳属西非国家，1992 年人口为 1580 万。19 世纪沦为英国殖民地，被称为“黄金海岸”，1957 年独立，1960 年成立加纳共和国。

一、报刊

1822 年英国殖民者就在加纳出版了《皇家黄金海岸公报》，1858 年创办了《阿克拉先驱报》。1939 年出现了第一家日报《西非时报》。1956 年民族主义者恩克鲁玛创办《加纳时报》，鼓动民族革命。

1957 年以后，加纳仍旧政局不稳，发生过多次军事政变。动荡的时局使新闻事业举足不前。1979 年加纳第三共和国成立前夕，议会通过的新宪法规定成立独立于政府和议会之外的新闻委员会，负责管理全国新闻事业，确保新闻自由的实现。新闻委员会由各社会团体、记者协会、私人报刊和政府代表组成。主要职能是：任命各个国营公共新闻机构的董事会成员、根据宪法制定新闻媒介注册和执照发放条例、协助报纸和其他舆论工具独立的开展业务等。

80 年代加纳经过一系列改革，政局基本稳定，1992 年大选后成立第四共和国。该国现有报刊四十多种，日报三家，均在首都阿克拉出版。

《加纳时报》（Ghanaian Times）是 1956 年由恩克鲁玛创办的英文日报，独立后由国营新时报公司接办。新闻委员会成立后名义上摆脱了政府的控制，实际上仍旧反映政府观点。每天发行约八万份，星期日版名为《旁观者周报》。

二、通讯社

加纳通讯社（Ghana News Agency，简称 GNA）。成立于 1957 年 3 月 5 日，是加纳官方通讯社。主要向全国新闻单位、政府部门、外国使馆和私人订户提供国内和国外消息。在国内各区设有分社和支社，国外的常驻记者很少。国际新闻主要来源于路透社和法新社，也抄收美联社、阿尔及利亚新闻社、古巴拉丁美洲通讯社、新华社的新闻，并同世界各大通讯社定有交换新闻的协定。

三、广播电视

加纳的广播开办于英国殖民时期。1935 年开办有线广播，1940 年开办无线广播。1957 年独立后，建立国营广播电台。1965 年开办电视节目。1968 年实行体制改革，广播电台和电视台由国营改为公共机构，由加纳广播公司进行管理，经费主要来自视听费和执照费。1986年开始播放彩色电视节目。

加纳广播公司下设两家广播电台和一家电视台。广播一台用民族语言播音，广播二台用英语播出节目。此外还有地方性广播电台。

该国是非洲最早开办国际广播的国家。国际广播使用“加纳电台”的呼号，用英语、法语和豪萨语等6种语言播音。“加纳电台”是西非最大的国家广播电台。它播出的信号几乎覆盖整个非洲大陆。

思考练习题

1. 非洲大陆新闻事业发展有哪些特点？

2. 简述埃及报业发展的历史梗概。

3.《金字塔报》在阿拉伯世界的影响如何？海卡尔任总编辑期间（1956—1974），该报有了些什么变化？

4. 埃及前总统纳赛尔对埃及广播的使命曾作过怎样的陈述？为何开罗素有“中东好莱坞”之称？

5. 南非有哪几个新闻中心城市？

6.《兰德每日邮报》与英国报业有何历史渊源？其政治倾向如何？目前有无变化？

7. 南非首座广播电台创建于何时？该国广播体制是怎样的？

8. 非洲第一人口大国是哪个国家？该国发行量最大的英文日报叫什么名称？

大洋洲篇

·外国新闻传播史··外国新闻传播史··外国新闻传播史··外国新闻传播史·

概　述

辽阔的大洋洲除澳大利亚、新西兰以外，还有一万多个岛屿。很多国家长期处于列强的殖民统治之下。二战后原德、日殖民地归联合国托管。六七十年代在世界民族独立运动的影响下，诸岛国人民也掀起了独立运动的高潮。在不懈的斗争下，联合国结束托管制，英、美、法、澳、新被迫让步，一系列享有主权的国家如西萨摩亚、瑙鲁、汤加、斐济、巴布亚新几内亚、所罗门群岛等相继诞生。

澳大利亚自 1788 年起逐步沦为英国殖民地，并被分为大小不等的许多小块。1901 年，各块殖民地统一为英国的自治领——澳大利亚联邦，才走上了资本主义的发展道路。

大洋洲的新闻传播事业有以下三个特点：

首先，各国各地区发展不平衡，按新闻发展状况，全洲大致可分为四个地区：澳大利亚和新西兰、美拉尼西亚（以巴布亚新几内亚、斐济为代表，较为发达）、波利尼西亚（以萨摩亚、汤加为代表，次发达）、密克罗尼西亚（不发达）。

其次，大洋洲的广播普及，其中斐济、西萨摩亚最为发达；受自然环境的限制，除澳大利亚、新西兰以外电视很少。

第三，新闻政策一般为自由主义和民族化相融合的结果。

第二十章

澳大利亚的新闻传播事业

澳大利亚远离欧亚大陆，位于南太平洋上。地广人稀，面积768.23万平方公里，1996年有人口1805万。首都堪培拉，通用语是英语。

1788年英国殖民者在澳大利亚建立殖民地，1851年在维多利亚发现金矿后，大批移民涌入澳大利亚。在相当长的一段时期，澳大利亚被分割成许多大小不等的殖民地。1901年，各块殖民地统一为英国的自治领——澳大利亚联邦。①

第一节 报 业

一、19世纪的报纸

1788年1月，英国殖民者给澳大利亚带来了第一台印刷机，1803年，在英国最早的殖民据点悉尼，诞生了澳大利亚第一张报纸《悉尼公报》（Sydney Gazette），由英国当局创办，是一种四页的小型报纸，最初主要刊载官方公告、法令，后来逐渐刊登广告和航海消息，同时出现了一些海外消息，售价六便士，

① 参见陈力丹《世界新闻史纲》，1版，123页，福州，福建人民出版社，1988。

1842年停刊。主编是乔治·豪（George Howe），是澳大利亚报业的创始人，原为《泰晤士报》的排字工人，由于犯罪被流放到澳大利亚，因懂得印刷技术，被任命创办《悉尼公报》。

1824年澳大利亚又出现了第一家不受政府检查的报纸——《澳大利亚人报》，由威·C·温特沃斯（W.C.Wentworth）和罗伯特·沃德尔（R.Wardell）创办，宣称追求报纸的独立和新闻自由，摈弃官方干涉，争取人民的正当权利。1826年豪尔（Edward Smith Hall）主编的《监视者》（The Monitor）创办。这两张报纸联合起来与被称为“暴君”的新总督达令（Ralph Darling）发生了激烈冲突。矛盾的高潮是“萨子—汤姆逊事件”。

1826年10月，新南威尔士驻军士兵萨子和汤姆逊因开小差受到总督的严酷刑罚，最后被摧残致死。《澳大利亚人报》和《监视者》公开报道了这件事，并抨击总督的凶残，引起轩然大波。达令恼羞成怒，致电英国要求封闭两报。同时向新南威尔士大法官弗伯思施加压力，要求立法取消私立报纸。由于英国国内的新闻自由运动正如火如荼，达令的请求没被批准，大法官也没有屈服于他的压力。达令只好利用手中职权迫使报纸缴纳重税，并把豪尔以“诽谤总督”的罪名投入监狱。达令的专制引起各界强烈反响，英国内政部令他回国“述职”，让一位开明的总督接替他的位置。达令对报纸课以的重税宣布无效，豪尔也被释放。达令离开悉尼时，人们纵情欢饮，庆祝澳大利亚历史上争取新闻自由斗争的首次胜利。

1831年4月18日澳大利亚最早的商业性报刊《悉尼先驱报》创刊，先为周报，1840年后改为日报，1841年改名为《悉尼先驱晨报》，创办人是约翰·费尔法克斯和查尔斯·肯普。1853年后，费尔法克斯掌握了全部股权，19世纪末发展成为澳大利亚的大型报团——费尔法克斯公司。

从19世纪30年代至50年代初，澳大利亚的报业市场逐步繁盛起来。在各大殖民点新创办的报刊有：

报刊名称	所在地	创办时间
《西澳大利亚人报》	佩思	1833年
《先驱报》	墨尔本	1840年
《每日镜报》	悉尼	1841年
《考察者报》	塔斯马尼亚岛	1842年
《守卫报》	墨尔本	1846年

1851年后，大量的移民又创办了更多的报刊：

报刊名称	所在地	创办时间

《时代报》	墨尔本	1854年
《世纪报》	墨尔本	1854年
《信使报》	塔斯马尼亚岛	1854年
《广告者报》	阿得雷德	1858年
《电讯报》(晚报)	布里斯班、	1872年
《每日电讯报》	悉尼	1879年
《真理》周刊	悉尼	1889年

1830年到20世纪初被认为是澳大利亚报纸发展的黄金时代。到1905年，报纸的分布如下：维多利亚324份，南澳46份，昆士兰118份，西澳22份，新南威尔士95份，塔斯曼尼亚16份。至此，澳大利亚各主要城市都有了报纸。

二、20世纪报团和报纸

20世纪20年代到90年代澳大利亚的最大特点是兼并重组，分散的报纸逐渐被一些强有力的报业集团兼并。

(一) 报团

20世纪初，澳大利亚出现了报团。1902年默多克报团形成，1921年"先驱和时代周刊"报团形成，瑙顿报团和帕克斯报团也相继出现，并展开了激烈的竞争。

"先驱和时代周刊"集团于1922年在墨尔本创办《太阳新闻画报》，图文并茂，引人入胜。1933年又在布里斯班创办了《邮递晨报》，成为昆士兰州的权威报纸。该公司拥有墨尔本的《先驱报》、《太阳报》、布里斯班的《电讯报》、阿得雷德的《广告者报》、霍巴特的《信使报》、珀思的《西澳大利亚人报》等。此外还控制着墨尔本、布里斯班、霍巴特、阿得雷德和珀斯等地的一些电台和电视台。

默多克报团1923年在阿得雷德创办《阿得雷德新闻报》后，又陆续拥有了《澳大利亚人报》、《每日镜报》、《每日电讯报》、《真理》周刊和多家郊区报刊和电视台。

费尔法克斯公司1951年在悉尼创办的《金融评论》，虽然发行量不大，但在上层政界和经济界有很大权威。该公司又于1926年和1969年在堪培拉创办了《堪培拉时报》和《堪培拉新闻报》，同时经营广播和电视台。

帕克斯新闻联合控股公司规模较小，由弗兰克·帕克斯创建于1933年，1972年把《每日电讯报》卖给默多克新闻公司后，转而迈向广播电视业。

瑙顿报团在20世纪80年代消亡。

澳大利亚报业的最大特点是垄断严重，仅默多克和帕克斯两个报团就控制了全国90%以上的报刊，此外在全国各大城市的每家日报几乎都有股份，在电视、广播、杂志和城郊、乡村报纸等许多方面又都有相互连锁的股权。

（二）报纸概述

进入20世纪后，澳大利亚报纸在形式上产生了一些变化。1910年《悉尼太阳报》首先在头版上刊登新闻；1922年墨尔本的《太阳新闻画报》率先以小型报纸的形式出现。

澳大利亚报纸的篇幅受季节影响，在夏天，由于分类广告减少，日报篇幅明显减少。

澳大利亚一些低俗报纸虽然品位不高，但在发行上很有竞争力，在悉尼，发行量最大的日报是两家报道耸人听闻消息的小报《每日镜报》和《太阳报》。

（三）主要报纸

《时代报》。1854年10月17日在墨尔本由约翰·库克和亨利·库克兄弟创办，宣称是"一份政治、商业和慈善性的报纸"，政治态度为"自由派的，目的在于扩大自由公民权和充分发展代议制"。

在内容上，《时代报》创刊初期，就显示出了其维护贫苦工人利益，抨击殖民当局暴力行径的正义本质，结果导致广告商的联合抵制，三个月后被迫低价出卖。之后的《时代报》靠印刷工人和排字工人的捐款，继续出版，仍不断指责政府和地方当局，批评腐朽昏庸的总督。

1856年埃比尼泽·赛姆和兄弟戴维买下该报，增添了新设备——一艘捕鲸船，为的是在抢到独家新闻时，能快速传递到英国船只上去。易主后的《时代报》仍旧不惜代价地反抗传统的权势集团。在19世纪60年代，广告人有组织的抵制使它蒙受了巨大的经济损失。该报以增加订阅量来弥补广告收入的损失，1874年发行量达22 000份。戴维·赛姆自豪地说：《时代报》的发行量是赤道以南其他任何一份日报的两倍。

该报是坚定的自由派支持者，虽然它不制定政策，但因它的一系列主张在实践中赢得了胜利，其权威与日俱增，逐步发展成为澳大利亚的首要报纸。1908年戴维去世时，星期日版已达24页，平常是20页，发行13万份。

20世纪20年代《太阳报》和《晨邮报》成为该报的强劲对手，1936年发行降至近半个世纪的最低点，不足10万份。二战中销量回升的报纸在50年代有了起色，头版刊登照片，标题醒目起来，体育报道丰富多彩，但仍是一张严肃的大报。该报是澳大利亚第一家向华盛顿（1954年）和东南亚（1959年）派驻记者的报纸，也是第一张打破常规，全文刊登总理回答记者提问的报纸。

1966年该报所属的戴维·赛姆公司和约翰·费尔法克斯公司结成合伙关系，赛姆家族对该报仍有巨大的影响。

该报脱离了50年代反共的方针，成为澳大利亚各报中惟一在中国驻有记者的报纸。注重对独家新闻、各种运动、新闻专栏的深入报道。该报被誉为“现代新闻事业中能做出最为简洁陈述的最后一个堡垒。”

值得一提的是，该报在国际情况介绍中，常有以中国为重点的专页。1983年3月10日，该报刊载了题为《京剧在墨尔本》（Peking Opera in Melbourne）的特稿，对兼有歌舞和“武术表演”的京剧艺术大加赞赏，还配以《白蛇传》的剧照。

《悉尼先驱晨报》（The Sydney Morning Herald）。是澳大利亚最古老的报纸之一。由约翰·费尔法克斯和查尔斯·肯普创办于1831年，长期以来编排上受英国报纸影响较大。金融、商业报道的质量较高，常刊登一些驻外记者写的报道和各种地方新闻，关注政府的决策，毫不掩饰观点。50年代苏伊士运河危机时，澳大利亚许多报纸纷纷表示支持英、法立场，该报却谴责了英、法的侵略行径。历史证明了它的正确性。

该报注重保存历史材料，报纸的缩微胶片内容齐全，能看到该报1831年创刊号的内容。

第二节　杂志和通讯社

一、杂志

澳大利亚的《太阳新闻画报》和《时代周刊》是较为著名的周刊。

专业杂志种类繁多，从文学到摩托车，从游泳到电子学，雅俗共赏，一应俱全。一如其他国家，妇女杂志销售一直被认为处于“天之骄子”的地位。1972年曾突破200万份大关。

二战后，大批移民到澳大利亚定居，为外文报刊创造了广阔的市场。发行量最大的外文期刊是意大利文的《火焰》双周刊，还有《环球》、《希腊火炬》也是销量很大的期刊。

二、通讯社

1932年以前，悉尼有过一些小型通讯社，1932年合并为澳大利亚统一通讯社。1935年，澳大利亚全国当时的15家大报纸联合在墨尔本创办了澳大利亚联合新闻社，现为澳大利亚最大的通讯社。

澳大利亚联合新闻社现是国家通讯社，总部在悉尼，任务是接受重要的国际新闻发给全国新闻媒介，并向新闻媒介提供国内新闻。该通讯社是澳大利亚报纸、广播、电视的主要国际新闻来源，还是路透社、维斯新闻社的合作者。

该社还一直为斐济和巴布亚新几内亚提供新闻，并通过卫星向纽埃这样的偏远地区提供新闻。

第三节　广播电视事业

一、广播

有记载的澳大利亚第一次无线电发射试验始于 1897 年，1900 年制定的联邦宪法赋予联邦议会制定邮政、电信、电话等法律的权利。1923 年 11 月 23 日，第一座广播电台 2SB（现称 2BL）在悉尼开播，接着，2FC、3AR、6WF 三台相继开播。当时电台实行一种合同制：听众在缴纳收听费的同时，还要向上述各台中的任意一个缴纳合同费。1924 年废除合同制，听众可以任意收听任何台的节目。

1930 年，澳大利亚商业广播电台联盟成立，1932 年 5 月 17 日澳大利亚广播委员会法生效，根据该法成立的澳大利亚广播委员会负责国营广播电台的广播。1939 年澳大利亚广播委员会开办国际广播。

1942 年通过了澳大利亚无线广播法。1947 年调频广播试播。

50 年代以后，澳大利亚的广播电视业发展迅速，其规模在亚太地区仅次于日本。

1956 年澳大利亚无线广播法改为广播电视法。同年 9 月 16 日悉尼 TCN 商业电视台开播，11 月 5 日澳大利亚广播委员会悉尼电视台（ABN）开播。该台是官方机构，不播放广告，经费由国会拨给。接下来，私人经营的广播电视台纷纷建立，大有扩张之势。为限制其发展，澳大利亚的有关法律规定，禁止任何一家公司拥有超过八家以上的电台和电视台。

1966 年通过卫星首次成功地转播英国电视节目。1975 年彩色电视节目开播。同年，澳大利亚广播委员会在悉尼创办面向青年的无线电广播实验台，在墨尔本设立了地区性公共交流广播实验台（不久撤销），开始对少数民族广播。澳大利亚的公共电台和电视台重视新闻节目、公共事物节目和文化节目，并向各类学校提供大量教学节目；而商业台的重点则在于招徕观众，从英、美引进娱乐节目。

澳大利亚的广播电视体制是公共广播电视机构与商业性机构并存。澳大利亚广播公司是公共广播机构，1983 年成立，取代了过去的澳大利亚广播委员会，总部在悉尼，在全国进行无线广播和电视广播。经费主要是议会决议拨付的国库资金。最高机构是经营委员会，成员有管理和经营广播公司的总经理和没有业务执行权的六至八名委员，经营委员由澳大利亚总督任命，任期不超过五年，可以连任，总经理任期五年，可以连任。

澳大利亚广播行政委员会，1977 年元旦成立，总部悉尼，取代了过去的澳大利亚广播管理委员会。该委员会由澳大利亚总督任命的三至八名常务委员组成，任期五年，可以连任。任务是管理、监督商业广播电台和公共广播电台，除制定规则以外，还负责颁发、更换、停用、吊销执照。

公共广播电台，以特定的少数民族为对象的小规模非营利广播电台，以赠金、国家和州补贴为经济来源，不播广告。它既不属于澳大利亚广播公司，也不属于商业台，1978 年领取了正式执照。

商业电台和电视台，原则上是以地区为单位的独立事业团体，商业广播电台的全国性组织是澳大利亚无线广播业联盟，主要城市的地方电视台组成了“第七频道电视网”、“第九频道电视网”、“第十频道电视网”三个电视网。

澳大利亚移民较多，分别使用数十种语言。为了满足他们的信息需求，政府设立了“多种文化电视台”，内容包括新闻、综合艺术、教学、体育等节目。

澳大利亚广播公司以“澳大利亚广播电台”的名称，进行对外广播，总部在墨尔本郊外，前身是“澳大利亚在呼叫”（Australia Calling），成立于 1939 年 12 月 5 日，1945 年改称现名。使用英、印尼、法、越、日、泰语等对外广播，英语节目占了 50%以上，印尼语和华语节目办得比较出色。重点播出地区是亚洲和太平洋地区。

“分数制”（Points System）。澳大利亚政府为了鼓励国产节目的制作，对进口节目有一定限制。从 1973 年 8 月 19 日起采用了以质量为重点的分数制，即对各商业电视台制作的节目内容、播出时间、首播或重播等项目打分，得分总数必须超过规定的“目标分数”。

第二十一章

新西兰等国的新闻传播事业

一、新西兰

新西兰面积27.05万平方公里，1996年有人口364.25万。首都惠灵顿，通用语是英语。

（一）该国的主要报刊

《自治领报》。1907年创刊，是惠灵顿的独家日报，代表保守党观点。周一至周六出版，主要刊登国内外新闻，社会性消息较多，有单独的体育运动版和赛马版、市场行情等，广告篇幅大。

《新西兰先驱报》（The New Zealand Herald）。1863年创办于奥克兰，属于威尔逊和霍顿有限公司，以信息容量大、新闻渠道广、报道及时著称，是该国有影响的英文报纸。除在本国发行外，还向澳大利亚发行。

《奥克兰明星报》（The Auckland Star）。1870年创刊于奥克兰市，是新西兰最大的晚报，属于新西兰报业有限公司，报道及时、商业新闻较多、评论范围广泛。

《新西兰听众》。1939年6月创办，是全国最大的周刊之一。经常通过社论与读者来信讨论国内外一些重要问题，还刊登小说、诗歌、戏剧等。

（二）通讯社

新西兰报联社（The New Zealand Press Association Inc，简称 NZPA）。是新西兰的全国通讯社，由四十多家主要报纸联合而成的合作企业公司。创建于 1879 年，当时名为联合报社，1942 年该为现名。

该社与路透社有密切的联系，它向路透社提供新西兰的国内新闻，并与路透社联合向新西兰各报发布重要国际新闻。它与美联社和合众国际社等由传统联系，在伦敦、华盛顿、香港和悉尼均有特派记者并兼顾报道各地区的新闻。

（三）电台和电视台

1925 年新西兰广播公司在奥克兰等地开播，1936 年设立国家广播机构（NBS），1943 年设立新西兰广播公司（NZBS），1960 年新西兰广播电台奥克兰开始定时播出电视，1973 年 10 月 31 日新西兰广播公司正式播出彩色电视节目。

1990 年新西兰收费电视台“空中电视网”（Sky Network Television）开播，每年订户递增四万，目前该频道共有订户 30.5 万，每户每月付费 54 新元（30.6 美元），可以收看五个频道：电影频道“家庭影院频道”、24 小时新闻频道、体育频道、“发现频道”和“橙子频道”（电影和生活方式综合节目）。

1997 年新西兰出现了私营频道“电视四台”和音乐电视台“MTV”等，从而吸引了一部分原来新西兰电视台的观众。

新西兰广播公司。除广播、电视外，还经营新西兰交响乐团和编辑发行广播节目周刊《新西兰听众》，主要财源是广播广告收入和收听收看费。

最高机构经营委员会由广播部长推荐、总督任命的 7 至 9 名委员会组成，任期三年，可以连任。

新西兰广播电台。成立于 1943 年，原属新西兰广播公司，1988 年 8 月成为一个独立的国营企业。该国有 1 个国家台、32 个商业台和 1 个音乐台。国家台重点播发时事和国内政治新闻，商业台和国家台都 24 小时播音。新西兰广播电台也用短波向南太平洋转播国家台节目。

国际广播。1948 年开办，对澳大利亚和南太平洋各岛用英语、萨摩亚语、汤加语等广播。现用 3 个短波频率，向南太平洋及澳大利亚、东南亚转播国内的广播节目。1999 年新西兰国际广播电台的预算经费比上年减少 13%，所以不得不削减晚间节目，以国内的全国性节目取而代之。

新西兰电视台（简称 TVNZ）。1960 年在奥克兰开播，目前全国有两个电视台，即电视一台和电视二台，前者从惠灵顿播出，后者从奥克兰播出，播出面积覆盖了全国。来自英、美、澳等国的节目占有相当大的比例。

1990 年全国 100 个收视率最高的节目中，有 99 个是该台播出的。TVNZ 的两个频道在黄金时间的收视率达 85%。而 1997 年新西兰电视台收视率占统治地位的局面被打破，收视率降为64%，并导致了四个频道的关闭："太平洋地平线电视台"（HPTV）、毛利人电视网"奥替罗阿电视台"、主要播出音乐节目的"马克斯台"和"呼喊台"。

二、太平洋岛屿国家

（一）报刊

太平洋岛国，较为著名的报纸是《萨摩亚时报》，创刊于1967年5月19日，是西萨摩亚最大的一家私营报纸，周刊，为萨文、英文的混合版，每期20页左右。

《斐济时报》，1869年创刊，在苏瓦出版，是一张非官方的英文日报，国际报道大多采用澳联社和路透社的稿件。除在本国发行外，还销往南太平洋其他岛国。属于澳大利亚"先驱和时代周刊"集团，发行人等主要负责人均由澳大利亚委派，轮流任职，编辑、记者和出版均由本地人担任。

（二）通讯社

太平洋岛屿国家是世界上没有通讯社的最大地区。路透社和澳大利亚联合新闻社为太平洋英联邦地区提供新闻，美联社和合众国际社为美属地区提供新闻，这些地区都没有自己的通讯社。

（三）广播电视

太平洋地区广播电视事业的发展相对缓慢，而且深受殖民统治的影响。

"无线电广播是太平洋地区最为普及的传播媒介，因为它可以跨越大洋，达到数百公里之外的远离中心的"边远岛屿"。对于许多岛屿上的居民来说，无线电广播是惟一真正的时间链环"①。

太平洋岛屿的无线电广播始于斐济的ZJV广播电台，这是一家1935年创办的私人广播电台。英国广播公司对斐济广播委员会的影响很深，而且还会持续相当长的时间。太平洋岛屿的广播电台都是公共的。西萨摩亚和英属所罗门群岛在1945以后的一段时间里便已开始播音了。

在太平洋岛国中，巴布亚新几内亚的无线电广播覆盖面最大，有12个全国性的广播电台，20个地区广播电台和四个转播台，用英语、洋泾浜英语、亨利莫图语和另外20种本国语言播音。该国1982年还建立了一家商业广播电台。

电视的发展也很不平衡，新喀里多尼亚、塔系提岛和美属萨摩亚在20世纪60年代就拥有了电视，密克罗尼西亚的电视出现于70年代初。80年代初，巴布

---

① ［美］约翰·C·梅里尔：《世界新闻大观》，1版，231页，郑州，河南人民出版社，1988。

亚新几内亚决定要把发展电视业作为一项优先工程。从技术上来说，太平洋地区大多数主要的人口居住中心现在已经同国际卫星系统连接，并可以接受国际电视，尽管所需要的费用远非大多数国家负担得起。

报纸、广播、电视在发展过程中遇到的问题有：

首先，传播媒介要本地化。因为大多殖民国家的媒介都是由移民们创建的，如在70年代初，汤加的报纸和广播还都在外来移民的控制下。很多国家的政府意识到这个问题后，制定了媒介的本地化战略，如巴布亚新几内亚和斐济等国规定，严格限制录用外来人担任本国职员能胜任的工作。

其次，语言的多样化问题。以巴布亚新几内亚为例，广播电台要处理数百种语言，用33种语言播音。一些电台不得不把播音时间分成几部分，用不同语言播出。

思考练习题

1. 大洋洲的新闻传播事业有哪些特点?
2. 何谓“萨子——汤姆逊事件”?其意义如何?
3. 简述澳大利亚《时代报》的历史与现状。
4. 新西兰全国通讯社创建于何时?它与路透社有何关系?
5. 太平洋岛屿国家的新闻传播事业有何特点?

拉丁美洲篇

·外国新闻传播史··外国新闻传播史··外国新闻传播史··外国新闻传播史·

概　述

拉丁美洲包括中美洲、西印度群岛和南美洲，面积2072万平方公里，人口3亿多，现有31个独立国家、16个其他地区。从15世纪末以来，这里逐步沦为西班牙、葡萄牙拉丁语国家的殖民地。19世纪初，拉美地区普遍爆发起义，先后有18个国家取得了独立。20世纪以来，又有十几个国家取得独立，但至今，拉美地区还有十几个地区仍处于殖民统治之下，是英、美、法、荷在美洲的属地。独立后的拉美国家，经济发展比较快，教育得到普及，新闻事业也随着发展起来。

拉美报业起步较早，至今已有三百多年的历史。同亚洲、非洲一样，这里的报刊最初也是由殖民当局创办的，为殖民活动服务的。拉美民族独立运动兴起后，民族报刊随之出现，并在民族解放运动中，发挥了重要的宣传鼓动作用。目前，大多数国家或地区，都有了自己的报业。经济发展快的国家如墨西哥已出现企业化经营的商业报纸。有些国家如巴西出现了报团、媒介集团，报业趋于垄断，有些大报为富商或有权有势的家族所控制。

拉丁美洲的广播电视与亚洲、非洲相比起步较早。巴西、墨西哥、阿根廷等国早在20年代就有了广播，在50年代就有了电视。目前该洲多数国家有了完备的广播电视网。经营体制大多是公私并存但又以私营为主。各主要拉美国家都有类似的法律规定，在黄金时间（一般是1小时），必须播放由政府提供的公共性质的新闻、娱乐和教育节目。由于公众文化程度相对较低，广播电视成为人们获取信息的主要手段。而报纸欠发达，大报的发行量不过二三十万份。

在拉丁美洲，美联社、合众国际社、西班牙的埃菲社等都拥有数以百计的新闻订户。这些通讯社每日向当地报纸输送大量有政治、经济意义的新闻报道。为避免国外通讯社对本国舆论的控制，拉美各国政府积极发展本国的通讯社事业，其中较为重要的有阿根廷的美洲通讯社、古巴的拉丁美洲通讯社，这些通讯社都是由政府经营的。

21 世纪 新闻传播学系列教材

第二十二章

巴西的新闻传播事业

巴西是拉丁美洲国土最辽阔、人口最多的国家，面积 854.74 万平方公里，1996 年有人口 1.5 亿，使用葡萄牙语。巴西是欧洲人最早建立的殖民地之一。1503 年第一批葡萄牙人就在巴西沿海定居，第一个落脚点是伯南布哥和巴伊亚。1532 年在东南海岸建立了第一个永久性的殖民地，后来发展成为全国最大的城市圣保罗。

第一节　报　　刊

一、历史沿革

1808 年 9 月葡萄牙国王若昂六世为躲避拿破仑的入侵流亡巴西，创办了官方日报《里约热内卢报》，这是巴西历史上第一家报纸，主要刊登政府公告和战争消息。同年独立运动领导人何赛·马丁在伦敦创办了政治性的《巴西邮报》和文学性的《文学艺术报》，前者后来迁回国内出版，一直出版至今，该报是巴西历史悠久的报纸。

1822 年，巴西独立，成为君主立宪帝国。到 1831 年巴西已有报纸五十多家。在保皇派和共和派的斗争中，报纸的党派性愈发明显。

1875年著名的《圣保罗州报》创刊，它因提倡废除奴隶制度，赢得很高声誉。1871年至1888年，巴西废奴运动取得胜利，1889年11月推翻帝制，建立巴西合众国。1891年《巴西日报》在首都里约热内卢创刊，以内容丰富、评论符合民众口味而受到读者欢迎。

进入20世纪后，巴西报业的发展步伐明显加快。诞生了几家比较重要的报纸，见下表：

报纸名称	创刊时间
《晨邮报》	1901
《公报》	1906
《日报》	1919
《圣保罗报》	1921
《晚间报》	1921
《早晨报》	1925
《环球报》	1925
《商业日报》	1927
《首都人报》	1928
《圣保罗日报》	1929
《每日晚报》	1929
《新自由报》	1930
《新闻日报》	1930

二战后，巴西出现了三十多家无产阶级报纸，其中影响较大的有1945年创刊的《今日报》，冷战开始后，势力渐微。而整个报业格局则逐步走向商业化道路，在70年代左右，商业性报纸已居于报坛主体地位。如1974年创办的《巴西利亚报》，观点独立，内容严肃，在政界、知识界有一定影响。

二、报业现状

巴西全国有报刊3782种，日报288种，每千人拥有日报约55份，首都巴西利亚、圣保罗市以及里约热内卢是三大报业中心。重要报纸均为葡语，较为著名的有：

《圣保罗州报》（O Estado de Sao Paulo）1875年由资产阶级革命运动中的一个17人团体创办，当时为报纸拟定的口号是“描写和公正”。1891年被德梅斯基塔（Julio de Mesguita）收购，至今仍为该家族所有。《圣保罗州报》每日出对开28至48版，星期日版超过150版，平时发行量为25万份，星期日达32万份。

该报每天国际新闻的版面不少于六个版，派有驻外记者，随时报道世界要闻，内容广泛，专栏文章颇有分量，尽管发行量和读者人数居《环球报》之后，但从质量上看却是巴西第一大报，有“拉丁美洲的《纽约时报》”之称。内阁部长、州长、市长、国会议员、大企业家都关注着该报的新闻和谈论。

该报还成立了自己的通讯社，向其他报纸供稿。

《巴西日报》(Jornal do Brazil)。1891 年，作家鲁道夫·丹塔斯（Rodolfo Dantas）等 4 人在里约热内卢创办的葡文报纸。政治性较强，版面严肃，国际新闻较多，调查性报道对社会黑暗面进行了尖锐的批判，特稿和评论很受欢迎，向大众介绍优秀的艺术和娱乐节目，影视评论颇具权威性。

日出对开 30 至 40 版，星期日 100 版以上，还仿照《纽约时报》星期日出图片新闻和色彩鲜艳的《巴西日报周刊》，发行量约为 17 万份，是仅次于《圣保罗州报》的巴西第二大报，首页刊登分类广告，在世界大报中较为独特。该报也有通讯社，并经营广播电台。

《环球报》（O Globe)。1924 年创刊，是在里约热内卢出版的商业报纸。每日平均 48 页，星期日 90 页，周二还有反映城市生活的 20 页复刊，重视本国和本地区新闻，体育新闻丰富多彩，赛马报道尤其引人注目。日销量 30 万份，星期日达 33 万份，居巴西报纸销量之首。办有一份通俗连环画。

1964 年企业家罗伯特·马林霍取得控制权后，政治态度保守。此外马林霍还拥有环球电视台、广播电台和环球新闻社，是巴西最大的商业电视网环球电视公司的老板，曾被美国杂志列为巴西三大亿万富翁之一。

1980 年 2 月派记者驻北京，成为巴西派记者驻中国的首家报纸。

《商业新闻报》。是巴西的商业和贸易日报，出版于贸易中心圣保罗。自称“南美洲的华尔街日报”。

三、杂志

拉丁美洲拥有大量读者的杂志是在巴西出版的。

《标题》(Manchete)。1952 年巴西最大的综合性周刊在里约热内卢创办。发行量约为 20 万份，每期 138 页左右，有大量图片。每期都有八、九篇有关巴西生活的特写，如影视明星轶事、体育赛事和工业情况等。国外报道经常刊登访问记。该刊在纽约、巴黎、米兰、东京等地均设有分社。

《请看》（Veja)。1968 年创刊于圣保罗，每期 100 页以上，销量约为 30 万份，是巴西发行量最大的杂志。仿效美国《时代》周刊，在纽约、巴黎等地派有常驻记者。书评栏无所不包，政治、经济述评质量较高。

《这就是》(Isto E)。1977 年由月刊改为周刊，增加了政治性内容，以吸引更多的读者。与政府观点不同时，敢于发表反对意见。

第二节　通讯社和广播电视

二战期间，1942 年成立了南美洲通讯社（阿萨社），1951 年停办。1945 年巴西政府成立了官方通讯社巴西通讯社，1979 年改名为巴西新闻公司（EBN），是总统府的一个机构，总部设在首都，在各州首府有分支机构。其责任是向报界免费散发有关政府的消息和材料，并出版一种综合各地重要报纸动态，以供总统和政府领导了解当天新闻的内部刊物《概要》（Sinopse）。此外还免费征用各地电台 1 小时，每晚 7 时至 8 时向全国广播它编辑的有关政府、法院和议会的重大消息，同时生产国内新闻纪录片。

巴西还有几十家小型通讯社，影响都不大。

一、广播概况

1922 年巴西政府建立了第一家广播电台，由公共交通设施部下属的邮电局主管。1930 年瓦加斯任总统后，下令在各大城市建立广播电台。

巴西实行联邦、州政府及其他非商业台和私营商业台并存的体制。现在巴西全国有电台2 695座，绝大多数为商业台，非商业台由联邦政府、州政府、大学等各种机构经营，但也独立进行广播。1976 年政府建立了全国性的公共广播网，后又和各地的教育台联结成全国性广播网“布拉斯广播网”（Radio Bras）。该台从首都面向全国广播，用中波、短波、调频全天候波音。在商业广播电台中，规模最大的要数环球广播公司所属的“环球广播电台”（Radio Globo），其次是“当代广播电台”（Radio Contemporanea）、“宇宙”、“首都”、“MEC”等广播电台。

巴西的国际广播由“布拉斯广播电台”承担，用葡萄牙语、英语、德语、西班牙语每天播出约七个小时。

教育台（TV Education）。“圣保罗教育广播中心”是用圣保罗州的基金，由安谢塔财团经营的教育广播机构。广播和电视节目从学前教育到大学讲座，范围广泛。“文化广播电台”以教育、新闻节目为主，除播出教育节目外，还进行各种素养教育。

二、电视概况

巴西最早正式播出节目的电视台是 1950 年在圣保罗开办的“图庇电视台—第三频道”，属私人企业。此年，在里约热内卢也开办了电视台。1960 年 4 月，首都迁至巴西利亚后成立了新的国家电视台。1972 年各电视台开始播放彩色电视节目，是南美洲国家中最早开办彩色电视节目的国家。巴西全国约有电视台 247 座，其中商业台 227 座，教育电视台 20 座。全国性电视网四个：环球电视网、骑士电视网（TV Bandeirantes）、巴西电视网（TV SBT）和标题电视网（TV Manchete）。加上地方电视台总共约有一百多个电视网。国内电视节目还利用本国通信卫星进行传送。

在众多的电台和电视台当中，归政府直接管辖的很少，除一家电视台外，在巴西利亚和里约热内卢设有国家广播电台，主要用于文化教育，如巴西利亚的教育电台和里约热内卢的音乐电台。管理公营电台的机构是 1976 年成立的巴西广播宣传公司。巴西广播公司由交通部管理，每天用英、法、西三种语言播音。

环球电视网（Rede Globe de Televisiao）。是巴西最大的电视网，1965 年 4 月成立。总部在里约热内卢，在全国各州都设有分台，创办人罗伯特·马林霍任台长。

环球电视网拥有九座直属台和 68 座附属台，是南美地区最大的电视企业之一。每天播出 21 小时，节目覆盖 90% 以上的国土。该台制作和播出的节目在巴西收视率最高，其中新闻、连续剧、文艺、妇女等节目颇具特色。每周二的“环球记者”节目采用生动的纪录片形式，进行深度报道，很是引人。

环球电视系统还拥有最大的“巴西有线电视网”（NET Brazil），主要播出新闻、体育、音乐、综艺节目。播出的外国电影中以美国电影最多，其中有相当部分是尚未公演的新影片，到 1997 年 9 月为止，有线电视用户达 170 万户。

图庇电视台。是巴西第二大电视台，1950 年 9 月在圣保罗开播，是巴西最早问世的电视台，属南北报业大亨阿希思·沙托布里安所有。1980 年 7 月政府以经营散漫为由吊销了图庇电视台的执照，该台仅剩两座直属台了。总部设在圣保罗和里约热内卢。

三、教育广播

由于巴西有 1/5 的成年人是文盲，国民平均收看电视的时间远多于读报时间，因此政府很重视利用电视进行教育广播。

“梅克—PRA—2”广播电台在 30 年代创办时，就是专门广播教育节目的非商业台，1936 年起由教育文化部经营，现在是“布拉斯广播电台”的成员之一。

1957设置了全国教育广播的综合协调机构。现在利用广播进行教育的工作已普及到各个州。所有广播电台都必须安排六小时的广播时间播出识字教育节目。在没有教育台的州，州政府购买商业台的广播时间播出教育节目。在教育台中，“文化广播电台”和“梅克广播电台”除播出教育节目外，还安排各种提高文化素养的节目。

早在50年代，巴西部分教育机关已通过商业电视台广播教育节目。1972年里约热内卢的“巴西中央教育电视中心”设立了电视中心，播出教育节目，独立经营两套教育电视节目。

巴西全国有10座非营利性的教育电视台。其中8座建于1979年12月，以里约热内卢的教育电视台为中心，结成广阔的广播网。每天向其他电视台提供部分儿童节目、新闻节目等。还计划通过通信卫星对全境进行教育广播。

广播电视机构的全国性组织是“巴西广播联盟”（简称ABERT）和“报纸广播联盟”。前者成立于1962年，成员大部分是商业电台和电视台。

第二十三章

墨西哥的新闻传播事业

墨西哥面积196.72万平方公里，人口9470万（1997年），是拉美第二人口大国。首都墨西哥城，1521年沦为西班牙的殖民地，至今通用语还是西班牙语，是拉丁美洲新闻事业较为发达的国家之一。

第一节　报　业

一、历史沿革

墨西哥历史悠久，是古代玛雅文化的中心。1539年墨西哥有了第一台欧式印刷机，比美国出现第一部印刷机早了100年。1541年9月，诞生了美洲第一份印刷新闻纸，主要报道危地马拉地震的消息，共4页。此后，各种新闻纸在墨西哥大地广泛流行开来，通常报道当地或美洲发生的新闻，如商情、船期、灾害报道，转抄欧洲报纸、发布殖民当局公告等等。

1679年《墨西哥公报》在墨西哥城创刊，是墨西哥最早的定期刊物，由西班牙殖民当局创办。

1722年1月在南部尤卡坦地区出现了第一家墨西哥地方报纸《墨西哥和新西班牙消息报》，创办人是当地一位西班牙神父，该报两易其名，存在了六个月。

同年神父卡斯多莱纳在墨西哥城创办了《墨西哥公报》* (旧译为“墨西哥学报”)[1]，每月出版六期，由总督批准出版，其宗旨是：“根据欧洲各国宫廷及主要首都的惯例，定期将发生的大事汇编成册，印行公布，俾世人得知天下大事。”该报在整个18世纪一直处于墨西哥报业的领导地位。模仿者不断，如《马德里学报》、《此地学报》等。

1805年墨西哥出现第一张日报《墨西哥经济、思想日报》，其创刊目的是：“取代迄今为止5天出版一期的可怜的《公报》，俾使公众对日常生活中发生的一切，从欧洲政治到市场价格，有更及时的了解。”该报是墨西哥近代报业的开端。此后，《经济工作报》(1806年)、《商业报》(1807年)、《爱国周报》也纷纷诞生。

总的说来，19世纪前的数百年中，因受殖民主义和封建、教会势力的阻挠，墨西哥的报业步履缓慢。

1810年12月，墨西哥独立战争领导人伊达尔戈创办了《美洲觉醒报》(El Despertador Americano，或译为《美洲醒世钟报》)，提出一系列具有社会改革性质的要求，在独立运动中发挥了相当大的宣传鼓动作用。

1813年11月墨西哥独立。1824年确立联邦共和国，没料到外国入侵者的铁蹄却踏上了这片古老的大地。美国的蚕食、200多次军事政变、法国的入侵、迪亚斯的独裁统治构成墨西哥独立后近百年的痛苦历史。此间政党报纸占主导地位。自由派报纸有《十九世纪报》(1841年)和《共和国箴言报》(1856年)，保守派报纸有《墨西哥政府报》、《秩序报》、《国民思想报》等。1896年政府创办的《公正日报》引进了先进的印刷机和设备，销量达7.5万份。该报实行企业化管理，被认为是墨西哥现代报业的起点。

1910年墨西哥爆发了资产阶级革命，《公正日报》停刊。取而代之的是一批革命报刊，如1916年创办并出版至今的《宇宙报》，是墨西哥最古老的报纸。1917年2月颁布了新宪法，宣布出版自由，出现了一批模仿美国模式的报纸，如1917年创办的全国报纸《至上报》、1928年创办的大众化报纸《新闻报》、1936年创办的工商业报纸《消息报》等，推动了报业的商业化进程。1929年执政党国民革命党创办了官方报纸《国民报》。以后经历了几十年的政党报纸与商业报纸并存发展的时期，60年代前后，商业报纸逐渐占了主导地位，整个报业

---

[1] * 中国社会科学院的陈力丹研究员在1999年第3期的《国际新闻界》上撰文指出，以前的“墨西哥学报”西班牙原文是 Gaceta de Mexio，其中 Gaceta 的第一个含义是专业的“学报”，第二个含义是“(西班牙过去的) 官方公报”，根据该报创刊背景，显然应当译为“墨西哥公报”。

趋向垄断化。

二、目前状况

从经营性质和所有权分类看，墨西哥报纸可分为三类：

第一类是私营报纸，占墨西哥报纸的80%以上。其最高决策机构是由股东组成的董事会，报纸的方针、特别是言论立场完全由董事会决定，重要的私营报纸有《墨西哥先驱报》、《宇宙报》、《墨西哥太阳报》等。

第二类为合作报纸，是由合作者集资经营的报纸。表面上看，由报社全体职工"共同经营"，实际上也雇用工作人员。报纸负责人的政治立场、思想素质和个人品格，在相当大程度上左右着报纸的路线和风格。但毕竟有别于私营报纸，标榜与政府、企业界保持独立立场，保持言论的客观和公正性。代表报纸有《至上报》、《一加一报》等。

第三类是由政府资助的报纸或政党的机关报。如执政党"革命制度党"的机关报《国民报》。

90年代初，墨西哥有日报392家，千人拥有日报142份，多数报纸归报团所有。最大的阿拉尔贡报团，控制了全国1/3的报纸，包括《墨西哥先驱报》、《墨西哥太阳报》、《消息报》等大报。该国主要报纸均用西班牙语出版，主要有：

《至上报》(Excelsior)。1917年3月由拉法埃尔·阿尔杜辛创办。原为私营报纸，30年代改为合作报纸。具有强烈的民族主义色彩，对内呼吁民主改革，对外主张民族独立，从创办之初，就以积极干预社会生活为己任，国际稿件尽量登载不同来源的消息，力争公正、客观。评论文章笔锋犀利，切中时弊，是墨西哥的舆论先声。主要读者是进步知识分子、社会左翼力量和一般职员，政府官员也很关心该报的舆论动向。广告是主要经济来源。

《墨西哥先驱报》(El Heraldo de Mexico)。1965年11月创办，是墨西哥最大的右翼私营报纸，大部分股份属阿拉尔贡家族。其创始人卡布列尔·阿拉尔贡是迪亚斯总统的同乡，因而与迪亚斯总统关系密切，被视为跨国集团和大资产阶级的传声筒。该报资金雄厚，设备先进，是著名的反共报纸，对内反对民主改革，对外攻击民族解放运动，主要读者对象是金融、企业界和知识界右翼分子。

《一加一报》。是由1976年被《至上报》清除出去的一些记者、编辑在1977年创办的合作性报纸。政治观点偏左，被认为是墨西哥惟一一家以轰动性报道为特点的优秀报纸。以报道、评论时事为主，具有鲜明的反帝和民族主义色彩，较多地报道拉丁美洲民族解放运动。对政府经常提出建设性的意见。主要读者是大学师生等知识界人士。经济来源主要是广告。

《日报》(El Dia)。创办于1962年6月，是合作性报纸，以出色的国际新闻和评论而受到普遍赞誉，是墨西哥惟一一家每天将国际新闻放在头版头条的报纸。国内报道丰富多彩，各方面的专论较多。政治上对外坚持反帝立场，对内力图与政府保持一致。版面严肃，业务水平高，日发行量8万份左右。

第二节　杂志和通讯社

一、杂志

《时代》。是墨西哥出版的记载本国生活的一份杂志，1943年4月由作家马丁·路易斯·库斯曼创办，现在由其儿子马丁·路易斯·库斯曼·韦斯特任发行人，他继承了《时代》准确翔实的传统，对国内外主要时间的报道作详细的背景描述。编排上模仿美国的《时代》周刊标准，有优秀的艺术、体育和文学等等，每期刊印72—80页。

《时代》对墨西哥一周来的经济、金融和工业情况进行一般性的评述，是墨西哥社会生活的观察者和研究者们感兴趣的资料。它概括地记载政府各部门的主要法令和最新声明，还刊登墨西哥总统的重要讲话。该刊以对国内情况进行准确、简明、详细的报道著称，所以拉丁美洲各国和城市的领导人都是该刊的订户，拉美各大学图书馆都要收藏其合订本。

《世界杂志巡礼》周刊。是由《至上报》编辑出版的，重点报道有关城市领导人、公共工程、大学、社会安全、消费者和城市生活等方面的情况。

《永久》周刊。是社会主义人民党编辑出版的，是墨西哥马克思主义左派最著名的喉舌，读者主要是国内的社会主义工人党员和共产党员及其他各无党派的政府批评家，包括在国家机关工作的持不同政见者。

《克劳迪亚》月刊。由出版《消息报》的奥弗拉尔家族编辑出版，以家庭生活及发展、各行各业的妇女和流行时尚的特写见长，主要读者对象是妇女。

《进程》周刊。创刊于1977年，发行人是朱利奥·谢勒·加查。该刊的很多工作人员都曾在《至上报》工作过，以批评政府闻名。编辑方式仿照美国《时代》周刊新闻栏目的编排方式，把知识分子和哲学家对政治、经济问题分析文章的题目在目录上标出，文章的作者包括左派和中间派。该刊对通货膨胀、事业、计划生育、贫民窟住房、农业、毒品交易、政府预算和外债等问题都进行考察。

二、通讯社

墨西哥主要有三家通讯社，他们的总部均设在首都。

墨西哥通讯社（Notimex)。该社是官方通讯社，隶属内政部。该社和埃菲社、法新社、美联社、合众国际社、第三世界通讯社有新闻交换协定，互用对方的新闻都要付钱。1981 年与新华社订立了交换新闻的协定。墨通社在美国和拉美各国设有分社，在国内有记者网。除给报社提供文字稿件外，还拍摄电视短片供给电视台。

此外墨西哥还有墨西哥新闻社（Informex）和墨西哥新闻通讯社（Agencia Mexcana de Noticias)。

许多国家的通讯社都在墨西哥派有常驻记者，其中包括美联社、合众国际社、法新社、埃菲社、拉丁美洲通讯社、共同社、新华社等。

第三节　广播电视事业

墨西哥的广播电视相当发达。1921 年开办了墨西哥第一家私营广播电台，具有明显的商业性质，主要播送商业信息，同时编排一些社会新闻、文化节目等。1923 年政府批准开办商业广播电台，1924 年第一座国营广播电台（教育部经营）开播。到 20 世纪 30 年代广播事业已经初具规模。1953 年开办调频广播。90 年代全国已有 1023 家广播电台，绝大部分是商业性质的，一少部分是市政府或社会机构办的教育、文化台，最有代表性的是墨西哥自治大学办的“大学广播电台”，主要播送文化、教育、音乐、艺术及儿童节目，不播广告。

国营的“墨西哥广播电台”(Radio Mexico—RMX）用“XERMX”的呼号对中南美、北美南部、加勒比海各国播出西班牙语、英语、法语、德语、日语等广播节目。

在商业台中，全国收听效果最好、收视率最高的是“拉丁美洲之声”（简称 XEW)，该台历史悠久，总部在首都，有直属台和附属台共 30 座，形成全国性广播网。该台使用短波、中波、调频每天 24 小时连续广播，中波最大的发射功率为 250 千瓦。

墨西哥电视业始于 1950 年，最早的电视台第四频道在首都开播。紧接着，1951 年第二频道开播，1952 年第五频道开播。1955 年三家最早的电视台合并，成立“墨西哥电视台”（TSM)。1967 年开播彩色电视节目，建立卫星地面站，1968 年“独立电视台”在首都开播，1970 年开办有线电视。

1973 年“墨西哥电视台”和“独立电视台”合并，组成全国最大的商业电视网——“特莱维萨电视公司”(TELEVISA)。它目前不仅是墨西哥而且是西班牙语系影响最大的广播电视机构，还是世界上最大的西班牙语节目制作公司。其广播中心拥有30座直属台和附属台，连接成网，向世界许多地方广播。在电视方面有四个频道，拥有全国90%的观众，新闻节目“回声”全天候地播送新闻，并通过卫星传送到美、欧、北非等四十多个国家。大部分股份属于拉美首富阿斯卡拉加家族。

墨西哥全国有109家有线电视台，其中“有线电视公司”(Cablevision)共传送22个节目频道，包括15个基本节目频道、六个高质量节目频道和一个计次收费节目频道。到1993年，用户已达24.2万户。“多视像电视公司”(Multivision)通过“莫雷洛斯”卫星以及多信道多路分配系统(Multichannel Multipoint Distribution Service，简称MMDS)向20万户家庭(1993年数据)提供14个基本节目频道、三个高质量频道和三个计次收费节目频道的服务。

墨西哥重视利用电子媒介进行识字教育。1960年颁布的联邦广播法第59条规定：“全部广播电台、电视台必须在每天的广播时间内用三十分钟从事促进教育的广播。”1965年，政府就用闭路电视试验电视的识字教育，1968年开办中等教育电视讲座，由教育部编排节目，各地转播。

1969年7月，墨西哥政府颁布和实施“12.5%法”，即要求全国广播电台和电视台每天提供12.5%的播出时间代替部分税收，用来广播政府准备的教育、文化、娱乐节目和宣传报道，以改变商业电视台“美国文化殖民地”的形象。“12.5%法”通过广播实行国民教育，大部分节目由内政部广播电视节目制作中心提供。

1998年前后，墨西哥有收音机2 400万台，每千人248台；电视机2 000万台，每千人207台。

第二十四章

拉美其他主要国家的新闻传播事业

第一节　阿根廷的新闻传播事业

阿根廷共和国的国土面积277.69万平方公里，居拉美第二位，1996年有3 418万人口，首都布宜诺斯艾利斯，通用语是西班牙语。16世纪沦为西班牙殖民地，1810年爆发了民族解放运动，1816年独立。但独裁和反独裁的斗争不断，直到20世纪80年代政局才趋于稳定，逐步走上了民主化道路。

一、报刊

阿根廷报业有相当长的历史，1810年革命后，著名爱国者马里亚诺·莫雷诺创办了阿根廷第一份报纸——《布宜诺斯艾利斯公报》，其诞生日后被定为阿根廷记者节。1869年著名作家何塞·克莱门特·帕兹在布宜诺斯艾利斯创办了日报《新闻报》，1870年政治家巴特洛梅·米特雷创办了《民族报》，在其任总统期间，还开创了举办记者招待会的先例。

阿根廷报业比较发达，全国有报刊二千多家，日报194家，在拉丁美洲各国中，每千人拥有的报纸数是最高的。报刊基本私营，政府只拥有一份《官方公报》，以公布政策法令、报道重要政治活动等。主要报纸均用西班牙文出版。

《民族报》（La Nacion）。1870 年米特雷创办于布宜诺斯艾利斯。他提出：“民族报是理论的讲坛。”至今该报仍属于米特雷家族，周日有世界一周评论和彩色画刊，日销售 29 万份，读者多为中上层人士。该报曾被美国一些大学新闻系评为世界上最好的 20 家报纸之一。

《新闻报》（La Prensa）。是阿根廷最古老的报纸，何塞·克莱门特·帕兹 1869 年创办于首都，奉行不接受政府津贴的独立政策，职业准则是报头上的一句简短口号：“真实、名誉、自由、进步、文明”。该报一贯坚持不论国内外新闻一律进行客观报道的原则，措辞讲究。国内新闻也常抄收合众社、路透社、埃菲社的报道，以便给读者一个新的视角。常聘请经济学家对国家经济形势进行预测，书评专栏密切关注拉美高水平的文学作品，“今天的会议”栏目不仅报道正在或将要召开的会议，对以往有深远影响的会议也多有回顾。

《号角报》（Clarin）。1945 年创办于布宜诺斯艾利斯，声称要以“一声号角求得对阿根廷问题的阿根廷式的解决办法”。以轰动性报道著称，足球、马术、拳击和纯粹娱乐性文章颇受欢迎。内容广泛、信息量大、专刊多、广告占一半的版面，被誉为是阿根廷最大的一家娱乐性内容和新闻报道平分秋色的报纸。平日出对开 50 至 80 版，星期日出经济专刊和画刊，多达 100 版。读者主要是中产阶级，日发行量达 68 万份，是阿根廷发行量最大的报纸。

阿根廷的高质量新闻杂志是《真理》，创刊于 1931 年 1 月，由已故的弗·安东尼奥·里朱托创办。如今侧重于对工农业产品、金融、零售贸易的报道。

此外，阿根廷的著名期刊还有：《深信》、《分析与肯定》、《五区域》等。

二、通讯社

美洲通讯社（TELAM）。阿根廷国家通讯社，直属于总统府新闻和宣传国务秘书处，1945 年 4 月 14 日创立，设在布宜诺斯艾利斯。向总统府、政府和各部以及各军总部等机构派驻记者，国内有 28 个分社，在联合国、秘鲁、西欧、巴西等国派有记者，主要播发国内新闻，多为国内用户。

三、电台和电视台

1920 年阿根廷第一家广播电台开播，1951 年电视事业起步。在长期的动荡中，广播电视成为执政党严密控制的对象。1983 年民选政府上台后，解除了对广播电视的干预，恢复了新闻自由。90 年代后，大多数电台、电视台开始私营化进程。现有私营电台一百六十多家，由各级政府、大学控制的国营电台大约七十多家，90 家为私营商业电台，主要的私营广播电台集中在首都附近，每天 24

小时播音。阿根廷私营广播联盟（Asociación Radiodifusoras Privadas de Argentinas，简称 ARPA）是私营广播电台的联合组织。

全国有 71 家电视台，主要电视台有五家，其中仅一家“阿根廷电视台”（第七频道）是国营，其他四家：“第二频道”、“第九频道”、“第十一频道”和“第十三频道”，均为商业电视台。国营电视台设于首都，开办于 1951 年 11 月，当时称为“普利梅拉电视台”，1980 年开办彩色电视节目。上述主要商业电视台利用通信卫星已使其覆盖范围扩大到全国。

1991 年颁布了新法案，允许电视台吸收外资股份最高可达 49%，有线电视用户数占电视总数的 8%。规模较大的有线电视经营者有：阿根廷有线电视公司（Cablevisión）和有线电视通信公司（Video Cable Communicación）等。阿根廷电视联合会（Asociación de Teledifusoras Argentinas）是私营电视台的联合组织。各台主要播出美国旧影片和电视连续剧，经费来源主要靠广告收入。按新广播法规定，自电视广播开始时起，每 60 分钟播出的广告最高可达 12 分钟，而广播电台则可达到 14 分钟。阿根廷有电缆电视台 1300 多家，普遍实行私营。

1996 年全国有收音机 2270 万台，平均每千人 700 台；电视机 742 万台，平均每千人 218 台。

阿根廷的国际广播名为“阿根廷国际广播电台”（Radiodifusión Argentina al Exterior，简称 RAE），对欧洲、南北美洲、日本等地区进行短波广播。使用西班牙语、日语、意大利语、英语、法语、德语等对外播出。

第二节　古巴的新闻传播事业

古巴是西印度群岛中最大的岛屿，面积 11.09 万平方公里，1996 年有人口 1096.3 万，首都哈瓦那，通用语是西班牙语。

16 世纪初古巴沦为西班牙殖民地，1898 年美西战争中获得形式上的独立，实际上又变成美国的附庸。1956 年爆发大规模人民武装起义，1959 年推翻巴蒂斯塔的统治，建立了社会主义国家。

一、报刊

革命前，古巴只有三十多种报纸；革命后，全部报刊收归国有，呈现出崭新的面貌。古巴的主要报刊有：

《格拉玛报》（Granma）。前身是《今日报》和《革命报》，1965 年 10 月合并为《格拉玛报》，是古巴共产党中央委员会机关报，在哈瓦那出版。还出版《格拉玛评论》周刊，汇集一周要闻，用英文、西班牙文、法文印刷。刊登有关共产党国家、共产主义运动的内容，强烈批评西方国家的霸权行径。

《起义青年报》(Juventud Rebelde)。1965年创刊的古巴共产主义青年团机关报，在哈瓦那出版，风格与《格拉玛报》雷同，增加了一些青年人感兴趣的新闻。

《流浪者》(Bohemia)。20世纪初创办的一份周刊，是古巴发行量最大的西班牙文杂志。最初为私人所有，1959年收归国有，在哈瓦那出版。

二、通讯社

拉丁美洲通讯社（Agencia Informativa Latinoamericana，简称拉美社）。1959年4月成立，同年6月开始对外广播，是古巴国家通讯社，由古巴共产党中央革命指导部领导。初期，只在拉丁美洲的18个国家设立分社，到80年代，在全世界设有37个分社，主要分布在欧洲和拉美。该社与各国通讯社签订了近80项互换新闻和互助协定，主要是前苏联和东欧各国，1962年1月同新华社签署了合作协定。该社用西班牙文、英文、法文、葡萄牙文播发新闻，还出版《古巴国际》月刊等。

三、电台和电视台

1922年古巴开办无线广播，1943年人民社会党广播电台开播，1950年电视实验广播开始，1951年正式播出电视节目，1958年2月“自由广播电台”在解放区播出。1959年革命胜利后，政府对广播电视机构进行国有化改造。1962年5月古巴广播电视台成立，隶属于政府新闻部。古巴的广播电视机构是“国际广播电视组织”（OIRT）的成员，并加入了“国际卫星组织”。1973年在哈瓦那郊区建立了卫星地面站，接收“国际电视节目交换网”的节目。1979年圣地亚哥、奥尔金、哈瓦那三个城市的演播中心合并为全国电视台。

古巴现有三个全国性广播网和二个地区性广播网。“解放广播电台”覆盖全国，“起义广播电台”连接哈瓦那总台和横贯全岛的11个省台，“时钟广播电台”连接哈瓦那总台和另外几座城市的广播电台，“革命广播电台”对西部的5个城市广播，“进步广播电台”向东部的六个城市广播。

古巴的电视台有二家，分别从首都哈瓦那和圣地亚哥播出：国家电视六台，从首都播出；“起义电视台”从圣地亚哥播出，使用第二频道。后者着重播出体育节目，并且重播前者的许多内容。节目除新闻、综艺、体育、连续剧、科技以外，还大量播放电影。

国际广播。1961 年，古巴哈瓦那广播公司用西班牙语、英语、法语、葡萄牙语、克里奥尔语、阿拉伯语等对欧洲、北美、中南美、地中海等地区广播。

第三节　智利的新闻传播事业

智利位于南美西海岸，面积 75.66 万平方公里，1996 年有人口 1403 万，首都圣地亚哥，通用语是西班牙语。1541 年沦为西班牙殖民地，1810 年获得自治，1818 年 2 月 12 日宣布独立，成立智利共和国，从而摆脱了西班牙的殖民统治，长期实行资产阶级多党政治。本世纪 40 年代、70 年代政局动荡、军人政变，1990 年以后，重新建立文人政府，社会趋于平稳。

一、报刊

智利报业开始于 19 世纪初，1827 年 12 月美国人托马斯·韦尔斯在智利最大的港口瓦尔帕莱索创办《信使报》。1880 年为爱德华兹家族所有，1900 年迁往圣地亚哥，一直出版到今天，是仅次于秘鲁的政府公报《秘鲁人报》（1825 年）的拉美现存历史最悠久的报纸。

智利现有报刊 255 种，日报 39 种，千人平均占有日报 67 份。全国性报纸五家，其余均为地方报纸，商业化经营为主。有两大报业集团：信使报业公司和智利报业公司，控制着全国重要报纸。智利共产党的机关报《世纪报》在各种政党报刊中较有影响，创刊于 1940 年，中途历经磨难，多次被查封，1989 年恢复出版。

智利的重要报刊（均用西文出版）有：

《信使报》（El Mercrio）。1827 年创办，是全国历史最悠久的报纸之一，宗旨为“独立、客观、充分”地报道新闻。每天出版 50 版左右，行销全国，周日出 120 版，销量比平日增加一倍。该报在圣地亚哥、瓦尔帕莱索、安托法格斯塔、卡马拉出版不同的地方版。“报纸的内容广泛，重视国内外重大新闻的报道；经济消息信息量大、时效快，每天提供的最新数据为工商界所必读”。[①] 广告收入约占全国报刊广告费的 70%。除首都版外，还发行外地版。为爱德华兹家族所有。

《第三版时报》（La Tercera de La Hora）。1950 年创办，是智利发行量最大的

---

① 张允若、高宁远：《外国新闻事业史新编》，293 页。

报纸，属于智利报业公司所有，由卡西尼财团控制。是一张四开小报，每天出40多版，刊登的政经新闻简短，社会新闻多，为广大中产阶级代言，深受中下层人士欢迎，对政治事件常持客观报道的态度。

《埃尔西利亚》(Ercilla) 周刊。创办于1933年，是智利发行量最大的杂志。每期出版70页左右，有时甚至多达100页左右，1976年8月为曼努埃尔·克鲁萨特·拉腊因 (Cruzat-Larrain) 财团所有。

二、通讯社

智利没有官方通讯社。

环球通讯社 (Servicios Infformativos ORBE)。1980年在政府支持下，由原来的"环球新闻社"改组而成的私人通讯社，但接受官方资助。

派驻首都的记者常驻总统府和国防部，在全国各大首府各派一名记者，转发埃菲社、路透社、美联社、法新社和新华社的新闻。1984年起与新华社免费互换新闻。

三、电台和电视台

智利的广播电视事业在拉美地区起步较早。1922年8月19日智利大学电子研究所首次进行无线广播，1936年组成智利广播联盟 (ARCHI)，1962年智利大学开办电视广播，1967年4月 (一说1959年) 智利天主教大学开始进行教育电视实验广播，1969年国营电视台开播，1977年播出彩色电视。

1982年政府通过电信法。该法规定：广播电台、电视台主要由交通电信部和教育部管理、监督。频率分配、执照发放等主要广播行政工作由交通电信部管理，在发放执照时必须征求教育部长主管的广播电视节目委员会的意见。

现在智利全国有电台346座，私营为主，主要经济来源为广告。国营台12座，智利全国广播电台是全国性的国营台。大学广播电台有首都的"国立工业大学广播电台"等10座左右，主要播出教育节目。

智利全国有电视台四家，即国营的智利全国电视台和三家商业台："宏大电视公司"、智利电视网、RDT电视公司。此外还有智利大学 (1960年)、智利天主教大学 (1967年)、瓦尔帕莱索天主教大学 (1959年) 等主办的大学电视台。

智利1995年全国有收音机468万，平均每千人339台；电视机285万，平均每千人206台。

智利全国广播电台 (Radio Nacional de Chile，简称RNC)。1974年由军人创办，现在由政府和军队共同管理。播出重点内容是新闻，还有体育、娱乐节目。

国际广播。以“智利之声”为呼号，对中东、非洲、南北美洲、亚洲、大洋洲、欧洲等地，用英语、法语、西班牙语、意大利语、德语、阿拉伯语播音。每天播出 23 个小时，后因经费短缺而停止广播。

智利全国电视台。1969 年开播，产权属于国家，但在台长的领导下自主经营，信号覆盖全国及邻近国家。

智利重视教育节目，1975 年起实行“全国电视教育计划”，通过电视向没机会受高等教育的人们提供高等教育。1976 年，教育部、国民体育局、各大学和教育机构也加入了节目制作行列。学习内容包括：外语、人际关系、体育教练、农业、公共防治、保健等方面。

智利的有线电视从 80 年代开始就以城市为中心逐步建立起来，到 1992 年为止在圣地亚哥已播出 18 套节目，用户已达五万户。用户通过有线电视可以看到美国的有线电视新闻广播网、“娱乐与体育节目电视网”、“家庭影院”、特纳电视网、巴西的“环球电视网”、意大利广播公司以及西班牙电视台的节目。

思考练习题

1. 简述拉美报业三个世纪来的变迁。

2. 巴西历史上第一家报纸由谁创办？巴西有哪三个报业中心？巴西有哪几家用葡语出版的较著名的报纸？

3. 从经营性质和所有权分类看，墨西哥报纸可分为三类。试简述之。

4. 墨西哥的第一台欧式印刷机出现于什么年代？墨西哥主要报纸用何种语言出版？目前有哪几家主要报纸？

5. 阿根廷记者节的由来如何？阿根廷有哪几家主要报纸？

6. 古巴国家通讯社叫什么名称？古巴报刊中最重要的是哪家报纸？

7. 智利有哪两家主要报业集团？简述《信使报》的概况。

终篇

为建立世界新闻传播新秩序而斗争

第二十五章

建立世界新闻传播新秩序

第二次世界大战结束后，在民族自决的原则下，亚、非、拉美受压迫的各民族纷纷摆脱殖民帝国获得独立。至60年代，在这些地区，联合国增加了几十个新的成员国。但是，亚、非、拉美新兴的民族国家，并没有因为政治上的独立而完全摆脱对西方经济上的依附。在国际政治经济体系重要的一环——世界新闻传播秩序（New World Information Communication & Order）方面，上述发展中国家也仍然受到西方发达国家的支配，两者之间存在严重的不均衡、不合理、不公正的现象。所以，在60年代末至70年代初，发展中国家在争取建立国际经济新秩序的同时，也提出了建立世界新闻传播新秩序的要求。由此至今，建立世界新闻传播新秩序的斗争，一直是世界新闻事业发展的一个重要方面。

第一节　世界新闻传播的不平衡状态

发展中国家建立世界新闻传播新秩序的斗争，不是一个偶然的现象，而是直接来自世界新闻传播严重的不平衡状态。这种不平衡不仅意味着在新闻传播力量、新闻流向等方面，发展中国家与发达国家存在着相当大的差距，而且意味着发展中国家变动的现实不可能得到全面真实的反映。造成这种不平衡状态的根本原因在于这些国家的经济实力和技术水平的悬殊。

一、传播力量的不平衡

1. 传播媒介的分配不均

西方少数发达国家凭着雄厚的经济实力和发达的科学技术，建立了异常强大的新闻传播事业，拥有大量现代化的新闻传播工具。反之，广大发展中国家由于经济不发达，文化教育事业落后，科学技术水平低，新闻传播事业基础与设施薄弱，新闻传播工具既缺乏又落后。

在报纸的出版发行方面，广大发展中国家拥有世界总人口的3/4，其报纸种数占世界报纸总数的1/2，发行量则仅为世界总发行量的1/4。在80年代，仍有八个非洲国家或地区和三个阿拉伯国家根本没有日报；另有13个非洲国家，只有一份报纸。另据1978年联合国教科文组织公布的统计数字，发达国家每千人拥有报纸321份，而发展中国家每千人拥有报纸36份，只相当于前者的1/9。

在广播电视方面，发达国家集中的欧洲和北美洲，广播发射机和电视发射机的数量分别占世界总数的75%和71%，而发展中国家集中的亚洲和非洲，仅占世界总数的13%和26%；另外，欧洲、北美洲分别占有世界收音机和电视机总数的78%和82%，而亚洲和非洲仅占15%和11%。如果把全世界的电视机数量按地区划分，北美洲是每二人一台，欧洲和苏联是每四人一台，拉丁美洲是每12人一台，亚洲和阿拉伯国家是每40人一台，而非洲是每50人一台。①

尤其严重的是，在80年代初，西方发达国家就已经占有了全世界电频谱和卫星运行轨道的90%。而这些新兴的传播渠道，本来是全人类共同享有的财富。

在新闻传播事业方面，几乎所有的发达国家都有自己的通讯社，而到80年代还有40个发展中国家尚没有全国性的通讯社。

2. 新传播技术导致不平衡加剧

自1957年10月，前苏联成功发射了世界上第一颗人造地球卫星后，人类进入了卫星和宇航时代。1962年7月10日，美国电话电报公司（American Telephone &Telegraph Co.，简称AT&T）利用“电星1号”卫星（Telestar—1），最早实现了美国与欧洲之间的图像信息传输，接下来1963年11月肯尼迪总统遇刺、1969年7月阿波罗号飞船登月的实况转播，开创了“天涯共此时”的新纪元。不过尽管技术上已经“天涯若比邻”了，但是由于这一新技术变革造成的发达国家、发展中国家之间在信息交流上呈现的不平衡却愈发严重了，“海内存知

① 参见《多种声音，一个世界》，182页，北京，中国对外翻译出版公司，1981。

己”的日子还很遥远。

首先，某些大国凭借着强大的经济、技术实力，企图在电波、网络空间构筑起新的霸权。

冷战结束后，美国继续在国际舞台上打着一场“无硝烟的电子战争”，借助无孔不入的传播工具从意识形态领域实施和平演变战略。目前美国利用广播卫星与电缆电视联网的有线电视台有六十多家，居世界首位；国内通信广播卫星约30颗，转播节目60套，此外，还通过国际广播卫星向世界各地转播电视节目，形成了一个较为完整的卫星与电缆联网的有线电视网络群，使美国具有了向全球各地发送新闻的实力，因此美国是最坚定的“天空开放政策”的支持者。

世界各国不管发达国家还是发展中国家对美国的所谓“自由主张”采取了几乎同样的政策，例如欧洲各国强烈反对开放有线电视的做法，以防止美国的文化侵略。有传播学家称：一个国家对卫星直播采取开放政策，就意味着它要冒着造成内部不稳定和促进社会秩序改变的风险。新加坡的一位新闻官员也认为，必须制止不受欢迎的电视节目进入新加坡，任何有性、色情或暴力内容的节目都有害于亚洲的和睦与安全。

其次，传播工具的普及率及其先进程度决定着信息量的获取能力。

新传播技术领域更能体现出一个国家经济实力和国民生活水平。据统计，每100个美国人拥有电脑32台，而在印度，每100人只有一台电脑；在美国的西海岸，有四个孩子却装了五条电话线的普通家庭比比皆是，因为每个孩子都要占一条电话线，与伙伴在网上聊天。《纽约时报》报道，1995年是美国新装住宅电话线路增长最快的一年，拥有一条以上电话线的家庭增加了一倍，占美国家庭总数的16%；而非洲，因电信业落后，被称为“通信沙漠”，至今非洲还没有自己的通信卫星，整个黑非洲电话拥有量仅占世界电话总量的1%。其中不少国家每1000人中只有一部电话，是全球电话覆盖率最低的地方，黑非洲的电话线全部加起来，还不如纽约曼哈顿多。而与互联网相连的非洲国家只有12个。

看来，新技术带来的不仅有福音，还有巨大的信息不平衡。目前占世界人口20%的发达国家拥有全世界信息量的80%，而80%的发展中国家，只拥有信息总量的20%。广大发展中国家拥有的新闻传播力量，与它们在国际政治舞台上的地位、在世界总人口中所占的比例，是极不相称的。

如果不是所有的国家、所有的人都能享有信息，信息社会就只能加深、而不是缩小世界各国间的“信息鸿沟”，其结果将是，信息大量集中于富国，发展中国家则过着前所未有的——物质和信息的双重贫困生活。正像南非黑人领袖纳尔逊·曼德拉说的：世界已经被划分成“信息富国”和“信息穷国”。信息已经成为人类的主要资源。因此，“信息富国”会在经济上更加富有，而“信息穷国”则会变得更加贫穷。

信息技术成本的降低或许是解决问题的一条出路，但关键在于发达国家和发展中国家应同心协力，祛除霸权心理，营造一个和平、繁荣、美好的世界环境。

二、传播流向的不平衡

少数发达国家凭借其强大的现代化的新闻传播媒介和设备，垄断了世界新闻的采集和发布市场。来自发达国家的新闻信息源源不断地流向发展中国家，而发展中国家向发达国家输出的新闻，不仅数量少，而且很难为发达国家的主流媒介接受。所以国际市场上的新闻流动，基本上是单向的，即由发达国家流向发展中国家，由“北”流向“南”。

据统计，西方四大通讯社美联社、合众国际社、路透社和法新社，控制了绝大多数发展中国家的新闻报道。这些国家约80%至90%的国际新闻，是由这四大通讯社提供的。其中只有10%到30%的内容，是关于占世界人口70%以上的发展中国家的，而且这少得可怜的内容还很难传达给受众。

发达国家的广播电视节目也大量发射和渗透到发展中国家。早在本世纪60年代，美国就拥有一个以38个电视转播机和二百多个无线电广播转播机组成的横行世界的广播网。“美国之音”电台除了用四十多种语言、每周向世界各地广播1000小时之外，还向全世界5000多个电台提供节目。此外，英国广播公司亦以大规模地对外倾泻式的宣传著称。

美国的各类电视片充斥国际市场。据统计，美国大约控制了世界电视节目总量的75%。一个曾在美国交流总署任职的官员说：美国的电视产品不论好坏，为全世界的电视节目定了调子……对于日益增长的亿万国外人民来说，电视屏幕就成为“美国形象”的主要来源。其他发达国家如英国、法国、德国也不甘落后，加入了倾销竞争的行列，其无线电波和电视节目，几乎弥漫了整个世界。

要说明的一点，发达国家之间也存在着信息流向不平衡的情况。如美国和加拿大长期的“电子边境之争”、日本的“信息入超”等问题，都说明了这一点。

不过，目前世界新闻和精神产品的流通，基本上是以富国、强国流向穷国、弱国，这在很大程度上表明了发达国家企图对发展中国家进行精神控制的野心。

三、传播内容的不平衡

世界新闻传播的不平衡，不仅仅指数量上西方国家通讯社、电台、电视台及其新闻产品垄断或控制了发展中国家的新闻市场，更为重要的是，西方发达国家的机构并不是根据发展中国家的需要，而是根据自身的需要播报新闻的。它们按照西方的政治观点、价值观念、文化传统来筛选、采制新闻，因此报道内容存有很强烈的主观观念。如不惜笔墨着重刻画发展中国家的危机、暴力、灾荒、动乱，让人觉得那里毫无生气、落后愚昧。它们播发的新闻评论，往往包含明显的政治倾向，常常对发展中国家的事务说三道四，指手画脚。正如突尼斯常驻联合国教科文组织代表马斯穆迪所指出的："国际新闻机构发回的第三世界的消息都是加工过的，就是说都是经过它们筛选、剪裁、歪曲，而后按照它们自己对世界的看法强加给发展中国家的。当它们对这些国家确有某种兴趣时，也往往是以最阴暗的笔触加以描绘，照例渲染那里的危机、罢工、示威、暴动，甚至拿有些国家取笑、开心。"①

西方新闻媒介有关发展中国家的报道内容严重失衡，在总体上扭曲了发展中国家的国际形象，损害了发展中国家的社会稳定和经济发展，阻碍了世界各国人民的相互了解和合作，也在根本上破坏了世界范围内自由采集、自由传播的现实基础。

世界新闻传播的不均衡状态，在政治、经济、思想、文化等方面给发展中国家带来很大的危害。发展中国家的领导人也意识到了问题的严重性，为捍卫来之不易的独立，争取经济自主，从 60 年代末 70 年代初就开始了为建立平等新闻传播秩序的斗争。他们或者是在国际会议上大声疾呼，或撰写文章痛陈利害，或积极组建发展中国家传播机构的合作组织，强烈要求并致力于打破旧世界新闻秩序，建立自由、平等、均衡、公正的世界新闻新秩序。

第二节　建立新秩序的论争历程

发展中国家要求建立新的世界新闻传播秩序的论争，从其自身的演进历程来看，可以 1976 年为界，划分为两个历史阶段。

一、论争的第一个阶段

1968 年，在联合国教科文组织（UNESCO）召开的"大众传播媒介和国际了解"讨论会上，首次提出了发达国家和发展中国家之间存在着新闻和信息传播的不均衡和不平等问题，认为必须从根本上改变这种状况。

---

① 转引自梁洪浩主编：《外国新闻事业史》，1 版，382 页，武汉，，武汉大学出版社，1992。

1970年，在联合国教科文组织第16届大会上，第一次明确提出了世界新闻传播新秩序的问题。大会就新闻、信息传播不均衡、不平等问题展开了讨论，通过了反对利用新闻传播工具鼓动战争，宣传种族歧视和挑起国家间敌意行动的决议。大会还正式授权教科文组织协助各成员国制定大众传播方面的政策，从而正式揭开了建立世界新闻传播新秩序论争的序幕。

1973年，第四届不结盟国家政府首脑会议讨论经济合作纲领时，也把新闻传播问题提了出来。与会各国首脑认为，争取世界经济新秩序的斗争，必须与争取世界新闻新秩序的斗争结合起来。会议指出，绝大多数发展中国家已沦为消极接受情报的境地，因此必须加强各国的新闻工具。这次会议达成了相互交换新闻的决议。

1974年，在联合国教科文组织第18届大会上，一些发展中国家的代表与发达国家的代表进行了交锋。前者认为每个国家应该有权采取措施保护自己不受不负责任的新闻传播工具之害，后者则认为发展中国家不应该有“限制新闻自由的倾向”。

1976年3月，在突尼斯举行的不结盟国家交流问题讨论会，第一次鲜明地提出了建立“国际新闻新秩序”的口号。同年7月，不结盟国家新闻部长会议在印度新德里举行，会议通过的宣言指出“目前全球新闻信息流动的最大特征是严重的不充分和不均衡”，并且正式倡议建立世界新闻传播的新秩序。同年8月，在科伦坡又举行了有86个国家参加的第五次不结盟国家首脑会议。会议在《政治宣言》中郑重指出：“在情报和大众传播领域建立国际新秩序同建立国际经济新秩序同等重要”，从而明确把这场论争同争取政治、经济新秩序的斗争联系起来。

也正是在1976年，联合国教科文组织召开了第19届大会。这次会议在世界新闻史上具有非常重要的意义。大会的重要成果之一，是指示教科文组织总干事根据技术的新发展以及近年来国际关系发展的深度和广度，研究当代社会在传播过程中存在的全部问题。为此，总干事组织了一个由发达国家和发展中国家的16位学者、新闻工作者和前政府官员组成的“国际交流问题研究委员会”。该委员会主席是诺贝尔和列宁和平奖奖金获得者、爱尔兰学者肖恩·麦克布赖德。

由此，建立世界新闻新秩序的论争，进入了一个新的时期。

二、论争的第二个阶段

与第一阶段不同，在第二阶段，发展中国家要求建立世界新闻传播新秩序的论争并没有停留在口头和书面辩论上，而是更多的趋向于采取实际行动。同时，发达国家的反对、阻挠也日趋激烈。

1978年，联合国教科文组织第20届大会通过《关于大众传播工具为加强和平与国际了解，为促进人权以及为反对种族歧视、种族隔离和反对煽动战争作贡献的基本原则宣言》。这个宣言经过八年之久的激烈辩论，最终通过的是折衷的宣言，因为民族独立国家要求把国家有权指导新闻工具作为“宣言”的前提，遭到了西方国家的强烈反对。宣言只是强调了人类权利、新闻来源多样化、自由传播消息和记者获得新闻来源的权利。对此，发达国家和发展中国家都不满意。前者攻击发展中国家控制新闻工具，侵害新闻自由；后者指责发达国家打着新闻自由和人权的旗号干涉别国内政。第二年，在吉隆坡召开了另一次同样性质的会议，与会代表再次发出要求建立新闻新秩序的呼声。

1980年，联合国教科文组织第21届大会讨论新闻交流和记者自由权利问题。“国际交流问题研究委员会”主席肖恩·麦克布赖德提出详细的调查报告《多种声音，一个世界：交流与社会今天和明天》。这份报告以大量事实材料论证世界新闻传播的确存在着不均衡、不平等的状况，支持建立新闻传播新秩序。大会通过决议，决定制定国际交流发展计划，促进世界新闻交流新秩序的建立。

1981年，二十多个发达国家的代表在法国召开会议，通过“塔鲁瓦宣言”，重申“新闻自由”的重要性，抨击国际交流问题研究委员会主席的调查报告，指出这个报告含有默认、甚至是鼓励政府进行新闻检查的倾向。

1983年，联合国教科文组织召开了关于新闻传播问题的专家会议，其主题仍是自由与责任之争。发达国家代表标榜自己国家有新闻自由，指责发展中国家没有新闻自由。发展中国家代表则认为新闻自由与新闻工作者责任不可分离，不能离开责任去孤立地、抽象地谈论新闻自由。同年，联合国教科文组织第22届大会讨论并制定了1985—1989年建立世界新闻新秩序的中期计划。

广大发展中国家争取世界新闻传播新秩序的论争逐步取得进展，联合国教科文组织支持这一斗争的决心不减。这使得以美国为首的少数国家大为恼火。

1983年底，美国国务卿舒尔茨写信通知联合国教科文组织总干事姆博，美国将于1984年12月31日退出该组织。其理由是该组织在为一些成员国的政治目标服务，而没有履行其应该担负的使命。姆博复信驳斥，希望美国重新考虑自己所做出的决定。

1985年，美国一意孤行，退出了联合国教科文组织，停止交付费用，使该组织的费用减少了1/4。同年底，英国也退出了联合国教科文组织。美英两国的退出，使联合国教科文组织面临空前的财政困难，在一定程度上影响了建立世界新闻新秩序的进程。

但是，广大发展中国家并没有气馁，论争还在继续。1985 年，联合国教科文组织第 23 届大会继续就传播权问题进行了辩论。1987 年 6 月，在津巴布韦首都哈拉雷召开的不结盟国家新闻部长会议上，一百二十多个发展中国家的新闻部长出席了会议。会议通过了《哈拉雷宣言》，呼吁不结盟国家和其他发展中国家加强在传播领域的合作，推动建立世界新闻传播新秩序的斗争。

回首几十年的风雨历程，发达国家和发展中国家建立世界新闻传播新秩序的论争，从 60 年代末到 80 年代初，基本上是沿着愈演愈烈的方向发展。其间双方虽互有妥协，但由于这场论争直接关系到两者的政治经济利益，所以双方很难在原则问题上让步，斗争还将持续下去。

第三节　新秩序的构想与论争的实质

在长达二十多年的斗争中，发展中国家通过各种途径，充分表达自己关于新的世界新闻传播秩序的构想。为了维护长期以来的既得利益，发达国家也利用一切机会，反击发展中国家的论争。

一、发展中国家的新秩序构想

发展中国家要求建立世界新闻传播新秩序，实际上是国际新秩序的一部分，是国际新秩序在新闻传播领域的具体体现。而国际新秩序的现实基础是和平共处五项原则。依据这一原则，发展中国家提出了关于世界新闻传播新秩序的基本构想。

(1) 按照国与国之间和平共处、互不干涉内政的原则，从事国际新闻传播活动。国际信息交流的目的，在于增进各国的相互了解、友好与合作，反对国际新闻垄断，反对运用新闻媒介为侵略扩张服务。

(2) 新闻传播媒介在整个世界的分布应力求合理，不仅发达国家拥有强大的现代化的新闻传播体系的手段，而且大多数发展中国家也要建立和发展自己的新闻事业的基础结构，建立自己的新闻工作者队伍，提高各种接收工具的社会拥有量。

(3) 实行平等互利、公平合理的新闻交换原则，逐步实现新闻信息来源的多样化和信息流动的均衡化。

(4) 坚持新闻传播的真实性原则，反对歪曲、造谣、诽谤，弃绝各种国家的、民族的、政治的、文化的偏见。

(5) 强调新闻的积极作用，提倡“发展新闻学”。不仅报道突发事件，而且报道发展中国家经济、科技、文化等发展状况。发展中国家的新闻传播要以维护独立、促进发展、增进团结为己任。

(6) 根据上述原则和目标，各国在平等基础上共同参加制定共同遵守的国际新闻法规。

总而言之，发展中国家理想的世界新闻传播新秩序，大体上具备如下特点：即新闻来源的多样性，新闻应来自多种多样的而不是单一的消息渠道；新闻活动的制约性，新闻采写和发布应以尊重各国的主权，促进国家的发展为限；新闻流动的平衡性，新闻在两个国家之间的流动应是双向的，其流量应是大致相等，而不应是单向和不均衡的；新闻报道的客观性，新闻报道必须全面、准确、可靠地提供给人们以客观世界的真实图像。

二、发达国家关于新闻传播秩序的观点

发达国家认为发生在世界各国的新闻是应该共享的信息资源，不让其他国家参与报道是不公平的，在信息全球流通的今天更是无法阻碍的。发展中国家法制不健全、政治缺乏民主性，新闻媒体实际上没有能力发表最有新闻价值的消息，发布的消息大多是单方面的，反映的常常是国家领导人的声音，而不是民众的日常生活。如果不改变现行体制，西方国家宁愿传送真实的不幸的消息，也不愿传送冗长的讲话和虚假的繁荣报道。

发达国家还认为，新闻媒体并没有承担慈善事业的使命，也不是文化合作机构，而是商业企业，或者至少是按商业性质经营的企业，因此需要满足大多数顾客的需求。因为顾客对发展中国家的消息，除灾祸、政变、风光以外，很少感兴趣，所以大量报道得不偿失。

这就造成了发达国家关于发展中国家的报道既少又多负面的状况。

三、发达国家与发展中国家的理论分歧

为了实现世界新闻传播新秩序的理想，发展中国家采取了一系列具体的措施，以加强政府对于新闻传播活动的控制。这引起发达国家的强烈指责。在它们看来，现有的世界新闻传播秩序并不像发展中国家所批评的那样不平衡、不公正。发达国家指责发展中国家的措施直接威胁到了“新闻自由”的基本原则，是对基本人权的侵犯，并且严重控制了危害了世界新闻信息的自由流通。

两者的根本分歧在哪里？除了政治经济方面的原因，还有理论认识上的分歧。

1. 关于自由与责任的认识

发展中国家普遍公开拥护新闻自由的基本原则，但同时主张自由必须以责任、义务为条件。它们反对发达国家所持的新闻自由毫无限制的观点，反对片面强调新闻自由的绝对性。在发展中国家看来，所谓绝对的不受限制的自由，只是西方保护其既得利益的一种道德屏障；坚持绝对的新闻自由，实际上意味着容忍发达国家新闻机构对发展中国家政治独立、经济发展和文化传统肆意地损害。

发展中国家关于自由与责任的认识，就其内容实质而言，与西方新闻理论界流行的社会责任理论颇为吻合。社会责任理论一个基本的理论前提，便是自由必须伴随着责任，新闻工具一方面享有独立自由，另一方面应对社会承担一定的道德义务。只有以这种责任和义务作为新闻业务的基础，新闻自由才会有益于社会，反之，如果新闻媒介不承担责任，政府就有必要加以干涉。

但是，西方发达国家在国际新闻传播领域，并没有坚持在国内占主导地位的社会责任理论的基本原则。美国新闻学教授赫伯特·席勒说："言论自由可以解释为美国的新闻工具在世界范围内传播消息不受约束。"实际上就是，在国际新闻传播上，新闻自由是绝对的、无条件的，不接受任何外来干预的。显然，这与社会责任理论是直接冲突的。

总之，发展中国家主张没有绝对的新闻自由，自由必须伴之以责任，两者不可偏废；而发达国家则主张绝对自由，反对限之以责任，认为这样只会导致政府控制新闻传播，以至于危害作为基本人权的"新闻自由"。

2. 新闻价值观念的差异

西方一位名报人曾说过："狗咬人不是新闻，人咬狗才是新闻。"这表现了自由竞争中西方新闻界新闻价值的趋向：重视反常、意外，追求新鲜、刺激。这是由新闻媒介的私有化和盈利动机决定的。既然新闻媒介是一种牟利企业，那么在竞争激烈的市场经济社会，其新闻报道就应迎合读者心理，使新闻作品"商品化"。为了使某个事件成为新闻，就必须把它写成"有销路"的文章。还有一种倾向是歪曲事实，用一种最易于销售的形式来描写大家关注的事件。正是基于这种观念，西方媒介热衷于报道发展中国家的战乱、犯罪、灾难阴暗面。

发展中国家则不赞成发达国家的观点。它们主张报道新闻时，"需要将各种事件和问题更广泛地与有关情况联系起来，从而引起注意和关心，并且保证尽可能客观地准确地描述这些事件和问题"[1]。也就是说，新闻媒介在报道发展中国家时，在坚持真实性的前提下，应将其主要镜头对准发展、进步、光明的一面，既反映贫困饥荒，又要报道发展中国家战胜贫困饥荒的努力，使成功与失败、希

---

① 《多种声音，一个世界》，216 页。

望与困苦、顺利与挫折，得到同样的反映，保持大致的平衡。

四、论争的实质

据80年代美国的一本畅销书《全球影响》中说，西方发达国家把控制技术、控制财政与控制传播工具，并列为控制全球的三大支柱，发达国家对传播媒介寄予的厚望，由此可见一斑。事实上，发达国家的一些智囊团就曾向政府建议，“通过新闻媒介等工具尽可能地维持现存的西方拥有权利和占绝对优势的结构”。发达国家试图依靠传播媒介的绝对优势维护世界旧体制和其既得利益的图谋由来已久。

当今发展中国家争取建立国际新闻传播新秩序的论争，实质在于：反对国际新闻垄断与控制，反对文化侵略与渗透，维护国家主权与独立，维护民族传统文化，保障经济发展与社会进步。在某种意义上说，它是第二次世界大战后国际上非殖民地运动即反帝、反殖民斗争的继续和深入，是广大发展中国家在政治、经济领域反对少数西方控制斗争的继续和深入。

第四节　论争的初步成果与未来展望

经过二十多年的激烈论争，发展中国家争取建立世界新闻传播新秩序的努力，取得了初步的成果，但是距它们希望达到的最终目标还相当遥远。

一、论争的初步成果

发展中国家争取建立世界新闻传播新秩序的主张，在联合国范围内，赢得了广泛的认同，甚至一些发达国家也赞成发展中国家的提法。

1978年第33届联合国大会通过了33/115号决议，其中写道：“需要在新闻自由流通、及更广泛和更均衡地传播新闻的基础上，为加强和平和国际谅解而建立新的、更公平和均衡的世界新闻和传播秩序。”并决定成立联合国新闻政策和活动审查委员会。1980年，联合国教科文组织“国际交流问题研究委员会”在其研究报告的结论和建议部分写道：发展中国家需要在交流方面减少其依赖程度，并要求建立比较公正和公平的新秩序。已经在各种不同的场合充分讨论过这个问题，现在已经到了从讨论原则转而进行实质性改革和采取具体行动的时候了。

发展中国家已经行动起来，一方面采取措施，加速发展本国的新闻传播事业，以增强实力，更好地为本国的发展和利益服务，另一方面加强管理，切实维护本国在新闻传播领域的主权，抵御外来新闻传播的不良影响。

至90年代，绝大多数国家已建立或加强了自己的新闻通讯社。广播电视也有了迅速发展，特别是拉美、东南亚和中东产油国家，普及率大为提高。东南亚国家几乎都办起了国际电视，增强了自身在国际传播中的地位。新闻工作队伍也日益扩大。另外，有些国家（如新加坡、马来西亚等）多次对外国记者的不实报道、诽谤攻击，采取过行政和法律措施。有些国家（如印尼、伊朗等）为抵御传播侵略，采取了禁止进口、销售和使用卫星接收天线的政策。还有一些国家将外来电视纳入本国的有线电视网络，只有经过审查和过滤的节目才能进入本国的传播渠道。

为了打破西方新闻媒介对国际新闻传播的垄断，发展中国家开展了卓有成效的国际合作和地区性合作，建立了一批地区性的通讯社机构和广播电视组织。其中通讯社组织主要有以下几个：

1. 不结盟国家通讯社

1975年1月25日在南斯拉夫首都贝尔格莱德创立。该联盟的宗旨是：改进和扩大不结盟国家的新闻交换和相互合作；客观报道不结盟国家的政治、经济和文化成就，加强不结盟国家相互合作和共同利益事实的新闻报道；纠正对不结盟国家及其政策的歪曲报道。到1985年，参加该联盟的通讯社达到93个。

2. 加勒比通讯社

1975年7月7日由加勒比共同体创办。创办此社的目的，是促进共同体社会、经济、文化的发展，特别是帮助那些迄今尚无有效新闻事业的共同体成员。该社创办后，逐步接管了路透社巴巴多斯分社。1976年后，演变成一个独立的区域性通讯社，其总部设在巴巴多斯首都布里奇敦。

3. 石油输出国组织联合通讯社

1980年11月在石油输出国组织的总部维也纳成立。每天向七十多个国家的订户播发有关能源及其前景的新闻报道。

4. 亚洲太平洋新闻交换网

由亚洲太平洋通讯社组织组建，1982年1月1日开始工作。它拥有二十多个国家成员，建立新闻交换网的目的，是使亚太地区的通讯社能相互交换新闻，逐步摆脱西方跨国通讯社对该地区的新闻控制。我国新华通讯社已加入该组织。

5. 泛非通讯社

1983年5月25日成立于达喀尔。由非洲统一组织筹建，该社播发的新闻由非洲记者根据非洲的观点在非洲编写的。目的在于纠正被外国通讯社的一系列片面的消极的消息所歪曲的非洲、非洲国家及其人民的形象。该社的成立是为了便利成员国之间交换新闻，并为建立和发展各国国家通讯社做出贡献。

6. 拉美特稿社（也称拉丁美洲特种新闻社）

1983 年 10 月 10 日在墨西哥城成立。由九个拉美和加勒比地区国家共同组建。该社试图以自己的、拉丁主义的和不带政治偏见的观点，来报道拉丁美洲的发展成就、地区一体化问题，以加强各国之间的相互了解。

除了这些区域性通讯社组织以外，亚非拉各洲和阿拉伯地区还成立了一些区域性广播联盟，如亚洲太平洋广播联盟、非洲广播电视组织联盟、阿拉伯国家广播联盟、泛美广播人协会等。不结盟国家成立了不结盟国家广播组织。一些海湾国家开办了电视联播节目。所有这些都是发展中国家为建立世界新闻新秩序而采取的实际步骤。这些举措对于打破西方发达国家新闻媒介对国际新闻的控制和垄断，促进发展中国家新闻事业的发展，无疑具有重要意义。

二、论争的艰巨性、复杂性

建立世界新闻传播新秩序的论争，实际上是一场控制与反控制的斗争。它涉及到发展中国家和发达国家根本的政治经济利益，因此论争的进程必将是长期的、复杂的、曲折的。要实现论争的目标，发展中国家还面临着许多障碍：

（1）尽管发展中国家建立世界新闻传播新秩序的主张，在联合国范围内得到广泛的认同，一些发达国家也表示接受，并向发展中国家提供物质和技术上的援助。但大多数发达国家只是在策略上表示认可，其目的不过是缓和斗争的压力，而实际上仍持反对态度。论争一旦触及其根本利益，发达国家就会断然拒绝。美英退出联合国教科文组织便是明证。

（2）西方发达国家的技术优势在短期内不会丧失，其新闻信息的传播已完全现代化。而发展中国家在技术上落后几十年甚至上百年，这个差距不可能在短期内消除，并直接制约着发展中国家新闻事业的进步。

（3）发展中国家在经济发展战略以及意识形态等方面存在许多差异，论争的态度和要求也不尽相同，这就容易被发达国家乘机利用。

（4）这场论争的结局，最终还是取决于发展中国家的经济实力与发展速度。只要发展中国家的人均国民生产总值没有大幅度提高，经济上未能翻身，建立世界新闻传播新秩序就只能是个梦想。

总之，关于建立世界新闻传播新秩序的论争，是一个长期、复杂的话题。要实现发展中国家的奋斗目标，固然需要西方国家的援助，但决不能把全部希望寄托在西方国家的恩赐上，关键在于发展中国家要发展教育、发展经济，不断增强经济实力和国民素质，这样才能逐步建立完善的、与本国利益相适应的新闻传播体系。这个思路是切实可行的，但要实现发展中国家关于建立世界新闻传播新秩序的理想，还有一段相当长的路要走。

思考练习题

1. 为什么广大发展中国家强烈要求改变国际新闻传播的现状？目前的状况存在着哪些问题与弊端？

2. 建立新的世界新闻传播秩序的论争是怎样起始与发展的？这场斗争的实质是什么？

3. 关于建立世界新闻传播新秩序，发展中国家提出了怎样的基本构想？

4. 发达国家与发展中国家对于建立世界新闻传播新秩序，在理论认识上有何分歧？

5. 至今为止，这场斗争已获得了哪些初步成果？其前景如何？

后　记

这部《外国新闻传播史》能够与各位读者见面，我们要衷心感谢在写作过程中给予过关心和帮助的诸位专家，他们是暨南大学的梁洪浩教授、浙江大学的张允若教授、武汉大学的张昆教授等。中国社会科学院新闻与传播研究所的陈力丹研究员作为第一位读者，提出了重要的修改意见，并作了序言。还要提起的是台湾著名新闻学者李瞻教授和郑贞铭教授跨越海峡界限，寄来大量参考资料。在此一并致谢。

由于时间仓促，本书肯定还有疏漏之处，恳请各位学者不吝赐教。

本书由中国人民大学新闻学院郑超然教授、程曼丽教授及祁景滢撰稿。中国人民大学新闻学院王泰玄教授负责通稿，审定成书。硕士研究生邵国松、连晓松、贺洪涛等也协助导师做了大量的工作。

作者
谨识于中国人民大学新闻学院
1999年8月

图书在版编目（CIP）数据

外国新闻传播史/郑超然等著.
北京：中国人民大学出版社，2000
21 世纪新闻传播学系列教材
ISBN 978-7-300-03324-2

Ⅰ. 外…
Ⅱ. 郑…
Ⅲ. 新闻工作-文化史-世界
Ⅳ. G219.19

中国版本图书馆 CIP 数据核字（2000）第 67995 号

国家级重点教材
21 世纪新闻传播学系列教材
外国新闻传播史
郑超然　程曼丽　王泰玄　著

出版发行	中国人民大学出版社		
社　址	北京中关村大街 31 号	**邮政编码**	100080
电　话	010－62511242（总编室）		010－62511770（质管部）
	010－82501766（邮购部）		010－62514148（门市部）
	010－62515195（发行公司）		010－62515275（盗版举报）
网　址	http://www.crup.com.cn		
经　销	新华书店		
印　刷	天津鑫丰华印务有限公司		
开　本	720 mm×1000 mm　1/16	**版　次**	2000 年 10 月第 1 版
印　张	34.75	**印　次**	2025 年 6 月第 43 次印刷
字　数	627 000	**定　价**	49.80 元